KBI33886

중국**역사** 15강

中国历史15讲 ZHONGGUO LISHI 15 JIANG
Copyright ⓒ 2014 by 张岂之 ZHANG QI ZHI
All rights reserved.

Korean copyright ⓒ 2018 by NERMERBOOKS
Korean language edition arranged with PEKING UNIVERSITY PRESS
through Eric Yang Agency Inc.

이 책의 한국어판 저작권은
에릭양에이전시를 통한 PEKING UNIVERSITY PRESS와의 독점계약으로
한국어 판권을 너머북스가 소유합니다.
저작권법에 의하여 한국 내에서 보호를 받는 저작물이므로
무단전재와 복제를 금합니다.

중국 역사15강

2018년 8월 24일 제1판 1쇄 인쇄
2018년 8월 31일 제1판 1쇄 발행

지은이   장치즈 외
옮긴이   김영문
펴낸이   이재민, 김상미

편집   이상희
디자인   달뜸창작실, 정희정

종이   다올페이퍼
인쇄   천일문화사
제본   길훈문화

펴낸곳   너머북스
주소   서울시 종로구 자하문로24길 32-12 2층
전화   02) 335-3366, 336-5131 팩스 02) 335-5848
홈페이지   www.nermerbooks.com
등록번호   제313-2007-232호

ISBN 978-89-94606-52-1 03910

너머북스와 너머학교는 좋은 서가와 학교를 꿈꾸는 출판사입니다.

중국**역사** 15강

장치즈 외 지음
김영문 옮김

너머북스

일러두기

1. 이 책은『中國歷史十五講』(第二版, 張豈之 主編, 北京大學出版社, 2015) 한국어 완역본이다.

2. 이 책의 중국어 고유명사 우리말 표기는 원칙적으로 국립국어원 중국어표기법을 따랐다. 다만 중국 고대 지명이 고대의 문장에 출현하거나 분명하게 고대를 서술하는 상황에 출현하는 경우에는 우리말 발음으로 표기했다. 인명의 경우는 1840년 아편전쟁을 기준으로 그전에 사망한 사람은 우리말 발음으로, 그 이후에 사망한 사람은 중국어 현대음으로 표기했다. 중국에서는 통상 아편전쟁을 중국 근대의 기점으로 삼기 때문이다.

3. 이 책 원본에 인용된 고문에 오자가 있을 때는 따로 오류 표기를 하지 않고 바로 교정하여 번역했다.

4. 옮긴이 주는 *로 표시했다.

수정판 서문

　『중국 역사 15강』은 2003년 1월 베이징대학출판사에서 출판되었으니 벌써 15년이 지났다. 독자 여러분의 뜨거운 사랑과 베이징대학출판사의 깊은 관심에 힘입어 이 책은 여러 차례 인쇄를 거듭하며 중국 역사 지식 보급 분야에서 일정한 공헌을 했다.

　이 책 집필자들은 근래 10여 년 동안 자기 전공 분야에 적지 않은 양의 새로운 성과가 쌓이자 자신들이 집필한 『중국 역사 15강』의 해당 부분에도 좀 더 깊이 있는 서술과 보완된 해설이 필요함을 절감하고 이 책의 수정 의견을 제시했다. 출판사의 편집장 류팡劉方도 집필자들에게 여러 차례 수정 제의를 했다. 그리하여 이 책을 집필한 전문 학자들은 올해(2014년) 봄 수정 작업을 시작하여 6월 중순에 수정을 완료했다. 나는 수정 원고를 읽은 후 다음과 같이 느꼈다.

　이 책 집필에 참가한 학자들은 자신들이 집필한 부분을 세밀하게 검토하여 잘못된 점을 수정하고, 부족한 부분을 보충하고, 모호한 점을 명확하게 하고, 논란이 있는 부분은 분명한 판단을 내렸다. 동시에 인용한 역사 자료가 정확한지도 일일이 확인 작업을 했다. 이러한 노력을 거쳐 지금의 수정판은 질적인 면에서 수준이 상당히 높아졌다고 할 수 있다. 이미 출판된 책을 수정하는 일은 문자의 수정과 보완에만 그치는 것이 아니다. 더욱 중요한 점은 자신의 전공 분야에 대한 이해와 표현에서 더욱 깊이 있는 인식을 보여주는 일이다. 이러한 점에서 판매량이 많으면서 독자들이 좋아하는 인문사회과학 보급서는 몇 년 후 작가의 수정 보완이 매우 필요하다고 생각한다.

수정 과정에서 분량을 늘릴 수 있느냐 하는 문제에 맞닥뜨릴 수도 있다. 일반 독자용 보급서는 글자 수에서 일정한 제약이 따르기에 장편 거작은 이러한 '보급서'와 잘 어울리기 어렵다. 따라서 이상적인 수정 작업이 되려면 책의 질적 수준을 높이는 동시에 분량에서도 가능한 한 본래 모습을 유지해야 하는데, 이것은 정말 쉬운 일이 아니다. 그러나 『중국 역사 15강』 집필자들은 압축과 정련 과정을 거쳐 책의 질적 수준도 분명하게 높였을 뿐 아니라 전체 책의 분량도 기본적으로 초판과 같게 유지했다.

나는 『중국 역사 15강』의 초판 독자들도 다시 수정판을 읽어보고 초판과 수정판을 비교한 후 각자 독후감을 베이징대학출판사를 통해 우리에게 알려주시기를 바란다. 우리 집필자들은 이러한 독후감을 읽고 많은 가르침을 받을 것이다. 우리는 성실한 마음으로 이 책의 수정 작업에 정력을 바쳤다. 만약 독자들이 이 책을 계속 사랑해주신다면 우리 노력이 가장 좋은 보답을 받는 셈이 된다.

이 책을 수정하기 위해 왕쯔진王子今 교수가 나를 도와 많은 일을 처리했다. 이 자리를 빌려 깊은 감사를 드린다.

장치즈張豈之

2014년 6월 15일

내가 베이징대학출판사와 『중국 역사 15강』을 쓰겠다고 약정한 때가 2002년 1월 중순이었다. 출판사에서는 과학적이고도 쉽게 읽히는 동시에 대학생 수준의 독자들에게 적합한 책을 요구했다. 이는 아주 훌륭한 의견이다. 대학생이라면 어느 학과를 막론하고 반드시 역사에 대해 약간의 지식을 갖출 필요가 있다. 현재 출판 시장에서 구입할 수 있는 중국 역사 저작 중에는 분량이 엄청나고 여러 권으로 된 책도 있고, 내용이 정밀하고 수준이 심오한 학술 전문 서적도 있다. 대학생이 이러한 책을 읽기는 아마도 매우 어려울 듯하다. 내용에 깊이가 있으면서도 쉽게 읽히는 동시에 분량도 그리 많지 않은 역사 저작을 써낼 수만 있다면 틀림없이 대학생과 일반 독자들로부터 크게 환영을 받을 것이다. 이러한 공감을 바탕으로 나는 즉시 베이징대학출판사와 출판 계약을 했다.

이러한 책을 집필한다는 것은 대단히 어려운 일이다. '내용상 깊이도 없고 쉽게 읽히는' 책을 써내는 것은 아무 의미도 없을뿐더러 어쩌면 쓰지 않는 것만 못할 수도 있다. 또 내용의 깊이만 추구하다가 쉽게 읽히는 글을 쓰지 못하면 이 책 집필의 출발 의의에 위배되므로 이 또한 출판하지 않는 것만 못하다. 그래서 모두들 더 많이 노력해야 했다. 먼저 『중국 역사 15강』의 내용으로 어떤 전문 주제를 다룰지 자세히 연구하지 않을 수 없었다. 이는 책의 질적 수준과 직접적으로 관련된 문제였다. 나는 몇 가지 역사 저작을 읽으면서 대학생들을 상대로 이에 관한 조사·연구를 진행했다. 그리고 2002년 2월 다음과 같은 15개 주제를 선정했다.

중국문명의 기원에 대한 과학적 탐색

중국 고대사회와 왕조 교체

한대漢代, 당대唐代, 청대淸代의 '융성기[盛世]'에 대한 투시

중국 고대 교통로와 문화 전파

중국 역사에서 민족 관계

중국 고대의 정치, 법률과 관리 선발제도

중국 고대의 농업, 수공업과 상업

중국 고대의 군사사상과 군사제도

중국 고대의 풍부하고 다채로운 사회생활

중국 고대사상의 변화 과정

중국 고대 문학예술의 보고寶庫

중국 고대 역사학의 형성과 발전

중국 고대 과학기술 사색

중국 근대 역사의 새로운 과제

사회주의 현대화를 탐구하는 중화인민공화국의 파란만장한 역정

나는 이 15개 주제로 중국 역사의 가장 중요한 내용을 개괄할 수 있다고 생각했다. 중국은 고대 역사가 매우 길고 자료도 풍부하다. 그러나 대

학생들과 독자들은 고대사를 접촉할 기회가 비교적 드물기 때문에 선정한 주제 가운데 고대에 관한 내용이 많다. 근현대사는 중고등학교에서 많은 부분을 가르치며 대학의 기타 과목, 예컨대 정치이론 과목 등에도 근현대사와 관련된 내용이 조금 포함되어 있다. 따라서 정련되고 간단한 몇몇 내용을 적당하게 다루면 될 듯했다. 중화인민공화국 역사 부문에서는 특히 중국 특색을 갖춘 사회주의 현대화 과제를 비교적 충분히 해설해야 했다.

역사를 저술할 때 전문 주제를 가지고 집필하는 방법은 과거에 그렇게 많이 쓰이지 않았다. 이 책의 제목 『중국 역사 15강』이 어쩔 수 없이 전문 주제에 따라 집필하도록 결정했다고 할 수 있다. 물론 전문 주제의 내용 서술은 역사 순서에 주의를 기울여야 했다. 이 책이 결국 역사 저작이기 때문이다. 역사에는 반드시 시간관념이 포함되어 있어야 한다. 그렇지 않으면 독자들이 역사 발전의 궤적을 분명하게 읽어낼 수 없다. 그럼 이 15개 주제에는 어떤 중심 내용이 들어 있는가? 이에 대해 다음과 같은 서술이 가능하다고 생각한다. "역사를 통해 문명의 가치를 보고, 문명을 통해 역사의 발전을 보려고 했다. 한 권의 중국 역사는 실제로 한 권의 중국문명사다. 구체적으로 말해서 그것은 중국의 물질문명, 정신문명, 정치문명, 제도문명이 변화·발전해간 역사다." 우리는 이 책에 이러한 중심 사상을 관철하려고 노력했지만 완전히 달성했는지 또는 몇 가지라도 달성했는지는 이제 독자 여러분에게 대답과 비판을 요청하려 한다. 이러한 사고를 거쳐 비로소 이 책은 15개 주제가 동일한 집필 체제, 동일한 집필 스타일, 동일한 서술 방법으로 융화된 한 권으로 완성될 수 있을 것이다.

　전문 주제가 정해지자 전문 집필자가 필요했다. 나는 집필을 위해 전문 가 몇 분을 초청했다. 그들은 대학에서 오랫동안 강의했을 뿐 아니라 과 학적 연구 경험까지 갖춘 분들이다. 위에서 서술한 중심 사상과 전문 주 제에 근거하여 집필 주제를 다음과 같이 나누어 맡겼다.

〖 1강 〗 왕쯔진王子今

〖 2강 〗 장치즈張豈之

〖 3강 〗 류원루이劉文瑞

〖 4강 〗 왕쯔진

〖 5강 〗 양성민楊聖敏

〖 6강 〗 류원루이

〖 7강 〗 왕쯔진

〖 8강 〗 판리저우范立舟

〖 9강 〗 팡광화方光華

〖 10강 〗 장치즈, 장마오쩌張茂澤

〖 11강 〗 리성룽李生龍

〖 12강 〗 팡광화

〖 13강 〗 리성룽

〖 14강 〗 천궈칭陳國慶

〖 15강 〗 양셴차이楊先材

마지막 제15강 이외의 각 주제는 모두 반복해서 수정했는데 그 과정은 다음과 같다. 내가 먼저 초고를 읽은 후 수정 의견을 제기하고 집필자들에게 수정 요청을 했다. 수정 원고를 다시 읽고 또다시 수정할 필요가 있다고 생각되면 집필자에게 원고를 넘기지 않고 나와 류원루이 교수, 팡광화 교수가 함께 수정 작업을 했고 최종적으로 내가 원고를 확정했다. 이 때문에 이 책의 질적 수준에 대해서는 내가 가장 중요한 책임을 져야 한다. 집필과 수정 과정에서 어떤 주제는 일부 단락을 완전히 새로 썼고, 심지어 어떤 주제는 전체 내용을 완전히 새로 집필하기도 했다. 이러한 실천 과정에서 나와 집필에 참여한 교수들은 모두 '수준도 높고 쉽게 읽히는 책'을 저술하기가 얼마나 어려운지 실감할 수 있었다. 우리는 독자들이 읽고 싶어 하고 독자들에게 쉽게 읽히는 좋은 책을 쓰려고 노력했지만 우리가 발휘할 수 있는 수준의 한계로 이 책에도 오류와 결점이 포함될 수밖에 없다. 독자 여러분의 비평과 질정을 바란다.

이 책에 실린 삽화에 대해 몇 마디 설명을 덧붙이려 한다. 삽화는 독자들이 책의 내용을 이해하는 데 도움을 많이 준다. 이 책 삽화의 출처는 다음과 같다.

1)『중화 고문명 도화집中華古文明大圖集』, 한국 대우그룹 편, 중국 인민일보출판사

　제2부「시조始祖」

　제2부「주정鑄鼎」

　제5부「사직社稷」

2) 『화하의 길華夏之路』, 중국 역사박물관 편, 조화출판사, 1997

　　제2책 「전국시대에서 남북조시대까지」

　　제3책 「수당에서 양송까지」

3) 『한 양릉漢陽陵』, 샤안시고고연구소 편, 충칭출판사

위의 모든 이미지는 시베이대학교西北大學 원보대학文博學院의 후이밍惠明 동지가 스캔을 담당했다. 감사드린다.

장치즈

2002년 10월 1일

차례

중국문명의 기원에 대한 과학적 탐색

〔1강〕

　중국은 역사가 무척 유구한 문명 고국古國의 하나다. 중국 역사는 전승의 장구함, 창조의 풍부함, 형식의 성대함, 영향의 광활함 등의 요인으로 인류 문명사에서 중요한 위치를 차지하고 있다. 특히 강조할 가치가 있는 것은 중국이 세계의 다른 문화 체계에 비해 수천 년 동안 전승되어온 역사 기록이 가장 완전하고, 역사 유물이 가장 풍부하며, 역사의 계승 관계도 가장 명확하다는 점이다.

　중국문명이 세계문명에 찬란하게 공헌했다는 것은 누구나 다 아는 사실이다. 그러나 중국문명의 기원과 초기 형태에 대한 인식에서 우리는 여전히 성실한 연구와 과학적 탐색을 기다리는 수많은 과제를 떠안고 있다.

　'원류 탐색[探源]'과 '뿌리 찾기[尋根]'에 대한 각 세대 학자들의 노력에 힘입어 우리의 인식은 과학적 방향으로 발전해왔고, 고고학 부문에서 새롭게 발견된 증거에 기대어 오늘날 우리는 중국문명의 기원에 대해 점점 역사적 진실에 가까이 다가서고 있다.

① 황제와 염제: 중국 고대 역사의 전설시대

『사기史記』「오제본기五帝本紀」에는 황제黃帝 헌원씨軒轅氏, 전욱顓頊 고양씨高陽氏, 제곡帝嚳 고신씨高辛氏, 제요帝堯 방훈씨放勳氏, 우순虞舜 중화씨重華氏의 사적이 기록되어 있다. 실제로 초기 문명시대 이전의 역사에 대한 사마천司馬遷의 이해는 모두 '오제'에 관한 생동감 넘치는 서술에 반영되어 있다. 사마천은 '오제'와 관련된 자기 글이 이전 시대의 유관 문헌 기록에서 왔고, 또 그것이 민간 전설과도 왕왕 일치한다는 것을 분명하게 언급하였다.

그는 자신이 직접 서쪽으로 공동空桐 일대까지, 북쪽으로 탁록涿鹿 지방까지, 동쪽으로 바닷가까지 가본 적이 있으며, 남쪽으로는 장강長江과 회수淮水에서 배를 타고 여행해본 적도 있다고 했다. 그리고 가는 곳마다 그곳 어르신들을 방문해보니 모두 황제, 요, 순 이야기를 암송했는데, 비록 문화적 연원이 서로 다르고 각 지방의 풍속도 달랐지만 옛날 성군들에 관한 전설은 대체로 맥락이 일치했다고 했다. 이런 점에서도 우리는 '오제' 전설이 아주 일찍부터 사방에 유포되어 있었음을 알 수 있다.

우리는 다양한 민족의 초기 역사를 고찰해 신화·전설 속에 항상 역사적 사실이 뒤섞여 있고 "기괴한 허구로 보이는 전설이 도리어 역사적 사실의 바탕이 될 수도 있다"[1]는 사실을 발견할 수 있다. 선사시대 전설을 분석해봐도 이와 동일한 현상을 발견할 수 있다.

사마천이 『사기』「오제본기」에 기록한 바에 따르면 '헌원씨'²⁾의 시대에 각 부족들이 서로 '침략과 정벌'을 일삼아 백성들이 큰 피해를 입자 헌원씨가 군사를 훈련하고 군대를 이동시켜 불의한 전쟁을 일으키기 좋아하는 부족을 정벌한 뒤 천하의 추대를 받았다고 한다. 계속된 전쟁에서 헌원씨가 염제炎帝와 치우蚩尤가 이끄는 대부족집단에 승리하자 각지의 제후들이 모두 헌원씨를 천자로 받들어 마침내 황제黃帝가 되었다는 것이다. 사마천은 천하에 순종하지 않는 자가 있으면 황제가 정벌에 나서서 그들을 평정한 후에야 떠났고 "산을 뚫고 길을 닦느라 편안히 거주한 적이 없다"라고 묘사했다.

전설에 따르면 황제는 고생을 마다하지 않고 사방을 편력하며 먼 곳까지 행차했다고 한다. 동쪽으로는 바닷가까지 갔고, 서쪽으로는 서북 고원에 이르렀으며, 남쪽으로는 장강에 닿았고, 북쪽으로는 군사를 동원하여 유목민을 몰아낸 뒤 탁록 부근 평원에 성읍을 건설하고 오랫동안 고정된 거주지도 없이 그곳을 왕래했다고 한다. 황제가 펼친 행정 정책의 주요 내용은 바로 이른바 '만민을 어루만지고 사방을 경략한다'는 것이었다. 그는 교통로 건설을 주요 내용으로 하는 행정적 노력을 들여 이른바 '만국이 화합하는' 국면을 실현했다고 할 수 있다(그림 1).

『여씨춘추呂氏春秋』「탕병蕩兵」의 기록에 따르면 부족집단이나 부족연맹 사이의 갈등과 전쟁의 유래가 아주 오래되었는데, 당시 황제는 '물'을 잘 이용하는 것으로 유명했고, 염제는 '불'을 잘 이용하는 것으로 유명했다고 한다.³⁾ 이러한 관점에는 아마도 황제 부족집단은 강가를 초기 발전

터전으로 삼았고, 염제 부족집단은 애초에 산림 개발을 중시했다는 사실이 반영되어 있는 듯하다.[4] 황제와 염제는 모두 전설시대의 어떤 부족이나 부족집단 또는 부족연맹 우두머리의 성명이거나 아니면 그들을 대체하는 상징기호일 개연성이 크다.

어떤 학자는 '염제'가 바로 '신농神農'이라고 인식하지만 어떤 학자는 염제는 신농과 무관하다고 주장한다. 염제의 전설은 대부분 '화덕火德'과 관련되어 있으므로 여기에는 선사 시기에 불을 이용하여 농토를 개간한 역사적 발전 단계가 반영되어 있는 듯하다. 그것은 바로 망망한 산야에 원시림이 밀집된 상황에서 인간이 부득불 화경火耕을 수단으로 경작지를 개척하여 가장 기본적인 농업 경영을 추진하지 않을 수 없었다는 사실을 알려준다. 염제는 '쟁기와 불'이라는 농사 기술을 발명하고 확장한 선구자로 간주할 수 있을 듯하다.

그림1 헌원 황제

전설 속에서 염제가 대업을 일으킨 지역은『회남자淮南子』「시칙時則」에 기록된 바와 같이 '남쪽으로 위화委火와 염풍炎風의 들판'에까지 이르렀다. 이 때문에 염제는 '남방의 화덕을 대표하는 임금(南方火德之帝)'으로 일컬어지게 되었다(『회남자』「시칙」, 고유高誘 주석). 전설에 따르면 또 "그가 죽자 남방에서 제사를 지냈다"(『여씨춘추』「맹하기孟夏紀」, 고유 주석)고 한다. 이른바 남방이란 염제 부족이나 염제 부족연맹 전성시기의 활동 지역을 대체로 나타내주는 방위라고 할 수 있다. 이러한 전설 속 내용은 장강 유역에서 행해진 석기시대 유적의 고고학적 발굴과도 부합한다.

생산력이 두드러지게 발전함에 따라 당시 사회는 초기 문명을 향해 매진해가기 시작했다.

선진先秦 시기와 진秦·한漢 시기 사상가들은 염제시대의 역사문화 진전에 대해 서술을 추가하면서 이상주의의 색채를 덧씌웠다. 전설에 따르면 당시 사회는 평화로운 흐름 속에서 진보를 거듭했고, 인간과 자연의 관계도 상당히 조화로웠으며, 동일한 사회구조 내부에서도 인간관계가 매우 우호적이었다고 한다.[5] 이러한 묘사에서 우리는 평화롭고 고요한 사회적 분위기와 농업 생산이 공전의 발전 단계에 도달한 당시 상황을 엿볼 수 있다.

중국문명 기원 시대의 부족과 부족집단 또는 부족연맹에 대해서 어떤 학자들은 황제와 염제 외에 치우도 있다고 인식하기도 한다. 또 어떤 학자는 황제·염제와 나란히 거론해야 할 부족집단 혹은 부족연맹으로 묘만苗蠻이 있다고도 인식한다.[6] 이 시기의 역사문화에 대해 여러 학자의 인식이 일치할 수 없다. 왜냐하면 전설시대와 관련된 기록이 산만하고 단편적일 뿐만 아니라 그 속에는 확신할 수 없는 요소가 많이 섞여 있기 때문이다.

선사시대의 문화적 면모를 탐색하다 보면 시대가 더욱 아득한 고대일수록 당시 군락 간의 문화적 차이가 더 뚜렷하다는 사실을 발견할 수 있다. 심지어 거리가 그다지 멀지 않은 동시대 인류의 유적 출토물 사이에도 각각 상이함을 보여주는 선명한 특징이 드러난다. 이후 인류의 장기적 교류와 소통으로 비로소 상이한 문화가 시간이 지날수록 점점 공통적인 모습을 분명히 드러내게 되었다.

전설 속의 황제가 '사방의 땅을 측량하여(度四方)' '만국의 화합(萬國和)'을 이끌어낸 업적도 바로 문명 진보의 법칙과 부합하는 일이다.

② 염제와 황제 전설에 대한 근세 사학자들의 인식

청나라 말기 이후로 진보적 지성계에서는 서구문화의 영향을 수용하는 동시에 전통문화에 대해서도 반성하기 시작했다. 그리하여 1920년대 초에 '고사변古史辨'을 기치로 내건 '의고사조疑古思潮'가 일어났다. 이 사조는 당시 정통 역사체계를 파괴하고 봉건문화 전통의 그물망을 찢으며 민족정신을 해방시킨 측면에서 매우 긍정적 역할을 수행했으며 당시 사학계의 혁명에도 주요 추진체 역할을 했다.[7]

'고사변파'의 창시자 구제강顧頡剛은 '누적되어 형성된 중국 고대사(層累地造成的中國古史)'라는 관점을 제기했다. 그는 선사시대 전설에 나오는 제왕들이 모두 신성神性을 보유한 것은 신에서 인간으로 변화했기 때문이고, 고서에서 이야기하는 선사시대 역사는 상이한 시대의 신화와 전설이 한 겹 한 겹 누적되었기 때문에 해당 신화와 전설이 발생한 시대 순서도 고서에 기재된 선사시대 역사 체계의 배열순서와 완전히 다르다고 주장했다. "시대가 후대로 갈수록 전설 속 옛 역사는 더욱 길어진다." "주周나라 사람들의 마음속에서 가장 오래된 인물은 우禹 임금이지만 공자孔子 시대에 이르면 요·순이 등장한다. 그리고 전국시대에는 황제와 신농이 등장하고 진秦나라에 이르면 삼황三皇이 등장하며 한漢나라 이후에는 반고盤古 등이 등장한다." 그뿐만 아니라 "시대가 후대로 갈수록 전설 속 중심인물의 형상도 더욱더 확장되어 나타난다." "예를 들면 순舜 임금은 공자시대에 단지 '무위無爲로 세상을 다스린' 성군에 불과했지만, 『상서尙書』「요전堯典」에[8] 이르면 '집안을 잘 다스린 이후 나라의 치세를 이룬' 성인의 모습으로 나타나고, 맹자孟子시대에 이르면 효자의 모범이 된다."[9]

구제강의 견해는 발표되자마자 곧바로 강렬한 반향을 불러일으켰다.

여러 해가 지난 후 구제강은 「나는 어떻게 '고사변'을 편집했던가?(我是怎樣編寫'古史辨'的?)」라는 글에서 당시 상황을 회고했다. "어떻게 상상이나 했겠는가? 「선사시대를 토론하기 위해 첸쉬안퉁錢玄同 선생에게 드리는 편지(與錢玄同先生論古史書)」라는 제목의 글이 발표되자마자 마침내 중국 선사시대를 뒤흔드는 원자탄이 될 줄이야. 나 자신조차 그처럼 막대한 전과를 올리리라고는 전혀 생각지 못했다. 고서를 좀 읽은 각 부문의 인사들은 모두 이 문제에 자극을 받았다. 왜냐하면 중국인의 두뇌 속에는 여태까지 '반고가 천지를 열고 나서 삼황과 오제를 거쳐 오늘날에 이르렀다'는 정형화된 가르침이 굳게 자리 잡았기 때문이다. 그런데 갑자기 반고도 없고 삼황과 오제도 없다고 하니 모든 사람이 화들짝 놀라 떨쳐 일어날 수밖에 없었다. 나를 매도하는 사람이 다수였고 내 의견에 찬성하는 사람은 소수였다. 많은 사람이 전통적 관념에 의지하여 나를 비판하며 결국 내가 귀신에 씌어 성인의 사당을 한 주먹에 흙더미로 만들어버렸다고 매도했다."[10]

구제강이 '누적되어 형성된 중국 고대사'라는 논점을 제기하자 학계에서는 한바탕 폭풍이 몰아쳤다. 첸쉬안퉁은 그의 견해가 '정확하고 뛰어난' 의견이라고 인식하고 "그의 글을 읽은 후 기쁨에 겨워 감탄이 우러났다"라고 했다.[11] 후스胡適도 나중에 다음과 같은 견해를 표명했다. "'누적되어 형성된 중국 고대사'라는 구 선생의 의견은 진정으로 오늘날 사학계의 큰 공헌이라 할 만하다. 우리는 그의 의견을 허심탄회하게 자세히 연구해야 하고, 또 마음을 비우고 실험해야지 우리 선입관으로 이 중요한 관념의 수용을 가로막아서는 안 된다."[12] 그러나 학계에서는 반대 의견도 많이 제기되었다. 구제강은 비판자들의 갖가지 힐난에 대응하면서 계속해서 자기 이론을 충실하게 다듬었다. 그는 1923년 7월 1일에 또 「류추셴劉楚賢, 후진런胡堇人 두 선생에게 보내는 답장(答劉胡兩先生書)」을 발표하여 믿을 수 없는 역사를 타도하려면 네 가지 표준을 갖춰야 한다고 했다.

첫째, "일원론적 관점에서 나온 민족이라는 관념을 타파해야 한다." 둘째, "지금까지 견지해온 일통一統이라는 지역 관념을 타파해야 한다." 셋째, "선사시대의 인간화 관념을 타파해야 한다." 넷째, "고대는 황금세계라는 관념을 타파해야 한다." 구제강은 또 이러한 의견을 제시했다. "이상 네 가지 표준은 잡다하고 혼란한 선사시대 관련 기록에서 믿을 수 있는 기록과 믿을 수 없는 기록을 분류하는 기본 관념이기 때문에 나 자신은 매우 올바른 견해라고 생각한다."[13]

근래 몇십 년 동안 끊임없이 이어진 새로운 고고학적 발견에 힘입어 우리 학계는 점차 의고사조 중 많은 관점이 수정되어야 한다고 인식하게 되었다. 따라서 선사시대 전설에 대한 인식도 더욱 새롭게 수정해야 한다. 쉬쉬성은 『중국 옛 역사의 전설시대(中國古史的傳說時代)』라는 책에서 다음과 같이 지적했다. "이른 시기에 발전을 이룬 각 민족(이 용어는 광의의 의미로 사용함)의 최초 역사는 결국 '구두 전승'의 방법으로 이어져 내려온 것이다." "전설시대의 사료와 역사시대의 사료는 그 성격에서 중요한 상이점이 존재한다. 즉 전자의 신빙성은 후자의 신빙성에 미치지 못한다." '구두로 전승되는 사료는 쉽게 진실성을 잃는 점' 이외에도 "당시 신권神權의 강성함 때문에 사람들에게 신화의 방식에서 벗어나 생각할 여지를 줄여버린다. 따라서 이러한 전설 속에는 신화의 성분이 잡다하게 섞여 있고, 신화가 잡다하게 섞여 들어간 전설 속에서 역사의 핵심을 찾는 것 또한 상당히 어려운 일이다. 이 같은 이유 때문에 어떤 민족이라도 역사가 시작되는 시점의 상황은 갈피를 잡을 수 없을 정도로 아득할 뿐 아니라 모순투성이로 보이기까지 한다. 이것은 각 민족에게 공통적이면서도 어찌할 수 없는 상황이다." 쉬쉬성은 또 다음과 같이 지적했다. "상고시대의 전설에도 결국 역사적 측면의 성분과 핵심 요소가 들어 있다. 그것은 결코 완전히 허위로 날조된 것이 아니다."[14] 이러한 인식은 선사시대에 대해 우리가 이미 알고 있는 지식과도 부합한다.

전국시대와 진秦·한漢시대 이래로 고대 전설시대의 '삼황오제' 사적이 이미 당시 역사 서술 구조의 최초 틀거리로 작동했다. 선사시대의 오제 전설과 삼황 전설은 '고사변파' 사학자들이 일찌감치 지적한 것처럼 후세 사람들이 보태고 윤색한 흔적이 있기 때문에 그것을 허위의 상고사로 단정할 수도 있다. 그러나 우리는 또 이러한 전설 속에도 진실한 역사의 흔적이 약간이라도 포함되어 있음을 잘 관찰해야 한다. 모건Lewis Henry Morgan(1818~1881)은 『고대사회Ancient Society』(Henry Holt and Company, New York, 1877)라는 책에서 전설시대의 인물과 역사를 언급했다. "로마의 그 일곱 명의 이른바 국왕이 진짜 인간인지 아니면 신화 인물인지, 또 그들의 어떤 입법 활동이 도대체 사실인지 허구인지" 기실 이러한 것들은 "전혀 중요하지 않다." "인류의 진보는 특수한 인물 구술에 의지하는 것이 아니라 유형의 기록 속에 구현되어 있다. 이들 기록은 각종 제도와 풍속·습관에 응축되어 있으며 각종 발명과 발견 속에 보존되어 있다."[15] 이러한 인식에서 출발하여 우리가 문명의 기원과 '삼황오제'의 선사시대 계보 관계를 고찰한다면 그 속에 포함된 약간의 의문점을 배제하고 나서 이들 전설의 배후에 구현되어 있는 역사적 진실을 깊이 탐색할 수 있게 된다.

몇몇 학자는 고고학의 새로운 성과를 결합하여 염제와 황제에 대한 전설을 새롭게 이해해야 한다고 인식한다. 또 적지 않은 학자는 복희와 신농에서 황제에 이르는 선사시대의 전설에 중화문명이 최초로 싹을 틔우고 발전해온 과정이 표현되어 있다고 인식한다. 리쉐친李學勤은 「고대문명을 논함(論古代文明)」이라는 논문에서 이렇게 지적했다.

"『사기』는 『대대예기大戴禮記』에 수록된 「오제덕五帝德」의 관점을 계속 사용하여 황제를 「오제본기」의 첫머리에 놓았다. 이것은 중화문명 형성의 한 가지 표지라고 할 수 있다." 황제가 관직과 감독관을 설치하고, 태양의 운행을 살펴 책력을 계산하고, 온갖 곡식을 파종하여 길러내고, 금수를 길들인 사적에는 이미 초기 문명의 특징이 드러나 있다. "이 때문에 염제와 황제의 전설을 중화문명의 기원으로 삼는 것은 결코 현대인의 창조가 아니라 옛날부터 계속 존재해온 관점이다."

리쉐친은 또 이렇게 말했다. "황제와 염제는 상이한 두 지역을 대표한다. 하나는 중원의 전통이고 다른 하나는 남방의 전통이다. 이러한 지역적 관점은 우리가 선사시대 전설을 연구할 때 상당한 의미를 갖게 해준다."[16] 우리가 『사기』 「오제본기」를 읽어보면 사마천이 선사시대를 기술할 때 대체로 중원문화 계통을 중심으로 삼았음을 알 수 있다. 그러나 남방문화 계통의 역사적 존재까지 언급한 것도 확실한 사실이다.

리쉐친은 또 염제와 황제의 사적과 황제 이후의 전설 계보가 다음과 같은 역사적 사실을 설명해준다고 지적했다. "중화문명은 맹아 과정을 포함한 상당히 이른 시기에 벌써 꽤 광범위한 지역에 분포되어 있었다. 고고학적 견지에서 적지 않은 학자는 모두 '룽산龍山문화'라는 용어를 사용한다. 이는 북방에서 남방에 이르는 광대한 지역에서 발생한 여러 문화에 모두 공통점이 있음을 의미한다. 이러한 상황으로도 하나의 문화의 '장場'이 형성되어 있었음을 비유할 수 있다. 그 범위의 광대함은 고대 세계에서 비견할 만한 대상이 드물었다." 그는 또 이렇게 인식했다. "이 문화의 '장場'이 바로 뒷날 하夏, 상商, 주周 3대 시기에 통일국가를 이루는 바탕으로 작용했다. 염제와 황제 전설, 황제에게 아들이 25명 있었고 이들 중 12명이 성姓을 얻었다는 전설은 이 공통적인 문화의 '장場'과 밀접하게 관련을 맺고 있다. 선사시대 전설을 결합하여 룽산문화 시대의 각종 문화 현상을 고찰하면 중국문명의 기원과 형성과정에 대해 한 걸음 더 진전된 해명을 할 수 있게 된다."[17]

염제와 황제에 관한 전설 중 특히 황제 전설과 당시 이미 하나의 문화의 '장場'이 형성되어 있었다는 논단은 초기 중화문명의 기본 면모를 구현하는 몇몇 역사문화 현상이 선사시대의 전설과 밀접하게 연관되어 있었음을 주장하는 견해다. 이러한 인식은 중국문명의 기원을 탐색하는 작업에 의미 있는 계시를 던져준다.

③ 다원多源의 문명, 다원多元의 문명

'고사변파'는 신빙성 없는 역사 기록을 뒤집어엎으려고 네 가지 표준을 제시했다. 그 첫째가 "일원론적 관점에서 나온 민족이라는 관념을 타파해야 한다"이고, 둘째가 "지금까지 견지해온 일통一統이라는 지역 관념을 타파해야 한다"이다. 고고학 자료의 인증에 비춰볼 때 이 두 가지 표준은 중국문명의 기원에 대한 과학적 인식을 확실하게 구현하고 있다.

근래 고고학적 발굴 성과가 증명해주는 바에 따르면 '중화문명'은 처음 싹을 틔우는 과정에서 상당히 광범위한 지역에 분포되어 있었다. 기존에는 통상적으로 '일원론적 입장'에서 황허강 중하류 지역을 초기 문명 탄생의 터전으로 간주했다. 그러나 우리는 황허강 중하류 지역 이외에도 신석기시대에 이미 상당히 번성했던 원시문화가 존재했음을 확인할 수 있었다.

1920년대 초 스웨덴 고고학자 안데르손Johan Gunnar Andersson은 간쑤성 甘肅省 린타오현臨洮縣 마자야오馬家窯에서 발달한 채도彩陶 예술을 특징으로 하는 원시시대 유적을 발견했다. 이 때문에 나중에 황허강 상류 지역 신석기 후기 고고학적 문화에 마자야오문화라는 이름을 붙였다. 마자야오문화는 간쑤성에 비교적 집중적으로 분포해 있는데, 그 지역은 대체로 룽시隴西평원을 중심으로 하여 동쪽으로는 룽둥隴東산악 지역으로부터 서쪽으로는 허시쩌우랑河西走廊에까지[18] 미친다. 간쑤성 북부와 간쑤성 남부의 산악 지역 및 닝샤寧夏 남부와 칭하이靑海 북동 지역에서도 마자야오문화의 유적이 발견되었다. 마자야오문화는 양샤오문화의 한 분파이기 때문에 간쑤양사오문화라고도 한다.

마자야오문화의 채도는 전체 도기陶器 총 숫자의 20~30%를 점한다. 상이한 시기 여러 지역의 채도문화 중에서 마자야오문화의 채도 점유율이 가장 높다. 다른 문화 계통과 비교해볼 때 마자야오문화의 채도 회화 스타일은 복잡다단함이 주요 특징이라고 할 수 있다. 또 뚜렷한 규칙성까지 갖추어서 마자야오인들의 채색 기술이 이미 상당히 성숙한 수준에 도달했음을 알 수 있다. 마자야오 채도의 채색 부위도 다른 채도문화에 비해 훨씬 광범위하다. 미세한 점토 외벽과 구연부에 꽃무늬가 가득 그려져 있으며, 심지어 아가리가 큰 기물의 내벽과 모래가 섞인 기타 취사도구에도 채색이 가해져 있다. 마자야오문화 채도의 도안은 대부분 자연에서 제재를 취했다. 즉 물고기, 새, 개구리, 올챙이, 물결, 풀잎, 조롱박 등의 무늬를 비교적 자주 볼 수 있고, 이러한 무늬를 변형하여 만든 각종 도안과 상이한 형식의 기하학무늬 등도 다수 포함되어 있다.

마자야오문화의 채도에 드러난 정밀함과 화려함에는 당시 도공들의 비범한 공예 기술이 표현되어 있다. 마자야오문화 시대에 도기를 굽던 도요지 가마는 모두 네모꼴인데 이는 중원 양사오문화의 가마가 원형인 점과 뚜렷하게 구별된다. 간쑤성 란저우시蘭州市 교외 바이다오거우핑白道溝坪 유적에서는 규모가 상당히 큰 도요지가 발견되었다. 모두 다섯 곳에서 12개 가마가 확인되었고 이 밖에 일부 파괴된 가마 흔적도 확인되었다. 도요지에서는 또 안료를 갈던 석판과 색깔을 배합하던 접시도 출토되었는데 이것들은 모두 도공이 채도에 무늬를 그려 넣던 도구다. 발견된 접시는 칸으로 분리되어 있고 그 칸 속에서 자주색과 붉은색을 섞어놓은 안료 흔적을 볼 수 있다.

칭하이성 다퉁현大通縣 상쑨자上孫家 유적에서는 춤추는 사람 형상을 채도무늬의 주제로 삼은 도기 동이가 출토되었다. 그림은 세 부분으로 나뉘어 있고 각 부분에 다섯 사람이 손을 잡고 춤추는 모양이 그려져 있다. 발걸음이 조용하고 생김새가 날씬하며 동작은 가지런하다. 각 부분의 바깥쪽 두 사람의 한 팔은 두 갈래로 그려놓았는데, 이것은 서로 마주 잡지 못한 팔의 커다란 동작이나 비교적 빈번하게 흔드는 춤사위를 반영한 것으로 보인다. 또 춤추는 사람 모두의 하체 뒤에는 꼬리 모양의 작은 선이 그려져 있다. 어떤 사람은 그것을 일반적 장식물로 해석했고, 어떤 사람은 펄럭이는 허리띠로 해석했으며, 또 어떤 사람은 새나 짐승을 모방한 꼬리 장식이라고 해석했다.

원시무용의 최초 기원에 관해서 우리는 자연스럽게 『상서』 「익직益稷」편의 기록을 떠올리게 된다. "생황과 큰 종을 간간이 섞어 연주하니 날짐승과 길짐승이 모두 춤을 추었고, 소소簫韶[19] 음악 아홉 장을 연주하니 봉황이 날아와 의식에 참여했습니다."[20] "경쇠를 치고 두드리자 온갖 짐승이 모두 춤을 추었습니다."[21] 당시 사람들은 대나무를 간단하게 가공한 생황이나 피리를 불고, 비교적 평평한 석기를 리듬감 있게 두드리며(이 것이 바로 고대 악기 '경磬'의 원형일 것이다) 금수의 동작을 모방하여 너울너울 춤을 췄을 것이다. '날짐승과 길짐승이 모두 춤을 췄다'든가 '봉황이 날아와 의식에 참여했다'든가 '온갖 짐승이 모두 춤을 췄다'는 등의 기록은 모두 이러한 무용과 원시 수렵 생활의 관계를 반영한 것이다. 이렇게 본다면 아마도 상쑨자 채도의 춤추는 사람에게 달려 있는 꼬리 장식도 새나 짐승의 꼬리를 모방한 것이라는 견해가 역사적 진실에 가까운 듯하다.

주의할 가치가 있는 것은 고대 서적에서 "제준帝俊에게 아들이 여덟 명 있었고 이들이 가무를 시작했다"[22]는 전설을 찾아볼 수 있고, 이 때문에 가무가 최초로 발생한 것이 중원의 옛 성군 사적과 관련되어 있다고 인식해왔지만 기실 현재 우리가 원시무용에 관해 목도할 수 있는 실증 자료는 대부분 서북 변방 지구의 문물 유적에 있다는 사실이다.

상쑨자 무용 채도와 가까운 시대에 출토된 유물 가운데는 원시적 악기들도 몇 가지 눈에 띈다. 칭하이성 민허양산民和陽山 마자야오문화 유적에서는 도기로 만든 북(陶鼓) 2개가 출토되었다. 중간은 원통 모양이고, 한쪽 끝은 항아리 입구 모양이며, 다른 한쪽 끝은 확대된 나팔 모양이다. 양쪽 끝에 각각 고리를 하나씩 뚫어놓아서 그곳에 줄을 매고 몸에 매달아 두드릴 수 있게 했던 것 같다. 그중 하나의 허리 부분에 줄을 매어 사용하면서 닳은 흔적이 있다. 나팔형 끝부분에는 젖꼭지 모양의 작은 돌기와 작은 구멍이 마련되어 있는데 당시에 짐승 가죽을 그곳에 덮어씌우고 고정하던 장치였을 것으로 추측된다. 『세본世本』에도 "이족夷族이 북을 만들었다(夷作鼓)"라고 기록되어 있는 것처럼 최초로 북을 발명한 것은 소수민족의 문화적 공헌이었을 가능성이 있다. 칭하이성 러두현樂都縣 류완柳灣 묘지에서 출토된 도기 호루라기(陶哨)는 높낮이가 다른 네 가지 소리를 낼 수 있다.

간쑤와 칭하이 지역의 원시문화는 특히 도기 예술 조형의 아름다움과 기교의 완숙함으로 사람들의 주목을 받았다. 간쑤성 친안현秦安縣 다디완大地灣에서 출토된 채도 가운데는 주둥이 부분에 사람 머리를 둥글게 조각한 도기 병(陶瓶)이 있고, 그 병 복부의 금이 간 곳에는 깨어진 양쪽 부분을 이어 붙인 흔적이 있는데 이는 당시 사람들이 이 기물을 매우 귀중하게 여겼다는 증거라고 할 수 있다. 병 주둥이에 둥글게 조각한 사람 머리는 조형이 생동감 있고 조각 선이 세밀하며 머리 모양까지 매우 구체적으로 표현되어 있다. 앞이마의 가지런한 단발 이외에 양쪽 측면과 후두부는 모두 머리를 풀어헤쳤다. 간쑤성 톈수이시天水市 차이자핑柴家坪에서도 이와 유사한 인물 모양 도기 입구 부분이 출토된 적이 있다. 칭하이성 러두현 류완 묘지에서 출토된 유물 중에는 인물 모양 채도 호리병(人像彩陶壺)도 있다. 이것들도 대부분 병의 입구 부분에 사람 얼굴을 조소해놓았다. 그중 한 가지 형상은 나체 인물상인데 먼저 인체의 각 부위를 흙으로 붙인 후 검은 색깔로 윤곽을 그려놓았다. 얼굴은 역시 호리병의 목 부분에 있고, 오관五官을 분명하게 나타냈으며, 머리를 풀어헤치고 있다. 또 상체는 호리병의 배 부분에 불룩하게 표현했고, 다섯 손가락을 명확하게 그려 넣었으며, 하체는 꼿꼿하게 선 모습으로 처리했다. 이들 기물에 표현된 문화적 의미를 우리는 아직까지도 완전하게 이해하지 못한다. 그러나 이들 기물의 구상과 제작에 구현되어 있는 원시인들의 예술 관념은 분명히 중시할 가치가 있다.

마자야오문화 반산형半山形 유적에는 남녀 합장묘가 있는데 이를 일부 일처제 가정이 확립된 표지로 인식한다. 남녀 부장품의 차이는 양성 간 사회적 분업의 차이를 표현한 것이다. 부장품의 양과 질 그리고 종류의 차이에서 우리는 당시에 사회적 빈부격차가 나타나면서 원시 공산사회가 점차 해체의 길을 걸었음을 알 수 있다.

마자야오문화 이후에는 황허강 상류 서북고원에 살던 원시인들이 청동기시대로 진입했다. 간쑤성 우웨이황武威皇 냥냥타이娘娘臺와 간쑤성 융징현永靖縣 다허좡大何莊 등 치자齊家문화 유적에서는 초기 홍동기와 청동기 유물 50여 점이 발굴되었다. 종류를 보면 칼[刀], 송곳[錐], 고리[環], 숟가락[匕], 도끼[斧], 끌[鑿], 거울[鏡] 등이 포함되어 있다. 간쑤성 광허현廣河縣 치자핑齊家坪 유적에서 출토된 비교적 묵중한 청동도끼는 치자문화를 대표하는 가장 큰 유물이다. 청동거울은 모두 8점이 발굴되었으며, 그중에서 칭하이성 구이난현貴南縣 가마타이尕馬臺 15호 고분에서 출토된 한 점이 보존 상태가 비교적 양호하다. 그 거울은 원형에 지름이 9cm이며 두께는 4mm다. 한 면은 평평하게 갈았고 다른 한 면은 7각형 별 무늬로 장식했으며 테두리에는 도드라진 마름모꼴 무늬를 넣었다. 이 동경의 제작 기술을 분석한 결과 이미 합범合范 주조 기술을 사용했음이 밝혀졌다. 중성자 방사선 분석기법에 따르면 구리와 주석의 비율이 1:0.096이라고 한다. 본래 있던 거울 꼭지는 이미 떨어져나갔고, 거울 가장자리 한 곳에는 작은 구멍이 두 개 뚫려 있는데 이는 줄을 꿰는 용도로 쓰였을 것이다.

지금까지 발견된 치자 유적의 고분은 대부분 씨족 공동묘지이고 각각 규모는 당시 씨족 혹은 부족의 규모와 상응할 것이다. 이들 고분에는 일반적으로 모두 도기陶器, 석기石器, 옥기玉器, 골기骨器, 동기銅器 등이 부장되어 있는데 특히 도기가 대종을 이룬다. 또 돼지와 양의 아래턱뼈[下顎骨]를 부장한 경우도 있다. 몇몇 고분의 발굴 자료를 분석한 바에 따르면 치자 유적의 묘장 규모와 부장품 질량이 상당히 큰 차이를 보인다. 예를 들면 간쑤성 우웨이황 냥냥타이 고분의 부장품을 살펴보면, 도기가 적게 발굴된 곳은 1~2점에 불과한데 많은 곳은 83점이나 된다. 또 간쑤성 융징현 친웨이자秦魏家와 다허좡 두 곳의 50여 기 고분에서 돼지 아래턱뼈가 모두 550여 점 출토되었는데, 그중에서 적은 곳은 겨우 1점에 불과하고 많은 곳은 68점에 달한다. 이러한 현상은 사자의 생전 재산이 불평등했음과 사회적 지위에 현격한 차이가 있었음을 설명해준다.

생산이 발전함에 따라, 특히 야금업 주도의 수공업이 발전하자 치자문화 창조자들은 속속 문명의 초기 단계로 접어들었다.

치자 고분 유적에서는 '돌멩이를 원형으로 둘러친 제단(石圓圈)'도 6곳이나 발견되었다. 이곳에서는 모종의 종교적 제사 활동을 했을 것이다. 간쑤성 융징현 다허좡에 있는 이와 같은 제단 한 곳에는 서북 방향으로 폭 1.5m가 터져 있다. 이러한 제단 부근에는 모두 수많은 분묘가 분포되어 있으며, 복골卜骨(점을 치기 위한 뼈)과 소나 양 등 동물의 뼈가 발견되었다.

당시에 종교적 제사 활동이 중시된 것은 문화의 진보가 새로운 단계로 접어들었음을 설명해주는 표지다.

치자문화는 주로 간쑤성과 칭하이성 경내의 황허강 연안과 그 지류인 웨이허강渭河, 타오허강洮河, 다샤허강大夏河, 황수이강湟水 유역에 분포되어 있다. 닝샤 남부와 네이멍구 서북부에서도 이와 관련된 유적이 드문드문 발견되고 있다. 그 분포 지역을 살펴보면 대체로 중원 사람들이 '서융西戎'이라고 일컫던 부족의 초기 활동 범위와 일치한다.

칭하이성 러두현 류완의 치자문화 고분에서 출토된 석경石磬은 같은 종류의 유물 가운데 가장 초기의 유물에 속하는데, 중국 음악사 연구 분야에 진귀한 실물 자료로 제공된다. 류완에서는 바다조개도 36점 출토되었다. 이 점에서 우리는 치자문화를 이룩한 사람들이 상당히 먼 지역 사람들과 경제적·문화적 교류를 했다는 사실을 알 수 있다.

저장성浙江省 위야오시餘姚市 허무두河姆渡 유적에서 이름을 딴 허무두문화는 창장강 하류에서 발달한 신석기문화의 하나다. 허무두문화의 분포 지역에는 항저우만杭州灣 남쪽 연안의 닝보·사오싱紹興 평원과 바다 건너 저우산군도舟山群島까지 포함되어 있다. 연대는 대체로 기원전 5000년에서 기원전 3300년까지에 걸쳐 있다.

허무두문화에서는 골기骨器 제작 기술이 비교적 뚜렷하게 발전했다. 뼈로 만든 보습[耜], 화살촉[鏃], 작살[魚鏢], 송곳[錐], 바늘[針], 숟가락[匕], 끌[鑿] 등이 생산활동과 생활 영역에 광범위하게 쓰였다. 이 밖에도 뼈로 만든 비녀[笄], 관[管], 늘이개[墜], 구슬[珠]의 장식품도 조형이 정교하고 광택이 아름답다. 몇몇 골기에는 세밀하고 아름다운 꽃무늬를 조각하여 장인匠人의 정교한 기술을 잘 드러냈다(그림 2).

상하이上海 칭푸현靑浦縣 동쪽으로 4km 정도 떨어진 곳에 있고, 타이후
太湖 지구에 속하는 쑹쩌崧澤 유적에는 신석기시대 유물이 중심이 된 중층
퇴적층이 가장 풍부하게 분포되어 있다. 어떤 사람은 그것을 쑹쩌유형崧
澤類型 혹은 쑹쩌기崧澤期라 하고 어떤 사람은 쑹쩌문화라고 한다. 연대는
기원전 3900년에서 기원전 3300년 사이로 보인다. 같은 유형의 유적으
로는 장쑤성江蘇省 우현吳縣 차오셰산草鞋山 유적, 장링산張陵山 유적, 장쑤
성 창저우常州의 웨이둔圩墩 유적, 저장성 우싱吳興의 추청邱城 유적 등이
있다.

쑹쩌문화 시기의 석기는 보통 전체를 빛이 나게 갈았다. 구멍을 뚫은
돌낫[石鑣], 길게 다듬은 돌자귀[石錛] 등 비교적 특색을 갖춘 유물도 있다.
생산도구의 형태와 도기陶器 배합물질에 왕겨를 많이 사용한 점 등으로
미루어볼 때 당시 경제생활이 벼농사가 중심이었음을 알 수 있다.

그림 2 허무두문화의 골제 보습 농기구

량주良渚문화는 쑹쩌문화의 성취를 계승했다. 량주문화는 저장성 위항餘杭의 량주良渚 유적에서 따온 이름이다. 량주문화는 주로 타이후 지역에 분포해 있고 남쪽으로 첸탕강錢塘江을 경계로 하며 서북쪽으로는 장쑤성 창저우常州 일대에까지 미친다. 창장강 북쪽 연안의 장쑤성 하이안海安 칭둔靑墩 유적에서도 량주문화에 속하는 몇 가지 요소가 나타나기도 했다. 량주문화의 연대는 대략 기원전 3300년에서 기원전 2200년까지다.

1934년 첸산양錢山漾 유적이 발견되고 1936년 량주 유적이 발굴됨에 따라 사람들은 중국 동남권 선사문화의 고귀한 유물을 새롭게 인식하기 시작했다. 그 후 60여 년 동안 량주문화에 대한 발굴과 연구가 날이 갈수록 깊이를 더해갔다. 량주문화는 옥기玉器의 성취가 비교적 두드러지고 도기 무늬도 복잡다단하다. 상하이 마차오馬橋 유적에서 발견된 도기 문양은 당시 사회문화의 진보를 더욱 직접적으로 드러내주는 표지다.

허무두문화의 목제 공예 기술은 이미 상당히 수준 높은 경지에 도달해 있다. 목제 보습[耜], 낫[鎌], 공이[杵], 창[矛], 칼[刀], 상앗대[槳], 망치[槌], 가락바퀴[紡輪] 등의 도구를 제외하고도 여러 가지 도구를 장착한 목제 자루도 적지 않게 발견되었다. 허무두 유적에서 출토된 수많은 목제 건축 자재에서는 장부이음 구조를 발견할 수 있다. 특히 주먹장이음 장부, 곰보이음 장부 그리고 은촉붙임판의 발명과 사용은 당시 목제 기술의 뛰어난 성취를 보여주는 표지다. 허무두 유적 제3층에서는 아가리가 안쪽으로 오므려져 있고 굽이 둥근 나무 주발 한 점도 출토되었는데 바깥 표면에 주홍색 도료塗料가 얇게 칠해져 있다. 도료가 비교적 심하게 탈락되었지만 여전히 은은한 광택이 배어 있다. 이 도료는 감정 결과 생옻으로 밝혀졌는데, 이는 지금까지 중국에서 발견된 가장 이른 시기의 옻칠 용기에 해당한다.

허무두문화의 주인공들은 땅에 말뚝을 박고 바닥을 지면보다 높게 지은 누마루식 건물에서 거주했다. 허무두 유적의 각 문화층에서는 모두 이러한 건축 형식과 관련된 둥근 말뚝, 사각형 말뚝, 서까래, 기둥, 나무판자 등의 유물이 발견되었고, 그 수량도 수천 건에 달한다. 허무두 유적 제4층에서 발견된 누마루 건축 잔해에서는 말뚝과 서로 **빽빽하게** 이어진 둥근 장대가 220여 개나 발견되었다. 말뚝이 배열된 비율로 분석해보면 실내 면적이 160㎡ 이상에 달한다. 이 대형 누마루식 건축은 공동주택으로 보이며 실내는 각각 작은 방으로 칸을 나눴을 가능성이 있다.

허무두 유적 제2층에서는 나무로 구조물을 만든 얕은 우물 흔적도 발견되었다. 이것은 중국에서 현재까지 알려진 가장 이른 시기의 우물 유적일 뿐 아니라 지금까지 발견된 것 중에서 수직으로 우물을 파고 지지대를 세운 가장 오래된 유적에 속한다.

전설에 따르면 황제시대에 '옥으로 무기를 만든(以玉爲兵)' 역사 단계가 있었다고 한다. 여기에서 말하는 '옥'은 비교적 순수한 재질의 석재를 가리키는 말인 듯하다. 사람들이 이처럼 석기를 제작하고 가공하는 과정에서 깨끗하고 아름다운 옥의 성질을 발견했고, 그것을 영롱한 장식물이나 장엄한 예기禮器로 가공해낸 듯하다. 신석기시대의 옥기에는 선사시대 거주민들의 발전된 심미 의식이 구현되어 있다. 또 그것을 응용한 제품이 원시적 종교나 신앙의 몇 가지 내용과 관련을 맺고 있는 듯하다.

중국 남동 지역 선사시대 거주민의 옥기 제작 기술은 다른 지역보다 앞

섰는데, 이것이 이 지역 거주민을 주목하게 만든 중요한 문화 공헌의 하나다. 량주문화의 옥기 제작도 문명 발전 정도가 동일한 원시문화 가운데서 아주 뛰어난 면모를 보여준다. 옥으로 만든 구슬[珠], 관[管], 늘이개[墜], 팔찌[鐲], 애璦,[23] 황璜,[24] 옥홀[琮], 벽璧[25] 등은 정성들여 갈아서 광택이 나게 했고, 무늬를 조각하여 수준 높은 공예 기법을 보여준다. 량주문화의 분묘에도 옥기 제품이 다량 부장되어 있다. 예를 들면 장쑤성 우셴 차오셰산 198호 묘에서는 부장품이 60여 점 출토되었는데, 그중 옥홀[玉琮] 5점, 옥벽玉璧 2점, 구슬[珠]·관[管]·팔찌[鐲]·송곳형 장식(錐形飾), 구멍 뚫린 도끼(穿孔斧) 등 옥기가 30여 점 포함되어 있다. 상하이 칭푸의 푸취안산福泉山 6호 묘는 이미 파괴되기는 했지만 옥홀 5점과 옥벽 4점이 수습되었다. 장쑤성 우진사武進寺 돈대 3호 묘에는 옥홀과 옥벽이 57점이나 부장되어 있었다. 이처럼 옥기를 다량 부장한 사례는 이전 시대에는 없었다. 어떤 학자는 『주례周禮·춘관春官』 「전서典瑞」에 나오는 "옥벽과 옥홀을 흩어서 시신을 염한다(疏璧琮以斂尸)"라는 언급에 근거하여 이러한 매장 형식을 '옥렴장玉斂葬'으로 칭할 수 있다고 인식했다. 량주문화 시대에 이미 숙련된 기술로 전문적으로 옥을 가공하는 장인匠人이 출현했을 수도 있다. 『주례』 「고공기考工記」에 나오는 '옥인玉人'이 바로 그런 사람이다. 량주 옥기의 광택에서 우리는 선사시대 사람들이 드러내는 지능의 빛을 목도함과 동시에 동방 문명의 빛도 볼 수 있다.

푸젠성福建省의 신석기시대 유적은 대부분 민장강閩江 하류 지역에 집중되어 있다. 푸젠성 민허우閩侯 탄스산曇石山 유적 명칭을 딴 탄스산문화에는 선명한 지방 특색이 표현되어 있다. 탄스산문화의 석기로는 자귀가

그림 3 홍산문화 유적지에서 출토된 진흙 소조 여신상

가장 많다. 납작한 일반 자귀와 이단으로 층이 진 돌자귀(有段石錛) 이외에도 한 면은 평평하고 한 면에는 인人자 모양의 세로축이 있는 돌자귀도 출토되었다. 기하학 도장 무늬 도기陶器, 붉은색 줄무늬와 알 모양의 점을 그려 넣은 채도彩陶는 탄스산문화의 주요 특징 중 하나다.

랴오허강遼河 유역에서 발생한 홍산문화는 특수한 의미 체계로 학계의 주목을 받았다. 홍산문화는 지금부터 5,000~6,000년 전 옌산燕山 이북, 다링허大凌河 그리고 랴오허강 상류 지역에서 활동한 부족집단이 창조한 농업문화다. 네이멍구 츠펑赤峰 홍산 뒤편 유적에서 최초로 발견되어 홍산문화라고 일컫는다. 지금까지 발견된 것으로 명확하게 이 문화 계열에 속하는 유적은 랴오닝 서부 지역에 두루 분포해 있는데, 그 숫자가 무려 1,000여 곳에 가깝다.

랴오닝 링위안凌源의 뉴허량牛河梁 홍산문화 유적에서 발견된 유물 중 특히 '여신 사당[女神廟]', 제단, '적석총' 등은 중국 북방 지역 선사시대 문화의 최고 성취를 충분히 드러낸다(그림 3). '여신 사당'은 반지혈식半地穴

戎 건축 유지로, 전체 길이가 약 22m에 달하고 폭은 2~9m 정도이며 중심 건축의 길이는 18.4m에 이른다. 평면은 대략 '아亞'자 형이고 사당 전체는 방이 여러 칸으로 이루어져 있다. 주실主室은 원형이고 그 좌우에 각각 하나씩 또 다른 원형 측실側室이 배치되어 있다. 그 남쪽에는 방 세 칸이 이어져 있었던 것으로 보인다. 전체 구조는 좌우대칭이며 주요 건물과 부속 건물의 위계가 분명하고 배치가 근엄하면서도 변화가 있다. 이로써 전문가들은 중화문명 기원사와 중화 고국사古國史에 대해 새로이 사고하게 되었다. 즉 중화문명 기원사 연구를 4,000년에서 5,000년으로 앞당기게 되었고, 중화 고국사 연구를 황허강 유역에서 옌산 이북의 랴오허강 서쪽 유역으로 확장하게 되었다.

적석총은 홍산문화 묘장제도의 가장 기본적 형식인데, 이는 중국 내 신석기시대에 화베이華北나 중원 지역 묘제가 토갱묘土坑墓 위주의 형식으로 이루어진 점과 완전히 다르다. '여신 사당'을 둘러싸고 있는 적석총은 주위의 높은 곳에 조성되어 있고, 적석총군 내의 작은 묘가 중앙의 큰 묘를 둘러싸고 있으며, 사방에는 계단식 축대가 석문으로 경계를 짓고 있다. 적석총군은 원형 제단을 중심으로 하여 동서 대칭 형식으로 분포되어 있고, 남북으로도 일정한 패턴을 드러내 보인다. 중앙 큰 묘의 규모는 일반적인 작은 묘들보다 훨씬 크고 부장품 수량도 더 풍부하다. 중앙 큰 묘의 주인은 남성인데, 이는 당시 사회의 성별구조가 남존여비 형식으로 점차 정형화되었음을 알려주는 표지다. 또 당시에 이미 비교적 뚜렷한 계층 관념이 초보적이나마 형성되어 있었고, 아울러 원시적 예제禮制도 사회 관계를 옹호하는 역할을 하기 시작한 것으로 보인다.

『주역周易』「계사상繫辭上」에는 다음과 같은 구절이 있다. "하수에서 그림이 나왔고, 낙수洛水에서 글이 나와서 성인이 그것을 본받았다(河出圖, 洛出書, 聖人則之)." 문화 기원에 관한 『제왕세기帝王世紀』의 전설에는 각각 물고기, 용, 거북, 바람에서 기인했다는 서로 다른 견해가 포함되어 있다. 예를 들어 『초학기初學記』에서는 『제왕세기』를 인용해 이렇게 기록했다. "큰 물고기가 떠내려가고 나서 비로소 그림과 글씨를 얻었다."[26] 『조옥집雕玉集』에서도 『제왕세기』를 다음과 같이 인용했다. "낙수에서 거북이가 글씨를 등에 지고 나왔고, 하수에서 용이 그림을 받들고 나왔다."[27] 『계서稽瑞』에서도 『제왕세기』를 인용했다. "봉황이 그림을 물어 황제 앞에 가져다놓았다."[28] 만약 상고시대 신비주의 문화 속에 존재하는 '토템' 신앙과 유사한 관념을 믿는다면, 이 같은 전설에서 연원이 상이한 각 부족의 문화가 점차 화하문하華夏文化의 주류와 융합되는 역사 궤적을 간파할 수 있을 것이다. 원이둬聞一多가 「복희고伏羲考」에서 "토템의 융합은 토템식 사회발전이 반드시 거쳐야 하는 하나의 과정이다"라고 지적한 바와 같이, 이런 과정에서 "다양하고 상이한 토템이 융합되어 하나의 종합적 형태"가 출현하게 된다. 원이둬는 또 다음과 같이 썼다. "부락의 병합으로 발생한 혼합식 토템은 고대 이집트가 가장 뚜렷한 사례에 속한다. 우리 역사에서는 오방수신도五方獸神圖에 포함되어 있는 북방 현무玄武가 좋은 사례의 하나다. 즉 현무는 본래 거북과 뱀 두 짐승이 하나로 융합된 것이다. 상이한 것은 이런 사례에 몇 가지 토템 단위가 여전히 그 모양이 변하지 않는 형식으로 병존한다는 점이다. 그러나 용은 다양한 개별 단위가 융화 작용을 거쳐 새로운 대단위로 모습을 드러내면서 각 소단위의 형태는 더 존재하지 않게 되었다. 전자를 혼합식 토템이라고 일컬을 수 있다면 후자는 화합식 토템이라고 부를 수 있다."[29)]

원시문화가 문명의 문턱으로 치달려가던 시대에 다원多源의 요소와 다원多元의 요소가 점점 융합되었고, 또 그것들이 공통적인 스타일의 화하 문명 구축에 필요한 조건을 다양하게 제공했음이 분명하다.

중국의 문명 기원을 역사적으로 분석할 때 처음에는 일원론, 즉 '중원중심론'이 주도적 지위를 점유했다. 나중에는 다원론, 즉 이른바 '만천성두설滿天星斗說'이 나타났다. 이 학설에 따르면 중화민족의 선민先民은 하늘 가득한 별자리처럼 중화 대지 곳곳에 흩어져 살았음이 확실하고 따라서 초기 문명도 다원적 형세와 분포도를 보인다. 쑤빙치는 이렇게 지적했다. "과거의 관점에 따르면 황허강 유역이 중화민족의 요람이었고, 민족문화는 먼저 그곳에서 발전하여 사방으로 확산되었으며, 다른 지역의 문화는 발전이 비교적 낙후되어서 오직 중원문화의 영향 아래에서만 발전할 수 있었다고 인식했다. 이런 관점은 총체적이지 못하다. 역사적으로 황허강 유역이 중국 역사에서 중요한 역할을 했음은 부정할 수 없는 사실이다. 특히 문명 시기에 그 지역은 항상 전역에서 주도적 지위를 점했다.

그러나 같은 시기에 다른 지역의 고대문화도 자체적인 특징과 경로를 보이며 끊임없이 발전했다. 각지에서 발견된 고고학 자료가 시간이 지날수록 이러한 점을 더욱 다양하게 증명해준다. 중원은 각 지역에 영향을 주고 각 지역은 중원에 영향을 주면서 상호보완적 관계를 유지했다." 그는 중국문명의 초기 형성 과정에 중요한 역할을 한 지역이 여섯 곳 있었다고 인식했다. ① 샤안시성陝西省, 허난성河南省, 산시성山西省 인근 지역,

② 산둥성山東省과 그 인근 지역, ③ 후베이성湖北省과 그 인근 지역, ④ 창장강 하류 지역, ⑤ 포양호鄱陽湖와 주장강珠江을 중심축으로 하는 남방 지역, ⑥ 만리장성을 중심으로 하는 북방 지역.[30] 어떤 학자는 또 일원론과 다원론을 결합하여 중국문명의 기원과 초기 발전 상황을 해석하면서 다원적 문명의 분포가 '뭇별이 달을 받드는(衆星捧月)' 것 같은 국면을 보여 준다고 인식했다. 그는 이러한 관점으로 볼 때 중화 선민의 사회 발전 과정은 중원이 중심이 되어 전개되었다고 평가했다.

이상에서 서술한 역사 과정은 장광즈張光直가 분석한 바와 같다. "화난華南이나 화베이 지역을 막론하고 우리는 한 가지 가설을 제시할 수 있다. 그것은 바로 기원전 4000년 전후 시기부터 토착적 기원과 자체적 특징을 갖는 몇몇 지역의 문화가 더욱 광대한 상호작용 권역Sphere of interaction을 연쇄적으로 형성했다는 점이다." "이 상호작용 권역은 기원전 4000년 전에 형성되기 시작했고 그 범위는 북으로 랴오허강 유역에서부터 남으로 타이완臺灣과 주장강 삼각주에까지 이르고, 동으로 바닷가에서부터 서로 간쑤성, 칭하이성, 쓰촨성四川省에까지 이른다." "그것을 직접 중국 상호작용 권역 혹은 중국 이전 상호작용 권역이라 불러도 무방하다. 이 역사 이전의 상호작용 권역이 역사 시기 중국 지리의 핵심을 형성했을 뿐 아니라 상호작용 권역 내의 모든 지역 문화도 진秦·한漢제국으로 통일되는 역사 문명 형성 과정에서 일정한 배역을 담당했기 때문이다."[31]

샤안시성, 허난성, 산시성 인근 지역에 속하는 산시성 샹펀襄汾 타오쓰陶寺 유적에서는 아주 중요한 유적과 유물이 발견되었다. 관련 학자의 인식에 따르면 이 지역 원시 농경 수준은 아주 큰 발전을 이루었고, 이를 바탕으로 벌써 초기 예제禮制가 형성되어 타오쓰문화陶寺文化 말기 사회가 초기 문명 단계로 진입했다고 한다. 타오쓰문화 말기의 연대는 이미 하夏 나라시대 범위에 속한다.[32] '만리장성 지역 중심의 북방지역'에 속하는 것으로 보이는 샤안시성 선무현神木縣 스마오石峁 유적에서 발견된 주요 유물도[33] 문명 발전 역사의 새로운 진보를 분명하게 드러내준다.

④ 원시 농업경제와 문명의 진보

초기 문명의 진입 표지에 관해 어떤 학자는 동기銅器의 주조, 문자의 출현, 성읍의 형성을 기본 요소로 삼아야 한다고 주장한다. 또 어떤 학자는 이런 몇 가지 표지를 문명 진입을 판단하는 기본 준거로 삼으면 일정한 한계를 드러낼 수밖에 없다고 주장한다. 그러나 문명 기원에 관한 토론 과정에서 대다수는 농업경제발전이 문명 진보의 기본 조건이라고 공인한다.

염제가 '신농'이라는 호칭을 얻은 것도 염제시대에 중국의 원시 농경 기술 발전이 첫 정점에 도달했기 때문일 것이다. 고고학의 발견으로 신석기시대의 문화 번영 시기에 농업경제가 공전의 발전을 이루었다는 증거가 드러났고, 이는 기존의 유관 전설과 일치한다.

양사오문화의 사회경제 상황에 관해서는 반포半坡 유적의 성질을 자세히 연구하여 특징을 분석해볼 수 있다. 반포의 선주민들은 정착 생활을 시작했고, 사회경제 형태에서도 농업이 이미 상당히 큰 비중을 차지했다. 이와 동시에 가축도 기르면서 수렵 채취 활동도 병행했다.

쑤빙치는 일찍이 농업 수확, 벌목, 어로와 사냥, 옷감과 바늘 등 몇 가지 도구의 수량을 비교하여 양사오문화 중에서 반포형과 먀오디거우廟底溝형 경제문화 수준이 차이가 난다고 분석했다. 이에 따라 그는 다음과 같은 결론을 내렸다. "반포인은 농업, 어로, 사냥, 벌목을 모두 중시했지만 먀오디거우인은 농업이 위주였고 어로, 사냥, 벌목의 비중은 비교적 낮았다. 반포인의 의복 재료는 대부분 짐승가죽이었지만 먀오디거우인의 의복 재료는 대부분 식물섬유였다."[34]

양사오문화의 주민이 경작한 농작물은 주로 조[粟]였고, 반포 유적 제15호 회갱灰坑에 저장된 조는 무려 여러 말[斗]에 달한다. 허난성 정저우시鄭州市 다허촌大河村에서 출토된 탄화 곡물 한 항아리는 감정 결과 수수로 판명되었다. 취안후촌泉護村 유적에서는 벼와 유사한 곡식 흔적이 나타났다. 고고학자들은 당시 황허강 유역에서 벼를 재배했을 것이라고 추정한다. 또 당시에 이미 초보적인 원예 활동이 있었고, 반포 제38호 가옥 유적에서는 겨자와 배추씨를 보관한 오지동이[陶罐]가 출토되었다.

황허강 중류 룽산문화의 사회경제 형태는 양사오문화에 비해 더욱 발전된 모습을 보인다. 당시에 사용한 도구 중에서 마제석기는 더욱 정교해졌고, 타제석기는 사용하는 일이 아주 드물었다. 목제 가래[木耒], 골제 호미[骨鋤], 돌도끼[石鉞] 그리고 삼각형 쟁기모양 도구(三角犁形器)를 발견하면서 우리는 당시 농경생산 능력 수준이 생산도구의 개선에 따라 현저히 높아졌음을 짐작할 수 있다. 곡식 이삭을 수확하는 도구로는 직사각형 천공석도穿孔石刀, 반달형 천공석도, 돌낫[石鎌], 조개껍질낫[蚌鎌] 등이 발견되었다. 이런 수확 도구가 다량으로 사용되었다는 것은 인간 노동으로 생산하는 수확량이 증가했음을 나타내는 증거다.

다원커우大汶口문화의 유물에도 다원커우 사회의 농업경제 위주 생활이 반영되어 있다. 싼리허三里河 유적의 한 저장용 대형 구덩이[窖穴]에서는 1㎥ 내외의 좁쌀이 발견되었다. 이는 이 문화가 말기 단계에 이르러 농업 수확량이 이미 당시 사회의 수요를 만족시킬 수 있었을 뿐 아니라 상당량 남아돌았음을 설명해주는 증거라 할 수 있다.[35)]

중원 이외의 지역에서도 당시 농업경제가 점차 번영해간 역사적 흔적이 두루 발견되었다.

허무두 유적 제4층의 비교적 넓은 면적에서도 벼 유물이 다수 발견되었다. 어떤 곳에서는 볍씨, 왕겨, 볏짚이 서로 뒤섞여서 20~50cm 두께의 퇴적층을 형성했다. 가장 두꺼운 곳은 심지어 1m를 넘었다. 허무두문화의 주인공들은 불로 도기陶器를 제작할 때 왕겨와 분쇄한 볏짚을 다량 사용하여 흙이 잘 엉겨붙도록 했다. 허무두 유적지에서 다량 발견된 벼 유물과 또 그 유물의 양호한 보존 상태는 신석기시대 고고학 발굴 역사에서도 매우 드문 사례에 속한다. 감정에 따르면 허무두의 볍씨는 주로 인디카 쌀Indica Rice(안남미) 아종 늦벼에 속한다고 한다. 허무두 벼와 마자방馬家浜문화 퉁샹시桐鄕市 뤄자자오羅家角 유적에서 출토된 벼는 연대가 모두 기원전 5000년 전후인데, 지금까지 발견된 벼 유물 중 중국에서 가장 오래된 벼 실물에 해당할 뿐 아니라 현재까지 세계에서 발견된 벼 중에서 가장 오래된 인공 재배 벼로 알려져 있다. 사실이 증명하는 바에 따르면 중국은 아시아 벼농사 발상지 중 하나다. 중국과 또 하나의 벼농사 발상지 중 하나인 남아시아(인도 중심)는 각각 독립적으로 벼농사를 시작하고 발전시킨 지역이다. 중국의 위찬옌禹蟾岩에서 발견된 인공재배 벼 실물과 댜오퉁환弔桶環에서 발견된 인공재배 벼 탄화 유물은 모두 지금까지 알려진 동일한 종류의 유물 중에서 가장 오래된 사례에 속한다. 또 우현吳縣 차오셰산草鞋山 유지와 펑현澧縣 청터우산城頭山 유지에서는 세계에서 가장 오래된 논 유적지가 발견되었다.[36]

량주문화에 속한 주민들도 농업 생산을 주요 생활수단으로 삼았는데, 그들의 주요 작물은 벼였다. 저장성 우싱吳興 첸산양錢山漾 유적에서 발견된 벼 감정 결과에 근거해보면 당시에 재배한 벼는 메벼와 안남미 두 종류였다. 첸산양 및 항저우 수이톈판水田畈 유적에서는 땅콩, 참깨, 누에콩[蠶豆], 참외 등의 식물 종자도 발견되었다. 어떤 학자는 이것들을 당시의 농작물로 인식한다. 량주문화의 농기구는 종류가 비교적 다양하고 제작 기술도 정밀하다. 그중에서 이른바 '삼각형 쟁기모양 도구'는 '운전기耘田器(김매는 기계)'라 불리기도 한다.[37]

중국문명의 기원을 탐색하면서 우리는 농업경제의 발명과 축적이 문명 발생과 문명 진보의 중요한 조건이었음을 발견할 수 있다. 어떤 학자는 "농업을 시작한 것이 점차 문명으로 발전했다"라고 지적했다. 이것은 역사 진보의 공통 방향이었다. 어떤 이는 또 이렇게 서술했다. "중국의 벼 농사는 7,000~8,000년 이전까지 거슬러 올라갈 수 있고 곡식 재배의 역사(좁쌀 정미 기술의 역사)도 이와 같다. 농업에서 시작하여 정착 생활로 나아갔고 점차 가축을 기르고 수공업을 하는 단계로까지 발전해갔다. 이것이 중국문명 기원의 노선이다. 이 노선은 중국에만 제한되는 것이 아니고 서아시아, 이집트, 인도도 모두 이와 같다. 현재 세계 역사에는 세 차례

혁명이 있었다는 학설이 있다. 첫 번째 혁명은 농업혁명이고, 두 번째 혁명은 산업혁명이며, 세 번째 혁명은 정보혁명이라는 것이다. 이른바 농업혁명이 가리키는 것은 바로 고대 농업으로 유발된 사회변혁이 문명의 기원과 관련이 있다는 것이다. 이것이 바로 문명의 기원 문제에 관한 언급이라 할 수 있다."[38]

　문명 초기의 문화 형태와 그것이 후일 중화민족 문화와 맺고 있는 관계는 장치즈가 지적한 바와 같이 염황문화가 바로 중국문화의 원천이라는 사실이다. 역사학의 관점으로 살펴보면 염제족과 황제족은 선사시대에 서로 관계가 밀접했던 양대 씨족부락이고 뒷날 이 두 씨족이 중화민족의 성장에 아주 큰 영향을 미쳤다고 할 수 있다. 중화문명 발전사에서 선진시기, 특히 춘추전국시대의 발전된 문화에는 풍부한 내용이 포함되어 있어서 이미 틀이 큰 완전한 체계를 형성했다. 그것을 우리는 '기원성문화原創性文化'라고 일컬을 수 있다. 우리가 중국문화의 근원을 연구하고 선진시대의 기원성문화를 연구하려면 모두 중국문명 기원과 관련된 큰 과제와 연계해야 한다. 중국 학자들은 고고학에서 거둔 풍성한 성과를 마주하고 중국문명의 기원 문제를 연구하면서 새로운 견해를 적지 않게 발표했다. 예컨대 "신석기에 속하는 양사오시대 후기와 룽산시대가 중국문명의 기원이고, 염황시대가 바로 이 시기에 포함된다"라는 학설이 그것이다. 이 학설은 계속해서 다음과 같이 주장한다.

　"염제炎帝시대는 주로 원시농업과 원시문화 부문에 크게 공헌했다."

　"중국 고고학이 이룬 성취로 원시농업 발전과 문명 기원의 밀접한 관계 중 몇 가지 문제는 실증적 증거를 제시하기가 어렵지 않게 되었다. 중국의 고고 발굴 성과는 사람들에게 지금부터 7,000~8,000년 전에 원시농업이 이미 상당한 발전을 이루었고 이것이 바로 중국문명 기원 시기의 직접적 증거라는 사실을 알려주었다. 여기에서도 알 수 있듯이 염제 신농씨와 관련된 몇 가지 전설이 절대로 근거가 없는 것이라 할 수 없다."

원시문화를 '기원성문화'라고 말할 수는 없다. 그러나 중국문명이 기원할 때의 원시농업과 원시문화는 '기원성문화'와 중요한 관계를 맺고 있다. 계속된 서술은 이렇다.

"원시농업은 황허강 유역과 창장강 유역에서 발전했다. 구체적으로 말해보면 황허강 유역의 좁쌀 농사는 춘추전국시대 제로문화齊魯文化(儒家文化)의 물질적 바탕으로 작용했고, 창장강 유역의 벼농사는 초문화楚文化(道家文化)의 물질적 바탕으로 작용했다. 유가의 기원성문화는 중후하고 실제적이어서 사람의 도덕적 가치를 높여줬다. 도가의 기원성문화는 표일飄逸하고 청아하여 사람의 심미적 가치를 높여줬다. 두 강(황허강과 창장강)은 중국의 양대 어머니 강이고 이 두 강이 길러낸 양대 기원성문화는 중화민족 전통문화의 주류가 되었다."[39]

결국 중국문명의 기원 문제는 여전히 성실하게 탐구하여 결론을 내려야 할 학술 과제의 하나다. 이 시기의 역사 과정을 명확하게 묘사하려면 아직도 상당히 간고한 노력을 기울여야 한다. 그러나 역사 발전의 대체적 윤곽은 이미 점점 분명해지고 있다.

중국문명의 기원을 탐색할 때 우리에게는 분명하게 밝혀야 할 문제가 또 하나 있다. 어떤 학자의 지적에 따르면 오랫동안 우리는 세계 각 지역의 오래된 문명사를 어떻게 취급해야 하느냐는 문제에서 시종일관 한 가지 개념상의 명확한 오류와 사실상의 오해를 범해왔다고 한다. 그것은 바로 우리가 고대 이집트문명이나 고대 메소포타미아문명과 같은 유구한 문명을 '5,000년 이상의 역사를 지닌 문명'이라고 인정할 때 우리가 실제로 말하는 것은 기실 이미 소실된 고대문명이라는 것이다. 이들 문명은 일찍이 5,000년 이전 문명시대로 진입했지만 아주 오래전에 이미 쇠망하고 말았다. 이들 문명은 오늘날 그 땅에 존재하는 현대문명과 계승 관계가 없을 뿐 아니라 심지어 서로 완전히 다른 문화체계에 속한 경우도 있다. 예를 들면 고대 이집트문명과 현대 이집트의 아랍문명이 이와 같다. 기타 고대 메소포타미아문명의 수메르문명과 오늘날 서아시아 지역 아랍문명의 관계나 고대 인도문명과 오늘날 인도문명의 관계도 마찬가지다. 따라서 엄격히 말해서 이런 몇몇 고대문명은 5,000년 역사를 지닌 문명이라 할 수 없다. 단지 일찍이 5,000년 이전에 출현했지만 그 후 쇠망한 문명에 불과하므로 이들 문명이 결코 5,000년 동안 지속되었다고 할 수 없다. 그러나 왕허王和가 지적한 바와 같이 중화문명은 이와 다르다.

"중화문명은 상고시대에서 발걸음을 시작하여 자체적인 고유의 맥락과 궤적에 따라 끊임없이 앞을 향해 발전해왔고, 상고시대에서 오늘날까지 한 번도 중단된 적 없이 시종일관 기타 지역 문명과 현격하게 다르면서도 아주 독특한 문화 내용과 문명 특색을 보존해왔다. 따라서 이러한 의미에서 보면 우리는 기실 다른 사람들과 도대체 어떤 문명의 역사가 가장 오래되었느냐 따위의 문제를 두고 논쟁할 필요가 없다. 또 억지 방법을 강구하여 우리 문명사를 5,000년 이전으로 끌어올릴 필요가 없다. 4,000년 동안 끊임없이 이어온 중화민족의 문명사는 바로 인류 역사에서 가장 지속적으로 발전해온 최장의 문명사이기 때문이다. 그뿐만 아니라 솔직히 말해서 문명사가 긴들 그게 무슨 대수이겠으며, 또 짧은들 그게 무슨 대수이겠는가?"

"실제로 역사가 길더라도 결국 쇠락과 멸망의 길을 걸은 문명은 우리의 경계심을 불러일으키기에 족할 뿐이며, 역사가 짧더라도 지금도 생기발랄한 문명은 우리가 배울 만한 가치가 있다."

"중국 역사를 연구하는 사학자들에게 말하건대, 우리의 가장 중요한 임무는 중국과 중화민족의 역사 발전에 어떤 특징이 있으며 또 어떻게 그런 특징을 갖게 됐는지 설명하는 데 놓여 있지 문명 역사의 장단을 놓고 논쟁할 필요는 없다. 예를 들면 중화문명과 마찬가지로 역사가 유구한 기타 세계문명 중에서 근대 산업문명이 도래하기도 전에 이미 쇠망하지 않은 문명은 하나도 없다. 그러나 오직 중화문명만이 여태껏 한 번도 중단된 적이 없을 뿐 아니라 산업문명이 고도로 발달한 오늘날에도 여전히 새로운 활력을 뿜내고 있다. 어떻게 이와 같을 수 있는가? 또 국가체제의 발전도 지극히 선명한 특징을 드러내고 있다. 이것은 세계가 공인한 사실이다. 국가체제 발전의 조숙성, 체계의 완성도, 조직의 치밀함과 중단 없이 계속해서 더 높은 단계로 발전해간 특징은 오래전부터 이미 세계 각국 사학자들의 관심을 받았다. 실제로 이와 같은 국가체제의 선명한 특징은 중화문명의 중요한 내용일 뿐 아니라 중화문명이 지금까지 지속된 중요한 원인이기도 하다. 이처럼 성숙한 국가체제는 어떻게 발전할 수 있었는가? 국가체제는 왜 초기 원시국가에서 성숙한 국가로 발전할 수 있었는가? 국가체제는 각기 다른 시기마다 어떤 상이한 특징이 있는가? 그 점진적 발전 과정에는 각각 어떤 의미가 담겨 있는가? 중국 사학자들은 진정으로 의미 있는 이러한 문제에 마땅히 그리고 반드시 대답해야 한다. 문명의 시간이 얼마나 긴가 하는 질문은 순수 학술 문제에 속하므로 실사구시적으로 탐구해나가면 된다."[40]

물론 중국문명의 역사가 도대체 얼마나 긴지에 대한 상이한 의견을 가지고도 토론을 계속할 수 있다. 그러나 우리가 주의해야 할 것은 중국문명의 기원을 탐구할 때 반드시 '실사구시'의 태도를 견지하려고 힘써야 한다는 점이다. 즉 과학적 탐구로 얻은 역사의 진실한 모습이 연구의 결론에 반영될 수 있도록 노력해야 한다.

[생각거리]

1. 중국문명 기원 탐색의 의의를 간명하게 설명하라.
2. 염황 전설과 중국 신석기시대 후기 고고학적 발견의 관계를 실례를 들어 서술하라.

[참고자료]

1. 장치즈 주편, 류바오차이劉寶才 · 첸쉰錢遜 · 저우쑤핑周蘇平 분권 주편, 『중국 역사, 선진사(中國歷史, 先秦史)』, 高等教育出版社, 2001.
2. 리쉐친 주편, 『중국 고대문명과 국가 형성 연구中國古代文明與國家形成研究』, 雲南人民出版社, 1997.
3. 중국 사회과학원 고고연구소, 『신중국의 고고학 발견과 연구新中國的考古發現和研究』, 文物出版社, 1984.

중국 고대사회와 왕조 교체

〔 2강 〕

중국 고대사에서 왕조 교체는 사람들이 주지하는 객관적 사실이다. 어떤 의미에서 말하면 중국 고대사는 바로 왕조흥망사다. 역사 사건, 역사 인물, 역사의 문명 창조, 역사 속의 피와 불의 충돌 등은 모두 하, 상, 주, 진秦, 한, 위, 진晉, 남북조, 수, 당, 오대십국,[41] 요, 송, 서하, 금, 원, 명, 청의 왕조 교체와 분리할 수 없다. 왕조 교체 과정에는 역사의 진리가 깊이 감춰져 있다. 아마도 당시 사람들은 이 점을 명확하게 간파할 수 없었을 것이다. 그러나 사람들은 역사가 발전함에 따라 역사의 진리를 점점 더 잘 이해할 수 있게 되었다. 역사에서는 경제발전이 어떤 수준에 도달했는지 막론하고, 또 각 왕조의 문화창조 수준이 얼마나 심오한 경지에 도달했는지 상관없이 모두 민심이 시종일관 가장 중요한 지위를 차지해 왔다. 어떤 역사도 이처럼 간결하면서도 명백한 사실에서 벗어날 수 없다. 말하자면 왕조의 흥망은 통치자의 소원에 따라 결정되는 것이 아니라 민심의 향배에 따라 결정된다.

① 하, 상, 주 세 왕조의 교체와 화하족의 형성

하夏란 무엇인가? 하는 본래 하후씨夏后氏를 가리켰고 하 땅에 거주한 부락연맹의 명칭이었다. 일반적으로 하 땅은 지금의 허난성 위현禹縣을 가리키지만 한장강漢江 유역이라고 주장하는 사람도 있고, 산시성 샤현夏縣이라고 주장하는 사람도 있다.

하나라(기원전 21세기~기원전 1600)는 중국 역사상 첫 번째 왕조다. 우禹에서 걸桀까지 보위가 17명에게 전해졌고 14세世 400~500년 정도 왕조가 유지되었다. 하나라의 중심은 지금의 허난성 서부와 산시성 남부였고, 그 영역은 대체로 동쪽 위둥평원豫東平原에서 시작하여 서쪽 화산華山에까지 이르렀으며 북쪽 지수이강濟水에서 시작하여 남쪽 화이허강淮河에까지 이르렀다.

하나라 역사에 대한 믿을 만한 문헌자료는 아주 드물다. 사마천司馬遷의 『사기』 「하본기夏本紀」에는 주로 하나라 건국 이전에 우가 홍수를 다스린 사적을 기록해놓았을 뿐 우 임금 즉위부터 망국 군주 걸까지의 역사는 겨우 수백 자에 불과하다. 하나라 마지막 임금 걸은 황음무도하고 잔학했는데 자신을 태양에 비견하면서 태양은 꺼지지도 않고 사라지지도 않는다고 떠벌렸다. 인민들은 그 무거운 압박을 견디지 못하고 "저 태양은 언제 없어지나? 나는 너와 함께 멸망하고 싶다"[42]라는 저주를 퍼부었다. 상

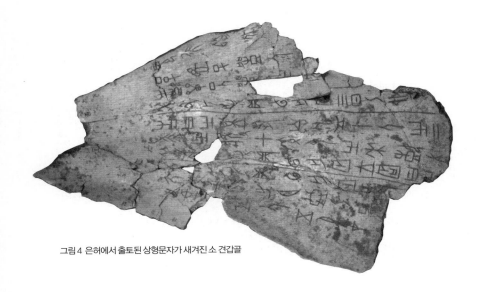

그림 4 은허에서 출토된 상형문자가 새겨진 소 견갑골

商나라 임금 탕湯이 군사를 일으켜 걸을 정벌했으며, 걸은 죽고 하나라는 멸망했다.

상나라(기원전 1600~기원전 1046)는 탕에서 주紂까지 보위가 31명에게 전해졌고 17세 동안 왕조가 유지되었다. 상나라의 중심은 지금의 허난성 동북부와 산둥성 서남부 그리고 허베이성 남부였다. 상나라의 강역은 동쪽으로는 바닷가, 서쪽으로는 지금의 샤안시성, 북쪽으로는 지금의 허베이성, 남쪽으로는 지금의 후베이성에까지 이르러 하나라에 비해 영토가 훨씬 넓어졌다. 탕에서 반경盤庚에 이르는 동안 상나라는 도읍을 다섯 번 옮겼고 최후에 반경은 은殷(지금의 허난성 안양시安陽市) 땅으로 천도했다(그림 4).

상나라 마지막 임금은 이름이 주紂여서 후세 사람들이 흔히 상주商紂라고 부른다. 그가 정사를 주관하면서 맞닥뜨린 가장 큰 문제는 주변 부족이 일으킨 내란이었다. 그는 그들 부족과 대규모 전쟁을 하여 동남쪽의 이족夷族을 평정했지만 결국 국력이 쇠약해졌다. 그리하여 장기적으로 건국을 준비해온 주족周族이 그 틈을 타고 상나라를 멸망시켰다.

주나라를 세운 부족은 지금의 샤안시성 중부와 간쑤성 동부에 거주해온 아주 오래된 씨족이다. 그들은 공류公劉가 빈豳(지금의 샤안시성 쉰읍旬邑과 빈현彬縣 일대) 땅으로 천도하면서 흥성하기 시작했다. 빈 땅은 지금의 샨베이陝北 황토고원과 관중평원關中平原 경계에 자리 잡고 있다. 공류는 주나라 부족을 이끌고 그곳에 모옥茅屋을 짓고 경작지를 마련하여 농업을 발전시켰다. 주나라 경제가 발전하자 주변의 백성도 분분히 그들에게 귀의했다. 주나라는 빈 땅에서 고생스럽게 300여 년을 생활하다가 융적戎狄의 핍박을 받고 고공단보古公亶父의 인솔하에 다시 기산岐山 아래의 주원周原(지금의 샤안시성 치산岐山과 푸펑扶風 지역)으로 천도했다. 그곳은 땅이 비옥하여 백성이 편안하게 거주하며 즐겁게 생업에 종사할 수 있었다.

주나라의 문왕文王이 보위를 계승했을 때는 국력이 아직 은나라[43]와 대결하기에 부족하여 은나라 서백西伯으로 봉해졌다. 은나라 왕 상주가 "서백을 유리羑里에 감금하자"[44] 주나라 사람들은 명마와 미녀를 상주에게 뇌물로 주고 문왕을 석방시켜야 했다. 주나라의 힘이 강성해진 이후 문왕은 풍豐(지금의 샤안시성 창안현長安縣 펑허灃河 서쪽 연안) 땅으로 천도하여 은나라를 멸망시킬 준비를 했다. 문왕이 죽고 무왕이 보위에 올라 도읍을 호鎬(지금의 샤안시성 창안현 펑허 동쪽 연안) 땅으로 옮기고 더욱 적극적으로 은나라를 멸망시킬 준비를 했다.

서주西周(기원전 1046~기원전 771)는 무왕에서 유왕幽王까지 왕위가 열두 임금에게 전해졌고 11대代를 유지했다. 의왕懿王이 자신의 숙부 효왕孝王에게 왕위를 전하고 효왕이 다시 의왕의 태자 이왕夷王에게 왕위를 전한 것을 제외하면 왕위가 모두 아버지에서 아들로 전해졌다. 서주의 영역은 서쪽으로 지금의 간쑤성 동부에서 동쪽으로 황해 바닷가까지 이르렀고, 북쪽으로 지금의 랴오닝성에서 남쪽으로 창장강까지 이르렀다. 고대 세 왕조(三代) 중에서 영역이 가장 넓었다.

앞에서 상왕商王이니 주왕周王이니 하는 말을 썼는데 기실 중국 고대의 왕권은 결코 상나라 때 출현한 것이 아니다. 왕권이 탄생한 시기는 그보다 앞서 씨족사회 말기까지 거슬러 올라갈 수 있다. 어떤 학자의 고증에 따르면 '왕王'자의 최초 형상은 도끼 모양인데, 본래는 군사권이 있는 추장의 지휘도 역할을 했으므로 군사통수권의 상징으로 자리 잡았다.[45] 왕의 전신도 아마 씨족사회 말기 군사권을 가진 부락연맹의 추장이었을 것이며 후세의 군왕君王도 여기에서 발전되어 나왔을 것이다. 왕권 강화와 지고무상 권력은 비교적 장기간 발전하는 과정에서 얻어진 결과물이라 할 수 있다.

이상에서 서술한 하, 상, 주 삼대 1,000여 년의 역사로 판단해볼 때 하, 상, 주 세 부족은 충돌하면서도 융합하는 과정을 거쳤다. 주나라 부족의 선조는 일찍이 하나라의 관리를 지낸 적이 있고, 상나라 제후에 봉해지기도 했다. 서주 건국 후 하나라와 상나라 부족은 모두 주나라의 제후가 되었다. 상나라가 하나라를 멸망시킨 후에는 하나라와 상나라 부족이 융합되었다. 주나라가 상나라를 멸망시킨 후에는 하나라, 상나라, 주나라 세 부족이 다시 더 진전된 융합을 이루었다. 이렇게 융합한 결과 서주 말기에 화하족이 형성되었다.

화하족은 한족漢族의 전신이다. 뒷날 한족도 스스로 화하라고 칭했지만 이미 한족에는 더욱 많은 고대 민족이 융합되었기 때문에 삼대시기의 화하족과 완전히 같다고 할 수 없다.

화하의 '하夏'는 중원 사람을 가리킨다. 『설문해자說文解字』에서는 "하는 중원 사람이다(夏, 中國之人也)"라고 했다. 여기에서 중국은 중원을 가리킨다. 서주시대에는 '하夏'를 중원에 사는 사람들의 부족 명칭으로 사용했고, 춘추시대에는 '화華'를 중원에 사는 사람들의 부족 명칭으로 사용했다. '화하華夏'로 이어 쓰는 명칭은 한대 이후에야 생겨났다.

하, 상, 주 세 부족은 민족적으로 뚜렷한 동질감이 있었다. 그들은 모두 자신의 부족연원을 황제와 연결하면서 스스로 황제족의 후예라고 일컬었다. 이것이 바로 하, 상, 주 세 부족이 모두 하나의 근원에서 나왔다는 인식이다. 이뿐만 아니라 화하족은 사방 이민족(각 지역의 소수민족)과도 끊임없이 융합했다. 분화와 융합은 이런 발전 과정의 두 측면이라 할 수 있다. 화하족이 이민족[四夷]이 되는 것은 화하족에서는 분화라 할 수 있지만 이민족에서는 융합이라 할 수 있고, 이민족이 화하족이 되는 것은 이민족에서는 분화라 할 수 있지만 화하족에서는 융합이라 할 수 있다. 자고이래로 중화민족은 바로 다원일체의 통일체였다(이 책 5강 '중국 역사상 민족 관계'에서 자세히 토론하겠다).

② 상대와 주대의 사회 구성

사람들이 좋아하든 싫어하든 우리는 중국 역사의 발전, 특히 왕조 교체라는 측면에서 사회계급의 구성과 그들 사이의 상호 관계를 분명하게 살펴볼 수 있다. 왜 왕조가 교체될 수밖에 없었는가? 이 점을 해명하려면 사회계급의 객관적 존재를 이야기하지 않을 수 없다.

상대商代의 사회는 귀족, 평민, 노예로 구성되어 있었다.

귀족은 상대의 통치자로 상나라 왕, 왕실 종친, 관료와 제후들이 포함되어 있었다. 상대 사회구조의 현저한 특징은 매우 발달한 종족 체계였다. 각 종족은 사회조직이면서 정치적 실체이기도 해서 정권의 성격까지 띠었다. 종족은 혈연관계의 결정체로, 상나라 왕은 최고통치자였고 상족商族은 가장 힘 있는 종족이었으며 상나라 왕은 이 대종족의 족장이었다. 다른 귀족들도 각자 종족의 힘에 의지하여 권력을 획득했다. 상대의 귀족은 모두 '백성百姓'으로 칭해졌는데, 이 말은 본래 수많은 종족의 수령首領을 범칭하는 것이었다.

평민은 상대 사회의 또 다른 주요 계급이었다. 그들은 농업과 수렵 등 생산 노동에 종사했고 전쟁과 방어에 참가했으며 제사 활동에도 참여하여 상나라 왕을 위해 봉사했다.

상대 사회의 최하층은 노예계급이었다. 은나라 갑골문과 금문, 문헌 기록에 따르면 상대의 노예는 수가 아주 많았고 명칭도 예隸, 신臣, 첩妾, 해奚 등이 있었다. 전쟁 포로가 노예의 주요 공급원이었고 또 다른 공급원은 멸문지화를 당한 씨족이었다.

상대의 노예는 인신의 자유가 없었다. 그들은 귀족을 위해 경지를 개간하고, 농사를 짓고, 사냥을 하고, 각종 노역에 종사하는 등 아무 보상 없는 노동을 했다. 군사 정벌 때는 노예가 군졸로 편입되어 군중에서 각종 비천한 업무를 담당했다. 일부 남녀 노예는 귀족의 주거지에서 가내 노동에 종사했다. 귀족들은 아무런 보상도 없이 노예의 노동을 독점했을 뿐 아니라 항상 그들을 살육했다. 가장 전형적인 것이 바로 인육 제사[人祭]와 순장[人殉]이다. 인육 제사는 사람을 제물로 올리는 일인데, 은허에서 발굴된 복사卜辭에 인육 제사와 관련된 기록이 적지 않게 남아 있다. 인육 제사는 매우 잔혹한 일이었다. 이른바 순장은 바로 죽은 사람을 위해 산 사람을 함께 껴묻어 저승에서도 계속 그들을 위해 봉사하게 하려는 것이다. 고고학 자료로 밝혀진 바에 따르면 상대의 순장 풍습은 매우 보편적이어서 귀족의 분묘에는 대부분 순장자가 있었다. 적게는 한두 사람에서 많게는 수십 명에서 수백 명에 이르기도 했다.

　서주 사회는 여전히 귀족, 평민, 노예로 구성되어 있었지만 등급제도의 색채가 비교적 분명했다. 서주의 귀족에는 주나라 왕, 제후, 경대부卿大夫 등이 포함되어 있었다. 주나라 왕은 '천자天子'로 칭해졌는데 이는 '하늘의 아들' 또는 '상제上帝의 아들'이라는 뜻이고, '하늘' 혹은 '상제'를 대신하여 인간 세상에서 최고통치권을 행사했다. 왕기王畿[46]를 제외한 지역에서 주나라 천자는 토지와 노예를 주나라 종친들(희성姬姓과 강성姜姓 등)에게 나눠줬다. 이러한 종친 자손들을 당시에는 제후로 분봉된 '사가私家'라 불렀다. 여기에서 우리는 왕에서 제후, 경대부에 이르는 사회질서에 종법 중심의 혈연관계가 존재했음을 알 수 있다.

　귀족 아래에는 자유민 신분의 평민 대중이 있었다. 그들은 도시('국國'이라 칭해짐)와 그 근교에 거주했으므로 '국인國人'이라 불렸다. '국인'은 전시에는 병역에 복무해야 했고, 평시에는 주나라 왕이나 제후들이 궁궐을 짓거나 공사를 일으킬 때 불려가 노역에 종사해야 했다. 그들은 국가 대사에 참여할 권한이 있었다. '국인'에다 나중에 여기에서 분화된 상인과 수공업자를 더한 계층이 바로 당시 평민 계층이었다. 그들은 주나라 '국민國民(공민公民이라고도 칭함)' 중에서 가장 중요한 구성원이었다. 평민과 귀족 사이에도 이익이 충돌하곤 했다. 서주 시기에 일찍이 국인의 폭동이 일어난 적이 있는데 이 사건은 당시 정치에 아주 큰 영향을 미쳤다.

서주 사회에는 서인庶人 혹은 서민庶民 계층도 있었다. 서인은 농업에 종사하면서 공전公田 경작과 각종 노역을 담당했다. 그러나 서인은 결코 노예가 아니었다. 그들은 일부 토지를 사용하면서 농업 생산에 종사했고, 사전私田에서 생산한 수확물은 자신이 소유했다. 서인은 서주 사회에서 인구가 가장 많은 계층이었다.

서주 사회의 최하위 계층은 노예였다. 당시 노예의 명칭은 아주 다양했고 노예 사이에도 등급 구분이 있었다. 문헌에 기록된 노예의 명칭으로는 조皂, 여輿, 복僕, 대臺, 목牧, 어圉 등이 있다.[47] 노예는 농업, 수공업, 목축업 등 광범위한 생산 영역에서 강제로 일해야 했다. 어떤 노예는 왕공 귀족의 저택에서 노동에 종사했다.

주나라 사람들의 문화 수준은 본래 은나라 사람들보다 낮아서 은나라를 멸망시키기 전에는 다양한 분야에서 은나라 문화를 모방했지만 동시에 자신만의 특징을 갖추기도 했다. 은대와 마찬가지로 서주의 학문은 귀족의 범위로 한정되어 '배움을 모두 관에서 관장했다(學在官府).' 귀족

자제들은 '벽옹辟雍'[48] 등의 학궁에서 교육받으면서 시詩(행사 때의 노래 가사), 서書(공문서), 예禮(예의 법규), 악樂(행사 때 공연하는 음악과 무용), 사射(활쏘기), 어御(수레몰기) 등 귀족이 갖춰야 할 필수 기예技藝를 공부했다. 귀족 통치 아래에서는 문화가 평민 속으로 널리 전파될 수 없었다. 이런 상황을 당시에는 "예법은 전문적으로 귀족에게만 미친다(禮之專及)"라고 했다. 이 때문에 서주 사회의 일부는 덕망을 갖추고 예절을 아는 '군자'들이었고, 또 다른 일부는 치욕을 당하며 형벌을 받는 '소인'들이었다.

서주는 종족에게 봉토를 주는 분봉제分封制 사회였고, 종족의 혈연관계를 유지해주는 것은 혼인제도였다. 이 대목에서 서주시대의 혼인 형태를 서술하고자 한다. 서주의 혼인 형태는 상나라의 그것과 그리 큰 차이가 없었다. 평민의 일부일처제와 귀족의 일부다처제를 함께 시행했다. 다른 점은 서주의 혼인제도는 이미 예법상으로 더욱 규범적 측면이 강화되어 일련의 법률이나 규약으로 강제하는 의례나 풍속이 되었다는 점이다. 『예기禮記』「혼의昏議」에 다음과 같은 기록이 있다. "혼례란 장차 두 성씨의 우호를 합하여 위로는 종묘를 섬기고, 아래로는 후세를 잇는 제도이므로 군자가 이를 중시했다."[49] 주대周代의 혼례에는 여섯 가지 절차가 있었다. 납채, 문명, 납길, 납징, 청기, 친영이 그것인데 이를 '육례六禮'라 했다. 여기에는 혼담에서 혼인을 마칠 때까지 완전한 절차가 포함되어 있다.

이른바 '납채納采'는 혼담을 꺼내는 절차다. 남자 측에서 아무개 집안의 딸이 혼인 대상으로 적당하다고 생각되면 중매쟁이를 초청하여 정중하게 예의를 베풀며 혼사를 성사해달라고 부탁한다. 만약 여자 측에서 혼담에 동의하면 남자 측에서는 다시 여자 집으로 사람을 보내 혼례를 요청한다. 두 번째 절차는 '문명問名'이다. 즉 중매쟁이를 여자 집으로 보내 신부될 사람의 성명을 묻는다. 성명을 받아 돌아오면 점을 쳐서 혼인의 길흉을 판단한다. 세 번째 절차는 '납길納吉'이다. 남자 집에서 혼인이 길하다는 점괘를 얻으면 다시 중매쟁이를 여자 집으로 보내 그 사실을 알리고 혼인 약속을 맺는다. 네 번째는 '납징納徵'이다. 남자 집에서 혼인 예물을 여자 집으로 보낸다. 다섯 번째는 '청기請期'다. 남자 집에서 혼인 날짜를 선택하여 여자 집에 알린다. 여섯 번째는 '친영親迎'이다. 신랑이 여자 집으로 가서 신부를 맞아온다. 이 혼인 풍속은 주나라 때 완성되어 이후에도 중국 역사의 혼인 의식은 기본적으로 이 육례에 따라 진행되었다. 그러나 서주시대에는 여전히 원시적 혼인 유풍이 남아 있어서 해마다 봄철에 미혼 남녀가 밀회를 즐기며 몰래 사랑의 도피 행각을 벌이면서도 아무 제한을 받지 않았다. 후세의 봉건사회에서는 '예교禮敎'의 영향으로 이러한 행각을 엄격히 금지했다.

종합해보면 서주 사회의 종법제도는 후세 중국 역사에 아주 큰 영향을 미쳤다. '종법'의 그림자는 줄곧 중국 역사를 길게 뒤덮었다.

③ 춘추전국시대의 사회 변화

춘추전국은 중국 역사에서 중요한 시기다. 춘추시대(기원전 770~기원전 476)는 총 294년 동안 지속되었다. 이 시기에 서주의 봉건제도와 귀족 정권이 점차 와해되면서 사회에 새로운 변화가 나타났다. 전국시대(기원전 475~기원전 221)는 총 254년 동안 지속되었다. 이 시기는 선진시대에 각 지역에 할거하던 중앙집권 국가가 상호 겸병으로 전국적인 통일국가 건립으로 나아간 과도기였다.

춘추시대 사회 변화 중에서 눈에 띄는 것은 토지사유제가 발전함에 따라 역사에 새로운 귀족 지주 계층이 나타났다는 점이다. 이와 상응하여 정치 분야에서도 '공실公室'과 '사가私家'의 투쟁이 표면화되었다. 주 평왕平王이 낙양으로 천도한 이후 춘추 중기에 이르기까지 '사가'의 경제력과 정치력은 끊임없이 강화되었다. 이후 경대부를 대표로 하는 '사가'와 공실의 투쟁은 갈수록 더욱 치열해졌고, 그 결과 각 제후국의 공실은 서로 정도는 다르지만 대부분 쇠락했으며, 이 과정에서 경대부들이 점차 공실의 정권을 장악했다.

공실과 '사가'의 투쟁은 두 유형으로 나눠볼 수 있다. 첫째, 공족公族과 공실의 힘겨루기다. 주나라의 규정에 따르면 제후의 적장자嫡長子가 보위를 계승하고 나머지 아들은 대부로 봉해지는데, 이들 공실의 후예를 역사에서는 '공족'이라 칭했다. 이런 공족 자손들이 정권을 잡고 있는 공실과 서로 권력과 이익을 다투었다. 둘째, 이성異姓 경대부가 공실과 다툰 경우다.

춘추시대 제후국들 가운데 경대부를 대표로 하는 '사가'와 공실이 정권 투쟁을 벌인 예는 노魯, 제齊, 진晉이 가장 대표적이다. 춘추시대 노나라는 공족이 정권을 잡았다. 당시 '사가' 세력의 대표는 계씨季氏, 숙씨叔氏, 맹씨孟氏라 불리는 세 집안이었다. 그들은 모두 노 환공桓公의 후손이었으므로 역사에서는 그들을 '삼환三桓'이라고 칭한다. '삼환'은 노나라의 내란을 틈타 세력을 확대하면서 각자의 봉토 안에 성곽을 건설하고, 이를 근거지로 삼아 노나라 정국을 좌우했다. 말하자면 "공실의 지위는 약화되고 삼환의 지위는 강해지는"[50] 국면이 나타났다. '삼환'이 마침내 노나라 전체를 통제하면서 역사는 전국시대로 진입한다.

춘추시대 중기 이후 제나라에서는 성이 다른 귀족 전씨田氏가 흥성했다. 이 집안은 점차 공족을 대신하여 국정을 장악하고 마지막에는 제나라 정권까지 탈취했다. 진晉나라에서는 공족 세력이 춘추시대 이전에 이미 역사의 무대에서 사라졌고 성이 다른 귀족들이 경대부에 임명되었다. 그들은 점차 국가의 정권을 장악하고 진나라를 위魏, 한韓, 조趙 세 나라로 분할했다. 역사에서는 이를 "세 가문이 진나라를 분할했다(三家分晉)"라고 기록했다.

춘추시대에 출현한 공실과 '사가'의 투쟁은 무엇을 말해주는가? 그것은 서주의 정치 체제와 사회경제 부문에 모순이 발생했고, 이 모순이 날이 갈수록 더욱 첨예화되어 반드시 정치 체제를 바꾸어야만 경제발전의 요구에 부합할 수 있었음을 설명해준다. 이 때문에 낡은 종족 통치는 멸망의 길을 걸을 수밖에 없었고 새로운 관료정치가 시대의 흐름을 타고 나타났다. 그것은 역사 발전의 필연이었다. 하지만 중국의 길고 긴 고대사 전개 과정에서 종족 통치의 영향은 철저하게 소멸되지도 않았고 소멸될 수도 없었다. 그것의 주요 요소는 새로운 관료정치 체제에 다시 빌붙어 생명을 유지하게 되었다. 군주 세습제는 여전히 혈연관계를 기초로 했다.

춘추시대에 '사가'의 역량이 점차 강화된 것은 당시 사회 생산력의 발전과 생산도구의 변혁과 밀접한 관련이 있다. 상나라와 서주는 '청동기시대'에 해당한다. 청동기의 주조는 상나라와 주나라 시대 수공업 분야에서 가장 선진적인 생산기술을 대표한다. "국가의 대사는 제사와 군대에 있다"[51]라는 말처럼 제례와 전쟁은 상나라와 주나라 사회에서 아주 중요한 두 가지 대사였고, 청동기는 주로 이 두 가지 대사를 위해 주조되었다.

상나라의 청동기는 생산도구를 만드는 데 소량이 쓰인 것을 제외하고는 대부분 예기禮器와 무기를 만드는 데 쓰였다. 서주의 수공업 중에서도 청동기 산업이 여전히 가장 중요한 지위를 차지했다. 서주 시기는 고대 청동기 발전 과정에서 매우 중요한 단계에 해당한다.

일반적으로 고대는 생산도구가 발전함에 따라 석기시대, 청동기시대, 철기시대로 구분한다. 중국 역사에서 청동기는 끝내 석기를 대신하여 주요 생산도구가 되지 못했다. 철기가 광범위하게 사용된 이후에야 석기가 신속하게 역사의 무대에서 사라졌다. 이것은 철기가 견고함과 예리함에서 석기와 청동기보다 훨씬 뛰어났기 때문에 야기된 현상이다. 춘추시대에 이르러 철기는 더욱 크게 발전했다. 역사 문헌에 '鐵(철)'자가 최초로 등장하는 것이 바로 서주와 춘추 교차기였다. 진秦 양공襄公(기원전 776~기원전 764 재위)의 사냥을 읊은 시에 다음과 같은 유명한 구절이 있다. "네 마리 검붉은 말은 크기도 큰데, 그것을 모는 여섯 가닥 고삐를 손에 쥐었네(駟驖孔阜, 六轡在手)."[52] 그 의미는 진 양공이 사냥할 때 검붉은 말 네 마리가 끄는 마차를 타고 손으로는 여섯 가닥 고삐를 잡고 있다는 뜻이다. 여기에 쓰인 '驖(철)'자가 바로 '鐵(철)'자에서 나왔는데 검붉은 말의 털 색깔을 형용하는 글자로 쓰였다. 전국시대 중기와 후기에 이미 철기 사용이 보편화되었음은 지금까지의 고고학 발굴 성과로도 분명하게 알 수 있다. 철제 도구는 토지 개간 능력을 높였고 깊이 갈기와 세밀한 경작에도 편리하여 농업 발전을 크게 촉진했다.

사회 생산력의 진보로 후세의 자영업처럼 개인이 생산 주체가 될 개연성도 생기게 되었다. 한 가구가 중심이 되는 개체 경제의 발전은 종족의 속박을 돌파하게 했다. 여기에 당시 끊임없는 전쟁과 토지 재분배, 상공업의 발전에 따라 역사는 통일국가를 이루는 방향으로 발전하게 되었다. 전국시대 위, 초, 제, 진秦, 한, 조, 연 등 각국에서 벌어진 사회개혁 운동도 바로 상술한 역사적 요구가 정치적 측면에 구현된 것이다. 이에 관한 예를 들면 진 효공孝公 때 추진한 상앙商鞅 변법이 바로 우리 주의를 끄는 역사적 사건이다.

상앙은 노나라 사람 시교尸佼에게서 학문을 배웠고, 시교는 '유가와 묵가墨家를 겸하고 명가名家와 법가를 융합한'[53] 학자로 드넓은 학식을 보유하고 있었다. 상앙은 법가 학설을 존중하여 진 효공의 지지를 받으며 두 차례 변법을 시행했다. 첫 번째는 기원전 359년에 시작했고, 두 번째는 기원전 350년에 시작했다. 그의 변법에는 토지제도 개혁, 군현제郡縣制 추진, 함양 천도, 전공戰功 장려, 도량형 통일, 조세제도 개혁, 오랑캐 풍속 혁파 등이 포함되어 있었다. 변법은 조용하게 진행되지 못했고 다툼이 격렬했다. 효공이 죽은 뒤 상앙은 거열형(다섯 마리 말에게 몸이 찢기는 형벌)이란 혹형을 받고 죽었다. 그러나 변법은 진나라를 전국칠웅의 으뜸으로 만들어 나중에 진시황이 육국을 통일할 때 기반으로 작용했다.

전국시대 제후국들 가운데는 진, 제, 연, 초, 조, 위, 한 일곱 개 강국이 있었다. 남쪽의 월나라는 영토는 넓었지만 초나라에 잠식당하여 전국시대 역사에서는 중요한 지위를 차지하지 못했다. 또 몇몇 작은 나라도 있었다. 지금의 산둥성 경내에는 노, 거莒, 추鄒, 기杞, 등滕, 설薛나라가 있었고, 지금의 허난성 경내에는 정鄭, 위衛, 증曾나라가 있었으며, 지금의 허난성과 안후이성安徽省 경계에는 채蔡나라가 있었다. 그리고 지금의 산둥성, 장쑤성, 허난성, 안후이성 네 성이 교차하는 지점에는 송宋나라가 있었다. 당시 역사의 발전 추세로 보면 통일국가를 건설하려는 방향으로 나아가고 있었고, 누가 통일을 달성할 수 있을까 하는 문제에서는 사회변혁 성과가 가장 큰 나라에 의해 결판이 나리라 예상되는 상황이었다.

전국시대에 일곱 강국이 병립한 것은 결코 우연이 아니었다. 일곱 강국 중에서 조나라, 위나라, 한나라, 제나라는 춘추시대의 진晉나라와 제나라 양국 경대부가 정권을 잡으면서 계속 발전해왔다. 따라서 두 나라 경대부들은 종법 전통을 비교적 철저하게 파괴했다. 그리고 진秦과 초 두 나라에는 역대로 엄격한 종법 전통이 없었다. 연나라에 종법 전통이 가장 많이 보존되어 있었지만 연나라는 일곱 강국 가운데 가장 약했다. 노, 정, 위, 송 등은 역대로 종법 전통이 엄격했지만 춘추시대 말기에 이들 나라에서 정권을 잡은 대부들도 모두 공족이어서 종법 전통에 강력한 충격을 가하지 못했다. 따라서 이 몇몇 나라는 전국시대로 진입한 이후 국력의 약세를 면치 못했다. 여기에서도 알 수 있는 바와 같이 낡은 제도를 변혁해야만 역사 발전 과정에 필요한 조건을 창조할 수 있다.

전국시대 후기의 사회변혁은 사회 계급구조의 변화를 이끌었다. 당시 지주계급과 농민계급은 사회의 양대 기본 계급이었다. 지주계급은 토지와 일부 노동 인력을 점유하여 노동자의 잉여노동을 착취하면서 점차 사회의 통치계급으로 성장했다. 이들 지주계급의 연원은 넷으로 나눌 수 있다. 첫째, 분봉된 귀족이 지주가 된 경우다. 그들은 사유지를 확장하면서 지주계급 구성원 중에서 가장 일찍 성장했다. 둘째, 관료 지주와 전공戰功 지주다. 그들은 본래 제후국의 관료와 군인이었는데, 제후국 군주가 상으로 내려준 토지를 받아 지주계급이 되었다. 예컨대 앞에서 진나라 상앙의 변법을 언급할 때 중요한 내용의 하나가 바로 전공을 세워 봉작을 받는다는 것이었다. 그 내용에 이러한 규정이 있었다. 무릇 전쟁에서 전공을 세운 노예는 해방시켜 호적에 편입한다. 그리고 전공을 세운 귀족과 평민은 땅과 주택 그리고 세금을 거둘 수 있는 호구戶口를 상으로 받는다. 이런 과정을 거쳐 관료와 군인이 지주가 되었다. 셋째, 상인과 고리대금업자가 지주를 겸했다. 그들은 상업과 고리대금업으로 가문을 일으킨 후 무역 관계로 토지를 겸병하면서 지주로 전환되었다. 넷째, 평민의 신분이 상승하여 보통 지주가 되었다. 그들은 사유지를 개간하고 좁은 땅을 사들여 농민을 착취하면서 부유한 생활을 영위했다.

농민계급은 자영농, 소작농, '서자庶子' 그리고 고용농으로 구성되어 있었다. 자영농은 대부분 지난날 서인庶人과 국인國人에서 형성된 계층이다. 이른바 "남자는 밭을 갈고 여자는 베를 짠다(男耕女織)"는 오랜 전통에 기본적으로 자영농의 모습이 반영되어 있다. 밭갈이와 길쌈이 결합된 한 가구 소농 경제의 기초는 진나라 상앙의 변법 때 비로소 형성되었고, 뒷날 진·한 교체기의 역사 문헌에 이에 대한 분명한 기록이 남아 있다. 예를 들면 이렇다. "밭갈이와 길쌈에 힘쓰는 까닭은 그것을 기본 교육으로 삼을 수 있기 때문이다."[54] "밭가는 일은 힘들고 길쌈하는 일은 번거롭다. 그런데도 번거롭고 힘든 일을 백성이 버리지 않는 것은 그것으로 옷을 해입고 밥을 해 먹을 수 있음을 알기 때문이다."[55] 후대의 역사책에서 말하는 '식화食貨'라는 어휘도 밭갈기와 길쌈이 결합된 소농 경제를 가리키는 것이다. '식食'은 농업 생산을 가리키고 '화貨'는 가내수공업을 가리킨다.

소작농은 자영농에서 분화되어 나왔다. 일부 자영농이 농사로는 생계를 유지할 수 없어서 땅을 팔고 빈곤 계층으로 전락하여 타향을 떠돌다가 그곳 지주의 토지를 소작하게 된 것이다. '서자庶子'라는 말은 현대어에서 이를 대체할 만한 정확한 단어가 없으므로 역사 문헌에 기록된 말을 그대로 쓰고 추가로 설명하고자 한다. 진秦나라 법률을 보면 다음과 같은 규정이 있다. "전쟁 유공자에게 농민을 상으로 주어 '서자庶子'로 삼는다." 이들은 매달 전쟁 유공자를 위해 보통 엿새를 노역했다. 농민 중에서 최하위 계층은 고용농이었는데, 흔히 '용부庸夫' 또는 '용객庸客'으로 불렸다. 그들은 완전히 땅을 잃어서 고정된 주인이 없었다. 이들 중 더러는 성읍으로 흘러들어 '용보庸保(보증인을 세우고 고용된 사람)'나 '시용市傭(상점 고용인)'이 되기도 했다. 이들의 생활은 아무런 보호도 받지 못했다.

지주와 농민이라는 양대 기본 계급 외에 상공업 종사자와 노예가 있었다. 상공업 종사자는 관청에서 분리되어 상품 생산자와 상공업 경영자가 되었다. 전국시대에는 관노비와 사노비도 숫자가 적지 않았다. 관노비는 주로 범죄자로 충당되었다. 범죄자는 노예로 삼았기 때문에 『진율秦律』에서도 '예신첩隷臣妾'[56]이라고 부르며 종신토록 관청에서 노역에 종사하게 했다. 전국시대의 노예는 물건처럼 선물로 주거나 매매할 수 있었으며 노예를 순장하는 풍습도 여전히 있었다. 그러나 전국시대 사회계급의 주된 흐름으로 살펴보면 역사가 봉건제 사회로 진입하기 시작했다고 볼 수 있다.

전국시대는 역사적으로 거대한 변화가 발생한 시기이며 사회 각 부문에서도 모두 창조적인 실적을 쌓은 시기일뿐더러 학술문화가 번영한 시기이기도 하다. '제자백가'의 전파와 분포 범위를 보면 지역적 특징이 드러난다. 유가와 묵가는 노나라를 중심으로 삼고 진晉, 위衛, 제齊나라로 학설을 전파했다. 묵가는 진秦나라와 초나라를 향해 발전해갔다. 도가道家는 초, 진陳, 송에서 기원하여 나중에 제나라로 유입되었다. 초나라 사람들은 비교적 원시적인 '무귀巫鬼(귀신을 숭배하는 무속)' 종교를 갖고 제나라와 연나라에 영향을 미쳤다. 나중에는 음양가陰陽家가 제나라에서 발달했다. 법가사상은 주로 삼진三晉(위, 조, 한)에서 기원했다. 춘추시대의 문화 중심이 주나라와 노나라에 치우쳐 있었다면 전국시대의 문화에는 이미 이러한 제한이 없어졌고, 문화적 교류와 영향력이 생기발랄하면서도 드넓게 퍼져나갔다.

④ 진秦나라 흥망에 관한 사색

기원전 247년 진왕秦王 영정嬴政(기원전 251~기원전 210)이 즉위할 때 나이가 13세에 불과해서 태후와 여불위가 정사를 맡아보았다. 기원전 238년 진왕 영정이 성년이 되자 옛 도읍지 옹雍(지금의 샤안시성 평샹鳳翔 남쪽)에 있는 선조 사당에 가서 관례를 거행하고 그다음 해부터 직접 정사를 주관

그림 5 진시황

했다. 그는 법가사상의 집대성자인 한비韓非의 저작을 즐겨 읽고 이사李斯, 울료尉繚를 임용하여 육국의 합종책을 저지하면서 그들을 각개 격파하는 전략을 채용했다. 기원전 230년에는 내사內史 등騰을 파견하여 한나라를 멸망시켰고, 기원전 229년에는 대장 왕전王翦을 파견하여 조나라를 멸망시켰다. 조나라가 멸망한 후 공자 가嘉는 대군代郡으로 도주하여 스스로 대왕代王을 칭했지만 기원전 222년 진나라에 멸망되었다. 또 기원전 227년에는 왕전을 파견하여 연나라를 공격했고 마침내 기원전 222년 연나라를 멸망시켰다. 기원전 225년 대장 왕분王賁을 파견하여 위나라를 멸망시켰고, 기원전 224년 왕전을 파견하여 초나라를 공격했다. 기원전 222년 초나라를 멸망시켰으며, 기원전 221년 왕분을 파견하여 제나라를 멸망시켰다. 진왕 영정은 즉위한 지 26년 만에 천하통일을 실현했다. 그는 함양에 도읍을 정하고 시황제라 일컬었다(그림 5). 이때부터 중국 역사에 통일된 봉건 전제왕조의 막이 올랐다.

왜 다른 나라가 아닌 진나라가 중국을 통일했을까? 진나라에는 엄격한 종법제도가 없어서 개혁을 방해하는 세력이 비교적 적었기 때문이다. 진나라에서는 상앙 변법이 아주 큰 성과를 거두어 '부국강병'을 추구하는 법가의 정책이 잘 실현되었다. 또 진나라는 지리적 위치가 우월하여 공격과 수비에 모두 편리했다. 전국시대에 도성이 다른 나라에 파괴되지 않은 곳은 진나라뿐이었다. 그리고 진나라는 국내에서 비교적 분쟁이 드물었고 헌공獻公, 효공, 혜문왕惠文王, 소왕昭王, 진왕 영정까지 재위 기간이 비교적 길어서 국내 상황이 안정되어 있었다. 무왕武王, 효문왕孝文王, 장양왕莊襄王의 재위 기간은 짧았지만 왕위 계승으로 인한 내부 분쟁은 일어나지 않았다. 결국 진나라의 중국 통일은 역사 발전 요구에 순응하고 천시天時, 지리地利, 인화人和 세 요소가 모두 우세하여 얻어졌다고 할 수 있다.

진나라의 통치 기간은 길지 않아 15년에 불과했지만 진나라 제도는 이후 중국 2,000년 역사에 심원한 영향을 미쳤다. 그중에서 가장 중요한 요소가 바로 '대일통大一統'에 관한 이론과 실천이었다. '대일통'이란 말이 최초로 보이는 기록은 『공양전』 「은공隱公」 원년이다. "어찌하여 '왕정월'이라고 합니까? 대일통을 나타낸 것이다(何言乎'王正月'? 大一統)." 대일통은 전국시대 법가, 유가, 도가의 공통적 정치 이상이었지만 대일통에 어떻게 도달하는지, 대일통을 실현한 이후 어떻게 나라를 다스리는지는 서로 관점이 달랐다.

대일통 이론과 실천 방안은 진나라의 정치제도에 구현되었다. 진나라는 통일을 이룬 후 드넓은 국토에 최초로 36군을 설치했다. 농서隴西, 북지北地, 상군上郡, 한중漢中, 촉군蜀郡, 파군巴郡, 한단邯鄲, 거록鉅鹿, 태원太原, 상당上黨, 안문雁門, 대군代郡, 운중雲中, 하동河東, 동군東郡, 탕군碭郡, 삼천三川, 영천潁川, 남군南郡, 검중黔中, 남양南陽, 장사長沙, 초군楚郡, 구강九江, 사수泗水, 설군薛郡, 동해東海, 회계會稽, 제군齊郡, 낭야瑯琊, 광양廣陽, 어양漁陽, 상곡上谷, 우북평右北平, 요서遼西, 요동遼東이 그것이다. 도성 주변 경기 지역을 관할하는 '내사內史'는 군과 동급의 행정단위였지만 36군에는 속하지 않았다. 나중에 더 넓은 강역을 개척함에 따라 구원九原, 남해南海, 계림桂林, 상군象郡, 민중閩中 5개 군을 추가했다. 따라서 진나라는 내사가 관리하는 경기 지역을 제외하고 모두 41군을 두게 되었다. 군 아래에는 현縣을 설치했고, 소수민족 지역의 현급 행정단위는 '도道'로 칭했다. 진나라 현의 숫자는 대략 1,000곳에 달했다. 진시황은 중국을 통일한 후 군현제를 시행하여 대일통 중앙집권 정치제도의 기초를 놓았다.

대일통 이론의 인도에 따라 진나라는 비교적 완비된 중앙정권 조직을 갖게 되었다. 중앙정권에서 가장 중요한 관직은 이른바 '삼공三公'으로 승상, 태위太尉, 어사대부御史大夫가 그들이었다. 위尉 또는 국위國尉라고도 불린 태위는 조정의 수석 무관武官이었다. 어사대부는 그 지위가 대체로 승상 다음이었고, 백관의 감찰을 책임져서 지위가 상경上卿에 해당했다. '삼공' 아래에는 구경九卿이 있어서 각각 상이한 정무를 분담·관리했다. 실제로 이른바 '구경'은 그 관직이 결코 '아홉' 자리로만 제한되지 않았다.

진나라가 '대일통' 제도로 구현한 관제官制는 중요한 의미를 담고 있다. 『한서』「백관공경표百官公卿表」에는 이렇게 기록되어 있다. "진나라는 천하를 겸병하여 황제 호칭을 세웠고 백관의 직위를 만들었다. 한나라는 그 제도를 그대로 따르면서 바꾸지 않았다."⁵⁷⁾ 한나라는 기본적으로 진나라 제도에 따라 몇 가지를 가감한 뒤 역대 왕조 관제의 기본 골격을 만들었다.

'수레바퀴 폭을 통일하고, 문자를 통일한(車同軌. 書同文)⁵⁸⁾ 것과 같은 진나라의 구체적인 정책도 긍정할 만한 독창성이 있다.

진나라의 흥망은 역사상 한순간에 불과했다. 기원전 221년에서 기원전 206년까지 존속했으니 겨우 15년에 지나지 않는다. 이것은 무엇을 말해주는가?

진이세秦二世⁵⁹⁾ 원년(기원전 209) 7월 군대에 징발되어 어양漁陽(지금의 베이징 미윈密雲 서남쪽)으로 수자리를 서러 가던 병사 900명은 대택향大澤鄕(지금의 안후이성 쑤저우宿州 동남쪽)에서 큰비를 만나 길이 끊기고 말았다. 그들은 도저히 제시간에 목적지에 도착할 수 없었다. 진나라 법률에 따르면 제시간에 맞춰 도착하지 못한 병사는 참수형에 처하게 되어 있었다.

농민 출신으로 이들 병사 중에서 둔장屯長을 맡고 있던 진승陳勝과 오광吳廣은 생명을 보장받을 수 없는 긴급한 상황에서 군사를 일으켜 진나라의 폭정에 대항하자고 의견을 모았다. 그들은 미신을 믿는 민중의 심리를 이용하여 주사朱砂로 비단 손수건에 '진승왕陳勝王'이라는 세 글자를 써서 물고기의 배 속에 집어넣었다. 그리고 동행한 병사들에게 호소했다. 이미 제시간에 맞춰 목적지에 도달할 수 없으므로 사형을 면할 수 없었기 때문이다. "장사들이여! 장차 죽지 않아도 그걸로 그만이고, 죽는다면 위대한 이름을 남길 수 있을 것이다. 왕후장상에 어찌 씨가 따로 있단 말인가?"[60]

그리하여 진승은 스스로 장군이 되고 오광은 도위都尉가 되어 대택향을 공격하고, 기현蘄縣(지금의 안후이성 쑤저우 남쪽)도 공격했다. 이어서 진陳(허난성 후이양淮陽)을 공격했다. 이때 반란군은 이미 병거 600~700승에 기병 1,000여 명 그리고 병졸 수만 명으로 발전해 있었다. 진陳 땅을 함락시킨 후 진승은 왕위에 올라 국호를 '장초張楚(초나라를 강대하게 확장한다는 의미)'라 했다.

진승과 오광이 군사를 일으켜 진나라에 항거하자 각지의 민중이 분분히 호응했다. "나무를 베어 무기로 삼고, 장대를 세워 깃발로 삼아도 천하 사람들이 운집하여 호응하는"[61] 상황이었다. 진승 반란군의 장군 주문周文은 군사를 이끌고 서쪽으로 진나라를 치러 갔다. 함곡관에 도착했을 때 이미 병거 1,000승이 모였고 병졸은 수십만에 달해 진나라 통치의 중심인 함양을 직접 위협하게 되었다. 그러나 주문은 성공하지 못했다. 진승은 방향을 돌려 성부城父(지금의 안후이성 멍청현蒙城縣 서북)로 내려가다가 말몰이꾼 장가莊賈에게 살해되었다.

진이세 3년(기원전 207) 8월 진이세는 동쪽 지방 전쟁의 책임을 물어 조고趙高를 힐난했다. 그러자 조고는 망이궁望夷宮에 있는 심복을 시켜 진이세를 죽인 후 진나라 귀족 자영子嬰을 보위에 올렸다. 조고는 자영에게 "허울뿐인 황제 칭호를 쓰는 것은 옳지 못한 일이므로 옛날처럼 '왕'이라 칭해야 한다"라고[62] 하며 황제 칭호를 취소했다. 자영은 황제 칭호를 버리고 진왕으로 불리다가 46일 후 유방劉邦 군대가 함양에 진입했을 때 항복했고, 이로써 진나라는 멸망했다.

진승의 반란은 실패했지만 바탕에서부터 진나라의 통치를 뒤흔들었다. 바로 사마천이 말한 바와 같다. "진승은 이미 죽었지만 그가 임명하고 파견한 제후 왕들과 장상將相들이 마침내 진나라를 멸망시켰다. 진승이 바로 맨 처음 그 일을 행한 것이다."[63] 이 글의 의미는 바로 진승 자신은 비록 패배했지만 그가 파견한 다른 군사 정치 집단이 결국 진나라를 멸망시켰으므로 진승이 대택향에서 폭압적인 진나라에 반항한 첫 번째 공적은 지울 수 없다는 것이다.

진나라가 멸망하고 나서 전한 시기에 이르면 많은 사람이 서로 다른 시각으로 진나라 멸망의 역사 교훈을 총결산했다. 가의賈誼[64]는 저명한 정론 「과진론過秦論」[65]에서 이렇게 주장했다. "진나라는 작은 땅으로 만승의 권력을 취하여 천하의 제후를 불러들이고 동열의 나라에 조공을 받은 지 100여 년이 되었다. 그런 후 천지 사방을 한 집안으로 삼고 효산과 함곡관을 궁궐로 삼았다. 그러나 필부 한 사람이 난을 일으키자 칠대七代의 사당이 허물어지고 황제 자신의 몸은 다른 사람에게 죽임을 당해 천하 사람들의 웃음거리가 되었다. 무엇 때문인가? 인의를 시행하지 않아 공수의 형세가 달라졌기 때문이다."[66] 서술에 아주 깊이가 있다. 천하를 탈취하는 것과 천하를 다스리는 것은 서로 다른 일이다. 바뀐 형세에 따라 상이한 정책을 펼쳐야 한다. 그러나 진나라는 천하를 탈취할 때의 정책을 바꾸지 않고 천하를 다스리는 정책으로 삼았다. 이것은 다음과 같은 세 가지 부문에서 분명하게 드러난다.

첫째, 임금의 권력을 강화하고 엄혹한 형벌을 시행하면서 임금 홀로 천하를 통제하려 했으나 통제할 수 없었다. 이것은 절대군주제 통치를 실현하려 한 것이다.

둘째, 폭정을 펼쳤다.

셋째, 사상과 문화의 측면에서 상이한 의견과 학파의 존재를 허락하지 않고 문화전제주의를 시행했다.

진시황은 이렇게 공언했다. "짐이 시황제가 되었으니 후세에는 이로 써 숫자를 계산하여 2세, 3세를 잇고 만세에까지 무궁하게 전해지도록 하라."[67] 이러한 무소불위의 '황권'은 어떤 감독이나 제약도 받지 않는다. 진나라는 육국을 멸망시킨 후 법가의 이사李斯를 승상으로 삼았다. 이사는 진시황에게 진나라에서 공식 편찬한『진기秦記』이외의 역사 기록은 모두 불태워버리게 했고, 박사관에서 관장하는 서책 이외에 천하의 개인들이 소장한『시詩』,『서書』, 제자백가 서적은 모두 지방관에게 제출하여 불태워버리게 했다. 그리고 사사로이『시』,『서』를 토론하는 자는 사형에 처하여 저잣거리에 효수했으며, 옛일에 근거하여 지금 시대를 비난하는 자는 그 가족까지 주살했다. 관리 중에서 이런 죄상을 알고도 보고하지 않은 자가 있으면 똑같은 형벌을 가했다. 분서 명령을 반포하고 30일이 지나서도 시행하지 않은 관리는 변방의 성곽을 수축하는 노역에 처하도록 했다. 이사의 건의는 진시황의 윤허를 얻었다.

분서 명령이 내리고 얼마 지나지 않아 유학자를 생매장하는(坑儒) 사건이 일어났다. 진시황이 일찍부터 신임한 후생侯生과 노생盧生은 진시황이 권세를 탐하고 신선술을 믿는 것에 불만을 품고 도성에서 도망치기로 약속했다. 진시황은 크게 노해 어사 엄려嚴厲에게 명령을 내려 여러 유생을 심문하게 했다. 그중에서 금법禁法을 범했다고 판단되는 460여 명을 함양

위수渭水가에 생매장하여 천하의 문인 학사들에게 경고 신호를 보냈다. 분서갱유와 같은 진시황의 극단적 정책은 문화를 학살하는 조치여서 천하 선비들의 격렬한 반항을 불러일으켰다.

이 밖에 진나라의 가혹한 부역제도도 언급하지 않을 수 없다. 진시황은 최후의 통치 기간 몇 년 동안 거대한 토목공사를 연속해서 여러 번 일으켰다. 진시황 34년(기원전 213) 장성長城을 축조했고, 35년(기원전 212)에는 직도直道[68]를 닦았다.[69] 진나라 장성은 서쪽 임조臨洮(지금의 간쑤성 민현岷縣)에서 동쪽 요동遼東까지 장장 1만여 리里에 달했다. 또 위수渭水 남쪽에 아방궁이 중심이 되는 일련의 궁궐을 건축했다. 진시황릉 건설 사업인 여산驪山 공사에도 백성 수십만 명이 동원되었다. 역사책에는 아방궁 공사와 여산 공사에 동원된 인력이 무려 70여 만 명에 달한다고 기록되어 있다.[70]

진시황릉의 토목 공사량과 당시 노동생산율에 근거하여 계산해보면 앞의 기록이 실제에 부합함을 알 수 있다. 이 밖에도 진나라 조정에서는 백성을 함부로 군역에 동원하여 북쪽으로는 흉노匈奴와 대적했고, 남쪽으로는 오령五嶺을 방어했다. 당시에 남자는 전쟁에 동원됐고, 여자는 군량미를 날랐다. 먼 곳에서 변방을 지키는 남자는 그곳에서 싸우다 죽었고, 길에서 군량미를 나르는 여자는 도로 위에 엎어져 죽었는데, 그 숫자를 헤아릴 수 없을 정도였다. 병역과 부역 동원은 당시 인민에게 가장 침중한 압박으로 작용했다.

우리가 주의할 만한 것은 주로 수송에 동원된 부역자가 대부분 전국시대 육국의 옛 땅인 관동關東[71] 사람이었고, 무거운 노역을 담당한 사람도 주로 관동 사람이었다는 사실이다. 앞에서 언급했듯이 대택향에서 어양으로 동원되어 가던 사람 900명 중에서 양성陽城(지금의 허난성 덩펑현登封縣 동남) 사람 진승陳勝, 양하陽夏(지금의 허난성 타이캉현太康縣) 사람 오광吳廣 등도 모두 관동 사람이었다. 진시황 때 반항 세력의 주요 군사 역량이 관동에서 활동한 사실도 결코 우연이 아니었다.

진나라가 강력한 군사 역량을 바탕으로 비교적 완비된 중앙정권 조직과 행정 관리제도를 만들어가면서 통일 군주 국가 건설에 일정한 계획과 설계는 있었지만 두 가지 중요한 사실은 망각했다. 하나는 민심과 민력民力이고, 다른 하나는 통일 군주 국가 건설의 수단과 방식이다. 진나라는 잔인하고 포악한 약탈 방식으로 인민을 대했고, 극단적인 전제적 방식으로 사상문화를 다루었다. 이것이 진나라의 단명을 결정했다. 민심은 업신여길 수 없다. 진나라 왕조의 긍정적 경험과 부정적 교훈 모두가 뒷날 봉건왕조에 유익한 거울로 작용했다.

⑤ 왕조 교체와 농민전쟁

서한西漢(기원전 206~기원전 8)[72]은 진승과 오광의 농민전쟁을 기반으로 건립된 왕조다. 서한 건국 황제 유방劉邦은 농민 계층 출신으로 진나라 기층 행정조직인 정장亭長을 지낸 적이 있다. 그는 일찍이 공사 때문에 함양으로 갔다가 진시황의 수레 행렬을 보고 이렇게 감탄했다. "아! 대장부는 응당 저와 같아야 하리라."[73] 당시 유방과 천하를 놓고 다툰 항우項羽는 초나라 명장의 후예였는데, 그도 자신의 숙부 항량項梁을 따라 강동으로 피난 가다가 진시황의 지방 순시 행렬을 보고 감탄했다. "저 자리를 뺏어서 내가 대신하리라."[74] 진나라 이후 봉건사회 역사를 보면 농민전쟁을 거쳤든, 정권 탈취 전쟁을 거쳤든 모두 황제가 되어 또 다른 왕조를 건설하는 걸 목표로 삼았다.

유방과 항우가 천하를 다투다가 마지막에 유방이 승리했다. 그것은 청나라 초기 대사상가 왕부지王夫之가 말한 바와 같다. "항우는 포악했고, 패공沛公(유방)은 현명했다."[75] 이른바 '현명함'이란 유방이 관대한 흉금을 바탕으로 진나라 폭정에서 응분의 교훈을 찾았음을 가리킨다. 유방이 제정한 정책 중에는 평민이 갖고 있던 전란 이전의 신분 지위와 사유재산 소유권을 그들이 귀향한 이후 조정에서 그대로 인정해주고, 그들을 호적에 편입한다는 내용이 포함되어 있었다. 이와 동시에 일정한 숫자의 노비들도 해방을 맞았다.

유방의 공신 집단은 대부분 신분이 미천했다. 고귀한 문벌 출신인 장량張良을 제외하면 나머지는 대부분 평민 신분이었다. 소하蕭何, 조참曹參, 임오任敖, 주가周苛는 말단 관리였고, 진평陳平, 왕릉王陵, 육가陸賈, 역이기酈食其, 하후영夏侯嬰 등은 평민이었다. 번쾌樊噲는 개백정, 주발周勃은 돗자리를 짜면서 남의 상례에서 피리를 불어주는 사람, 관영灌嬰은 비단장수, 누경婁敬은 상여 일꾼이었다. 청나라 역사학자 조익趙翼은 『24사차기廿二史箚記』에서 이런 상황을 "한 나라 초기에 포의가 장군과 재상에 포진한 형국(漢初布衣將相之局)"이라고 칭했다. 이 '포의 장상들'은 민간의 고충을 잘 이해해서 자신의 행동에도 엄격한 규칙을 적용했다. 예를 들면 소하는 존귀한 승상이었지만 자신의 땅과 집을 마련할 때 일부러 궁벽한 장소를 골랐으며, 백성에게 피해를 줄까봐 공사를 크게 벌이지 않았다. 그는 내 자손들이 현명하다면 나의 검소함을 배울 수 있을 것이고, 현명하지 못하다 해도 권세가들이 이 궁벽한 땅을 빼앗아가지는 않을 것이라고 했다. 말하자면 서한 왕조 건립의 정치적 바탕은 바로 진나라 폭정에 대한 부정이었던 셈이다.

한 고조 유방이 세상을 떠난 후 신하들은 이렇게 칭송했다. "고조께서는 출신이 미천했지만 난세를 구하고 정도로 되돌려 천하를 평정하셨다."[76] 『한서』「예악지禮樂志」에는 다음과 같은 언급이 있다. "한나라가 일어나 난세를 구하여 정도로 되돌리느라 날마다 눈코 뜰 새 없이 바빴다."[77] 당시 '난세를 구하여 정도로 되돌리는 일'은 주로 진나라의 폭정을 개선하여 평이한 정치를 구현하는 것이었다. 유방이 세상을 떠난 후 서한 왕조는 잠시 여후呂后의 전횡 시기를 거쳤지만 그 뒤 바로 문제 유항劉恒과 경제景帝 유계劉啓가 집권한 2대 39년간의 문경지치文景之治 융성기를 맞이했다. 이 시기에 한나라 조정에서 '백성과 함께 편안히 휴식하는(與民休息)' 정책을 실시하여 부역과 세금을 줄이자 국가는 안정되고 경제는 풍족했다. 그러나 문제와 경제 이후 무제武帝가 집권했을 때는 나라 상황이 바뀌기 시작했다.

중국 역사상 어떤 왕조도 강포한 호족이 토지를 겸병하고, 관료 지주가 재물을 갈취하고 토지를 독점하여 농민을 극도의 곤경으로 몰아넣는 일을 막지 못했다. 원대한 식견을 지닌 대신들이 토지 겸병을 억제하라고 황제에게 건의했지만 끝내 봉건사회의 고질병, 즉 강포한 호족의 토지 약탈을 해결할 수 없었다. 사회 모순이 격화되어 백성이 삶을 영위하지 못하자, 이들은 결국 새로운 유민 생활을 하며 또 한 차례 농민전쟁을 일으킬 수밖에 없었다. 서한 말기의 적미赤眉와 녹림綠林의 봉기, 그 이후 동한 말년 황건적의 봉기가 바로 이러한 사실의 분명한 증거다.

그 이후 수대, 당대, 원대, 명대, 청대의 농민봉기도 모두 이와 같다. 역대 농민전쟁에는 그들 자신의 강령과 구호가 있었다. 여기에 근거하여 그들은 세금이나 부역의 경감을 요구하거나 인간 평등을 요구하거나 경작할 수 있는 토지를 요구하기도 했지만 근본적으로 군주 전제제도를 바꿀 수 없었다. 이것은 마치 보이지 않는 '손' 한 쌍이 막후에서 역사를 움직이는 것 같았다. 태평한 천하는 오래가지 못했고, 사회조직에 잠복해 있던 고질병은 다시 증상을 드러냈다. 여기에 압제가 가중되자 또다시 천하 혼란의 조짐이 무르익기 시작했다. 이와 같이 다시 돌아 반복하고 끊임없이 순환했다. 이러한 현상을 사람들은 '주기율週期律'이라고 한다.

순환의 이치는 전혀 복잡하지 않다. 봉건사회 내부의 치세[治]와 난세[亂]가 모두 이런 제도의 제약을 받았으므로 제도적으로 근본적인 변화가 일어나기 전에는 역사의 주기율이 끝까지 효력을 발휘할 수밖에 없다. 경제적·정치적·사상적 측면에서 이러한 제도를 군주 전제제도라고 칭하는데 이는 바로 진시황에게서 비롯되었다. 진시황은 '천하'를 사유재산으로 삼은 뒤 이렇게 말했다.

"천지 사방 안은 모두 황제의 땅이다. 서쪽으로는 유사流沙를 건넜고, 남쪽으로는 북호北戶에 이르렀고, 동쪽으로는 동해를 소유했고, 북쪽으로는 대하大夏를 넘었다. 사람의 발자취가 이르는 곳이면 신하가 아닌 자가 없다."[78]

황제와 그 가족의 이익과 권력을 황권皇權이라고 칭했다. 농민전쟁의 목적은 결코 이러한 제도를 전복하려는 것이 아니라, 이러한 제도의 테두리 안에서 황족을 새롭게 바꾸고, 황제를 새롭게 바꾸려는 것이었다. 유방이 천하를 얻은 후 늙은 부친에게 천하가 자신의 재산이 되어 어떤 사람도 자신에게 비견할 수 없다고 과장되게 말한 것은[79] 진시황의 어투와 본질적인 차이가 없다. 봉건주의 군주 전제제도는 중국 역사에서 매우 오랜 시간 존재했다. 정치적·경제적·사상문화적 측면에서 새로운 창조가 다양하게 일어나기도 했지만 이러한 제도에 의지하여 장기간 안정을 얻으려는 시도는 늘 환상으로 그치고 말았다.

한 가지 제도로서 군주 전제제도를 정치적·경제적 측면에서 근본적으로 뒤엎는 것이 중국 근대사의 기본 임무였다. 사람들은 오랜 기간 문화심리가 축적되어왔기 때문에 이러한 제도의 사상적 영향을 제거하는 것이 결코 간단한 일이 아님을 분명하게 알았다. 황제와 황권에 의지한 장기간의 통치 아래, 중국 역사에서는 점점 다음과 같은 문화심리가 형성되었다. '세계에서 가장 경외해야 할 대상은 황제이고, 인간의 화복禍福은 모두 황제의 뜻에서 나온다.' 사람들은 늘 훌륭한 황제가 나타나 중생을 구제해주기를 희망한다. 이 때문에 중국 봉건사회에서 황제와 황권에 의지한 장기간의 통치는 황제를 경외하는 세속적 종교 의식으로까지 응축되었다. 농민전쟁은 이러한 의식에 결코 반대하지 않았고 단지 현명한 군주(明君)로 포악한 군주(暴君)를 대신하려고만 했다. 이 제도에 대해 진정 이성적으로 사고하면서 황제는 기실 천하의 '도살자'이고 '착취자'일 뿐이라고 인식하고, 장차 어떻게 새로운 제도를 창조할 것인가 하는 문제는 일부 선진적 지식인의 자각적 이론 사유에 의지해야만 했다. 청나라 초기의 대사상가 황종희黃宗羲가 지은 『명이대방록明夷待訪錄』이야말로 수준 높은 이론으로 군주 전제제도를 비판한 걸작이라 할 수 있다.

농민전쟁이 낡은 봉건왕조의 통치를 뒤흔들었다고 한다면 새로운 왕조를 건설하는 데는 반드시 지식인의 노력을 거쳐야 몇몇 치국사상을 일정한 제도와 방략으로 전환할 수 있었다. 그런 방략은 이후 최고통치자인 황제의 재가를 받아 추진하는 가운데 응분의 현실적 효과를 달성할 수 있었다. 중국 역사에서 국력이 강성하고 정치가 안정된 시대를 살펴보면 각각 나름대로 특색이 있지만 지식문화를 중시하고 지식인을 중시했다는 측면에서 나름의 보편성을 드러낸다.

『한서』의 저자 반고班固는 한 무제가 문치文治와 무공武功 부문에서 모두 위대한 업적을 세웠다면서 이렇게 진술했다. "해내를 두루 방문하여 준재를 천거하고 그들과 더불어 공을 세웠다."[80] 다양한 인재를 중시하고 그들에게 재능을 발휘할 기회를 만들어주는 것이야말로 진시황의 '분서갱유' 정책과 선명하게 대비되는 점이다. 이른바 무제 때의 '유아지사儒雅之士(유학자)', '독행지사篤行之士(행동이 뛰어난 선비)', '질직지사質直之士(곧은 선비)', '추현지사推賢之士(현인을 추천하는 선비)', '문장지사文章之士(문장에 뛰어난 선비)' 등의 숫자는 이루 헤아릴 수 없을 정도로 많았다. 종합해보면 역사가 인간 군체의 활동 무대로 될 수 있는 까닭은 어느 한 계급이나 계층이 전횡하지 않고 다양한 사람이 각자 지혜와 재능을 펼치는 마당이기 때문이다. 이러한 지혜를 결정하는 것이 바로 '문명'이다. 문명사회로 진입한 이후 중국 역사는 바로 한 권의 문명 발달사라고 할 수 있다.

[생각거리]

1. 왜 왕조 교체를 이해하는 것이 중국 역사를 공부하는 관건이 되는가?

2. 진나라의 흥망을 어떻게 봐야 하는가?

[참고자료]

1. 뤼쓰몐, 『진한사秦漢史』, 上海古籍出版社, 1983.

2. 양샹쿠이楊向奎, 『종주사회와 예악문명宗周社會與禮樂文明』, 人民出版社, 1992.

3. 양콴楊寬, 『전국사戰國史』(증보교정본), 上海人民出版社, 1998.

한대, 당대, 청대 융성기 통찰

〔 3강 〕

　　중국 고대 왕조의 전개 과정에서 '융성기'가 적지 않게 출현했다. 사람들이 말하는 융성기는 일반적으로 국가가 난세에서 치세로 옮겨가서 정권 안정과 사회 번영을 비교적 길게 유지한 시대를 가리킨다. 융성기의 표지에는 개명한 정치, 발전된 경제, 회복된 민생, 강대한 국력, 번창한 문화 등이 포함된다. 고대의 융성기 중 가장 대표적 사례로는 서한시대의 '문경지치文景之治', 당나라시대의 '정관지치貞觀之治'[81]와 '개원성세開元盛世',[82] 청나라시대의 '강옹건성세康雍乾盛世'[83]를 들 수 있다.

　　이러한 융성기는 고대사회 발전 과정에서 중요한 의의가 있다. 역대 왕조의 통치자들은 융성기의 출현을 동경하며 자신의 업적이 드러나기를 바랐고, 백성도 융성기를 갈망하며 안정되게 생활하기를 바랐다. "날이 새기 전에 옷을 입고 해가 진 뒤에야 밥을 먹으며, 정신을 가다듬어 치세를 도모한다(宵衣旰食, 勵精圖治)"라는 고사성어는 제왕과 장상將相들이 명심해야 할 교훈이었다. "태평성대의 개가 될지언정 난리통에 떠도는 사람은 되지 않아야 한다(寧做太平犬, 不做離亂人)"라는 민요는 민간에서 만들어진 백성의 울부짖음이었다. 이 두 가지는 융성기를 바란다는 점에서 완전히 일치하는 소망이다. 고대 융성기의 형성과 쇠퇴를 이해함으로써 우리는 다양한 역사의 계시를 얻을 수 있다.

① 문경지치에서 소선중흥까지

서한의 '문경지치'는 문제가 즉위한 기원전 180년에서 경제가 세상을 떠난 기원전 141년까지의 기간이다. 그러나 문제와 경제 이후에도 융성기는 끝나지 않았다. 무제 즉위 이후 문제와 경제의 정책이 바뀌기는 했지만 서한의 융성기는 이때에 이르러 최고봉에 도달했다. 무제는 만년에 실수를 많이 저질렀어도 국가의 원기를 손상시키지는 않았다. 소제昭帝와 선제宣帝 시기의 조정, 즉 '소선중흥'을 거치면서 앞 시대의 융성기는 연장되었다. 원제元帝가 즉위했을 때 서한의 호구는 전체 한나라 시기의 정점에 달했다. 이로써 서한시대 융성기는 선제와 원제 시기(기원전 48)를 경계로 하여 전후 130여 년간 계속되었다.

문경지치는 문제와 경제 덕분에 붙은 이름이다. 문경지치의 출현에 대해서는 한나라 초기 형세부터 이야기해야 한다.

진나라의 가혹한 형벌과 엄격한 법률 그리고 무자비한 징집과 포악한 세금은 천하대란을 야기했다. 진나라가 멸망한 후 정권을 잡기 위해 초와 한이 투쟁하는 동안 해마다 전쟁의 불길이 그치지 않아서 백성은 정처 없이 떠돌다가 계곡에 뼈가 내버려지는 비참한 지경에 놓이게 되었다. 서한을 건국할 때 조정은 매우 궁핍했다. 『한서』「식화지食貨志」에 이렇게 기록되어 있다. "한나라가 일어났을 때는 진나라의 병폐가 이어졌고 제후들이 병립하여 백성은 생업을 잃고 대기근에 빠졌다. 무릇 쌀 한 섬에 5,000금이나 하니, 사람들끼리 서로 잡아먹으며 죽은 자가 과반이나 되었다."[84] "천하가 평정된 이후에도 백성들은 저장할 물건이 없었고, 천자도 순수한 색깔의 말 네 필을 갖출 수 없었으며, 장수와 재상들도 더러 소가 끄는 수레를 타야 했다."[85] 황제도 색깔이 같은 말이 끄는 수레를 탈 수 없었고, 장수와 재상도 소가 끄는 달구지를 타면서 도보를 면해야 했다. 바로 이러한 상황이 계속되자 통치자들은 사해를 안정시키고 생산을 회복시킬 방법을 강구하여 국가를 정상 상태로 되돌리지 않을 수 없었다.

한 고조 유방은 함양으로 진입한 날부터 모사 장량의 계획 아래 사회 안정을 이루기 위한 기본 방략을 선포했다. 이것이 바로 역사적으로 유명한 '약법삼장約法三章'이다. "살인자는 죽이고, 사람을 상하게 했거나 도둑질한 자는 죄를 주고, 나머지는 모두 진나라 법령을 없앤다."[86] 전쟁이 끝나기를 기다려 유방이 또 법률을 간소화하고 금지사항을 줄이자 정국이 안정되고 질서가 회복되었다. 고조가 죽고 혜제惠帝와 여후 집권 시기에도 계속해서 백성을 쉬게 하고 인구를 늘리는 정책을 시행하여 사회 상황이 점차 호전되기 시작했다.

한 문제 유항(기원전 180~기원전 157 재위)은 고조 유방의 아들이고 혜제 유영劉盈의 이복동생이다. 본래 그는 황제가 될 수 없었다. 고조가 살아 있을 때 7세였던 유항은 대왕代王에 봉해져 지금의 산시성 북부를 관할하면서 모친 박희薄姫와 대국代國의 수도 중도中都(지금의 산시성 핑야오平遙 부근)에 17년간 머물렀다. 그러나 혜제가 죽은 뒤 고조의 황후이며 혜제의 모친인 여후가 정권을 잡자 조정은 거의 여씨 천하가 되어 서한 개국 원로대신들은 불만을 품었다. 여후가 죽자 국정을 장악한 진평과 군사를 통솔하게 된 태위 주발은 여씨 세력을 소멸시킨 뒤 멀리 변방에 있던 유항을 맞이해서 보위를 계승하게 했다. 이러한 집권 배경은 문제의 정책 시행 방침에 큰 영향을 미쳤다. 오랫동안 외지에서 생활한 번왕藩王 유항은 첫째 조정에서 위엄이 없었고, 둘째 주변에 심복도 없었다. 고조를 수행하며 천하를 탈취한 원로공신들이 아직도 조정에 가득했는데, 그들은 이 젊은 황제에게 항상 복종하지 않았다. 문제는 조심스럽게 자기 지위를 공고히 할 수밖에 없었다.

문제가 보위를 계승할 때 중앙 정국은 아직도 여러 여씨의 반란으로 혼란에 빠져 있었고, 지방은 매우 강성한 세력을 갖춘 제후 왕들이 장악하고 있었다. 사회경제도 전쟁의 상흔에서 철저하게 회복되지 못하여 국가는 궁핍하고 국고는 텅 비었으며 민생은 고난에 빠져 있었고 공업과 상업은 허약했다. 외부에서는 북방의 흉노족이 끊임없이 남하하여 약탈을 자행하면서 여러 차례 경기 지방과 관중평원을 위협했다. 문제는 이런 상황에 침착하게 대응하며 정국을 안정시켰다. 그는 백성과 함께 휴식하는 정책을 견지하고 황노술黃老術을 신봉하여 경제를 점차 회복시키고 재력을 끊임없이 끌어올렸다. 이에 국고가 충실해지면서 '문경지치'의 서막이 열렸다.

경제 유계劉啓(기원전 157~기원전 141 재위)는 보위를 이은 후 문제 시기의 각종 정책을 전면적으로 계승했다. 당시에는 사회경제가 회복되어 국내 정세가 안정됨에 따라 중앙과 지방의 관계를 조정하는 것이 급선무로 떠올랐다. 한나라시대에는 군현제와 봉건제를 병행하는 지방 정책을 실시했기에 제후들의 지방 왕국이 광대한 지역을 점거했다. 그들의 영토는 주州를 넘어 여러 군郡으로 이어졌고, 자신들의 산천에 의지하여 자체적인 돈까지 주조했으며, 소금 산업도 독점하여 부유함이 천하의 으뜸이었다. 이러한 힘으로 교만하게 황제의 명령에 항거하자 이제 꼬리가 커져서 몸통을 제대로 움직일 수 없는 상황에 이르고 말았다. 경제는 조조晁錯의 건의를 받아들여 제후국의 영토를 깎는(削藩) 조치를 취했지만 결과적으로는 오왕吳王 비濞를 우두머리로 하는 7개국 반란을 야기하게 되었다. 그들은 "조조를 주살하여 임금 곁을 깨끗이 해달라고 요청했다(請誅晁錯, 以淸君側)." 하지만 조조가 피살된 이후에도 반란은 그치지 않았다. 이 일을 역사에서는 '칠국의 난(七國之亂)'이라고 한다. 경제는 대장 주아부周亞夫를 등용하여 3개월 만에 반란을 평정했다. 이후 제후 왕들은 다시 자신의 제후국을 회복하지 못하고 천자가 임명하는 관리가 되었다. 지방 할거 세력의 약화로 서한 왕조는 안정과 치세를 지속적으로 보장받게 되었다.

'문경지치'는 먼저 경제 회복과 경제발전으로 드러났다. 문제文帝는 당시 농업의 중요성을 깊이 깨닫고 보위에 오른 다음 해에 조서를 내렸다.

"농사는 천하의 큰 근본이라, 백성이 거기에 의지하여 살아간다. 그러나 백성 중에서 더러는 근본에 힘쓰지 않고 말단을 일삼기 때문에 삶을 유지할 수 없다. 짐은 그렇게 됨을 근심하는지라 지금 친히 신료들을 이끌고 농사를 지으며 그것을 권면하고 천하 백성에게 금년 경작 조세租稅의 반을 면제하는 혜택을 내리노라."[87]

이후에도 그는 여러 차례 조서를 반포하여 농사와 양잠을 권면하며 농업 생산을 격려했다. 그뿐만 아니라 그는 여러 번 친히 농사에 참가하고 황후에게는 친히 양잠을 하게 하면서 시범을 보였다. 또 민간의 조세 부담을 줄여주기 위해 문제 12년(기원전 168)부터 경작 조세를 고조 때의 15분의 1에서 30분의 1로 바꿨고, 다음 해에는 조세 전부를 면제해주었다. 그 후 경제가 보위를 잇고 나서야 30분의 1 조세 표준이 완전히 회복되었다. 문제는 경작 조세를 감면함과 동시에 인두세를 매년 1인당 120전 받던 것을 40전으로 경감해줬다. 아울러 매년 장정이 1년에 한 달 동안 부역에 참여해야 한다는 규정을 3년에 한 달로 바꿨다.

이 밖에도 그는 산림과 천택川澤의 금지구역을 완화하고 홀아비와 과부와 고아와 무자식의 노인을 구휼했으며 빈곤한 노약자를 구제했다. 이에 따라 사회경제는 전면적으로 활기를 회복했다. 경제는 문제의 정책을 계승하여 더 진전된 성과를 거두었다. 국가 재정은 근본적으로 호전되었고 국고도 넉넉하게 비축되었으며 백성의 생활수준도 현저히 높아져 '집은 부유하고 사람은 풍족해졌다(家給人足)'는 칭송을 들었다.

'문경지치'의 또 다른 측면은 정치가 비교적 깨끗해졌다는 점을 들 수 있다. 한 문제는 즉위한 후 뛰어난 인재를 선발하기 위해 '찰거제察舉制'[88]를 창시했다. 저명한 청년 정치가 조조晁錯가 바로 "직언과 극간極諫을 할 수 있는 현명한 인재"로 추천된 관리다. 문제는 또 대신들에게 간언과 정무 토론을 장려했다. 정위廷尉 장석지張釋之가 여러 차례 법률에 의거하여 황제를 신랄하게 비평할 때도 노엽게 생각하지 않고 오히려 시종일관 그를 중용하여 개명한 군주로서 넉넉한 모습을 보여주었다.

문제는 당시 법률도 크게 개혁했다. 그는 진나라 멸망의 교훈을 마음에 새기고 즉위 후 사람들의 입을 막는 '비방요언법誹謗妖言法'을 폐지했으며, 한 사람의 죄로 가족까지 벌을 받는 '연좌법'도 폐지했다. 당시 제齊 지방 순우의淳于意가 육형肉刑(신체를 자르는 형벌)의 판결을 받자 그의 딸 제영緹縈이 자신의 몸으로 아버지 형벌을 대신하려 했다. 문제는 그 모습에 크게 감동하여 신체를 훼손하는 육형제도를 폐지했다. 당시 관대하고 간략한 형법은 역사상 보기 드문 사례에 속한다.

'문경지치'의 사회적 효과에 대해서는 각종 역사책에 모두 적절한 소개와 결론이 실려 있다. 『한서』「식화지」의 기록은 이렇다.

"무제 초기에 이르기까지 70여 년 동안 국가에는 아무 사고도 없었고 홍수나 가뭄도 일어나지 않아서 백성의 살림은 넉넉했고 가가호호 모두 생활이 풍족했다. 도성과 변방의 곳간은 모두 가득 찼고 관청의 창고도 재물이 넉넉했다. 도읍으로 모인 돈이 수백만 전이나 되었는데 엽전을 꿴 줄이 썩어서 계산할 수 없을 정도였고, 도성의 창고[太倉]에 비축된 곡식이 해마다 계속 쌓여서 밖으로 흘러넘쳐 그것이 썩어도 이루 다 먹을 수 없었다. 서민들도 거리에서 말을 타고 다녀서 논밭 사이에 말을 탄 사람들이 무리를 이룰 정도였으며, 어미 말을 타고 다니는 사람은 배척하고 모임에 끼워주지도 않았다. 마을의 문을 지키는 사람도 좋은 곡식과 고기를 먹었고, 말단 관리들도 자손을 잘 성장시킬 수 있었으며, 관직을 맡은 사람은 관직 명칭으로 자신의 성씨를 삼았다."[89]

『한서』「문제기」에도 다음과 같은 기록이 있다. "해내가 부유해져 예의를 흥성하게 했으며 옥사를 판결한 것도 수백 건에 불과해 거의 형벌을 시행하지 않았다."[90] 『한서』「경제기」에도 이런 기록이 있다. "한나라가 일어나 번거롭고 가혹한 형벌을 없앤 후 백성에게 휴식을 주었다. 문제 시대에 이르러 공경과 검약의 풍속이 더해졌고 경제는 그 사업을 그대로 계승했다. 50~60년 사이에 풍속까지 바뀌어 백성이 순후한 마음을 갖게 되었다."[91]

바로 문제와 경제 시기에 업적이 쌓였기 때문에 한 무제는 서한 왕조의 융성기를 최고봉으로 끌어올릴 수 있었다. 무제 유철劉徹(기원전 141~기원전 87 재위)은 웅대한 재능과 담략을 갖춘 황제였다(그림 6). 그는 즉위한 후 오래지 않아 문제와 경제 이래의 정책을 바꾸기 시작했다. 그는 무위無爲에서 유위有爲로, 수비에서 공격으로, 황로黃老 숭배에서 유학 독존으로 정책을 바꿔서 전대미문의 찬란한 역사를 창조했다.

무제시대에 중앙집권제가 더욱 강화되었다. '천인감응설天人感應說'이 황제의 지고무상한 권위에 새로운 이론적 근거를 부여하자 승상의 권력은 약화되었다. 무제는 전국을 13주州로 나눈 후 자사刺史를 파견하고 조서詔書에 따라 군국郡國을 감독하게 하면서 지방에 대한 통제를 강화했다. 또 재정적으로 주전권鑄錢權(화폐 발행 권한)을 중앙으로 귀속시켰고, 소금과 철은 관청에서 전매했다.

서북 변방에는 백성을 많이 이주시켜 둔전屯田을 경작하게 했고, 중원에서는 대대적으로 수리 사업을 일으켰다. 특히 변방 개척 부문을 보면, 대외 정책의 변화에 따라 무제는 위청衛靑, 곽거병霍去病 등 대장을 파견

그림 6 한 무제 유철

하여 흉노를 전면적으로 공격, 큰 승리를 거두었다. 이를 바탕으로 오르도스[河套]⁹²⁾와 하서河西⁹³⁾ 지역에 삭방朔方, 오원五原, 무위武威, 주천酒泉, 장액張掖, 돈황敦煌 6군을 설치하여 서역 여러 나라를 통제하면서 비단길을 개척했다. 또 당몽唐蒙을 파견하여 서남쪽 이민족과 수교했고, 동구국東甌國⁹⁴⁾으로도 군사를 출정시켰다. 한 무제 시기에 서한 왕조는 영토도 넓고 구성원도 다양한 다민족국가로 발전했다. 장안성長安城과 기타 지역에서 한 무제는 대규모 토목공사를 일으켰다. 이로써 즐비한 궁전과 누각이 솟구쳐 올라 구름에 닿을 정도였다. 한 무제 시기의 이러한 공적은 모두 '문경지치'를 바탕으로 한 것이다.

그러나 문제와 경제 시기의 치세 배후에는 이미 위기의 그림자가 어른거리고 있었다. 문제 시기의 관용적 정치에 가장 먼저 이득을 본 사람은 대관료, 대지주, 대상인이었다. 예를 들면 황두랑黃頭郎 등통鄧通은 문제의 총애를 얻어서 무수한 상을 받았을 뿐 아니라 촉군蜀郡 엄도嚴道(지금의 쓰촨성 야안雅安 서쪽) 동銅 광산의 엽전 주조권까지 얻어서 재산이 온 나라의 부와 맞먹었다. 당시에 "등씨의 돈이 천하의 반이다(鄧氏錢, 半天下)"라는 말이 나돌 정도였다. 가의는 「치안책治安策」에서 당시 한나라는 융성기를 지나 밖으로 흉노의 침략이 이어졌고, 안으로 부유층은 사치가 지나쳤으며, 백성은 기한에 처하는 등 정치, 민족, 사회 문제의 이면에 이미 난세의 조짐이 잠복해 있었다고 지적했다. 아울러 그는 이렇게 분석했다. "국가가 지금 안정되어 있으며 또 잘 다스려진다고 말하는 자는 어리석은 자가 아니면 아첨하는 자이니 이들은 모두 사실에 입각하여 치란의 본체를 알게 된 자가 아닙니다."⁹⁵⁾

『한서』「식화지」에서는 '문경지치'를 아주 높게 평가한 후 다음과 같이 말했다.

"그리하여 법망이 관대해지자 백성은 부유해졌다. 그러나 재물에 의지하여 지나치게 교만을 부리며 더러 토지를 마구 겸병하는 자가 나타났고, 토호 무리는 향촌에서 무단으로 횡행했다. 종실에 땅이 있으면 (그 땅에 기대) 공경대부 이하의 관료들은 사치한 생활을 다투며 저택을 짓고, 수레를 타고, 의복을 입음에 예법의 한계도 없이 윗사람을 범했다. 사물이 극성하면 쇠퇴하기 때문에 변화가 생겨난 것이다."[96]

무제 때 통치 정책이 바뀌자 문제와 경제 때부터 잠복해 있던 우환이 밖으로 드러나기 시작했다. 대외로 군사를 동원하느라 경제적 낭비가 심했고, 재물을 함부로 뿌리며 무도하게 사치를 자행하자 문제와 경제 때 쌓아둔 국고가 빠르게 바닥을 드러내게 되었다. 『한서』「식화지」에는 이렇게 기록되어 있다.

"전쟁이 이어지며 긴장이 풀리지 않으니 천하 백성은 모두 피로해했고 전투를 벌이는 일도 나날이 심해졌다. 행군에 나선 병사들은 스스로 군량미를 운반해야 했고 후방에 거주하는 사람들도 전쟁 물자를 보내야 했다. 중앙과 지방이 혼란스럽게 서로 전쟁에 대응하는 와중에 백성은 피폐한 생활에 빠져 법망을 교묘히 도피하게 되었고, 국가의 재물은 탕진되어 국고가 부족하게 되었다."[97]

특히 무제는 만년에 정치적 과오를 저지른 끝에 결국 '무고의 화(巫蠱之禍)'[98]를 야기하여 황위 계승의 위기를 자초하고 말았다. 그러나 '문경지치'의 융성기가 철저하게 파괴된 것은 아니었다. 무제 이후의 소제와 선제는 통치 정책을 조정해 서한 왕조가 계속해서 안정된 면모를 유지하게 했다. 이를 역사에서는 '소선중흥昭宣中興'이라고 일컫는다. 젠보짠翦伯贊은 "소제와 선제에서 원제에 이르는 반세기 동안 서한 왕조의 사회경제는 계속해서 발전했다"라고 인식했다.[99]

한 소제 유불릉劉弗陵(기원전 87~기원전 74 재위)이 겨우 8세에 등극하자 대장군 곽광霍光이 조정의 실권을 장악했다. 곽광은 일정 정도 국가 정책을 조정하고 부역과 조세를 가볍게 하여 백성이 쉴 수 있게 했다. 또 여러 차례 토지 경작 세금을 경감해주고 대외 전쟁을 중지하자 사회가 다시 안정을 되찾게 되었다. 한 선제 유순劉詢은 초명이 유병이劉病已인데 바로 여태자 유거의 손자다. 여태자가 '무고의 화'로 자결하고 나서 유순도 종실의 권리를 박탈당한 뒤 평민 신분으로 민간에서 생활했다. 이 때문에 그는 하층사회의 고통을 비교적 다양하게 이해할 수 있었다. 그는 황제로 등극하고 나서(기원전 74~기원전 49 재위) 어릴 때 경험을 바탕으로 맑고 깨끗한 정치를 했으며, 아울러 사람을 잘 알아보고 인재를 제대로 등용한다는 찬사를 들었다. 그가 중용한 병길丙吉, 위상魏相, 황패黃霸 등과 같은 명신들은 모두 상당히 큰 공훈을 세웠다. 이 밖에도 선제는 제도를 만드는 데 집중했고, 백성을 다스리려면 먼저 관리를 다스려야 하고 이를 위해서는 신상필벌信賞必罰 정책을 시행해야 한다고 강조했다. 그는 또 "한나라에 설치된 제도는 본래 패도와 왕도를 함께 섞은 것이다"[100]라는 명언을 남겼다. 이 시기는 한나라 초기처럼 단순한 '무위의 정치'를 펼치지도 않았고 단순한 '공적의 정치'를 펼치지도 않았다. 오히려 패도정치와 왕도정치를 함께 섞어서 서한 왕조의 통치 방략에 정형을 마련했다.

서한의 융성기는 '문경지치'에서 시작하여 무제 때 최고조에 달했다. 무제 이후에는 소제와 선제가 여전히 비교적 긴 여운을 이끌었다. 서한 왕조는 봉건사회의 상승기에 놓여 있었기 때문에 이 융성기가 비교적 장기간 계속되었을 뿐 아니라 후세의 통치자들에게도 따라 배울 만한 모범 사례를 제시해주었다.

② 정관지치에서 개원성세까지

당대 융성기는 정관 연간(627~650)에 시작되었다. 고종, 무측천武則天, 중종中宗, 예종睿宗의 과도기를 거친 후 현종玄宗 개원 연간(713~742)에 이르러 다시 한번 융성기가 출현했다. 천보 연간(742~756)에는 사회의 각종 모순이 격화되기 시작했다. '안사의 난(安史之亂)'에 이르러 당나라의 융성기는 종결되었다. 그사이의 기간이 100여 년에 이른다. 서한의 융성기와 다르게 당대의 융성기는 기복起伏 현상이 뚜렷하다. 정관 시기와 개원 시기라는 두 절정기가 있고 그사이에 수십 년간 저조기가 끼어 있다.

수나라는 남북조의 분할 국면을 끝내고 중국을 다시 통일했다. 수 문제文帝는 성격이 강퍅했지만 국가 통치에는 상당한 공적을 남겼다. 그러나 수 양제煬帝는 보위를 계승한 이후 무리한 전쟁에 골몰하고 가혹한 조세 정책을 펴면서 사치와 욕망에 탐닉하고 백성의 역량을 함부로 낭비했다. 이 때문에 결국 "농사를 지음에 시기를 잃어서 토지가 대부분 황폐해지는" 상황이 야기되었다. 특히 세 차례에 걸친 고구려 정벌이 실패함으로써 사회의 모순이 신속하게 격화되어 천하 대란이 일어났다. 당나라는 수나라 말기의 대란을 바탕으로 정권을 획득하여 고대 역사에서 또 한 차례 융성기를 열었다.

당나라 건국 이후 고조高祖 이연李淵은 자신의 맏아들 이건성李建成을 태자로 세우고 둘째 아들 이세민李世民을 진왕秦王에 봉했다. 이세민은 천하를 얻을 때 자신이 세운 공훈과 그때 형성한 세력에 의지하여 '현무문의 정변(玄武門之變)'을 일으켜 자신의 형 이건성과 아우 이원길李元吉을 살해하고 보위를 탈취한 후 연호를 '정관貞觀'이라고 정했다. 정관 연간에 당태종 이세민(그림 7)은 수나라 멸망의 교훈을 깨닫고 사회 모순을 완화하는 일련의 조치를 시행하여 깨끗한 정치와 안정된 사회의 새로운 국면을 창조했다. 이를 역사에서는 '정관지치貞觀之治'라 한다.

당 고조와 당 태종은 정치적 측면에서 비교적 개명한 군주였다. 당나라를 건국한 이후 그들은 역사의 경험과 교훈을 중시하며 여러 부문에서 멸망한 수나라를 거울로 삼았다. 수나라에 반대하는 싸움을 직접 겪으면서 이연 부자는 국가를 다스리는 일에 상당히 깨인 인식을 하게 되었다. 일찍이 당나라 개국 초기에 고조는 배적裴寂에게 이렇게 말했다.

"수나라 말년에는 정치가 무도하여 윗사람과 아랫사람이 서로 속였소. 임금은 교만했고 신하는 아첨만 할 뿐이었소. 이에 임금은 자신의 잘못에 대해 듣지 못했고 신하는 충성을 다 바치지 않아서 사직이 위기에 빠지게 되었으며 결국 임금이 필부의 손에 죽임을 당했소. 짐은 난리를 평정하고 바른 길로 되돌아가 사람을 편안하게 하는 데 뜻을 두었소. 난리를 평정할 때는 무신武臣에게 임무를 맡겼고, 창업을 지킬 때는 문신文臣에게 일을 맡겼소. 이렇게 하여 각자가 재능을 펼쳐서 짐의 부족한 점을 바로잡아줄 수 있게 되었소."[101]

당 태종은 여기에서 한 걸음 더 나아가 민중의 역량을 명확하게 인식했다. 정관 18년 당 태종은 태자 이치李治를 이렇게 경계했다. "배를 임금에 비유하고 물을 백성에 비유하는 까닭은 물은 배를 띄워줄 수도 있지만 배를 뒤엎을 수도 있기 때문이다. 너는 이제 임금이 될 터인데 가히 두려워하지 않을 수 있겠느냐?"[102] "물이 배를 띄워줄 수도 있고 뒤집어엎을 수도 있다(載舟·覆舟)"는 비유는 중국 역대 통치자들의 어록 중에서도 찾아보기 어렵다. 당 태종은 바로 이와 같은 인식을 했기에 정관 연간에 대신들이 간언을 올릴 때면 대부분 멸망한 수나라를 적절한 사례로 인용하곤 했

그림 7 당 태종 이세민

다. 예컨대 정관 2년 왕규王珪는 태종에게 이렇게 말했다.

"옛날 진시황과 한 무제는 밖으로는 군사를 끝까지 사용했고 안으로는 궁궐을 높고 화려하게 장식했습니다. 백성의 힘이 고갈되자 마침내 재앙을 당했습니다. 저들이 어찌 백성을 편안하게 하고 싶지 않았겠습니까? 백성을 편안하게 하는 방법을 잃어버렸기 때문입니다. 멸망한 수나라의 전철이 바로 앞에 있으니 경계로 삼아야 할 일이 멀리 있지 않습니다. 폐하께서는 친히 수나라의 폐단을 이어받았으나 그것을 바꿀 수 있는 방법을 알고 계십니다."[103]

이는 진秦나라, 한나라, 수나라의 교훈을 흡수하여 제도를 바꾸고 정책을 조정하자는 요구다. '정관지치'는 바로 이러한 배경에서 탄생했다.

당 태종은 정치에서 아주 두드러진 성취를 두 가지 이뤘다. 첫째는 인재 임용이었고, 둘째는 간언 수용이었다. 이 두 가지 부문의 성취는 '정관지치'의 탄생에 지극히 중요한 역할을 했다. 원진元稹은 다음과 같이 총괄했다. "방현령房玄齡, 두여회杜如晦, 왕규, 위징魏徵 등은 임금 앞에서 정책의 가부可否를 토의할 수 있었고, 천하 사방의 사람들도 조정 밖에서 정책의 득실을 이야기할 수 있었다. 그러자 3~4년도 되지 않아 천하가 크게 다스려졌다. 이 어찌 문황文皇(태종)께서 단지 윗자리에서 총명한 성지를 운용한 결과일 뿐이겠는가? 아마도 여러 신하가 각각 자신이 하고 싶은 말을 다하면서 천하에 자신들의 생각을 펼칠 수 있었기 때문일 것이다."[104]

인재 임용에서 당 태종은 "정치의 요체란 오직 사람을 얻는 데 달려 있으므로 재능이 없는 사람을 임용하면 틀림없이 치세를 이루기 어려워진다"라는 이치를 깊이 깨닫고 여러 차례 조서를 내려 현인을 찾으라고 했다. 그는 또 재상인 방현령, 두여회를 비판하며 번잡한 사무에만 빠져 있지 말고 이목을 크게 열어 현인 구하는 일을 임무로 삼으라고 요청했다. 그는 인재를 임용할 때 오직 그 사람이 현명한지만 따졌지 친구인지 원수인지는 따지지 않았다.

정관 명신 위징은 태종의 원수인 이건성의 부하였다. 위징은 일찍부터 이건성에게 아우 이세민을 제거하라고 건의했다. '현무문의 정변' 이후 태종은 대국적 견지에서 개인적 은원 관계를 떨쳐버리고 위징을 중용하여 자신의 치국 대신으로 삼았다. 태종은 또 하위 계층에서 인재를 선발하려고 주의를 기울였다. 정관 3년 중랑장 상하常何가 조정에 상소문을 올려 직언하자 태종은 상하에 대한 자신의 견해에 근거하여 상하가 그 상소문을 직접 지은 것이 아니라고 생각했다. 태종이 추궁하자 상하는 자신의 문객 마주馬周가 대신 지었다고 실토했다. 태종은 즉시 마주를 불러서 중용하고 상하에게도 현인을 추천한 공로로 비단 300필을 하사했다. 태종은 '인재 임용은 그릇을 쓰는 것과 같으므로 각각 그 장점을 취하면 되지' 개인적 의견으로 인재를 묻어버려서는 안 된다고 주장했다. 태종은 만년에 자신의 인재 임용 방법을 다음과 같이 총괄했다.

"인재를 임용하는 방법은 더욱 쉽지 않다. 자신의 견해로 보면 현명하다고 여겨지는 사람도 반드시 완벽하게 좋은 인재라 할 수 없고, 다른 사람이 비방하는 사람도 전적으로 나쁜 인재라 할 수 없다."[105]

태종은 많은 사람의 의견을 널리 참고하여 총체적으로 인재를 이해한 후 단점을 버리고 장점을 취해 인재의 능력을 충분히 발휘하게 해야 한다고 강조했다. 또 당 태종은 지방관의 다스림을 비교적 중시했다. 그는 지방관의 다스림을 자세히 살피기 위해 각 지역 도독과 자사의 이름을 병풍에 써두고 그 이름 아래에 그들의 공과와 능력을 기록하여 승진과 퇴출의 근거로 삼았다. 아울러 태종은 인재 임용을 더욱 잘하기 위해 군신 관계를 조정하는 측면에도 특히 주의를 기울였다. 그는 수나라 문제가 대신을 시기한 교훈을 참고하여 이렇게 강조했다.

"만약 임금과 신하가 서로 의심하며 마음을 다 털어놓을 수 없다면 그것은 실로 국가의 큰 재앙일 것이오."[106] "올바른 임금이 사악한 신하를 임용하면 나라를 잘 다스릴 수 없고, 올바른 신하가 사악한 임금을 섬겨도 나라를 잘 다스릴 수 없소. 오직 올바른 임금과 올바른 신하가 서로 만나 물과 물고기의 관계처럼 되면 천하가 안정을 이룰 수 있소."[107] 이 때문에 태종은 특히 "영재를 잘 부리려면 온 마음을 기울여 선비를 잘 대우해야 한다"라고 강조했다.

간언을 받아들일 때도 당 태종은 상이한 의견 수용을 매우 중시하면서 "사람들이 발언을 하지 않을까 염려하며, 그들이 간언을 올릴 수 있도록 잘 유도했다." 정관 2년 그는 위징과 군주의 자질 문제를 토론했는데 그때 위징이 이렇게 대답했다. "임금이 밝은 까닭은 사람들의 의견을 두루 듣기 때문이고, 임금이 어두운 까닭은 편협된 신념을 갖고 있기 때문입니다."[108] 태종은 이 말을 특별히 칭찬하며 곳곳에서 대신들에게 간언을 올리라고 격려했다. 정관 연간에 직간을 잘하기로 가장 유명한 사람은 위징이었다. 그는 이 무렵 태종에게 수백 차례 간언을 올렸다. 직간을 서슴지 않았을 뿐 아니라 감히 태종 면전에서 논쟁도 피하지 않았다. 태종은 대신들의 간언을 장려하기 위해 다음과 같이 말했다. "설령 짐의 마음에 합치되지 않더라도 짐은 그가 내 뜻을 거슬렀다고 생각하지 않을 것이오. 만약 곧바로 화를 내어 꾸짖으면 사람들이 공포심을 품을까 매우 두렵소. 그렇게 되면 어찌 다시 말을 하려 하겠소?"[109]

당 태종도 때때로 지나치게 직설적인 간언은 받아들이지 못했지만 보통 대부분 자신의 노여움을 억제할 수 있었다. 예를 들면 정관 4년 급사중給事中 장현소張玄素가 낙양의 건원전乾元殿 수리를 중지하라고 간언을 올릴 때 매우 과격하게 발언하며 당 태종을 수 양제보다 못한 군주라고 비평했다. 그러자 태종이 "경은 내가 수 양제보다 못하다고 하는데 폭군 걸왕과 주왕에 비하면 어떻소?"라고 반문했다. 그래도 장현소는 물러나지 않고 "만약 이 궁전을 끝끝내 지으신다면 폭군들과 똑같이 혼란에 빠져들 것입니다"라고 대답했다. 태종은 끝내 자신의 분노를 억누르고 "내가 잘 생각하지 못하여 마침내 이 지경에 빠지게 됐소"라고 말하고는 그에게 비단 200필을 하사하고 간언을 장려했다.[110]

또 한 번은 위징이 당 태종의 분노를 돋우었다. 태종은 화를 참지 못하고 장손황후長孫皇后에게 "이 시골 영감탱이를 죽이고야 말리라"라고 소리쳤다. 그러자 장손황후가 완곡한 말로 이렇게 권했다. "신첩이 듣건대 임금이 현명하면 신하가 곧다고 합니다. 지금 위징이 곧은 것은 폐하께서 현명하기 때문입니다."[111] 태종은 이 말을 듣고 위징을 죽이려던 마음을 접었다. 위징이 죽자 태종은 신하들에게 이렇게 말했다. "대저 동銅으로 거울을 만들면 내 의관을 단정히 할 수 있고, 옛 역사를 거울로 삼으면 나라의 흥망성쇠를 알 수 있고, 사람을 거울로 삼으면 내 잘잘못을 밝게 비취볼 수 있소. 짐은 항상 이 세 가지 거울을 보존하며 스스로 잘못을 예방하려 했소. 이제 위징이 세상을 떠나 마침내 거울 하나를 잃게 되었소."[112]

정관 연간에 당 태종은 사회 안정과 경제발전에 매우 큰 주의를 기울이며 "임금이 해야 할 도리는 우선 백성을 살게 해줘야 한다"[113]라고 인식했다. '정관 시기의 정치는 백성을 살게 해줘야 한다'는 관점에서 출발하여 '간명하고 조용함(簡靜)'을 추구했다. 이를 위한 구체적 실천 방법은 네 가지로 포괄할 수 있다.

첫째, "사치를 없애고 경비를 줄인다(去奢省費)." 둘째, "부역을 가볍게 하고 세금을 경감한다(輕徭薄賦)." 셋째, "청렴한 관리를 선발하여 임용한다(選用廉吏)." 넷째, "백성의 의복과 음식을 넉넉하게 한다(使民衣食有餘)." 생산력을 회복하여 발전시키기 위해 당나라 조정에서는 무덕武德(당 고조의 연호)에서 정관 연간에 이르기까지 균전제均田制를 추진했다. 이 제도는 성년이 된 남자 장정에게 경지 100무畝를 주어 그중 20무는 영업전永業田[114]으로 삼게 하고 80무는 구분전口分田[115]으로 삼게 했다. 비록 균전제가 철저하게 시행되지는 못했지만 당시 농촌 경제의 활력을 회복하는 측면에서는 상당히 긍정적인 작용을 했다.

이 무렵에 또 당나라 조정에서는 균전제와 결합하여 조용조법租庸調法을 시행했다. 경지를 받은 집에서는 매년 경지세로 곡식 2섬[石], 조견調絹(비단의 일종) 2장丈, 솜[綿] 3량兩을 납부하고 20일 부역에 나가야 했다. 부역 대신 매일 3척尺에 해당하는 비단 20일 분을 납부하면 부역을 면제해줬다. 조용조법이 실시되자 어느 정도 민중의 세금과 부역 부담이 줄어들어 국가 재정 수입원이 안정되었다. 특히 부역 대신 세금을 납부할 수 있는 제도는 수나라 때의 과중한 부역제도와 선명하게 대비된다. 이는 사회를 안정시키는 데 유리하게 작용했다. 이러한 정책은 뚜렷한 효과를 발휘하여 정관 3년 이후로는 관중 지방의 경제가 신속히 회복되었고, 정관 8년 이후로는 전국이 매우 잘 다스려졌다. 『정관정요』에도 이와 관련된 기록이 있다.

"장사치나 여행객이 야외에 묵더라도 더는 도적을 만나지 않았고 감옥은 늘 텅 비어 있었다. 또 말과 소가 들판에 가득했고 사람들은 바깥 대문을 잠그지도 않았다. 자주 풍년이 들어 쌀 한 말에 3~4전에 불과했다. 나그네가 도성에서 영남에 이르도록, 화산華山 동쪽에서 푸른 바다에 이르도록 모두 식량을 갖고 다닐 필요 없이 길에서 식량을 공급받을 수 있었다."[116]

사법 부문에서도 정관 시기에는 '어진 마음[仁]'을 근본으로 삼고 '형벌'은 말단으로 삼았다. 당 태종은 "죽은 사람은 다시 살아날 수 없으므로 법률을 관대하게 시행하라"[117]고 했다. 정관 연간에는 사형삼복주死刑三復奏 제도를 만들어 사형을 집행해야 할 범죄는 반드시 황제에게 세 차례 아뢴 후 집행하도록 했다. 정관 4년에는 전국의 질서가 이미 정상을 회복했고 사회에서는 백성이 편안하게 생업에 종사하는 상황이 나타나기 시작했다. 『구당서』의 기록은 이렇다. "이해에 사형 집행자가 29명에 불과하여 거의 형벌을 쓰지 않는 경지에 이르렀다. 동쪽으로 바다에 이르고 남쪽으로 영남에 이르도록 모두 바깥 대문을 잠그지 않았고 나그네는 식량을 갖고 다닐 필요가 없었다."[118]

주의할 만한 가치가 있는 것은 당 태종의 이민족 정책이다. 당나라 초기에는 돌궐突厥이 중원을 위협하는 주요 세력이었다. 당 태종이 등극하고 나서 오래지 않아 돌궐의 힐리가한頡利可汗이 군사를 이끌고 장안성 밖을 공격하여 당 태종에게 변교便橋[119]에서 맹약을 맺도록 압력을 가했다. 정관 3년부터 당 태종은 이정李靖 등에게 대군을 거느리고 동돌궐과 전면전을 벌이게 하여 대승을 거뒀다. 이후에도 토욕혼土浴渾[120]을 격파하고 고창국高昌國[121]을 정복했으며 설연타薛延陀[122]를 패퇴시켰다. 쿠차龜玆에 안서도호부安西都護府를 설치하고 서역을 통제하자 장안을 기점으로 하는 비단길이 전성기로 접어들었다.

그러나 태종의 변경 이민족 정책은 정벌로만 일관되었던 것은 결코 아니어서 평화로운 왕래에 중점을 두었다. 문성공주文成公主를 토번(지금의 티베트)의 송찬간포松贊干布에게 시집보낸 것이 그중 두드러진 실례의 하나다. 당 태종은 만년에 자신의 이민족 정책을 이렇게 결론지었다. "옛날부터 모두 중화를 귀하게 생각하고 오랑캐는 천하게 여겼지만 짐은 유독 그들을 똑같이 사랑한다."[123] 태종 때 시작하여 당나라에 귀의한 이민족 지역에는 보통 '기미부주羈縻府州'[124]를 설치했다. 기미부주는 중앙정부의 관할로 귀속된 부주지만 현지 이민족 고유의 통치방식과 생활습속을 계속 사용하는 지역이다. 이 지역의 주민은 '호적에 편입되지 않았으며' 조세나 부역의 부담도 지지 않고 고도의 자치권을 가졌다. 이러한 정책으로 당 태종은 각 민족의 공동 추대를 받아 '천가한天可汗'이라는 찬사와 명예를 누렸다.

물론 정관지치에도 결함이 없지 않다. 당 태종 말기에는 인재 임용과 간언 수용이 모두 전기와 비교할 수 없었고, 화려하고 사치스러우며 교만한 기풍이 나날이 증가했다. 이런 점을 당 태종 스스로도 잘 알고 있었다. 그는 임종 전 태자에게 이렇게 말했다. "나는 보위에 오른 이래로 잘못을 많이 저질렀다. 비단과 보옥을 앞에서 끊지 못했고, 궁궐과 누대 건축 공사도 자주 일으켰으며, 명견과 명마 그리고 좋은 새매도 먼 곳이라 해서 가져오지 않은 적이 없었다. 사방으로 순행을 다니면서 백성에게 번거로움을 끼쳤다. 이런 일은 모두 나의 심각한 잘못이니 이를 옳다고 생각하고 본받아서는 안 된다. 돌아보건대 나는 창생을 널리 구제하여 유익한 정책을 많이 시행했고, 중원을 새롭게 다스려 공로를 크게 세웠다. 유익한 정책을 많이 베풀고 손해는 적게 미쳤기 때문에 사람들이 원망하지 않았으며, 공로는 크고 과오는 적기 때문에 왕업을 잃지 않았다. 그러나 완벽한 아름다움과 완벽한 선善에 비교해보면 진실로 부끄러움이 많다."[125] 바로 태종 자신의 이와 같은 맑은 인식이 '정관지치'를 연장하는 데 튼튼한 바탕으로 작용했다.

당 태종이 죽은 뒤에는 고종 이치李治(649~683 재위)가 즉위했다. 그는 사람됨이 연약했지만 기본적으로 정관 시기의 개명한 정책을 계속 시행했을 뿐 아니라 태종이 말년에 범한 실수도 교정하고 경제도 지속적으로 발전시켜 호구를 크게 늘렸다. 따라서 '정관지치'가 그의 시대에도 계승되었다고 할 수 있다. 『자치통감』에서는 "영휘永徽(고종의 첫 번째 연호)시대의 정치는 백성이 부유하고 편안하여 정관시대의 유풍이 남아 있다"[126]라고 평가했다. 오래지 않아 대권이 무측천武則天 손아귀에 장악되었다. 고종 이후 중종中宗 이현李顯(683~684, 705~710, 두 차례 재위)과 예종睿宗 이단李旦(684, 710~712 두 차례 재위)이 즉위했지만 이들은 명목상 황제에 불과했고 무측천이 태후 신분으로 조정을 장악했다. 690년에 이르러서는 무측천이 아예 스스로 황제라 칭하고 국호도 주周로 바꿨다. 역사에서는 이 일을 '무주혁명武周革命'이라 한다.

　무주혁명은 왕조 내부의 권력 이동에 불과해서 상층부 관리들에게는 비교적 큰 영향을 미쳤지만 하층사회에는 그리 큰 영향을 주지 않았다. 무측천 집권 시기에 이씨李氏 황제의 권력이 몰락하자 이에 상응하여 궁정 내부에서 권력투쟁이 일어났고 일부 황실 종친은 반란을 일으켰다. 이로써 사회는 아주 큰 혼란의 소용돌이로 빠져들었다. 무측천은 자신의 통치 권력을 공고하게 만들기 위해 원로 귀족을 공격하고 주로 하층사회의 인재를 등용하면서 고밀제도告密制度[127]를 제창했다. 이 제도를 바탕으로 주흥周興과 내준신來俊臣을 중용하여 관리 통제를 강화했다. 그리고 궁궐을 크게 수리하고 명당明堂을 건축하고 승려를 우대하여 사회적 부담을 가중했다. 그러나 무측천은 농업 발전에 중점을 두고 농사와 양잠을 장려하는 등 적지 않은 조치를 취했다. 따라서 경제 상황이 호전되면서 사회도 비교적 안정된 모습을 보였다. 역사에서는 무측천시대를 일컬어 "위로는 임금에게 참람된 행동을 했지만 아래로는 나라의 치세를 이루었다(僭于上而治于下)"라고 했다. 고종 즉위 초 전국의 호구는 380만 호였지만 무측천 말년에 이르면 이미 615만 호로 증가했다.

　당나라 융성기는 현종 이융기李隆基시대에 정점을 찍었다. 중종 복위,[128] 위후韋后의 난,[129] 태평공주太平公主의 난[130] 등 일련의 정변을 겪은 후 당 현종은 관리들을 조정하고 궁궐 호위군을 정돈하여 정국을 안정시켰다. 이때부터 역사는 개원시대로 접어들었다.

당 현종은 개원 연간에 정성을 다해 치세를 도모하여 당나라 융성기를 최고조로 끌어올렸다. 개원 연간에 군신들은 모두 정관지치를 동경하며 곳곳에서 정관지치의 정책을 모범으로 삼았다. 당시 심원한 영향을 미친 『정관정요』라는 책도 사관 오긍吳兢이 이 시기에 편찬하여 현종에게 바쳤고, 이를 치국의 모범 사례로 삼도록 했다. 하지만 시대가 변하면서 '개원지치'에는 '정관지치'와 다른 점이 포함되어 있다.

현종의 가장 중요한 시책은 자신을 보좌하는 인재를 정선하고 조정 대신을 존중하여 재상 그룹의 안정을 실현한 것이다. 고종 이래로 정국의 변화에 따라 당나라의 집단 재상제도에 문제가 나타났다. 재상 인선이 지나치게 많고 빈번하게 교체되었기 때문에 국정에 부정적 영향을 미치게 되었다. 현종시대에는 재상 인선을 1~3명으로 고정했을 뿐 아니라 한 사람이 주요 업무를 책임지도록 명확하게 규정하고 권력을 상대적으로 소수 재상에게 집중시켜 황제의 지나친 간섭을 없애자 그것이 국정 추진에 유리하게 작용했다.

이 조치로 재상들이 자신의 역할을 충분히 발휘하게 되었다. '개원성세'의 공신인 요숭姚崇과 송경宋璟도 바로 이 조치로 명성을 얻었다. 사마광司馬光은 이렇게 칭송했다. "요숭과 송경이 이어가며 재상이 되었다. 요숭은 임기응변에 뛰어났고 송경은 법률 준수에 뛰어났다. 두 사람은 행동과 뜻이 달랐지만 합심 협력하여 국정을 보좌했다. 이들의 보좌로 세금과 노역은 관대하고 공평해졌으며 형벌도 줄어들어 백성이 부유하게 되었다. 당대의 현명한 재상으로는 전기에는 방현령과 두여회를 꼽고 후기에는 요숭과 송경을 꼽는데 다른 사람은 아무도 이들에 비견할 수 없다."[131]

그러나 바로 재상의 감소와 고정화로 뒷날 이임보李林甫와 양국충楊國忠의 전횡이 잠복하게 되었다.

현종은 "백성을 잘 다스리려면 먼저 관리를 잘 다스려야 한다"라는 이치를 깊이 깨달았다. 그는 등극한 후 즉각 중종 이래의 '사봉관斜封官'을 폐지했다. 사봉관은 정상적 절차에 따라 임명된 관리가 아니라 특별한 관계에 기대 비공식적 공문[墨勅]으로 임명된 관리를 말한다. 요즘 말로 하면 '낙하산 인사'인 셈이다. 개원 2년 현종은 무측천 때와 중종 때 임명된 원외관員外官, 시관試官, 검교관檢校官을 대대적으로 파직했다. 이들 관리는 모두 정식 편제 외에 특별한 대우를 받으며 임용된 사람들이었다. 현종은 이런 정원 외 관리를 크게 정리하여 일정 정도 관직 사회의 기풍을 바로잡았다. 또 당나라 초기 이래 경관京官을 중시하고 외직外職을 경시하던 관습을 바로잡기 위해 지방관과 경관의 교류를 강조했고, 새로운 자사와 현령의 인선을 매우 중시했다. 개원 4년 현종은 새로 임명한 현령을 직접 살펴보며 '백성을 편안하게 할 한 가지 대책'이 있는지 물은 뒤 비교적 실력이 떨어지는 45명을 집으로 돌려보냈다. 그리고 현령 선임을 담당했던 이부시랑 노종원盧從願과 이조은李朝隱을 질책했다. 개원 13년 현종은 중앙조정에서 명망 있는 여러 부서 장관을 직접 뽑아 지방의 자사로 임명하고 시를 지으며 전별연을 베풀었다. 역사에서는 이렇게 일컬었다. "현종은 즉위 초부터 국정을 정성스럽게 챙겼다. 항상 스스로 태수, 현령을 직접 선발한 후 경계의 말을 해줬다. 선량한 관리가 주와 현에 두루 임명되자 백성은 안락함을 얻었다."132)

개원 시기에 현종은 수많은 조서를 내려 농사와 양잠을 독려했고, 재난과 흉작을 구제했으며, 유랑민을 불러 위로했다. 이를 위해 장강과 회수 이북 각 주에 상평창常平倉[133)]을 두루 설립했다. 개원 8년이 지나자 경제적으로 이미 "오곡이 풍성하고 만물이 넉넉하며 백성이 무사하여 그들을 모두 교화할 만한"[134)] 국면이 조성되었다. 각지의 수리 사업도 광범위하게 전개되어 30여 곳에서 공사와 보수 작업이 진행되었다.

개원 연간에 진행된 각종 제도 설립 업무도 최고 성취에 도달했다. 당나라의 각종 법률, 법규, 전장제도의 스타일도 현종 주관 아래 새로 만들기도 하고 수정 보완도 하여 방대하면서도 완전한 체계로 완성되었다. 『개원격開元格』, 『개원후격開元後格』, 『개원령開元令』, 『당육전唐六典』, 『개원례開元禮』 등이 그것이다.

개원 후기에 이르러 당나라 융성기는 최고조에 이르렀다. 『신당서·식화지』에 다음과 같은 기록이 있다. "이때 해내가 모두 부유하여 쌀 한 말 값이 13전이었는데, 청주青州와 제주齊州 사이에는 겨우 3전에 불과했고, 비단 한 필은 200전이었다. 도로 옆에 늘어선 가게에서는 모두 술과 음식을 갖춰놓고 행인들을 대접했고, 상점마다 역려驛驢(길손을 위한 나귀)가 있었으며, 천 리 길을 가면서도 작은 무기조차 지닐 필요가 없었다."[135)] 당나라 정계鄭棨가 쓴 『개천전신기開天傳信記』에도 이런 기록이 있다. "천하가 태평하고 만물이 풍성하고 풍속이 넉넉했다. 서역의 여러 나라도 모두 평정되어 당나라의 군현郡縣이 되었다. 개원문開遠門[136)]에서 서쪽으로 나가 1만여 리까지 모두 하황河湟[137)] 지역의 조세 호구에 속하게 되었다. 좌우의 창고에도 재물이 산적하여 이루 다 헤아릴 수 없을 정도였다. 사방에 풍년이 들어 백성은 부유했고, 조세를 받을 수 있는 호구가 1,000여 만

호에 달했으며 쌀 한 말 가격은 3~4문文에 불과했다. 장정들도 무기를 몰랐고, 길에 떨어진 물건도 줍지 않았으며, 행인들도 양식을 갖고 다니지 않았다."[138] 서구학자도 이렇게 인식했다. "이 시대에는 나라가 안정되었고 황권을 지혜롭게 운용했으며 해내를 잘 통제했다. 특히 대외 정벌을 위해 백성을 수고롭게 하거나 재물을 낭비하거나 야심만만하게 모험을 감행하던 시대가 아니었다."[139]

그러나 '개원지치'는 오래 지속되지 못했다. 천보天寶 연간에 이르렀을 때 당 현종은 매우 득의만만한 모습을 보였다. 그러나 "태평세월이 이어지자 안일한 생활에 만족하며 점차 단정한 선비를 멀리하고 소인배를 가까이하게 되었다." 재상을 인선할 때도 이 시기를 전후하여 '구밀복검口蜜腹劍'의 간신 이임보李林甫와 시정잡배 양국충楊國忠을 중용했으며, 경솔하게 변방의 장수 안녹산安祿山을 신임했고, 양귀비와의 애정행각에 탐닉하느라 중대한 정치적 과오를 범하게 되었다. 개원 전기에 현종은 여러 가지 간언을 들을 줄 아는 군주였으나 천보 연간에 이르러서는 자신과 다른 의견은 어떤 것도 받아들이지 않았다. 국가의 재정이 축적되면서 당나라는 대형 공사를 벌여 공적을 과시할 만한 자본을 갖게 되었다. 천보 시기에 당 현종은 안으로 대형 토목공사를 일으켜 흥경궁興慶宮과 화청궁華淸宮을 지었고, 전국적으로 도관道觀(도교 사원)을 건설하여 노자老子와 자신의 조각상을 새겨두게 했다. 밖으로는 대대적으로 변방 정벌에 나서 토번吐藩·남조南詔와 여러 차례 전쟁을 벌였다.

『자치통감』에는 이렇게 기록되어 있다. "상上께서는 국고가 넉넉해졌기 때문에 황금과 비단을 마치 똥 덩어리처럼 여기며 총애하는 가문에 포상을 내릴 때 아무 제한도 두지 않았다."[140] 이 때문에 귀족 관리들은 사치에 젖어 한번에 천금을 뿌려댔지만, 백성의 생계는 갈수록 곤경에 빠지게 되었다. 시인 두보는 이런 현상에 대해 "붉은 대문에서는 술과 고기 냄새가 진동하지만, 길 위에는 얼어 죽은 백성의 뼈가 널려 있다(朱門酒肉臭, 路有凍死骨)"라고 울부짖었다. 이때부터 사회의 모순이 격화되었다.

천보 시기에는 이임보가 정권을 장악하여 자신과 다른 의견은 배척하고 재상들 간에도 권한의 제한을 두지 않았지만 정무 처리에서는 아직도 규범을 준수하면서 비교적 신중하고 조심스러운 태도를 유지했다. 『구당서』에는 다음과 같이 기록되어 있다. "매사를 아주 신중하게 처리하면서 여러 가지 잡무를 조리 있게 분별했고, 법률을 증보하고 수정했다. 내·외직 관리의 승진과 전근에도 모두 일정한 법도를 유지했다."[141] 그러나 양국충이 이임보의 직위를 대신한 이후에는 소인배가 뜻을 얻어서 조정이 신속하게 부패했다. 『자치통감』에서는 이렇게 평가했다.

"양국충은 사람됨이 변설만 뛰어나고 행동은 경박하여 위엄이 없었다. 재상이 되고 나서는 천하의 일을 모두 자기 업무로 생각하고 국가 주요 사무를 결정할 때 과감성을 발휘하며 아무런 의심도 두지 않았다. 조정에서는 소매를 떨치고 팔뚝을 휘둘렀다. 공경대부 이하 신료들에게 턱짓과 표정으로 지시했으므로 놀라서 두렵게 생각하지 않는 사람이 없었다. 시어사侍御史에서 재상에 이르기까지 관리를 모두 40여 명 거느렸다. 대성臺省[142]에서 재능이 있다고 이름 난 사람도 자신을 위해 일하지 않으면 모두 쫓아냈다."[143]

특히 지방 번진藩鎭의 장수와 중앙 귀족의 권력이 충돌하면서 극도의 위기가 잉태되었다. 개원 이래 당나라 조정에서는 변방 유목민족의 침략 문제를 해결하려고 절도사 제도를 설치하여 변방을 통솔하게 했다. 그러나 군사를 거느린 변방 장수들을 통제할 만한 효과적 장치가 없어서 결국 나라의 중앙은 약하고 변방은 강한 형세를 야기하고 말았다. 천보 후기에 이르러 안녹산은 혼자서 범양范陽, 평로平盧, 하동河東 세 진鎭의 절도사를 겸하면서 20만 철기군을 거느렸고 마지막에는 양국충을 주살하여 명성을 떨친 후 전국을 진동시킨 반란을 일으켰다. 안사安史의 난이 일어남에 따라 당나라의 융성기는 종언을 고하게 되었다.

③ 강옹건康雍乾 융성기

청나라 건국 후 순치順治, 강희康熙, 옹정雍正, 건륭乾隆 등 몇 대의 노력을 거치는 동안 중국 역사에는 또 한 차례 융성기가 출현했다. 역사에서는 이 시기를 보통 '강건성세康乾盛世'라고 한다. 현대 사학자들은 대부분 옹정 시기가 강건성세 형성 과정에서 앞 시대를 계승하고 뒷시대를 이어준 아주 중요한 역할을 했을 뿐 아니라 융성기가 계속 유지되도록 다양한 조치를 시행했고, 특히 청나라 초기의 제도를 온전히 유지하고 강화해준 시대였기 때문에 청나라 초기 융성기에서 옹정 시기를 제외하지 말고 '강옹건성세康雍乾盛世'로 불러야 한다고 주장한다.

강희제 애신각라愛新覺羅 현엽玄燁은 중국 역사에서 재위 기간이 가장 긴 황제로 무려 61년(1662~1723)에 달했지만 옹정제 윤진胤禛은 재위 기간이 비교적 짧아서 13년(1723~1736)에 불과했다. 건륭제 홍력弘曆은 60

년간 황제로 재위(1736~1796)한 후 가경제嘉慶帝 옹염顒琰에게 보위를 선양했다. 표면적으로 보면 '강옹건성세'가 130여 년 이어졌지만 실제로 청나라 융성기는 '삼번三藩의 난'(강희 20년, 1681)을 평정한 이후부터 계산해야 한다. 건륭 후기에 이르러 화곤和珅이 권력을 전횡하면서(건륭 40년, 1775 전후) 청나라 융성기는 중대한 위기에 봉착했다. 그리고 쓰촨, 샤안시, 후난에서 백련교도가 봉기한 후 청나라 융성기는 종결되었다. 이 때문에 '강옹건성세'의 지속 기간은 실제로 채 100년이 되지 않는다.

청나라는 산해관으로 들어와 중원을 점령한 초기에 명나라 말기의 폐단을 제거하는 데 힘을 기울였다. 청나라 조정에서는 명나라 말기에 사회를 혼란에 빠뜨린 '삼향三餉'[144]을 즉시 폐지했다. 그러나 순치 초기에는 정권이 아직 안정되지 못했고 만주족과 한족 사이에도 여전히 심각한 민족 대립이 존재했다. 특히 유목민족의 '권지圈地'정책과 '도망노예[逃人]' 엄벌 정책은 사회 안정에 상당히 악영향을 미쳤다. 권지는 주인 없는 황무지를 팔기군八旗軍의 토지로 편입하는 제도인데, 실제로는 명나라 황실 토지를 점유하는 것 이외에도 백성의 토지까지 대량 약탈했다. 특히 만주족과 한족이 한곳에 섞여 사는 일을 피하려고 권지 이후에는 또 '환지換地'를 단행하여 엇섞여 있는 '주인 없는 땅'과 '주인 있는 땅'을 서로 교환하고 만주족과 한족이 나뉘어 살게 했다. 이 정책으로 북방 민중 특히 경기京畿(베이징 주변) 일대 민중은 지극히 큰 피해를 당했다.

'도망노예' 처리법은 팔기군에서 복역하는 노예를 다스리려 만든 법이다. 산해관으로 들어오기 전에 청나라 사람들은 왕왕 한족을 잡아가서 노예로 삼았다. 또 한족이 자원해서 노예가 된 자는 '투충投充'이라 칭했다.

노예가 도망쳐 숨으면 그들을 숨겨준 사람까지 엄벌했다. 청나라 군사가 산해관으로 진입하자 한족 노예 다수가 도주했다. 청나라 조정의 규정에 따르면 도망노예를 숨겨준 사람이 발각되어 사로잡히면 도망노예의 원주인에게 주어 노예가 되게 했고, 그 이웃 사람까지 유배를 보냈지만 '도망노예'는 원주인의 재산으로 보고 문책하지 않았다. 이렇게 되자 도망노예를 숨겨준 다수 가정이 이 정책에 연루되어 피해를 보게 되었다. 더더욱 일부 간사한 무리는 거짓으로 도망노예를 만들고 민간의 부자들을 '도망노예 은닉자'로 몰아 재산을 갈취하기도 했다.

이 밖에도 순치제는 한족문화에 경도되어 한족 관리를 중용하다가 만주족 팔기 귀족의 저항과 반대에 부딪히기도 했다. 한족 거주 지역 특히 강남의 민중과 선비들은 청나라 조정이 산해관으로 들어온 후 남명南明 정권을 진압하는 과정에서 발생한 잔학한 도살 행위에도 목숨을 가볍게 바쳤고 아울러 '중화와 오랑캐를 구별해야 한다'는 문화의 영향을 받아 만주족 통치를 매우 적대시했다. 만주족과 한족의 충돌을 어떻게 해결하여 정치 질서를 안정되게 확립하느냐? 특히 광대한 한족 거주 지역에서 어떻게 청나라 정부에 대한 지지를 얻어내느냐? 하는 것이 순치제가 강희제에게 남겨준 난제의 하나였다.

강희제 현엽(그림 8)이 어린 나이에 즉위하자 색니索尼 등 대신 네 사람이 정치를 보좌했다. 강희제는 조정을 마음대로 조종하던 보정대신輔政大臣 오배鰲拜를 제거하고 친정하게 된 이후에야 진정으로 제왕의 생애를 시작했다. '삼번三藩' 평정은 강희제가 친정을 시작한 이후 첫 번째로 거둔 주요 업적이었고 이로부터 장차 융성기 출현의 바탕이 마련되었다고 할 수 있다.

삼번은 청나라 조정이 산해관으로 진입하는 과정에서 형성된 지역이다. 일찍이 청나라 대군이 요동에서 명나라 군사와 대치할 때 명나라 대장 모문룡毛文龍의 부하 공유덕孔有德, 경중명耿仲明, 상가희尚可喜가 청 태종에게 투항했다. 또 청나라 군사가 산해관으로 진입할 때 그곳을 지키던 명나라 총병 오삼계吳三桂도 청나라에 항복했다. 이들 항복한 장수는 이후 청나라가 중국을 평정하는 과정, 특히 남방의 남명 정권을 평정하는 과정에서 주력군으로 활동했다. 순치 연간에 청나라 조정에서는 공유덕을 정남왕定南王으로 봉하고 광시廣西에 주둔하게 했다.[145] 또 경중명은 정남왕靖南王으로, 상가희는 평남왕平南王으로 봉하고 광둥廣東에 주둔하게 했으며,[146] 오삼계는 평서왕平西王으로 봉하고 윈난雲南에 주둔하게 했다.

그림 8 청 강희제

강희제에 이르러 천하대세가 이미 결정되었지만 삼번은 힘이 강성했고 막강한 병력을 거느려서 매년 거의 은銀 2,000만 냥을 보내줘야 했다. 이는 청나라 조정의 큰 근심거리였다. 강희 12년 상가희가 요동으로 귀향하겠다고 요청하자 강희제는 이 기회를 틈타 삼번 폐지를 결정했다. 이 때문에 '삼번의 난'이 일어났다.

삼번 중에서 오삼계의 힘이 가장 강성했다. 반란 초기 오삼계의 군사가 가는 곳마다 세력을 떨치자 경씨耿氏의 군대와 상씨尙氏의 군대도 이에 호응하여 윈난, 구이저우, 광둥, 광시, 쓰촨, 후난 등지를 통제했다. 또 샤안시, 간쑤, 후난, 후베이, 푸젠, 장시, 저장에서도 전쟁의 불길이 일어나 중국의 절반을 뒤덮었다. 청나라 조정에서는 군사와 장수를 파견하여 한 걸음 진격할 때마다 신중하게 군영을 세우고 반군과 장기간 쟁탈전을 벌였다. 장장 8년간 전쟁을 치른 후 강희제는 마침내 삼번을 평정했다.

삼번을 평정하는 과정에서 강희제는 정치 개혁에 주안점을 두고 통치 사상과 정책 방침을 조정했다. 그는 먼저 역대 통치 방략에서 경험을 흡수하기 위해 유교문화에서 치국 사상을 탐색했고 날마다 경연經筵을 열었다. 이로써 그는 경학에 뛰어난 대신들의 강의를 듣고 국가의 문제를 토론하면서 심신을 도야하고 지식을 넓혀나갔다. 설령 군사 업무에 바쁠 때라도 경연을 중지하지 않았다. 그다음으로 강희제는 만주족과 한족의 모순을 해결하기 위해 전쟁의 불길이 끊임없이 피어오를 때도 박학홍사과博學鴻詞科를 열어 사대부들의 마음을 얻었다. 당시 수많은 선비가 중화와 오랑캐를 구별하는 견해에 의지하여 청나라 조정에서 벼슬살이를 하지 않으려 했다. 강희제는 제거制擧 방식을 이용하여 각 지역에서 명사를 추천하라고 명령을 내리고 다양한 인재를 두루 모은 후 지극히 간단한 시험을 부과해 그 시험에 통과한 한족 지식인을 다수 중용했다. 심지어 시험에 참가하기를 거부한 사람들에게도 모두 공명첩을 수여했다. 이때부터 청나라 조정을 대하는 독서인들의 태도에 비교적 뚜렷한 변화가 생겨나기 시작했다.

삼번이 평정되고 나서 치세의 국면이 초보적으로 형성되었다. 강희제는 인재 임용 부문에 큰 변화를 줬다. 순치 연간에는 주로 만주 귀족에 의지하여 나라를 다스렸지만 강희제가 친정한 이후에는 한족의 문화를 흠모하며 경학에 뛰어난 선비를 중용하여 정치의 기풍을 일신했다. 강희제가 임용한 유명 인사로는 위상추魏象樞, 웅사리熊賜履, 이광지李光地 등이 있는데 이들은 모두 일대의 기풍을 새롭게 열었다. 강희 연간에는 경학을 익혀서 청렴한 관리가 된 사람이 매우 많아서 이들을 일대의 모범이라고 일컬었다. 예를 들면 육롱기陸隴其, 탕빈湯斌, 장백행張伯行 등은 뛰어난 학문과 품행으로 문묘에 배향되었고 우성룡于成龍, 진붕년陳鵬年, 조신교趙申喬 등은 청렴한 치적으로 천하에 명성을 드날렸다.

강희제는 경제적으로도 권지圈地 제도를 중지하고 생산을 늘리는 데 주력했다. 그는 백성을 모집하여 황무지를 개간하라고 여러 차례 조칙을 내렸으며, 특히 황허강의 홍수를 다스리는 데 치중했다. 치수 사업은 시종일관 청나라 조정의 중요한 일 가운데 하나였다. 순치 연간에 청나라 조정에서는 치수 명신 양방흥楊方興과 주지석朱之錫으로 하여금 강의 물길을 감독하게 하여 상당한 효과를 거두었다. 그 혜택이 창장강과 화이허강에까지 두루 미치자 민간에서는 심지어 주지석을 하신河神으로 받들기

도 했다.[147)]

강희제가 친정한 지 오래지 않아 '삼번의 난'이 일어나자 강의 물길을 수리하지 못하게 되었으며 제방도 붕괴되었다. 창장강과 화이허강 사이도 모두 재난에 휩싸였다. 그는 '삼번', '하무河務(강의 물길을 관리하는 업무)', '조운漕運'을 국가의 3대사로 인식하고 이 세 가지 일을 써서 궁중의 기둥에 붙여두었다. 강희 16년 임근보任斬輔를 하도총독河道總督에 임명하고 황허강, 운하, 화이허강의 물길을 전면적으로 보수하여 강희 18년에 이르러 대략 공사를 완료했다. 강희 말년이 되자 재정과 경제 상황이 개선됨에 따라 호구 수가 신속하게 증가했으며, 여기에 '영원히 세금을 부과하지 않는(永不加賦)' 정책을 제시하기도 했다.

강희제는 재위 51년에 유지諭旨를 내려 이렇게 말했다. "지금 해내에 평화가 깃든 지 오래되자 호구 수가 나날이 증가하고 있다. 그러므로 만약 현재의 장정 숫자에 따라 금전과 곡식으로 세금을 부과하는 것은 진실로 불가한 일이다. 장정 숫자는 증가했지만 땅은 넓어지지 않았으므로 성省을 감독하는 독무督撫로 하여금 지금의 『전량책錢糧冊』 내의 장정 숫자를 살펴보게 하여 그 숫자를 늘리지도 말고 줄이지도 말게 하면서 영원히 일정한 액수의 조세를 거두도록 해야 한다. 그러므로 이 이후로 태어난 장정들에게는 금전과 곡식을 징수할 필요가 없다. 조사 심의를 할 때 실제 숫자에서 증가한 부분만 명확하게 살펴서 따로 결산 장부를 만들어 보고하면 된다."[148)] 이 의견은 뒷날 탄정입무攤丁入畝[149)] 제도의 기초로 작용했다.

그러나 강희제 때의 치세에도 이미 적지 않은 폐단이 존재하고 있었다.

그가 중용한 관리 중에는 품행이 단정하지 못한 자가 적지 않게 포함되어 있었다. 예를 들면 웅사리와 이광지는 '가짜 도학자'라는 평판을 받았다. 또 허건학許乾學과 고사기高士奇는 권력을 전횡하며 뇌물을 받아먹기로 유명했다. 당시 "하늘나라의 조공품은 동해(徐乾學)로 귀의하고, 만국의 금은보화는 담인淡人(고사기)에게 바쳐지네(九天貢賦歸東海, 萬國金珠獻淡人)"라는 비난이 떠돌 지경이었다. 특히 대학사 명주明珠는 강희제의 신임을 받자 아무 거리낌 없이 교만하게 행동하며 공개적으로 뇌물을 탐닉했다. 강희제 후기에는 제도의 이완과 관리의 부패가 나날이 심각해졌다. 게다가 두 차례나 태자를 폐위하는 풍파가 일어나자 황자皇子들 사이에서 권력을 둘러싸고 암투가 벌어졌고, 이는 결국 정국 안정에 악영향을 미쳤다.

옹정제 윤진은 보위를 이어받은 후 '적통 탈취를 기도했다'는 혐의로 이기異己와 도독荼毒 형제를 제거한 일 이외에는 정치적으로 개혁을 단행하고 일련의 '신정新政'을 추진했다. 이로써 관리들의 행동을 단속하면서 강희제 말년의 적폐를 어느 정도 해소했다.

황위 계승을 둘러싼 분쟁을 해결하기 위해 옹정제는 한漢나라 이후 계속 시행해온 태자제를 폐지하고 밀건황저제密建皇儲制[150]를 새로 제정했다. 또 그는 서북 지방에서 군사를 동원하는 기회를 이용하여 군기처軍機處를 설립하고 황제와 보정대신의 관계를 조정했다. 이는 황권 전제專制를 더욱 강화한 조치였다. 그는 관계官界의 기풍을 전면적으로 단속하면서 자신의 명령에 법령이 뒷받침되도록 했다. 탐관오리들을 단호하게 응징하고 그 집안까지 모조리 수색하여 전 재산을 몰수했다.

장학성章學成은 옹정제를 다음과 같이 칭송했다. "관리들의 다스림을 깨끗하게 단속했고, 낡은 관례를 개혁했으며, 관리 사회를 엄격하게 정리했고, 부패한 관리를 징벌했으니 실로 천재일우의 시대였다. 당시 관리들은 벼슬하는 동안, 대신大臣은 법을 지키며 충성을 다했고 소신小臣은 청렴하게 직분을 다했다. 이런 일이 거의 풍속으로 굳으니, 탐관오리들도 그런 기풍을 바라보고 자신의 태도를 고쳤다. 당시 시세가 그러했다. 지금 당시의 전기傳記, 지방지地方志, 비문, 행장行狀 등의 문장을 읽어보면 옹정 연간에 부府, 주州, 현縣의 관리들을 서술하면서 뇌물을 일소하고 적폐를 제거하고 청렴하게 스스로 직분을 지키며 예외의 지출을 없앴다고 극구 칭송하는데 그 문장이 진실로 역대 「순리전循吏傳」에 부끄럽지 않다."[151]

옹정제는 탐관오리의 뇌물 수수 문제를 제도적으로 해결하려고 양렴은제養廉銀制를 시행했다. 명나라 때부터 주와 현에서 세금을 징수할 때 흔히 일정 액수를 더 추가해서 받았는데 이를 '화모火耗'라고 했다. 그 의미는 징수한 은銀을 용광로에 넣고 큰 은괴銀塊로 주조할 때 손상되어 없어지는 부분이라는 뜻이다. 그런데 정세正稅를 납부한 후 남은 부분은 지방 관아의 소유로 귀결되었는데, 이를 '모선耗羨'이라고 했다. '모선'은 관리들의 판공비와 공공 지출비로 사용하고 남으면 지방 관리의 사유재산으로 들어갔다. 그러나 주와 현의 상관과 경관京官들에게는 이런 부수입이 없었다. 이 때문에 지방 관리들은 그들에게 예물을 보내는 방법으로 자기 이익을 고루 나눠줬다.

예물을 보내는 명목은 매우 많았다. 여름에는 '빙경氷敬', 겨울에는 '탄경炭敬', 명절에는 '절경節敬', 생일에는 '축경祝敬', 설날에는 '연경年敬', 제자로서 스승을 뵐 때는 '지경贄敬', 도성을 나서는 관리를 전별할 때는 '별경別敬'이라는 명목을 내세워 예물을 보냈다. 이를 통칭하여 '누규陋規(낡은 관례)'라고 불렀다.

『청사고淸史稿』에도 관련 기록이 있다. "주와 현에서 '화모'를 징수하여 상관에게 나눠줘야 했으므로 주와 현에서는 이를 구실로 마음대로 탐욕을 부렸다. 상관들도 사사로운 정분으로 그들의 행동을 용인했다. 이런 관례는 옛날부터 쌓여온 폐단이므로 마땅히 혁파해야 한다."[152] 옹정 2년부터 '모선을 공공 수입으로 돌리는(耗羨歸公)' 정책과 양렴은제를 추진했다. 구체적인 방법은 이렇다. 한 성省의 한 해 '모선'을 각지 상황에 따라 일괄적으로 국고로 징수하여 특정한 명목에 사용하도록 하고 그 나머지는 모두 지방 관리들에게 분배했다. 이를 양렴은養廉銀이라고 했다. 이는 혼란한 조세 징수를 막고 낡은 관례를 엄금하려는 조치였다.

강희 연간에는 또 '영원히 세금을 부과하지 않는(永不加賦)' 정책을 확정했다. 이 정책을 구체적으로 시행하는 과정에서 어떤 관리는 정은丁銀(인두세)을 지은地銀(토지세)에 덧붙여서 징수하자는 의견을 제기했다. 강희 말년에 쓰촨, 광둥에서 이 방법을 시행했다. 옹정제가 보위를 이어받은 후에는 직예순무直隷巡撫 이유균李維鈞 등이 상주한 의견에 근거하여 '탄정입무攤丁入畝' 제도를 널리 시행했다. 옹정 7년이 되자 산시, 펑톈奉天, 구이저우 이외의 지역에서는 모두 이 제도를 실시했다. 탄정입무 제도는 고대 조세 제도를 크게 개혁한 조치로 기존 인두세의 성격을 바꿨다. 이는 조세를 징수할 때 장정의 머릿수로 계산하는 것이 아니라 경지의 넓이로 계산하는 방식이어서 경지가 없거나 적은 농민에게 유리했으므로 제도적으로 조세 부담을 더욱 합리적으로 조정한 정책이었다. 동시에 경지는 비교적 안정된 조세 대상이었기 때문에 국가의 조세 수입원도 상대적으로 안정을 찾을 수 있었다. '탄정입무' 제도를 시행한 후 관방에서 집계한 호구 수가 신속하게 증가했다. 강희 50년 전국의 호적 인구가 2,400만이었는데, 건륭 6년에는 1억 4,000만에 달했고 건륭 58년에는 3억에 이르렀다.

건륭 시기는 강희와 옹정 양대의 여력에 의지하여 청나라의 '문치文治와 무공武功'이 새로운 단계로 발전했다. 강희제는 집권 초기에 다년간 전쟁 참화, 경작지 황폐화, 산업 쇠퇴, 민족 충돌이라는 준엄한 국면에 직면했다. 이 때문에 강희제의 급선무는 백성에게 휴식을 주고 민심을 끌어안고 만주족과 한족의 적대 심리를 해소하는 일이었다. 강희제의 정치가 관대하고 인자했던 것은 대체로 여기에서 말미암은 것이다. 옹정제는 집권 초기 국가 기강의 해이, 관리 사회의 뇌물 탐닉, 정무의 지리멸렬 등의 상황에 직면했다. 이 때문에 옹정제의 급선무는 관리들의 행위를 단속하고 부패자를 징벌하며 국가의 기강을 회복하는 일이었다. 옹정제의 정치가 준엄하고 가혹했던 것은 대체로 여기에서 말미암은 것이다. 건륭제는 보위를 이은 후 강온 양면 정책을 병행하면서 이전의 훌륭한 정책을 보존해 융성기를 계속해서 유지했다.

옹정 시기의 편차를 바로잡기 위해 건륭제 홍력은 집권하고 오래지 않아 윤이允禩, 윤당允禟 등의 자손을 종실 족보에 올리고 윤아允䄉와 윤제允䄉를 석방하여 옹정 이래로 이어져온 종실의 모순을 해소했다. 또 옹정 시기에 여러 이유로 부당하게 쫓겨났거나 구금된 관리들을 석방하거나 다시 기용했다. 예를 들면 저명한 문인 이불李紱, 채정蔡珽, 사제세謝濟世는 전문경田文鏡을 탄핵했다가 옹정제에게 사사로운 '붕당朋黨'으로 질책당한 후 군대에 편입되거나 구금되었는데 이때 모두 사면을 받고 다시 관직에 임명되었다. 건륭제는 이러한 수단을 동원해 신속하게 정치적 입지를 굳혀나갔다.

경제적 측면에서 건륭제는 관리들이 공로를 탐하여 황무지 개척에 대해 허위 보고를 올리는 걸 금지했고, 이전의 허위 보고로 야기된 '경작지 없는 농산물'의 세금을 면제해줬다. 이와 동시에 그는 계속해서 황무지 개간을 장려해 신속하게 늘어나는 인구의 생계 문제를 해결했다. 또 황무지 개간을 현실 속에 정착하기 위해 허위 보고를 방지했고, '산이나 들판 궁벽 진 곳'을 개척한 작은 땅에는 일반 경지세를 면제해주도록 규정했다. 그는 식량 낭비를 줄이기 위해 건륭 2년부터 북방의 다섯 성省에 금주정책을 시행했다. 아울러 건륭 시기에는 대형 수리 공사를 여러 차례 일으켰다. 그중에서 저명한 것으로는 황하 모성포毛城鋪의 수로 공사, 회수와 장강을 연결하는 수로 공사, 금사강金沙江 수로 공사, 절강浙江 해당海塘 수리 공사 등이 있다. 건륭 연간부터는 옹정 시기의 광산 채굴 불허 방침을 철폐했는데, 이로써 광산업도 크게 발전하게 되었다. 국가의 재정이 호전됨에 따라 건륭 10년부터는 3년에 한 번씩 차례대로 각 성省의 조세를 면제해줬다. 이후 또 건륭 35년, 42년, 55년에도 각각 한 차례씩 모든 성의 조세를 면제해줬다. 건륭 31년부터 양곡 조운漕運도 면제해주기 시작했고, 그 이후 43년, 59년에도 각각 양곡 조운을 한 차례씩 면제해줬다.

강희 연간에는 이미 비교적 다양한 문화적 성취가 이루어졌다. 저명한 백과전서『고금도서집성古今圖書集成』이 바로 이 시기에 완성되었다. 옹정제와 건륭제도 강희제의 문화 사업을 계승하여 확대 발전시켰다. 가장 대표적인 것이 건륭 연간에 편찬한『사고전서四庫全書』다. 이 전서는 문화사에서 거작으로 손꼽히는데 참여자 300여 명이 10년의 시간을 들여 편찬했다. 전체 7부 3만 6,000책으로 이루어져 있고, 3,470종의 서적 1만 9,016권을 수록했다. 이 전서는 중국 역사에서 가장 중요한 문헌 총집이다.

그러나 건륭제는 공적 세우기를 지나치게 좋아했으며 호화롭고 사치스러운 생활을 탐닉했다. 이는 강희제·옹정제와 크게 다른 점이다. 강희제와 옹정제는 모두 검소하고 소박한 생활을 실천했다. 심지어 옹정제는 지방 관리들이 상소문을 올릴 때 비단을 사용하여 체면치레를 하는 행위도 비판하면서 비단 대신 종이를 쓰면 비용을 절약할 수 있다고 생각했다. 건륭제는 이와 아주 달랐다. 건륭제의 사치 중에서 가장 대표적인 것은 바로 여섯 차례나 남방을 순행하며 산천을 유람한 일이다. 강희제가 남방을 순행한 주요 목적은 주로 치수治水 사업을 위한 것이었지만 건륭제의 남방 순행은 치수 공사 시찰이라는 명목을 빌려 유람하려는 것이었다. 그는 말년에 이렇게 후회했다. "짐은 천하를 다스린 지 60년이 되었지만 덕망을 잃지는 않았다. 다만 여섯 차례나 남방을 순행하여 백성을 상하게 했으니 진실로 무익한 짓을 하여 유익한 일을 해친 것이다."[153] 이 밖에도 건륭제는 스스로 자랑하기 좋아하는 '십전무공十全武功'을 갖추려고 백해무익한 전쟁을 일으켰다. 특히 미얀마와 안남安南 정벌은 나라에 참담한 손실을 초래했을 뿐 아니라 국내 백성과 무고한 장졸에게도 중대한 재난을 가져다주었다.

'강옹건성세' 가운데 또 하나 중요한 내용은 변방 지역을 훌륭하게 경영한 일이다. '조국祖國'이라는 개념은 한 나라의 강역과 분리될 수 없다. '조祖'의 본뜻은 '선조先祖'이고, '국國'의 본뜻은 강역이다. 갑골문과 금문 가운데 '국國'자는 "□과 或의 뜻을 따른다"154)고 되어 있다. '혹或'자는 바로 사람이 손에 무기를 들고 영토를 보위하는 모습을 상형한 문자다. 중국의 강역은 유구한 역사 속에서 점진적으로 형성되면서 변화를 거듭했다. 특히 한, 당, 청 세 왕조가 강역 형성에 중요한 역할을 했다.155) 서한의 강역 확장은 주로 하서주랑을 따라 진행되었으며, 아울러 동남쪽과 서남쪽에서도 영토를 개척했다. 당나라의 강역 확장은 요동遼東, 영남, 사막, 서역에까지 미쳤다. 『구당서』에 천보 연간의 강역이 사방으로 도달한 범위가 기록되어 있다. "동쪽으로는 안동부安東府에 이르렀고, 서쪽으로는 안서부安西府에 이르렀으며, 남쪽으로는 일남군日南郡에 이르렀고, 북쪽으로는 선우부單于府에 이르렀다. 남북으로는 서한시대 전성기와 같았고, 동쪽으로는 서한 강역에 미치지 못했지만 서쪽으로는 서한 강역을 넘어섰다."156) 그러나 당나라 강역 내의 기미주羈縻州와 정주正州는 비교적 큰 차이가 있다. 청나라 초기 강역 확장은 몽골, 위구르, 토번 및 기타 이민족 활동 지역을 따라 전개되었다. 이를 따라 현대 중국 강역의 바탕이 마련되었다.

강희 연간에 이루어진 대만臺灣 수복으로 청나라 변방 경영의 서막이 올랐다. 원나라와 명나라 시대에 일찍이 팽호도澎湖島에 순검사巡檢司를 설치하고 대만 사무를 관할하게 했다. 명말 전란을 틈타서 네덜란드 식민자들이 대만을 점령했다. 순치 18년 남명 정권의 충신 정성공鄭成功이 지금의 금문金門, 하문廈門으로부터 대만을 공격하여 네덜란드 식민자들을 축출하고 그곳에 1부 2현을 설치했다. 이로써 대만 개발과 건설이 촉진되었을 뿐 아니라 금문, 하문, 팽호, 대만은 반청복명反淸復明의 기지가 되었다. 오래지 않아 정성공이 죽고 그의 아들 정경鄭經이 하문에서 그 직위를 계승했다. 정경과 그의 숙부 정세습鄭世襲이 권력을 다투는 과정에서 강희 3년 정경이 금문과 하문을 버리고 해안으로 퇴각했다가 다시 대만섬을 굳게 지켰다. 삼번의 난이 평정됨에 따라 강희제는 시랑施琅을 복건수사제독福建水師提督으로 임명하여 적극적으로 대만 수복을 준비했다. 그러다가 정경이 갑자기 죽자 그의 아들 정극장鄭克藏과 정극상鄭克塽이 부장部將의 조종 아래 권력 다툼을 벌이는 과정에서 내란이 일어났다. 강희 22년 청나라 군사는 전력을 다해 대만을 공격하여 팽호도에서 정씨의 수군 주력을 섬멸하고 일거에 대만을 수복했다. 이어서 청나라 조정에서는 대만에 부府를 설치하고 군대를 주둔시켰다.[157] 아울러 연해 주민의 내륙 이주령을 철폐하자 동남 해안 변경 지방이 점차 안정을 찾게 되었다. 바로 강희제 스스로 「중추절에 바닷가에서 들려온 좋은 소식을 듣고(中秋日聞海上佳音)」란 시에서 묘사한 바와 같다. "바다 구석 백성의 곤궁함을 오래도록 근심했는데, 지금부터는 밭 갈고 우물 파는 일 온 천지가 같게 되었네(海隅久念蒼生困, 耕鑿從今九壤同)."

몽골 부족들의 상황은 비교적 복잡했다. 내몽골 코르친 부족科爾沁部은 청나라가 중원으로 들어오기 전에 이미 청나라에 복속했고, 강희제에 이르러서는 외몽골 할하 부족喀爾喀諸部이 청나라에 복속했다. 그러나 외몽골 준가르 부족准噶爾部은 줄곧 복속과 반란을 거듭하면서 청나라와 전쟁을 강희, 옹정, 건륭 3대 동안 계속했다. 강희 연간에 준가르 부족의 족장 갈단噶爾丹이 할하 부족을 습격하고 내몽골까지 진격했다가 청나라 군대에 패퇴했고, 이어서 청해靑海의 몽골 여러 부족이 청나라에 복속했다. 강희 말년에 갈단이 죽은 후 그의 조카 체왕아랍탄策妄阿拉布坦이 준가르 부족을 부흥시킨 후 계속해서 청나라에 대항했다. 옹정 연간에는 청나라가 준가르 부족과 대치하는 과정에서 청해 몽골 호슈드 부족和碩特部 롭상단진羅卜藏丹津의 반란을 평정했다. 준가르 부족은 체왕아랍탄이 죽은 후에도 그의 아들 갈단체렝체噶爾丹策零則가 계속해서 청나라 군사에 대항했다. 건륭 연간에 이르러서야 준가르 부족을 철저하게 평정했고 최종적으로 그들과 화의를 맺었다. 몽골의 나머지 부족은 할하 부족과 칭하이 몽골 부족에 복속했다.

내몽골 사무를 총괄하기 위해 옹정 9년 울리아스타이烏里雅蘇臺 정변좌부장군定邊左副將軍 직을 설치하여 탕누우리안하이唐努烏梁海 지역 군정과 할하 네 부족 및 할하에 복속한 외레드厄魯特, 휘드輝特 3기旗 등 모두 86기의 부족을 관할하게 했다. 이 지역은 지금의 몽골인민공화국과 러시아, 카자흐스탄 일부 지구 및 중국 신장 알타이 지구 북부에 해당한다. 청나라에서는 이 지역을 외몽골外蒙古이라고 통칭했다. 이와 동시에 쿠룬庫倫(지금의 몽골 울란바토르) 주사원駐司員을 파견했고 이를 나중에 쿠룬판사대신庫倫辦事大臣으로 개칭했다. 쿠룬판사대신은 캬흐타恰可圖와 러시아의 상업 활동을 감독함과 아울러 투셰투한土謝圖汗과 세첸한車臣汗 두 부족을

관할했다. 건륭 26년에는 허브드科布多(지금의 몽골 허브드 주 소재지) 참찬대
신參贊大臣과 판사대신 직을 설립하여 자흐친札哈沁(청나라에 투항한 준가르)
부족, 먄가드明阿特 부족, 허브드외레드科布多厄魯特 부족, 알타이우리안
하이阿爾泰烏梁海 부족을 관할하게 했고 아울러 둘보드杜爾伯特 부족 및 거
기에 복속한 휘드 부족, 신 토르구드土尔扈特 부족, 신 호슈드 부족 등 총 8
부족 31기를 관할하게 했다.

　옹정제는 청해 지역을 평정한 후 청해의 몽골족을 자슥札薩克 기에 편
입시켰다. 건륭 원년에는 서녕판사대신西寧辦事大臣 직을 설치하여 청해
지역 몽골 부족들을 총괄하게 했다. 건륭 연간에는 위구르족 콰자이자
한霍集占과 부라니둔布拉尼敦의 반란을 평정했고, 건륭 27년에는 이리伊犁
장군 직을 설치하여 천산 남로와 북로의 군정을 관장하게 했으며, 위구르
부족과 외레드 부족을 총괄하게 했다. 건륭 48년에는 우루무치도통烏魯木
齊都統 직을 설치하여 우루무치 군정을 관장하게 했다. 이 밖에도 달바하
타이塔爾巴哈臺에 부도총을 두고 카슈가르喀什噶爾에 판사대신을 설치했
으며, 하미哈密, 옌지사르英吉沙爾, 야르칸드葉爾羌, 코탄和闐, 아크수阿克
蘇, 우스烏什, 쿠차庫車, 카라샤르喀喇沙爾에도 판사대신을 설치하여 각지
의 사무를 나누어 처리하게 했다.

　티베트[西藏]는 원대에 선정원宣政院 관할로 귀속되어 삼로선위사사三
路宣慰使司 직을 설치했다. 명대에는 티베트에 웃짱烏斯藏, 도감朵甘 두 도
시의 지휘사사指揮使司 직을 설치했다. 청나라가 중원으로 들어오기 바로
전인 숭덕崇德 7년에 티베트는 이미 청나라에 조공을 바쳤다. 그러나 티
베트 내부를 관장하기 위해 줄곧 데파sde-pa(티베트 왕) 제도를 시행했다.

강희 말년에는 티베트에서 데파 제도를 폐지하고 카론噶倫을 세 명 두어 티베트의 사무를 관리했다. 옹정 5년에는 티베트 내란을 평정하기 위해 군사를 주둔시키기 시작했고 주장대신駐藏大臣 직을 설치했다. 건륭 57년 에는 청나라가 티베트 사무를 정돈하기 위해 활불活佛(환생불)이 계속 윤회하여 태어난다는 금분파金奔巴 제도를 확정했다.[158] 이로부터 티베트의 활불 계승 제도는 중앙정부의 감독을 받기 시작했다. 건륭 59년에 이 제도를 확정한 후 전장관前藏官(라싸 중심의 장관)이 궐석이면 주장대신과 달라이 라마가 회동하여 후임을 선임했고, 후장관後藏官(르카쩌 중심의 장관)이 궐석이면 주장대신이 판첸 라마와 회동하여 후임을 선임했다. 각 사원의 주지 스님인 켄보堪布는 달라이 라마가 주장대신 및 조정에서 티베트로 파견된 라마와 회합을 하고 함께 선임했다. 티베트의 승가와 속가의 관리는 모두 주장대신의 통제를 받았다.

중국은 줄곧 다민족국가였고 청대의 각 성省에도 모두 이민족이 흩어져 살았다. 이 때문에 '토사土司'와 '토관土官' 직을 적지 않게 설치했다. 토관은 세습직으로 보통 토착 이민족의 우두머리를 임명했지만 그 임명과 세습은 모두 중앙정부의 확정을 거쳐야 했다. 문관文官 직은 '토지부土知府', '토동지土同知'에서 '토순검土巡檢'과 '토역승土驛丞'까지 있었고, 무관武官 직은 지휘사指揮使, 선위사宣慰使에서 '토파총土把總', '토백호土百戶'까지 있었다. 그 품계는 3품에서 말단 관리까지 모두 존재했다. 토관은 현지의 독무와 거기에 속한 부府, 주州, 현縣에 귀속되어 관리를 받았는데, 다만 내부의 관리 체계는 현지의 풍속을 따랐다.

토관이 설치된 직할 성으로는 지금의 쓰촨, 간쑤, 윈난, 구이저우, 광시, 후난, 후베이 등지가 있었다. 옹정 시기에 시작하여 서남 지역 각 이민족 지구에서 '개토귀류改土歸流' 정책을 시행했다. 이것은 현지의 '토사', '토관' 제도를 정식적인 주와 현의 유관流官(정식으로 임명된 관리)으로 바꾸는 제도다. 옹정 연간의 개토귀류 정책 시행으로 후베이와 후난의 토관은 전부 유관으로 바뀌었고, 윈난과 구이저우 지역 토관도 대부분 유관으로 개편되었다. 이는 이들 지구의 개발과 발전에 어느 정도 긍정적인 힘으로 작용했다.

동북지구(만주)는 청나라 조정의 발상지다. 그러나 제정 러시아 침략자들이 이 무렵 흑룡강黑龍江 유역으로 쳐들어와서 네르친스크와 알바진 등의 침략 거점을 건설하고 현지의 다울족 마을을 약탈하면서 중국에 심각한 위협을 가했다. 강희 21년부터 청나라에서는 치밀한 계획을 마련하고 군사와 장수를 파견하여 제정 러시아의 침략에 반격을 가했다. 강희 23년 초에는 여러 차례 소규모 군사작전을 벌여 흑룡강 유역에 건설된 소형 러시아 군사 거점 전부를 격파했다. 강희 24년 청나라 군사는 러시아 군대가 대규모로 모여 있는 알바진을 공격하여 러시아 군사 100여 명을 죽였다. 청나라 군사는 그들로부터 더는 침공하지 않겠다는 보증을 받은 후에야 포로를 석방했으며 이후 알바진성을 소각하고 나서 애혼璦琿으로 물러나 군사를 주둔했다.

그러나 러시아군은 청나라 군사가 철군한 뒤 바로 수천 명을 결집하여 다시 알바진으로 돌아왔다. 그들은 화포를 12문 가지고 와서 성벽을 수리하고 10곳의 군영을 튼튼하게 지켰다. 청나라 군사는 러시아 군사가 다시 온 것을 알고 강희 25년 알바진을 공격하기 위해 보루를 구축하고 참호를 팠다. 청나라 군대는 적을 포위하여 곤경에 빠뜨리는 전술을 구사하며 러시아 군대의 반격을 끊임없이 격퇴했고, 마침내 러시아군 총지휘관 알렉세이 톨부진Aleksei Tolbuzin을 죽였다. 그 이후 러시아 정부가 긴급하게 화의를 요청하자 청나라 정부는 그들과 국경선 담판에 동의하고 군대를 알바진에서 철수했다. 이어서 중국과 러시아 쌍방은 '네르친스크조약'에 조인하고 케르비치강, 아르군강, 스타노보이산맥을 중·러 국경선으로 삼자고 약정했다. 옹정 연간에는 러시아와 '중·러 캬흐타조약'에 서명하고 아르군강에서 사비나이산맥沙畢納依嶺 사이의 중간선을 국경으로 삼았다. 이후 반세기 동안 이 지역에서는 양국 사이에 대규모 무장 충돌이나 국경 분쟁이 일어나지 않았다.

이전 각 시대의 융성기와 달리 '강옹건' 시기는 군주 전제제도가 고도의 경지에 도달했다. 이 때문에 이전 각 시대 융성기에 제창한 간언 올리기와 간언 받아들이기가 '강옹건' 시기에는 더 출현하지 않았고 정책 결정 과정에서 황제의 독단적 판단을 강조했다. 게다가 만주족과 한족의 알력이 더해지면서 청나라는 사상 금지와 여론 통제 부문에서 이전 왕조의 제한된 범위를 훌쩍 뛰어넘었다. 특히 '강옹건' 세 황제는 모두 대규모 '문자옥文字獄(필화사건)'을 일으켜 선비를 진압하고 수많은 연루자를 박해했는데 이는 당시 사회에 엄청난 악영향을 미쳤다. 건륭제는『사고전서』편찬 기회를 빌려서도 도서를 훼손하고 문화를 탄압했다. 이러한 문화 전제주의는 청초清初 융성기의 심원한 발전에 심각한 악영향을 초래했다.

'강옹건' 융성기는 건륭제의 통치 기간에 이미 종결되고 말았다. 사회적 모순이 첨예해짐에 따라 건륭 39년 산동성 임청臨淸에서는 왕륜王倫이

청수교淸水敎를 창설하여 청나라에 반항의 기치를 들었다. 급사중給事中 이수방李漱芳은 상소문을 올려 다음과 같이 지적했다. "간사한 자들이 무리를 모아 분란을 일으키는 것은 배고픔과 추위에 시달렸기 때문입니다. 또 말씀드리건대 도성 가까운 지방에서도 유민들이 늙은이를 부축하고 아이들 손을 잡고 거주지를 옮겨 도망가고 있습니다. 지금 담당 관리가 노구교盧溝橋를 감시하며 저들이 북쪽으로 가는 걸 막고 있습니다."[159]

그러나 건륭제는 그렇게 생각하지 않고 오히려 이수방을 이렇게 질책했다. "간사한 자들을 대신하여 말을 꾸미고 죄를 전가하며 다만 자기 일신을 위해 명성만 팔고 있다."[160] '고희천자古稀天子'라는 미명에 심취해 있던 건륭제는 사회의 모순이 갈수록 격화되는 상황에서도 탐관오리로 유명한 화곤和坤에게 권력을 내맡겼다. 이후 화곤의 전횡으로 '융성기'는 급전직하하여 바로 쇠퇴기로 접어들었다. 건륭제가 말년에 '십전노인十全老人'[161]이라고 스스로 만족에 취해 있을 때 중소 규모의 반항과 봉기가 이미 전국적으로 퍼져갔다. 지금의 쓰촨, 샤안시, 후난에서 일어난 백련교白蓮敎의 대규모 봉기는 청나라가 쇠퇴기로 접어들었음을 알리는 표지였다.

④ 융성기를 투시하다

중국 고대 역사에서 서한西漢, 성당盛唐, 청초淸初 이외의 다른 왕조에서도 몇몇 융성기 혹은 치세가 나타난 적이 있다. 다만 '문경지치', '정관지치', '강옹건성세'처럼 전형적인 모습을 보여주지 못했을 뿐이다.

예를 들면 동한의 '광무중흥光武中興(25~57)', 명대의 '인선지치仁宣之治 (1424~1453)' 등이 여기에 속한다. 심지어 전란으로 분열된 시대적 배경에 서도 그다지 유명하지 않은 왕조에서 비교적 짧은 치세가 출현한 적이 있 다. 예컨대 오호십육국시대 전진前秦의 임금 부견苻堅(357~385 재위)은 서 생 왕맹王猛의 보좌를 받으며 찬란한 업적을 쌓아 거의 소강小康(태평 아랫 단계의 평화) 상태에 이르렀다. 오대십국시대 후주後周와 남당南唐에서도 작은 치세가 나타났다. 그러나 전체 역사를 살펴보면 치세는 드물었고 난 세가 많았다. 한, 당, 청처럼 역사가 비교적 길게 이어진 왕조에서도 '융 성기'는 전체 왕조에서 아주 짧은 기간에 불과했다.

사람들은 융성기가 오기를 바라지만 융성기가 형성되려면 일정한 역 사 조건이 갖춰져야 한다.

고대 왕조는 줄곧 군주 한 사람이 나라를 다스렸고 진·한시대부터는 군주 전제제도가 확립되었다. 이 때문에 융성기가 실현되려면 먼저 개명 한 군주가 출현해야 했다. 통시적으로 역사를 바라보면 군주의 품성과 수 양이 융성기 형성에 결정적으로 작용했음을 알 수 있다. '문경지치'의 형 성은 한 문제의 개인적 소양과 아주 큰 관련을 맺고 있다. 역대 제왕 중에 서 한 문제는 비교적 높은 명성을 누리면서 황제의 모범으로 간주되었다. 그는 절약과 검소로 칭송받았다. 한 번은 노대露臺를 수리하려고 목수를 불러 비용을 계산해보니 100금이 필요했다. 그러자 한 문제가 이렇게 말 했다. "100금은 중인中人 열 집의 재산이다. 나는 선제先帝의 궁궐을 받들 고 살면서도 항상 부끄럽게 생각하는데 어떻게 노대를 수리할 수 있겠는 가?"[162] 그리하여 바로 공사를 중지시켰다. 문제는 스스로 평범한 옷을 입었고, 비빈들에게도 옷자락이 땅에 끌리지 못하게 했으며, 휘장에도 수놓은 천을 사용하지 못하게 했다. 한나라 제왕들은 모두 분묘를 거대하게 조성했지만 오직 문제만은 산에 의지해 능을 조성하게 하면서 봉토를 높이 쌓지 못하게 했다. 부장품도 도자기만 쓰고 금, 은, 청동, 주석은 사용하지 않았다.

당나라 '정관지치'도 '만세의 현명한 군주(萬歲明主)'가 되려는 당 태종의 강렬한 소망으로 지탱되었다고 할 수 있다. 위징魏徵 등이 간언을 올려 황제의 권위를 비판할 때도 당 태종은 자신의 명성을 이루기 위해 분노를 억제하고 비판을 용인함으로써 정관시대의 군신이 조화를 이룰 수 있었다.

청나라 융성기의 출현도 박학다식하고 유가문화에 정통한 강희제의 소양과 관련이 아주 크다. 강희제는 경학가로 자처하며 역대 왕조의 치란지도治亂之道를 깊이 연구하여 통치에 매우 큰 도움을 받았다.

개명한 군주는 스스로 장단점을 잘 인식할 만큼 현명했다. 당 태종은 말년에 실수하기도 했지만 자신의 통치에 대해 "백성을 유익하게 한 점은 많고 손해나게 한 점은 적으며", "공적은 크고 과오는 작다"라고 했는데 이는 실제에 부합하는 결론이다. 강희제는 삼번을 평정한 후 결코 자신의 공적을 과신하지 않았고 자아도취에도 빠지지 않았다. 삼번을 평정하고 나서 신료들이 존호尊號를 올리고자 했지만 강희제는 거절했다. 강희제는 다음과 같이 말했다.

"적이 이미 평정되었지만 나라의 상처는 아직 회복되지 못했소. 임금과 신하는 더욱 수양과 반성에 힘쓰고 군사를 위로하고 백성을 부양하며 덕치德治의 교화를 두루 펼쳐야 하오. 또 청렴결백함을 근본으로 삼아 함께 태평성대를 이뤄야 할 것이오. 만약 끝내 공덕만을 생각하고 임금의 존칭을 더 높이면서 은상恩賞을 남용한다면 실로 치욕스러운 일이 될 것이오."[163)

그러나 대신들은 강희제가 일부러 겸손함을 가장하며 존칭을 사양한다고 여기고 요청을 계속 견지했다. 그러자 강희제는 신료들을 사납게 질책했다.

"오삼계가 처음 배반했을 때 거짓 서찰로 선동하자 군사와 백성이 줄줄이 배반했소. 이는 모두 짐의 덕망과 은택이 미덥지 못했고 관리들의 다스림이 사회의 폐단을 제거하지 못하여 초래된 결과라 할 수 있소. 지금 다행히 지방의 소요는 평정되었지만 몇 해 동안의 상황을 홀로 생각해보면 홍수와 가뭄이 빈번했고 재난이 자주 발생했으며 군사들이 원정에 지쳐 있소. 상처 입은 병사는 아직 일어나지 못했고, 백성은 군수물자 운송에 피곤해하며, 고통에 처한 사람은 아직 소생하지 못했소. 또 군사 동원에 공급이 부족하여 깎은 관리들의 녹봉과 각종 조세에서 증가시킨 은량銀兩을 아직도 복구하지 못했소. 이러한 일을 비통하게 생각할 때마다 마음에 미안함이 가득하오. 만약 대소 신료들이 모두 청렴결백하게 처신하면서 백성이 자신에게 맞는 생업을 찾게 하고 풍속을 순후하게 하며 교화를 진흥한다면 비록 임금에게 존호尊號를 올리지 않아도 아름다운 명예가 진실로 많이 쌓일 것이오. 만약 정치도 제대로 부흥하지 못하면서 존호만 올린다면 무슨 이익을 볼 수 있겠소? 짐은 절대로 이 거짓 존호를 받지 않을 것이오."[164)

만약 강희제처럼 자신과 시국을 맑게 인식하지 못하면 융성기는 출현할 수 없을 것이다. 이와 반대되는 사례도 있다. 서진西晉 무제武帝 사마염司馬炎(265~290 재위)은 280년에 통일을 실현하여 난세에서 치세로 나아가는 사회적 기초를 마련했다. 『진서晉書』에는 이렇게 기록되어 있다. "천하에 문자가 같아졌고 수레바퀴 폭이 같아졌다. 풀어놓은 소와 말이 들판에 가득하고 남아도는 곡식이 논밭에서 썩을 정도였다. 이 때문에 이 무렵 '천하에 가난한 사람이 없다(天下無窮人)'라는 속담까지 유행했다. 비록 태평성대에는 아직 미치지 못했지만 밝은 관리가 법을 공정하게 잘 받들어 백성이 즐겁게 생업에 종사할 수 있었다."[165] 그러나 진 무제는 득의양양하여 주색에 빠져들어 금방 천하대란을 야기하고 말았다. 『진서』에 이와 관련된 상황도 기록되어 있다. "오吳를 평정한 후에 천하가 안정되자 결국 정치를 태만히 하며 놀이와 연회에 탐닉했다. 황후의 파당을 총애했으며, 종친과 귀족들이 권력을 장악했다."[166] 이에 따라 '팔왕의 난'이 폭발하게 되었다.

개명한 군주는 자신의 장단점을 잘 알 뿐 아니라 다른 사람의 장단점도 잘 파악한다. 다른 사람의 장단점도 잘 파악할 뿐 아니라 재능이 뛰어난 사람도 잘 임용한다. 역사상 어떤 왕조의 어떤 융성기라도 모두 청렴결백한 관리가 많이 필요했다. 당 태종은 『정관정요』에서 다음과 같이 말했다. "바른 사람을 등용하면 선행을 하는 사람들이 모두 힘을 얻고, 악인을 잘못 등용하면 악행을 하는 자들이 다투어 진출할 것이오."[167] 한 문제는 보위를 계승한 이후 개국 원로들과 맞서면서도 유능한 대신들을 공경하여 그들의 진심어린 지지를 얻었다.

'정관지치'의 출현도 당 태종이 진왕부秦王府에서 인재를 두루 모으기 시작한 데서 많은 도움을 받았다. 당 태종은 등극한 후에도 친소를 가리지 않고 오직 재능만 있으면 바로 관직에 임용했다. 그는 진왕부의 친구와 태자 이건성의 친구, 관중關中·농서隴西의 인사와 산동의 인사, 권문세가의 인재와 한미한 가문의 인재를 균형 있게 등용하는 데 주안점을 두고 각각 그들의 장점을 모두 발휘하게 했다. 강희제도 한족 지식인을 끌어들이기 위해 특수한 방법을 쓰는 것도 아까워하지 않았다. 즉 지극히 간단한 제목으로 박학홍사과를 거행했고, 억지로 도성까지 왔으나 과거시험에 응시하지 않으려는 두월杜越과 부산傅山 등에게도 죄를 묻지 않고 관직을 주어 예의에 맞게 고향으로 전송했다. 또 일부러 과거시험 답안지를 작성하지 않은 유명 인사 엄승손嚴繩孫 등에게도 과거급제 증서를 발급해줬다. 이렇게 급제시킨 인사 50명은 전부 한림원翰林院에 들어가게 했다. 그리고 명나라를 그리워하는 그들 특유의 정서를 감안하여 그들에게 오로지 명나라 역사를 편찬하게 했다. 이러한 조치는 한족 문인의 지지를 끌어내는 측면에서 아주 큰 성공을 거두었다.

융성기가 출현하려면 전체 통치 집단이 앞 시대의 교훈을 잘 흡수하여 안정된 시대에도 위기의 시대를 생각해야 한다. 무릇 융성기의 임금과 신하 중에는 이전 시대의 정치적 실수를 거울로 삼지 않는 사람이 없었다. 한나라의 문제와 경제는 특히 진秦나라 망국의 전철에 주의를 기울였다. 당나라 초기의 통치자들은 더더욱 수나라 망국의 교훈을 거울로 삼아 정치를 개혁했다. 정관 연간 상소문의 간언은 대부분 수 양제를 경계해야 할 사례로 들었다. 청나라 초기 순치와 강희 연간에는 특히 명나라 말기의 폐단을 극복하려고 주의를 기울였다. 이러한 우환의식이 바로 융성기 형성의 필요조건이다.

융성기에는 또 융성기에 걸맞은 제도가 필요하다. 한나라 문제와 경제 무렵은 바로 한나라 초기에 국가의 제도를 조정하던 시기였다. 나라를 다스리는 과정에서 문제와 경제는 점차 일련의 새로운 제도를 창설했다. 예컨대 후세에 아주 큰 영향을 준 찰거제察擧制가 바로 이 시기에 신설되었다. 당나라 정관 연간에도 각종 제도에 모두 비교적 큰 창조가 있었고, 개원 연간의 제도 설립에는 더욱더 볼 만한 것이 많다. 청나라의 중요한 제도는 기본적으로 모두 강희와 옹정 연간에 완성되었다. 그러나 제도는 관료가 집행하는 것이므로 관료들의 소양도 매우 중요했다. 이 때문에 융성기에는 모두 제도 설립과 도덕 건설을 함께 중시하라고 강조했다.

도덕 수양은 '법령의 남용 때문에 교묘한 변명이 많아지는' 폐단을 적극적으로 방지하려는 방법이었다. 비교해보면 한나라와 당나라의 융성기에는 '법치'와 '덕치'가 비교적 잘 결합되어 서로 도움을 주는 결과를 낳았다. 그러나 청나라의 융성기는 이에 비해 다소 손색이 있다. 강희 연간에도 덕치를 중시했지만 제도적·규범적 측면에서 부족한 점이 드러난다. 옹정 연간에는 제도적·규범적 측면에서 도덕적 해이현상이 나타나 당시 융성기에 상당한 악영향을 미쳤다.

여기에서 우리가 특별히 주의해야 할 것은 청나라 초기에 발생했던 문자옥이다. 이것은 '강옹건' 융성기의 일대 오점이라 할 만하다. 융성기에는 지식인을 중시해야 하며, 그들에게 정치의 폐단을 비판하도록 허락해야 한다. 융성기에 위기를 잊지 말도록 깨우치는 발언이 그래서 소중하다. 그러나 '강옹건' 시기의 문치文治는 절대군주의 권력 보장을 전제로 했다. 문자옥이라는 고도의 압제 아래 사대부들은 감히 시정時政에 대해 한마디도 언급할 수 없었고 조정의 과실에 대해서도 한마디도 지적할 수 없었다. 오직 자신이 구축한 서재에서 옛것을 중시하고 지금 것은 무시하면서 금단의 경계선을 엄수했다. 즉 청나라 학자들은 대부분 고증학에 침잠하여 사대부들의 영역 안에서만 자기 위안을 찾으려 했을 뿐이다.

본래 중국의 전통문화, 특히 유가문화에는 자신의 몸을 닦고, 집안을 다스리고, 나라를 다스리고, 천하를 태평하게 한다는 참여의식과 개인의 내면을 성스럽게 수양한 후 밖으로 왕도정치를 한다는 전통이 있었기 때문에 정치에 참여하고 보좌하는 부분에서 장기를 발휘하곤 했다. 그러나 청나라에서는 문자옥으로 문화와 정치의 관계가 단절되었고 이로써 정치적 규범이 이론적인 연원을 상실하게 되었다. 이러한 경향은 사람들의 가치 표준에도 악영향을 끼쳐서 '세태가 나날이 나빠지는' 결과를 초래했다. 이에 따라 관계官界의 기풍도 일변했다. 『청사고』에는 다음과 같이 기록되어 있다. "조정 각 부서의 신료들은 대부분 침묵으로 일관하며 이리저리 눈치 보기에 바빴다. 이들은 겉으로는 점잖고 신중하다는 평판을 얻었지만, 속으로는 벼슬을 유지하고 몸을 보호하려는 마음뿐이었다. 나라 일을 근심하며 울분에 젖은 사람은 미치광이로 불렸고, 자신의 임무에 충실한 사람은 승진에 조급한 자로 간주되었고, 겸손하고 조용한 사람은 교만한 자로 배척되었고, 품행이 단정한 사람은 고루한 자로 비난받았다. 간혹 독서에 전념하며 올바른 이치를 탐구하는 선비가 있으면 사람들이 꽉 막힌 도학자로 지목하여 비웃고 배척했으며 종신토록 그를 속박하고 나서야 그치려고 했다.'" '강옹건' 융성기는 바로 이 점에서 도덕 건설과 정치 행위 사이에 단절이 발생했다.

융성기에 도달했는지를 가장 근본적으로 평가하는 기준은 민생을 잘 보장하고 개선했느냐다. 백성에게 안락한 삶이 없으면 이른바 융성기도 사상누각일 뿐이다. 고대의 유명한 융성기를 살펴보면 한 가지 공통점이 있다. 그것은 백성에게 부역과 조세를 줄여주고 휴식을 제공한 결과 인구는 늘어나고 사회도 안정되었다는 점이다. 과거 융성기에는 모두 경제발전을 중시했다. 그러나 역사적으로 경제발전은 이루었지만 민생은 어려웠던 사례도 적지 않다. 진秦나라와 같은 왕조는 겉으로 보기에 한때 극성기에 도달한 듯했지만 민중은 삶을 영위해나갈 수 없었다. 이 때문에 진秦나라시대에는 진정한 융성기가 출현할 수 없었다. 또 명나라 중후기의 가정嘉靖과 만력萬曆 연간에도 생산력이 크게 발전했지만 봉건왕조가 착취를 그치지 않았고, 관리들이 사납게 부富를 추구했기 때문에 황제 직속 창고에 돈과 재산이 가득 쌓여 있었는데도 사회적으로는 온 땅에 유랑민이 넘쳐서 조정에 반항하는 난민 봉기가 그치지 않았다.

따라서 모든 융성기는 반드시 백성을 근본으로 삼아 백성에게 부가 쌓이게 함으로써 민심의 지지를 얻었다. 청나라는 강희 연간부터 만리장성 수리를 완전히 중지하는 대신 민중의 지지를 만리장성으로 삼는다고 주장했는데 이는 참으로 식견이 뛰어난 말이다. 고대에는 모든 왕조가 농사와 양잠을 중시했다. 그러나 농사와 양잠 중시를 가렴주구의 전제로 삼느냐 아니면 민생 개선의 근본으로 삼느냐에 따라 융성기와 혼란기의 경계선이 나뉘었다.

이 밖에도 융성기가 이루어지려면 상당히 긴 시간이 필요했다. 흔히 몇 세대 사람들의 노력이 있어야만 융성기가 출현할 수 있다고 말한다. 한나라 융성기는 고조, 혜제, 문제, 경제를 거쳐 무제 때에 이르러서야 최고봉에 도달했다. 당나라 융성기도 고조, 태종, 고종, 무후, 중종, 예종을 거쳐 현종 때에 이르러서야 최고봉에 도달했다. 청나라 융성기는 강희제와 건륭제의 재위 기간이 매우 길기는 했지만 역시 여러 세대 사람들의 노력으로 실현된 것이다. 융성기가 형성되는 기간에는 정책 조정과 정책 변화가 드물지 않게 이루어지기는 하지만 치국의 지도사상과 기본방침은 일관된 내용을 유지할 필요가 있다. 기본적인 국책에 안정성과 연속성이 없으면 융성기를 이루기 어렵다. 그러나 고대에는 '천하가 황제의 개인 집안' 성격이 있었기 때문에 황제 계승자가 치국 능력 면에서 제도적으로 소양을 기른 후 보위에 오른 것이 아니라 출생 서열에 따라 자동으로 보위에 오른 경우가 대부분이었다. 이 점이 고대에 융성기가 출현하기 어려웠던 원인의 하나였다. 물론 이것은 고대 군주 전제제도하에서는 해결할 수 없는 문제였다.

고대에는 통치 집단의 역사적 한계 때문에 융성기가 장기적으로 지속될 수 없었다. 모든 융성기의 후기에는 나날이 심각해진 사회 모순이 끊임없이 쌓였고, 통치 집단도 날이 갈수록 더욱 썩어갔으며 이에 따라 민생도 날이 갈수록 더욱 깊은 고난 속으로 빠져 들어갔다. 이에 따라 결국 새로운 난세가 도래할 수밖에 없었다. 이뿐만 아니라 봉건사회는 후기로 갈수록 치세에서 난세로 전환하는 속도가 더욱더 빨라졌다. 고대의 봉건 왕조는 모두 '일치일란一治一亂'과 '치란교체治亂交替'의 '주기율'에서 벗어날 수 없었다. 단 하나의 왕조도 예외는 없었다. 이런 현상은 당시의 사회 성격에 따라 규정된 것이다.

[생각거리]

1. 한나라, 당나라, 청나라 융성기의 공통점과 상이점을 비교해보라.

2. 중국 고대의 융성기를 어떻게 평가할까?

3. 고대 융성기를 이해하는 것이 우리의 현재에 어떤 차감효과를 주는가?

[참고자료]

1. 젠보짠, 『진한사』 제2판, 北京大學出版社, 1983.
2. 천중몐 岑仲勉, 『수당사 隋唐史』, 中華書局, 1982.
3. 멍썬, 『명청사 강의』, 中華書局, 1981.

중국 고대의 교통과 문화 전파

〔 4강 〕

　　교통사는 역사의 전체 진보 과정에서 아주 중요한 부문의 하나다. 우리는 역사 발전의 모든 단계마다 대부분 교통이 진보한 궤적을 목도할 수 있다. 교통 조건은 역사적으로 볼 때 문화권의 규모를 결정했을 뿐 아니라 각 문화권의 상호 연계에도 큰 영향을 미쳤다.

　　중국 고대 교통 건설의 진보와 문화 전파의 발전은 역사에 중요한 의미를 아로새겼고 인류 문명사에도 중요한 의미를 남겼다. 그리고 교통행위는 바로 인간의 기본적 물질 생존 방식인 '의식주행衣食住行'에서 '행行(다니다, 생활하다)'을 가리킨다. 교통행위는 그 자체로 사회 구성원이 역사에 참여하는 중요 형식이 된다.

① 중국 고대의 교통 건설

사람들이 익히 알고 있는 '우공이 산을 옮긴(愚公移山)' 이야기, '다섯 역사가 사천四川으로 통하는 길을 연(五丁開道)' 이야기, '과보가 해를 좇아 달려간(夸父逐日)' 이야기는 모두 선사시대 주민들이 교통을 발전시키기 위해 간고하게 노력했다는 사실을 어렴풋하게나마 드러내준다.

중화민족의 시조로 후세 사람들이 '헌원씨軒轅氏' 혹은 '헌황軒皇', '헌제軒帝'로 부르는 황제는 실제로 교통 부문에서 창조성을 발휘하여 이러한 호칭을 얻었다. 『태평어람太平御覽』 권772에서는 『석명釋名』을 인용하여 황제黃帝는 수레를 발명한 사람이어서 '헌원씨'라는 이름을 얻었다고 했다. 사마천은 『사기』 「오제본기」에서 각지의 제후들이 모두 헌원을 받들어 천자로 삼았는데 이 사람을 황제라고 했다. 천하에 순종하지 않는 자가 있으면 황제가 정벌과 위무에 나서 "산을 허물고 길을 닦느라 편안하게 거처한 적이 없었다(披山通道, 未嘗寧居)"고 한다. 황제의 사적에는 전설시대 교통 발전의 실제 상황이 반영되어 있다. 순 임금도 산림과 소택지로 들어가 폭풍과 뇌우를 만났는데도 길을 잃지 않았고, 우 임금도 홍수를 다스리며 '구주九州를 개척하고 아홉 갈래 길[九道]을 통하게 했다.' 이 과정에서 우 임금은 "외지에 13년 동안 거주했는데 자신의 집 대문을 지나가면서도 집 안으로 들어가지 않았다."[168] 그들이 성군의 지위를 확립한 것은 이처럼 교통 개척 행위와 밀접한 관련을 맺고 있다.

신석기시대 말기의 다원커우문화와 홍산문화에서는 옥기玉器 제작이 매우 보편적이었다. 한산含山 링자탄山凌家灘 유적의 옥 제작 기술은 이미 비교적 수준 높은 경지에 도달했다. 량주문화에서 발굴·출토된 옥기의 총량은 이미 1만 건을 넘어섰다.[169] 옥기 제작을 위한 재료 수송에는 당시 교통 발전 상황이 반영되어 있다. 서북 지방에서 발견된 난하이南海 원산의 조개껍질에도 동일한 문화적 의미가 담겨 있다. 샤오산蕭山 콰후차오跨湖橋 및 허무두, 청터우산 등의 유적에서는 통나무를 파서 만든 상앗대[槳]와 노櫓 실물이 발견되었다. 이로써 당시에 이미 수상에서 선박을 이용한 교통이 시작되었다는 사실을 알 수 있다.[170]

허난성 안양시安陽市, 정저우시, 후이셴시輝縣市의 상나라 분묘에서는 신장 원산인 옥과 난하이南海 원산인 조개껍질이 다량으로 발굴되었다. 『상서』 「주고酒誥」에도 "수레와 소를 힘껏 끌고 멀리까지 가서 장사한다(肇牽車牛, 遠服賈用)"라는 구절이 있는데, 이는 은나라 사람들의 교통과 무역 관계가 매우 광활한 지역으로까지 확장되어 있었음을 알려주는 언급이다. 은허殷墟의 복사卜辭(점친 기록)에도 이미 수레를 형상화한 '거車'자가 많이 보인다. 다만 글자 구조가 지금의 '거車'자와 다를 뿐이다. 대형 분묘에는 대부분 거마갱車馬坑이 딸려 있고 거마 모양의 기물을 부장하기도 했다. 이와 동시에 거마는 선조에게 바치는 중요한 제사 용품의 하나였으며 당시의 병거兵車는 군대의 실력을 나타내는 주요 군사장비였다. 따라서 병거 위주의 군사작전이 전개됨에 따라 도로 교통도 비교적 수준 높게 발전할 수 있었다. 갑골문에서는 또 다양한 모양의 '주舟'자가 판독되었다. 이는 당시에 이미 여러 형태의 목선木船이 제작되었음을 알려준다. 복사 가운데 보이는 '범凡'자는 '범帆'자의 상형이다. 이 글자에는 당시에 이미 바람의 힘을 빌려 선박의 동력을 얻던 수운 방식이 반영되어 있다.

주나라가 각지에 제후를 분봉分封한 것은 그렇게 건설한 정치적·군사적 거점을 울타리[藩屏]로 삼아 중앙정권의 통치를 보호하려는 장치였다. 이러한 정치 체제는 각 지역의 제후국과 주 왕실 사이의 긴밀한 관계를 바탕으로 유지되었다. 당시에는 병거 부대가 군대의 주력군이어서 각지에 평탄한 대도大道를 닦아야 했다. 서주 청동기 명문과 당시의 문헌을 보면 각 지역과 소통하기 위해 주나라 왕실이 주관하여 닦은 간선도로를 '주행周行' 혹은 '주도周道'라고 불렀다. 『시경·대아大雅』「대동大東」에는 "주도는 숫돌과 같은데, 곧기가 화살과 같네(周道如砥, 其直如矢)"라고 묘사했다. '주도'가 숫돌처럼 평탄하고 화살처럼 곧았음을 형용한 말이다. 이 시구에는 당시 교통 간선도로의 계획과 설계가 합리적이었으며 건설과 시공 또한 엄밀했다는 사실이 드러나 있다.

춘추시대에도 교통이 새롭게 발전했다. 대체로 이 시기에 태항산太行山과 진령秦嶺 등 험산준령에 모두 수레가 다닐 수 있는 길이 건설되기 시작했다. 『국어』「주어周語」 중中의 기록에 따르면 주 정왕定王 때 선양공單襄公이 사신의 임무를 받들고 초나라로 가다가 진陳나라에 들렀는데, 그곳의 도로가 잘 닦이지 않았고 객관이 단정하지 못한 것을 보고는 진나라가 곧 멸망할 것이라고 예언했다고 한다. 이 기록에서도 도로 건설을 위주로 하는 교통시설이 잘 건설되어 있느냐가 당시에 이미 정부의 행정 능력을 드러내는 중요한 표지의 하나였음을 알 수 있다. 『좌전』「양공襄公」21년에는 진晉 평공平公 집권 시에 진나라 도로와 객관이 잘 정비되지 못해서 정나라 자산子産에게 비평을 당하는 기록이 나온다.

간선도로 건설을 기반으로 삼아 이에 상응하는 부대시설도 온전하게 발전했다. 『주례·지관地官』「유인遺人」에 이와 관련된 기록이 있다. 도시와 시골을 관통하는 대로에는 10리마다 '여廬'를 설치하고 여에서 여행자에게 음식을 제공했다. 30리마다 숙박할 수 있는 '숙宿'을 설치하고 숙에는 '노실路室'을 만들었으며 식량과 사료를 갖춰서 여행자들에게 편의를 제공했다. 또 50리마다 '시市'를 두었는데 시에는 숙박 조건이 더 훌륭한 '후관候館'을 개설하고 여행자들의 일상용품을 더욱 충분하게 갖춰두도록 했다. 당시에 중원 각 정부에서는 일반적으로 간선도로를 따라 역참을 설치하여 거마車馬와 그것을 관리하는 벼슬아치를 두었다. 따라서 긴급 상황이 발생하면 역마를 타고 치달리다가 다음 역에서 다시 차례로 바꿔 타고 군사 상황이나 정령政令을 신속하게 전달할 수 있게 되어 있었다. 공자는 "덕이 퍼져나가는 것은 역마를 갈아타고 명령을 전달하는 것보다 빠르다"[171]라고 했다. 즉 덕치정치가 널리 보급되는 것이 역참 시스템에 따라 명령을 전달하는 것보다 신속하다는 뜻이다. 이 구절에서도 당시 역참제도가 발달해 정보가 신속하게 전달되었음을 알 수 있다.

『좌전』「애공哀公」9년 기록에 따르면 이해 가을 오나라 '한邗' 지방에 방어성을 쌓았고, '장강과 회수 물길 개통 공사'를 완공했다고 한다. 한구邗溝(장강과 회수의 물길을 이어주는 운하) 개통은 고대 운하 건설사의 쾌거다. 한구 개통으로 남북 물길이 이어지게 되어 남북문화의 융합이 촉진되었다. 이후 오왕 부차夫差는 선박을 이끌고 북상하여 중원에서 패자霸者를 칭했다. 또 한구를 북쪽으로 연장함으로써 회수 이북의 수로 소통을 더욱 발전시켰다. 『국어』「오어吳語」에는 부차가 북방 정벌에 나서서 운하를 깊이 파고 송나라와 노나라 사이의 뱃길을 개통했으며, 이에 기수沂水와 제수濟水도 이 인공 운하로 하나의 수운水運 체계로 연결되었다고 기록되어 있다. 대체로 위 혜왕惠王 10년(기원전 360)에 개통된 '홍구鴻溝'는 '한구'의 전통을 이은 또 하나의 유명한 운하다. 홍구의 개통으로 황하 수계와 회수 수계가 이어지자 남북으로 왕래하기가 더욱 편리해졌다.

안후이성 서우현壽縣에서는 일찍이 전국시대 초왕이 악군鄂君에게 발급한 면세증서가 출토되었는데 이것이 유명한 '악군계절鄂君啓節'이다. 이 증서의 문장을 살펴보면 수레는 9개 성읍을 통과하고 배는 11개 성읍을 통과하는 것으로 되어 있다. 통행하는 수로는 장강과 한수가 중심인데, 동쪽으로는 한구漢口에 이르고 서쪽으로는 한수와 장강의 상류 지역에 이른다. 남쪽으로는 각각 상수湘水, 자수資水, 원수沅水 예수澧水, 여수廬水를 거쳐 그 상류 지역에까지 닿는다. 이 증서에서도 우리는 당시 수로 교통 체계 가운데 운하가 이미 중요한 역할을 하였음을 알 수 있다.

전국시대에 완성된 지리학 명저『상서』「우공禹貢」에는 각지의 풍토와 물산, 조공품 수송 도로와 관련된 기록이 있다. 이 글은 당시에 이미 육운陸運과 수운水運의 범위, 화물 유통 방향, 운수 능력이 초보적으로 갖춰졌을 뿐 아니라 그것이 사람들에게 두루 알려졌다는 사실을 잘 설명해준다.

교통 건설은 진·한 시기에 아주 크게 발전했다. 진나라와 한나라는 모두 교통 발전을 주요 행정 업무의 하나로 삼았다. 진·한시대 교통의 주요 형식은 이후 2,000년 동안 중국의 교통 업무 발전에 기반으로 작용했다.

진秦나라의 교통 건설에는 시대적 특색이 잘 구현되어 있는데 그것은 바로 '치도馳道'의 건설이다. '치도의 건설'은 진시황이 통일 후 이듬해에 시작한 거대한 공사였다. 치도의 형태에 대해 서한 사람 가산賈山은 다음과 같은 기록을 남겼다. "道廣五十步, 三丈而樹, 厚築其外, 隱以金椎, 樹

以青松."[172] 이른바 '도광오십보道廣五十步'라는 말은 도로의 폭이 50보(지금의 69m 내외)에 달한다는 뜻이다.

'삼장이수三丈而樹'는 여러 가지 해석이 있다. 그중 하나의 학설은 도로 중앙에 3장三丈(1장은 2~3m)으로 된 황제 전용 수레길이 마련되어 있고 거기에 표지를 세워 구역을 표시했다는 것이다. 또 하나의 학설은 도로 양쪽 가에 3장마다 가로수를 심었다는 것이다. '후축기외厚築其外'는 길의 노반을 건설할 때는 두껍고 튼튼하게 해야 하고, 길 양쪽 끝부분을 다듬을 때는 완만하게 경사지도록 해야 함을 가리킨다. '은이금추隱以金椎'는 쇠로 만든 도구로 길을 두드려 다져서 노반을 단단하게 한다는 뜻이고, '수이청송樹以青松'은 길가의 가로수로는 소나무를 심는다는 의미다. 가산은 또 진나라가 닦은 치도가 동쪽으로 연 땅과 제 땅에까지 닿았고, 남쪽으로는 오 땅과 초 땅에까지 미쳤으며, 강과 호수 위 그리고 해변의 궁궐에까지도 모두 도달할 수 있었다고 서술했다.[173] 치도는 당시에 실제로 전국 교통망의 주요 노선 역할을 했다. 말하자면 지금의 일반도로와 구별되는 고속도로였던 셈이다. 치도의 노면을 세 구역으로 구분한 것도 차선을 여러 개로 나눈 최초의 시도라 할 만하다.

진시황시대에는 또 구원九原(지금의 네이멍구 바오터우包頭 서쪽)에서 운양雲陽(지금의 샤안시 춘화淳化 서북쪽)에 이르는 직선 대로를 닦아서 '직도直道'라 불렀다. 『사기』「몽염열전蒙恬列傳」에는 이 도로의 전체 길이가 1,800리에 달했다고 기록되어 있다. 진나라시대의 교통대로는 대부분 전국시대부터 있었던 도로를 이용한 것이지만 오직 이 '직도'만은 진나라가 통일후 닦은 남북 대로다. 진시황의 직도 유적은 지금의 샤안시성 춘화, 쉰이

그림 9 진시황릉에서 발굴된 동제 거마

旬邑, 황링黃陵, 푸셴富縣, 간취안甘泉 등지에서 모두 발견되었고, 현재 사용하는 노면에도 보존되어 있는 경우가 많다. 어떤 곳에서는 직도의 폭이 무려 50~60m에 달한다.

진시황릉에서 출토된 동제銅製 거마車馬(그림 9)는 당시 수레 제작 기술의 가장 높은 수준을 대표한다. 이미 복원된 동제 수레 두 대를 연구한 학자들은 그 성능이 여러 부문에서 선진시대의 수레를 분명하게 뛰어넘었음을 발견했다. 이 두 수레는 모두 바퀴 구조를 개선하여 주행 속도를 높이는 데 주안점을 두었다. 수레바퀴의 형태로 보면 착지 면적을 좁게 하여 진흙길 주행에 편리하게 되어 있으며, 설계자도 교묘하게 원심력의 작용을 이용하여 수레바퀴가 굴러갈 때 진흙이 바퀴에 묻지 않게 신경 썼다. 그뿐만 아니라 바퀴통의 설치 구조도 개선하여 마찰을 줄였고, 윤활

유도 많이 비축할 수 있게 하여 수레의 주행이 비교적 경쾌하고 민첩하게 유지되도록 했다.

진한 시기에는 수레 제작 기술이 발전함에 따라 몇몇 전통 수레의 기능과 구조가 개선되었고 상이한 운송 수요에 적응하기 위한 새로운 수레도 계속 만들어져 점차 널리 보급되었다. 예를 들어 네 바퀴 수레[四輪車], 쌍두마차[雙轅車], 독륜거獨輪車(바퀴가 하나인 수레)가 보편적으로 사용되었는데, 이는 후세의 수레 제작에 깊고도 뚜렷한 영향을 미쳤다. 특히 쌍두마차와 독륜거의 광범위한 보급은 교통 업무를 촉진한 측면에서 발전적 의미가 더욱 뚜렷하다.

한 무제 시절에는 말을 기르는 목축업이 전에 없이 번성했다. 이는 당시에 기병을 많이 이용한 흉노족을 배경으로 출현한 사회 현상이었다. 말을 기르는 기술이 발달함에 따라 사회의 교통 능력이 총체적으로 진전되었다. 진·한 시기에는 등에 짐을 싣거나 수레를 끄는 동력으로서 나귀와 노새 등 서역의 '특이한 가축'이 중원의 경제생활 속으로 진입하여 당시의 교통 발전에 중요한 조건의 하나로 작용했다.

수隋·당唐 시기에는 진·한 이후 중국문명의 발전이 또 한 번 정점에 도달했다.

아직 장강을 건너 진陳나라를 멸하고 중국을 통일하기 전 수나라 정권 담당자들은 옛 한구邗溝를 바탕으로 산양독山陽瀆을 개통하여 산양山陽(지금의 장쑤성 화이안淮安)과 강도江都(지금의 장쑤성 양저우揚州)의 물길이 이어지게 했다. 나중에는 또 이 물길을 직선으로 만들어 장강과 회수 사이를 운항하는 선박이 더는 사양호射陽湖로 돌아가지 않도록 했다. 수 문제 개황

4년(584) 위수渭水(지금의 샤안시성 웨이허강渭河)의 수량이 일정하지 않자 각 부문의 역량을 동원하여 조거漕渠를 개통하고 위수로 물을 끌어들였다. 대체로 한나라시대의 조거 옛 물길을 따르면서 동쪽으로 동관潼關에 이르러 황하로 흘러들어가게 했다. 수 양제는 대업 원년(605) 3월에 하남과 회북淮北 백성 10여 만 명을 동원하여 한구를 준설하고 개조해서 산양독을 대신하게 하고 장강과 회수 수운을 소통시켰다. 또 대업 5년(609)에 수 양제는 '강남하江南河'를 파서 경구京口(지금의 장쑤성) 진강鎭江에서 여항餘杭(지금의 저장성 항저우杭州)까지 물길을 연결하라고 명령을 내렸다. 이 운하는 전체 길이 800여 리에 물길의 폭은 10여 장丈이었다. 이보다 앞서 대업 4년(608)에 수 양제는 하북河北 여러 군郡의 남녀 100여 만 명을 징발하여 '영제거永濟渠'를 개통하고 심수沁水 하류로 물길을 끌어들여 남쪽으로는 황하와 통하고 북쪽으로는 탁군涿郡에 이어지게 했다. 수 양제가 집권한 시대에는 낙양을 중심으로 하여 북쪽으로는 탁군에 이르고 남쪽으로는 여항에 이르는 대운하의 전체 물길이 마침내 완공되었다. 이것이 중국 최장의 운하이면서 지금까지 건설된 세계 최장의 운하이기도 하다. 전장 4,000여 리에 이르는 남북 대운하 개통은 당시 사회경제와 문화 발전에 아주 긍정적인 역할을 했다.

당나라시대에는 상업 운항이 상당한 수준으로 발전했다. 백거이白居易는 이런 상황을 「염상부鹽商婦」라는 시에서 "동서남북으로 다녀도 집을 잃지 않나니, 바람과 물을 고향으로 삼고 선박을 집으로 삼네(南北東西不失家, 風水爲鄕船作宅)"라고 읊었고, 유우석劉禹錫은 「고객사賈客詞」에서 "장사꾼은 정처 없이 떠돌며 여행하는 곳마다 오직 이익만 따지네(賈客無定

游, 所游唯利幷)", "가고 멈춤에 모두 즐거움이 있고, 관문과 나루에선 통행증도 필요 없네(行止皆有樂, 關梁自無徵)"라고 읊었다. 이 시들은 당시 상인들이 천 리를 왕래하며 고생스럽게 장사하던 생활 상황을 생생하게 기록하였다. 상인들의 활약은 특수한 교통 현상을 촉진했다. 대도시에는 흔히 사방에서 상선이 모여들어 멀리서부터 돛대가 운집하는 장관이 펼쳐졌다. 『구당서』「대종기代宗紀」의 기록에 따르면 광덕廣德 원년(763) 12월 신묘일辛卯日에 악주鄂州(지금의 후베이성 우창武昌)에서 세찬 바람이 불었는데 그때 "강에 있던 배에서 화재가 발생하여 선박 3,000척이 불탔다(火發江中, 焚船三千艘)"라고 했다. 한 차례 화재로 선박 3,000척이 불탔다는 사실에서도 당시 상업 항구의 규모가 비교적 컸으며 상업 운항의 역량도 상당히 집중되어 있었음을 알 수 있다.

송나라시대에는 조선업의 설계 능력과 생산 능력이 모두 새로운 수준에 도달했다. '거선車船'의 출현을 이 시대의 발전을 구현한 실례의 하나로 간주할 수 있다. 『송사宋史』「악비전岳飛傳」을 보면 송나라 고종高宗 소흥紹興 5년(1135)에 악비와 양요楊幺가 동정호洞庭湖에서 수전水戰을 벌이는 상황이 기록되어 있다. 이 기록에 따르면 양요가 거느린 동정호의 수군 의병이 '거선'이라고 불리는 특수 전선戰船을 전투에 운용했는데 "바퀴로 물을 치고 나가며 마치 나는 듯이 빨리 달렸다(以輪激水, 其行如飛)"라고 했다. 바퀴로 운행하는 '거선車船'이 발명되었다는 사실은 기실 『구당서』「이고전李皋傳」에 가장 먼저 보인다. 전해오는 말에 따르면 이고가 설계한 신형 전선에는 선박 양쪽에 각각 바퀴 모양의 노가 설치되어 있어서 군사들이 발로 그것을 밟아 바퀴를 굴려서 운행하게 되어 있었다. 또 바람을 이용할 수도 있어서 마치 바람을 가득 맞은 돛배처럼 나는 듯이 신속하게 운행할 수 있었다고 한다. 당나라시대 '거선'의 모습이 구체적으로 어떠했는지는 이미 알 수 없게 되었다. 그러나 송나라시대에 이르면 '거선'을 응용했다는 기록이 더욱 많이 남아 있다.

송대 조선업의 성취는 조선 기술의 총체적인 발전에 의지하여 구현되었다. 송나라 사람 장순민張舜民은『화만집畵墁集』권8에서 당시 내륙 하천 운항에 사용한 '만석선萬石船'을 언급하면서 이 배에 엽전 2만 관貫과 쌀 1만 2,000석을 실을 수 있다고 했다. 이런 대형 선박은 중앙이 넓어서 적재 용량이 매우 크고 안정성이 뛰어나다. 또 뱃머리와 배꼬리는 매우 좁아서 물의 저항력을 줄일 수 있다. 이러한 선박은 길이가 짧아서 배가 받는 만곡력彎曲力이 아주 작기 때문에 배의 강도를 증가시킬 수 있다. 「청명상하도淸明上下圖」에 보이는 화물선의 형체가 바로 이와 같다.

송宋·원元시대는 중국 역사에서 해상 교통이 가장 번성한 시기이기도 했다. 조선 기술은 일찍이 유럽과 세계 각국의 운항 분야에 긍정적인 영향을 미쳤다.

원나라시대에는 국가의 강역이 전에 없이 넓어져서 당시 행정 관리, 군사 이동, 경제 왕래, 문화 교류 등의 부문이 모두 역참 시스템을 기본 운영 조건으로 삼았다. 원대의 역참제도는 중국 역참 발전사와 세계 역참 발전사에서 모두 중요한 지위를 점하고 있다. 원나라가 운영한 역로驛路의 전체 거리가 얼마인지는 이미 확실하게 알기 어려운 사실이 되었다. 원나라 제국의 강역으로 말하면 동남쪽에 치우쳐 있던 송나라를 훨씬 뛰어넘었고 그 이전의 대국인 한나라나 당나라와 비교해도 훨씬 더 광활해졌다.

따라서 당시에 대도大都를 중심으로 밀집된 도로망 중에서 역로는 동북으로 누르간奴兒干(지금의 헤이룽강 하구 일대) 땅에 이르렀고, 북쪽으로 키르키스 부락(지금의 예니세이강 상류)에 닿았으며, 서남쪽으로 오사장선위사烏思藏宣慰司가 관할하는 경계(지금의 티베트 지역)에까지 통했다. 연결 지역이 이처럼 광활했던 적은 이전 시대에 없었다.[174]

명나라시대에도 중국 내의 상업 운항이 공전의 발전을 이루었다. 복건 지역 상인 이진덕李晉德이 편찬한『객상일람성미客商一覽醒迷』와 안휘 상인 황변黃汴이 편찬한『천하수륙노정天下水陸路程』은 모두 사용하기 편리한 상업 교통 안내서다. 이러한 전문 서적의 출간도 당시의 교통 발달 상황을 반영한 현상이다.

청나라시대의 교통 체계는 연결 지역과 통행 효율 등의 부문에서 이전 시대를 훨씬 뛰어넘었다. 사람들은 당시의 간선도로를 '관로官路' 또는 '관마대로官馬大路'로 불렀다. 청대의 이러한 '관마대로'는 도성 북경을 중심으로 관마북로官馬北路, 관마서로官馬西路, 관마남로官馬南路, 관마동로官馬東路와 같은 몇 가지 대형 도로 시스템으로 나뉘었다. 당시 관마대로는 비교적 양호한 통행 조건을 갖추고 있었다. '고란관로皋蘭官路'를 예로 들어 보면 동치同治 연간에 좌종당左宗棠이 서쪽으로 진격할 때 군대 이동과 물자 수송을 보장하기 위해 수많은 백성을 동원하여 이 길을 닦았다. 당시에 닦은 노반은 지형 조건에 따라 다르게 만들어졌다. 즉 도로 폭이 3장丈에서 10장으로 서로 달랐고 가장 넓은 곳은 30장에 달하여 대형 수레가 왕래할 때도 전혀 막힘이 없었다. 관로 양쪽에는 5리마다 작은 돈대墩臺를 하나씩 설치했고, 10리마다 큰 돈대를 하나씩 설치하여 이정표로 삼았다.

② 수레바퀴 폭을 같게 하고 글자 모양을 통일하다

교통의 진보는 중국 민족문화의 공동체 형성과 발전에 중요한 영향을 미쳤다.

『예기』「중용中庸」에 다음과 같은 공자의 말이 인용되어 있다. "지금 천하에 수레는 바퀴 폭이 같고, 글은 문자가 같으며, 행동은 윤리가 같다(今天下車同軌, 書同文, 行同倫)." 기실 '천하' 대세에 늘 깊은 관심을 갖고 있던 이 대학자도 이 구절에서 펼쳐 보이는 내용은 이상주의 색채가 짙게 묻어 있는 문화 청사진일 뿐이다. 당시의 역사 배경으로 살펴볼 때 천하의 규모는 아주 제한적이었으므로 각종 문화의 층위에 구현된 '동일성'의 규모를 지나치게 높이 평가할 수 없음은 분명한 사실이다. 그러나 "수레의 바퀴 폭을 같게 했다"는 사실을 문명 진보의 조건으로 간주하고 또 그것을 문화 통일의 바탕으로 간주한 점은 확실히 역사적 탁견이라 할 만하다.

점진적이면서도 끊임없이 완비되어온 교통 운송 시스템이야말로 진·한 왕조 생존과 발전의 강력한 지주였고, 또 진·한 시기의 정치 안정, 경제 번영, 문화 통일에도 긍정적인 역할을 했다.

진·한 시기의 교통 발전 상황을 회고해보면 당시에 이미 지금의 황허강 유역, 창장강 유역, 주장강珠江 유역 등 주요 경제 지역을 연결하는 교통망이 기본적으로 완성되었고, 배나 수레 등 교통 도구의 제작도 상당한 수준에 도달했음을 알 수 있다. 또한 운송 동력도 이전 시대에서는 찾아볼 수 없는 규모로 발전했고, 교통 운송 조직 관리 체계도 점차 완성된 형태를 지향해갔으며, 일정 지역 밖으로 통하는 주요 교통 노선도 이미 초보적으로 마련되었다.

진시황은 재위 26년(기원전 221)에 처음 천하를 병합한 후 군현제도를 기초로 하는 새로운 전제주의 정치체제를 확립했다. 그는 전국을 36군郡으로 나누어 중앙정부가 직접 관할하게 하고 '치도'를 건설하는 위대한 공사를 시작했다. 이로써 전국적인 교통망이 형성되어 '사방을 두루 안정시키고', '천하를 규모 있게 관리하는' 조건이 갖춰졌다. 『사기』「진시황본기」를 읽어보면 진나라가 공개적으로 선포한 기본 정책에 "수레바퀴 폭을 같게 하고, 글자 모양을 통일하는" 방안이 포함되어 있음을 알 수 있다.

한나라 제왕들도 진시황과 마찬가지로 교통 건설을 집권의 주요 조건으로 간주했다. 한 무제 때 '남이南夷' 지역으로 통하는 도로가 개통되었고, 안문雁門 지역의 험로를 평탄하게 닦았으며, 회중回中 도로[175] 등도 건설했다. 이러한 사적은 모두 『한서』「무제기」에 기록되어 있다. 『사기』「하거서河渠書」의 기록에 따르면 유명한 '포사도褒斜道'[176] 운영과 '조거漕渠' 굴착도 한 무제가 직접 시공을 결정했다고 한다. 왕망王莽은 자오도子午道를[177] 개통했고 한 순제順帝는 자오도를 폐지하고 포사도 등을 이용하라고 어명을 내렸다. 이러한 사실들도 모두 주요 교통 공사를 최고 권력자가 계획하고 조직했음을 알려준다. 이와 같은 교통 건설 사업의 성공은 한나라의 변경 개척 사업에 뚜렷한 의미와 공적을 남겼다. 당시 한나라 땅과 단절되어 있었을 뿐 아니라 거리도 매우 멀었던 서역 여러 나라가 한나라와 문화적으로 소통할 수 있었던 까닭도 여러 세대 동안 끊임없이 사신과 건장한 군인들이 길을 닦으며 왕래했기 때문이었다.[178] 한 무제는 말을 양육하는 정책을 크게 개선하여 군대의 교통 능력을 실질적으로 높였다. 그리고 후방에서 군수품을 공급하는 것도 안전하게 보장하면서 끊임없이 흥노 땅으로 군사를 보내 항상 흉노의 침략을 받던 북방의 상황을 변화시켰다. 교통 건설이 성공함으로써 통일 제국의 통치가 넓이와 강도에서 공전의 수준에 도달했다.

교통의 발달은 또 행정 부문의 효율을 확실하게 보장해주었다. 중앙정부의 명령은 교통 체계의 역할을 빌려 신속하고도 시의적절하게 기층민들에게 전달되었고 이에 따라 대부분 명령이 효과적으로 시행되어 결과를 얻을 수 있었다. 매번 정치적·군사적 상황이 긴급할 때마다 역참제도로 정보 전달 속도를 높일 수 있었으며 바로 이를 바탕으로 통일 제국의 정치체제도 성립·유지할 수 있었다.

교통 발달은 통일 제국의 경제 유통에도 편리함을 제공했다.

『일주서逸周書』「태자진해太子晉解」에는 "천하에 관문은 설치하지만 통행하는 도로에는 제한을 두지 않는다(天下施關, 道路無限)"는 이상적인 경지가 언급되어 있다. 이 이상적인 경지는 진·한시대에 통일 정권이 건립된 후에야 비로소 실현되기 시작했다. 당시에 해내가 일체를 이루자 관문과 나루의 통행금지가 대부분 폐지되어 대상인들이 천하를 주유할 수 있게 되었으며 교역 물품도 두루 통하지 않는 것이 없게 되었다. 이 때문에 사회의 생산과 소비가 모두 비교적 협소했던 지역적 한계를 뛰어넘었다. 이른바 '농업, 공업, 상업 교역로 개통'[179]이 당시 교통 건설의 성취를 조건으로 이루어진 일이었다.

당시의 교통 조건을 이용하여 조정에서는 제때에 각 지방 농업 생산의 실제 상황을 파악할 수 있었으며 아울러 조정에서 필요한 계획과 지도 사항도 추진할 수 있었다. 심각한 자연재해를 당했을 때는 운송 역량을 동원하여 때맞춰 구조 사업을 시행할 수도 있었다. 유민을 정착시키고 백성을 황무지 개간에 동원하는 등의 정책 시행도 교통 시스템을 활용해 실제적인 효과를 볼 수 있었다.

진·한 시기에 거둔 교통 부문의 성과는 경제발전 부문에도 강력한 추진력을 발휘하게 해주었다. 특히 당시 상업 운송 부문도 공전의 번영을 누리도록 해주었으며, 여기에 물자 교류까지 신속하게 촉진해주었다. 이 때문에 경제생활 영역에는 전에 없던 활력이 넘쳐흘렀다. 빈번한 교통 활동을 바탕으로 한 민간의 자유무역은 조정에서 견지한 상업 억제 정책의 두꺼운 장벽을 깨뜨리고 진·한 시기의 경제 번영에 뚜렷한 역사적 공적을 남겼다.

수나라시대에는 수 양제의 주관 아래 대운하가 개통됨으로써 이후 전국의 경제와 문화 중심이 동남 지역으로 옮겨가게 되었다. 대운하는 당나라시대에 여러 부문에서 지극히 중요한 역할을 했다. 당나라는 장안에 도읍을 정했기 때문에 정치의 중심이 관중에 위치하게 되었다. 관중 지역은 '비옥한 평야가 넓게 펼쳐져 있다고 일컬어지지만 토지 면적이 제한적이어서 거기에서 생산되는 곡식으로는 도성의 식량 수요조차 맞출 수 없었다. 그리하여 당나라 왕조는 "항상 동남 지방의 곡식을 운반해 와야 했다."[180]

당나라 시인 이경방李敬方은 「변하직진선汴河直進船」이라는 시에서 이렇게 묘사했다. "변수汴水가 회수淮水와 통하니 편리함이 매우 많지만, 백성에게 해가 되는 일 줄줄이 이어지네. 동남 지역의 마흔세 고을 땅에서 기름진 곡식 모두 거두어 이 강물로 실어가네."[181] 대운하를 이용한 물자 수송 덕분에 중앙정부는 동남 지역의 강력한 경제적 지원을 얻게 되었다.

당나라시대 지리서에는 수 양제시대에 개통된 운하의 의미를 다음과 같이 언급하였다. "관가의 조운과 사가의 장사를 위한 선박이 계속 이어지고 있다. 수나라는 이를 만드느라 고생했지만 후세 사람들이 진실로 그 편리함을 누리고 있다."[182] 대운하가 제공하는 편리한 교통 상황은 역대 정부의 조운을 발전시켰고 민간인들도 이를 상업 활동에 이용했으므로 크고 작은 선박이 끊임없이 왕래하게 되었다. 수나라 사람들은 운하를 계획하고 굴착하느라 갖은 고통을 당했지만 오히려 후세 사람들이 교통의 편의를 누리게 되었다는 의미다.

당나라 말기에 이르러 대운하 물길이 막히자 송나라 초기에 다시 그것을 준설했다. 송, 금, 원, 명, 청 등 역대 왕조에서는 모두 정치적 중심을 운하 연변에다 건설하여 대운하 남단의 장강과 회수 등 경제 발달 지역과 서로 연결되도록 했다.

교통 발달은 통일국가의 문화가 발육하고 성장하는 데도 유리한 조건을 창조했다.

동한의 저명한 학자 허신許愼은 『설문해자說文解字』 「서叙」에서 전국시대의 문화 형태를 이렇게 평가한 적이 있다. "일곱 나라로 나뉘자 경지는 면적 단위가 달라졌고, 수레 길은 바퀴 궤도가 달라졌고, 율령은 법도가 달라졌고, 의관은 제작 방법이 달라졌고, 언어는 발음이 달라졌고, 문자는 형태가 달라졌다."[183] 진시황의 회계會稽 각석刻石에는 다음과 같이 새겨져 있다. "멀고 가까운 곳이 모두 맑아졌고(遠近畢淸)", "부귀한 자와 비천한 자가 모두 소통하게 되었으며(貴賤并通)", "위대한 통치가 풍속을 깨끗하게 하자 천하가 그 기풍을 이어받았고(大治濯俗, 天下承風)", "사람들이

동일한 법도를 즐거워하며 태평시대를 기꺼이 보호했다(人樂同則, 嘉保太
牙).'¹⁸⁴⁾ 이 각석은 일종의 문화 통일 선언이라고 할 만하다. 진시황은 이
각석에서 천하에 '원근'이나 '귀천'을 따지지 않고 모든 사람이 공통으로
준수해야 할 '동일한 법도'를 마련하려 했고 그 결심을 천하에 고시하고자
했다. 진·한 시기 대일통의 정치 환경은 각 지역문화의 교류와 융합에 유
리한 조건을 창조했다. 그리고 진·한 시기 교통 상황의 신속한 개선, 특
히 한 무제 시기의 교통 발전은 새로운 문화 공동체 형성에 유리한 조건
을 창조했다.

　사실상 진시황시대 이후에는 한 무제시대에 교통 건설 고조기가 다시
출현하여 각 지역의 문화가 더욱 발전적으로 융합했다.

　한 무제가 여러 곳에서 산을 뚫고 길을 내자 당시 황하와 위수의 운항
도 새로운 수준에 도달했다. 또 서역으로 통하는 도로를 닦아 한나라의
위엄을 중앙아시아 지역에까지 떨쳤다. 심지어 '누선군樓船軍(누각처럼 크
고 높다란 배를 탄 수군)'을 바다에 띄워 원정을 단행한 것은 더더욱 교통사
의 장거라 할 만하다. 바로 한 무제시대에 기원이 상이하고 스타일이 각
기 다른 초楚문화, 진秦문화, 제齊·노魯문화가 하나로 합류하는 역사 과정
이 있었다. 또 한 무제시대에 진예秦隸(진나라의 예서)도 마침내 전국 문화
계의 인정을 받았다. 문자 통일[書同文]의 이상이 일찍부터 문화적인 호소
력을 발휘했지만 실제로 진정한 문자 통일은 한 무제시대에 이르러서야
달성되었다. 한 무제는 또 "제자백가를 퇴출하고 유가의 『육경六經』만을
제창했다(罷黜百家, 表章六經)." 이 조치는 바로 유학을 숭상하고 기타 제자
백가의 학설은 억압하는 문화정책이었다.¹⁸⁵⁾ 이에 힘입어 중국문화사는

빠른 속도로 새로운 역사 단계로 진입했다. 이처럼 중대한 역사적 전환이 이루어진 까닭은 수많은 학자가 새로운 교통 환경을 이용하여 천 리 길을 멀다 하지 않고 책상자를 짊어지고 스승을 찾아 배움을 구했기 때문이다.

한 무제시대에 거둔 교통 건설의 성과가 통일된 한漢문화의 발육 성장에 비교적 양호한 조건을 제공했지만 사마천이 쓴『사기』「화식열전貨殖列傳」에는 여전히 각 지역 문화 풍토의 현저한 차이점이 기록되어 있다. 하지만 교통 상황이 발전함에 따라 각 지역의 문화적 차이도 이미 이전 시대에 비해 현저히 약화되었다.

서한 말기에서 동한에 이르는 시대에 황하 유역은 이미 대체로 관동關東(산둥)과 관서關西(산시) 양대 문화권으로 통합되었다. 각 지역의 문화적 바탕이 전혀 일치하지 않았고 상호 문화 교류도 불충분했기 때문에 이 양대 문화권에 속한 인재들의 기본 소양도 뚜렷한 차이를 드러냈다. 이른바 "산동에서는 재상이 나고, 산서에서는 장수가 난다"[186]라는 언급이나 "관서에서는 장수가 나고, 관동에서는 재상이 난다"[187]라는 언급이 그런 차이점을 잘 드러낸다. 그러나 동한 이후로는 군역을 위한 왕래, 이재민의 유랑, 이민족의 남하, 변방 사람들의 내지 이주 등과 같은 특수한 교류가 이루어짐으로써 문화 융합의 역사 과정이 한층 더 가속화되었다.

한나라 학자 양웅揚雄이 자신의 저서『방언方言』에서 열거한 방언 어휘는 진晉 나라 학자 곽박郭璞이『방언』에 주석을 달 때 이미 각 지역의 통용어가 되었다. 수많은 관동 방언과 관서 방언도 당시에 이미 점점 혼합되어 하나의 언어가 되고 있었다. 위魏·진晉시대 이후로는 실제로 강남과 강북이라는 양대 기본 문화권이 대치하는 국면이 나타났다. '관동과 관서'에서 '강남과 강북'으로 기본 문화권이 변해가는 과정에서 교통 환경이 아주 중요한 작용을 했음은 의심할 나위가 없다.

중국 역사에서 문화권을 크게 나누기로는 후세에 '남방과 북방'을 구별했고, 근대에는 '연해와 내지' 혹은 '동부와 서부'를 구별했다. 동부 지역 혹은 연해 지역은 문화 발달 조건이 비교적 양호한데, 그 가운데는 교통 부문의 우월한 조건이 포함되어 있다. 그리고 '연해' 지역의 기본 환경이 우월한 까닭은 해외 소통에 편리한 요소가 들어 있기 때문이다.

③ 장건의 낙타 부대와 정화의 구름 돛대

화하華夏문화와 기타 문화 체계가 최초로 왕래한 때는 상고시대까지 거슬러 올라갈 수 있다. 어떤 학자는 심지어 일본 열도 조몬繩紋문화의 옥각玉玨과 허무두河姆渡문화, 마자방馬家浜문화, 쑹쩌崧澤문화의 옥각이 일정 정도 유사성이 있으며, 이것이 지난날 장강 하류 지역과 일본 사이에 일찍이 문화 교류가 있었다는 방증이 될 수 있다고 인식한다.[188]

대체로 전국시대를 전후하여 완성된 『목천자전穆天子傳』, 『산해경』, 『일주서』 등의 고적을 살펴보면 당시 사람들이 지금의 신장과 중앙아시아를 포함하는 광활한 지역의 산천 형세와 풍토 인정을 초보적으로 이해했음을 알 수 있다. 아득히 먼 지방에 대한 이러한 지식에도 교통 발달의 역사적 사실이 반영되어 있다. 전국시대에 있었던 중원 지역과 알타이 지역의 문화 교류는 고고학 자료로도 증명된다.

『목천자전』에는 주 목왕穆王이 관리들과 칠췌七萃[189]의 군사를 거느리고 팔준마八駿馬가 끄는 수레에 올라 가장 뛰어난 수레꾼인 조보造父에게 수레를 몰게 하는 장면이 기록되어 있다. 주 목왕은 하락河洛 지방에 위치한 종주宗周를 출발하여 하종河宗, 양우지산陽紆之山, 서하지西夏氏, 하수河首, 군옥산群玉山 등지를 거친 후 서쪽으로 서왕모西王母의 나라에 도착하여 서왕모와 우호의 인사를 나눈다. 이후 잔치를 열고 술을 마시며 서로 노래를 주고받다가 함께 산으로 올라가 바위에 기념 문자를 새긴다. 또 계속해서 서북쪽으로 행진하여 대광야에서 사냥한 후 천 리 길을 치달려 다시 종주로 돌아온다. 그 왕복 거리는 대략 3만 5,000리에 달했고 걸린 시간은 2년가량이었다.

『목천자전』의 성격에 관해서는 역대로 학자마다 인식이 서로 달랐다. 어떤 학자는 이 책을 '기거주류起居注類'[190]에 편입했고, 어떤 학자는 '별사류別史類'나 '전기류傳記類'에 편입했다. 대체로 이 책을 역사 기록으로 간주한다는 측면에서는 견해가 일치하지만 청나라 사람들이 편찬한『사고전서』에서는 이 책을 '소설가류小說家類'로 분류했다. 하지만 많은 학자는 『목천자전』에 기록된 명물名物과 제도가 고대 예서禮書의 내용과 대체로 부합하고, 이 책에 기록된 사실과 언행이 후세에 날짜별로 황제의 언행을 기록한『기거주』와『좌전』「소공」12년에 언급된 주 목왕의 '천하 주유' 사적과 유사함에 주목하고 있다. 그리고 급총汲冢에서『목천자전』과 함께 출토된『죽서기년竹書紀年』에도 주 목왕의 서행西行 사실이 명확하게 기록되어 있다. 사마천도『사기』「진본기」와『사기』「조세가趙世家」에서 조보가 주 목왕을 위해 수레를 몰고 서쪽으로 순행한 일을 기록했다. 기록에 따르면 주 목왕은 서왕모를 만나 너무나 즐거운 나머지 돌아갈 것도 잊고 있다가 서徐 언왕偃王의 반란을 평정하기 위해 먼 길을 치달려 주나라로 돌아갔다고 한다. 이것이 바로 주 목왕이 하루에 천 리를 치달렸다는 이야기의 원전이다.

류스페이劉士培는 「목천자전 보석서穆天子傳補釋序」에서 이 책에 기록된 지명과 인명, 손님 접대, 제사 의례와 관련된 기물 등이 모두 다른 고적의 기록과 부합하므로 기실 '지금의 파미르고원 서쪽 지방'이 아주 일찍부터 중원 지역과 문화 교류를 했고 '서주 이래로도 왕래를 계속했다'고 진술했다.[191] 또 어떤 학자는 『목천자전』을 전에 없이 문화가 번성했던 전국시대 작품으로 간주했고, 어떤 학자는 "이 책을 중산中山 사람이 기록한 서쪽 지방 여행기라고 가정했다."[192] 또 어떤 학자는 "위나라 사람의 작품"[193]이라고 간주했고, 어떤 학자는 『목천자전』의 저작 배경이 바로 조趙 무령왕武靈王의 서북 공략이라고 인식했다.[194]

『목천자전』의 내용 중 "천자가 서쪽으로 가서 현지에 이르렀다(天子西征至于玄池)"라는 구절에 대해 류스페이는 '현지玄池'는 바로 오늘날 카자흐스탄과 우즈베키스탄 사이에 있는 아랄해라고 해석했다. 그리고 그 아래 문장에 계속해서 언급되는 '고산苦山', '황서산黃鼠山' 등도 그보다 더욱 서쪽에 있는 지명이라고 인식했다.[195] 구스顧實는 『목천자전 서정 강소穆天子傳西征講疏』에서 주 목왕이 서쪽으로 여행한 끝이 '대체로 폴란드 바르샤바 부근'이라고 인식했다. 그는 목천자의 서쪽 여행 노선으로 상고시대에 이미 아시아와 유럽 대륙의 동서 교류 통로가 초보적으로 형성되어 있었음을 확인할 수 있다고 지적했다. 구스는 또 쑨중산孫中山(쑨원孫文)과 나눈 동서 교통 문제에 관한 대화를 다음과 같이 언급하였다.

"나는 돌아가신 쑨 총리가 내게 하신 말씀을 기억하고 있다. 그분은 이렇게 말했다. '중국 산둥의 바닷가 명승지 중에 낭야瑯琊라는 곳이 있고, 남양군도에도 낭야瑯琊: Langa라는 곳이 있으며, 페르시아만에도 낭야瑯琊: Linga라는 곳이 있네. 동서양이 해로로 교류했기 때문에 세 곳의 지명이 같은 것이네.'"

구스의 기억에 따르면 당시 쑨중산은 손에 영어로 된 지도책을 들고 일일이 해당 지명을 가리켰다고 한다. 구스는 이어서 이렇게 감탄했다. "찬란한 유언이 지금까지도 귓전에 남아 있어서 단 하루도 잊을 수 없다. 그러나 상고시대의 동서양 해로 교통 상황은 아직도 고증을 기다려야 하지만 상고시대 동서양 육로 교통 상황은 『목천자전』에 이처럼 분명하게 기록되어 있다. 지금 동서양 민족의 교통사를 언급하려는 사람이 있다면 이 기록을 정중하게 바라보지 않을 수 있겠는가?"[196]

낭야는 지금의 산둥성 자오난膠南에 있다. 춘추전국시대에 월나라 사람들이 북상하여 일찍이 그곳에 항구를 건설했다. 진시황은 동쪽으로 순행할 때 세 차례나 낭야에 들렀다. 그곳에서 그는 방사方士 서복徐福을 방문하여 몇 년간 바다로 들어가 불사약을 구한 일에 소득이 있는지 물었다. 또 그는 해신海神과 싸우는 꿈을 꾸기도 했다. 한 무제도 일찍이 순행에 나서서 여러 번 낭야에 들른 적이 있다. 오랫동안 내륙에서만 거주한 사람은 바닷가에 전해지는 여러 가지 견문에서 분명 신비주의적 색채를 짙게 느끼기 마련이다. 그리고 천하 통일을 달성한 왕조의 제왕들이 품는 바다 연정(海戀情結)은 미지의 세계에 대한 열렬한 동경과 파도처럼 쉬지 않는 진취적인 정치의식을 암시한다. 진시황과 한 무제의 사적은 낭야가 이미 유명한 항구가 되어 해상 교통 역사에 뚜렷한 영향을 미친 일이 우연이 아니었음을 설명해준다. 그러나 낭야를 출발한 선박이 먼 바다를 항해한 후—확실히 그럴 가능성이 있다—낭야라는 항구 이름을 남양과 서양에 옮겨 사용한 상황에 대해서는 지금도 소수 학자가 성실하게 고증과 연구를 진행하고 있다.

선진시대 중국과 서양의 문화 교류는 초기 도자기·청동기의 형태와 문양에서도 관련 현상을 발견할 수 있다. 알타이 지역에서 발견된 귀족 분묘에서도 중국에서 제작된 비단 제품이 출토된 적이 있다. 이들 분묘의 매장 연대는 대체로 기원전 5세기로 중국의 춘추전국시대에 해당한다. 그중에서 가장 두드러진 실례는 파지리크Pazyryk 5호 분묘에서 출토된 봉황무늬 자수다. 이 분묘에서는 또 현지의 유일무이한 사륜마차가 발굴되었다. 어떤 학자는 마차의 형태와 부장된 직물로 추측해볼 때 이 유물들이 모두 중국에서 온 것이라 인식했다. 또 기원전 4세기에서 기원전 3세기 무렵의 이 지역 분묘에서는 전형적인 중국 관중 문화 스타일의 진秦나라식 동경銅鏡이 발견되었다. 수많은 고대 그리스 조각과 채색 인형 도기에도 얇고 투명한 의복이 표현되어 있다. 이 때문에 어떤 사람은 기원전 5세기에 중국 비단이 이미 그리스 상류사회 사람들이 좋아하는 옷감이 되었다고 추측하기도 한다.[197]

하지만 이러한 사회문화 현상이 당시 중국 고대 역사학자들의 시야에는 전혀 들어오지 않았다. 이 때문에 정사의 기록에는 한나라 외교관 장건張騫이 정식으로 실크로드絲綢之路를 개척한 사적만을 '서역으로 처음 길을 뚫었다'[198]라고 칭송했다.

서한 시기에는 옥문관玉門關과 양관陽關 서쪽 지역, 즉 지금의 신장에서 중앙아시아에 이르는 지역을 '서역西域'이라고 불렀다. 한 무제는 흉노의 숙적 대월지국大月氏國이 흉노에 복수할 마음이 있다는 소문을 듣고 건원建元 2년(기원전 139)에 장건을 대월지국에 사신으로 보내 흉노를 협공하기 위한 양국 군사동맹을 맺고자 했다. 장건은 서쪽으로 가는 도중 흉노인을 만나 10년간 구금되었다가 겨우 도주했다. 그는 계속해서 사신의 임무를 수행하면서 또다시 서쪽 파미르고원을 넘어 대완大宛[199] 땅에 도착했다. 그리고 다시 강거康居[200]를 거쳐 지금의 우즈베키스탄 아무다리야강 북쪽에 도달하여 대하大夏(지금의 아프가니스탄 북부)의 대월지에서 사신의 임무를 수행했다. 그러나 대월지는 부유하고 안정된 땅에 새로 정착한 상황이라 흉노에게 복수할 마음이 없었다. 장건은 하릴없이 동쪽으로 귀환할 수밖에 없었다. 귀국 도중 또다시 흉노의 포로가 되어 1년여를 구금되었다가 흉노의 내란을 틈타 원삭元朔 3년(기원전 126)에야 겨우 장안으로 돌아왔다. 장건이 출발할 때 함께 나섰던 수행원 100여 명은 돌아올 때 겨우 2명만 생존해 있었다. 그는 직접 대완, 대월지, 대하, 강거 등 여러 나라를 편력했고 그 인근 5~6개 대국의 상황도 세심하게 조사하여 장안으로 돌아온 후 관련 정보를 한 무제에게 보고했다. 장건은 13년간 서역을 여행하며 간난신고를 겪었다. 그의 노력으로 중원 사람들은 전대미문의 서역 지식을 풍부하게 얻을 수 있게 되었다. 이와 동시에 한나라의 위엄과 한나라 문화의 영향도 당시 중원 사람들의 세계관에서 가장 서쪽에 있는 땅에까지 전해질 수 있었다.

장건은 나중에 서역 지구 인문지리에 관한 자신의 이해에 근거하여 한 무제에게 오손烏孫(지금의 이리하 유역이 주요 활동 지역이었음)과 연합해야 한다고 건의했다. 이에 한 무제는 장건을 중랑장으로 삼아 사신을 300명 거느리고 오손으로 가게 했다. 장건은 오손에 당도한 후 부사를 대완, 강거, 월지, 대하 등의 나라로 파견하여 사신 활동을 수행하게 했다. 오손도 장건이 귀국할 때 사신을 보내 말을 바치며 감사 인사를 했다. 오손은 이후 마침내 한나라와 통혼하고 함께 군사를 일으켜 흉노를 격파했다. 장건은 정치적·군사적 사명을 원만하게 완수했지만 이러한 역사적 공적은 주로 문화 사자의 신분으로 창조한 것이다.

한나라는 흉노를 격파하고 하서河西 통로를 개통한 후 한 무제 원수元狩 4년(기원전 119)에 장건을 다시 서역 사신으로 파견하여 오손을 한나라로 귀속토록 유도했다. 이번 행차는 한나라와 서역 각국 간의 연계를 한층 더 강화했다. 이후 한나라와 서역 사신은 매우 빈번하게 왕래했고 민간 무역도 더욱 발전했다. 서역 지역 50개 국가가 한나라의 책봉을 받아들였고 한나라 조정의 인수를 찬 제후왕과 관리가 376명에 이르렀다.

동한 시기에 '정원후定遠侯에 봉해진 반초班超도 중국과 서역의 교통 발전에 불후의 공적을 세웠다.

반초는 어릴 때 집이 가난하여 항상 관청에서 문서를 베껴주며 생계를 유지했다. 나중에 그는 장건 등이 이역에서 공적을 세운 사적을 모방하여 붓을 버리고 군대에 투신, 흉노 공격에 참여했다. 그는 또 서역에 사신으로 가서 50여 개국을 평정한 후 그 공적으로 정원후에 봉해졌다. 한 화제和帝 영원永元 2년(90) 쿠샨貴霜: Kushan[201) 원정군 7만 명이 파미르고원을 넘어 침입해왔다. 침략자들은 반초가 견벽청야堅壁淸野 전술을 구사해 아무것도 얻지 못하자 쿠차龜茲에 연락하여 구원을 청했다. 그러나 반초가 매복해둔 복병에 길이 막히자 결국 철군하고 말았다. 영원 6년(94) 반초가 쿠차와 누란鄯善 등 8개국 7만여 명의 군사를 동원하여 카라샤르Karashahr를 정벌하자 카라샤르 왕이 항복했다. 반초는 굳건하고 용맹한 풍모로 한나라에 반대하는 세력을 군사로 진압하여 서역 일대에서 위엄을 떨쳤다. 이에 서역 50여 개 나라가 모두 귀순하여 한나라에 자식과 신하를 인질로 보냈다.

한 화제 영원 9년(97)에 반초는 감영甘英을 대진大秦(로마제국의 동쪽 지역)에 사신으로 파견했다. 감영의 사신단이 지금의 이라크 경내에 있는 느티오키아Ntiochia條支 해안에 도착하자 페르시아安息國 서쪽 지역 사람들은 해상 여행의 어려움을 다음과 같이 이야기했다.

"전방은 해역이 광활하지만 그곳을 왕래하는 사람이 순풍을 만나면 3개월이면 통과할 수 있습니다. 그러나 풍향이 이상적이지 못하면 2년 동안 지체될 수도 있습니다. 이 때문에 이 바다로 들어가는 사람은 3년치 식량을 휴대하지 않으면 안 됩니다. 바다 위의 풍경은 사람들에게 고향 생각에 사로잡히게 합니다. 운항이 험난하여 해난 사고를 만나 사망하는 사람이 많습니다."

감영은 바다 여행의 어려움을 알고 발길을 멈춘 채 더는 서쪽으로 가지 않았다. 후세에 어떤 사람은 페르시아 사람들이 한나라 사람의 로마 출입을 막고 비단 무역을 독점하려고 이런 말을 했다고 추측했다. 량치차오梁啓超는 일찍이 이에 대해 통절하게 탄식한 적이 있다.

"반초는 서역을 평정한 후 감영으로 하여금 바닷길을 이용해 로마로 가게 했다. 그러나 페르시아 사람들이 그를 방해하여 갈 수 없게 했다. 그들이 해상의 신기함과 험난함에 대해 거짓말을 하자 감영은 마침내 기가 꺾이고 말았다. 이 때문에 동서 문명이 접촉할 수 있는 하나의 기회가 좌절되었으니, 역사책을 읽는 사람은 이 대목에서 끝없는 안타까움에 젖게 된다."

역사의 우연은 어쩌면 필연적인 규칙에 따라 결정되는지도 모른다. 그것은 바로 량치차오가 다음과 같이 말한 바와 같다. "우리는 대륙 국가인데다 국토가 광막하여 족히 안에서도 옮겨가며 살 수 있으므로 인민들이 국외에서 문물을 취하지 않아도 된다." "말하자면 대륙의 인민은 바다 일에 익숙하지 않아서 본성이 그렇게 시켰다고 할 수 있다." 이것이 바로 '옛날부터 해운 사업이 그다지 발달하지 못해서' '운항업이 부진한' 주요 원인인 셈이다. [202]

감영은 비록 로마에 가지 못하고 중도에 여행을 멈췄지만 중국 고대 왕조의 정식 외교 사절로 활동하면서 가장 서쪽에 도달했다는 역사 기록을 남겼다. 이 기록은 원·명시대 이전 1,000여 년 동안 줄곧 깨지지 않았다. 당나라 시인 두목杜牧은 "감영은 서쪽 바다 끝까지 갔다가 4만 리 길을 거쳐 낙양으로 돌아왔네"[203]라고 묘사하여 감영의 공적을 읊었다. 여기에서 말하는 '4만'은 한나라 서쪽 경계에서 낙양에 이르는 4만 리 노정을 가리킨다.

감영은 동한 제국 정식 외교 대표로 활동하면서 바다를 건너는 일에 보수적인 태도를 보임으로써 역사에 영원한 유감을 남겼지만 이 시기 민간 상단商團의 왕래는 결코 중단되지 않았다. 로마의 저명한 학자 플리니우스Gaius Plinius Secundus Major(23~79)는 자신의 명저 『박물지』에 중국의 비단이 로마에서 판매되는 상황을 다음과 같이 기록했다.

"(세레스)[204]에서는 숲속에서 비단이 나는데 천하에 명성이 자자하다. 비단은 나무 위에서 생산되는데 그것을 취해 물에 적신 후 잘 다듬어서 비단으로 만든다. 그리고 비단에 아름다운 수를 놓아 로마로 운송하여 판매한다. 부유한 귀족 여성들은 비단을 마름질하여 옷으로 만드는데 눈이 부실 정도로 찬란하다. 지구 동쪽 끝에서 서쪽 끝으로 운송해오기 때문에 대단히 고생을 한다. 세레스 사람들은 행동거지가 온화하지만 사람들과 잘 접촉하지 않는다. 따라서 장사할 때도 다른 사람이 오기를 기다리지 절대로 먼저 나서서 물건을 팔지 않는다."

'실크로드'라는 명칭은 바로 여기에서 유래했다. 당시에 중국과 서아시아, 아프리카, 유럽의 연계에 대해서는 설명할 수 있는 역사적 흔적이 다양하게 남아 있다. 쉬저우徐州 자왕賈旺에서 출토된 동한 화상석의 기린 그림을 보면 당시 사람들이 이미 에티오피아와 소말리아에서 사는 목이 긴 기린을 알고 있었던 것으로 추측된다. 산둥성 취푸曲阜와 자샹嘉祥에서 출토된 한나라 화상석과 장쑤성 롄윈항連雲港 쿵왕산孔望山의 마애 석각 나체상은 어떤 학자의 연구에 따르면 "모두 그리스·로마의 나체 석각 예술에서 간접적으로 영향을 받은 작품"이라고 한다.[205]

반초가 서역을 경영하고 감영이 서양의 바다를 가늠해본 이후 한 환제桓帝 연희延熹 9년(166)에 로마 임금 안돈安敦, 즉 안토니누스Marcus Aurelius Antoninus(161~180 재위)가 파견한 사신이 낙양에 왔다. 이로써 중국과 로마 제국이 처음 정식으로 접촉했다. 로마와 동한 두 대국, 동방과 서방 두 문화 시스템이 이때부터 정식으로 외교 왕래를 하게 되었다.

한나라의 외교는 '박망후博望侯 장건'과 '정원후定遠侯 반초'를 성공의 표지로 삼을 수 있다. 당나라시대에는 국력이 강성했지만 먼 곳으로 대규모 사신을 파견한 기록은 없다. 당시 외교는 이른바 "만국이 미앙궁²⁰⁶⁾에서 조공을 바치고(萬國朝未央)," ²⁰⁷⁾ "만국이 함원전²⁰⁸⁾에서 천자를 배알하는(萬國拜含元)" ²⁰⁹⁾ 모습으로 전개되었다. 량치차오는 「조국 대항해가 정화전」에서 다음과 같이 언급했다. "당·송 이래로 원대한 책략이 점점 사라져서 우리 항해 사업도 부진한 지 수백 년이 되었다. 명나라시대에 이르러서는 국민의 팽창력이 한곳으로 편향되고 말았다." 이 역사 시기에서 규모가 비교적 크고 가장 유명했던 사신단은 명 성조成祖 때 정화鄭和가 이끈 원양遠洋 사신단이었다.

명나라 영락永樂 시기는 사회가 비교적 안정되고 정치도 비교적 깨끗하여 국가가 강성해지기 시작했다. 조정은 중국과 해외 여러 나라의 왕래를 회복·발전시키는 데 힘을 다하면서 대규모 외교 무역 활동을 전개했다. 이와 같은 상황에서 중국 항해사와 세계 항해사에 모두 중요한 지위를 점하는 '정화의 서양 원정' 장거가 일어났다.

정화는 명나라 성조 때 내궁감태감內宮監太監에 임명되었다. 그는 영락 3년(1405)부터 선덕宣德 8년(1433)까지 28년간 조정의 명령을 받든 사신으로 방대한 선단船團을 거느리고 일곱 차례나 서쪽 바다로 갔다. 정화의 선단은 아시아와 아프리카 총 30여 개 나라와 지역을 방문했다. 정화의 서양 원정은 디어스Bartholomeu Dias(1450?~1500)의 희망봉 발견보다 83년 전의 일이고, 콜럼버스Christopher Columbus(1446?~1506)의 신대륙 발견에 비해서는 87년 전의 일이다. 그리고 바스코 다 가마Vasco da Gama(1469~1524)의 새로운 항로 발견보다 93년 전의 일이고, 마젤란 Ferdinand Magellan(1480~1521)의 필리핀 도착보다 116년 전의 일이다. 정화의 서양 원정은 "세계적으로 저명한 모든 항해가의 항해 활동보다 이른 시기에 일어났다. 우리는 정화를 역사상 제일 먼저 가장 위대하게 탁월한 성과를 거둔 항해가라고 말할 수 있다."[210]

정화를 수령으로 한 원항 사신단은 출행 인원수가 2만 7,000에서 2만 8,000명에 달했다. 선단의 주축은 보통 63척(일설에는 62척)의 대형과 중형 보선寶船으로 구성되었다. 대형 보선은 길이가 44장丈 4척尺에 폭이 18장이었다. 중형 보선은 길이가 37장에 폭이 15장이었다. 보선과 기타 전선戰船, 식량선 등 각종 유형의 선박이 위풍당당한 대형 함대를 이루었다. 정화는 서쪽 바다로 출항할 때마다 100여 척의 거함과 동행했다. 제1차 출항 때의 선단 규모는 선박 208척에 달했다(그림 10).

정화의 서양 원정 장거로 해외로 향하는 중국의 교통 발전은 전에 없이 높은 수준에 도달했다. 마환馬歡은 「기행시紀行詩」에서 이렇게 묘사했다. "가없는 천지를 쳐다보고 굽어보니, 하늘 끝 땅 끝까지 모두가 왕신王臣일세. 성명聖明으로 대일통大一統 이뤄 모두 화하華夏에 속하게 하니, 옛날부터 지금까지 누가 여기에 비견하리(俯仰堪輿無有垠, 際天極地皆王臣. 聖明一統混華夏, 曠古於今孰可倫)?" 하지만 정화의 서양 원정 의의는 절대로 명나라 제국 황권의 선양에만 그치지 않는다. 정화 선단의 주요 구성원이었던 마환은 『영애승람瀛涯勝覽』에서, 비신費信은 『성사승람星槎勝覽』에서, 공진鞏珍은 『서양번국지西洋番國志』에서 모두 많은 문자로 비교적 상세하게 해외 여러 나라의 지리 상황과 인문 경관을 기록했다. 정화가 항해 사업에서 얻은 성

그림 10 정화의 배에 사용된 닻

과는 중국인에게 해외 지식을 풍부하게 해줬을 뿐 아니라 아시아와 아프
리카의 수십 개 나라와 지역 사람들에게도 처음으로 중국이라는 나라를
직접 알게 해줬다. 정화는 항해도에 그려진 노선을 반복해서 왕래함으로
써 중국문화와 해외 문화를 다양한 측면으로 긴밀하게 연계해주었다.

　　량치차오는 정화를 기념하는 「조국의 대항해가 정화전」이라는 글 첫머
리에서 정화 항해 사업의 세계사적 배경을 언급했다. "서기 1500~1600
년에 전 유럽의 해안에 사는 민족들은 각각 항해 사업 부문에서 경쟁을
벌였다." "헨리Don Henry, 콜럼버스, 바스코 다 가마, 마젤란 등이 계속해
서 해양 사업에 헌신하여 성공을 거뒀다." 량치차오는 또 이렇게 감탄했
다. "이로부터 신대륙과 구대륙, 동양과 서양 사이에 교통이 크게 열리고
전 지구가 이웃이 되어 모든 것이 찬란하게 갖춰졌다. 유사 이래로 가장

빛나는 시대가 되었다. 그리고 우리 극동의 대제국에서도 저들과 동시에 떨쳐 일어난 사람으로 해상의 거인 정화가 있다." 그는 정화를 '중국 역사의 빛(國史之光)'이라 일컬었지만 정화 이후 중국의 항해 사업이 쇠퇴한 상황에 대해서는 다음과 같이 묘사했다.

"…… 전 세계 역사의 항해 위인이라고 일컫는 사람 중에서 정공과 어깨를 나란히 할 수 있는 사람이 어찌 드물겠는가? 그러나 정공이 처음 항해에 나선 때는 콜럼버스가 아메리카 대륙을 발견하기 60여 년 전이었으며, 바스코 다 가마가 인도로 가는 신항로를 발견하기 70여 년 전이었다. 그런데 진실로 어찌하여 콜럼버스와 바스코 다 가마의 업적은 전 세계에 하나의 신기원을 열었지만 정공의 업적은 정공이 죽으면서 모두 사라져 버렸는가? 우리 중국민이 그분의 은혜를 조금 받았다고는 하지만 이제는 거의 드물게 되었다. 콜럼버스 이후에는 무수한 콜럼버스가 뒤를 이었고, 바스코 다 가마 이후에는 무수한 바스코 다 가마가 뒤를 이었다. 중국에서는 정화 이후 끝내 제2의 정화가 다시 나타나지 않았으니 슬프다! 어찌 이것이 정공의 죄이겠는가?"

콜럼버스는 1492년에 자신의 선단을 이끌고 아메리카 땅을 밟았다. 마젤란의 지구 일주 항해는 1521년에 성공을 거뒀다. 이후 각 대륙은 직접 바닷길로 이어져 역사의 무대가 크게 확장되었다. 이른바 전 세계에 획기적인 신기원을 열어준 직접적 표지는 지리의 대발견으로 유도된 대항해 시대의 도래였다. 정화가 처음 항해에 나선 때는 비록 서구의 대항해 시대보다 앞섰고 상당한 기백과 규모까지 갖췄지만 이 역사 신기원의 시대와 비교해볼 때 문화적으로 기이한 현상일 뿐이었고, 더더욱 시대와 격절

함까지 느껴질 정도였다.

　서구 국가는 어떻게 항해 사업에서 이룬 공전의 성취를 이용하여 역사를 완전히 새로운 시대로 밀어올릴 수 있었는가? 아메리카 대륙의 발견과 아프리카 해안을 돌아가는 항해술에 힘입어 세계 시장이 개척되었고, 각국의 경제생활도 모두 점차 세계성을 띠게 되었다. 그러나 중국에서는 오래지 않아 오히려 '바다 봉쇄[海禁]'를 표지로 하는 문화 쇄국주의 정책을 시행했다. 중국문화의 역정에 관심이 있는 모든 사람은 중국과 해외 교통이 서로 다르게 발전하는 과정을 비교하면서 깊은 사색에 잠기지 않을 수 없을 것이다.

④ 중국 고대의 외래 문명

　인류 문명사의 진전 과정에서 교통은 매우 중요한 역할을 했다. 각각의 문화 체계에 영향을 받는 지역의 범위는 교통 조건에 제약받지 않을 수 없다. 상이한 문화권에서 각각 실현되는 문명 수준도 교통 조건에 제한을 받는다. 바로 마르크스와 엥겔스가 말한 바와 같다. "국가 자체의 전반적인 내부 구성까지도 생산의 발전 단계와 내외부 교류의 발전 단계에 따라 규정된다."[211]

　문명의 진보는 교통 조건을 바탕으로 충분히 영향을 확대하고 문화를 전파하는 동시에 다른 지역과 다른 민족문화의 흡수를 촉진하여 자신의 민족과 지역문화에 새로운 혈액을 수혈할 수도 있다. 문화 전파는 쌍방향으로 영향을 주고받는 과정이다. 중국의 비단은 서구인의 의상을 바꿨지만 서역의 물산과 음악은 중국인의 일용 습관과 음악 유형을 변화시켰다. 중국의 유학儒學은 일본과 조선의 학문 발전에 영향을 미쳤지만, 남아시아의 불교는 중국의 유학에 충격을 주면서 유학 속으로 스며들었다. 한나라와 당나라 시기에는 외국의 문화를 흡수·소화하여 융성기의 출현이 촉진되었지만, 당·송 시기 중국문화의 전파는 동남아 여러 나라의 발전에 상당한 영향을 미쳤다. 문화의 쌍방향 전파는 세계 역사의 발전을 추동하면서 긍정적인 역할을 했다. 이와 반대로 역사에는 한때 상당히 높은 수준에 도달한 문명도 많았지만 다른 지역과 단절되고 폐쇄됨으로써 그 문명은 결국 쇠락의 길을 걷거나 심지어 멸망하기까지 했다.

장건의 노력으로 서역과 한나라는 정식으로 교류 관계를 맺었다. 장건은 이 때문에 서역 지방에서 매우 높은 명성을 누렸다. 이후 한나라 사신들도 '박망후 장건'을 자주 입에 올림으로써 서역 여러 나라에서 신임을 얻을 수 있었다. 전설에 따르면 포도, 잔개자리, 석류, 호두, 참깨 등과 같은 다양한 서역 식물이 모두 장건에 의해 중국에 전파되었다고 하지만 이러한 속설이 사실과 완전히 부합하는 것은 아니다. 그러나 장건 이후에는 '실크로드'가 정식으로 개통되었기 때문에 외래문화의 요소들이 중원에 영향을 미친 것은 확실하다. 양한 시기에는 강거, 대월지, 안식安息(지금의 이란), 계빈罽賓, Kophe(지금의 카슈미르 스리나가르 지방), 오익烏弋(지금의 아프가니스탄 칸다하르 지방) 등과 같은 먼 나라에서도 사신이 빈번하게 왕래했다. 전해오는 말에 따르면 한때 서역의 여러 나라가 "그 지방의 진기한 보물을 바치며 사랑하는 아들을 인질로 보내지 않는 경우가 없었다"[212]고 한다. 이 때문에 "이역의 물품이 국내에 유통되면 나라의 쓰임이 풍부해진다"[213]라고 한 것이다.

　장건은 중앙아시아 대하大夏에 있을 때 공죽장邛竹杖[214]과 촉포蜀布[215]를 본 적이 있다. 이로써 그는 파촉巴蜀 지방 서남쪽에 신독身毒으로 통하는 길이 있음을 알았다. '신독'은 '천축天竺', '현두賢豆', '손독損毒'으로도 쓰는데 이는 모두 '인도印度'의 음역이다. 지금의 쓰촨성과 윈난성에서 인도로 들어가 다시 서쪽으로 방향을 틀어 로마로 향해 가는 교통 노선이 당시에 확실히 존재했다. 한 무제는 이 발견에 의거하여 원수 원년(기원전 122)에 사신을 보내 파촉을 기점으로 하여 서역과 교류를 실현하려고 시도했다. 그리하여 한나라는 당시에 '서남이西南夷'로 불리던 서남 지역의 전滇과 야랑夜郎 등의 부족과 점차 밀접한 관계를 맺기 시작했다. 이 노선을 어떤 사람은 '서남 실크로드'라 부르기도 한다. 지금의 윈난성 진닝晉寧에서 출토된 서한시대 청동기 유물 중에서 두 사람이 춤을 추는 조각품이 있는데, 춤추는 사람은 발로 큰 뱀을 밟고 손에 각각 쟁반 하나씩을 들고 있다. 또 춤사위를 보면 인도 스타일이 짙게 드러난다. 이와 유사한 자료에서 우리는 이 노선이 당시에 중국의 서남 지역과 인도·미얀마 지역을 연결하는 통로였음을 증명할 수 있다. '서남 실크로드'는 한때 매우 번성했고, 동한 시기에 이른바 '해서환인海西幻人'으로 불리던 서아시아 서커스 예술가들도 여러 차례 이 노선을 거쳐 낙양으로 와서 공연했다.

　『사기』「대완열전大宛列傳」의 기록에 따르면 한 무제가 처음에 『주역』점을 쳐서 "신마가 서북쪽에서 온다(神馬當從西北來)"라는 조짐을 알았다고 한다. 무제는 장건을 오손에 외교 사절로 보낸 후 오손왕이 바친 양마를 받고 그것을 '천마天馬'라고 명명했다. 나중에 또 더욱 날래고 건장한 대완의 '한혈마汗血馬'를 얻은 후에는 오손에서 생산되는 말은 '서극西極'이라 부르고, 대완에서 생산되는 말은 '천마'라 불렀다. 전설에 따르면 한 무제는 서역의 명마를 얻기 위해 사신을 끊임없이 서역으로 보냈다고 한다. 한 무제는 서역의 명마를 얻은 후 흥에 겨운 나머지 「천마가天馬歌」라는 시가를 지어 환호하기도 했다. "하늘의 신이 조공품으로 천마를 내려주니, 붉은 땀으로 젖은 몸에 붉은 거품이 흘러내리네. 치달리면 조용하게 만리에 이르니, 지금은 편안히 용의 벗이 되겠네(太一貢兮天馬下, 沾赤汗兮沫流赭. 騁容與兮蹈萬里, 今安匹兮龍爲友)." 태초太初 4년(기원전 101) 한 무제는 대완의 한혈마를 얻은 후 또 「서극천마가西極天馬歌」를 지었다. "천마가 서쪽 끝에서 오는데, 만 리를 거쳐서 덕 있는 사람에게 귀의하네. 신령한 위엄받들어 외국을 항복시키고, 유사流沙를 건너 사방 오랑캐를 굴복시키네(天馬來兮從西極, 經萬里兮歸有德. 承靈威兮降外國, 涉流沙兮四夷服)." 이 시를 읽어보면 한 무제가 '천마'를 갈구한 것이 결코 진기한 보물에 대한 사사로운 애호에 그치는 것이 아니라 만 리 길을 치달리며 사방 오랑캐를 굴복시키려는 웅심의 표현임을 알 수 있다.

멀리서 '천마'를 바쳐온 한 무제시대는 바로 위정자가 적극적으로 동서 교통로를 개척하여 공전의 성공을 거둔 시기였다. 당시에 소문이 나기로는 "낯선 지방의 기이한 물건이 사방에서 이르렀고(殊方異物, 四面而至)", "선물과 증여품이 만 리 밖에서도 바쳐졌다(賂遺贈送, 萬里相奉)"고 한다.[216] 해외의 어떤 중국학 연구자는 당시 서역의 '실크로드'가 개통된 의의를 평가하면서 다음과 같이 지적했다. "그것이 중국사에서 차지하는 중요성은 아메리카 대륙 발견이 유럽 역사에서 차지하는 중요성보다 결코 뒤지지 않는다."[217] 이른바 '천마'는 실제로 이미 이 시대에 동서 교통의 역사적 진보를 상징하는 일종의 문화 기호가 되었다. '천마'가 유유히 울리는 말발굽 소리는 서한 시기 동서 교통 성취 부문에 오래도록 기억으로 남게 될 것이다. 신장 로프노르Lop Nor 지역에서 출토된 한나라 비단 자수 도안 중에 "높고 밝은 곳에 올라가 사해를 바라본다(登高明望四海)"라는 문구가 있다. 이 문구에 바로 당시 세계와 당당히 맞서던 한나라 문화의 웅대한 포부가 구현되어 있다. 루쉰은 일찍이 한나라 사회의 문화 풍격을 열정적으로 찬미한 적이 있다. "한나라 사람들이 얼마나 호방했는지를 아득히 생각해보면(遙想漢人多少閎放)" "털끝만큼도 거리낌이 없었고(毫不拘忌)" "기백이 웅대했다(魄力究竟雄大)." 우리는 동서 교통로를 고찰하면서 당시 민족정신이 이른바 '활달하고 웅대한 기풍(豁達宏大之風)'을[218] 지녔다는 사실을 더욱 깊이 있게 인식할 수 있다.

우리가 토론하고 있는 중국 고대의 외래문명은 절대로 이른바 '이역의 물품이 국내에 유통되는' 것에만 그치지 않고 정신문화의 내용까지도 포함된 개념이다. 고대 중국인은 넓은 흉금으로 이역의 문화를 마주하고 그중에서 긍정적인 요소이면서 인류의 지혜를 구현하는 성분을 열심히 수용했다. 인도에서 발생한 불교를 중국에서 수용한 것이 바로 전형적인 사례에 해당한다.

불교가 중국의 내지로 전입된 연대에 대해서는 학설이 다양하다. 그중 하나는 한나라 애제哀帝 원수元壽 원년(기원전 2)에 박사제자 경로景盧가 대월지왕의 사신인 이존伊存이 구술한 『부도경浮屠經』을 전수받았다는 것이다.[219] 『부도경』이 바로 불경이므로 이것을 불교가 중국 내지에 처음 진입한 증거로 볼 수 있다. 어떤 학자도 이것이 불교가 중국으로 전입된 비교적 믿을 만한 기록이라고 인식했다.[220] 일설에는 영평永平 연간에 한 명제明帝가 꿈에 어떤 신神을 만났는데, 그 신이 온몸에서 빛을 내며 궁전 앞으로 날아왔으며 명제가 그것을 보고 몹시 기뻐했다고 한다. 명제가 다음 날 신료들에게 "이것이 무슨 신이오?"라고 묻자 통인通人 부의傅毅가 대답했다. "신이 듣건대 천축에 '부처[佛]'라고 불리는 득도得道한 사람이 있다고 합니다. 그는 허공을 날아다니며 온몸에서 빛을 낸다고 합니다. 폐하께서 보신 건 아마도 그 신일 것입니다." 이에 한 명제는 중랑中郎 채음蔡愔과 우림랑중羽林郎中 진경秦景, 박사제자 왕준王遵 등 12명을 서역으로 보내 불법을 배우게 했고 대월지국에서 불경 42장을 베끼게 했다.[221] 어떤 학설에 따르면 영평 10년(67)에 채음 등이 대월지국에서 서역 승 가섭마등迦葉摩騰과 축법란竺法蘭 두 사람을 만나 불상과 불경 두루마리를 얻어 백마에 싣고 낙양으로 돌아왔는데 한 명제가 이를 위해 특별히 절을 짓고 백마사라고 이름을 붙였다고 한다. 또 전설에 따르면 마등과 축법란이 이 절에서 『42장경四十二章經』을 번역했다고 한다.

어떤 학자는 지금의 장쑤성 롄윈항 쿵왕산에서 발견된 동한시대 불교 마애 조각상에 근거하여[222] 동한의 불교가 중국 동해 지역에서 성행했다는 기록과 그곳 조각상을 연관지어 쿵왕산의 불교 예술이 바닷길을 거쳐 전입되었을 확률이 아주 높다고 추정했다. 따라서 불교가 중국으로 전입된 경로가 어쩌면 중앙아시아 한곳으로만 치우치지 않았을지도 모를 일이다.

중국 내지로 전입된 불교를 가장 먼저 신봉한 사람들은 대부분 제왕이나 귀족들이었다. 예를 들면 한나라 제후인 초왕楚王 유영劉英이 목욕재계를 하고 부처에게 제사를 올렸다든지 한 환제桓帝가 궁중에 불교식 사당을 세웠다든지 하는 것이 그것이다. 하지만 당시 사람들은 불교 교리를 황로黃老 학설과 유사하다고 여기며 청정무위하게 욕심을 줄이고 사치를 없애야 한다고 이해했다. 이 때문에 흔히 부처와 노자老子를 함께 제사지냈다. 초왕 유영도 "황로의 은미한 말씀을 낭송하고 부처에게 올리는 제사를 숭상했다."[223] 한 환제도 "화려한 일산을 설치하고 부처와 노자에게 제사를 올렸고,"[224] "궁중에 황로와 부처의 사당을 세웠다."[225] 실제로 탕용통湯用彤은 다음과 같이 지적했다. "황로의 학술은 한나라 초기에 성행했고," "그것이 유행한 곳은 지금의 산둥성과 동해 지역 여러 곳이다. 그곳은 한나라 때 불교가 유행한 지역과 같다. 불교가 유행한 곳이 황로술이 유행한 지역과 거의 같은 것은 어쩌면 불교가 황로 세력을 빌려 자신의 설법을 확장한 것일 수도 있으므로 양자 간의 관계는 매우 밀접했다고 할 수 있다."[226]

한 헌제 초평初平 4년(193) 단양丹陽 사람 착융笮融은 서주목徐州牧 도겸陶謙을 위해 광릉廣陵(지금의 장쑤성 양저우揚州), 하비下邳(지금의 장쑤성 피셴邳縣 남쪽), 팽성彭城(지금의 장쑤성 쉬저우) 등지의 조운漕運을 감독하다가 자신이 장악한 무장 병력을 이용하여 삼군의 운송 물품을 탈취해 가로챘다. 아울러 불교 사원을 크게 짓고 높다란 불상을 주조하여 널리 불교도를 초빙했다. 『삼국지·오서吳書』「유요전劉繇傳」의 기록을 대략 소개하면 다음과 같다. "그리하여 불교 사원을 크게 짓고 동銅으로 사람을 만들어 그 몸에 황금으로 도금을 하고 비단으로 채색 옷을 입혔다. 층층이 아홉 겹으로 동 쟁반을 만들어 이슬을 받고 그 아래에는 층층 누각에 회랑을 만들어

3,000여 명을 수용할 수 있게 했다. 또 모두에게 불경을 읽게 하고 관할 경계 내의 사람과 인근 군의 사람들 중에서도 불교를 좋아하는 사람이 있으면 불도로 받아들이게 했으며 다른 노역에 동원된 사람들도 자신의 땅으로 불러 모았다. 이 때문에 원근을 불문하고 앞서거니 뒤서거니 모여든 사람이 5,000여 호나 되었다. 매번 불상을 목욕시키는 명절이 되면 술과 밥을 많이 차려 길가에 자리를 마련해두었는데 그 길이가 수십 리나 되었다. 백성들 중 그곳으로 와서 구경하거나 밥을 먹는 사람이 거의 1만 명에 가까웠으므로 그 비용이 수억에 달할 정도였다."[227] 이것은 불교 사원을 짓고 불상을 만드는 일에 대한 최초의 기록이다. 당시에 이미 불교 신도가 민간에 널리 퍼져 있었음을 알 수 있다.

당 태종 정관 원년(627), 보통 승려 현장玄奘이라는 사람이 불법을 구하러 인도 여행에 나섰다. 그는 장안을 출발하여 양주凉州(지금의 간쑤성 우웨이武威)를 지나다가 변경 통행 금지령을 위반해 몰래 옥문관玉門關을 통과했다. 그리고 단신으로 사막을 건넌 후 구사일생으로 고창高昌(지금의 신장 투루판吐魯番)에 도착했다. 이후 다시 카라샤르焉耆(지금의 신장 옌치焉耆)와 쿠차龜玆(지금의 신장 쿠처庫車)로 길을 잡아 산맥을 넘고 쇄엽碎葉(지금의 키르키스탄 톡목)을 거쳐 철문관鐵門關(지금의 우즈베키스탄 사마르칸트 부근)을 지나 토하로이(지금의 아프가니스탄 북부)로 들어갔다. 그 후 지금의 파키스탄 북부를 통과하고 카슈미르를 거쳐 북인도에 도착했다. 현장은 인도에서 각지를 편력하며 유명 사찰과 승려를 방문하고 불교 성지를 순례했다. 그는 또 스승을 찾아 가르침을 구하면서 불법을 변론하고 학문을 강의하여 아주 높은 명성을 얻었다. 그는 정관 19년(645) 지금의 파키스탄에서

북상하여 아프가니스탄 북부를 지난 후 동쪽으로 방향을 잡아 파미르고 원 남쪽 와칸 회랑Wakhan corridor을 통과했다. 그는 계속해서 천산남로天山 南路로 길을 잡아 전闐(지금의 신장 허톈和田)과 차말且末(지금의 신장 체모且末) 을 거쳐 장안으로 돌아왔다.

현장이 서쪽으로 가서 불교 경전을 구해온 일은 십수 년 시간을 들여 5 만 리 여정을 주파한 끝에 얻은 결과다. 여정이 매우 험난했지만 문화사 적으로는 위대한 의미가 있는 일이었다. 그는 스스로 비범한 여행을 통해 저명한 불교 대사大師가 되었을 뿐 아니라 중국과 서역의 문화 소통에도 중요한 공헌을 했다. 그는 자신의 여행기인『대당서역기大唐西域記』에 자 신이 유학길에서 보고 들은 138개 이상의 국가, 도시, 지역의 역사와 문 화, 물산과 풍속을 상세하게 기록했다. 이 여행기는 지극히 고귀한 사료 적 가치가 있어서, 심지어 근래의 학자들도 중앙아시아와 인도 등지에서 고고학 발굴을 진행할 때 여전히 이 책의 가르침을 중시한다.

현장은 장안으로 돌아온 후 석학과 고승을 모아 불경 번역을 주재하여 총 74부(일설에는 75부) 1,335권의 불경을 번역했다. 불교사에서 저명한 당시의 역경譯經 활동으로 불교가 중국에 미친 문화적 영향이 새로운 수 준에 도달했다.『대자은사 삼장법사전大慈恩寺三藏法師傳』에는 현장의 생 애와 사적이 기록되어 있다. 경전 구하기 활동으로 표현된 문화적 공로 덕분에 그는 뒷날 신격화되었다. 이처럼 고난을 두려워하지 않고 먼 곳으 로 가서 경전을 구해온 현장의 정신은 중국 민족문화의 내면 가운데 열심 히 외래 문명에서 유익한 영양분을 섭취하려는 적극적인 일면의 표현이 라 할 만하다.

이 밖에도 서아시아로부터 들어온 종교문화로 현교祆敎(조로아스터교), 경교景敎(기독교), 이슬람교 등이 있다. 바로 어떤 학자가 지적한 바와 같이 당시에 "중국정부는 관례에 따라 각자 자신의 종교를 믿게 했으므로 이웃 나라의 신앙을 편협한 태도로 대하지 않았다."[228] 외래 종교의 운명은 대부분 역사 단계에서 이러한 '관용성'에 영향을 받았다.

당나라 사회의 기풍은 '호풍胡風(이민족 풍속)'의 영향을 강렬하게 받아서, 당시 예술작품도 외래 사물에 대해 짙은 흥미를 드러내고 있다. 이 때문에 당나라 시와 회화에는 모두 휘황찬란한 성당 기상이 구현되어 있다.[229] 당나라시대에 전입된 인도, 아라비아, 비잔틴 문명에는 천문학, 수학, 건축학 등과 같은 과학지식이 포함되어 있어서 당나라 문화의 내용을 풍부하게 해주었다. 따라서 사실상 중국 고대 융성기는 흔히 외래문명의 유익한 요소를 흡수함으로써 성공을 거뒀다고 말할 수 있다. 바로 관용적이고 개방적인 태도로 외래문화를 대했기에 중국문화가 번영을 이룰 수 있었던 것이다.

이는 장광다張廣達가 다음과 같이 지적한 바와 같다. "중국은 유구한 역사 과정에서 여태껏 다른 민족, 다른 사상, 다른 신앙, 다른 풍속과 서로 영향을 주고받는 일을 중단한 적이 없다. 문헌에도 다른 문화, 다른 사회, 다른 심령과 교류한 일이 풍부하게 기록되어 있다. 이로써 중국은 '타자'와 이역을 인식하게 되었을 뿐 아니라 이와 같이 '타자'와 왕래하고 이역과 교류하는 데 힘입어 더욱 양호하게 자신을 인식할 수 있게 되었다. '타자'와 대화하면서 과거의 사람들이 더욱 다양하게 인식했던 것은 어떻게 하면 중국의 물질문화와 예술생활의 내용을 더 풍부하게 할 수 있느냐 하는 점이었다. 이와 동시에 실제로 이러한 외국과의 대화를 통해 우리는 우리와 다른 사유방식에 주의를 기울일 수 있었다. 우리는 중국문화와 외국문화의 공통점과 상이점을 비교하면서 사상적 한계를 돌파하는 것은 물론이고 자신의 사유방식을 변화시키는 측면에도 도움을 많이 받을 수 있다. 서세동점시대 이전에 일어난 불교의 중국화와 송·명 이학理學의 발전은 '타산지석'에 의지하여 새로운 사유를 꽃피운 가장 훌륭한 사례에 해당한다."[230] 이러한 관점에 의지하여 중국 고대에 외래문명이 우리에게 기여한 역사적 역할을 진실하게 인식해야 할 것이다.

[생각거리]

1. 중국 고대의 교통 발전이 중국 역사의 총체적 노정과 어떤 관련이 있는지 간략하게 설명하라.

2. 중국 고대문화가 대외로 퍼져나간 주요 경로를 간략하게 소개하라.

[참고자료]

1. 바이서우이白壽彝, 『중국교통사中國交通史』, 商務印書館, 1937.
2. 선푸웨이, 『중서문화교류사』, 上海人民出版社, 1985.
3. 푸주푸傅築夫, 『중국 봉건사회경제사中國封建社會經濟史』 제1권, 人民出版社, 1981; 제2권, 人民出版社, 1982; 제3권, 人民出版社, 1984; 제4권, 人民出版社, 1986; 제5권, 人民出版社, 1989.

중국 역사상 민족 관계

〔 5강 〕

　중국은 옛날부터 다민족국가였다. 지금의 50여 개 민족과 그 선조들도 줄곧 중국의 대지 위에서 몇천 년 동안 함께 생활했다. 러시아 민족 등 인구가 비교적 적은 몇몇 소수민족을 제외하고는 절대다수 민족이 모두 중국의 토착민족이다. 이들은 모두 중국의 대지 위에서 생활했고 2,000년 이상 소급할 수 있는 문자 기록을 갖고 있다. 이런 특징은 서구의 많은 국가와는 다른 점이다.

　중국의 각 민족은 오랫동안 통일된 국가에서 살아왔다. 2,000년 전부터 중국은 하나로 통일된 다민족국가였다. 2,000여 년 동안 여러 차례 분열을 겪기도 했지만 통일된 시간에 비해 분열된 시간은 아주 짧았으므로[231] 통일이 역사의 주류였다고 할 수 있다. 게다가 통일의 범위는 갈수록 더욱 넓어지고 공고해졌다.

중국의 통일과 광활한 영역은 각 민족이 공동으로 창조하고 개발한 것이다. 중국의 문화와 역사도 56개 민족과 그 선조들이 몇천 년의 발전 과정에서 공동으로 창조한 것이다. 그중에서 한족이 주도적인 지위를 점했고 모든 소수민족도 자신만의 방식으로 문화와 역사에 공헌했다.

① 지리 환경이 민족 관계에 미치는 영향

역사의 면모와 발전 방향은 줄곧 자연 지리 조건과 밀접한 관련을 맺어 왔다. 중국 역사의 장기적인 통일과 각 민족의 응집 추세도 일정 정도 동아시아의 자연환경에서 힘입은 바 크다. 중국의 지리 환경은 자연적 특징으로 반+ 폐쇄적이고 내향적인 영역을 이루고 있다. 이러한 환경은 한편으로 자기 영역 밖의 세계와 교통을 단절하게도 하지만 다른 한편으로는 자기 영역 안의 각 지역, 각 민족이 서로 밀접하게 교류하도록 보장해 주기도 한다. 중국이 여러 차례 분열을 겪으면서도 결국 통일을 이룰 수 있었고, 통일할 때마다 판도가 대체로 비슷했던 것도 지리 환경과 밀접한 관련이 있기 때문이다. 결국 이처럼 특징적인 지리 환경이 다원문화의 탄생을 촉진했고, 그 다원문화로 하여금 역사적 발전 과정에서 점점 일체를 지향하고 통일을 지향하게 했다고 할 수 있다.

중국 북방에 있는 드넓은 몽골고원은 초원이 주요 경관을 이루고 있다. 초원은 중간에 가로놓인 대사막인 고비사막과 음산陰山에 의해 내몽골[漠南]과 외몽골[漠北]로 분리되어 있다. 몽골고원의 북방에는 몇천 리에 걸쳐 동서로 길게 뻗은 산맥이 있고 산맥 이북에는 한랭한 시베리아가 있다. 시베리아 남쪽, 몽골 초원과 이웃한 산지山地의 양지쪽 산기슭과 계곡에 소수 부락이 자리 잡고 있다. 예를 들면 고대의 정령丁零과 샤가쓰點嘎斯(키르기스 민족의 조상) 부족이 그들이다. 그들은 대대손손 백방으로 노력하며 대지가 광활하고 수초가 아름다운 남녘 땅 몽골 초원으로 진입하려고 했다. 몽골 초원에는 대대로 북적北狄, 흉노匈奴, 선비鮮卑, 돌궐突厥, 위구르回紇와 몽골 등의 부족이 말을 타고 활을 쏘며 사방에서 유목 생활을 했다. 그들은 만리장성 안쪽의 풍요와 번영을 동경하고 중원문화를 흠모하며 줄곧 남하하려는 경향을 보였다.

중국의 동북東北 지방은 서쪽으로 싱안링興安嶺산맥과 몽골 초원에 가로막혀 있고, 동쪽으로는 아득한 태평양이 펼쳐져 있다. 북쪽에는 동서로 가로놓인 스타노보이산맥外興安嶺이 중국의 동북 지방과 빙설로 덮인 시베리아를 확연하게 나눈다. 이처럼 산맥과 바다로 가로막힌 지역에 광활한 동북 평원과 구릉이 자리 잡고 있다. 이곳에는 산림이 우거지고 옥토가 천 리에 펼쳐져 있어서 북부는 수렵과 방목에 알맞고 남부는 농경에 알맞다. 이 땅에도 동호東胡, 숙신肅愼(만주족의 조상), 오환烏桓, 선비鮮卑(시보족錫伯族의 조상), 실위室韋(몽골족의 조상), 거란契丹, 여진女眞 등의 부족이 서로 이어가며 살았다. 동북 평원과 화베이 평원 사이에는 발해渤海 해안을 따라 좁고 긴 통로가 이어져 있는데, 만리장성의 동쪽 끝인 산하이관山海關이 그 중간을 제어하고 있다. 몇천 년 동안 동북에서 기원한 민족 중 어떤 민족은 서쪽 싱안링산맥을 넘어 몽골 초원으로 들어갔다. 선비족과 실위족이 그러했다. 그러나 더욱 많은 민족은 계속해서 이 통로를 따라 남하했다. 그들은 따뜻하고 풍요로우면서 더욱 광활하고 비옥한 중원으로 진출했다.

중국 서북 지역 변방은 옛날부터 서역이라 일컬어졌다. 그곳이 바로 지금의 신장 지역과 발하슈호湖 동쪽과 남쪽의 중앙아시아 지역이다. 신장지역은 일련의 고산준령과 건너기 어려운 황막한 고비사막이라는 천연의 장벽에 가로막혀 있다. 그 북방은 탄누올라산맥과 알타이산맥이 시베리아의 한파를 막아주고 있다. 서쪽은 파미르고원으로 해발 4,000m 이상의 산악지대이며, 남쪽은 험준한 카라코람산맥과 쿤룬산맥이 칭짱青藏고원으로 통하는 길을 가로막고 있다. 이러한 지리적 조건에서 우리는 이곳이 남쪽, 북쪽, 서쪽 3면이 산으로 둘러싸여 있고 오직 동쪽만 넓게 열려 있다는 사실을 알 수 있다. 동북쪽으로는 몽골고원으로 들어갈 수 있고, 동남쪽으로는 황허강 상류를 따라 하서주랑을 거쳐 곧바로 간쑤성, 칭하이성과 관중평원으로 들어갈 수 있다. 이곳에는 옛날부터 사카족塞人, 오손烏孫, 월지月氏, 흉노, 돌궐, 위구르와 몽골 준가르 부족 등이 이어서 거주했다. 이들 고대 부락과 민족은 몽골 초원(흉노, 돌궐, 위구르, 몽골)에서 이주해오기도 하고 하서주랑(오손, 월지)에서 이주해오기도 하여 이곳에 정착한 후 모두 동부의 중원과 몽골 초원을 주요 교류처와 진출 방향으로 삼았다.

파미르고원 서쪽의 중앙아시아 트란스옥시아나Transoxiana 지역(지금의 우즈베키스탄, 타지키스탄, 키르기스스탄 등지)은 청나라시대와 청나라 이전고대에도 오랫동안 중국의 강역이었다. [232] 이 지역은 평행으로 아랄해로 유입되는 아무다리야Amu Darya강과 시르다리야Syr Darya강 사이에 있다. 일련의 산간 분지와 오아시스로 이루어진 이 땅에는 소그드 등과 같이 장사를 하며 농사를 짓는 민족이 살았다. 이곳은 하나의 독립된 구역이었다. 그 서쪽과 북쪽으로 건조한 초원과 황무지가 펼쳐져 있는 곳은 사나운 유목민족의 활동 공간이었다. 이 지역 양쪽에는 눈 덮인 고산지대가 이어져 있어서 소그드인들은 상업 활동과 군사적 수요를 위해 옛날부터 몽골 초원과 중원 지방을 주요 대외 진출 방향으로 삼았다.

중국 서남쪽 변경에는 세계에서 가장 높은 산맥이 가로놓여 있다. 해발 5,000m 이상의 히말라야산맥과 횡단산맥이 이어지면서 세계에서 가장 넘기 어려운 천험의 장벽이 되고 있다. 고대에는 이곳이 중국에서 교통이 가장 불편한 지역이었다. 세계의 지붕으로 불리는 칭짱고원과 천산만학千山萬壑으로 이루어진 윈구이雲貴(윈난성雲南省과 구이저우성貴州省)고원이 여기에 속한다. 이 지역에는 옛날부터 토번吐藩(티베트 민족의 조상), 문파門巴, 강羌, 백白, 묘苗, 태傣 등 수십 개 민족이 거주했다. 서남쪽 천험의 장벽과 중원의 유인 등의 요인으로 이들 민족의 활동과 진출 방향도 모두 동북쪽으로 중원을 지향했다.

중국 대륙의 동남쪽에는 1만여 리나 되는 해안선이 길게 이어져 있다. 중국 고대 조상들은 동남쪽에 자리 잡은 망망대해를 오랫동안 육지의 끝으로 인식했다.

변화가 다양하면서도 내부 결집을 유도하는 중국의 이러한 지리 환경은 각 민족의 역사 현상에도 뚜렷한 영향을 미쳐서 문화가 각각 상이하고 사회경제의 발전 수준도 분명하게 차이나는 각 민족을 형성했다. 예컨대 북방 민족은 유목 생활을 하고, 동북 민족은 수렵 생활을 하고, 톈산 이남의 민족은 오아시스문화를 꽃피우고, 서남쪽의 장족藏族과 강족羌族은 반농반목半農半牧의 고원문화를 창조한 것이 그것이다. 중국 각지를 연결하는 수로와 산간 초원을 이어주는 자연 통로와 나날이 발달하는 현대적 교통 도구에 힘입어 각각의 지역과 민족은 날이 갈수록 더욱더 긴밀하게 연결되고 있다.

옛날부터 중원의 사방에서 생활해온 소수민족은 한편으로 대외 진출 과정에서 각종 자연의 장벽과 환경의 제한을 받아왔고, 다른 한편으로는 중원의 따뜻한 기후, 광활하고 비옥하면서 평탄한 토지, 풍부한 자원과 물산, 특히 선진문화에 무한한 유혹을 받아왔다. 그리하여 몇천 년 동안 중국 사방의 소수민족은 각종 중요한 정치, 경제, 군사 활동을 할 때 모두 황허강과 창장강 중하류 지역인 중원을 지향하며 움직였다. 이러한 지리 환경적 요소로 중화민족은 몇천 년 동안 끊임없이 내부로 결집하는 추세를 형성해왔다.

② 중국과 천하

오늘날 중국은 960만 ㎢의 토지와 56개 민족으로 구성되어 있다. 땅은 넓고 인구는 많다. 이와 같은 현실은 몇천 년 동안의 역사 발전으로 이루어진 결과다. '중국'이라는 말은 3,000년 이전인 상나라와 주나라 시기에 벌써 빈번하게 사용되었다. 그러나 고대의 '중국'은 오늘날의 중국과 의미가 다르다. 중국이라는 말이 가장 먼저 의미한 시대와 지역은 전설시대에 황허강 중류 지역에 거주한 요·순과 그들의 부족이 통제하던 지역을 가리켰다.[233] 이어서 하나라·상나라·주나라 시대에는 왕조의 중심 지역을 의미했다. 이후 중원에서 왕조가 끊임없이 교체되고 강역도 계속 넓어지면서 중국이라는 말의 의미도 더욱 확대되었지만 시종일관 주로 중원 지역을 가리키는 말로 쓰였다. 그럼 중원 이외의 지역, 특히 사방의 변경에 거주하던 소수민족 지구는 고대 중국에 속하지 않았던가? 결코 그렇지는 않다. 이에 우리는 고대 중국이라는 말의 의미를 정확하게 이해하고 더 나아가 중국이 자고이래로 다민족국가였다는 사실을 확실히 이해해야 한다.

중국이라는 말이 전체 국가를 가리키는 명칭으로 사용된 것은 1911년 신해혁명辛亥革命 이후다. 이전에는 역대 왕조, 즉 하·상·주에서 청에 이르기까지 모두 왕조의 명칭을 국호로 사용했다. 예를 들면 '대당大唐', '대송大宋', '대원大元', '대명大明', '대청大淸' 등이 그것이다.

고대에 중국은 국가 개념이 아니라 단지 지역 개념에 불과했다. 결코 국가의 전체 영역이 아니라 한 지역의 중심부를 가리키는 말일 뿐이었다. 예컨대 『춘추』 「모전毛傳」에서는 "중국은 경사다(中國, 京師也)"라고 했다. 즉 중국이라는 말은 상나라와 주나라 시대에 임금이 거주하던 '왕기', 즉 수도를 대신하는 말이었다. 『시경·대아』 「민로民勞」에서는 "이 중국에 은혜를 베풀고 사방을 편안하게 해주시기를(惠此中國, 以綏四方)"이라고 했다. 이때 중국은 사방에 상대되는 말로 쓰였다. 즉 '수사방綏四方'은 사방을 위무하고 통제한다는 뜻이다. 그럼 사방에는 어떤 내용이 포함되어 있는가? 왕소란王紹蘭(1760~1835)은 『설문단주보정說文段注訂補』에서 "생각건대 도성을 머리로 삼고, 제후를 손으로 삼고, 사방 이민족을 발로 삼는 것이 중국인이 되는 방법이다(案京師爲首, 諸侯爲手, 四裔爲足, 所以爲中國人也)"

라고 했다. 즉 사방이라는 말에는 주나라 왕이 분봉한 제후국과 주나라 왕이 관할한 각 변방의 소수민족이 포함되어 있었다.

그럼 신해혁명 이전 몇천 년 동안 중국의 조상들은 국가를 어떻게 불러 왔던가?

고대에는 전체 국가를 '천하', '사해四海', '해내海內'라는 말로 불렀다. 이 몇 가지 어휘는 중국이라는 말과 동시에 존재하고 사용되었다. 예를 들어 보겠다.

> 『주역』「계사繫辭」하: "옛날에 포희씨包犧氏(복희씨)가 천하에 왕 노릇을 했다(古者包犧氏之王天下也)."
>
> 『상서』「요전堯典」: "옛날에 요 임금은 총명하고 생각이 깊으시어 그 빛발로 천하를 덮으셨다(昔在帝堯, 聰明文思, 光宅天下)."
>
> 『논어論語』「태백泰伯」: "순 임금에게는 훌륭한 신하 다섯 명이 있어서, 천하가 잘 다스려졌다(舜有臣五人, 而天下治)."
>
> 『상서』「대우모大禹謨」: "사해를 모두 소유하게 하고 천하의 임금이 되게 하셨습니다(奄有四海, 爲天下君)."
>
> 『맹자』「양혜왕梁惠王」: "탕 임금의 첫 번째 정벌은 갈나라에서 시작되었는데 천하가 그를 믿었다(湯一征, 自葛始, 天下信之)."
>
> 『예기』「중용」: 무왕께서는 태왕, 왕계, 문왕의 기틀을 이으시고 한 번 갑옷을 입으시자 천하를 소유하셨다(武王纘大王王季文王之緒, 壹戎衣而有天下)."

옛사람들은 천하·해내와 중국의 서로 다른 의미에 대해서도 분명한 논의를 많이 남겼다.

맹자는 이렇게 말했다. "하·상·주가 천하를 얻은 것은 어진 정치를 펼쳤기 때문이지만, 천하를 잃은 것은 어진 정치를 펼치지 못했기 때문이다. 제후국이 피폐하고 흥성하고 존속하고 멸망하는 것 역시 그러하다. 천자가 어질지 못하면 사해를 보존하지 못하고, 제후가 어질지 못하면 사직을 보존하지 못한다." 맹자는 또 "천하의 근본은 제후국[國]에 있고, 나라의 근본은 집[家]에 있다"라 했고,[234] "어질지 못하면서 제후국을 얻은 사람은 있지만 어질지 못하면서 천하를 얻은 자는 아직까지 없었다"라고 했다.[235] 여기에서도 알 수 있는 바와 같이 중국은 천자의 수도일 뿐이었고 천하가 바로 전국을 나타내는 개념이었다. 즉 중국과 천하는 상이한 개념이었다.

선진先秦시대에 발생한 이러한 사상과 개념은 이후에도 중국에서 대대로 전통이 되었다. 예를 들면 당 태종은 몇몇 신하와 함께 당나라와 주변 소수민족의 관계를 토론하면서 다음과 같은 의견을 나눴다. "중국은 근본과 같고 사방 오랑캐는 지엽과 같다(中國如本根, 四夷如枝葉)." "중국이 안정되면 사방 오랑캐는 저절로 복종한다(中國旣安, 四夷自服)." "중국은 뿌리와 줄기이고 사방 오랑캐는 가지와 잎이다(中國, 根幹也, 四夷, 枝葉也)." 돌궐 칸국汗國을 정복한 후 당시 대신 위징魏徵은 당 태종에게 이렇게 말했다. "돌궐이 멸망해서 해내가 편안해졌습니다(突厥破滅, 海內康寧)." 그리고 이 무렵 고비사막 북쪽의 돌궐과 철륵鐵勒 등의 부족들은 당 태종에게 이렇게 아뢰었다. "신들은 이미 당나라 백성이 되어서 하늘의 지존이 있는 곳을 왕래하고 있사온데 마치 부모님을 뵙는 것 같습니다."[236] 여기에서도 중국, 당나라, 천하 혹은 해내가 서로 다른 개념으로 쓰였음을 알 수 있다.

당시 중국은 주로 만리장성 안쪽 구역을 가리켰다. 당나라는 중국보다 개념이 넓어서 만리장성 바깥의 서역(지금의 신장과 중앙아시아 일부분), 고비사막 남쪽 그리고 만주 지역의 거란契丹·해奚 등까지 포괄했다. 당나라는 서역에 안서도호부安西都護府와 북정도호부北庭都護府를 설치했고, 고비사막 남쪽 지역에는 수順, 호祜, 화化, 장長, 정양定襄, 운중雲中 6개 도호부를 설치했으며, 만주 지역에는 안동도호부安東都護府를 설치했다. 그리고 '천하'의 개념은 '당나라' 개념보다 큰데 여기에는 당나라가 아직 관리기구를 설치하지 않은 토번吐蕃, 남조南詔, 돌궐 등의 지역까지 포함되어 있었다. 당 태종은 이렇게 말했다. "내가 있는 한, 천하 사방의 오랑캐에게 불안한 곳이 있으면 그들을 편안하게 할 것이고, 즐겁지 않은 곳이 있으면 그곳을 즐겁게 할 것이다."[237] 당시 사람들의 관념에서 천자는 천하를 관리하고 안정시키는 책임자였다.

고대인의 관념 체계에서 천하는 중원지구를 포괄하는 개념일 뿐 아니라 사방의 소수민족 지역까지 포괄하는 개념이었다. 따라서 천하가 바로 오늘날 우리가 말하는 중국이다. 그리고 신해혁명 이후 중화민국이 성립되고 오족공화五族共和[238] 이론이 제기되면서 중국이라는 말이 비로소 현대국가의 의미를 갖춘 정식 명칭으로 자리 잡았다. 따라서 우리는 역사상의 중국을 중원과 동일시해서는 안 될 뿐 아니라 역대 중원 왕조와 동일시해서도 안 된다. 역사상의 중국은 지역적으로 중국 각 민족의 거주 지역을 포괄해야 하고, 아울러 정치적으로도 각 민족이 건립한 중원 정권과 지방정권까지 포괄해야 한다.

중국이라는 말의 의미가 변화해온 역사를 회고함으로써 일본 제국주의자들이 중국을 침략할 때 억지로 만들어낸 논리, 즉 '만주와 몽골은 옛날부터 중국이 아니었다(滿蒙自古非中國論)'는 논리가 얼마나 황당한 이론인지 증명할 수 있게 되었다. 지금도 여전히 일부 서구학자들과 중국의 민족분열주의자들은 중국 고대의 한족만을 '중국인'이라 부르고, 한족이 건립한 정권만을 중국이라 부르면서 '만리장성 이북은 중국이 아니었다(長城以北非中國論)'라고 하거나 '고대 신장 지역은 중국이 아니었다(古代新疆非中國論)'는 논리를 선양하고 있다. 이러한 논조를 지닌 사람은 역사에 대해 무지한 사람이거나 또 다른 속셈이 있는 사람이다.[239]

③ 화이의 한계와 천하일통

천하일통天下一統이나 천하일가 개념은 중국에서 옛날부터 존재했고 또 몇천 년 동안 전승된 사상 전통이다. 이와 관련하여 일찍이 상商·주周 시기에 주도적 지위를 점한 사상이 있었다. 그것은 바로 다음 구절에 잘 드러나 있다. "모든 하늘 아래에 임금의 땅이 아닌 곳이 없고, 모든 땅의 물가에 임금의 신하가 아닌 사람이 없다."[240]

전국시대의 지리서 『우공』[241]에서는 천하를 9주州로 나누고 매 주를 약간의 국國으로 나눴다. "무릇 사해의 안에 구주가 있고 주는 사방이 천 리다. 하나의 주에 백 리의 나라 30국, 70리의 나라 60국, 50리의 나라 120

국을 세우니 모두가 210국이다."[242] 『우공』에서 9주의 지리적 위치, 산천과 물산을 명확하게 묘사한 것은 분명한 지리적 관념이다. 여기에는 중원도 포함되어 있고 사방 변경의 소수민족 지역도 포함되어 있다.

옛사람들은 천자의 직책이 바로 "9주를 하나로 아우르고(混一九州)", "만국을 통합하여 임금으로 군림하며 법도를 세우고 명령을 내리는(合萬國而君之, 立法度, 班號令)" 것이라고 생각했다. 이 일을 하지 못하면 천자의 직책을 수행하지 못한 것이었다. 따라서 송나라 재상 사마광司馬光은 "9주를 하나로 통합하지 못하면 천자의 명의는 있지만 그 실질은 없는 것"[243]이라고 말했다.

몇천 년 동안 역대 중원 왕조 통치자들은 한족이든 소수민족이든 막론하고 모두 9주 통합과 천하일통의 사상을 품었다.

9주와 사해 내에서는 화하와 이적의 구분, 민족멸시의 관념과 정책도 있었다. 예컨대 역대 한족 통치자들은 "우리 종족이 아니면 그 마음이 틀림없이 다르다(非我族類, 其心必異)"라는 사상을 갖고 있었다. 몽골족 원나라 통치자들은 서로 다른 민족을 상이한 등급으로 나눴고, 만주족 청나라 통치자들은 한족들을 경계하는 정책을 폈다. 그러나 몇천 년 동안 '오랑캐와 중원은 일체(夷夏一體)'이며 '사해는 일가(四海一家)'라는 사상과 "임금은 만물에 대해서 하늘이 만물을 덮고 땅이 만물을 실어주는 것처럼 빠뜨림이 없어야 한다"[244]라는 사상이 시종일관 민족멸시 관념과 공존했을뿐 아니라 민족정책을 제정하는 통치자들의 이론적 근거가 되었다. 이 때문에 당 태종은 이렇게 말했다. "오랑캐도 사람이므로 그 마음은 중화 사람과 다르지 않다. 임금은 덕망과 은택을 베풀지 못함을 근심해야지 이민족을 시기할 필요는 없다. 대체로 덕망과 은택을 넉넉하게 베풀면 사해를 일가처럼 만들 수 있다." 그는 또 이렇게 말했다. "자고로 모두들 중화를 귀하게 여기고 오랑캐를 천시하지만 짐은 그들을 똑같이 사랑할 뿐이다."[245]

당 태종의 이러한 발언과 정책은 줄곧 후세 군왕들이 소수민족을 위무하고 다스리는 모범으로 간주했다. 몇천 년 동안 역대 봉건 통치자들은 모두 많든 적든 이민족 우대 정책을 시행했다. 이러한 정책은 물론 통치자가 선량해서가 아니라 통치를 유지하기 위한 필요성에 바탕을 두었다. 중국 역사에서 어떤 중원 왕조든 그 경계 내에 다양한 민족을 포함했기 때문이다. 일찍이 상·주시대에 벌써 융족戎族, 적족狄族, 이족夷族, 월족越族 등을 나라의 경계 안에 포함하고 있었으며, 춘추시대에도 이족, 만족蠻族, 융족, 적족이 내지內地에 섞여 살았다.

한나라와 당나라 시대에는 강역이 더욱 넓어지면서 지금의 신장, 중앙아시아 지역, 네이멍구, 외몽골, 둥베이東北 3성, 윈난, 푸젠 등지까지 영토 안에 포함되어 민족 구성도 더욱 다양해졌다. 만약 적절한 민족정책이 없었다면 이와 같이 광대한 강역을 유지할 수 없었을 것이다. 소수민족이 건립한 중원 정권에 대해 말하자면 더더욱 그러했다. 소수민족이 세운 지방정권에도 흔히 다양한 민족이 잡거하는 국면이 나타났다. 예를 들면 1125년 이후 거란족이 중앙아시아와 신장 지역에 건립한 서요西遼 왕조 경내의 주민은 위구르回紇, 소그드粟特, 타타르韃靼 민족이 주요 구성원이었다. 또 토번吐蕃 왕국 경내에도 한족, 강족羌族, 백족白族 등 다양한 민족이 살았다. 명말 만주 지역에 할거한 만주족 후금後金 정권은 군사가 10

여 만이었는데 '절반은 중화 사람(半皆中華人)'이었다.[246] 당시 요동 주민은 "화인華人이 열에 일곱이었고 고려 토착민과 귀부한 여진 야인이 열에 셋"[247]이었다. 이 때문에 만주족 지도자 누르하치努爾哈赤는 이렇게 말했다. "하늘이 대국의 군주를 탄강시켰으니 의당 천하의 주인이 되어야지 어찌 내 한 몸의 주인으로 그치겠는가?"[248]

몇천 년 동안 각 민족은 시간이 지날수록 더욱 밀접하게 교류한데다 특히 소수민족이 중원으로 들어와 주인 노릇을 함으로써 화이의 구분이 점차 흐릿해졌다. 그리하여 각 민족의 대일통 사상과 중화민족의 다원일체多元一體 사상이 날이 갈수록 더욱 깊이 민심 속으로 파고들게 되었다. 1840년 아편전쟁 이후 제국주의 국가가 100여 년 동안 중국을 침략하고 분할하고 약탈함에 따라 중국의 각 민족은 모두 심각한 피해를 입었다. 국가의 쇠망과 외적의 침입으로 각 민족이 망국과 멸종의 재난에 처하게 되자 서로 연합하여 외적에 대항하는 공동운명체로서 처지를 공유하게 되었다. 이런 과정을 거치면서 각 민족은 마침내 중화민족이라는 의식을 형성했고, 중국이라는 말도 최종적으로 각 왕조 혹은 '천하', '사해', '해내', '구주' 등의 칭호를 대신하여 중국 각 민족의 공통 국가를 나타내는 명칭으로 정립되었다.

④ 통일의 경제 기초

세계 역사에는 광대한 강역을 가진 대제국이 다수 출현한 적이 있다. 예를 들면 그리스 마케도니아의 알렉산더 대제국(기원전 4세기)은 강역이 동쪽 인더스강에서 서쪽 나일강과 발칸반도에까지 이르렀고, 로마제국 (기원전 30~기원후 476)의 강역은 동쪽 서아시아 메소포타미아 지역에서 서쪽 스페인, 북쪽 도나우강과 라인강, 남쪽 북아프리카에까지 이르렀다. 몽골제국(13세기)은 동쪽 황허강 유역에서 서쪽 이란고원, 유럽 동부에까지 이르렀다. 무력 정복으로 건설한 이들 제국은 유라시아 대륙을 아우르며 한 시기를 극성했지만 통일국가로서 공동체를 건립하고 유지하지는 못했다.

고대 중국은 위에서 서술한 제국과 뚜렷하게 구별된다. 중국은 땅이 광활하고 지리적 환경도 복잡다양하다. 각지의 지형, 토양, 기후 등 자연조건 또한 천차만별이다. 따라서 지역 간의 경제와 문화가 거대한 차이를 드러내고 있고, 발전도 불평등한 면모를 보여주고 있다. 상이한 자연환경에서 사람들은 각각 다른 천연자원을 개발하고 이용했다. 이 때문에 그들의 생산방식, 생활방식은 물론 생산품도 각기 달랐다. 이에 힘입어 중국에서는 자고이래로 다양한 민족이 생활하며 다원의 문화를 꽃피웠다. 지역과 문화가 달라 서로 단절된 측면도 나타났지만 서로 단점을 보완하면서 상호 소통의 필요성을 느끼기도 했다. 이 때문에 생존과 발전의 필요성에 따라 옛날부터 각 지역과 민족 간에는 산천의 격리를 뚫고 날이 갈수록 더욱 밀접한 경제 교류를 진행해왔다.

중국의 소수민족은 대부분 주변부 지역에 나뉘어 살아왔다. 이들 지역의 지리 조건은 한족이 밀집해서 살아온 중원 지역(황허강, 창장강 중하류 지역)에 비해 매우 큰 차이를 보인다. 중원은 기후가 온화한데다 토지가 평탄하고 비옥해서 농경에 적합하다. 그러나 북방 민족이 거주해온 지역은 한랭건조하고 초원, 사막, 산림이 많아서 목축과 수렵에 적합하다. 또 남방 민족이 거주해온 지역은 고온다습하고 강수량이 풍부하며 고산, 구릉, 하천, 호수가 많아서 농업과 어업에 적합하다. 각 지역을 서로 비교해보면 중원 지역의 물산이 가장 풍부하고 경제와 문화도 제일 발달했다. 그러나 각 변경지역의 경제는 비교적 단순한 면모를 보이고 있다. 생산과 생활의 필요로 각 변경 소수민족은 모두 기타 지역, 특히 중원 지역과 경제 교류를 원하는 소망을 품게 되었다. 이 때문에 중원 지역 주민들은 자신에게 부족한 목축업 생산물 등을 보충할 수 있게 되었다. 이러한 교류는 관방 주도도 있었고 민간 주도도 있었으며 조공, 하사, 시장 교류 등 각종 형식이 모두 포함되어 있었다. 이러한 교류는 경제적 측면에서 자연스럽게 각 민족 간의 응집력으로 작용하여 인간의 주관적 의지로는 바꿀 수 없는 관계를 형성하게 되었다. 이는 몇천 년 동안 사방의 소수민족이 모두 중원을 향해 발전하는 동력이 되었을 뿐 아니라 중국 각 민족 간의 관계도 갈수록 더욱 친밀해지는 기초로 작용했다. 중원 지역의 농업과 수공업 생산품에 밀접하게 의지하고 중원을 향해 적극적으로 발전을 추구했던 소수민족은 바로 북방의 유목민족들이었다.

역사상 북방의 몽골 초원에서 활약했던 민족으로는 흉노, 선비, 유연柔然, 고차高車, 돌궐, 위구르, 몽골 등이 있다. 유목민족의 경제적 생산품은 비교적 단순하다. 따라서 일상생활에 필요한 식량, 옷감, 금속도구 그리고 각종 수공업용품 등은 모두 자신들이 생산한 축산품을 가지고 중원 지역에서 교역을 통해 구입해야 했다. 이 때문에 그들의 유목 경제는 상업 활동에 의지하는 측면이 아주 강했다. 몇천 년 동안 이와 같은 교역의 필요성 때문에 북방의 유목민족은 사막 북쪽의 초원과 사막 남쪽의 만리장성 인근을 끊임없이 왕래했다. 중원 지역과의 문화적·정치적 교류도 이를 배경으로 부단히 심화되었다. 교류 방식도 시장, 조공, 하사, 사신, 화친 등이 모두 포함되어 있었다. 수많은 부족이 점점 만리장성 주변으로 이주하여 농경을 배운 뒤 마침내 반농반목半農半牧, 심지어 완전한 정착 생활로 전환했다. 또 기회가 있을 때마다 그들은 대규모로 장성 안으로 몰려들어와 부유한 중원에서 한족과 어울려 살며 점점 융합의 길을 걸었다.

북방 초원의 유목민족은 중원과 교류가 비교적 순조로올 때는 서로 우호 관계를 유지하며 평화로운 환경을 조성하고 물질적 교류를 통해 쌍방 간의 번영, 특히 초원의 번영을 이룩했다. 그러나 상호 교류가 순조롭지 못하여 초원의 생활과 생산에 심각한 악영향이 초래될 때는 유목민족의 우세한 무력을 이용하여 중원에 압력을 가하며 상호 시장 교역을 요구하거나 심지어 대규모 전쟁을 일으킨 후 남하해 약탈을 자행하기도 했다.

그들은 영원히 멈추지 않는 파도처럼 거듭거듭 중원으로 밀려들었고, 어떤 민족은 찬란한 왕조를 세우기도 했다. 예를 들면 흉노족이 세운 북량北凉, 하夏, 유한劉漢, 전조前趙, 선비족이 세운 북위北魏, 몽골족이 세운 원元이 그런 왕조였다. 이후 이들 민족 중 대다수는 점차 중원의 한족에 융화되었다. 몇천 년 동안 몽골 초원의 민족은 끊임없이 교체되었지만 이러한 남하운동도 계속해서 반복되었다. 이것은 중원 한족의 부단한 증가와 중원문화의 생생한 활력 유지 그리고 끊임없는 발전의 중요한 요인으로 작용했다.

몽골 초원에서 가장 일찍 유목 정권을 세운 민족은 흉노족이다. 역사서에는 "흉노족이 한나라의 비단과 식량을 좋아했다"라고 기록되어 있다. 쌍방이 평화로운 시장 활동과 화친 등의 방식으로 물자를 교환할 때는 "흉노의 선우 이하 모든 족속이 한나라와 친하게 지내며 장성 아래를 왕래했다."[249] 역사 기록에 따르면 매년 흉노가 남하하여 교환하려던 "나귀와 낙타가 꼬리에 꼬리를 물고 변새로 들어왔다"고 했고, 매번 교환하려던 수량도 "우마牛馬만 해도 1만여 마리에 달했다"[250]고 한다. 이러한 교역으로 중원 지역의 가축 부족 상황이 크게 개선되었다. 서한 초기 한 고조, 문제, 경제 때는 황실 전용 마필이 100여 필에 불과했지만,[251] 서한 중기 무제 때는 "장성 이남 변방의 군郡에서 말과 소를 마음대로 방목했고, 쌓아놓은 재물이 들판에 가득한"[252] 번영 국면이 나타났다. 이렇게 큰 가축은 교통 운수나 농업 경작에 이용되어 중원의 경제발전에 촉진제 역할을 했다.

흉노는 축산품으로 다량의 방직품, 식량, 금속도구, 도검, 악기, 서적 등을 교환해갔으며, 매년 금은과 돈도 많이 벌어갔다. 역사에서는 그들이 '움직일 때마다 억만 금을 벌어갔다'[253]라고 기록해놓았다. 호한야呼韓邪 선우 때는 남흉노가 대거 남쪽으로 내려와 장성 부근에 흩어져 살면서 한나라에 귀순을 요청했다. 그리하여 한나라 조정에서는 장성 연변에 군현을 설치하여 흉노인을 5,000여 명 받아들이고 '한족과 섞여 살게 했다.' 삼국시대 위魏나라 때는 장성 연변의 흉노족이 이미 북쪽 변방에 가득 넘쳐(彌漫北朔) 점차 지금의 산시성 펀허강汾河 유역까지 진입해 들어왔다. 서진西晉 때는 변방 안으로 들어온 흉노족이 19종족에 달했는데, 그들은 모두 '진나라 사람들과 섞여 살았다.'[254] 서진이 멸망한 후에는 이들 흉노족이 연이어 중원에서 북량, 하, 유한, 전조 정권을 세웠다.

또 북흉노와 같은 몇몇 흉노 부락은 한나라와 상호 적대 관계에 있었기 때문에 끊임없이 충돌하며 정치적 왕래를 끊었다. 이에 따라 경제와 문화 교류도 중단한 채 사막 북쪽의 수초도 없고 메마르고 추운 땅으로 도망가서 단순한 유목생활을 유지해야 했다. 그들은 오랫동안 중원의 농산품과 수공업 제품을 얻을 수 없게 되자 오래지 않아 '군사의 숫자도 줄어들고 나라도 빈궁해져서(兵數困, 國亦貧)' 결국 쇠락하고 말았다. 기원전 1세기 무렵에는 남은 부족도 어쩔 수 없이 서쪽으로 옮겨갈 수밖에 없었다.

흉노족이 떠난 이후 2,000년 동안 몽골 초원에 당도한 다른 유목민족도 흉노처럼 또다시 똑같은 삶의 규율을 반복했다. 즉 더러는 자신의 경제와 정치적 중심을 점차 중원과 가까운 음산陰山 남쪽으로 옮겨와 중원과 경제 교류를 유지하고 발전시켰다. 그들은 이로부터 강대해지고 번영하여 몽골 초원 전역을 통일하고 심지어 중원으로까지 들어와 주인이 되었다. 그러나 더러는 시종일관 협소한 사막 북쪽에서 사느라 지리적 조건의 한계로 중원과 효과적인 무역이나 교류를 하기 어려웠다. 따라서 그들은 줄곧 단순한 유목 경제를 유지할 수밖에 없었다. 유목 경제는 기반이 취약하여 한번 천재지변을 만나면 정권이 순식간에 붕괴되었다. 이 때문에 그들은 사방으로 흩어지거나 멀리 서쪽으로 이주해야 했다.

흉노를 이어 몽골 초원을 점령한 민족은 선비족이다. 그들은 중원과 교류를 흉노 시절보다 더욱 밀접하게 강화하면서 신속하게 발전했다.

선비족은 본래 지금의 다싱안링大興安嶺 산림 속 아리허阿里河 부근에서 거주했다. 그들이 거주한 곳은 산림이 빽빽하고 교통이 불편하여 발전하기가 어려웠다. 이에 그들은 온 부족이 남쪽으로 이주하여 먼저 몽골 초원 동부 지역에 도착했다. 그곳에서 그들은 '목축을 하며 이동했고 사냥을 주업으로 삼았다.' 오래지 않아 그들은 또다시 남쪽으로 이주했다. 숱한 난관을 극복하고 천신만고 끝에 그들은 음산 남쪽 내몽골 초원에 도착했다. 그곳에서 그들은 중원의 조위曹魏[255] 정권 그리고 이후의 서진 정권과 적극적으로 통상하며 화친 정책을 시행했다. 아울러 그들은 중원 정권의 책봉을 받아들이고 정치적으로 신하로서 복종했다. 쌍방은 사신을 보내고 시장을 열어 끊임없이 왕래했다. 선비족은 많은 축산품을 중원으로 운반했고, 조위와 서진에서는 그들에게 황금, 비단, 면화 등을 해마다 1만 금 이상 제공했다. 이런 과정을 거쳐 선비족은 신속하게 강대해져서 먼저 몽골 초원 전역을 통일했고, 340년에는 성락盛樂(지금의 후허하오터呼和浩特 남쪽)에 도읍을 정했다. 이어서 그들은 중원으로 진입하여 중국의 절반에 해당하는 지금의 화이허강 이북 지역을 점령하고 북위 정권을 세웠다. 또 그들이 494년 낙양에 도읍을 정하자 수십만 선비족이 중원 각지로 이주해왔다.

수·당(581~907) 시기의 돌궐과 회흘(위구르족 선조), 원나라가 멸망한 이후 몽골 초원 정권도 중원과 정상적인 경제 교류를 할 수 있느냐 여부가 그들 흥망성쇠의 중요한 원인으로 작용했다.

552년 돌궐족은 몽골 초원에 칸국汗國을 건설했다. 오래지 않아 그들의 강역은 동쪽 요해遼海(지금의 발해)에서 서쪽 서해西海(지금의 아랄해)까지 1만 리에 달했다. 또 남쪽 사막에서 북쪽 북해北海(지금의 바이칼호)까지 5,000~6,000리에 달했다. 그들은 당시 동아시아 지역의 패주로 군림했다. 일개 유목민족 칸국인 돌궐이 이처럼 강성할 수 있었던 데는 중요한 경제적 요인 두 가지가 작용했다. 첫째, 중원의 난리에 편승하여 천산 이남의 각 오아시스 농업을 장악하고 그곳에서 사는 주민들에게 면화와 식량 등을 세금으로 받았다. 둘째, 당시 북주北周와 북제北齊로 분열된 중원 정권이 각각 돌궐과 연맹을 맺으려고 서로 화친 경쟁을 벌이며 매년 돌궐에 막대한 양의 비단, 식량, 철제도구, 금전을 제공했다. 쌍방의 민간무역과 관방무역에도 아무런 장애가 없었다.

수나라가 중원을 통일한 후 돌궐의 가한可汗이 수나라에 신하를 칭하자 수나라 조정에서는 매년 조공을 받고 하사품을 내리는 형식으로 무역을 진행했는데 그 규모가 아주 컸다. 예를 들면 개황開皇 12년(592) 돌궐 각 부족은 수나라에 말 1만 필, 양 1만 마리, 낙타와 소 각각 500마리를 조공품으로 바쳤다. 그러자 수나라는 풍성한 금, 은, 금전, 직물, 식량 등을 하사했다. 대업大業 2년(606) 수 양제는 돌궐 가한에게 단 한 번에 비단 등 직물을 1만 2,000필이나 하사했고, 동시에 각 부족 추장들에게도 모두 20만 단段을 하사했다.[256] 또 수나라 조정에서는 돌궐의 요청을 받아들여 변방에 시장을 개설했다. 즉 유주幽州, 태원太原, 유림榆林 등지에 시장을 설치하고 민간인들이 "서로 왕래하더라도 관청에서 금지할 수 없게"[257] 했다. 이처럼 비교적 자유로운 무역이 성행하자 초원의 유목민이 끊임없이 남하하여 장성 연변으로 진입해 들어왔다. 인수仁壽 원년(601)에만 돌궐인 9만 명이 남하하여 귀의했고, 인수 3년(603)에는 사결思結과 복골卜骨 등 10여 유목민족이 남하하여 귀의했다. 이로써 장성 연안에는 사람과 양과 말이 산과 골짜기를 가득 채웠다.

당나라에 이르러서도 일부 돌궐 부족은 계속해서 중원과 대규모 무역 활동을 유지했다. 예컨대 개원開元 24년(736)에만 돌궐은 말 1만 4,000필을 보내왔고 당나라 조정에서는 비단 등 직물 50만 필을 하사했다.[258] 당나라 사람들은 돌궐인을 칭찬하며 "말을 타는 기예가 매우 뛰어나고 근육과 골격이 좋아서 사냥에 동원하면 비견할 만한 적수가 없다"라고 했다. 이들의 노동력은 중원의 농경, 교통, 군대에 없어서는 안 될 요소였다. 따라서 역사에서는 당시 쌍방의 관계를 일컬어 "군사활동을 중지하고 시장을 열어 교역했다(甲兵休息, 互市交通)"라고 했고, 이로써 "피차가 풍족하게 생활하며 각각 편리함을 도모했다(彼此豊足, 皆有便宜)"[259]고 기록했다. 경제적 교류가 활발해짐에 따라 수많은 돌궐족이 중원으로 진입하여 점차 정착 생활을 하게 되었다. 당 태종 때는 조정에서 장군, 중랑장 등의 관직을 많은 돌궐족에게 하사했다. 당시 이러한 관직을 맡은 돌궐인만 해도 5품 이상 관리 중 100여 명에 달해서 조정 벼슬아치의 거의 절반을 차지했다. 또 일부 돌궐족은 장성 연안, 지금의 네이멍구, 산시, 샤안시 서북 지역으로 들어와서 농경에 종사했다. 신공神功 원년(697)에는 한 차례 그들에게 곡식 4만 곡斛, 비단 5만 단, 농기구 3,000자루, 철 4만 근을 보내줬다.

일부 돌궐 귀족은 당나라와 적대 관계에 있었다. 특히 후돌궐은 당나라와 몇십 년 동안 전쟁을 벌였다. 당시 당나라는 이미 서역 전체를 통제하면서 후돌궐에 관문 폐쇄와 시장 폐쇄라는 경제 봉쇄 조치를 시행했고, 이후 후돌궐은 점차 쇠망했다.

당나라 때 회흘칸국回紇汗國(744~840)이 흥성·발전한 것도 분명 중원과 왕성한 경제 교류에 도움을 많이 받았다. 일찍이 당나라 초기에 회흘 등의 부족은 당 태종에게 사막 북쪽의 회흘 도읍지와 사막 남쪽 사이에 1,000여 리에 달하는 '참천가한도參天可汗道'를 닦아달라고 요청했다. 당시 참천가한도 연도에는 역사만 66개소가 설치되어 있어서 숙소, 술과 고기, 역마와 수레가 모두 구비되어 있었다. 길에는 상단과 사신의 왕래가 끊임없이 이어져 사람이 많을 때는 각 상단이 수천 명에 달하기도 했다. 초원의 유목민들도 "노소를 막론하고 먼 길을 꺼리지 않고 모두 손에 공물貢物을 들고(老幼不憚遐遠, 悉手持方貢)" 남하하여 교역에 참여했다.[260] 쌍방의 관계가 우호적이었기 때문에 회흘 상인들은 비교적 자유롭게 중원으로 들어올 수 있었다. 당시 회흘 상인들은 장안, 태원, 낙양 심지어 남방의 몇몇 도시에까지 발자취를 남겼다. 장안에 상주한 회흘 사자와 상인만 해도 수천 명에 달했다. 그들은 "자산을 늘려 저택을 짓고 시장의 막대한 이익을 모두 거두어들였다."[261]

회흘칸국 시기에 초원에는 여러 해 동안 평화가 유지되어 목축업의 발달이 촉진되었다. 회흘은 당나라가 축산품을 많이 사가기를 바라면서 매년 말 10만 필을 구매하도록 요청했다. 당나라 조정은 본래 이처럼 말을 다량 구매할 능력이 없었지만 회흘의 기병이 내란을 평정하는 데 공로를 세웠기 때문에 그것에 보답하는 차원에서 전심전력으로 그들의 요구를 만족시키려 했다. 그러다가 심지어 창고가 텅 비어 백관들의 봉급에서 세금을 떼는 상황도 벌어지게 되었다. 이 한 가지 항목만으로도 회흘은 매년 100만 필 이상의 비단을 가져갈 수 있었다. 대력大曆 8년(773) 회흘은 당시 한 차례에만 비단 1,000수레를 실어갔다. 회흘 유목민들은 가죽옷을 입고 고기를 먹으며 비단을 대부분 서구로 가져가서 팔았다. 당시 동로마제국 시장에서 비단 1량兩의 가격은 황금 1량이어서 당나라 시장보다 몇백 배나 높은 가격을 받을 수 있었다. 회흘은 이러한 무역에서 이윤을 많이 남겼고, 이 때문에 회흘칸국은 그 무렵 번영을 구가했다. 회흘의 수많은 귀족은 유목 생활을 버리고 장사에 종사하면서 정착 생활을 하게 되었다. 이로써 초원에는 새로운 도시가 많이 생겼고, 당시의 성곽 유적지가 20여 곳에서나 발견되었다. 그중 가장 큰 도시 유적지는 25만 ㎢에 달한다. 성안에는 궁전, 시장, 거주지, 사당, 관공서 등이 고루 분포되어 있다. 이들 도시 유적지에서는 모두 중원의 동전, 금속도구, 비단조각 등의 유물이 발굴되었다. [262]

명나라(1368~1644) 때 북방 몽골족 정권과 명 정권의 200여 년에 걸친 전쟁·화해 관계에서도 정상적인 경제 교류가 쌍방에 미친 중요성, 특히 북방 유목 경제가 이러한 교류에 의지하는 측면을 쉽게 알 수 있다. 명나라 초기에 몽골 귀족은 변방 밖으로 후퇴했다. 그들은 정치적으로는 명나라 조정의 책봉을 받고 싶어 했고, 경제적으로는 중원과 자유롭게 무역 활동을 하고 싶어 했다. 쌍방의 경제 교류는 '조공'과 '시장'의 방식으로 진행되었고 규모도 상당히 컸다. 통계에 따르면 영락 원년에서 융경隆慶 4년(1403~1570)까지 몽골 귀족들은 명나라 조정에 800여 차례나 조공을 바쳤고 매번 조공 사절로 온 사람도 무려 수천 명에 달했다. 왕왕 앞서 온 사신이 돌아가지도 않았는데 그다음 사신이 바로 이어서 오기도 했다. 이 때문에 조공 사절이 끊임없이 도로를 오가면서 낙타와 말에 싣고 온 조공품을 조정에 번갈아 내려놓는 상황이 이어졌다. 또 황금, 비단, 기물, 의

복 등을 실은 수레가 길을 가득 채웠다.

명나라에서는 매년 조공 사절을 초대하는 비용으로 은 30여 만 냥을 소비해야 했다.[263] 그러나 명나라 조정은 이러한 경제 교류를, 변방을 지키고 몽골족을 통제하는 기미羈縻의 술책으로만 간주했을 뿐 상호 시장 개설에는 제한을 많이 두었다. 즉 시장 개설에 기한을 정해서 일정한 날짜에 시장을 열었으며 교역 물품에도 금지 항목을 두었다. 매년 개설되는 시장 횟수도 정해두었고 기간도 짧았기 때문에 초원 유목민의 물자 교류 수요를 근본적으로 만족시킬 수 없었다. 게다가 군수품 교역을 엄격히 금지했을 뿐 아니라 때로는 솥이나 찻잎 같은 생활필수품까지 금지하기도 했다. 사설 시장도 마음대로 열지 못하게 했다. 이로써 유목민들은 항상 "취사를 할 때 솥이 없었고, 옷을 입을 때 비단옷이 없었으며", "차를 마시지 못해 병에 걸리는" 곤경에 처하게 되었다.[264] 한족 군사와 주민도 왕왕 시장 교역이 중단되어 군마, 가축, 가죽제품, 가죽옷 등 생활용품이 부족한 불편을 겪어야 했다. 이 때문에 쌍방의 민간에서는 법을 어기며 사설 시장을 개설하는 일이 끊임없이 계속되었다. 몽골 귀족은 이를 타파하기 위해 30년간 명나라와 전쟁을 벌였다. 쌍방은 서로 참혹한 손실을 입었고 명나라 영종은 한때 포로가 되기도 했다.

전쟁이 끝나고 다시 시장이 열렸을 때 몽골의 안다칸俺答汗(1507~1582)은 명나라에 보낸「감사의 표문(答謝表)」에서 다음과 같이 탄식했다. "신 등은 나이가 들면서 의복이 부족했습니다. …… 각 변방에 시장 개설을 허락하지 않아 의복이 전혀 없어서 담요와 가죽옷으로는 여름 더위를 감내할 수 없었지만 베옷 한 단도 구하기 어려웠습니다. 매번 간사한 조전趙全

등의 유혹에 빠져 변방으로 들어가 못된 짓을 했습니다. 비록 필요한 것을 조금 약탈하기는 했지만 우리 인마도 항상 죽거나 다쳤습니다. 금년에는 각 변방에 군대를 보내 공격하며 우리 백성을 살해하고 마필을 빼앗아가니 변방 밖의 들풀은 모두 불에 타서 겨울에서 봄까지 사람과 가축이 견디기가 어렵습니다."[265]

여기에서도 알 수 있는 바와 같이 전쟁과 시장 폐쇄는 쌍방 모두에게 견딜 수 없는 고난을 안겨줬다. 따라서 경제적·정치적 연계를 끊임없이 강화하는 것만이 쌍방의 생존을 유지하기 위한 천고불변의 진리였으며, 쌍방 사회의 경제적 발전에 필요한 객관적 조건이었다. 서로 의지하고 소통하는 경제 교류는 몇천 년 동안 각 변방 민족과 중원의 관계를 유지해온 기초였다. 그것은 강력한 유대의 끈으로 작용해 각 변방 민족과 중원의 관계를 날이 갈수록 긴밀하게 연결해줬다. 북방 유목민족과 중원 사이에 이어져온 수천 년 관계사가 모두 이러한 이치를 설명해준다. 이것은 또한 수천 년 동안 중국이 다민족국가로 통일을 유지할 수 있었던 경제적 기초였다.

북방 민족과 중원 간의 수천 년 관계사에서 우리는 통일된 다민족국가를 건립하는 과정의 첫 번째 단계가 보통 각 민족 간의 경제 교류에서 시작된다는 사실을 알 수 있다. 이러한 교류는 관방과 민간 모두에서 이뤄졌고, 정복 전쟁으로 시작되는 경우는 매우 드물었다. 그 기간에 벌어지는 몇몇 무력 충돌도 흔히 경제 교류의 장애로 야기되었다. 이러한 경제 교류의 장애가 타파되고 각 민족 간의 경제적·문화적 연계가 나날이 긴밀해진 이후에야 정치적 연합이 수반될 수 있었다. 이러한 연합은 왕왕 변방 민족이 중원 왕조에 귀의하는 형식으로 이뤄졌다. 또 이러한 정치적 귀의 관계는 종종 변방 민족의 자원自願으로 형성되고 경제적 이익을 받으면서 더욱 촉진되었다. 상이한 민족의 통치계급은 여러 번 정복 전쟁을 벌였다. 중원 왕조가 변방 지역으로 영역을 확장한 경우도 있고 변방 지역이 중원을 공격해온 경우도 있다. 전쟁을 일으킨 목적은 모두 더욱 광범위한 통일을 달성하기 위해서였다. 전쟁 결과 상이한 지역 간에 경제적·문화적·정치적 연계 및 각 민족 간의 융합이 더욱 강화되었다.

⑤ 다원일체의 정치제도

중국은 다민족 통일 대국으로서 세계의 기타 문명 고국古國과 마찬가지로 몇천 년 동안 수많은 변화를 겪었다. 국내 동란, 자연재해, 민족 분쟁을 겪었으며 특히 근대 이래로는 제국주의 열강에 상처와 분할의 고통을 겪었다. 그러나 중국은 끊임없이 자신의 기본 강역을 유지해왔다. 또한 수많은 다민족도 분산되지 않았을 뿐 아니라 날이 갈수록 더욱 단합하는 모습을 보였다. 이것은 세계 역사에서 특히 역사가 오랜 다른 나라와 비교해볼 때 매우 희귀한 현상의 하나다. 여기에는 지리적·경제적·사상문화적 요소 등 다양한 원인이 포함되어 있다. 이를 제외하고도 몇천 년 동안 유지해온 중국의 정치제도도 다민족 천년 고국을 시종일관 통일국가로 유지해준 중요한 원인이라고 할 수 있다.

중앙집권제 아래 종류도 다양하고 층차도 다양한 관리제도와 여러 유형의 사회·경제·문화 제도를 병치해온 것이 전통적인 중국 정치제도의 주요 특징이다. 또한 그것은 발전 정도가 서로 다르고 경제문화도 차이가 큰 수십 개 민족이 하나의 국가 안에서 통일을 이룰 수 있게 한 주요 원인이기도 하다.

　세계의 문명 고국은 대부분 봉건시대를 거쳤다. 그러나 같은 봉건시대라 해도 각각 상이한 제도를 시행했다. 어떤 국가에서는 공화제를 채택하여 지주계급 대표자 여러 명이 공동으로 권력을 장악했다. 중국에서는 몇천 년 동안 군주제를 채택하여 정권이 황제 한 사람에게 귀속되어 있었다. 황제가 보유한 지고무상의 권력은 고도의 중앙집권제로 표현되었는데, 이것이 중국에서 주도적 지위를 점한 정치제도였다. 동시에 변방 소수민족 지역에서는 자치 혹은 반자치半自治(册封)의 봉국封國제도와 기미부주羈縻府州(土司)제도를 시행했다. 책봉과 기미제는 모두 중앙집권제와 마찬가지로 2,000여 년 동안 중국 봉건사회를 유지해온 기본 정치제도였다. 2,000여 년 동안 왕조가 어떻게 교체되든지 간에, 어느 민족이 정권을 장악하든지 간에 이러한 정치제도와 통치형식은 끊임없이 지속되었다. 이 제도는 민족 간의 단절과 지역 간의 분열을 타파하는 데 도움을 줬고, 각 민족 내부와 민족 간의 정치적 응집력을 형성하는 데도 도움을 줬다. 이것은 마치 온갖 강이 바다로 모이듯 중국 각 지역과 민족이 갈수록 통일을 다지는 정치적 기반으로 작용했다.

　중국 고대의 중앙집권제는 진秦나라 때 성숙했다. 이것은 이 책 2강에서 이미 논술했으므로 여기에서는 생략한다. 진나라 이후 2,000여 년 동안 이 같은 중앙집권제를 시행하지 않은 왕조는 하나도 없었다. 분열 시기인 위진남북조, 오대십국, 송·요·하·금 시대에도 각 지역의 지방정권은 모두 중앙집권제를 시행했다. 마지막에 어떤 민족, 어떤 지방정권이 전국을 통일하더라도 모두 이와 같은 제도를 시행했다. 대분열 시대가 끝난 후에는 모두 더 광범위하고 더욱 수준 높은 통일을 이루었다.

몇천 년 동안 중국 각 민족의 경제, 문화, 사회 제도는 줄곧 천차만별의 모습을 보였다. 그 차이는 바로 모순으로 작용했다. 민족적 차이가 바로 민족 모순을 야기할 수 있었다. 다민족국가에서는 이러한 차이를 인정하고, 그에 상응하는 제도를 제정해야 각 민족 간의 통일을 유지할 수 있다. 몇천 년 동안 변방과 소수민족 지역에서 시행한 책봉제도와 기미부주제도가 바로 이러한 차이를 인정한 정치제도였다.

'기미羈縻'의 본뜻은 소나 말을 속박하는 것이다. "기羈는 말의 굴레이고, 미縻는 말의 고삐다. 『한관의漢官儀』에서는 말의 경우는 기라 하고 소의 경우는 미라 한다. 사방 오랑캐를 소나 말처럼 굴레를 씌워 통제하는 것을 말한다"[266]라고 했다. 여기에서 기미는 회유하고 안무按撫한다는 의미다. 기미제도는 바로 봉건국가가 변방의 소수민족을 다스리는 제도인데, 이 제도를 이용하여 다민족국가의 통일을 유지한다. 서한 이래로 기미제도는 변군제邊郡制, 기미부주와 책봉제, 토사제土司制 등 삼 단계를 거쳤다.

첫째는 변군제다. 서한 왕조는 변방 지역에 신설한 군郡을 변군 또는 초군初郡이라고 불렀는데, 이는 중원 지역의 군과 뚜렷하게 구별된다. 먼저 이들 군은 대부분 소수민족 지역에 설치되었다. 중원 왕조는 전쟁이나 기타 방식으로 이들 지역을 점령한 후 현지 민족 혹은 부락의 영역을 군 범위로 설정하여 그곳 수령, 풍속, 법도를 유지하게 해줬다. 『사기』에서는 이렇게 기록했다. "한나라에서는 연이어 3년 동안 군사를 보내 강羌을 정벌하고, 남월南越을 멸망시킨 후 번우番禺 서쪽에서 촉남蜀南에 이르는 지역에 초군을 17곳 설치하고 옛 풍속에 따라 다스리며 세금을 받지 않았다."[267] 중원 왕조는 변군에 두 가지 관리 체계를 세웠다. 먼저 중원 지역과 동일한 수守, 령令, 장長 등의 관리를 중앙 조정에서 직접 파견하여 임용하고 해임하는 제도로, 이는 유관流官 체계에 속한다. 그다음은 전자와 같은 서열의 왕王, 후侯, 읍장邑長 등을 비록 중앙 조정에서 임명하고 금, 은, 동으로 만든 인수를 발급하지만 이들은 모두 현지 원주민 수령이 세습하도록 하는 제도로, 이는 토관土官 체계에 속한다. 당시 소수민족 부락과 백성은 모두 토관이 관리하게 하고 세금을 받지 않았다. 현지의 관리는 중앙 조정에 토산 조공품(특산품)을 약간 바치고 조정에 정치적인 신복臣服 표시만 하면 되었다.

둘째는 기미부주와 책봉제도다. 당나라는 건국 이후, 북방에서 반세기 동안 패자를 칭하던 돌궐칸국을 물리치고 전에 없던 광대한 영역을 다스리게 되었다. 당나라 통치자들은 앞 시대의 경험을 종합하여 이렇게 인식했다. 만약 단순하게 무력에만 의지하여 다스리면 수많은 변방 소수민족 정권을 정복하기도 어렵고, 또 무력으로 정복한 지역에 장기적이고 효과적인 통치를 유지하기도 어렵다. 이에 그들은 무력을 중지하고 문치의 방식을 썼다. 즉 사신 파견, 화친, 책봉, 시장 개설 등의 정치적·경제적 수단을 위주로 하고 무력으로 위협하는 방식은 보조 수단으로 채택했다. 변방 소수민족 지역과 그곳 정권에 위무 정책을 시행하자 중국도 안정되고 사방 이민족도 스스로 복종하게 되었다. 당나라시대에는 계속해서 남하하여 국경을 침범하는 돌궐족에게 대규모 공격 정책을 채택한 외에 다른 변방 민족과 소수민족 정권에는 무력 정복의 수단을 쓰는 일이 비교적 드물었다. 상당히 강성했던 토번, 회흘, 남조 정권에도 책봉, 화친, 시장 정책을 펼쳐 각각 통혼 관계를 맺거나 속국 관계를 맺었다.

예를 들면 당나라 황제는 소수민족 지도자와 모두 23차례나 통혼했다. 당 고조의 딸 19명 중에서 거의 절반에 달하는 공주가 소수민족 지도자에게 시집갔다. 당나라와 토번의 관계에서 쌍방은 모두 화친이라는 정치 행위를 매우 중시했다. 당나라 황제는 문성공주와 금성공주金城公主를 토번의 국왕에게 출가시키고 쌍방 간의 우호를 촉진했다. 이후 토번 왕은 당나라 황제를 외삼촌[舅]이라고 불렀다. 예를 들면 729년 토번 왕은 다음과 같은 상소를 올렸다. "이 생질은 외삼촌이신 선황제의 친척인데 금성공주까지 내려주시어 마침내 한 가족이 되었으니 천하의 백성도 모두 안락한 생활을 할 수 있게 되었습니다."[268] 회흘, 남조南詔(바이족白族과 이족彝族 정권), 발해국渤海國(만주 선민先民 정권)[269]에 대해서도 책봉으로 정식 군신 관계와 속국 관계를 수립했다.

당나라 조정에서는 남조의 지도자를 운남왕雲南王으로 책봉했고, 발해국의 지도자를 발해왕으로 책봉했으며, 회흘의 역대 가한들도 반드시 당나라의 책봉을 받은 후에야 정식으로 즉위했다. 당나라의 책봉을 받은 이들 지도자와 정권은 장안으로 가서 조공을 바칠 의무가 있었다. 그들의 군대도 당나라의 지시를 받아야 했다. 예를 들면 남조가 738년 이해洱海(윈난성에 있는 호수) 지역을 통일하자 당나라 조정에서는 그곳 지도자를 남조왕에 책봉했다. 이후 그곳 왕위 계승자는 반드시 장안으로 가서 황제를 알현하고 숙위를 하면서 책봉을 받았다. 당나라에서는 남조에 운남안무사사雲南按撫使司를 설치했고, 남조왕은 당나라 운남안무대사의 감독을 받아야 했다. 발해의 지도자 대조영大祚榮이 698년 지금의 지린성吉林省 경내에서 지방정권을 세우자 당나라 조정에서는 그를 발해군왕渤海郡王에 책봉했다. 그는 당나라 안북도후부安北都護府의 감독을 받았다. 발해군왕은 10여 대를 전하는 동안 모든 군왕이 당나라의 책봉을 받고 아울러 장안으로 가서 발해 특산품을 조공품으로 바쳤다.[270] 당나라 조정에서는 답례로 비단, 금은, 각종 생활용품을 하사했다. 발해는 나라를 세운 후 200여 년 동안 당나라에 모두 132차례나 조공을 바쳤다.

회흘은 무력이 강성하여 당나라 조정에서는 여러 차례 회흘의 기병을 이동시켜 자신들의 전투를 돕게 했다. 예를 들면 657년 회흘은 몽골 초원으로부터 기병 수만 명을 출병시켜 시르다리야강 상류인 추Chu강 유역에서 당나라를 도와 서돌궐을 멸망시켰다. 또 756년 이후에는 두 차례 중원으로 군사를 보내 당나라를 도와 '안사의 난'을 평정했다. 당나라 황제는 영국寧國, 태화太和, 함안咸安 등 공주 여러 명을 회흘의 가한에게 시집보내고 아울러 매년 회흘에 비단을 다량 보내줬다. 쌍방은 시종일관 군신君臣관계를 유지했다.

당나라 조정에서는 비교적 강력한 이들 민족 정권에 대해 국왕이나 가한 책봉 방식으로 우호관계나 신속臣屬관계를 유지한 외에도 기타 민족 지역에는 기미부주를 직접 건립했다. 당나라시대에만 서역(지금의 신장과 중앙아시아), 만주, 영남, 외몽골 등지에 기미부주를 모두 1,000곳 가까이 설치했다. 예를 들면 돌궐·당항黨項·토욕혼 지역에는 29부府 90주州를 설치했고, 쿠차·코탄·카라샤르焉耆·카슈가르疏勒·소그드 등지에 51부 198주를 설치했으며, 거란·말갈 등 부部에 14부 46주를 설치했고, 영남에 92주, 강족羌族 등의 거주지에 261주를 설치했다.

기미부주의 도독과 자사는 모두 현지의 소수민족 지도자가 세습하도록 했다. 동시에 당나라에서는 이들 변방 지역에 도호부와 절도사를 두어 기미부주를 통솔했다. 예컨대 서역의 안서도호부安西都護府와 북정도호부北庭都護府, 동북 지방의 안동도호부, 외몽골의 연연도호부燕然都護府, 내몽골의 안북도호부安北都護府, 토번과 만蠻, 요僚 등의 부족을 통제하는 검남절도사劍南節度使 등이 그것이다.

책봉을 받아들인 지방 민족 정권과 기미부주는 주로 다음과 같은 특징이 있다. 첫째, 현지 소수민족 지도자가 관리직을 세습했고 내부 사무는 자체적으로 처리했다. 고유의 풍속과 제도도 모두 보존하게 하고 그들의 토속에 따르게 하면서 중앙 조정이 따져 묻지 않았다. 둘째, 지방 지도자와 그 정권은 중앙 조정과 연계를 유지하면서 생질과 외삼촌[甥舅], 임금과 신하[君臣], 상급과 하급, 중앙과 지방 등 서로 다른 형식의 관계를 맺었다. 셋째, 이들 지역의 소수민족은 정식 호구에 편입하지 않았고, 중앙 조정에서도 이들 지역에서 세금을 거두지 않았으며 다만 정치적 상징으로 토산품 조공을 받았다.

당나라 이후 송나라, 요나라, 금나라도 주변 민족 지역에서 기본적으로 이러한 제도를 답습했다.

셋째는 토사제도다. 원나라는 전국을 통일한 후 이전의 독립 혹은 반半독립 정권을 유지해온 변방의 소수민족 정권을 점차 폐지하고 전국에 행성行省제도를 시행하여 중앙집권제를 강화했다. 동시에 몇몇 변방 지역에 내지內地와 다른 토사제도를 실시했다. 토사를 담당하는 관청은 선위사사宣慰使司, 선무사宣撫使, 안무사按撫使, 초토사招討司, 장관사長官司 등으로 칭해졌다. 그중 최고위 일급 선위사사 관청 내의 모든 유관流官을 중앙정부에서 임명한 것을 제외하고 기타 관청은 모두 현지 관리[土官]를 임명했으며 지방 소수민족 지도자는 대대로 세습하게 했다. 토사가 관할하는 영역에는 자치를 시행하고 조정에서 내부 사무에 간섭하지 않았으며 세금도 징수하지 않았다. 그러나 토사에게는 조공할 의무가 있어서 3년에 한 번 또는 해마다 조공을 바쳐야 했다. 토사가 황제에게 현지 특산품을 바치면 황제는 특산품의 수준에 따라 하사품을 내렸다. 토사 교체는 반드시 중앙 조정의 책봉 명령에 따라야 했다. 역사에는 다음과 같이 기록되어 있다. "세습 교체는 반드시 조정의 명령을 받들어야 했다. 비록 만리 밖에 있더라도 모두 대궐로 와서 직책을 받아야 했다."[271] 원나라 때는 중앙집권을 강화했기 때문에 토사를 설치한 지역은 당나라 때의 기미부주보다 크게 감소했지만 이들 지역에 대한 중앙 조정의 통제력은 당나라보다 훨씬 강했다.

명과 청 양대에는 모두 원나라의 토사제도를 답습했다. 명나라 때는 전국에 모두 현지 기부知府 이하 관리 298명을 두었다. 청나라 때는 토관을 유관으로 바꾸는 정책을 시행했으므로 토관 숫자가 점차 감소했다. 통계에 따르면 당시 토사제도가 비교적 집중되었던 운남, 사천, 귀주, 광서의 토관은 모두 112명이었다.[272] 이는 명대보다 훨씬 줄어든 숫자다.

소수민족 지역에서 시행한 기미제도와 서로 호응하기 위해 당나라는 법률로 소수민족과 관련된 조항을 제정해놓았다. 예를 들면 『당률唐律』 「명례名例 제일第一」에는 이러한 조항이 있다. "귀화한 외인外人 중에서 같은 부족끼리 서로 침범한 자는 각각 본래 그들의 풍속법에 따라 처리한다. 그러나 상이한 부족끼리 서로 침범한 자는 법률로 죄를 따진다." 이밖에도 당시 제정한 법률 조항 가운데는 조회朝會, 목축, 관문시장 등 소수민족과 관련된 조항이 많다. 이런 법률을 구체적으로 집행하는 과정에서 소수민족 지도자는 종종 비교적 관대하게 처분했다. 예컨대 돌궐의 힐리가한은 여러 차례 군사를 이끌고 변경을 침범하여 당나라 변방의 주민을 약탈했기 때문에 당나라 법률에 따르면 사형을 받아야 했다. 그러나 당 태종은 그를 장안으로 잡아온 후 사형을 면하게 해준 뒤 "그의 가족을 모두 송환했으며, 그를 태복시太僕寺에 안치하여 관에서 음식을 제공했다."[273] 그리하여 결과적으로 그의 부하를 안정시키는 효과를 얻게 되었다. 당나라 이후 송, 원, 명, 청을 거치면서도 모든 왕조는 당나라에서 제정한 이 법률을 이어받았다.

2,000여 년 동안 중국 변방 소수민족 지역에 시행한 기미제도를 일람해보면 그 형식은 상이하지만 출발점은 모두 억지로 중원 지역과 일체화를 요구하지 않고, 모순을 격화하지 않은 측면에 놓여 있었다. 이런 견지로 각 소수민족 지역의 독특한 경제, 사회, 문화 상황에 적응하여 자치와 반半자치를 시행했다. 그 주요 목표는 바로 변경 지역의 각 소수민족으로 하여금 중원 정권의 정치적 핵심 지위를 인정하게 하는 것이었다. 이러한 기미제도는 중앙집권제와 결합하여 각 민족에게 독립적으로 자신의 민족 경제와 민족문화를 발전시킬 수 있게 해주었고, 편리하게 상호 교

류와 학습을 할 수 있게 하여 점차 단결과 통일의 길로 나아갈 수 있게 해 주었다.

⑥ 통일 과정과 민족 융합

중국은 옛날부터 다민족국가였고 2,000년 전에도 통일된 다민족국가였다. 강역, 역사, 문화는 모두 이들 56개 민족과 그 선조들이 몇천 년의 발전 과정에서 공동으로 개발하고 창조해온 것이다.

예를 들면 화하족은 황허강 유역의 샤안시, 간쑤, 중원 지역을 가장 일찍 개발했고, 동이족은 동쪽 해안 지역을 제일 먼저 개발했다. 먀오족苗族과 야오족瑤族은 창장강, 주장강, 민장강閩江 유역을 가장 먼저 개발했고, 티베트족藏族과 강족羌族은 칭하이성과 티베트 지역을 가장 먼저 개발했다. 이족彝族과 바이족白族 등은 중국 서남 지역을 가장 먼저 개발했고, 만주족, 시보족錫伯族, 어원커족鄂溫克族, 어룬춘족鄂倫春族 등의 선조인 동호족은 중국 동북 지역을 가장 먼저 개발했다. 흉노, 돌궐, 몽골 등은 앞서거니 뒤서거니 몽골 초원을 개발했고, 리족黎族은 하이난도海南島를 가장 먼저 개발했으며, 고산족은 타이완을 가장 먼저 개발했다.

중국문명은 세계에서 독자적인 특징을 보이는데, 원류도 매우 오래되었다. 그 연원은 모두 각 민족의 창조와 발명에서 비롯되었다. 예를 들면 한족은 가장 먼저 제지술, 인쇄술, 나침반, 화약 등 4대 발명품을 창조했고, 위구르족과 리족은 가장 먼저 면화 재배와 방직 기술을 몸에 익혔다. 회족 건축가 야하디르亦黑迭兒는 원나라 대도大都(베이징) 건설을 기획하고 주관하여 베이징이 세계 유명 도시가 될 수 있게 기초를 놓았다. 티베트에 보존되어온 양대 불교 저작 『깐규르甘珠尔, Ka^h-gyur』와 『땐규르丹珠尔, Bstan-h!gyur』(티베트대장경)는 지금까지도 보배로 인정되고 있다. 중국어 표준어의 발음 특징은 몽골어의 영향 아래 형성되었다. 이러한 갖가지 사례는 일일이 손꼽기 어려울 정도다.

통시적으로 중국 역사를 살펴보면 몇천 년 동안 각 민족의 단합과 통일이 시종일관 중원 지역이 중심이 되고 한족을 주체로 하여 나날이 발전·확대되었음을 알 수 있다.

지금부터 4,000~5,000년 이전인 전설시대부터 각 민족의 선조는 동아시아에 위치한 오늘날 중국 땅에서 생활했다. 중원의 황허강 유역에는 주로 하족夏族(한족의 선조)이 살았고, 동쪽 화이허강과 타이산泰山 사이에는 동이족이 살았다. 남쪽 창장강 유역에는 삼묘족三苗族이 살았고, 서북쪽 황허강과 황수이강湟水 사이에는 강족이 살았으며, 북쪽 몽골고원에는 훈육葷鬻이 살았다. 하족과 주위 각 민족은 모두 서로 교류하며 연계했다.

하(기원전 21세기~기원전 16세기), 상(기원전 16세기~기원전 11세기), 주(기원전 11세기~기원전 771년), 춘추(기원전 771~기원전 476), 전국(기원전 476~기원전 221)시대에 이르면 문자로 기록된 역사에 근거하여 각 민족 간에 더욱 밀접한 교류가 이뤄졌다. 이때 황허강 유역에는 하족, 상족, 주족이 있었고 동북에는 숙신肅愼(만주족 선조)이 있었다. 북방과 서북에는 적족狄族(돌궐족 선조), 융족, 강족, 저족氐族이 있었고 남방에는 만족蠻族, 월족越族 등이 있었다. 이 기간에는 하족, 주족, 상족이 주체가 되어 이족, 강족, 적족, 묘족, 만족 등을 흡수해 화하족을 형성했다. 아울러 하, 상, 주 왕조가 이어지면서 국가의 강역은 갈수록 더욱 확대되었고 포용한 민족은 더욱 더 많아졌다.

진·한 시기(기원전 202~기원후 220)가 되면 화하족이 더욱 다양한 기타 민족을 흡수하여 한족을 형성했다. 한나라의 강역은 동쪽으로 황해에서 서쪽으로 지금의 신장 지역 각 민족까지 포괄했고, 북쪽으로는 장성을 넘어 남흉노를 통합하고 내몽골을 통제했으며, 남쪽으로는 우링五嶺(지금의 푸젠, 광시, 광둥)을 넘어 하이난도까지 행정기구를 설치했다.

수·당 시기(581~907)에는 중원 왕조의 강역이 더욱 확대되었다. 수·당 왕조 때는 소수민족이 중요한 지위를 점유했다. 수나라 조정에는 선비족 대신이 아주 큰 비중을 차지했고 수나라 황후도 대부분 선비족이었다. 당나라 전기에는 중앙 조정의 관리 중 거의 절반이 소수민족이었고, 당나라 후기에는 군대의 고급 장교 중 절반 이상이 거란, 돌궐, 회흘, 고구려 등 소수민족 출신이었다. 당나라 조정에서도 주로 북방 소수민족 기병에 의지하여 북쪽으로는 지금의 헤이룽강과 바이칼호, 서쪽으로는 발하슈호 Balkhash Lake와 중앙아시아 양대 강 유역을 통제했다. 오늘날 중국의 판도 중에서 티베트를 제외하고 기타 지역과 민족은 모두 통일된 당나라의 일부가 되었다.

원나라(1271~1368) 때는 그 판도가 한·당 때보다 더욱 커졌고, 백성도 한·당 때보다 더욱 많아졌다. 티베트족을 포함한 모든 민족이 중앙 조정의 권력 안으로 통일되었다. 청나라(1644~1911) 때는 이러한 통일이 더욱 공고해졌다.

몇천 년 동안 각 민족은 나날이 밀접하게 교류하고 단합하면서 통일 과정을 거쳤다. 이것은 민족 대융합의 과정이기도 했다. 각 민족은 끊임없는 이동, 잡거雜居, 통혼 그리고 각종 형식으로 교류하면서 문화적으로 서로 학습하고 혈통적으로 혼합되어 네 속에 내가 있고, 내 속에 네가 있게 되었다. 이는 각 민족과 지역 간의 한계를 나날이 묽게 만들었고, 이에 따라 중국 민족의 공통 문화와 심리적 특징도 점차 드러나게 되었다.

중국의 주류 민족인 한족은 바로 각 민족이 대융합한 결과 형성되었다. 일찍이 선진시대에 중국에는 화하, 동이, 북적, 서융 그리고 백월百越이라는 5대 민족 집단이 있었다. 고대에 순 임금은 '동이 사람'이고 주 문왕은 '서이 사람'이라는 견해가 있었다.[274] 여기에서도 알 수 있듯이 화하족은 오랑캐와 하족이 융합하는 과정에서 발전해온 민족이다. 어떤 사람의 고증에 따르면 이름이 이오夷吾인 제나라 대신 관중도 이족夷族이라고 한다. 춘추시대에 적족狄族은 지금의 황허강 이북에 대거 흩어져 살면서 화하족과 통혼했는데, 이에 관한 기록이 많이 남아 있다. 예를 들면 진晉나라 군주 중이重耳(문공)의 모친은 적족이었다. 남방의 오나라·월나라에도 월족越族이 대거 모여 살았다. 진秦나라가 통일할 무렵에는 본래 중원에 흩어져 살던 이족, 적족, 융족, 월족이 이미 대부분 화하족 속으로 융합되었다.

한나라 이후 특히 소수민족이 중원에서 주인 노릇을 할 때 그들은 대규모로 한족 속에 녹아들었다. 예컨대 서진西晉 말년 선비족, 갈족羯族, 저족, 강족, 흉노족 5개 소수민족은 난리를 틈타 중원으로 진입했고, 중원에서 각각 10여 개 국가를 건설했다. 이를 역사에서는 '오호십육국五胡十

六國시대'(303~439)라고 부른다. 100년 이후 이들 소수민족은 모두 한족이라는 큰 바다 속으로 사라졌다.

여진족의 금나라(1115~1234)는 황하 유역을 점령한 이후 몇백만에 이르는 여진군과 그 가족이 허난河南으로 이주해왔고 이들은 결국 전부 한족화[漢化]되었다. 본래 동북에 거주해온 만주족도 청나라 건국 이후 대부분 관내關內로 이주했고, 청 말에 이르러서 이들은 완전히 만주족 글과 언어를 모두 버리고 한문과 중국어를 사용하게 되었다. 이제 만주족은 음식과 주거 문화에서 한족과 작은 차이를 보일 뿐이다.

중원으로 들어온 소수민족 중 어떤 부족은 주체적으로 한족의 문화를 학습했다. 예를 들면 선비족이 세운 북위의 효문제孝文帝(467~499)는 선비족에게 중국어를 배우고, 한족 옷을 입고, 성姓도 한족처럼 바꾸라고 명령을 내렸고, 한족과 혼인을 장려했다. 이는 선비족과 한족의 융합을 촉진했다. 그러나 어떤 소수민족 통치자는 한족화에 반대했다. 금나라 세종 같은 사람은 "여진인에게 금령을 내려 한족 성으로 바꾸지 못하게 했고, 남인南人(한족)의 복장을 따라 배우며 금령을 범하면 죄로 다스렸다."[275] 청나라 태종도 다음과 같은 명령을 내렸다. "말 타기와 활쏘기를 없애고 한족을 따라 배우는 걸 허락하지 않는다." "타국의 의관, 머리 모양, 전족을 모방하는 자는 중죄로 다스린다."[276] 그들은 또 만주족과 한족의 혼인을 금지했고, 만주족이 상업과 농업에 종사하는 걸 금지했다. 심지어 동북 3성을 봉쇄하여 한족이 그곳으로 들어가 전답을 개간하는 걸 허락하지 않았다.

그러나 민족융합은 역사 발전의 필연적 추세였고 진보적 현상이었다.

특히 중원의 한족보다 사회와 경제발전 수준이 낮은 소수민족들은 일단 황허강 유역 한족문화의 요람으로 발을 들여놓기만 하면 결국 이 드넓은 바다 속으로 녹아들 수밖에 없었다. 엥겔스는 이렇게 말했다. "비교적 야만적인 정복자는 대부분의 상황에서 정복 후 존재하는 비교적 수준 높은 '경제 상황'에 적응하지 않을 수 없다. 그들은 피정복자에게 동화될 뿐 아니라 심지어 대부분 피정복자의 언어까지 쓰지 않을 수 없다."[277] 중국 역사에서 중원으로 진입한 소수민족 통치자는 모두 이와 같은 결말을 맞았다.

원나라시대 몽골족도 이와 같았다. 원나라 통치자들은 민족 격리 정책을 엄격하게 시행했다. 어떤 학자는 이렇게 단언했다. "원나라 때는 몽골주의를 봉행해서 한족문화와 한족은 모두 존중받지 못했다."[278] 그러나 사실은 몽골 통치자들도 통치의 필요 때문에 1233년 연경燕京에 국자학을 세워 몽골 자제들에게 중국어와 한문을 배우게 했다. 쿠빌라이도 왕자들과 근신들 자제에게 한족 유학자들에게서 경전을 배우라고 명령을 내린 적이 있으며 황제의 아들은 모두 몽골어와 중국어 교육을 받도록 했다. 어떤 학자의 고증에 따르면 원나라의 과거제도는 전후 시기 모두 합쳐서 16과科가 있었는데 이를 통해 급제한 진사는 모두 1,139명이었고, 그중 몽골 사람은 300여 명에 불과했다. 일찍이 한문 경전에 머리를 파묻고 과거에 투신한 몽골 자제는 수만 명에 이르렀다.[279] 원나라 조정에서는 또 공자를 대성지성문선왕大聖至聖文宣王으로 봉했고, 굴원屈原을 충절청렬공忠節淸烈公으로 봉했으며, 유종원柳宗元의 봉호를 바꿔 문혜소령공文惠昭靈公이라고 했고, 두보에게도 문정文貞이란 시호를 내렸다. 이런 점에서도 원나라가 유학을 숭배했음을 알 수 있다. 원나라 말기에는 수많은 몽골인이 이미 성을 한족처럼 바꾸고 한족의 풍습을 추종했다. 원나라가 멸망한 이후에는 몽골인이 이미 신분상의 우위를 잃었기 때문에 대부분 한족 속으로 신속하게 융합되었다.

한나라 때부터 역대로 많은 서역 승려, 상인, 군인들이 중원으로 들어왔다. 어떤 학자는 그중 문헌으로 고증할 수 있는 130여 명에 대해 전문적인 연구를 진행하여 그들이 모두 한족문화를 수용한 사실을 증명했다.[280] 그중에는 지금의 신장 지역 투루판인, 코탄인, 쿠차인, 짐사르인吉木薩爾人 등이 포함되어 있었다. 또 파미르고원 서쪽에서 온 우즈베키스탄인, 아라비아인, 페르시아인도 있었다. 고대 문헌에는 서역인들이 일찍이 수백 수천 명씩 무리지어 중원으로 왔다는 기록이 있다. 예를 들면 한 영제靈帝 때 "법도法度라고 불리는 대월지大月氏 사람이 자기 나라 사람 수백 명을 이끌고 귀화했다"라고 기록되어 있고, 당나라 옹주雍州 예천현醴泉縣 북쪽에 "온숙령溫宿嶺이라는 산이 있는데 본래 한나라 때 온숙국溫宿國(지금의 신장新疆 아커수阿克蘇) 사람들을 잡아와 이곳에서 농사와 목축에 종사하게 했기 때문에 그런 이름이 붙었다"[281]라고 기록되어 있다. 당나라 때는 코탄국于闐國에서 5,000군사를 중원으로 파견하여 안사의 난 평정을 도왔는데 다시 돌아갔다는 기록이 없는 것으로 보아 중원 지역에 융화된 것으로 볼 수 있다. 당나라 장수 울지경덕尉遲敬德도 코탄 사람인데 지금까지도 한족 민간에서 문신門神의 하나로 전해지고 있다.

몇천 년 역사 동안 한족이 소수민족 속으로 들어갔거나 소수민족과 융합된 기록도 아주 많다. 예를 들면 진시황은 일찍이 중원 사람 50만 명을 남월南越(지금의 광둥과 광시 지역)로 이주시켰는데 그중 많은 사람이 월나라 사람들 속에 융화되었다. 수나라 말기에 중원이 혼란에 빠지자 많은 한족이 북쪽으로 도망치거나 잡혀가서 사막 북쪽 돌궐 사람들의 노예가 되었다. 그러다가 당나라 건국 이후 당 태종이 사자에게 돈과 비단을 주고 초원으로 가서 사람들을 구해오게 했다. 이 시기를 전후하여 몸값을 주고 한족을 수만 명 구해왔다. 회흘, 토번, 소그드, 돌궐 등의 부족에 속한 상인과 사절들도 중원에 온 후 한족 여성을 아내로 맞아 다시 그들 나라로 돌아갔다. 이에 대한 기록도 아주 많다. 예를 들면 정원貞元 3년(787) 당나라 조정에서는 장안에서 한족 여성을 아내로 맞은 '호객胡客(서역 상인)' 4,000명을 조사해내기도 했다. 또한 소수민족에게 잡혀간 한족이나 그들에게 점령된 후 동화된 한족도 있었다.

7 민족 관계 속의 몇 가지 문제

통일과 분열의 문제는 민족 관계 속에서 가장 중요한 문제다.

우리는 중국이 옛날부터 하나의 통일된 다민족국가를 이뤄왔다고 말했다. 이것은 좀 모호하고 개괄적인 결론에 불과하다. 역사적으로 볼 때 이 통일된 다민족국가가 결코 고정불변의 모습으로 존재했던 것은 아니다. 중국의 통일과 강역은 형성되면서 발전하는 과정을 거쳤다.

먼저 중국의 통일은 점진적으로 확대되고 공고해졌다. 중국 역사에서 가장 일찍 출현한 국가는 기원전 21세기의 하나라 왕조다. 하나라의 강역은 대략 지금의 허난성, 산시성, 샤안시성 등의 일부를 포함하는 데 불과했다. 그러나 당나라 때에 이르면 강역이 이미 북쪽으로 지금의 헤이룽강과 바이칼호까지 통제했고, 서쪽으로 발하슈호와 중앙아시아 양대 강 유역에 이르렀다. 그리고 원나라 때에는 티베트를 포함한 모든 민족과 지역이 하나의 중앙정권 아래로 포함되었다.

둘째, 문자로 기록된 중국의 몇천 년 역사에서 통일은 시종일관 주요 추세였다. 중국도 여러 차례 분열된 적이 있고, 또 분열된 뒤 여러 곳에서 소수민족 정권이 건립되기도 했다. 그러나 이 몇천 년 역사를 살펴보면 통일을 이룬 시간이 분열된 시간을 넘어선다. 통일은 시종일관 역사의 주류였다. 각 민족이 교류하는 과정에서 여러 차례 전쟁이 일어나기도 했지만 평화적인 교류가 시종일관 민족 관계의 주류였다. 왜 몇천 년 동안 통일이 중국 역사의 주류였던가? 왜냐하면 거의 모든 민족이 통일을 희망하면서 통일을 쟁취했기 때문이다. 역사적으로 이런 노력을 한 민족은 한족 외에도 흉노, 돌궐족, 선비족[北魏], 저족[前秦], 거란족[遼], 여진족(金, 淸) 등이 있다.

이 점이 바로 몇천 년 동안 중국이 통일된 다민족국가를 이룰 수 있었던 원인이다. 이것은 또한 중국 통일이 각 민족 인민의 공동 창조로 이루어진 것임을 증명해준다. 그중에서도 특히 한족, 몽골족, 만주족이 두드러진 역할을 했다.

셋째, 역사적으로 중국의 강역은 역대 중앙 왕조나 한족 정권이 통제한 강역을 포괄할 뿐 아니라 아직 중앙 왕조의 판도로 들어오지 않은 각 지방정권과 소수민족의 강역까지 포괄한다. 역사적으로 강역 내의 각 민족은 중앙 왕조의 통할 아래 있었던 시기든 독립 정권을 건립했던 시기든 막론하고, 또 그것이 통일 시기든 아니면 분열 시기든 막론하고 모두가 중국의 민족이었다. 예컨대 진·한 시기의 흉노, 수·당 시기의 돌궐, 거란족이 건립한 서요西遼(1125~1211), 회흘족이 건립한 하라한哈拉汗 왕조(840~1211) 등은 그들이 생활하고 통제한 지역이 모두 강역의 일부분이고 그들이 건립한 정권도 모두 중국의 서로 다른 민족 정권에 속한다. 비록 분열 시기에 상이한 민족 정권이 서로 이역이나 외국으로 간주하기도 했지만 전체 역사로 볼 때 그것은 통일된 다민족국가가 잠시 분열된 것이었다. 그들의 관계는 국내의 상이한 민족 정권 간의 관계이지 중국과 외국 간의 관계가 아니었다. 따라서 그들의 역사도 모두 중국사의 일부분이다.[282]

각 민족의 역사적 공헌을 어떻게 취급해야 하는지도 민족 관계에 포함된 중요한 문제다.

계급사회에서 상이한 계급 간의 관계는 불평등하고, 상이한 민족 간의 관계도 불평등하다. 이러한 불평등 관계는 세계사에도 가득하고 중국사에도 많다. 그러나 우리는 각 민족 사이에 평등 원칙에 따라 역사 속의 민족 관계를 분석해야 한다.

중국의 통일과 강역 그리고 역사와 문화는 각 민족이 공동으로 창조하고 개발한 것이다. 중국 역사는 중국의 강역에 포함된 각 민족 역사의 총화다. 우리는 각 민족의 역사적 활동을 관찰하고 분석할 때 반드시 민족 평등의 원칙에 입각해야 한다. 그러나 우리가 말하는 민족 평등은 주로 각 민족이 향유해야 할 권리로서 평등을 가리킨다. 역사 문제에서도 우리는 똑같은 표준과 척도를 적용하여 각 민족의 역사적 활동을 평가하고 저울질해야 한다. 그러나 그것은 각 민족이 역사에서 기여한 역할이 평등했음을 말하는 것은 아니다.

중국 역사에서 중원 지역이 이미 비교적 발달한 봉건사회로 진입했을 때 몇몇 변방 지역의 소수민족은 아직도 노예제 사회에 처해 있었고, 몇 몇 개별 지역도 노예제 사회나 심지어 씨족사회로 있었다. 각 민족이 거주한 지역이나 발전 수준 그리고 인구 규모에 뚜렷한 차이가 있었기 때문에 그들이 역사에서 기여한 역할과 공헌도 상이했다. 그중에서 한족이 줄곧 주도적인 역할을 했다.

한족이 역사적으로 주도적인 역할을 할 수 있었던 원인은 인구가 많았을 뿐 아니라 더욱 중요하게는 비교적 선진적인 생산방식과 발달된 경제·문화가 있었기 때문이다. 한족이 기타 민족에게 정복된 이후에도 여전히 그러했다. 마르크스는 다음과 같이 말했다. "야만적인 정복자는 언제나 그들이 정복한 민족의 수준 높은 문명에 정복된다. 이것은 영원한 역사의 법칙이다."[283] 중국 역사에서도 선비, 거란, 여진, 몽골, 만주족이 한족 지역을 계속해서 정복했다. 그들은 중원으로 들어오기 이전에 모두 중원의 한족보다 비교적 낮은 발전 단계에 있었다. 이 때문에 그들은 중원으로 들어온 이후 한족들이 본래 가지고 있던 생산방식과 문화를 변화시킬 수 없었을 뿐 아니라 오히려 점차 한족문화에 동화되었다. 따라서 저명한 역사학자 젠보짠은 이렇게 말했다. "나는 설령 선비족, 거란족, 여진족이 중국의 절반을 통치하던 시기라 해도, 혹은 몽골족과 만주족이 중국 전역을 통치하던 시기라 해도 한족이 여전히 역사에서 주도적인 역할을 했다고 생각한다."[284]

민족 전쟁과 민족 영웅을 정확하게 평가하는 것도 민족 관계 연구 중 중요한 영역이다.

　중국의 각 민족 간에는 역사적으로 여러 차례 전쟁이 있었다. 전쟁은 물론 민족 관계 가운데 중요한 현상의 하나지만 우리가 먼저 명확히 해야 할 것은 몇천 년 동안 각 민족의 주도적인 관계는 평화였고 경제적·문화적·정치적 부문에서 정상적으로 교류했다는 점이다. 옛날 사학자들은 왕왕 편협한 민족주의적 편견을 바탕으로 민족 간의 분쟁을 지나치게 강조하며 민족 간의 정상적인 교류와 이러한 교류가 각 민족의 점진적인 단결과 통일에 미친 중요한 의의를 소홀히 취급했다. 기실은 각 민족 간에 평화를 유지한 시간이 전쟁을 지속한 시간보다 훨씬 길다. 또 역사적으로 각 민족 간의 평화 유지가 주요 부문이었고 전쟁은 부차적인 요소였다. 민족 모순이 평화를 유지할 수 없을 정도로 진전되었을 때에야 비로소 전쟁이 폭발했다.

　역사적으로 국내 각 민족 간에 발생한 여러 차례 전쟁은 모두 일종의 내전이긴 했지만 성격은 서로 다르다. 따라서 전쟁 쌍방도 각각 정의와 불의, 침략과 반침략, 압제와 반압제, 정복과 피정복, 통일과 분열의 차이가 있었다. 이러한 전쟁의 성격을 어떻게 평가할지는 아주 중요하고도 복잡한 문제의 하나다.

　우리는 이러한 전쟁을 평가할 때 먼저 편협한 민족주의에서 벗어나야 한다. 대한족주의의 처지에 서서도 안 되고, 어떤 소수민족의 처지에 서서도 안 된다. 우리는 중국이 온전한 다민족국가라는 바탕에서 출발하여 평가를 진행해야 한다.

전쟁의 성격을 판단하려면 먼저 전쟁을 어느 계급이 시작했고, 무엇을 위해 진행했으며, 어떤 정책을 지속했는지를 이해해야 한다. 민족 전쟁은 계급사회의 산물이다. 왜냐하면 이러한 전쟁은 각 민족의 통치계급이 시작하기도 하고 혹은 통치계급의 민족 압박과 착취 정책으로 일어나기도 하기 때문이다. 각 민족의 통치계급은 더 많은 땅과 백성을 통치하고 재산을 더 많이 약탈하기 위해 흔히 다른 민족과 그 땅을 겨냥하고 전쟁을 일으키곤 한다.

예를 들면 흉노, 선비, 돌궐 등 북방 초원 민족이 중원 지역과 서역 지역에서 자행한 약탈과 정복 전쟁, 한 무제가 대완大宛(지금의 우즈베키스탄)을 정벌한 전쟁, 금나라가 남송을 침략한 전쟁, 몽골제국이 중원·서아시아·유럽을 정복한 전쟁 등은 모두 침략성 전쟁이므로 정의롭지 못한 것이다. 그러므로 이들의 침략을 받은 민족과 지역 혹은 국가에서 일어난 항쟁은 자신의 정원을 보위하고 민족 생존을 보위하기 위한 전쟁이므로 정의로운 반침략 전쟁이다.

역사적으로 어떤 변방 소수민족의 지도자는 자신의 민족과 인민을 착취하고 노예로 부리려 소수 통치자의 특권을 보호하고 국가 통일에 반대했으며 심지어 외국 세력과 작당하여 조국을 분열시키려는 전쟁을 일으키기도 했다. 이러한 전쟁은 반동적인 것이다. 그러므로 이러한 반동 세력을 공격하는 것은 정의롭고 현지 소수민족의 이익에 부합하며 국가 통일에도 유익한 일이다.

각 민족 통치자가 침략 전쟁을 일으키는 목적은 주로 자기 민족 통치계급의 권익을 확대하기 위한 것이었다. 그러나 역사적으로 몇몇 전쟁은 궁극적인 결과와 객관적인 효과가 전쟁을 일으킨 통치자의 주관적 목적과 완전히 일치하지 않을 때도 있었다. 레닌은 다음과 같이 말했다. "역사적으로 늘 이러한 전쟁이 있었고, 이러한 전쟁들도 모든 전쟁과 마찬가지로 갖가지 참화, 폭행, 재난, 고통을 수반했지만 그것들은 여전히 진보적인 전쟁이었다. 다시 말해 그 전쟁들은 인류 발전에 유리했고 특별히 해롭고도 반동적인 제도(예를 들면 전제주의나 농노제)를 파괴하는 데 도움을 줬으며, 유럽에서 가장 야만적인 전제정치 체제(터키와 러시아)를 파괴하는 데도 도움을 줬다."[285] 중국 역사에서 있었던 몇몇 민족 전쟁도 이러한 성격이 있었다. 그 전쟁들은 반동적이고 낙후된 제도를 파괴하고 국가의 통일과 민족의 융합을 촉진했다.

역사 속에서 일어났던 민족 전쟁에서 아주 뛰어난 영웅들이 출현하여 각 민족 인민의 사랑을 받았다. 그들 중 어떤 사람은 전쟁으로 본래 분산된 부족을 통일된 민족으로 이끌어 그 민족의 발전과 강성을 촉진했다. 예컨대 몽골족의 칭기즈칸과 만주족의 누르하치가 그런 인물이다. 또 어떤 사람은 반침략 전쟁 과정에서 이민족의 공격에 영용하게 저항하며 자기 민족의 집과 생명과 재산을 보호했다. 예를 들면 한족의 악비岳飛와 우겸于謙 등이 그러했다. 그들은 모두 자기 민족의 영웅이다.

중국 역사에는 또 외래 침략자에게 반항하고 민족을 보위하는 전쟁에서 뛰어난 공적을 남긴 영웅이 몇몇 있다. 예를 들면 명나라 때 왜구를 물리친 척계광戚繼光, 네덜란드 침략자로부터 타이완을 수복한 정성공, 아편전쟁 과정에서 영국에 맞선 임칙서林則徐 등이 그들이다. 그들은 각 민족의 영웅으로 전국 인민의 사랑을 받고 있다.

이상 모든 민족 영웅이 각 민족의 이익을 위해 헌신한 용감하고 지혜로운 영웅적 정신과 업적은 중국 역사에 영원히 새겨져 각 민족 인민의 전진을 고무할 것이다.

[생각거리]

1. 왜 중국은 줄곧 하나의 다민족국가였다고 말하는가?

2. 역사적으로 볼 때 왜 통일이 중국의 주류였나?

3. 세계적인 시각으로 볼 때 중국 역사의 민족 관계에는 어떤 특징이 있나?

[참고자료]

1. 샹다向達, 『당대 장안과 서역 문명唐代長安與西域文明』, 三聯書店, 1983.
2. 젠보짠, 『젠보짠 역사 논문 선집』, 人民出版社, 1980.
3. 웡두젠翁獨健 주편, 『중국 민족 관계사 강요中國民族關系史綱要』, 中國社會科學出版社, 1990.

중국 고대의 정치, 관리 선발제도와 법률제도

〔 6강 〕

중국은 고대사회가 발전함에 따라 완전한 정치제도, 관리 선발제도(고대에는 선거選舉라 칭했음), 법률제도를 갖췄다. 이러한 제도적 시스템은 중화문명이 형성되고 발전하는 과정에서 획득한 창조적 산물로 그 기원과 변화가 서구문명의 그것과 아주 큰 차이를 보인다. 원시사회가 계급사회로 변화하는 과정에서 초기 국가인 하·상·주 삼대는 비교적 다양한 부족의 통치방식을 계승하여 종법제로 대표되는 제도를 만들었다. 1,000여 년 이상의 변화 단계를 거쳐 전국시대에 이르러 중앙집권의 정치 체제가 탄생했다. 진·한시대 대일통 봉건제국의 건립에 따라 황권 전제를 핵심으로 하는 관료체제가 고대사회를 주재하기 시작했으며 아울러 뛰어난 관료제도와 법률제도를 형성했다. 이후 왕조 교체 과정에서 황제제도, 관료체제, 법치제도는 사회의 변화에 따라 끊임없이 조정되었다. 청 말에 이르러 서구문명의 충격을 받고서야 전제적인 왕조 정치는 종말을 고했다.

진·한 이후의 왕조체제는 황제제도를 둘러싸고 완전한 국가 정치체제를 갖췄다. 양한兩漢시대에 중앙에서는 삼공구경제三公九卿制를 시행함과 동시에 황권을 둘러싸고 중외조체제中外朝體制를 형성했다. 이는 위진남북조시대의 변혁과 조정을 거친 후 수·당시대의 집체 재상 제도와 삼성육부제三省六部制로 발전했다. 명·청시대에 이르러서는 내각제와 군기대신제軍機大臣制로 변화했다. 정치제도의 연혁 과정에서 드러난 가장 두드러지는 특징은 정책 결정과 집행, 정무와 감찰, 실무와 논의의 균형적 시스템이 서로 잘 맞아떨어지면서 왕조의 장기적 안정을 보증할 수 있었다는 점이다.

고대 관료체제 중에서 가장 특색 있는 것은 관리의 선발과 그것을 관리하는 시스템이었다. 그것은 한나라의 찰거察擧제도에서 시작되어, 위진남북조시대에는 구품중정제九品中正制가 되었으며, 다시 수·당시대에 과거제 창설로 이어졌고, 명·청시대에는 팔고문으로 인재를 뽑는 제도로 발전했다. 이 제도는 전통국가가 사회를 효과적으로 다스리는 시스템으로 작동했을 뿐 아니라 관민 간 상하 소통의 통로가 되었다. 따라서 이 제도는 고대사회의 안정에 특별한 의미가 있다.

삼대 시기에 '예禮'로 나라를 다스리는 제도가 형성되어 예와 형刑을 병용하게 되었다. 전국시대에 이르러 법치제도가 발흥하자 형벌이 법제로 전환되어 세밀하고 엄혹한 진秦나라 법률이 탄생했다. 한나라 이후로는 왕도와 패도를 병용하고 예와 법을 융합하여 점차 '중화법 체계'를 형성했다. 그중 한나라의 『구장률九章律』, 당나라의 『당률소의唐律疏議』, 청나라의 『대청률례大淸律例』가 가장 대표적이다.

① 국가기구의 변화와 정치제도의 발전

고대 가장 이른 시기의 국가는 원시사회의 기초 위에서 발전했다. 원시사회에서 기본적인 사회관계는 혈연관계와 친분관계다. 중국에서는 이러한 사회구조가 국가 탄생 이후에도 비교적 온전하게 보존되어왔다. 이 때문에 고대의 초기 국가(하·상·주 삼대)는 일종의 부족국가였다. 이들 국가의 정치제도에는 부족국가의 색채가 매우 농후한데, 점차 종법제를 핵심으로 하는 제도적 시스템을 형성하여 국가를 다스리는 기본방식으로 분봉제를 이용했으며, 관리 선발의 기본방식으로는 세경세록제世卿世祿制를 채용했다. 이러한 제도는 서주에서 가장 전형적으로 운용되었다.

하나라시대(대략 기원전 21세기~기원전 16세기)에 관한 자료는 극히 드물다. 상나라시대(대략 기원전 16세기~기원전 11세기)에는 비교적 발달한 종족체계가 있었고, 서주시대(대략 기원전 11세기~기원전 771)에 이르러 종법제도가 최고봉에 이르렀다. 이른바 종법이란 기실 혈연관계와 친분관계로 이루어진 부족 정치체계를 말한다. 상·주시대에 국가를 조직하는 원칙은 '친귀합일親貴合一'이었다. 즉 혈연관계와 인척관계에 근거하여 사회등급을 확정하고, 정권과 족권族權을 일치시켜 귀족이 정치상의 통치 권력을 행사하는 것이다. 하·상·주시대에는 최고통치자를 '왕'이라 칭하고, 소목昭穆제도를 바탕으로 항렬과 연배의 등급을 확정했다. 또 정치적 지위에 근거하여 '대시大示(大宗)'와 '소시小示(小宗)'를 나눴다.[286] 왕의 아래는 제후가 되고, 제후의 아래는 경대부卿大夫가 되고, 경대부의 아래는 평민[國人]이 되었으며, 같은 부족 이외의 피통치자는 야인野人으로 불렸다.

부족통치의 수요에 적응하기 위해 상·주에서는 분봉제를 시행했다. 상·주의 '국國'은 영역이 아주 작아서 실제로 통치자가 직접 다스리는 도시에 불과했다. 전해오는 기록에 따르면 상나라 초기에는 국이 3,000여 개나 되었고, 주나라 초기에는 1,800여 개나 되었다고 한다. 최고통치자인 왕이 직접 다스리는 판도도 크지 않았다. 그래서 맹자는 "왕도정치에는 나라가 클 필요는 없다. 탕왕湯王은 70리로 그것을 이뤘고, 문왕은 100리로 그것을 이뤘다"[287]라고 했다. 이 구절이 바로 이러한 상황을 반영한 것이다. 이러한 국이 실제로는 바로 도성이고, 도성 밖은 야野나 비鄙로 불렸는데, 그곳은 피통치 계층에 속하는 부족이 거주하며 생산활동에 종사하는 지역이다. 왕의 직할지 이외의 광대한 지역에는 제후를 분봉하는 방법으로 주권을 행사했다. 예컨대 상왕商王은 지금의 웨이허강渭河 유역에 희주姬周[288] 부족을 분봉하고 그 지도자를 '서백西伯'이라고 불렀다. 서주 시기에 이미 이러한 분봉제가 고도로 성숙하여 "나라를 분봉하고 제후를 널리 세워 종주宗周의 울타리로 삼았다(封邦建國, 廣建諸侯, 以藩衛宗周)"라고 했다.

서주 초기에 제후국을 크게 분봉하여 국가의 기틀을 안정시켰다. 역사에서는 주 무왕이 상나라를 정복하고 "자신의 형제를 제후국에 분봉한 것이 15명이고, 희성姬姓 친척을 제후국에 분봉한 것이 40명이라고"[289] 기록했다. 또 주공周公은 반란을 평정하고 "천하를 두루 제어하면서 71개 제후국을 세웠는데 그중 희성姬姓만 유독 53명을 봉했다."[290] 분봉된 제후는 주왕周王의 책봉 조서와 예기禮器를 받고 주왕에게 조공의 의무를 다해야 했으며 아울러 주왕을 따라 출정, 제사, 상례, 경축 등의 행사에 참여해야 했다. 만약 제후 사이에 분쟁이나 충돌이 발생하면 주왕이 그것을 조정하고 처리했으며, 의무를 다하지 않은 제후는 주왕이 처벌하고 정벌할 권한을 지녔다. 제후국 내에서도 다시 경대부를 분봉했다. 주왕은 천하를 통솔했고, 제후는 국國을 다스렸으며, 경대부는 가家를 다스렸고, 선비[士]는 녹봉으로 받은 땅을 향유했다. '국國'과 '가家'의 동일한 구조가 이로부터 형성되었다.

　서주의 분봉제도는 본질적으로 느슨한 연맹체여서 제후국이 상당히 큰 자주권을 보유했다. 춘추시대에 이르러 제후국 간의 강역 변화 및 제후국 내부 경대부의 실력이 강해짐에 따라 주 왕실이 쇠약해지고 제후들이 패자霸者를 칭하면서 분봉제가 해체되기 시작했다. 격렬한 병탄전쟁을 거치며 역사는 전국시대(기원전 475~기원전 221)로 접어들었고, 전대미문의 정치체제가 점차 구체제에서 탈각되어 나왔다. 그것이 바로 지역적인 중앙집권제와 군주 전제제도였다. 전국칠웅이 앞서거니 뒤서거니 광범하게 변법을 시행하며 제도적 전환을 완성했다.

　전국시대에 있었던 중대한 변화의 하나는 바로 점차 군현제를 이용하여 분봉제를 대체하기 시작했다는 사실이다. 진秦, 초楚 등에서는 모두 새로 점령한 지역에 새로운 행정제도인 현縣과 군郡을 설치했다. 군현의 장관직은 더는 세습 영주가 맡는 것이 아니라 군주가 파견한 관리가 직접 관장했다. 군현의 장관은 군주가 임명·면직하였고, 그 관리는 군주에게 자신의 직무에 대한 책임을 지면서 역사상 최초로 귀족 영주를 대신하여 직업 관료의 역할을 담당했다. 분봉제 대신 군현제를 시행하면서 두 가지 중요한 의미가 드러났다. 첫째, 국가제도에서 지역관계가 혈연관계를 대신하게 되면서 초기 부족국가가 영토국가로 전환되었다. 둘째, 국가가 인원을 관리하고 직업 관료가 세습 영주를 대신함으로써 귀족정치가 관료정치로 전환되었다.

전국시대에 나타난 또 하나의 중요한 변화는 점차 지역적인 군주 전제 제도가 형성되었다는 점이다. 그중에서 가장 전형적인 것이 진秦 효공 때부터 진왕 영정에 이르기까지 군주가 대권을 장악하고 경사卿士는 그 명령에 따르는 제도를 제정한 일이었다. 이로써 대일통 전제 제국 탄생에 바탕이 마련되었다.

진秦나라(기원전 221~기원전 206)는 통일 대업을 실현하여 중국 역사에서 첫 번째로 대일통 전제 제국을 건립했다. 통일을 실현한 후 진왕 영정은 자칭 진시황이라 부르며 황제제도의 창시자가 되었다. 한나라(기원전 206~기원후 220) 통치자들도 황제 칭호를 계승했다. 이후 이 칭호는 2,000여 년 동안 이어졌다. 진·한시대부터 황제제도가 마련된 것이 고대 정치제도의 핵심이다.

황제 지위의 신성성을 확보하기 위해 진·한 시기에는 황제의 의복, 식사, 주거, 행차에 일련의 특수한 칭호를 규정해놓았다. 동한 학자 채옹蔡邕은 다음과 같이 개괄했다. "한나라 천자의 정호正號는 황제인데, 스스로는 짐朕이라고 부르고, 신민은 폐하라고 부르고, 그 말은 제조制詔라 하고, 사관이 일을 기록할 때는 상上이라고 한다. 또 거마, 의복, 도구는 승여乘興라 하고, 지금 있는 곳은 행재소行在所라 하고, 거주하는 곳은 금중禁中이라고 하다가 나중에 성중省中[291]이라고 했다. 임금의 인印은 새璽라 하고, 어디에 가는 것은 행幸이라 하고, 어디에 들어가는 것은 어御라고 한다. 황제의 명령은 첫째 책서策書, 둘째 제서制書, 셋째 조서詔書, 넷째 계서戒書라고 한다."[292]

한나라 때부터 황제는 모두 특수한 묘호廟號, 시호, 연호를 사용했다. 묘호에서 왕조를 창건한 임금은 조祖라 하고 덕망과 은택이 만민에게 미친 임금은 종宗이라고 한다. 시호는 일반적으로 황제의 공적을 가장 잘 표현할 수 있는 글자로 개괄했다. 예컨대 '문文', '무武', '명明', '장莊' 등이 그것이다. 연호는 한 무제가 사용하기 시작했는데, 일반적으로 특수한 의미가 담긴 어휘를 사용한다. 예컨대 '건원建元', '원정元鼎', '건무建武', '영평永平' 등이 그것이다. 지금 사람들은 습관적으로 시호를 사용하여 한나라와 진晉나라의 황제를 부른다. 예를 들면 한 문제, 한 원제, 진 무제 등이 그것이다. 또 묘호를 사용해서는 당나라와 송나라 황제를 부른다. 예를 들면 당 고조, 당 태종, 송 인종 등이 그것이다. 그리고 연호를 사용해서는 명나라와 청나라 황제를 부른다. 예를 들면 홍무제洪武帝, 영락제永樂帝, 강희제康熙帝 등이 그것이다.

한나라 통치자들은 진나라 때 장자 부소扶蘇를 일찍 태자로 세우지 않아서 조고趙高가 조서를 위조하여 호해胡亥에게 보위를 전한 일을 교훈으로 삼아 태자제도를 만들어 황위 전승 절차를 보장해줬다. 그 후로 태자는 '국본國本'이라고 칭해졌다. 태자를 세우는 기본원칙은 "적자를 세울 때는 연장자를 우선하고 현명함은 따지지 않는다. 잉첩의 아들을 세울 때는 고귀함을 위주로 하고 연장자 순서에 의지하지 않는다"[293]는 것이다. 한나라 때는 또 만약 황제가 어리거나 기타 원인으로 정무를 처리할 능력이 없으면 태후가 수렴청정을 하도록 했다. 이렇게 되자 제도적으로 태후와 황제가 권력을 다투는 우환이 생겨났다. 태후가 수렴청정을 할 때는 보통 외척을 중용했다. 황제는 오랫동안 깊은 궁궐에 거주하기 때문에 신변에 신임할 만한 사람은 오직 환관뿐이었다. 동한시대에 외척과 환관이 번갈아가며 정치를 전횡한 것도 기실 황제의 권력과 태후의 수렴청정 제도가 모순과 갈등을 빚으면서 야기된 현상이었다.

진·한시대의 중앙 조정에서는 정식으로 삼공구경제三公九卿制를 시행했다. 삼공은 조정의 최고 장관이다. 그중 승상은 행정을 책임졌고, 태위太尉는 군사를 책임졌으며, 어사대부御史大夫는 감찰을 책임졌다. 구경은 조정 각 부의 장관이다. 그중 태상太常은 예의와 교육을, 광록훈光祿勳은 궁전과 시종 일을, 위위衛尉는 황궁 호위를, 태복太僕은 거마車馬와 목축을, 정위廷尉는 사법 심판을, 대홍려大鴻臚는 외교와 소수민족 업무를, 종정宗正은 황족에 관한 사무를, 대사농大司農은 재정과 경제를, 소부少府는 황제의 생활을 책임졌다. 구경 이외에도 일부 장관을 열경列卿이라고 일컬었다. 그중 집금오執金吾는 도성의 경비를, 장작대장將作大匠은 공사와 수리를, 태자태부太子太傅와 태자소부太子少傅는 태자와 관련된 사무를, 대장추大長秋는 태후와 관련된 사무를 책임졌다.

황제가 거주하고 업무를 보는 곳은 궁금宮禁 혹은 궁성宮省이라고 불렀다. 삼공구경의 관아는 궁궐 밖에 있었는데, 부府 혹은 시寺로 불렸다. 삼공구경으로 대표되는 정식 중앙 조정은 외조外朝라 불렸고, 황제의 공무 처리를 편리하게 하려고 황궁 내부에도 몇몇 사무 기관을 설치했는데, 대臺 혹은 각閣이라고 불렀다. 그중에서 비교적 유명한 것이 상서대尚書臺와 난대蘭臺다. 이 밖에도 황제는 겸직加官 형식으로 외조의 신임할 만한 관리에게 어떤 직함을 더해주어 궁궐 안에서 일하게 할 수 있었다. 겸직할 수 있는 유명한 벼슬로는 시중侍中, 중상시中常侍, 급사중給事中 등이 있었다.

겸직과 대각은 비교적 임시직의 성격이 강하고 그리 정식적인 관직은 아니었지만 황제 곁에서 대권을 장악했기 때문에 사실상 정책 결정의 중심 역할을 했다. 그래서 사람들은 그것을 중조中朝라고 불렀다. 삼공구경은 비록 정식 관직이었지만 황제 곁에서 비교적 멀리 떨어져 있었으므로 주로 정책을 집행하고 사무를 관리하는 일만 했다. 중조와 외조의 형성은 후대의 정치체제에 큰 영향을 미쳤다. 동한시대가 되면 상서대가 이미 승상의 직능을 대신했고, 어사대도 이전의 어사대부 업무를 대신하게 되었다. 행정을 주관하는 상서령, 감찰을 주관하는 어사중승御史中丞, 그리고 경기 지방을 감독하는 사례교위司隸校尉가 조정에서 가장 중요한 관직이 되어 사람들은 그들을 '삼독좌三獨坐'라고 불렀다.

진과 서한은 지방에서 군·현 양급제兩級制를 시행했지만, 동한은 주州·군·현 삼급제三級制를 시행했다. 주의 장관은 자사刺史였고, 군의 장관은 태수였으며, 현의 장관은 현령장縣令長이었다. 한나라 초기에는 각지에 제후 왕국을 분봉했다. 그러나 제후 왕국과 중앙 조정은 심각한 대항 국면을 형성하여 '오초칠국吳楚七國의 난'[294]을 초래했다. 칠국의 난을 평정한 후 조정에서는 제후 왕국의 최고 행정장관인 '상相'을 일률적으로 중앙에서 임명하고, 조정의 명령을 받도록 하여 제후왕의 행정권을 박탈했다. 동시에 한 무제는 문제와 경제 이래 시행했던 삭번削藩(제후국의 영토를 깎음) 정책을 계승하여 추은推恩과 조주助酎의 방식으로 지방 세력의 과다 팽창 문제를 해결했다. 이른바 추은이란 제후왕의 모든 아들에게 분봉을 계승할 권리를 주어 '분가分家'와 유사한 방법으로 제후 왕국을 해체하는 계책이다. 이른바 조주란 제후왕에게 황금을 바치게 하여 선조의 제사를 돕게 하는 일이다. 항명 조짐이 있는 왕국에는 황금 색깔이 불순하다는 핑계를 대고 제후왕의 작위를 빼앗았다. 이러한 일련의 조치를 거치면서 무제 이후의 제후 왕국은 군郡과 동일한 지방 행정조직이 되었다.

왕조 전제체제는 진나라에 의해 창립된 이후 한나라가 진나라 제도를 계승했고 역대 왕조도 그것을 이어받았다. 그러나 진나라가 가혹한 통치를 하다가 2세 만에 망하자 한나라는 진나라 망국의 교훈을 흡수하여 통치 정책을 조정했다. 따라서 무제 이후 유학을 숭상하며 천인감응론天人感應論을 내세워 유학으로 기본적인 가치를 확립하고 법제로 사회질서를 안정시켰다. 즉 이는 왕도와 패도를 겸용하고 예악과 법률을 병행하는 방법이었다. 정치제도 측면에서는 한편으로 황제가 최고 권력을 보유했지만, 다른 한편으로 황제는 천명의 구속을 받아야 했다. 공경대부와 백관들은 군주에게서 명령을 받아야 했고, 사회적으로 공인된 도의道義도 지켜야 했다. 아울러 중조와 외조 간, 그리고 정무관리와 감찰관리 사이에 초보적인 견제와 균형 체계가 형성되었다. 이것은 왕조의 장기적인 안정에 긍정적으로 작용했다.

위·진시대(220~420)에는 문벌정치가 홍성했다. 이른바 문벌정치란 가문의 등급이 정치 영역으로 스며드는 것인데, 구체적으로 말하면 명문대가가 조정을 장악하는 것이다. 사마씨司馬氏가 조위曹魏 정권을 빼앗은 후 당시 명문세가는 정치적으로 더욱더 혁혁한 문벌을 자랑했다. 사람들은 당시 상황을 사족士族이 각급 조정의 청직淸職과 요직을 장악했다고 일컬었다. 서진시대에 황제는 사족에 의지하여 사회를 다스리고, 종실을 제약하고, 관료들을 제어했다. 동진시대에 이르러서는 문벌 세력의 팽창이 황제 권력과 일정한 갈등을 빚었다. 당시 민요에서도 "왕씨와 사마씨가 천하를 함께 소유했다(王與馬, 共天下)"라고 노래했다. 여기에도 사족 대표 왕씨 가문과 황족 사마씨가 국가 권력을 공유하는 관계가 반영되어 있다.

위·진시대 정치제도는 분봉 문제에서 우여곡절을 겪었다. 조위는 한나라의 분봉제도가 지방 할거와 궁정 투쟁의 요인이 된 사실을 거울로 삼았다. 위 문제는 종실 친척에게 비교적 엄격하게 제한을 가했다. 그러자 오히려 정치의 대권이 타성에 넘어갔다. 사마씨는 조위의 수중에서 정권을 탈취한 후 조위가 권력을 잃은 교훈을 일부 참작하여 종실의 여러 제후왕에게 군사, 정치, 재정 권력을 집중시켰다. 그러나 결과적으로 '팔왕의 난(八王之亂)'[295]을 야기하고 말았다. 동진 이후로는 과중한 분봉에 따른 폐단이 점차 바로잡혔다.

수나라(589~618)는 남북조시대의 분열 국면을 끝내고 다시 통일을 실현했다. 정치제도 측면에서는 북조北朝를 계승하여 비교적 중대한 건설적 조치를 시행했다. 수나라를 이은 당나라(618~907)는 여기에서 한 걸음 더 나아가 제도를 건강하게 개혁하고 재상제도, 기관 설치, 감찰 대간臺諫 등의 부문에 더욱 완비된 구조를 갖췄다.

진·한시대에는 승상이 황제의 보좌역이었고, 동한시대에는 상서령이 승상의 권력을 대신했으며, 남북조시대에는 중서령과 시중이 점차 재상 칭호를 획득했다. 수·당시대에 이르러서는 재상제도에 비교적 중대한 개혁을 단행하고 집체재상제를 시행하여 재상의 권력을 분할함으로써 황제 권력과 재상 권력의 갈등을 해소했다.

이른바 재상이란 황제를 보좌하면서 백관을 통솔하는 정무장관을 가리킨다. 각 왕조의 재상은 명칭이 상이했다. 예를 들면 진·한시대에는 승상과 삼공을 재상이라 했고, 수나라와 당나라 초기에는 삼성三省 장관, 즉 상서복야尚書僕射, 중서령, 시중 세 사람을 재상이라 했다. 동시에 각종 겸직 벼슬, 예컨대 참장조정參掌朝政, 평장국계平章國計, 동지정사同知政事 등의 명목으로 재상 사무에 참여하기도 했다. 그러다가 나중에는 점점 역시 겸직인 '동중서문하평장사同中書門下平章事'와 '동중서문하삼품同中書門下三品'을 재상으로 확정했다. 이로써 삼성 장관은 오히려 재상의 반열에서 배제되었다. 재상이 업무를 보는 곳은 정사당政事堂이었으며, 그곳에서 집단 논의 제도를 시행했다. 이러한 집체재상제는 황권 전제를 효과적으로 보장해줬다. 당 현종 때 재상의 전횡이 나타났던 일을 제외하면 기본적으로 당나라 때는 한·위 이래의 강권재상强權宰相이 더는 나타나지 않았다.

당 태종이 학사들을 자신의 정무 고문으로 삼은 이후 고종 때는 정식으로 북문학사北門學士를 설립하여 재상의 권력을 분담하게 했다. 또 현종은 황궁 안에 한림원翰林院을 설립하여 황제 신변의 고문 기관으로 삼았다. 애초에 한림학사는 중서성의 일부 권한을 대신 행사하며 황제를 위해 조칙 등 문서를 기초했지만 나중에는 점차 재상의 권력을 대신 행사하면서 황제 신변의 정책 결정을 담당하는 중추기관이 되었다. 이 때문에 정원貞元 이후 사람들은 때때로 한림학사를 '내상內相'이라 부르기도 했다.

수·당시대 중앙에서는 삼성육부제를 시행했다. 삼성은 상서성尚書省, 중서성中書省, 문하성門下省으로 당시 정무의 중심이었다.

상서성은 당나라 최고의 행정기관이었다. 이 기관은 동한 이후 존재했던 상서대尚書臺가 변화해온 것이다. 여기에 성省이라는 이름을 붙인 것은 그것이 궁궐宮禁에서 나왔다는 내력을 드러내려는 의도다. 상서성의 장관은 상서령이지만 일반적으로 구체적인 사람을 두지 않고 좌우 상서복야가 그 일을 총괄했다. 복야의 아래에는 좌우승左右丞을 두고 복야를 도와 육부를 나눠 관리하게 했으며, 좌우 사랑중司郎中에게는 좌우승을 도와 사무를 처리하게 했다. 상서성의 전체 기관은 도성都省으로 불렸다. 상서성 아래에는 이부吏部, 호부戶部, 예부禮部, 병부兵部, 형부刑部, 공부工部 등 육부를 설치했고, 육부 장관으로 상서尚書를 두었으며 그 보좌역으로 시랑侍郎을 두었다. 당대의 육부상서는 항상 중신이 겸직했고, 그중에서 이부상서와 병부상서는 권력이 더욱 막중해서 흔히 재상이 겸직하곤 했다. 안사의 난 이후로는 육부상서를 점차 외부의 번진藩鎭 장관이 겸직하게 되자 시랑이 육부의 실제 장관 역할을 했다. 육부 아래에는 각각 4사司가 있어서 모두 24사를 두었다. 사司의 장관은 낭중郎中이었고 보좌역으로 원외랑員外郎을 두었다.

중서성은 당나라 최고의 정책 결정 기관으로 군대와 국가의 정령政令을 장악하고 임금이 반포하는 문서를 기초했다. 중서성의 장관을 수나라 때는 내사內史라 했고 당나라 때는 중서령으로 바꿔 불렀으며, 그 보좌역으로 중서시랑中書侍郎을 두었다. 무릇 정식적인 황제의 문서는 일괄적으로 중서성에서 초안을 잡았다. 조칙과 정령의 기초를 구체적으로 책임지는 관리로 중서사인中書舍人 6명을 두었다. 이들은 이와 동시에 상서성 육부에서 올리는 상소문에 대해 처리 의견을 제시했다. 중서사인은 또 관리에 대한 감독과 조사 그리고 사법심판을 책임졌다.

문하성은 당나라 최고의 심의기구로 황제의 명령을 출납하고 조서와 상소문을 반환·반박하는 일을 책임졌다. 문하성의 장관을 수나라 때는 납언納言이라 했고 당나라 때는 시중이라고 개칭했으며 그 보좌역은 문하시랑門下侍郎이라 했다. 모든 상하 문서는 일률적으로 문하성에서 심의했는데, 조서와 상소문을 심사하는 관리로 급사중給事中 4명을 두고 봉박권封駁權을 부여했다. '봉封'이란 봉환封還 즉 되돌려 보낸다는 뜻이다. 반박하고 교정하는 일을 가리킨다. 황제가 내린 조칙이나 육부가 올린 상소문 중에서 문하성이 부당하다고 인식하면 봉환하여 재검토를 요청하거나 직접 개정할 수도 있었다. 이러한 봉박제도는 정책 제정과 정무 감독이라는 측면에서 중요한 의미가 있다. 또 급사중도 중서사인과 마찬가지로 관리에 대한 감독과 조사 그리고 사법심판을 책임졌다.

또 중서성과 문하성 부설로 다수의 간언 담당 관리를 두었다. 구체적으로 산기상시散騎常侍, 간의대부諫議大夫, 보궐補闕, 좌우 습유拾遺 그리고 우귀중서右歸中書, 좌귀문하左歸門下가 그들이다. 간관은 정무에 대해 조정에서 바로 간쟁하며 비판할 수 있고, 봉사封事[296]를 올릴 수도 있다. 『구당서』의 기록은 이렇다. "무릇 명령을 내려 일을 처리할 때 시의에 맞지 않는 점이 있거나 도리에 부합하지 않는 점이 있으면 큰일은 조정에서 논의하고 작은 일은 봉사를 올린다."[297) 따라서 간언 올리는 일을 제도적으로 보장했다. 이 밖에도 중서성과 문하성에 기주관記注官을 다수 두었는데 이들은 기거사인起居舍人과 기거랑起居郎으로 업무를 나누어 황제의 언행을 기록했다. 이들이 기록한 초본을 『기거주起居注』라고 불렀고 이후 역사를 편찬하는 일차자료로 이용했다. 당나라 때 간언제도와 기주제도가 완비된 것은 고대 정치체제가 성숙해가는 표지의 하나라고 할 만하다.

수·당시대에는 삼성 이외에도 비서성秘書省, 전중성殿中省, 내시성內侍省이 설치되어 있었다. 비서성 산하에는 저작국著作局과 태사국太史局을 설치하여 사부도서四部圖書와 천문·역법을 분담하여 관리하게 했다. 전중성 산하에는 상식尙食, 상약尙藥, 상의尙衣, 상사尙舍, 상승尙乘, 상연尙輦 등 육국六局을 설치하여 황제의 생활 사무를 나눠 맡겼다. 내시성은 환관을 관리하는 전문 기관이다. 내시성 산하에는 액정掖庭, 궁위宮闈, 해관奚官, 내복內僕, 내부內府 등 오국五局을 설치하여 궁궐 안의 사무, 환관, 궁녀를 총괄하게 했다.

국가를 관리하는 과정에서 흔히 새로운 제도를 만들기도 했으나 옛 제도도 여전히 계승했다. 진·한의 구경은 수·당에 이르러 구시오감九寺五監으로 바뀌었다. 직능 면에서 이들 관서는 대부분 육부와 중첩되어 육부의 관할 아래 구체적인 사무 기관으로 기능했다. 예컨대 문화 교육 부문은 예부가 총괄했지만 구시에 속하는 태상시太常寺, 광록시光祿寺, 홍려시鴻臚寺, 오감에 속하는 국자감國子監도 모두 문화 교육기관에 속했다. 분담 업무를 보면 예부는 문화 교육 부문의 정령과 제도를 주관했고, 태상시는 구체적인 제사와 악무樂舞를 책임졌고, 광록시는 음식 업무를 전담했고, 홍려시는 빈객과 장례 절차를 전담했고, 국자감은 구체적으로 학교 관리를 책임졌다. 이들 기관이 존재함으로써 정무와 사무가 비교적 뚜렷하게 분업되었다.

당나라가 정치제도를 운용하는 과정에서 환관의 전횡이 매우 두드러진 문제 중 하나로 드러났다. 황권이 강화됨에 따라 황제는 자기 주위의 환관을 유력한 정치 도구로 활용하여 조정을 장악했다. 현종 때부터 환관의 봉사정신을 이용하기 시작했다. 이에 밖으로 환관을 이용하여 군대를 감독하면서 환관의 지위가 상승했고, 안사의 난 기간에는 환관이 정무에 개입하기 시작했으며, 대종代宗 때에 이르러서는 환관을 이용하여 추밀樞密 기구를 장악하고 문서의 출납과 조서의 선포를 주관했다. 나중에 번진藩鎭의 할거를 거울삼아 덕종德宗은 진정으로 자신의 명령에 따르는 군대를 만들기 위해 환관을 파견하여 중앙 금군禁軍 가운데 신책군神策軍을 통솔하게 했다. 바로 이처럼 황제가 끊임없이 환관의 세력을 확장했기 때문에 결국 환관이 황제 폐위와 옹립을 좌우할 지경에까지 이르렀다. 당나라 환관의 전횡은 정식 환관 기구인 내시성과는 그리 큰 관계가 없고, 오히려 황제가 환관을 파견하여 각종 직무를 담당하게 했기 때문에 생긴 결과였다. 그중에서 가장 중요한 인원은 황제와 재상 사이에서 정보를 전달하던 두 명의 추밀사樞密使와 신책군을 총괄하던 두 명의 신책중위神策中尉였다. 좌우 추밀사와 좌우 신책중위는 만당晩唐 시기에 '사귀四貴'로 불리며 진정한 요직으로 부상했다.

수·당시대에 지방에서는 주·군州·郡 합병 제도를 시행하고 중앙에서 직접 주·군을 관할하면서 지방의 중간 통치 기구를 줄였다. 당나라 때는 또 전국을 10도道(개원 이후에는 15도로 나눔)로 나누어 주·군을 감독하는 구역으로 삼았다. 그러나 당나라 때 설치한 절도사가 정치에 막대한 영향을 미쳤다. 성당시대에는 변방 유목민족의 침입을 더욱 효과적으로 방비하기 위해 요동遼東에서 검남劍南에 이르는 연변에 평로平盧, 범양范陽, 하동河東, 삭방朔方, 북정北庭, 안서安西, 하서河西, 농우隴右, 검남 등 9대 절도사를 두고 변방의 군대를 통솔하게 했다.

군사행동의 필요성 때문에 절도사들은 점점 관할 지역의 재정 업무(지도사支度使 업무)와 토지 업무(영전사營田使 업무)를 겸임하게 되었고, 아울러 관할 지역의 관리 임명과 민정 사무에도 손을 대게 되었다. 이렇게 하여 절도사는 자신에게 군대, 정무, 민정, 재정의 권력을 집중할 수 있게 되었다. 그리고 자신의 휘하에 강력하고 작전에 능한 군대까지 거느리게 되자 조정에서는 절도사를 효과적으로 통제할 방법을 찾을 수 없었다. 특히 안녹산이 범양, 평로, 하동 세 곳의 절도사를 겸임하면서 결국 안사의 난이 배태되었다. 안사의 난을 평정하는 과정에서 군사적 필요성 때문에 당나라 조정에서는 내지에도 더욱 광범위하게 절도사를 두지 않을 수 없었다. 그것을 습관적으로 방진方鎭 혹은 번진藩鎭이라고 부른다. 헌종憲宗 원화元和 연간에 이르러서는 전국에 방진 48곳이 설치되어 군웅할거의 형세가 조성되었다.

오대(907~960)의 전란을 거친 후 북송北宋은 또다시 통일 정권을 세웠다. 송나라(960~1279) 정부는 당나라 제도를 전반적으로 계승했고, 내란과 외침 사이에서 초기의 방비 활동을 더욱 중시했다. 송 태종은 다음과 같이 말했다. "국가에 만약 외부 침략이 없다면 반드시 내부 우환이 있게 된다. 외침은 변방 사무에 불과하여 모두 예방할 수 있다. 그러나 말로 표현할 수 없이 간사한 자들이 만약 내환을 일으킨다면, 이는 깊이 두려워해야 할 일이다. 제왕은 마음을 써서 항상 이 일에 부지런히 대비해야 한다."[298] 이 때문에 송대의 제도는 미세한 부분에 대한 완벽한 대비를 더욱 중시했고, 특히 관료집단의 균형 잡힌 통제와 감독에 주의를 집중했다. 그리고 송대의 유학 발전에 힘입어 "천하의 일은 올바른 도리가 가장 크고," 이에 "사대부와 천하를 함께 다스려야 한다"는 사회사조가 형성되었다. 이로써 송나라시대의 제도 건설 부문에 일정한 특색이 형성되었다.

송 태조는 "한 잔 술로 장수들의 병권을 내놓게 하는(杯酒釋兵權)"[299] 희극적인 방식을 쓴 이후 문치를 중시하면서 중문억무重文抑武 정책을 시행했다. 북송시대에는 당나라의 집체재상제를 개혁하여 재집제도宰執制度를 만들었다. 여기에서 재宰는 재상이고, 집執은 집정執政이다. 송대에는 동평장사同平章事를 재상으로 삼고 참지정사參知政事와 추밀사樞密使를 집정으로 삼았다. 또 중서성과 문하성을 재상 기구로 삼았지만 군사 업무는 관장하지 못하게 했다. 이 밖에도 재정권은 삼사사三司使가 책임지게 했고, 중서성은 행정을 주관하게 했으며, 추밀원이 군사를 장악하게 했다. 이로써 재상의 권력이 여러 기관으로 분산되어 각 기관 사이의 견제와 균형이 두드러지게 되었다.

송대에는 대간臺諫 기구에도 아주 큰 변화가 있었다. 송대 이후 어사대御史臺에는 감찰 기능 이외에도 새로 언사言事[300] 기능이 추가되었다. 진종眞宗 때는 전문적으로 언사어사言事御史라는 관직을 추가했다. 태종에서 진종 때까지 당나라 문하성을 바탕으로 그것을 점차 개혁하여 간원諫院을 설치했다. 무릇 대간의 관리는 중서성을 거치지 않고 일괄적으로 황제가 직접 임명했다. 이렇게 되자 대간의 관리들은 재상과 집정을 거리낌 없이 비판할 수 있게 되었다. 게다가 송나라시대에는 대신과 언사 관리를 죽이지 않는 관례까지 있어서, 대간은 황제에게도 두려움을 갖지 않았다. 인종仁宗 이후 대간들이 힘을 합쳐 탄핵과 간쟁을 벌이자 조정 안팎이 놀라움을 금치 못했다. 이로써 황제의 권력 행사와 재상·집정의 업무 처리에 엄청난 제약이 가해졌다.

당시 사람 소식蘇軾은 상소문에서 이렇게 토로했다. "말이 천자께 미치자 천자께서 얼굴빛을 바꾸셨고, 일이 재상들에게 관련되자 재상들이 대죄待罪하게 되었습니다."[301] 대간의 말이 물론 반드시 정확하지는 않지만 이런 제도에 의지하여 여론을 효과적으로 반영할 수 있었으며 아울러 정책 결정도 바로잡을 수 있었다. 소식은 계속해서 이렇게 말했다. "대간의 말은 항상 천하의 공론을 따릅니다. 공론이 옳다고 하면 대간도 옳다고 하고, 공론이 공격하면 대간도 공격합니다."[302] 송나라의 대간은 동한 이래 청의淸議의 기풍을 제도화하고 규범화한 제도로, 이후 국가의 정책 결정과 정무 집행에 필요불가결한 구성 부분이 되었다.

송대에 사대부를 후대한 결과 긍정적인 면에서 선비들의 기개를 길러주는 효과를 달성했지만 부정적인 측면으로는 중복된 관직을 남발하고 자리만 채우는 관리를 양산했다. 수·당에서 오대까지 설치된 기관을 송대에도 거의 변동 없이 유지했고, 동시에 정부의 직능 조정에 따라 수많은 기구를 신설했다. 이에 따라 옛날 관직은 대부분 정무와 관계없는 한

가한 노인들의 거처가 되었을 뿐 아니라 도교 사원을 전문적으로 관리하는 궁관宮觀 관직과 사록祠祿 제도까지[303] 만들어 정치 중심에서 떠난 관리들을 안치했다.

지방 행정조직에서는 송나라의 부府, 주州, 군軍, 감監 제도가 당나라의 주州와 군郡 제도와 그리 큰 차이가 나지 않는다. 그중 가장 특색 있는 것은 '로路'를 설치했다는 점이다. '로'는 당나라의 '도道'를 발전시킨 것이다. 송초에는 15로를 설치했다가 신종神宗 때 23로로 증설했다. 로의 성격은 중앙에서 파견한 기관과 지방 영도 기관 사이에서 지방 감독을 위주로 하고 행정 업무를 보조로 삼는 것이다. 로 단위에는 안무사사按撫使司(수사帥司), 전운사사轉運使司(조사漕司), 제점형옥사提點刑獄使司(헌사憲司), 제거상평사사提擧常平使司(창사倉司) 등의 기구를 두었는데 이를 통칭하여 감사監司라고 했다. 모든 감사는 중앙 조정에 직접 책임을 지고, 서로 일을 분담하며 상호 견제했다. 감사의 주요 직무는 부府와 주州를 감독하고 제어하는 것이었다. 부와 주 단위에는 통판通判 또는 감주監州라 불리는 특수한 관직을 설치했다. 명칭을 살펴보면 지부知府와 지주知州를 감독하는 것이 주요 직무였음을 알 수 있다. 부와 주의 업무는 통판이 관여하지 않는 일이 없었고, 지부와 지주의 공문도 반드시 통판의 서명이 있어야 반포할 수 있었다. 감사에서 통판에 이르기까지 송나라 조정에서 지방을 통제하는 능력은 크게 강화되었다. 특히 송나라는 중앙집권을 보장하기 위해 경관京官을 지방 관직에 보임하는 파견제를 시행했다. 즉 지방으로 파견된 행정장관은 정규직이 경관이어서 전체 관직 명칭을 부를 때 "모모 관직으로 모모 지방 군주 일을 임시로 맡았다(某某官權知某某地方軍州事)"라고 했다.

이런 제도는 점차 후대의 지부知府, 지주知州, 지현知縣으로 변화했다.

요·금·원은 모두 소수민족이 건립한 정권이다. 이들 정권은 모두 당·송 제도의 영향을 일정하게 받고 한족화하는 과정에서 당·송 제도를 차감하거나 심지어 모방하기도 했다. 그러나 이들 정권은 소수민족의 원시적인 방식으로 당·송 제도 가운데서 부패한 요소에 충격을 가했다.

요(907~1125)는 거란족이 세운 나라로 애초에 8개 부족의 '대인大人'이 번갈아 가한可汗직을 맡다가 야율아보기耶律阿保機에 이르러 비로소 황제 제도를 건립했다. 그 후 황위를 계승할 때도 여전히 각 부 '대인'의 확인 의식이 남아 있었고, 또 황족 야율씨는 대대로 통혼한 국구부國舅部 소씨蕭氏와 매우 밀접한 관계를 유지했다. 국구부 소씨는 요나라 정치에서 줄곧 중요한 역할을 담당했다. 요나라의 한족화는 제한적으로 진행됐다. 구체적으로 말해보면 거란 부족에게는 그들의 옛 제도를 시행했고, 한족에게는 한족의 법을 시행했다. "중국을 두루 통제하기 위해 관직을 남북으로 나눴다. 국제國制(거란 제도)로는 거란을 다스리고, 한제漢制(한족 제도)로는 한족을 다스렸다."[304] 정부도 두 체계로 나눠서 거란을 다스리는 사람을 북면관北面官이라고 불렀는데, 이들은 소수민족 거란의 옛 습속을 시행했다. 한족을 다스리는 사람은 남면관南面官이라고 불렀는데, 이들은 당·송의 명칭과 제도를 모방한 관제官制를 시행했다.

금(1115~1234)은 여진족이 세운 나라다. 건국 후 여전히 '보길레勃極烈'라고 불리는 부족회의 제도를 유지하다가 금 희종熙宗 완안단完顔亶 천권天眷 연간에 한족화 정책을 적극적으로 추진하여 '보길레'를 폐지하고 태자제를 확립했다. 또 당·송 제도를 모방하여 상서성, 중서성, 문하성이 포함된 삼성제도를 수립했다. 이를 역사에서는 '천권신제天眷新制'라 부른다. 그러나 금나라는 한족제도의 형식만 배웠을 뿐 실질적인 내용은 파악하지 못했다. 예를 들면 당나라가 삼성을 모두 설립한 목적은 상호 견제하기 위한 것이고 재상의 전횡을 방지하기 위한 것이었다. 그러나 금나라는 삼성의 상호 견제 기능을 없애려고 새로운 제도를 시행한 지 얼마 지나지 않아 중서성과 문하성을 폐지하고 상서성 독단으로 정무를 처리하게 했다.

원(1205~1368, 1279년 '원'으로 개명하기 전은 대몽골국 시기)은 몽골족이 무력으로 세운 나라다. 세조 쿠빌라이에 이르러서야 한족의 제도를 채택했지만 줄곧 부족연맹 시기의 '쿠릴타이忽里臺' 제도를 유지했다. 따라서 설령 태자를 세웠다 하더라도 쿠릴타이 회의의 승인을 받아야 했다. 황제의 정무 처리도 일정하지 않았고, 조정에서 정무를 논의하는 제도도 없었다. 원대에는 재상의 권력이 지나치게 커서 왕왕 권신權臣이 정권을 장악했다. 특히 게시그怯薛(황제 친위대 대장)가 정치에서 막중한 역할을 했으므로 다수 대신이 게시그 출신이었다. 원나라의 중앙정부는 중서성이 정무를 담당했고, 추밀원이 군사를 총괄했으며, 어사대가 감찰과 간쟁을 주관했다. 쿠빌라이 이후로는 중서령과 추밀사 모두 태자의 명의를 사용했고, 실제 재상은 중서성의 좌우 승상과 평장정사平章政事로 충당되었다. 재상은 흔히 지추밀원사知樞密院事와 영숙위領宿衛 직을 겸임했다. 이는 원대 재상 전횡의 한 가지 중요한 경로였다. 원나라는 지방 제도에 중대한 조치를 단행하여 행성行省 제도를 창설했다. 대도大都(베이징北京) 주위는 복리腹里라 부르며 중서성 직할로 다스렸고, 복리 밖에는 11개 행중서성行中書省을 설치하고 지방의 사무를 분담하게 했다.

명(1368~1644)과 청(1644~1911) 두 왕조는 황권 전제제도가 더욱더 강화되었고 국가 체제에도 새로운 변화가 생겼다.

명·청시대 정치체제는 중요한 정책을 결정할 때 '건강독단乾綱獨斷'을 강조했다. 그것은 바로 황제 개인의 독재를 의미한다. 명 태조 주원장朱元璋은 권신의 전횡을 방지하려 승상제도를 폐지하고 황제가 직접 육부를 통솔하면서 정무를 처리하게 했다. 이로써 황제의 역할이 크게 강화되었다. 그러나 명대 정치에서 제도적인 폐단은 바로 황권 강화로 야기된 부작용이었다. 영락永樂 이후 황제들은 대부분 제구실을 못했다. 어떤 황제는 놀이에만 탐닉하며 국가대사를 유희로 여겼다. 예컨대 정덕제正德帝와 천계제天啓帝가 그들이다. 또 어떤 황제는 대신들과 의견이 맞지 않아 알력을 빚곤 했다. 예컨대 가정제嘉靖帝와 만력제萬曆帝가 그들이다. 이 때문에 결국 권력을 각신閣臣에게 넘겨주지 않으면 조정을 환관에게 넘겨주게 되어 정치의 암흑을 초래했다. 청나라 황제는 명나라 제도의 폐단을 교정하기 위해 조회를 열고 정무에 대한 의견을 끊임없이 들으면서 환관 전횡 문제를 해결했다. 그러나 황제 전제와 독재의 근본적인 폐단은 여전히 존재했고, 만주족과 한족 사이의 장벽이 정치상의 시기 심리와 방어 심리를 더욱더 심각하게 만들었다.

명나라의 태자제도는 일찍부터 위기를 맞았다. 명 태조의 태자가 요절하자 주원장은 '황태손皇太孫'을 세웠다. 그러나 결과적으로 '정난지역靖難之役'[305]이 야기되었다. 또 만력제는 자신이 총애하는 정귀비鄭貴妃의 아들을 태자로 만들기 위해 '적자를 세우고 연장자를 세운다(立嫡立長)'는 원칙을 위반했다. 그러자 대신들이 그 불가함을 힘써 간했고 이에 장장 14년에 걸친 '국본 논쟁[爭國本]'이 일어났다. 이는 오히려 황제와 대신 간의 간극을 더욱 멀어지게 만든 사건이었다. 청나라 강희제는 한족문화의 영향을 깊이 받아 태자제를 시행했다. 그러나 태자가 임무를 감당하지 못하여 심한 곤경에 처했고, 이는 뒷날 잔혹한 궁정 투쟁으로 발전했다. 옹정제 때 이르러 역사의 교훈을 총결산한 후 '밀건황저密建皇儲' 제도를 창안했다. 이것은 황제가 모든 아들 중에서 비밀리에 황위 계승자를 선택하여 밀지密旨를 두 부 써서 한 부는 건청궁乾淸宮 '정대광명正大光明' 편액 뒤에 넣어두고, 한 부는 자신이 휴대하는 제도를 말한다. 황제가 죽은 뒤 이 밀지 두 부에 근거하여 황위 계승자를 결정했다. 이 변화된 제도는 후임 황제의 품행과 능력을 향상하는 면에서 일정 정도 긍정적으로 작용했다. 청나라 황제들 중 다수가 어리석거나 멍청하다고 할 수 없는 것은 이 밀건황저 제도와 상당히 밀접한 관련을 맺고 있다.

명대에 제도적 원인으로 야기된 황제와 대신 간의 충돌은 '대예의大禮議' 사태가 가장 전형적이다. 정덕제가 후사 없이 갑자기 죽자 대신들은 고인이 된 흥헌왕興獻王의 아들 주후총朱厚熜(嘉靖帝)을 옹립했다. 이후 흥헌왕을 '황고皇考(황위를 계승한 아들이 돌아가신 부황을 부르는 말)'로 세울 수 없다는 '대례大禮' 논쟁이 야기되었다.[306] 당시 수보首輔였던 양정화楊廷和를 대표로 하는 대신들은 예제에 맞춰 효종을 황고로 불러야 한다고 했고, 관정진사觀政進士 장총張璁을 대표로 하는 하급관리들은 가정제의 의도에 영합하여 흥헌왕을 황고로 불러야 한다고 했다. 결국 가정제는 내각의 주장을 받아들이지 않았고, 내각에서도 가정제의 뜻을 받아들이지 않았다. 황제와 내각의 심각한 불화는 명나라 정치에 아주 큰 악영향을 미쳤다. 결과적으로 가정제는 40년 동안 조회에 나오지 않고 연단을 복용하며 신선이 되려 하다가 정무를 황폐화하고 말았다. 만력 연간의 '국본논쟁'도 가정 연간의 '대예의' 논쟁과 비슷한 후과를 야기했다. 이러한 사태에서도 알 수 있듯이 황제제도와 예제 간의 충돌은 명나라 때에 이르러 이미 조화되기 어려운 지경에 빠져들었다. 이 때문에 황제와 문신 관료 집단 사이에 대항 국면이 발생했지만 명나라에는 이를 조화시킬 시스템이 부족했고, 옛날 체제로도 이를 화해시키기 어려웠다.

명·청 황제는 정무를 처리할 때 주로 조회를 열거나 상소문을 읽고 비답을 내리는 방법을 썼다. 명대에는 황제를 돕기 위해 내각제도를 설치했다. 황제를 위해 상소문에 비답을 제공하는 초안을 표의票擬라 불렀다. 그러나 선덕宣德 연간부터 환관 기구인 사례감司禮監이 내각의 표의를 제약하기 시작했다. 명나라 영종英宗은 환관 왕진王振을 중용하다가 '토목지변土木之變'[307]을 초래했고, 나중에 또 환관에 의지하여 황위에 복위했다.[308] 이로부터 명나라 조정에서 환관의 전횡이 시작되었다. 만약 황제가 조회를 보지 못하면 환관이 황제를 도와 정무를 처리하는 조수 역할을 담당했고, 또 황제를 대신하여 상소문에 비답을 하거나 어명을 전달하기도 했다. 그리고 황제는 황권을 보장하고 문무백관에 대한 감독을 강화하기 위해 환관이 거느리는 동창東廠, 서창西廠, 금의위錦衣衛 등 특무조직을 황제의 끄나풀로 만들었다. 황제는 이를 이용해 백관을 감시했다. 이로써 명대 환관의 전횡이 극점에 도달했다. 청나라 때는 황제가 직접 정무를 처리하면서 대신들과 소통했기 때문에 환관의 전횡 문제를 비교적 철저하게 해결할 수 있었다.

동창, 서창, 금의위 등 특무조직도 폐단이 너무나 많아서 청나라 때는 모두 폐지했다. 청나라는 황제가 각종 상이한 정보를 두루 얻도록 하려고 강희제 때부터 '밀절주사密折奏事' 제도를 제정했다. 즉 황제가 신임하는 대신에게 밀절주사권密折奏事權을 주고, 사람들이 상주하는 비밀 상소문 [密折]을 직접 황제에게 전달하게 했다. 이 비밀 상소문은 어떤 사람도 볼 수 없었고, 황제의 비답도 직접 본인에게 전달했다. 비밀 상소문의 형식은 마음대로였고 내용도 포괄하지 않는 것이 없었다. 즉 정치, 경제, 민간 여론, 유언비어, 관계의 비밀 등 큰일에서 사소한 일에 이르기까지 모든 내용이 이 통로를 거쳐서 황제에게 전달되었다. 이 제도는 황제가 하층민의 형편을 이해하고 관리를 통제하는 주요 수단이 되었다.

명나라 초기에 주원장은 호유용안胡惟庸案[309]을 빌미로 중서성을 폐지하고 황권 실추를 방지했다. 또 '황명조훈皇明祖訓'의 형식을 빌려 후대의 자손들에게 승상직 설립을 불허한다고 규정하고 만약 승상직을 만들자고 제의하는 자가 있으면 간신배로 처분하라고 했다. 그러나 황제는 매일 수많은 업무를 처리해야 하므로 결국 자신을 보좌할 사람이 필요할 수밖에 없다. 이에 명 성조 영락제는 내각제도를 창설했다. 이른바 내각이란 몇몇 한림원翰林院 관리가 문연각文淵閣에 입직하여 정사에 참여하고 황제를 돕는 것을 가리킨다. 내각의 주요 직무는 황제의 고문 역할을 담당하면서 표의에 비답을 하는 것이었다. 나중에 내각은 점차 직급이 올라가고 규모가 확대되어 내각 총책임자 1명을 수보首輔라고 불렀다. 가정, 만력 연간에 이르러 내각의 지위는 날이 갈수록 더욱 높아져서 재상 아닌 재상 역할을 했다. 가정제 자신도 내각의 수보를 일컬어 "재상이란 이름은 쓰지 않지만 재상의 권력을 갖고 있다"라고 했다. 예컨대 가정 연간의 엄숭嚴嵩, 만력 연간의 장거정張居正은 모두 수보 신분으로 일세의 권력을 향유했다. 그러나 비록 이와 같기는 했지만 내각의 성격은 시종일관 황제의 비서나 고문에 그쳤기 때문에 권력의 크기 측면에서는 이전의 재상과 함께 거론할 수 없다.

청대에도 명대의 내각제도를 계승했지만 그 역할은 문서를 관장하는 비서 수준으로 떨어졌고 군대와 정치 관련 국가대사는 절대로 내각에서 상의할 수 없게 했다. 내각대학사는 전각殿閣을 이름으로 삼았는데 습관적으로 중당中堂이라고 불렸으며 명의상 재상에 해당했다. 조수助手는 대학사를 돕는 직책인데 습관적으로 협규協揆라고 불렸으며 명의상 부상副相에 해당했다. 그러나 그들은 전혀 재상과 부상에 걸맞은 권력을 가지지 못했다. 진정한 정무 중심을 들면, 청나라 초기에는 의정왕대신회의議政王大臣會議였고, 옹정 이후에는 군기처軍機處였다. 내각은 단지 각종 문서 처리를 담당하는 기관이 되어 상소문에 대한 비답과 조칙을 기초하는 역할을 담당했다. 군기처가 설립된 이후로는 내각에서 더는 중요한 문서조차도 처리하지 않았고 일상적인 공개 문서만 처리했다.

청나라는 산해관으로 들어오기 바로 전야에 의정왕대신회의를 설립했고 이를 '국의國議'라고 부르며 황제를 보좌하는 기관으로 삼았다. 당시 중대한 정사는 모두 이 회의에서 결정했다. 강희제 때 남서방南書房의 시종들을 중용하며 의정왕대신회의의 역할을 정지했다(건륭제 때 정식으로 폐지했음). 옹정 연간에 서북 지역에 출병해야 할 필요성 때문에 양심전養心

殿 밖에 군기처를 설립하고 남서방의 직무를 대신하게 하며 군사와 정무 관련 대사를 총괄하게 했다. 황제가 군기대신軍機大臣을 임명했고, 그 아래에 대신을 돕는 군기장경軍機章京을 두었다. 군기처에서는 문서 관리를 쓰지 않고, 기초하고 비준해야 할 문건을 모두 군기대신이 직접 처리하게 했으며 간혹 군기장경에게 그 일을 대신하게 하기도 했다.

군기처를 설립한 이후에는 조정에서 공문서를 두 종류로 나눴다. 일반적인 문건은 여전히 내각에서 처리하여 반포하게 했는데, 그것을 '명발明發'이라고 불렀다. 중요 문건은 군기처에서 밀봉하여 역驛을 통해 봉송하게 했는데, 그것을 '정기廷寄'라고 불렀다. 군기대신은 매일 입직하여 황제와 만났고, 황제가 순행할 때도 군기대신이 수행했다. 군대나 정사와 관련된 중요 업무는 군기대신이 황제에게 자기 의견을 제출할 수도 있지만 모든 일은 황제가 결정했다. 대학사는 재상이라는 명목은 있어도 군기처에 들어가지 못하면 진정한 재상으로 쳐주지 않았다. 이에 이르러 청나라 황제의 보좌 기관이 최종적으로 완성되었다.

명·청시대에는 황제가 직접 육부를 주관했다. 육부는 기본적으로 당·송시대의 제도를 계승해서 약간 변화를 줬다. 육부는 이부吏部가 수위를 차지했다. 이부, 예부, 병부 세 부서에는 직무에 따라 각각 4사四司를 설치했고 호부, 형부, 공부 세 부서에는 각 성省의 이름에 따라 그곳을 담당하는 사司를 설치했다. 또 청대에는 소수민족과 변방 사무를 주관하는 이번원理藩院을 설치하여 육부와 동열에 두었다. 육부의 장관은 상서였고 그 보좌역은 시랑이었는데 습관적으로 이들을 당관堂官이라고 불렀다.

육부 이외의 주요 기관으로는 한·첨·과·도翰·詹·科·道, 통정사通政司,

대리시大理寺 등이 있다. 한翰은 한림원翰林院으로 역사와 경전 등의 도서 교감을 책임졌다. 명·청시대에 한림원은 고급 인재를 훈련하는 특수한 기능이 있었다. 각 부部와 원院의 장관 중에서 바로 내각과 군기처로 가는 사람은 대부분 한림원 출신이었다. 명대부터 고급 관리를 선발할 때 "진사가 아니면 한림원에 들어갈 수 없고, 한림이 아니면 내각에 들어갈 수 없다(非進士不入翰林, 非翰林不入內閣)"라는 말이 유행할 정도였다. 첨詹은 첨사부詹事府인데 본래 태자를 보좌하고 인도하는 기관으로 한림원과 직무를 함께했다. 청나라 때는 태자제도를 폐지했지만 첨사부는 여전히 유지했고, 그 직무가 한림원과 마구 뒤섞였다. 과科는 육과급사중六科給事中으로 육부의 업무를 심사했다. 도道는 13도감찰어사十三道監察御史(청대에는 15도가 되었다가 광서 연간에는 20도가 됨)로 문무백관을 감독했다. 명대에는 이전 시대의 어사대를 바꿔 도찰원都察院을 설치한 후 관리들의 직무 감독 기능을 강화했다. 통정사通政司는 명대에 처음 시작된 특수 기구로 황제에게 모든 상소문을 전달하는 책임을 졌다. 나중에는 첩황貼黃과 인황引黃을 쓰는 책임도 맡았다. 첩황이란 상소문을 요약하는 일이고, 인황은 봉서封書 바깥에 조목의 요점을 쓰는 일이다. 명대에는 통정사가 황제에게 올리는 모든 정보 통로를 장악했기 때문에 그 권력이 지나치게 컸지만, 청대에는 통정사의 권력을 약화시켜 각종 상소문만 내각에 직접 전하게 했고 밀절密折(비밀 상소문)은 내각조차 거치지 않게 했다. 그리하여 통정사의 직책은 단지 공문 형식을 심사하고 상소문을 전달하는 일에 그쳤다. 대리시는 사법 심판 기구였다. 명·청시대 세 법사 기구의 업무 분담은 다음과 같았다. 형부는 사건의 초심을 맡는다. 대리시는 사건의 재심을 맡는다. 도찰원은 사법 처리를 감독한다. 따라서 대리시는 형부와 각 행성에서 판결한 사건을 전문적으로 재심했다. 명·청시대의 구경九卿은 육부 장관, 도어사都御史, 통정사, 대리시경大理寺卿 9명을 가리켰다. 명·청 중앙기구 중에서 육부는 주로 실무에 종사했고, 한·첨·과·도는 공정한 논의로 유명했다. 이 두 부문은 서로 대응하고 견제하는 모습을 보였다.

명·청시대 지방 행정조직은 원대의 행성제도를 계승했다. 명대에는 전국을 13행성과 남북 양 직예直隸[310]로 나눴다. 청대에는 전국을 18행성 (직예 포함)으로 나눴고 만주, 네이멍구, 회부回部(지금의 신장), 티베트 5개 지역에는 성을 설치하지 않고 특별 행정구로 삼아 중앙에서 직접 관할했다. 청 말에는 계속해서 신장성, 타이완성, 펑톈성, 지린성, 헤이룽장성을 증설했다.

명대의 각 성에는 삼사三司를 설치했다. 이 중 도지휘사사都指揮使司는 군사 업무를 관장했는데, 약칭은 도곤都閫 혹은 도사都司였다. 승선포정 사사承宣布政使司는 민정 업무를 관장했는데, 약칭은 포사布司 혹은 번사藩 司였다. 제형안찰사사提刑按察使司는 법률, 형벌, 감찰을 관장했는데, 약 칭은 안사按司 혹은 얼사臬司였다. 삼사는 서로 업무에 관여하지 않고 각 각 중앙정부에만 책임을 졌다. 각각의 업무를 총괄하고 삼사 간의 알력 을 극복하기 위해 명대 중기 이후에는 각 성에 순무巡撫를 파견하고, 각 지역 사무를 통합하여 처리하기 시작했다. 순무 직위가 정착함에 따라 번사와 얼사는 점차 순무의 산하 기구로 변했다. 이 밖에도 명대에는 일 부 지역에 총독을 파견하여 각 성과 각 진鎭의 군사행동에 협력을 도모하 기도 했다.

청대에는 전국에 고정적으로 8대 총독(直隸, 兩江, 湖廣, 陜甘, 兩廣, 閩浙, 雲貴, 四川)을 두어 한 성 혹은 몇 개 성의 군사 업무와 민정 업무를 관장하게 했다. 이를 습관적으로 제대制臺 혹은 제군制軍이라고 불렀다. 또 이 직책은 병부상서와 도어사의 직함을 내세웠기 때문에 부당部堂이라고도 불렀다. 이 밖에도 하도총독河道總督과 조운총독漕運總督은 강물과 조운을 전문적으로 관리했다. 성마다 따로 순무를 설치하여 한 성의 최고 행정장관으로 삼았는데, 이를 습관적으로 무대撫臺 혹은 중승中丞이라고 불렀다. 또 이 직책은 병부시랑과 부도어사 직함을 내세웠기 때문에 부원部院이라고도 불렀다. 총독과 순무는 따로 보좌관을 두지도 않았고 산하 부서도 설치하지 않았다.

모든 성에 포사와 안사를 설치하여 한 성의 정식 관청으로 삼고 총독과 순무의 관할 아래 두었다. 명·청시대 총독과 순무, 그리고 번사, 얼사의 장관은 모두 지방의 고관이었다. 특히 청대의 총독과 순무는 봉강대리封疆大吏라고 불렀다. 그러나 이들은 중앙정부의 엄밀한 통제를 받았기 때문에 지방에서 세력을 형성할 수 없었다. 청 말에 이르러 태평천국을 진압할 때 상군湘軍(호남성湖南省의 증국번曾國藩 군대)과 회군淮軍(안휘성安徽省 회하淮河 일대의 증국번李鴻章 군대)이 흥기하고 나서야 총독과 순무 권력이 점차 강대해졌고, 중앙과 지방의 관계에도 변화가 생기기 시작했다.

② 세습에서 과거제도로 나아간 벼슬아치 선발과 관리 구조

삼대 시기에 국가를 다스리는 통치자는 귀족이었다. 그들은 후대의 직업적인 관리와 큰 차이를 보인다. 상·주시대 관리 선발은 분봉제에 맞춰서 '세경세록제世卿世祿制'를 채택했다. 서주를 예로 들면 주나라 왕은 적장자가 계승했고 기타 자제들은 공·후·백·자·남으로 봉군을 받아 각각 제후국을 세웠다. 제후의 지위도 적장자가 계승했고 기타 자제들은 사대부로 봉해져서 자신의 가읍家邑을 세웠다. 사대부의 지위도 마찬가지로 적장자가 계승했고 기타 자제들은 사士가 되어 자신의 봉록과 전답을 향유했다. 사의 지위도 적장자가 계승했고 기타 자제들은 평민, 즉 국인國人이 되었다. 이성異姓 부족에게도 인척관계의 친소親疎와 원근遠近에 따라 봉작을 나눠줬다. 제후에서 사에 이르기까지 모두 출신 지위의 고저와 귀천에 따라 조정의 직무를 맡았고 대대로 그 관직을 세습했다. 이러한 세경세록제는 '현인과 능력자를 선발한' 후대의 제도와 본질적인 차이가 있다.

적장자 계승제와 종법제에 따르면서 통치자의 무능력을 방지하기 위해서는 교육을 강화하여 귀족들을 훌륭하게 길러내야 했다. 따라서 서주의 예치禮治와 걸맞게 당시에 이미 전문적으로 귀족 자제를 교육하는 학교 구조가 갖춰져 있었다. 삼대의 학교는 각각 상庠, 서序, 교校로 불렸다. 주나라 천자의 학교는 벽옹辟雍, 제후의 학교는 반궁泮宮이라 했고 사보師保가 귀족 자제의 덕행과 육예六藝(禮, 樂, 射, 御, 書, 數)를 가르치며 집권자로서 기본 능력을 갖추게 했다.

'세경세록제' 아래에서도 '현인과 능력자를 선발하려는' 현상은 존재했다. 예를 들면 상나라 탕왕은 이윤伊尹을 중용했고, 무정武丁은 부열傅說을 발탁했고, 주나라 문왕은 강태공을 기용했다. 주공은 '밥을 먹다가도 뱉

어내고 머리를 감다가도 움켜쥔 채(吐哺握髮)' 현인을 맞이했다. 그러나 이러한 현상이 결코 세경세록제의 기본원칙을 타파한 것은 아니었다. 일부는 특별한 파격에 속하는 일이었고, 일부는 각각 서로 다른 층위에서 세습제와 현인 선발 범주에 속하는 일이었다. 왕궈웨이王國維는 『은주제도론殷周制度論』에서 '친척과 친하고(親親)' '현인을 현인답게 대우하는(賢賢)' 관계를 다음과 같이 철저하게 설명했다. "대체로 천자와 제후는 땅을 가진 군주다. 땅을 가진 군주가 보위를 아들에게 전하지 않고, 또 적자를 세우지 않으면 천하의 분쟁을 그치게 할 수 없다. 경, 대부, 사士는 일의 대책을 마련하는 신하다. 이 중에서 현인을 임명하지 않으면 천하대사를 다스릴 수 없다." 예컨대 주공은 노공魯公에 봉해져 작위를 세습할 수 있게 되었지만 봉토로 가지 않고 주 왕실에 남아 무왕을 보좌했다. 이는 무왕이 주공이라는 현인을 선발한 것에 해당한다. 이러한 제도는 '존귀한 신분을 높여주고 친척과 친하게 지내는 일'과 '현인과 능력자를 선발하는 일'을 일치시킨 것이다.

삼대 시기 조정에서 구체적인 정무를 담당하는 관리는 국인 중에서 추천하는 방식을 써서 향리에서 선발했다(鄕擧里選).

춘추시대에는 '현인과 능력자를 선발하는' 일이 정치적 유행이라 할 만했다. 제 환공은 포숙아鮑叔牙의 간언을 듣고 자신에게 화살을 쏜 원수 관중管仲을 중용하여 군국의 주요 임무를 맡겼다. 이로써 제 환공은 동방 대국의 기초를 놓았다. 진晉 문공은 국외에서 19년 동안 망명생활을 할 때 주위에 오랜 고난을 이겨낸 일군의 보좌진이 형성되었다. 그는 이에 힘입어 주 왕실을 존중하고 초나라에 대항하며 위력으로 패자霸者가 되려던 숙원을 풀었다. 진秦 목공은 인재를 임용할 때 하나의 형식에 얽매이지 않았다. 그는 적국에서 온 비표丕豹, 소수민족 유여由余, 염소가죽 다섯 장으로 교환해온 노예 백리해百里奚를 모두 자신의 휘하에 받아들여 서쪽 지역의 패자가 되었다. 초 장왕은 시골뜨기[鄙人] 손숙오孫叔敖를 임용하여 중원에서 구정九鼎의 무게를 묻고 말에게 황하의 물을 먹였다. 오왕 합려闔閭는 초나라의 망명객 오자서伍子胥를 중용하여 초나라를 거의 망국의 지경으로 몰아넣었다. 월왕 구천勾踐은 범려范蠡와 문종文種을 중용하여 와신상담 끝에 오나라를 멸망시키고 복수에 성공했다. 춘추시대의 전체 역사를 살펴보면 우수한 인재를 선발한 이야기가 역사책에 끝도 없이 기록되어 있다. 그러나 당시의 현인과 능력자 선발은 '백락伯樂이 천리마를 알아보는 것'처럼 인치人治의 방식에 그쳤을 뿐 규범화된 새로운 제도를 만들어내지는 못했다.

춘추전국시대의 사회 변화를 거치면서 현인과 능력자를 선발하는 일은 치국의 기본원칙이 되었다. 특히 전국시대에 변법이 시행된 이후 탄생한 새로운 체제에는 새로운 관리가 대거 필요했다. 이런 수요를 만족시키기 위해 관리를 선발할 때 광범위하게 군공제軍功制와 양사제養士制를 시행했다.

군공제는 바로 공로의 많고 적음을 관리 선발의 기본 조건으로 삼는 방식이다. 위 문후文侯는 이회李悝를 등용하여 변법을 추진하면서 "공로가 있는 사람에게 식읍을 주고, 공적이 있는 사람에게 녹봉을 준다"[311]라고 규정했다. 연 소왕昭王은 인재 등용의 원칙을 다음과 같이 선포했다. "녹봉은 친분에 따라 사사롭게 주지 않고 공적이 많은 사람에게 준다. 관리는 사랑에 따라 임명하지 않고 맡을 만한 능력이 되는 사람을 임명한다."[312] 특히 진秦나라는 상앙의 변법을 시행하면서 다음과 같이 명확하게 규정했다. "종실 친척 중에서 군공이 없는 자는 공정하게 논의하여 종실 호적에 올리지 못하도록 한다."[313] 그리하여 진정으로 상앙이 말한 바와 같이 되어 "이록利祿과 관작이 오로지 군공에서 나왔고, 다른 방법으로 베풀어지는 일이 없게"[314] 되었다. 이러한 군공제의 시행으로 당시 진나라는 이미 공로를 계산하는 표준, 방법과 승진 등급 규정을 두게 되었다.

양사제는 바로 정권을 잡은 고관이 특수한 지식과 기능을 갖춘 사士를 양성하여 인재를 비축해두고 자신을 위해 쓰는 것이다. 사는 전국시대에 이미 정치적으로 지대한 영향력과 역할을 갖춘 사회 군체였고, 이들은 당시 신형 직업 관료의 주요 공급원이었다. 한나라의 가의는 「과진론」에서 전국시대에 많은 인재를 양성한 것으로 유명한 네 군자를 이렇게 언급했다. "제나라에는 맹상군孟嘗君이 있었고, 조나라에는 평원군平原君이 있었고, 초나라에는 춘신군春申君이 있었으며, 위나라에는 신릉군信陵君이 있었다. 이 네 사람은 모두 밝고 지혜롭고 충성스럽고 믿음이 있었으며, 관대한 태도로 사람을 사랑했고, 현인을 존경하며 인재를 중시했다. 그리고 합종책을 약속하고 연횡책에서 벗어났다."[315] 진秦나라 승상 여불위의 문하에도 식객 수천 명이 있었는데, 이사도 처음 진나라로 들어갔을 때 바로 여불위의 문객 노릇을 했다. 어떤 나라에서는 정부에서 직접 기관을 건립하여 선비를 길렀다. 제나라의 직하학궁 같은 것이 바로 그것이다.

군공제와 양사제의 시행으로 '세경세록제'는 철저하게 타파되었다. 춘추시대의 현인과 능력자 선발 방식과 비교해볼 때 관리 선발이 이제 더는 사람에 따라 달라지는 방식이 아니라 제도화된 방식으로 변화되었다. 이른바 "밝은 군주는 법으로 사람을 선택하지 스스로 천거하지 않고, 법으로 공로를 저울질하지 스스로 헤아리지 않게"[316) 된 것이다. 군공제는 군대의 작전 능력과 국가의 경쟁력을 높이는 데 지대한 공헌을 했다. 순자도 전국시대의 군사적 역량을 비교하며 이렇게 말했다. "제나라의 공격 기술도 위나라의 무장 졸병을 당할 수 없었고, 위나라의 무장 졸병도 진秦나라의 날카로운 병사를 당해낼 수 없었다."[317) 이는 군대의 강약이 군공제 시행의 철저성과 정비례한다는 말이고, 진나라의 군공제 시행이 가장 철저했다는 의미다. 이 때문에 진나라 군대는 '범과 이리 같다(虎狼之師)'는 명성을 누렸다.

진나라 정부는 행정 효율과 관리 능력 면에서도 전국칠웅 중 으뜸가는 체제를 자랑했다. 양사제는 혈연 종법 관계를 완전히 타파했다. 전국시대 사인士人들은 대거 타국을 위해 자기 힘을 쏟으며 아침에는 진나라를 섬기다가 저녁에는 초나라를 섬기기도 했다. 이는 바로 종법 혈연의 속박에서 벗어났음을 알려주는 현상이다. 그러나 군공제하의 '공적[功]'과 국가 관리에 필요한 '능력[能]'이 일치하지 않아서 양사제가 쉽게 개인의 세력 집단이 될 여지도 있었다. 이 때문에 이 두 제도는 대일통 왕조로 들어선 이후에는 제한 조치를 당했고, 특히 양사제는 기본적으로 더 시행될 수 없었다.

한나라시대에 이르러 완전한 관리 선발제도가 마련되었다. 그것은 주로 찰거察擧, 징소徵김, 벽제辟除, 임자任子, 자선貲選 등의 방식으로 시행되었다.

찰거는 관리를 추천하는 제도로 한 문제에서 무제에 이르는 기간에 찰거제가 제정되었다. 이후 찰거제는 한나라의 가장 중요한 관리 선발제도가 되었다. 구체적인 방법은 바로 국가의 상이한 수요에 근거하여 중앙의 삼공구경과 지방 군국郡國의 재상들이 황제에게 관직을 감당할 만한 인재를 추천하는 것이다. 양한 전체 역사를 살펴볼 때 찰거는 크게 두 종류로 나눌 수 있다. 첫째는 정기적인 추천인데, 보통 매년 한 차례 연말에 '상계上計' 즉 지방에서 중앙으로 연례 보고를 할 때, 이에 수반하여 효렴孝廉과 무재茂才(수재秀才임. 동한 때 광무제 유수劉秀의 이름을 피휘하여 무재라고 함) 같은 구체적인 과목으로 시험을 보는 것이다. 둘째는 부정기적인 특별 추천이다. 이는 황제가 실제적인 필요에 따라 수시로 조서를 내려 과목과 인선 수요를 지정하는 방법이다. 구체적인 과목으로는 현량방정賢良方正과 현량문학賢良文學 등이 있었다. 양한시대의 찰거는 효렴이 가장 많았기 때문에 사람들은 흔히 '거효렴擧孝廉'이라는 말로 찰거제를 대신하곤 했다.

찰거효렴의 기준은 네 가지였다. 첫째, 덕행이 고매하고 뜻과 지조가 맑고 깨끗할 것. 둘째, 학문에 통달하고 행실이 바르며 경서에 익숙할 것. 셋째, 법령을 밝게 알아 옥사 판단에 뛰어날 것. 넷째, 두뇌가 명석하고 재간이 출중할 것. 찰거제로 천거된 효렴은 보통 먼저 중앙에서 낭관郎官에 임명하여 업무 견습과 초보적 훈련을 시키면서 실제 능력을 살핀 후 실제 관직에 임명했다.

찰거제의 품질을 보증하려 한나라 때는 주州와 군郡의 장관이 인재 추천의 책임과 의무를 지게 했다. 『한서』의 기록은 다음과 같다. "효자를 추천하지 않으면 조서를 받들지 않은 것으로 여겨 불경죄로 논죄하고, 청렴한 사람을 살피지 않으면 직무를 감당하지 못한 것으로 여겨 마땅히 면직해야 한다."[318] 또 찰거로 뽑은 인재가 최종적으로 합격하지 못하면 추천인이 연대책임을 져야 했다. 찰거 중에서 '현량과'는 보통 대책對策 시험을 쳐야 했다. 비교적 유명한 대책문으로는 동중서董仲舒의 「천인삼책天人三策」[319] 등이 있다.

징소는 비교적 특수한 인재 등용 방법으로, 황제가 특별한 인재를 직접 초빙하고 선발하는 제도다. 진시황 때 징소 방법을 써서 숙손통叔孫通을 문학으로 초빙했다. 한나라 때도 이 방법으로 다양한 학술 명사나 도덕군자를 초빙했다. 융숭하게 예의를 베푸는 경우에는 '공거公車(관용 수레)'나 '안거安車(검은 비단을 싣고 부들로 바퀴를 싼 수레)'를 보내기도 했는데 이는 초빙하려는 사람에 대한 조정의 존경심을 상징한다. 그러나 왕망 때를 제외하면 징소는 모두 개별적으로 진행되었고, 관리 선발 방법 중에서도 비중이 크지 않았다.

벽제는 장관이 직접 부하를 초빙하는 방법의 하나다. 한나라 때의 인재 등용은 중앙에서 행정장관만 임명했고 그 부하와 속관은 기본적으로 장관이 직접 초빙했다. 규정에 따르면 녹봉 200석石 이상 관리는 모두 중앙에서 임명했다. 따라서 벽제로 초빙된 속관은 모두 녹봉이 100석이었다. 위로 삼공구경에서 아래로 군수와 현령에 이르기까지 그들의 속관은 대부분 직접 벽제로 뽑았다. 벽제로 초빙된 속관은 자신의 장관과 연대책임 관계에 있었다. 그리고 속관은 장관이 직접 뽑았기 때문에 실제 사안에 대한 권한을 많이 갖고 있었다. 중앙에서 임명된 보좌관은 직급이 비교적 높아도 흔히 실권을 갖지 못했다.

임자는 고관 자제를 특별하게 보살펴주는 방식의 하나다. 한나라의 규정에 따르면, 녹봉 2,000석급의 관리가 3년 이상 재임하면 자제 1명을 낭郎으로 삼을 수 있었다. 자선은 관리의 재산을 제한하는 것을 말한다. 한나라 통치자들은 "고정된 재산을 가진 사람이 고정된 마음을 갖는다"[320]라는 말을 신봉하고, 일정한 재산을 갖고 있어야 관리로 선발했다. 한나라 초기에는 10산十算[321]의 재산을 기준으로 했고, 경제景帝 때는 4산으로 내렸다. 나중에 무제 때 공식적으로 매관賣官이 시작됐는데 이것을 납자納貲라고 불렀다. 이로써 한나라 초기에 상인은 관리가 될 수 없던 제한이 타파되었다. 이후 매관매직이 역대 왕조 관리 선발제도의 보충 수단이 되었다.

한나라 때는 찰거와 벽제 위주의 관리 선발제도를 써서 전국시대 이래 군공제와 양사제로 치국의 수요에 대응하지 못하던 문제를 해결했다. 이로써 천하 탈취에서 천하 다스림으로 전환하는 과정을 비교적 성공적으로 완성하여 '말 위에서 얻은 천하'를 '말 위에서 다스릴 수 없다'는 난제에 해답을 내놓았다. 더욱 중요한 것은 이러한 관리 선발제도가 무제 이후로 유가사상을 기본 준칙으로 삼아 관리들의 가치관을 통일했고 아울러 문인 위주의 직업 관료군을 탄생시켜 당시 대일통 왕조의 치국 수요에 적응했다는 점이다. 그러나 이 제도에도 결점이 있었다. 아래에서 위로 인재를 추천하는 방식인 찰거제도는 인사권의 추락을 야기할 수 있기 때문이다. 벽제제도는 직접적으로 인사권을 아래로 옮겨놓은 방식이었다. 이런 제도를 오래 시행하면 중앙집권제도가 심각한 타격을 받게 된다.

여러 대 동안 삼공을 지낸 명문세가와 한 지방에 기반을 마련한 주州와 군郡의 장관들은 "자신의 문도와 옛 관리를 천하에 가득 채워(門生故吏遍天下)" 사적인 세력 집단을 만들 수 있게 된다. 이 밖에도 찰거와 벽제는 모두 명성에 치우친 제도여서 후대로 갈수록 사람들이 명성만 팔고 다니는 현상이 더욱 심각해졌다. 한나라 말기의 민요에 다음과 같은 내용이 있다. "수재로 추천된 자가 책도 모르고, 효렴으로 선발된 자가 아버지와 따로 사네. 한미한 집안의 깨끗한 인재라더니 혼탁하기가 진흙탕 같고, 높은 문벌의 훌륭한 장수라더니 비겁하기가 닭과 같네."[322] 이 민요에도 이 제도의 폐단이 잘 반영되어 있다.

문벌정치의 흥성에 따라 구품중정제九品中正制가 위魏 · 진晉시대 특유의 관리 선발제도로 정착했다. 위나라 이부상서 진군陳群이 창안한 구품중정제는 이후 동진, 서진, 남북조시대를 거쳐 수 문제 때까지 시행된 후 완전히 폐지되었다. 이 제도에 근거하여 조정에서는 각 주와 각 군에 중정中正이라는 관직을 설치했다. 그러나 중정은 정식 관제에 소속되지 않아서 정무에는 간여할 수 없었고, 오직 인재만을 전문적으로 평가했다. 중정이 인재를 평가하는 기준은 가문[家世]과 경력[行狀] 두 가지였다.

가문 항목에는 선조들의 경력과 집안의 명망이 포함되었고, 경력 항목에는 개인의 도덕 행위와 재주 능력이 포함되었다. 중정은 가문과 경력을 종합하여 인재를 아홉 등급[九等]으로 분류하고 선발과 임용에 대비했다. 그러나 중정에게는 인재에 대한 품평권만 있지 인사권은 없었다. 따라서 자신의 품평 의견만을 조정에 제출하여 조정에서 인재를 임용하는 근거로 삼게 했다. 그리고 조정에서는 인사권을 갖고 있기는 하지만 반드시 중정의 평가에 근거하여 관리를 임용 · 파직해야 했고 제 마음대로 전횡을 할 수 없었다. 중정과 인사권을 가진 정부의 장관은 서로 견제하는 관계였으므로 누구도 권력을 독단할 수 없었다. 이 제도는 개인 세력 집단 형성을 효과적으로 방지하면서 한나라 말기 관리 선발제도가 야기한 폐단, 즉 꼬리가 커져서 운신할 수 없는 폐단을 일정 정도 극복하는 데 기여했다. 현직 관리들도 중정제의 제약을 받았다. 그들은 3년마다 한 차례씩 본적지별로 중정에게 '심사[淸定]'를 받아야 했다. 당시 관리들에 대한 평가와 승진은 이 '심사'에 좌우되었다.

구품중정제는 정치적으로 한나라 말기 이래 분열된 할거 국면을 극복하는 데 유리했지만 관리 인사권은 분할되고 말았다. 중정은 인재의 품평만 주관했지 인사권은 없었으므로 부당한 인재 임용에 책임을 지지 않아도 되었다. 정부는 인사권을 가지고도 중정의 품평에 따라야 했기 때문에 자기 의도대로 인재를 임용할 수 없었다. 이것은 마단림馬端臨이 다음과 같이 비평한 바와 같다. "중정이라는 법제가 시행되자 품평하는 사람 따로, 발탁하는 사람 따로인 국면이 조성되었다. 품평하는 사람이 불허하면 발탁을 담당한 사람도 감히 그의 말을 어길 수 없었다. 발탁했는데 혹시 적당한 인재가 아니더라도 품평 담당자는 본래 그 허물을 책임지지 않아도 되었다. 체제와 소통에 서로 상관하지 않으니 사사로운 폐단이 생겨도 징벌하거나 개혁할 경로가 없었다."[323]

구품중정제는 그것을 시행하는 과정에서 본래 가문과 경력이라는 두 가지 표준을 요구했지만 얼마 지나지 않아 가문에만 근거하여 인재를 품평하는 방향으로 신속하게 변화했다. 중정직도 대부분 대문벌에 장악되어 "상품에는 한미한 가문이 없고, 하품에는 명문세가가 없게" 되었다.

따라서 관리 임용도 전적으로 문벌에만 의지했다. 관리 선발제도상의 문벌 관념과 문벌정치는 서로 돕고 격려하며 사족土族의 정권 통제를 조장했다. 그러나 이 시기의 문벌정치는 전제 황권제 아래에 삽입된 작은 간주곡이었다. 이를 선진 시기 세경세록제와 비교해보면 본질적인 차이가 드러난다. 따라서 이 시기 문벌정치는 결코 귀족정치가 부활한 것이 아니었다.

구품중정제가 문벌의 한계에 매몰되자 관리 선발제도의 실제 효과는 언급할 만한 것이 없게 되었다. 서진의 유의劉毅는 이것이 '일시적인 제도'에 불과하다고 하면서 "올바른 인재는 얻지 못하고 여덟 가지 손실만 나타나고 있다"[324]고 비판했다. 이후 식견이 있는 관리들은 줄곧 이에 대한 비판을 그치지 않았다. 정권의 안전 운행을 보증하려 위진남북조시대 각 왕조는 여전히 양한 이래의 찰거제와 벽제제를 계승했고, 찰거의 과목으로는 효렴과 수재 두 가지를 썼다. 하지만 조위시대부터 찰거제와 벽제제를 일부 조정하고 개혁하여 한나라 말기의 폐단을 제거했다. 가장 중요한 개혁은 찰거와 시험을 결합하여 이후로 점차 과거시험의 표준과 요구를 확정하게 되었다는 점이다. 대체로 효렴은 경전의 뜻에 치중했고, 수재는 아름다운 문장에 치중했다. 이러한 시험 방식은 남북조시대에 점점 더 중시되면서 수·당시대 과거제도의 선성이 되었다.

남북조시대에는 사족과 황권의 충돌이 더욱 격렬해졌다. 또 사족의 기생적 특성과 부패성도 이 시기에 충분히 드러났다. 그들은 고위직을 점거했지만 지나치게 헛된 명성을 숭상하면서 실무에 힘쓰는 것을 가치 없다고 여겼다. 통상적으로 그들은 모두 명분이 고귀하고 잡무에 시달리지 않는 청요직清要職을 맡으려 했다. 이 때문에 일부 사족은 심지어 말도 타지 못했다. 안지추顔之推는 그들을 이렇게 개괄했다. "피부와 뼈는 연약하여 걷는 일도 감당하지 못했고, 신체와 원기는 허약하여 추위와 더위도 이기지 못했으며, 앉은 채로 창졸간에 죽는 자도 왕왕 생겨났다."[325] 남조의 개국 황제들은 대부분 출신 문벌이 높지 않아서 사족을 기용하지 않았다. 이에 처음부터 의식적으로 한미한 가문의 인재를 발탁하여 요직을 맡기고 사족을 배척했다. 중앙의 정책 결정 기관 중에서 중서성과 문하성의 최고 장관인 중서령과 시중은 여전히 사족 출신이 담당했지만 그중 실제로 정무를 장악하는 중서사인과 급사중은 기본적으로 모두 한미한 가문 출신이 담당했다. 후경侯景의 난[326] 때 남조 사족의 기개가 크게 꺾여서 문벌정치도 점차 쇠락의 길을 걸었다.

수·당시대 관리 선발제도가 후세에 미친 가장 큰 공헌은 바로 과거제도를 창시했다는 점이다. 한나라 이래로 지방 장관이 벽제의 방식으로 직접 속관을 뽑았지만, 수 문제 때부터 그 권력을 폐지하고 모든 관리를 일괄적으로 중앙에서 임명했다. 동시에 위진시대 이래로 시행되어온 구품중정제도 중지했다. 이후 점차 수재秀才, 명경明經, 진사進士 삼대 과목을 관리 선발의 중요한 통로로 삼았다. 당나라 때도 수나라의 과거제도를 계승하여 발전시켰다. 당나라 때는 과거제도의 분과도 크게 늘어났다. 즉 수재, 명경, 진사, 명법明法, 명자明字, 명산明算, 일사一史, 삼사三史, 사과史科, 개원례開元禮, 도거道擧 등이 그것이다. 명경 한 분과만 예를 들어봐도 오경五經, 학구일경學究一經, 삼례三禮, 삼전三傳 등의 구분이 있었다. 수재 분과가 가장 엄격해서 선발 인원이 너무 적자 고종 이후로는 폐지했다. 진정으로 중요한 역할을 한 분과는 진사과와 명경과였다. 명법, 명자, 명산 등의 분과는 전문 영역에 속했다.

과거제와 찰거제의 가장 큰 차이점은 찰거제는 타인의 추천에 의지하여 시험을 보조 수단으로 사용하지만, 과거제는 자신이 직접 시험에 참여한다는 점이다. 즉 역사책에 기록되어 있는 것처럼 "신분첩을 가슴에 품고 스스로 천거하여(懷牒自擧)" 시험으로 당락을 결정하는 방법이다. 당나라시대에 과거시험에 참가할 수 있는 사람은 두 부류가 있었다. 첫째, 중앙에서부터 지방에까지 설치된 각급 학교의 학생이다. 둘째, 자신과 가문이 깨끗하여 참가 조건에 부합하고, 주와 현의 심사에 합격한 일반 백성이다. 창기, 배우, 노예, 죄수, 승려는 과거에 응시할 수 없었다. 현직 관리는 제과制科(특별과거)에는 참가할 수 있었지만 상과常科(정식과거)에는 참가할 수 없었다. 과거시험은 애초에 이부의 고공원외랑考功員外郞이 주관했지만 개원 이후로는 예부시랑이 주관했다. 과거시험에 참가한 사람은 '결관통보結款通保'를 해야 했다. 즉 그것은 각자 서로 신원을 보증하기 위한 절차로, 과거장에 들어갈 때 본인 확인 조사와 의복 검사를 받아야 했다. 이는 부정행위를 방지하기 위한 조처였다.

당대의 과거시험 내용은 전기와 후기에 변화가 있었다. 대체로 진사과는 첩경帖經, 시부詩賦, 시무책時務策을 부과했고, 명경과는 첩경, 경의經義, 시무책을 부과했다. 첩경은 경학 기초 지식에 관한 시험이었고, 시부는 시와 문장에 관한 시험이었으며, 경의는 경학이론에 관한 시험이었고, 시무책은 경학을 기초로 응시자의 정견政見을 알아보는 시험이었다. 전과專科 성격의 과거는 전문지식을 측정하는 분과였다. 예를 들면 명법은 율령에 관한 시험이었고, 명자는 『설문해자說文解字』와 『자림字林』에 관한 시험이었으며, 명산은 10부의 산경算經에 관한 시험이었다. 과거시험 분과를 비교해보면 시부가 가장 어려웠고 경의가 비교적 쉬웠다.

당대 과거시험에 급제할 수 있느냐는 과거장에서 얼마나 실력을 잘 발휘하느냐에만 달려 있지 않았다. 당시에 납권納卷과 행권行卷이라는 제도가 있었다. 과거시험에 참가하려는 사람이 자신이 지은 우수한 시문을 두루마리[卷]로 만들어 시험 전에 문단의 명사나 조정의 요인에게 보내고 그 사람의 추천을 구하는 방법을 행권이라 했다. 또 자신이 직접 시문집을 예부로 보내 주감독관이 합격자를 뽑을 때 참고할 수 있게 하는 방법을 납권이라 했다. 백거이가 당시 시인 고황顧況에게 행권을 하자 고황은 백거이의 시문집을 펼쳐보기도 전에 그의 성명으로 그를 놀리면서 이렇게 말했다. "장안은 온갖 물건이 모두 비싸서 이곳에서 사는 것이 매우 쉽지 않을 것이네(長安百物貴, 居大不易)." 그러나 백거이의 시 "들불은 타오르다가 다 꺼지지 않아, 봄바람이 불자 또 살아나네(野火燒不盡, 春風吹又生)"라는 구절을 보고는 "시구가 이와 같으니, 온 천하에 거주한다 해도 무슨 어려움이 있겠는가?"[327]라고 했다.

이 밖에 통방通榜과 공천公薦이라는 방법도 있었다. 주감독관의 친구가 주감독관을 도와 당락을 확정하는 것을 통방이라 했고, 관계의 유명 인사가 직접 주감독관에게 인재를 추천하는 것을 공천이라 했다. 태학박사 오무릉吳武陵이 두목杜牧의 「아방궁부阿房宮賦」를 매우 칭찬하며 당시 주감독관 최언崔郾에게 장원으로 뽑으라고 추천하자, 최언은 제5등으로 뽑겠다고 대답했다고 한다. 이것은 공천 과정에서 벌어진 재미있는 일화의

하나다.[328]

당대의 과거는 매년 한 차례씩 치르면서 진사를 몇 명에서 몇십 명 정도 뽑다가 중당 이후로는 30명 내외로 급제자 수를 고정했다. 두우杜佑는 『통전通典』에서 이렇게 기록했다. "진사과는 대체로 1,000명 중 급제자가 백에 한두 명 정도였고, 명경과는 그 두 배여서 급제자가 열에 한두 명이나 되었다."[329] 따라서 당나라 사람들은 "서른이면 명경과에서 늙은이에 속하고, 쉰이면 진사과에서 젊은이에 속한다(三十老明經, 五十少進士)"라는 민요를 지어내기도 했다. 일단 진사에 급제하기만 하면 세상 사람들은 모두 '백의의 공경대부(白衣公卿)'로 대우했다. 이 때문에 진사 급제는 지극히 영예로운 일이었다. "봄바람 속에 득의양양 말발굽 치달리며, 하루 만에 장안의 꽃을 모두 다 구경했네"[330]라는 시구에 바로 진사의 심리가 잘 반영되어 있다. 그러나 과거에 급제한 것은 단지 임관될 자격을 갖춘 것에 불과했다. 관직에 임용되려면 다시 이부의 전형을 거쳐야 했다.

당대의 과거제도는 매년 한 차례씩 치러지는 정식 시험[常科] 외에도 황제가 친히 왕림하는 곳에서 부정기 과거시험인 제과制科를 시행하기도 했다. 그러나 제과는 상과만큼 중요하지 않았다. 또 문과와 대응해서 무과 시험도 창설되었는데 주로 장거리 활쏘기(長垛), 말 타고 활쏘기(馬射), 걸으면서 활쏘기(步射) 등을 측정했다. 그러나 무과는 시종일관 무관을 선발하는 정도가 아니었고, 군대의 대오에서 직접 출세하는 것이 무장의 정도였다.

과거제도는 당대 관리 선발에서 이미 중요한 역할을 했다. 이 제도는 전대의 관리 선발제도에서 드러난 권력 하향의 폐단을 개혁하고 중앙집권 강화 수요에 부응하여 관리의 선발권을 철저하게 조정으로 되돌렸다. 바로 이와 같았기 때문에 당 태종은 비로소 "천하의 영웅이 모두 내 과녁 속으로 들어왔다"[331]라는 유명한 말을 했다. 과거제도는 또 통치 집단의 사회 기반을 확장해 고귀한 가문의 자제들이 음서蔭敍로 관리가 되던 역대 정권의 농단을 타파하고, 중소지주나 평민들에게도 벼슬길로 나아갈 수 있는 경로를 열어주었다. 따라서 과거제도는 하층사회에서 상류사회로 올라가는 정치적 통로가 되었다. "아침에는 시골 집 농부였다가 저녁에는 천자의 궁궐에 오를 수 있다(朝为田舍郎, 暮登天子堂)"라는 희망이 수많은 학자의 평생 정력을 끌어들였다.

그들은 과거시험장에서 늙어 죽더라도 안타까워하지 않았다. 특히 과거제도는 교육제도와 관리 선발제도를 하나의 총체로 결합해 일정 정도 관료 대오의 지식화를 보장했다. 이런 경향은 관리의 절개와 품행을 연마하는 데 유리했고, 문화적 층위에서도 사회사상과 통치사상이 고도로 융합될 수 있게 보장해줬다. 이는 사회적 안정을 유지하는 측면에도 뚜렷하게 기여했다. 따라서 과거제도는 당나라에서 통치자들의 지지를 얻었을 뿐 아니라 이후 각 왕조에서도 이를 고도로 중시했다. 이는 이후 고대 왕조에서 중요한 제도의 하나가 되었다.

과거제도 이외에도 당대의 관리 선발제도에는 비교적 영향력이 큰 두 가지 제도가 있었다. 그중 하나는 '문음門蔭'이고 다른 하나는 '유외전流外銓'이었다. 문음은 5품 이상 관리의 자제를 보살펴주는 조치로 그들에게 일정 시간 일을 시킨 후 전문적인 시험을 거쳐 관리가 될 수 있게 하는 방법이다. 유외전은 유외관流外官[332]을 겨냥해서 개설된 제도다. 당대에는 수많은 유외관이 각 관청의 구체적인 업무 처리 인원으로 충당되었다. 그들은 정식 품계가 없어서, 재직 연도나 업무 공과에 따라 업무 평가[考課]를 받았다. 세 번의 업무 평가를 받고 나서 점차 승진했고, 승진할 때마다 시판試判(일종의 시험임)을 치러야 했으며 마지막에도 시험을 거쳐 정식 품계로 진입할 수 있었다. 업무 심사, 선발, 임용이 일체화된 이러한 유외관 전형 절차를 유외전이라 불렀다. 당대에는 유외전으로 관료 사회에 진입하는 인원이 가장 많았다. 이것은 하급관리를 충당하는 주요 공급원이었다.

과거, 문음, 유외전을 통과한 사람은 단지 임관 자격만 얻은 것에 불과했다. 실제 관직에 진정으로 임용되려면 또 관리 전형[銓選]을 거쳐야 했다. 당대의 관리 전형은 문무 두 갈래가 있었고 문관은 이부에서, 무관은 병부에서 관장했다. 이 밖에도 당대에는 임직 연한 규정이 있었다. 임기가 만료된 관리도 전형을 거쳐야 새로운 직위에 임명될 수 있었다. 당대의 관리 전형은 '4재3전四才三銓' 제도를 시행했다. '4재'는 전형의 네 가지 기준인 신身, 언言, 서書, 판判을 가리킨다. 신身은 '신체가 풍만한 사람(體貌豊偉)'을 요구한 것이고, 언言은 '시비를 분별할 수 있는 언어 능력(言辭辯正)'을 요구한 것이고, 서書는 '해서楷書를 힘차고 아름답게 쓰는 능력(楷法遒美)'을 요구한 것이고, 판判은 '문장의 이치가 뛰어남(文理優長)'을 요구한 것이다. 4재를 갖췄으면 덕행을 봤고, 덕행을 갖췄으면 재능을 봤고, 재능을 갖췄으면 업무 실적을 봤다.

신, 언, 서, 판 네 가지 중에서 당나라 사람들은 판을 가장 중시했다. 판은 바로 판어判語(판단문)인데, 오늘날의 판례 시험과 아주 유사했다. 응시자에게 어떤 안건이나 공무를 주고 그것에 대한 판단문을 작성하게 하는 것이다. "처음에 주와 현의 안건 중에서 의문이 있는 사건을 취하여 판단 능력을 시험하고 그 가부를 살펴보는데 이것이 바로 판判을 이끌어내는 방법이다." 마단림은 다음과 같이 말했다. "이부에서 시험하는 네 가지 중에서 판判이 특히 까다로웠다. 대체로 정무에 임해 백성을 다스릴 때 이것이 가장 중요했다. 반드시 사안을 잘 알고, 법률에 숙련되고, 시비를 밝게 판단하고, 숨은 진상을 밝혀낼 수 있는 능력을 요구했으며, 이 모든 사항에 근거하여 응시자를 몰래 관찰했다."[333] 판어는 우선 이치가 논리적인지 봤고, 그다음은 문장의 대구對句를 봤다. 비교적 저명한 판어로는 『용근봉수판龍筋鳳髓判』[334]이 있는데 사람들은 이 책의 문구를 서로 암송하여 후대에 전했다. 판判을 시험하는 것이 중요했기 때문에 시험장 관리가 과거시험보다 더욱 엄격했다. 성명을 가리고 시험을 쳤을 뿐 아니라 필적까지 대조하여 부정행위를 방지했다. 5품 이상 관리들을 전형할 때는 '판判'에 대한 시험이 없었다. 이런 전형을 통과한 사람은 이부에서 품계와 관직 결원에 근거하여 실제 관직을 부여했다.

관리 선발제도의 개혁에 따라 당나라시대에는 관리 심사 제도에도 새로운 창안이 이루어졌다. 위·진 이래로 비교적 뛰어난 업적을 남긴 다수 제왕은 모두 관리 심사 제도를 세우기 위한 탐색을 진행했다. 예컨대 위나라 명제明帝는 산기상시 유소劉劭에게 도관고과법都官考課法 72조를 제정하게 했다. 또 진晉 무제는 하남윤河南尹 두예杜預에게 관리의 실적을 심사하기 위한 제도를 탐색하도록 명령을 내렸다. 그리고 북위 효문제孝文帝는 3년에 한 번씩 시험을 치도록 심사 격식[考格]을 제정했다. 서위西魏

와 북주北周에서 탁지상서度支尚書를 지낸 소작蘇綽은 벼슬아치를 관리하기 위한 6조 조서를 기초했다. 그러나 체계적인 관리 고과제도는 줄곧 마련되지 못했다. 당나라 때는 선인들이 탐색한 바탕 위에서 비교적 상세한 심사 분류 기준과 비교적 엄밀한 관리 고과 절차를 제정했다.

당대 관리에 대한 심사考核는 이부의 고공사考功司에서 주관했는데, 심사 과정을 중서사인과 급사중 각 1명이 감독했으며 매년 한 차례씩 정기적으로 심사를 실시했다. 심사 기준은 '4선27최四善二十七最'였다. '4선'은 모든 관리에게 공통으로 요구하는 덕목이었다. 그 네 가지는 다음과 같다. '덕망과 정의로 소문이 날 것(德義有聞)', '청렴함과 신중함을 밝게 드러낼 것(清慎明著)', '공평함으로 칭송을 들을 것(公平可稱)', '삼가는 태도와 근면함으로 게으르지 말 것(恪勤匪懈).' '27최'는 모든 관리를 27개 부류로 나눠 부류마다 가장 훌륭한 표준을 설정하는 것이다. 심사할 때 해당 장관이 심사 대상 관리의 해당 연도 공과 기록을 낭독하고 그 우열을 공평하게 논의한 후 '선善'과 '최最'의 유무와 업적의 고저에 근거하여 심사 등급을 확정해서 9등급으로 나눴다. 그것을 상서성에 보고하면 상서성에서는 일정한 인원 비율 표준에 따라 심사 등급을 기준으로 해당 녹봉의 증감을 결정했다. 그리고 네 차례 심사 결과를 모두 합쳐서 품계의 승급과 이동, 직무의 퇴출과 승진을 결정했다.

당나라 관료체제에서 드러나는 또 하나의 공적은 관리 품계제도의 규범화와 세밀화다. 당나라에서는 관리들에게 9품 등급제를 시행했고, 각 품계를 정正과 종從으로 나눴다. 그리고 정4품부터는 다시 상上과 하下로 세분했기 때문에 당나라 관리의 실제 품계는 모두 9품 30등급이었다. 가장 중요한 것은 당나라 때 직사관職事官과 산관散官을 구별했다는 점이다. 산관은 본관本官 또는 계관階官이라고도 불렀다. 산관은 관리의 신분 표지이자 등급 표지이고, 직사관은 관리의 실제 업무와 직책을 나타내는 용어다. 산관은 사람 중심으로 설정되고, 직사관은 업무 중심으로 설정된다. 직사관의 업무를 실질로 삼고, 산관의 관명을 호칭으로 삼는다. 직사관과 산관은 모두 관명에 대응하는 품계가 있다. 어떤 관리는 자신이 가진 산관의 품계와 자신이 맡은 관직의 품계가 반드시 일치하지 않기도 한다. 그럴 경우 직무의 품계는 높고 산관의 품계는 낮은 것을 '수守'라 하고, 직무의 품계는 낮고 산관의 품계는 높은 것을 '행行'이라 한다. 이 제도는 고대의 관료 체계가 이미 성숙 단계로 진입했음을 나타내는 표지다. 이 밖에도 관리를 관리하는 과정에서 청류淸流와 탁류濁流로 구분하는 비교적 엄격한 시각이 존재했고, 이 구분을 임직과 승진 등의 부문에 확연히 다르게 적용했다. 이것은 관리의 직무 능력을 보증하고 관리 대오를 우수하게 변화시키는 측면에서 비교적 큰 공헌을 했다.

수·당시대에 확립된 과거제도는 송대에 이르러 완전한 형태로 발전했다. 송 태종에서 진종眞宗 때까지 송나라는 과거제도를 여러 차례 조정했다. 즉 정시 과거는 3년에 한 번씩 실시했고, 과거시험의 과정은 주시州試, 성시省試(中央考試), 전시殿試(皇帝親試) 세 단계로 나눠서 시행했다. 과거시험에 참가한 인원과 급제 인원에서 송나라는 당나라의 규모를 훨씬 초과했다. 주시를 통과하여 도성의 성시에 참가했다가 낙방한 인원이 매번 1~2만 명이나 되었다. 송나라 초기에 과거제도는 진사와 기타 여러 분과[諸科](당대의 명경과 등의 분과)로 나뉘어 시행되다가 신종神宗 이후에는 진사과만 남겼다. 매 분과의 급제 인원은 300~400명에서 700~800명이었다. 과거제도는 송대와 그 이후 시대 관리 선발의 가장 중요한 통로였다. 『등과기登科記』의 통계에 따르면 양송시대 과거급제자는 모두 5만명 내외에 달했다.

송대 과거시험의 내용은 전기에서 후기까지 계속 변화를 거듭했다. 애초에 북송의 진사시에서는 시부, 첩경, 시무책, 묵의墨義(경의에 관한 필답) 등을 부과했기 때문에 당대와 큰 차이가 없었다. 그러나 나중에는 실용적인 방안을 강구하여 율령을 과거 과목에 추가했다. 신종 때는 시부를 폐지한 뒤 경의로 바꾸었고, 철종哲宗 때는 시부도 치고 경의도 쳤다. 북송 후기에서 남송 때에 이르러서는 시부를 부과할지, 경의를 부과할지를 두고 여러 차례 논쟁이 벌어졌지만, 시부를 부과하는 경우가 많았다.

당·송시대 과거제도의 가장 큰 차이점은 송대에 행권과 공천을 폐지하고 '모두 과거시험 답안만을 당락의 근거로 삼는' 정책을 실현했다는 사실이다. 즉 완전히 과거시험 답안지를 평가 기준으로 삼고 추천제의 흔적을 철저하게 없앴다. 송대에는 시험 절차와 방법에서도 점차 규정을 엄밀하게 제정했다. 이런 제도 덕분에 과거제도는 규범화의 방향으로 나아갔으며, 일정 정도 절차와 형식의 공정성을 보장할 수 있게 되었다. 송대의 규정에 따르면 주시州試를 볼 때 시험 답안지는 관부에서 직인을 찍어 현장에서 발급했고, 불법 쪽지를 지닌(夾帶) 자를 발견하면 현장에서 바로 퇴출 조치를 단행했다. 또 현직 관리와 해당 주州에 호적이 없는 외지인은 그곳 주시에 참가할 수 없게 했고, 전운사轉運使가 별도로 시험을 시행하게 했다. 주시를 치른 이후에는 응시 인원수와 낙제 인원수, 합격자 성명과 답안지를 모두 예부의 공원貢院으로 보냈다. 그 속에서 만약 부정행위의 단서가 발견되면 주감독관과 현장 감독관이 모두 처벌을 받았다.

예부의 공원은 성시를 시행하는 장소였다. 성시의 주감독관을 '지공거知貢擧'라 불렀고, 부감독관을 '동지공거同知貢擧'라고 불렀다. 주감독관과 부감독관은 황제가 임시로 임명했는데, 보통 육부의 상서와 시랑 혹은 한림학사와 급사중에게 소임을 맡겼다. 일단 황제의 명령이 떨어지면 주감독관은 직접 공원으로 들어가서 외부와 왕래를 차단했다. 이것을 '쇄원鎖院'이라고 했다. 성시의 과장으로 들어갈 때는 응시자들을 검사하여 부정행위를 방지했다. 답안지는 호명미봉제糊名彌封制를 적용했다. 즉 먼저 성명을 가리고 답안지를 점검하여 오류가 없음을 확인한 후 답안지 봉투를 뜯어서 채점했다. 진종 때는 등록제謄錄制를 창안하여 시험관[考官]이 응시자의 필적을 알아보는 걸 방지하기 위해 모든 답안지를 필사 담당 관리[書吏]에게 베끼게 하고, 시험관이 채점할 때는 오직 베낀 답안지만 읽을 수 있게 했다. 그리고 당락을 판정한 이후 다시 원본과 대조하는 과정을 거쳤다. 만약 불공정한 점이 발견되면 복시復試를 시행할 수 있었다. 고관대작의 자제가 과거시험을 보면 반드시 복시를 시행해야 했다.

송나라 초기에는 복시만 있었지 전시殿試는 없었다. 송 태종 이후 복시가 변화하여 전시가 되었다. 전시에도 고관考官(주감독관), 복고관覆考官(답안지를 다시 확인하는 관리), 편배관編排官(답안지를 나눠주고 회수하는 관리), 미봉관彌封官(답안지의 성명을 밀봉하는 관리) 등이 있었다. 복시의 시험 과제는 비교적 간단했다. 통상적으로 시 한 수, 부賦 한 수, 논論 한 편으로 시험을 치렀다. 답안지는 환관이 회수하여 편배관에게 제출하고 답안지 머리의 일련번호를 제거했다. 그런 후 등록謄錄을 하면 주감독관이 등록한 초본을 읽으며 순위를 정했다. 그 후 다시 그것을 봉하여 복고관에게 보내 재차 순위를 심사하며 오차가 있는지 살폈다. 마지막에는 응시자의 순위를 매긴 명단을 황제에게 제출하여 심의·확정한 후 공포하게 했다. 애초에 전시에도 탈락자가 있었지만 인종 이후로는 탈락자 없이 순위만 정했다. 급제한 진사는 세 등급으로 나눴다. 일등급에는 진사급제進士及第 자격을 하사했고, 이등급에는 진사출신進士出身 자격을 하사했으며, 삼등급에는 동진사출신同進士出身 자격을 하사했다.

송대의 과거에는 '특주명特奏名'이라는 제도도 있었다. 이것은 여러 차례 성시에 참가했지만 진사 급제에 이르지 못한 늙은 응시생에게 황제가 특별히 진사출신 자격을 수여하는 제도였다.

송대 과거제도는 합격한 후 다시 전선銓選을 거치지 않고 직접 관직에 임용했다. 진사급제자는 일반적으로 막직관幕職官이나 시함지현試衘知縣 등의 직에 임명되었지만 고정적인 것은 아니었다. 총체적인 면에서 송대에는 과거 출신자를 비교적 중시했다. 비록 초임의 관직은 높지 않았지만 심사와 승진 과정에서 다른 방법으로 벼슬길에 오른 사람과 차이가 매우 컸다. 따라서 관료 그룹 중 고위층에는 과거급제자가 절대 우세를 차지했다.

송대에도 여전히 특별 과거인 제거制擧가 시행되었다. 그러나 정시 과거에 비해 중요성이 훨씬 떨어졌고 참가자와 급제자도 매우 적었다. 현직 관리가 정시 과거에 참가하려면 제약이 많이 따랐기 때문에 제거는 현직 관리가 관직을 바꾸기 위한 수단의 하나였다.

과거제도 외에 송대에 시행된 관리 선발 통로로는 음보蔭補도 있었다. 즉 한나라와 당나라 이래로 시행되었던 임자任子와 문음門蔭이 바로 이것이다. 문음은 송대에 이르러 그 숫자가 매우 많아졌다. 당시 고급 관리의 문음은 자손에게뿐만 아니라 심지어 친척이나 제자에까지 미치기도 했다. 그것은 송대에 만연한 불필요한 관리의 주요 공급원이었다. 그러나 음보에 뽑히려면 반드시 일정한 시험에 참가해야 했다. 그 시험의 내용은 율律(법률), 시, 판判(어떤 사안에 대한 판단력) 등이었다.

송대에도 당대의 전선[銓] 제도는 계승했지만 부류를 나누어 시행했다. 문관은 크게 세 부류로 나뉘었는데, 각각 선인選人, 경관京官, 승조관升朝官이라고 불렀다. 무관도 크게 세 부류로 나뉘었는데, 각각 사신使臣, 제사사諸司使, 횡반橫班이라고 불렀다. '선인'은 품계가 낮은 산관인데, 관직을 줄 때 신·언·서·판으로 시험을 부과하고, 그 합격자를 주와 현의 막직관으로 배정해서 일정한 연한의 훈련을 받게 했으며 아울러 천거를 거친 후 비로소 경관京官에 임명할 수 있게 했다. 경관과 승조관을 합쳐서 경조관京朝官이라고 불렀다. 경조관 대열로 진입한 이후에야 정치적인 능력을 발휘할 수 있었다. 관리가 처음 임명되었을 때는 어떤 경로 출신이냐에 따라서 직위의 높낮이와 직무의 중요성 정도가 달라졌다. 진사 출신이 가장 우대받았고, 음보가 그다음이었으며 정식 품계 밖에서 임명된 관리가 가장 천대받았다.

송대의 진정한 관리 임용은 전선銓選에 있지 않고 차유差遣에 있었다. 차유는 당대에도 있었지만 송대에 이르러 관리에게 직무를 주는 주요 방식으로 기능했다. 이른바 차유란 바로 임시 파견 방식으로 관리에게 실제 업무를 배정해주는 제도다. 이것은 송나라 때 지방에 대한 중앙의 통제를 강화하려 임시로 경조관에게 지방 업무를 맡기는 방식으로 진행되었다. 즉 부府, 주州, 군軍, 감監의 장관을 일괄적으로 경관에게 맡기고 '권지모 모부(주)군주사權知某某府(州)軍州事'의 명의로 현지에 파견하는 방법이다. 비교적 중요한 다수 현에도 임시 지현知縣을 파견하는 방식을 썼고, 오직 중요하지 않은 소수의 변방 현에만 정식으로 현령을 임명했다. 따라서 중 앙정부의 관리 대다수가 본직에 임명되었으면서도 본래 직무를 처리할 수 없으므로, 다른 관리를 '권지權知', '판判', '제거提擧', '관구管勾' 등의 임 시직 명의로 실제 장관에 임명했다. 예를 들면 추밀원의 정식 장관은 추 밀사이지만 우리가 더 흔하게 볼 수 있는 것은 다른 관리가 '지추밀원사知 樞密院事' 이름으로 그 관직을 맡는 경우다. 이런 방식을 써서 황제는 더욱 효과적으로 관리를 통제했고 아울러 이 방법에 기대 이부와 병부의 관리 임면권任免權을 약화시켰다.

요나라는 성종聖宗 통화統和 6년(988)에 처음으로 과거제를 시행했다. 향시鄕試, 부시府試, 성시省試 세 단계로 나눠 실시하다가 나중에 다시 전 시殿試를 보탰다. 1~2년에 한 차례 또는 2~3년에 한 차례씩 시행했다. 애초에는 진사과를 시부와 명경 두 분과로 나눠 실시했지만 나중에는 시 부를 정과正科로 삼고 법률을 잡과雜果로 삼았다. 그러나 요나라의 과거제 도는 완전히 한족을 위해 설치했고, 거란족은 과거 참가가 금지되었다. 금나라는 향시(현에서 시행하는 과거시험), 부시, 회시會試, 전시 네 단계로 나눠 과거시험을 시행했다. 3년에 한 차례씩 시험을 보다가 나중에는 향 시를 폐지했다. 여진족과 한족은 각각 다른 방식으로 과거시험에 응시했다. 여진족에게 출제하는 문제는 간단해서 단지 책론策論만 지으면 되었다. 그러나 한족의 경우는 시부와 경의로 분과를 나눴고, 난도도 비교적 높았다. 금나라는 요나라보다 한족화가 깊이 진행되었으므로 과거제가 정치에 미친 영향도 요나라보다 컸다.

원나라 초기에는 문文으로 인재를 뽑는 과거제도의 성격이 무武로 나라를 세운 몽골족의 건국 취지와 맞지 않았기 때문에 줄곧 과거제를 채택하지 않았다. 그러다가 인종仁宗 황경皇慶 2년(1313)에 이르러서야 과거제를 확정하고 향시, 회시, 전시 세 단계로 나누어 시행했으며, 현직 관리가 과거에 참가하는 것도 제한을 두지 않았다. 과거제도의 운용 방법은 송대와 유사했으나 비교적 거칠고 소략한 면이 많이 드러났다. 시험 내용은 경의를 근본으로 삼고 사장詞章을 부차적인 것으로 여겼다.

경의는 사서오경四書五經에서 제목을 출제했는데 『주자집주朱子集註』를 교재로 사용했다. 원나라 과거제도의 가장 큰 특징은 민족 차별 정책을 시행했다는 점이다. 몽골인과 색목인色目人을 하나로 묶어 시험 제목을 출제했고, 한인漢人과 남인南人[335]을 하나로 묶어 또 다른 시험 제목을 출제했다. 향시에서 시작하여 지역에 따라 합격 인원을 배분했다. 향시 합격자는 모두 300명을 뽑았는데 그중 몽골인, 색목인, 한인, 남인을 각각 75명씩 뽑았고 회시에서는 그중 100명을 뽑았다. 비율을 보면 네 부족 인원이 각각 25명씩 차지했다. 전시에도 탈락자가 있었고, 전시 급제 인원은 일정하지 않았지만 30~40명에서 70~80명이었다. 급제자는 장원을 제외하고 보통 7품에서 8품 관직을 받았다.

원대의 관리 공급원은 황제 친위대와 이원吏員(지방에서 충당하는 말단 관리) 위주였다. 과거 출신자가 관직 사회에서 차지하는 비중은 아주 작았고 승진할 때도 우대를 받지 못했을 뿐 아니라 몽골족에게 멸시를 당하기 일쑤여서 벼슬길에서도 중요한 역할을 맡지 못했다. 이와는 반대로 원대에 이원은 관직 사회의 점유 비율도 높았고 통치자들에게도 중시되었다. 역사에는 이렇게 기록되어 있다. "진사로 관직에 진입하는 자는 겨우 100분의 1에 불과했지만, 말단 관리에서 요직에 오른 자는 10분의 9나 되었다."[336] 지방의 말단 관리가 정식 벼슬길로 들어서는 방법에는 고시考試(시험), 체보遞補(결원 충당), 세공歲貢(추천으로 국자감에 입학) 등 다양한 제도가 있었다.

진·한시대부터 관직 사회 구성에 '유학자[儒]'와 '전문 관료[吏]'의 구분이 있었다. 송·원시대에 이르러 이러한 구분은 심각한 대립 상황으로까지 발전했다. 대체로 유학자는 오랫동안 경서를 읽고 심신을 도야했으므로 신념은 굳건하지만 업무 처리에는 뛰어나지 못하다. 그러나 전문 관료는 오랫동안 실제 업무를 다루었으므로 일처리는 능숙하지만 자질에 문제가 있다. 한나라에서 당나라에 이르기까지 통치자들은 유학자와 전문 관료를 함께 임용하며 그들의 장단점을 두루 알게 되었다. 당나라 유안劉晏은 이렇게 말했다.

"유학자가 뇌물에 빠져들면 세상에서 버려지므로 명예를 이익보다 중시한다. 따라서 유학자들 중에는 청백리가 많다. 전문 관료는 비록 청렴하다 해도 끝내 영예로운 지위에 오르지 못하므로 이익을 명예보다 중시한다. 따라서 전문 관료들 중에는 탐관오리가 많다."[337]

송대에는 과거제도의 발전으로 유학자가 관료 집단 속에서 절대 우세를 점했다. 관리들 중에서 뛰어난 충성심으로 나라의 은혜에 보답한 사람이 드물지 않게 출현했다. 그러나 정부의 무능이 이러한 현상과 관계없다고 할 수 없다. 원대에는 과거를 경시하고 유학자를 배척했다. 이 때문에 전문 관료와 황제 친위대가 관리 집단의 주요 공급원이 되었다. 이들은 우레처럼 맹렬하고 바람같이 신속하게 한 시기를 풍미했지만 관직 사회의 부패도 이들의 행동과 긴밀하게 연관되어 있다. 후세 사람들은 "송나라는 유학자 때문에 망했고, 원나라는 관료들 때문에 망했다"라고 했다. 이것은 다소 편향된 지적이긴 하지만 상당히 일리 있는 말이다.

명·청시대에는 관리 선발제도 중에서 과거제도가 가장 중요했다. 과거는 3년에 한 차례씩 향시, 회시, 전시 세 단계로 나누어 시행했다. 향시와 회시는 각각 세 마당씩 열렸다. 첫 번째 마당에서는 사서의四書義 세 문제와 오경의五經義 네 문제를 출제했다. 두 번째 마당에서는 논論(논술) 한 문제와 판判(판단력) 다섯 문제를 출제했고, 조詔(조서), 고誥(명령문), 표表(상소문) 중 한 문제를 선택하도록 했다. 세 번째 마당에서는 시무책 다섯 문제를 출제했다. 전시는 한 마당만 시행했는데 시무책 한 문제만 출제했다. 청나라 건륭 이후에는 첫 번째 마당에 사서의 세 문제, 5언8운五言八韻 시 한 문제를 출제했고, 두 번째 마당에서는 오경의를 각각 한 문제를 출제했으며, 세 번째 마당에서는 예전처럼 시무책 다섯 문제를 출제했다.

명·청시대 과거를 송·원시대와 비교해볼 때 가장 두드러진 차이점은 바로 팔고문八股文으로 인재를 뽑았다는 것이다. 팔고는 제의制義라고도 한다. 송나라 유학자들이 주해한 사서오경에서 과거시험 제목을 뽑았다. 예컨대『사서四書』는 주자의『사서집주四書集註』를 썼고,『주역』은 정이程頤

의『정씨전程氏傳』을 썼고,『상서』는 채침蔡沈의『서집전書集傳』을 썼고,『시경』은 주자의『시집전詩集傳』을 썼고,『춘추』는『좌씨전左氏傳』,『공양전公羊傳』,『곡량전穀梁傳』과 호안국胡安國의『춘추전春秋傳』등을 썼다. 과거시험 답안의 작문은 고인들의 어투를 본받아 성현을 대신해서 논리를 세우게 했다. 그리고 팔고문의 특수한 형식을 사용했는데, 그것은 바로 파제破題, 승제承題, 기강起講, 입제入題, 기고起股, 중고中股, 후고後股, 속고束股로[338) 이루어진 형식이다.

팔고문을 창작하는 방법은 매우 치밀하여 당시 사람들은 그것을 '작문십법作文十法'이라고 불렀다. 즉 명의命意, 입구立句, 행기行機, 견조遣調, 분비변화分比變化, 허실상생虛實相生, 반정개합反正開合, 돈좌층절頓挫層折, 탁구琢句, 연자練字[339) 열 가지 작문 요령과 기교가 있었다. 팔고문으로 인재를 뽑는 것이 단순한 암기력 테스트는 아니었다. 응시자의 지식을 측정하면서 아울러 사고력과 이해력까지 측정했다. 학계의 어떤 사람이 인식한 바와 같이 팔고문 시험은 이미 종합적인 지력智力 테스트를 지향했다.

향시와 회시의 주감독관[主考]과 부감독관[同考]은 황제가 직접 파견했다. 향시의 제조提調(총책임자)는 포정사가 담당했고, 감시監試(총감독관)는 안찰사가 담당하다가 청대에 이르러 순무가 담당했다. 회시 제조는 예부禮部의 사관司官이 담당했고 감시는 과도관科道官이 담당했다. 주감독관과 부감독관은 내렴관內簾官이라 불렀고 제조와 감시는 외렴관外簾官이라고 불렀다. 과거시험에는 엄밀한 절차가 있었다. 주감독관이 입장하면 제조관과 감시관은 즉시 안팎의 문을 봉쇄하고 누구든 마음대로 출입하지 못하게 했다. 심지어 물건을 운송할 때도 모두 제조와 감시가 함께 문을 열고 점검한 후 과거장 안으로 들인 뒤 다시 문을 봉쇄했다. 향시 과거장으로 입장할 때는 응시자를 일일이 검사했다.

가정 이후로는 회시를 칠 때도 응시자를 검사했다. 응시자가 지참하는 시험 도구는 모두 일정한 규격이 있었다. 예를 들면 모자는 홑 모전毛氈을 써야 하고, 신발은 얇은 바닥으로 된 걸 신어야 하고, 벼루는 너무 두꺼워서는 안 되고, 붓 대롱은 투각한 것이어서는 안 되고, 음식은 잘게 썬 것이어야 하고, 목탄은 2촌村을 넘으면 안 되는 것 등이었다. 이는 모두 불법 쪽지 휴대를 방지하기 위한 조처였다. 시험이 시작된 후에는 순작관巡綽官이 시험장을 돌며 감독을 책임졌다. 응시생이 답안지를 제출하면 등기를 하고 수합했다. 그리고 미봉관에게 전하여 역시 번호를 붙여서 밀봉했다. 그것을 다시 등록소謄錄所로 보내면 붉은색으로 베껴서 초본을 만들었다. 그리고 대독소對讀所에서 붉은색 초본과 검은색 원본을 대조해 읽으며 오류를 없애고, 붉은색 초본만을 부감독관에게 보내 방을 나눠 읽으며 채점하게 했다.

부감독관이 주감독관에게 우수한 답안지를 추천할 때는 모두 평어評語를 작성해야 했다. 순위가 확정되면 공개된 장소[公堂]에서 응시생의 원본 답안지를 가져와 성명을 대조하고 합격자 명단을 확정한 후 방榜을 붙였다. 전시殿試는 비교적 간단해서 단 한 번만 시험을 보고 답안지를 회수한 후 마찬가지 방법으로 밀봉하고 번호를 매겨서 독권관讀卷官에게 보냈다. 독권관이 답안지의 순위를 평가하여 황제에게 보고하면 황제는 직접 순위를 확정하여 내각으로 보내 급제자 방을 써서 공포하게 했다.

명대부터 향시에 점차 인원 제한을 두기 시작했다. 큰 성省은 100여 명,

작은 성은 수십 명으로 제한하다가 청대에 이르러 조금 증원했다. 향시 합격자는 거인擧人이라고 불렀고 그중 수석 합격자는 해원解元이라고 불렀다. 회시 합격 인원은 매 회 300명 내외였고, 일부 연도에는 다소 증원되기도 했다. 또 청대 향시와 회시에는 정방正榜 외에 부방副榜³⁴⁰⁾ 인원을 더 늘렸다. 그리고 명대부터 회시를 남권南卷, 북권北卷으로 나눠서 인원을 분배했다. 이는 지역 균형을 보증하기 위한 정책이었다. 회시의 수석 합격자는 속칭 회원會元이라 했다. 전시는 탈락자 없이 합격자를 뽑아 진사 자격을 주고 삼갑三甲으로 나눴다. 일갑一甲 세 사람을 속칭 장원狀元, 방안榜眼, 탐화探花라고 불렀는데, 이들에게는 진사급제 자격을 부여했다. 또 이갑二甲 약간 명에게는 진사출신 자격을 부여했고, 그 나머지 삼갑三甲에게는 동진사출신 자격을 부여했다.

명·청시대에는 거인 합격자도 관직에 임명될 수 있었다. 진사에 합격한 후에는 서길사庶吉士 선발을 거치게 되는데, 서길사 이외의 나머지 진사는 직접 관직에 임명되었다. 명·청의 서길사 제도는 인재를 양성하는 측면에서 특별한 공헌을 했다. 서길사에 선발된 사람을 관선館選이라 불렀는데, 새로 뽑힌 진사 중에서 우수한 사람을 선발하여 한림원에 들게 했다. 한림원에서 계속 3년을 공부하게 한 후에 시험을 쳐서 거취를 결정했는데, 이를 산관散官이라 불렀다. 성적이 우수한 사람은 직접 한림원 편검관編檢官³⁴¹⁾에 임명되었다. 그 나머지는 과도科道³⁴²⁾로 보냈고, 그 나머지는 부조部曹³⁴³⁾로 보냈으며, 또 그 나머지는 주州·현縣에 임명했다. 이들은 그 후 전직과 승진 과정에서도 다른 사람보다 우월한 대우를 받았다.

명·청시대 과거제도는 제도의 엄밀성과 규범성이라는 측면에서 완비된 제도라고 할 만하다. 팔고문으로 인재를 뽑는 방법도 실제로는 고대의 과거제도가 표준화와 규범화의 방향으로 발전하면서 나타난 필연적인 결과라고 할 수 있다. 그리고 기술적 측면에서도 고대에 도달할 수 있는 최고 성취를 이루었다. 상당히 많은 명신과 청백리가 모두 과거 출신 가운데서 나왔을 뿐 아니라 고대사회의 계층 이동에도 긍정적인 선별 효과와 추진 효과를 발휘했다. 그러나 봉건 정치가 경직화함에 따라 팔고문으로 인재를 선발하는 제도도 사상 금고禁錮 제도와 일체를 이루었다. 특히 "공부한 것은 쓰임새가 없고, 쓰임새가 있는 것은 공부하지 않는(所習非所用, 所用非所習)" 적폐가 비교적 크게 악영향을 미쳤다. 청 말 대변혁의 국면에서 결국 과거제도는 중국 정치의 전환을 방해하는 중요한 고리로 인식되어 역사의 흐름에 따라 도태되고 말았다. 그러나 그중 몇몇 합리적인 요소, 특히 지력智力 시험 기술과 세밀한 제도 절차는 오늘날에도 본받을 만한 가치가 있다.

명대 관리의 전선銓選 권한은 문관은 이부에 귀속되어 있었고, 무관은 병부에 귀속되어 있었다. 문관이 처음 관직을 받으려면 모두 이부의 선정 절차에 참가해야 했다. 명·청의 관직은 번직繁職과 간직簡職으로 나눠 요직을 구별했다. 진사 출신은 일반적으로 도성에서는 청요직淸要職에 임명되었지만 지방에서는 매우 번거로운 직무에 임명되었다. 거인 출신은 일반적으로 먼 변방에서 단순한 직위를 맡았다. 국자감생으로 관직에 추천받으려는 사람은 당나라 제도를 모방한 신·언·서·판으로 평가를 받아야 했다. 전선 과정에서 발생할 수 있는 뇌물이나 청탁을 방지하기 위해 명대 만력 이후부터 청대까지 체첨법掣簽法을 실시했다. 즉 이것은 상응하는 직무와 임직 자격을 갖춘 인원에 대해 제비를 만들어, 제비뽑기 방식으로 구체적인 직무의 담당 인원을 결정하는 방식이다. 명·청시대 전선 과정에서는 출신을 매우 중시했다. 정도正途와 잡도雜途[344] 사이에는 천양지차의 구별을 두어 일정 정도 관리의 기본 자질을 보증해주었다.

명·청시대에는 벼슬아치를 관리하는 측면에서도 비교적 엄밀한 심사제도를 마련했다. 명대에는 고만考滿과 고찰考察 두 가지 방법을 썼다. 고만은 주로 연한에 따라 심사를 진행하는 방법이다. 즉 임기가 만료된 관리를 심사하여 순위를 정하고 승진과 강등 그리고 번직과 간직을 결정했다. 고찰은 주로 불합격 관리를 규찰하고 우수 관리를 천거하는 방법이다. 고찰은 또 경찰京察과 대계大計로 나뉜다. 경찰은 중앙 관리에 대해 6년에 한 차례씩 심사를 진행하는 제도다. 대계는 지방 관리가 조정으로 보고하러(朝覲) 올 때 3년에 한 번씩 심사를 진행하는 제도다. 경찰과 대계 심사에서 특히 뛰어난 성적을 받은 관리는 차례를 따지지 않고 승진하게 해줬지만 불합격한 관리는 팔법八法에 따라 처리했다. 이른바 팔법이란 탐貪(탐욕), 혹酷(가혹), 부조浮躁(경박), 불급不及(무능), 노老(노령), 병病(질병), 피연罷軟(연약), 불근不謹(부주의)을 가리킨다. 이 여덟 가지 상황에 따라 혁직革職(해직), 관대한주冠帶閑住(관대 압수),[345] 치사致仕,[346] 개조改調(전근) 등의 처분을 내렸다. 청대에는 고찰제도가 '사격팔법四格八法'으로 발전했다. '사격'은 재才, 수守, 정政, 연年 네 가지 기준을 가리킨다. 재는 재능으로 장長(뛰어남), 평平(보통), 단短(모자람)으로 나뉘고, 수守는 행동으로 염廉(청렴), 평平(보통), 탐貪(탐욕)으로 나뉘었다. 정政은 정무 처리 능력으로 근勤(부지런함), 평平(보통), 태怠(게으름)로 나눴다. 연年은 나이로 청青(청년), 건健(장년), 노老(노년)로 나눴다. 이 표준들을 종합하여 가급加級(품계를 올려줌), 승직昇職(승진), 유임留任, 강조降調(강등)를 결정했다. '팔법'은 명대와 같았으나 다만 처리 방법에 약간 변화가 있었다.

③ 고대 법률제도의 변화와 중화법 체계의 부침

하·상·주시대의 법률제도에는 '예禮'와 '형刑' 두 가지 형식이 포함되어 있었다. 이 삼대三代에는 예치禮治를 강조했다. 특히 서주시대에 벌써 완비된 예악제도가 만들어졌다. 예제를 이용하여 귀천을 구분하고, 등급을 명확히 하며 통치 질서를 수호했다. 동시에 징계와 처벌을 중심으로 삼는 형벌제도도 당시에 이미 형성되었다. 그러나 이 시기에 예와 형은 아직 하나의 체계로 융합되지 못하고 각각 쓰임이 따로 있었다. 예는 주로 귀족 내부의 사회적 관계를 조정하는 데 이용되었고, 형은 주로 사회 하층의 노동 인민을 통제하는 데 이용되었다. 즉 이른바 "예절은 아래로 서민에게까지 요구하지 않고, 형벌은 위로 대부에게까지 시행하지 않는다"[347]라는 말이 당시 상황을 잘 드러낸다. 역사책의 기록에 따르면 하나라에는 '우형禹刑'이 있었고, 상나라에는 '탕형湯刑'이 있었다고 한다. 서주의 예제와 형벌에 관한 자료는 비교적 많다. 예제로는 길례吉禮, 흉례凶禮, 빈례賓禮, 군례軍禮, 가례嘉禮가 있었는데 이를 오례五禮라고 했다. 형벌로는 묵형墨刑(얼굴에 먹으로 죄명을 새김), 의형劓刑(코를 자름), 월형刖刑(腓刑, 발을 자름), 궁형宮刑(생식기 제거), 대벽大辟(사형) 등 오형五刑이 있었다. 오형의 구체적인 조항은 3,000여 가지나 되었다. 1976년 샤안시성 푸펑扶風)에서 발견된 서주시대 청동기 중에 월형노예수문정刖刑奴隸守門鼎(藏陝歷史博物館 소장)이라는 유물이 있다. 이것은 서주시대 형벌을 생동감 있게 반영한 유물 중 하나다.

춘추시대에는 주 왕실이 쇠퇴하여 예악과 정벌이 제후에게서 나왔다. 노나라 『춘추』의 기록에 따르면 기원전 722년에서 기원전 479년까지 제후들이 제나라, 진晉나라, 초나라에 조공을 바친 사례가 33차례에 달하는 데 비해, 주나라 왕실에 조공을 바친 경우는 겨우 세 차례에 불과했다. 제후국 안에서도 실력 있는 대부가 정권을 장악했다. 예를 들면 제나라의 전씨田氏, 진晉나라의 한씨韓氏·조씨趙氏·위씨魏氏 등이 그들이었다. 춘추시대 후기에는 정鄭나라 자산子産의 「주형서鑄刑書」(기원전 536)와 진晉나라 조앙趙鞅의 「주형정鑄刑鼎」(기원전 513)을 표지로 법률제도에 중대한 변화가 나타나면서 법률 체계가 성문법으로 전환되기 시작했다.

춘추시대의 변화를 거쳐 전국시대에 이르러 변법變法이 시행된 이후 이에 상응하여 군주의 집권제도도 새롭게 변화했다. 법가사상은 삼진三晉[348])에서 흥기하여 조, 위, 한 그리고 진秦에서 광범위하게 관철되었다. 이들 국가는 변법을 통해 형벌 위주의 성문법 체계를 건립했다. 예를 들면 위나라 이회李悝가 지은 『법경法經』6편이[349]) 바로 당시의 대표적 법률서다. 특히 진秦나라에서는 상앙이 변법을 시행하면서 『법경』의 사상을 계승하여 법을 율律로 바꾸었다. 이를 근거로 진나라는 "법으로 가르치고 관리를 스승으로 삼는(以法爲敎, 以吏爲師)" 국가 정책을 시행했다. 이후 진나라 통치자들은 끊임없이 법률 내용을 보태서 입법과 법 집행의 가혹함과 세밀함이 중국 역사상 몇 손가락에 꼽을 정도에까지 이르렀다.

법률제도의 측면에서 진나라는 법치를 숭상했다. 1975년 12월 후베이성 수이후디睡虎地에서 진간秦簡(진나라 죽간)이 대거 발굴되었다. 여기에 진나라가 천하를 통일하기 이전에 시행했던 법률 상황이 반영되어 있는데, 이를 통해 문헌 자료의 부족함을 보충하게 되었다. 진간에서 언급한 법률의 명칭만 살펴보더라도 진나라 법률을 "응고된 기름보다 더 치밀하다(密于凝脂)"고 평가한 말이 전혀 지나치지 않다는 사실을 알 수 있다.[350] 진간에 기록되어 있는 법률은 정치, 군사, 농업과 수공업 생산, 시장 관리, 화폐 유통, 교통과 운수, 행정 관리, 관리 임명과 면직, 사건 심리, 소송 절차 등 각 부문을 모두 다루었다.

법률 시행에서도 진나라는 가벼운 죄에도 무거운 형벌을 내리는 원칙을 견지했다. 따라서 형벌은 엄격했고 법률은 가혹했는데, 사형만 예로 들어보더라도 거열車裂(수레로 찢어 죽임), 정살定殺(물에 빠뜨려 죽임), 박살撲殺(때려죽임), 책磔(팔다리를 찢어 죽임), 갱阬(산 사람을 묻어 죽임), 참斬(칼로 베어 죽임), 효수梟首(머리를 베어 구경시킴), 착전鑿顚(정수리를 파서 죽임), 확팽鑊烹(솥에 삶아 죽임), 추협抽脇(갈비뼈를 뽑아 죽임), 요참腰斬(허리를 잘라 죽임), 낭박囊撲(자루에 넣고 때려죽임) 등의 방법이 있었다. 법망이 지나치게 치밀하여 사회적 모순이 신속하게 격화되었고 아울러 그것은 진나라가 짧은 시간에 멸망하는 중요한 원인의 하나로 작용했다.

한나라 초기에는 진나라의 멸망을 거울삼아 진나라 법률 중에서 가혹하고 번잡한 요소를 폐기했다. 소하蕭何는 관대하고 단순한 법률『구장률九章律』을[351] 제정했다. 그는 법을 간략화하고 형벌을 줄여서 쉽고도 편안한 법률체계를 만들었다. 장석지張釋之는 정위廷尉에 임명되자 임금의 뜻에 법집행을 맞추지 않는다는 원칙을 확정했다. 한 무제 즉위 이후에 통치사상이 무위無爲에서 유위有爲로 변화함에 따라 장탕張湯과 조우趙禹를 중용하고 법률의 조항을 구체적으로 정하자 다시 형벌과 법률이 나날이 복잡해졌다. 『한서』에는 이렇게 기록되어 있다. "율령은 모두 359장이고, 사형은 409조 1,882사안에 해당한다. 사형 판결 사례로 유추 적용하는 경우는 모두 1만 3,472사안이 있다."[352)]

한나라 법률 형식은 주로 율律, 영令, 과科, 비比 네 가지로 구성되어 있다. 율은 법조문, 영은 조령詔令, 과는 법률 적용, 비는 판례에 따라 유추 적용하는 것이다. 한나라 법률은 황권지상皇權至上을 강조하면서 법은 군주에게서 나온다고 했다. 이에 대해 정위 두주杜周는 다음과 같이 말했다. "이전 군주가 옳다고 생각하는 것을 법률로 제정했고, 후세 군주가 옳다고 생각하는 것을 법령으로 추가했다."[353)] 그러나 동시에 법의 공평성과 안정성을 강조하면서 '형옥刑獄'과 '조옥詔獄'[354)]을 구분했다. 법제의 지도사상은 예와 법을 병용하는 것이었다. 즉 예를 법에 적용하여 유가경전의 뜻을 법리의 기초로 삼았다. 이를 바탕으로 덕德을 위주로 하면서 형벌을 보조 수단으로 삼고, 교화를 앞세우면서 형벌을 뒤로 돌리는 제도를 견지했다. 그리하여 이후의 법체계가 '예형일체禮刑一體'의 기본 틀을 유지하게 했다.

근대 학자 옌푸嚴復는 이렇게 말했다. "삼대 이후로는 한나라의 법률이 가장 완비된 형태를 갖고 있다. 중국에 한나라 법률이 있는 것은 유럽에 로마 법률이 있는 것과 같다. 상국相國 소하가 그 체제를 밝혔고, 정위廷尉

장석지가 그 쓰임에 통달했다."[355] 형벌 종류에서 한나라는 점차 도형徒刑(징역), 태형笞刑(매질), 사형으로 이전 시대의 경형, 의형과 좌우 발꿈치를 자르는 형벌을 대신했다. 이처럼 일부 육체형을 폐지한 것은 사법제도의 진보를 반영한 것이다.

위진남북조시대에도 법률제도가 일정 정도 발전되었다. 위 명제 때 진군陳群 등은 한나라 법률을 기초로『위율魏律』18편을 제정하고 한나라의 구율具律을 '형명刑名'으로 바꾼 후 그것을 맨 첫머리에 배치했다. 이러한 체례는 후세에도 줄곧 계승되었다. 서진 태시泰始 3년 가충賈充, 양호羊祜, 두예杜預 등은 당시 법률을 대대적으로 수정했다. 그들은 한나라 법률과 위나라 법률을 기초로 "가혹하고 번잡한 내용을 제거하고 맑고 간략한 것만 남겨서(蠲其苛穢, 存其淸約)" 간단하고 규범적인『진율晉律』20편을 제정했다.[356] 동시에 명법연明法掾 장배張裴는 이『진율』에 주석을 달아 조칙으로 천하에 공포했다. 이 주석은 원전과 효력이 동일한 법률 해석으로 인정되었다. 남조에서는 기본적으로 진나라 법률을 답습했다.

북위 효문제 때는 한·위·진의 법제를 광범위하게 총괄하여『북위율北魏律』20편을 만들었다. 이에 대해 천인커陳寅恪는 다음과 같이 평가했다. "북위는 전기와 후기에 법률을 제정할 때 앞 시대의 것을 종합 비교할 수 있었으며 이에 정확한 것을 취하여 현실에 드넓게 적용할 수 있었다. 이 때문에 그런 위업을 이룰 수 있었으니, 진실로 법률을 드넓게 수집한 공로를 세운 것도 결코 우연이 아니었다." 아울러 북위의 법률이 후세에 심원한 영향을 미쳤다고 했다. "중원, 하서河西, 강남 삼대 문화의 요소를 하나의 용광로에 모아 녹여낸 뒤 정확한 것을 취하여 현실에 드넓게 적용하자 이 법률이 북제北齊를 거쳐 수·당에 이르러 마침내 2,000년 동안 이어진 동아시아 형벌과 법률의 준칙이 되었다."[357]

　　수·당시대에는 법률제도가 다시 크게 발전했다. 수 문제는 소위蘇威 등에게 앞 시대를 계승하고 뒤 시대를 여는 성격의『개황률開皇律』12편 500조를 제정하게 했다. 당나라에 이르자 당 고조는 또 배적裴寂과 소우蕭瑀 등에게『개황률』을 기초로『무덕률武德律』을 제정하게 하고 아울러 영令, 격格, 식式을 편찬하여 법률과 하나의 세트가 되게 했다. 이로써 당률唐律의 네 가지 형식이 마련되었다. 당 태종 때는 방현령과 장손무기長孫無忌가 장장 10년에 걸쳐『무덕률』에 대한 전면적인 수정 작업을 주관하여『정관율貞觀律』을 제정했다.『구당서』에서는 이렇게 평가했다. "무릇 번잡한 것과 쓸데없는 것을 삭제하고 무거운 법을 바꿔 가볍게 만든 사례가 이루 다 헤아릴 수 없을 정도로 많다."[358] 당 고종은 또 장손무기, 이적李勣, 우지령于志寧 등에게『영휘율永徽律』을 편찬하게 하고, 동시에『영휘율』의 조항마다 통일된 주해를 달아 원문 뒤에 첨부한 후 천하에 반포하고 원문과 똑같은 효력을 갖게 했다. 후세에『영휘율』과 그 주해를 합본하여 간행한 것이『당률소의唐律疏議』인데 이것이 바로 당나라 법률의 대표 저작이다. 이 밖에도 당 현종은 개원 연간에『당육전唐六典』편찬을 주관했다. 후세 사람들은 이 책을 중국 최초의 '행정법전行政法典'이라고 부른다. 이 책은 법률 전적 분야의 효시가 되었다.

　　당나라 법률은 예禮를 법률에 적용하는 한나라와 진나라 이래의 전통을 계승하여 "덕례德禮를 정치 교화의 근본으로 삼고, 형벌을 정치 교화의 쓰임으로 삼는다"[359]라고 명확하게 규정했다. 이는 예제 법률화가 이미 높은 수준에 도달했음을 나타내는 표지다. 당나라 법률은 형식에서도 이미 상당히 완비된 모습을 보여주었는데 율律, 영令, 격格, 식式이 모두 각각의 쓰임이 있었다. 즉 "율은 형벌을 바르게 적용하여 죄를 확정하는 것이다. 영은 모범적인 제도를 세우는 것이다. 격은 위반을 금하고 사악함을 바로잡는 것이다. 식은 만물과 만사의 모범적인 형식을 만드는 것이다."[360] 형벌의 종류도 한·위의 변화를 거쳐 당대에 이르면 새로운 '오형五刑' 제도가 형성되었다. 즉 태笞, 장杖, 도徒, 유流, 사死 다섯 가지 형벌이 그것이다. 그중 태형이 다섯 등급으로 나뉘었고(10대에서 50대), 장형이 또 다섯 등급으로 나뉘었다(60대에서 100대). 도형도 다섯 등급으로 나뉘었고 (1년에서 3년), 유형은 세 등급으로 나뉘었으며(2,000리에서 3,000리), 사형은 두 등급으로 나뉘었다(교수형과 참수형). 법률 시행에서 당나라 통치자들은 신중한 판결과 동정적인 형벌 적용을 강조했다. 특히 사형에 재심 절차를 완비하여 형벌의 남용을 효과적으로 방지했다.

당대에는 법제를 감독하는 측면에서도 새로운 발전이 있었다. 한나라와 진나라 이래의 어사대御史臺 제도를 계승하여 모든 감찰을 총괄하게 했다. 어사대 아래에는 대원臺院, 전원殿院, 찰원察院을 설치하고 각각 시어사侍御史, 전중시어사殿中侍御史, 감찰어사監察御史가 그 책임을 맡게 했다. 시어사는 주로 사법을 감독하고 옥송에 대한 국문을 담당했다. 전중시어사는 주로 궁전의 의례와 도성 순시를 감독했다. 감찰어사는 주로 지방을 순시하며 관리를 탄핵했다. 사법 감독 부문에서는 대리시大理寺가 초심을 담당했고, 형부가 재심을 담당했으며, 어사대가 그것을 총감독했다. 따라서 이를 모두 합쳐서 '삼법사三法司'라고 불렀다. 사법 판결에서 당사자가 억울함을 호소하면 중서사인, 급사중, 감찰어사가 합동으로 심리를 진행했다. 이를 합쳐서 '삼사수사三司受事'라 칭했다. 어사대가 감독하는 중점은 백관을 규찰하고 관리를 숙청하는 데 있었다.

송나라의 법제는 기본적으로 당나라 법률을 답습했다. 송 태조는 두의竇儀에게 『송형통宋刑統』을 편찬하게 했다. 그 내용은 당나라 법률과 대동소이하고 큰 차이가 없다. 그중에서 옛 법률 가운데서 규정이 불충분한 부분과 시대 변화에 따라 출현한 새로운 법률문제는 황제의 칙령으로 해결하면서 '편칙編敕'[361]이라는 방식으로 끊임없이 보충했다. 『송사』의 기록은 다음과 같다. "송나라 법제는 당나라의 율, 영, 격, 식에 따라 때에 맞춰 깎고 보태면서 편칙을 이용했다."[362]

이와 같은 편칙은 송대 특히 신종 이후로는 더욱 중요한 법률 연원이 되었다. 즉 사법 행위를 실천하는 과정에서 법률 조항에 실려 있지 않은 것은 칙령에 따라 판결을 내리면서 황제의 조칙과 현행 법률을 함께 사용했다. 신종 이후로는 칙령으로 법률을 대신하는 경지로까지 발전했다. 아울러 당나라 법제 중에서 율, 영, 격, 식을 칙, 영, 격, 식으로 바꿨다. 송대에는 황제가 수시로 반포하는 칙령의 지위가 상대적으로 고정적인 법률 조항을 뛰어넘었다. 이는 입법 영역에서 황권이 강화된 현실을 반영한다. 송대의 형벌 종류에는 능지처참형과 자배刺配[363]형이 추가되었다.

요·금·원시대의 법률제도 성취는 당·송시대보다 못했고, 일정 정도 원시성이 포함되어 있었다. 『금사金史』에는 이렇게 기록되어 있다. "금나라 초기에는 법제가 간단해서 경중과 귀천의 구별이 없었고 형벌과 사면을 함께 시행했다. 그러나 이것을 새로운 나라에는 시행할 만했지만 세상을 다스리는 장기 법규는 될 수 없었다."[364] 금 희종熙宗 이후에도 계속해서 몇 가지 율령을 반포했지만 비교적 엉성한 면을 드러냈다. 그러다가 금나라 말기의 장종章宗 태화泰和 연간에 이르러서야 비교적 체계적인 『태화율의泰和律義』를 제정했다. 그 내용은 대체로 당나라 법률을 뛰어넘지 못했다.

원나라 초기에는 법률이 없어서 옥송獄訟을 판결할 때 금나라 법률을 이용했다. 쿠빌라이가 즉위한 이후에야 점차 법률 제정을 시작했고 계속해서 『지원신격至元新格』 등의 법조문을 제정했다. 그리고 영종 지치至治 3년에 『원전장元典章』과 『대원통제大元通制』라는 법전을 완성했다. 『원전장』은 체례體例에서 『당육전』을 모방하여 원 세조에서 영종에 이르는 시기의 조칙과 판례, 전장제도典章制度를 모았다. 『대원통제』는 원 세조 이래의 '법제 사례'를 두루 모아 '조제詔制', '조격條格', '단례斷例' 세 가지로 분류했다. 원대의 법률은 한 가지 사건에 한 가지 법률을 세우는 등 체계성이 부족했을 뿐 아니라 모두 현행 규정을 위해 법조문을 합리화했다. 그리고 '옛날과 지금은 각각 타당성이 다르므로 옛 법을 답습해서 쓸 필요가 없다'면서 당·송의 옛 법전은 취해 쓰지 않았다. 구체적인 사건을 다룰 때는 몽골 민족 특유의 판례를 위주로 판결했다. 형벌 종류에서도 원나라시대에는 육체형을 대거 회복했다.

법률제도상으로 명·청은 하나의 체계를 갖고 있었다. 홍무洪武 30년 명 태조는 『대명률大明律』 30권 제정을 주관했다. 이 법전 맨 앞에는 명례名例를 배치했고 그다음으로 육부에 따라 부류를 나눴다. 명 효종孝宗 홍치弘治 15년에는 『대명회전大明會典』을 제정하여 행정 규범 성격의 법전으로 삼았다. 정덕正德, 가정, 만력 때는『대명회전』을 여러 번 교감하고 증보했다. 지금 전해지고 있는『대명회전』은 바로 만력시대에 편찬한 판본이다. 청나라 순치 4년에는『대명률』을 기초로『대청률집해부례大淸律集解附例』를 제정했다. 그 체례와 내용은 기본적으로『대명률』과 유사하다. 강희, 옹정, 건륭 때는『대청률집해부례』를 끊임없이 수정하여 건륭 5년에 원고를 완성했다. 오늘날 볼 수 있는『대청률집해부례』는 바로 건륭본이다. 강희 연간에는 명나라 법전을 모방하여『청회전淸會典』을 편찬하기 시작했다. 그 후 여러 차례 수정하고 증보하여『옹정회전雍正會典』,『건륭회전乾隆會典』,『가경회전사례嘉慶會典事例』,『광서회전光緖會典』다섯 부의 법전으로 완성했다. 또 여기에서 거론할 가치가 있는 한 가지 사실은 청나라 때『회율回律』,『번율番律』,『서녕번자치죄조례西寧番子治罪條例』,『묘례苗例』등과 같이 소수민족을 겨냥한 단행 법률과 법규가 제정되어 상이한 민족 지역의 사법 수요에 적응하게 되었다는 점이다.

고대 법제가 발전함에 따라 명·청시대에는 '예例(조례, 사례)'가 갈수록 더욱 중요해졌다. 명 태조가 '선조의 제도[祖制]'는 한 글자도 고치지 말라고 강조했기 때문에 법률을 시행하는 과정에서『대명률』의 부족한 점을 채우기 위해 명 효종 때부터 '조례條例'와 '사례事例'로 법률을 보충하기 시작했다. 이런 경향이 나중에는 '사례로 법률을 보조하다가' 마침내 '사례로 법률을 파괴하는' 지경으로까지 발전했다. 청대에도 명대에 편집한 조례를 계승하여『대청률』을 제정할 때 조례를 부록으로 실었다. 강희, 옹정, 건륭, 가정, 도광, 함풍, 동광, 광서 등 모든 황제도 조례를 증보했다. 이 때문에 청나라 사법 체계에서 '사례'가 우선적인 지위를 점했다. 즉 사례가 있으면 그 사례에 따랐고 사례가 없으면 그제야 법률에 따랐다. 그러나 각종 조례가 날이 갈수록 더욱 복잡해졌고, 청나라 사법체계에는 사례에 따른 자유재량 공간이 지극히 넓게 존재하게 되었다. 명·청시대 형벌의 종류는 장형杖刑, 도형徒刑, 유형流刑, 교형絞刑, 참형斬刑을 기본으로 하고 여기에 충군充軍(유배를 보내 군역에 봉사하게 함), 발견發遣(변방 부대로 보내 노예로 삼음), 가호枷號(죄명을 붙인 칼을 씌움), 능지처참 등의 형벌을 보탰다. 명·청 양대의 사법 체계는 관용성 면에서 크게 다른 모습을 보여준다. 법치 감독이라는 측면에서 명대 법운용은 준엄함이 지나쳤고, 청대 법운용은 관용성이 지나쳤다.

명 태조는 원나라의 폐단을 경계하느라 법전을 무겁고 가혹하게 운용하여 나라를 다스렸다. 『대명률』 외에도 전문적으로 『대고大誥』[365]를 제정하여 사법의 근거로 삼았고 '조옥詔獄'을 제도화했다. 사법 부문에서는 옛날부터 줄곧 조옥이라는 제도가 있었다. 즉 황제의 명령으로 법률 밖에서 사건을 처리할 때 법조문에 근거하지 않고 황제의 뜻에 따라 결정하는 제도를 말한다. 명나라 초기 주원장이 처리한 호유용胡惟庸, 남옥藍玉, 곽환郭桓, 공인空印 4대 사건은 조옥의 전형적인 사례다. 주원장은 호유용 사건과 남옥 사건에서 공신을 대대적으로 학살했다. 이 사건에 연루된 사람만 4만에서 5만 명이나 되었고, 건국 원로와 노장들이 일망타진되었다. 곽환 사건은 호부시랑 곽환의 비리를 빌미로 경관京官을 징벌한 일인데, 육부 장관 대다수가 피살되었다. 공인 사건은 지방에서 호부로 수송하는 세금과 식량 문서의 인장란을 공란으로 남겨둔 것에 비리가 있다고 의심하고 부·주·현의 인장 담당 관리와 그 부하들을 참수하거나 귀양 보낸 사건이다.

이 밖에도 명나라에서는 정장지법廷杖之法을 만들어 항명하는 관리를 조정에서 바로 매질할 수 있게 했다. 매질이 심해 살점이 떨어져나갈 지경이었으며 심지어 비명횡사하기도 했다. 정직한 인사들 중 상당히 많은 사람이 이러한 굴욕을 당했다. 이것은 대다수 관리의 염치와 자존심을 떨어뜨리는 행위였다. 따라서 법망이 느슨해지자 관리들은 즉각 수습할 수 없는 범죄행위에 빠져들었다. 명 태조는 일찍이 이렇게 말한 적이 있다. "인의란 백성을 길러주는 고기와 양식이다. 형벌이란 악을 징벌하는 약석藥石이다. 인의를 버리고 오로지 형벌만 쓰는 것은 약석으로 사람을 기르려는 것이다. 어찌 나라를 잘 다스릴 수 있겠는가?"[366] 명 태조는 비록 이런 언급을 했지만 법전을 무겁게 운용하여 나라를 다스렸고 법망 밖에서 형벌을 시행했다. 이 점이 바로 명 태조가 확정한 명나라 법치의 기본 바탕이었다.

청대의 사법제도에서는 '덕으로써 백성을 교화하고, 형벌로 그 교화를 돕는다'는 점을 강조했기 때문에 비교적 관대한 점이 많았다. 사람들이 포악하다고 일컫는 옹정제의 잔악하고 냉혹한 행위는 주로 적자의 지위를 탈취하려는 궁정 투쟁과 관련된 것이고, 국가를 다스리는 측면에서는 법을 준수하고 규율을 지켰다. 그러나 청나라 조정에서는 만주족과 한족 간의 장벽을 의식하여 관리들을 정돈할 때는 관대하게 처리했고, 사상을 정돈할 때는 엄격하게 처리했으며, 문인을 사법 처리할 때는 가혹한 형벌로 악명을 날렸다. 또 대대적으로 문자옥을 일으켜 사상과 문화 부문에서 전제정치의 극단을 보여줬다.

법제를 감독하는 부문에서 명·청시대에는 어사대를 도찰원都察院으로 바꿨다. 아울러 육과六科를 명의상 도찰원 관할로 귀속하고 체제상 대간臺諫과 합일해 법제 감독의 가장 중요한 기구가 되게 했다. 도찰원의 최고 장관 도어사는 사법 규찰을 관장하면서 큰 옥사와 중형重刑 사건은 형부, 대리시와 회동하여 합동으로 국문을 진행했다. 이것을 삼사회심三司會審이라고 불렀다. 삼사회심으로 판결할 수 없는 사건은 구경회심九卿會審으로 넘겼다. 이부가 관리들을 조사하는 일은 도찰원의 감독을 받았다. 도찰원은 또 과科와 도道를 관할하기는 했지만 13도 감찰어사와 육과의 급사중이 상대적으로 독립성이 상당히 컸다. 감찰어사는 성省에 따라 도를 나눠서 각각 관리 탄핵을 책임졌고, 도성을 순시했으며, 문서를 심사했다. 그리고 과거시험을 감독하고 창고를 검사했으며, 예의를 규찰하고 상소문으로 간언을 올렸을 뿐 아니라 지방을 순찰했다.

급사중은 육부에 맞춰서 설치된 관직으로 각각 자신이 담당하는 부部의 상주上奏 문서를 심사하고 각 부의 정무를 감독했으며, 간언을 올려 정사를 논의했다. 육과에서 서명하지 않은 공문은 육부에서도 집행할 수 없었다. 육부에서 문제가 생기면 당관堂官이 과로 가서 서명을 받았다. 청나라 도찰원은 명나라의 그것과 유사한 역할을 맡았으나 상이한 것은 바로 지방 행정구역의 변화로 13도가 15도로 바뀌었다는 점이다. 명·청시대에는 과와 도가 강화되어 고대 감찰제도가 최고봉에 도달했다.

진·한 이래의 법제는 황권을 법률의 기본 연원으로 삼았다. 형법, 민법, 행정법 등이 모두 하나로 통합되어 있었고, 사법과 행정도 분리되지 않았다. 이 점이 중화법 체계의 기본 특징이다. 명·청의 법제는 중화법 체계를 막다른 곳까지 밀고 갔기 때문에 근대법 체계로 전향할 수 있는 내재적 구조를 부족하게 만들었다. 청 말에 이르러 서구 열강 침입이라는 충격을 받고서야 통치자들은 법조문을 수정하기 시작했다. 그러나 끝내 입법 민주화와 사법 독립화로 대표되는 근대화의 길로 나아가지 못했다.

중국 고대의 정치, 인재 선발, 법률제도는 오래 축적되면서 내용이 지극히 풍부했을 뿐 아니라 역사 변화 과정에서 고도로 자족적인 내용을 구비했다. 이 때문에 스스로 끊임없이 수정하고 완벽을 지향하며 자아 발전의 길로 나아갈 수 있었다. 기술적인 부분과 실행성 측면으로 살펴볼 때 고대의 이 제도는 통치 질서의 안정을 비교적 효과적으로 보장해주었다. 따라서 이는 통치 집단 속에 사회의 엘리트를 흡수하여 비교적 수준 높은 관료 대오를 형성하는 데 유리하게 작용했다. 그중에서도 몇 가지 방법과 조치, 예를 들면 정부 기구의 권력 배치와 상호 견제 그리고 과거제도로 인재를 뽑는 운용 방식 등은 이미 매우 정밀한 수준에까지 도달했다. 여기에는 현대에도 참고하고 거울삼을 만한 요소가 적지 않다. 이러한 제도는 전통사회가 현대인에게 남겨놓은 유산이므로, 사람들은 이미 그 역사적 공헌과 본받을 만한 가치를 매우 높게 평가하고 있다.

정치제도 부문에서는 삼대에 형성된 예제禮制가 고대 정치의 가치 취향을 결정했다. 또 진·한시대에 형성된 황제제도는 이후 왕조시대 체제의 틀로 작용했다. 진·한 이후에는 국가기구로서 '진秦나라 제도'와 문화 전승체로서 '주나라 제도'가 끊임없이 스며들고 교섭하면서 특유의 제도적 구조를 형성했다. 이 구조는 한편으로 군주집권 제도가 되어 대일통 제국의 안전 운행을 보장해주었고, 다른 한편으로 그 군주도 천명, 조상의 법규, 법률제도, 문화 관념의 제약을 받게 했다. 문관을 주체로 삼는 관료제도는 황제제도와 하나의 체계를 형성하여 정치질서와 윤리질서의 끈끈한 결합을 실현했다. 인재 선발제도에는 세경세록제에서 군공제와 찰거제로 나아갔고 다시 과거제로 발전하여 아주 효과적인 인재 선발 구조로 정착되었을 뿐 아니라 고대사회의 유동성을 추동하여 폐쇄된 사회 등급에 일정한 개방성을 갖추게 해주었다.[367] 법률제도 부문에서는 역사에서 형성된 중화법 체계에 선명한 특색이 갖춰져 있다. 그것은 바로 예禮와 법法을 병용하는 방식인데 천리, 인정, 국법을 하나의 법률 구조 속에 유기적으로 통합하여 전통사회의 법치 질서를 보장하고 있다.

하지만 고대의 이러한 제도는 총체적으로 '천하를 자기 사유재산으로 삼는' 황권 전제체제에 부응한 것이다. 전제체제의 인치人治 본질과 제도적 규범에 대한 법치 요구는 내재적으로 심각한 충돌을 야기할 수밖에 없다. 이 때문에 고대 제도와 현대 민주제도 사이에는 본질적인 차이가 있다. 이러한 제도의 본질과 폐단에 대해 명·청 교체기 사상가 황종희는 다음과 같이 지적했다. 황제는 "천하를 막대한 산업으로 간주하고 자손에게 전하여 무궁한 이익을 누리게 한다." 이것이 전통적인 정치제도의 근본적인 폐단이었고, "천하의 거대한 해악이었다."[368] 또 황종희는 삼대 이후의 법제에 대해서 이렇게 지적했다.

"그것은 군주 개인의 상자에 천하를 갈무리하는 제도다. 이익은 아래 백성에게 남겨주려 하지 않고, 복은 반드시 위의 군주에게만 수렴되도록 한다. 어떤 한 사람을 등용하고는 그가 사사롭게 행동할까 의심하면서 또 한 사람을 등용하여 그 사사로움을 견제한다. 한 가지 일을 행하게 하고는 그가 속일까 걱정하면서 또 한 가지 일을 만들어 그의 속임수를 방지한다. 천하 사람들은 모두 개인 상자의 소재를 알기 때문에, 군주 자신 또한 전전긍긍하며 날마다 오직 상자만 근심한다. 이 때문에 법망이 치밀해지지 않을 수 없다. 법망이 치밀해질수록 천하의 혼란도 그 법망 속에서 발생한다. 이것이 이른바 '불법의 법(非法之法)'이다.[369]

천하를 개인 상자에 담아두는 고대 제도의 이러한 전제적 성격 때문에 당시의 제도는 결국 군주의 절대적 지위를 보장하고 그 정치와 통치의 유효성을 보장하는 측면에 더 심하게 편중되었다. 따라서 사회적 관리구조를 존중하는 태도가 부족하여 결국 불가피하게도 일치일란一治一亂의 왕조 순환에서 벗어나지 못하게 되었다.

[생각거리]

1. 중국 고대 황권 전제와 문관 집단의 관계를 간단하게 귀납하라.

2. 과거제도를 어떻게 평가할 것인가?

3. 중화법 체계에는 어떤 특징이 있는가?

[참고자료]

1. 뤼쓰몐, 『중국제도사中國制度史』, 上海教育出版社, 1985.

2. 왕야난王亞南, 『중국 관료정치 연구中國官僚政治研究』, 中國社會科學出版社, 1981.

3. 취통쭈瞿同祖, 『중국 법률과 중국 사회中國法律與中國社會』, 中華書局, 2003.

4. 상옌류商衍鎏, 『청대 과거시험 서술록 및 유관 저작清代科擧考試述録及有關著作』, 百花文藝出版社, 2004.

5. 허화이훙何懷宏, 『관리 선발 사회 및 그 종결選擧社會及其終結』, 三聯書店, 1998.

중국 고대의 농업, 수공업, 상업
〔 7강 〕

중국은 고대에 농업을 주요 경제 형식으로 삼았다. 농업 기술의 성숙과 농업 관리 방식의 완비는 중국 경제체제에서 두드러진 특징 중 하나가 되었다. 수공업은 농업경제의 주요 보완 산업이었다. 역대 왕조에서는 수공업을 관리하면서 엄격한 제도를 마련했다. 그러나 수공업은 특수한 시대적 조건에서 발전을 이루었다. 상업은 고대사회가 경제적 활력을 얻을 수 있게 공헌했다. 그러나 장기적으로 농업을 중시하고 상업을 억압하는 (重農抑商) 정책을 썼기 때문에 상업은 발육 단계에서조차 억압을 받았다.

① 중국 전통 농업의 진보

고대 중국은 선진적인 농업 문명국가로 세계에 명성이 자자하다. 중국은 농업 부문에서 창조적인 성과를 이루어 세계의 문명 진보에 탁월하게 공헌했다.

　지금의 황허강 유역과 창장강 유역에 기원을 둔 초기 농업 발전은 중국 문명 발생에 물질적 기초를 놓았다. 남방 지역에서 야생 벼를 채집하여 음식으로 사용하다가 다시 그것을 순화해 인공적으로 재배한 고고학적 증거가 발견되었다. 이로써 중국 농업의 기원 연구는 획기적으로 진전되었다.[370] 갑골문에서 이미 화禾, 도稻, 서黍, 맥麥, 직稷, 미米 등의 글자가 많이 발견되는 걸 보면 당시에 재배한 작물의 종류가 상당히 많았음을 알 수 있다. '진畛(논두렁)'이라는 글자로도 당시에 이미 전답에 관개 기술을 사용했음을 설명할 수 있다. '늠廩'자에는 곡식을 저장하는 상황이 구현되어 있다. 은허에서 발굴된 어떤 구덩이에서는 사용한 흔적이 있는 돌낫[石鐮] 1,000여 개가 집중적으로 발견되었다. 이러한 유물에서도 당시 경작의 특수한 형편을 알 수 있다.[371]

　주나라의 선조는 농경을 중시했다. 전설에 따르면 "기棄[372]는 어릴 때 …… 놀이를 하면서 삼[麻]과 콩[菽] 심기를 좋아했고, 그 삼과 콩이 매우 잘 자랐다. 성인이 되자 마침내 농경을 좋아하여 땅의 적절한 용도를 잘 알아봤다. 곡식을 심기 적당한 곳에 농사를 지어 수확했다. 백성이 모두 그를 본받았다"[373]라고 한다. 또 요堯 임금은 기棄의 사적을 소문으로 듣고 그를 농사農師(농업 담당 관리)에 임명했다. 이에 천하가 그 이익을 얻었다. 기는 마침내 공을 세워 후직后稷이라 이름 하게 되었다.[374] 『시경』 등의 문헌 기록에서도 주나라 사람들이 농경에서 이룩한 뛰어난 성취를 이해할 수 있다. 춘추시대에 철기가 사용되고 우경牛耕이 출현함으로써 농업 발전이 더욱 진전된 면모를 드러냈다.

일찍이 선사시대에 지금의 창장강 중하류 지역에 이미 상당히 발달한 농업경제 지역과 자체적 특성을 갖춘 농업 시스템이 형성되었지만 상·주시대에서 진·한시대에 이르기까지는 황허강 유역의 경제와 사회 발전이 창장강 유역보다 앞섰다. 그 원인은 남북 지역의 생산도구 사용, 생산기술 전파, 인구 밀도가 모두 달랐다는 점 외에도 기후, 지질, 지형, 수문 水文, 생물, 토양 등 자연 조건이 달랐다는 점과도 일정한 관련이 있다. 진秦나라에서 서한 시기까지도 창장강 중하류 지역의 경제생활에는 여전히 수렵채취 활동이 비교적 큰 비중을 차지했다. 바로 이와 같았기 때문에 그 지역의 사회와 경제에도 원시적 특징이 포함되어 있다. 그러다가 동한 후기에 이르러 여러 가지 자연적 요인과 사회적 요인이 작동하면서 창장강 중하류 지역 경제도 비로소 새로운 역사 단계로 진입하게 되었다.

진나라와 서한시대에 북쪽 변방에 새로운 경제 구역을 건설하는 일이 사람들의 특별한 주목을 받았다. 당시 조정에서 조직한 황무지 개간 운동이 확대됨에 따라 농업경제 지역과 목축경제 지역의 경계선이 북쪽으로 밀려 올라갔다. 진시황 때 이미 북쪽 변방으로 이주가 시작되었다. 서한 시대에도 여러 차례 사람들을 북쪽으로 이주시켜 변방을 충실하게 했다. 간쑤성 우웨이시武威市 모쥐쯔磨咀子 48호 한묘漢墓에서 출토된 서한 시기 목제 소 쟁기[木牛犁] 모형에서도 당시 우경이 이미 북쪽 변방 지역에까지 확장되었음을 알 수 있다.[375] 랴오양시遼陽市 싼다오하오三道壕 서한 촌락 유지에서 출토된 대형 보습은 추측건대 소 여러 마리가 끄는 도랑 파기용 도구였을 것으로 보인다.[376] 이러한 유물에도 당시 북쪽 변방 지역에서 수리 관개 사업을 중시한 흔적이 드러나 있다.

『사기』「흉노열전」의 기록에 따르면 서한의 군대가 흉노에게 결정적인 승리를 거둔 후 흉노는 먼 곳으로 달아났고, 사막 이남에는 다시 그들의 왕정을 둘 수 없었다. 이에 한족은 북쪽으로 황허강을 건너 삭방朔方(지금의 네이멍구 우라터전기鳥拉特前旗 남쪽)에서 서쪽 영거令居(지금의 간쑤성甘肅省 융덩永登 서쪽)에 이르기까지 "물길을 터서 전답을 만들고 관리와 병졸 5~6만 명을 보내 저들의 땅을 조금씩 잠식하여 흉노 이북까지 접경이 닿게 했다." 즉 수리 관개 시설을 터전으로 삼는 농업경제가 점차 목축 지역을 잠식하여 그 경계가 북쪽으로 확장되었다는 의미다. 쥐옌居延 출토 한나라 죽간에서 보이는 '전졸田卒'이나 '치거졸治渠卒'과 같은 호칭도 아마 군사화의 형식에 기대 북쪽 변방을 농경 지역으로 개발하던 때의 문자 흔적인 듯하다. 서남쪽 이족夷族 지역 개발 사업도 새로운 성과를 거뒀다. 진·한 시기 농업경제가 발육된 역사적 공간은 동쪽으로는 바닷가에까지 이르렀고, 북쪽으로는 사막에까지 닿았고, 서쪽으로는 고원지대까지 올라갔고, 남쪽으로는 이른바 '북향호北向戶', 즉 북회귀선 이남 지역을 넘어섰다. 이는 앞 시대에 비해 더욱 뚜렷하게 확장된 모습이다.

『사기』「평준서平準書」에는 당시 경제 상황에 대한 일단의 문자 기록이 있다. 이 기록에는 당시 국가 경제력의 충실함과 민간 경제생활의 부유함이 반영되어 있다. 한나라 초기 70년 동안은 국가에 큰 정치적 혼란이 없었고 심각한 홍수나 가뭄도 발생하지 않았다. 이에 백성의 생활수준은 넉넉했고, 도시와 시골의 크고 작은 창고에도 식량이 가득했으며, 조정의 재정도 오랫동안 넉넉한 상황을 유지했다. 도성의 금전도 수를 알 수 없을 만큼 쌓았고 그 엽전을 꿴 끈이 썩어 끊어져서 정확하게 계산할 수조차 없을 정도였다. 국가의 창고에 저장된 식량도 해마다 쌓이고 넘쳐서 그냥 노천에 쌓아두었으며, 그 곡식이 썩어서 먹을 수 없는 지경에까지 이르렀다. 민간의 대소 가정에서는 모두 말을 기르는 풍조가 성행해서 논밭 사잇길을 말을 타고 떼 지어 치달리는 일이 일상이었다. 사람들은 서로 자신의 부유함을 과시하느라 어미 말을 타고 다니는 사람은 심지어 마을 집회에 참여할 자격을 주지 않았다.[377] 농업경제가 전에 없이 발전하자 식량 가격도 두루 낮아졌다. 초·한 전쟁 무렵에는 쌀 1석石에[378] 1만 전 또는 쌀 1곡斛에[379] 1만 전이나 했다.[380] 그런데 『태평어람太平御覽』권 35에 인용된 환담桓譚의 『신론新論』 기록에 따르면 한 문제 때 곡물 가격이 1석에 수십 전밖에 하지 않았고, 『사기』 「평준서」의 기록에 따르면 당시 식량 가격이 심지어 1석에 10여 전밖에 하지 않았다고 한다.

철제 도구가 널리 보급되고 우경이 전에 없이 두루 보급된 이외에도 한나라 때는 수리 시설도 발전했는데, 이는 농업 발전을 현저하게 촉진했다. 한 무제 때 관중 지역에는 수많은 수로를 팠다. 예를 들면 조거漕渠, 백거白渠, 용수거龍首渠, 육보거六輔渠, 영지거靈軹渠, 성국거成國渠 등을 건설하여 수도에서 먹고사는 수많은 인구를 위한 수리망으로 삼았다. 경기 지역 밖의 관동 지역에서도 저명한 수리 사업이 다양하게 진행되었다. 당시에 삭방, 서하西河, 하서河西, 주천酒泉 등의 군郡에서는 모두 황하의 강물과 하천의 물을 농업용수로 끌어들였다. 여남汝南, 구강九江 등의 군에서는 회수淮水 강물을 끌어들였으며, 태산군泰山郡에서는 문수汶水의 강물을 끌어들여 수로를 뚫고 각각 1만여 경頃의 전지에 관개灌漑가 가능하게 했다. 또 각 지역에서 이루어진 소규모 수리 사업은 이루 다 헤아릴 수 없을 정도였다. 한 무제 원봉元封 2년(기원전 109)에는 병졸 수만 명을 동원하여 호자瓠子(지금의 허난성 푸양시 부근)에서 홍수로 훼손된 황하의 제방을 수리했다. 한 무제는 직접 공사 현장을 순찰하며 수행 관리에게 명령을 내려 장군 이하 모든 장졸은 공사용 나무를 져 날라 무너진 황하의 제방을 막으라고 했다. 이때부터 황하 강물은 다시 옛 물길로 흘러가게 되었으며 이후 80년간 큰 피해가 발생하지 않았다.

한 소제 때는 경제 회복에 중점을 두었고 한 선제 때는 "농사란 덕을 일으키는 근본(農者興德之本)"이라는 국정 원칙을 계속 견지하면서 적극적으로 유랑민을 불러 모아 위로하고 농업 생산 발전을 고무하는 정책을 추진했다. 유랑민 중에서 고향으로 돌아온 사람에게는 공전公田을 빌려주고 종자와 식량까지 대여해줬다. 또 조정에서는 그들에게 기본적인 생산 재료를 제공해주고 아울러 세금과 부역 부담까지 면제해줬다.[381] 조정에서는 또 재난 지역의 생산을 회복하기 위해 적극적으로 권농 사업을 추진했다. 이에 제때에 토지세를 감면해주고 소금값을 내려서 생산에 참여하는 농민들의 적극성을 이끌어냈다. 당시 변방에 전쟁이 없는 상황에서 농민들의 조세 부담까지 줄어들자 농업 발전이 더욱 촉진되었다. 원강元康 연간(기원전 65~기원전 62)에는 해마다 풍년이 들고 곡식값이 내려서 곡식 1석에 5전에 불과하게 되었다. 금성金城(지금의 간쑤성 융징永靖 서북)처럼 서북 지역 궁벽한 곳이나 황중湟中(지금의 칭하이성青海省 시닝西寧 부근) 지역에서도 곡식값이 1석에 8전에 불과했다. 이것은 서한 이래 곡식값이 가장 저렴한 기록에 해당한다.

'강남江南' 지역은 일찍이 경제와 문화 수준이 상대적으로 낙후된 지역이었다. 서한 시기까지도 강남 지역 농업은 아직 조경粗耕(거친 밭갈이) 수준에 머물러 있었고, 생산수단도 비교적 낙후되어 있었다. 광물이나 임산물 자원이 풍부하기는 했지만 여전히 생산을 기다리는 단계였다. 사마천은 강남에 빈궁한 사람이 많다고 평가하면서 땅은 넓고 사람은 드문데 쌀로 밥을 해먹고 물고기로 국을 끓여먹는다고 했다. 그는 강남의 경제 수준을 평가할 때 "더러 화전을 일구고 물을 대서 김을 맨다(或火耕而水耨)"라고 했다. 이른바 '화경수욕火耕水耨'은 잡초를 태우고 물을 대서 벼를 심는 간단한 경작 방식을 가리킨다. 사마천은 또 강남 지역은 자연 조건이 우월하여 야생 식물과 어로 자원을 손쉽게 채취할 수 있고, "땅의 기운이 식용 작물을 풍요롭게 한다(地勢饒食)"라고 칭송하면서 이 때문에 "굶주릴 근심은 없다(無饑饉之患)"라고 했다. 그러나 동사하거나 아사하는 사람은 없지만 상대적으로 부유한 '천금지가千金之家'도 없다는 특징이 있다. 『한서』「왕망전王莽傳」하下에는 천봉天鳳 연간에 비흥費興이 형주목荊州牧으로 임명되어 현지의 경제 상황을 분석한 기록이 있다. 즉 형주와 양주揚州의 백성은 대부분 산림과 물가에 의지해서 사는데 '어채를 생업으로 삼는다(以漁采爲業)'라고 기록해놓았다. 안사고顔師古는 이 대목에 주석을 달아 '어漁'는 물고기를 잡는 것이고, '채采'는 채소나 과일 따위를 채취하는 것이라고 했다. 여기에서도 서한 말기까지 강남 중하류의 많은 지역에서는 수렵과 채취가 여전히 그들의 경제생활에서 중요한 비중을 차지했음을 알 수 있다. 따라서 그들의 경제 형태는 중원의 선진적 농경 지역에 비해 상당히 뒤떨어져 있었음이 분명하다.

『후한서·순리열전循吏列傳』「위삽전衛颯傳」의 기록에 따르면 동한 광무제 건무健武 연간에 위삽과 자충茨充은 연이어 계양桂陽 태수에 임명된 후 황하 유역의 농경 기술을 그곳으로 전수하여 현지의 경제발전을 지도했다. 이들의 업적은 강남 경제 개발의 방향을 대표한다고 할 만하다. 이들의 노력으로 '황무지 개간이 배로 늘어난'[382] 이외에 강남 수리사업도 많이 발전했다. 『태평어람』 권66에서는 『회계기會稽記』를 인용하여 한 순제順帝 때 회계 지역에서 진행된 수리 사업을 언급했다. 즉 한 순제 영화永和 5년(140)에 회계 태수 마진馬臻이 '경호鏡湖'를 처음 건설하여 회계와 산음山陰 두 현 경계에 저수 시설을 만들고 홍수와 가뭄 상황에 따라 수시로 수량을 조절하자 다시는 흉년이 들지 않았다는 것이다. 그 연못은 전체 둘레가 310리였고 관개 면적은 9,000여 경頃에 달했다. 이것은 규모가 상당히 큰 수리 사업이지만 규모가 비교적 작은 수리 시설도 강남 지역 곳곳에 두루 분포되어 있다. 이러한 상황은 이 지역 한나라 무덤[漢墓]에서 많이 출토되는 논과 연못 모형에도 잘 반영되어 있다.

한 안제安帝 영초永初 초년 홍수와 가뭄이 해마다 이어져 각 지역 군국郡國에 기아가 발생하자 이재민을 형주荊州와 양주揚州 등 풍년이 든 지역으로 안치하는 정책을 시행했다.[383] 또 『후한서』「안제기安帝紀」에는 영초 원년(107)과 7년(113)에 강남의 조세 쌀을 강북으로 옮겼다는 명확한 기록이 남아 있다. 여기에서도 당시 강남 지역의 농업 발전 수준과 경제력이 강북의 여러 지역보다 이미 우세했음을 알 수 있다. 『삼국지·오서』「노숙전魯肅傳」 배송지 주注에 따르면 동한 말년 영웅호걸들이 다투어 일어나 중원이 혼란해지자 노숙은 수하들에게 이렇게 말했다.

"중원에 난리가 일어나 회수淮水와 사수泗水 사이에서는 생존하기가 어렵다. 내가 듣건대 강동은 옥토가 만 리나 되고 백성은 부유하며 군사는 강하다고 하니 전란을 피할 만한 요충지로 삼을 만하다. 너희가 나를 따르고 싶으면 함께 저 낙토樂土로 가서 시대의 변화를 관망하는 것이 어떻겠느냐?"

그러자 그 수하들이 모두 노숙의 명령에 따랐다. 이런 기록을 보더라도 진나라와 서한 시기에 이른바 '저습한 빈국貧國'[384]이라고 불리던 강남이 동한 말기를 전후해서는 이미 '옥토가 만 리나 되고 백성은 부유하며 군사는 강한' 낙토樂土로 변했음을 알 수 있다. 『포박자抱朴子』「오실吳失」에는 오나라 대장원大莊園 경제의 놀랄 만한 풍족함이 기록되어 있다. 즉 권세와 이익은 한 나라의 임금을 기울일 정도고, 저축해놓은 물자는 조정이나 공실보다 부유하며, 하인으로 군대를 편성할 수 있고, 대문을 닫아도 시장이 열릴 정도며, 소와 양이 들판을 가득 덮고 있고, 논과 연못이 천 리에까지 펼쳐져 있다고 한다. 그리하여 대장원의 주인은 충분한 물자와 실력을 갖추고 사치스럽고 호화로운 생활을 누렸다. 구체적인 상황은 다음과 같았다.

"금과 옥이 집에 가득했고 기녀와 첩이 방에 가득했다. 장사하는 배는 1,000척이나 되었고, 썩은 곡식은 1만 창고나 되었다. 정원의 동산은 상림원上林苑[385]을 모방했고, 관사와 저택은 태극궁太極宮[386]을 능가할 정도였다. 곡식과 고기가 남아돌아 개와 말에게 먹였으며, 쌓아둔 보배가 가득하여 창고 안에서 그것을 찾지 못할 정도였다."[387]

이러한 상황은 앞서 사마천이 강남에 부유한 '천금지가千金之家'가 없다고 기록한 내용과 선명하게 대비된다. 이는 오히려 왕부王符의『잠부론潛夫論』「부치浮侈」나 중장통仲長統의『창언昌言』에서 묘사한 동한 중기 전후 황하 유역 부자들의 극단적인 사치 생활의 판박이라고 할 수 있다.

분명한 것은 양한 이래로 강남 농업경제의 발전 속도가 북방보다 훨씬 더 빨랐다는 사실이다. 바로 어떤 학자가 다음과 같이 지적한 바와 같다. "이 시기부터 경제의 중심이 강남으로 옮겨갔다. 강남 경제의 중요성도 이 시기부터 갈수록 더욱 빠른 속도로 강화되었다. 그러나 역사가 오랜 관중과 화북 평원 지역의 경제는 이와 반대로 날이 갈수록 쇠퇴하고 몰락했다. 이것은 표면상으로 볼 때 그리 뚜렷한 모습으로 드러나지는 않았지만 중국 역사에서 후세에 심원한 영향을 미친 커다란 변화에 속한다.[388]

영남 지역의 벼 이모작에 관한 최초 기록도 동한 시기에 등장한다.[389] 광둥성 포산시佛山市 란스灡石 동한 무덤에서 출토된 도제陶制 논 모형에는 논에서 일하는 농부의 모습이 인형으로 표현되어 있다. 어떤 인형은 땅을 갈고, 어떤 인형은 모내기를 하고, 어떤 인형은 벼를 베고, 어떤 인형은 타작하는 모습을 하고 있다. 이는 서로 다른 논두렁에서 이모작을 하는 긴장된 노동 장면을 표현한 것이다. 이 모형에는 또 논 가운데 마련한 퇴비 더미도 표현되어 있다. 이는 당시 현지의 벼논에 이미 퇴비가 보편적으로 사용되었음을 설명해주는 자료다. 모종을 키우는 모판과 모내기를 하는 인형도 볼 수 있다.[390] 판위番禺 사터우沙頭 16호 동한묘에서 출토된 논 모형에도 농부가 모내기하는 형상이 표현되어 있다. 이러한 문물 자료에서도 우리는 동한시대 영남 몇몇 지방에 이미 벼 이모작에 적응한 모내기 기술이 보급되었다는 사실을 설명할 수 있다.[391]

『후한서·순리열전』「임연任延」에도 남양南陽 완宛 땅 사람 임연이 구진九眞(지금의 베트남 탄호아清化 서북) 태수가 되었을 때 현지 전통 민속은 수렵을 주업으로 삼고 우경을 할 줄 몰랐다고 기록되어 있다. 그래서 임연은 철제 농기구를 만들어 황무지 개간을 가르쳤다. 이후로 농경지가 해마다 넓어졌고 백성의 생활도 풍족해졌다. 그리고 바람과 비가 계절에 맞춰 순조롭게 따라 수확이 풍성해졌다. 선진적인 농경 기술 도입이 현지의 경제 문화를 진보시킨 주요 요소의 하나였다. 그리고 사람들을 대거 남쪽으로 이주시킨 일도 황하 유역의 선진 농경 기술을 직접 영남 지역으로 확장한 요인이었다. 동한 말기에 황하 유역에 심각한 전란과 재해가 발생하여 또한 차례 새로운 이민 물결이 남쪽으로 이어졌다. 중원 사람들 다수가 북방 사회에서 격렬한 동란이 발생하자 교주交州로 피난을 갔다. 심지어 북방 군벌 유비劉備도 남쪽으로 내려가 창오蒼梧(지금의 광시성 우저우梧州) 태수 오거吳巨에게 몸을 기탁하려고 했다.[392]

손권孫權도 당시 겸손한 말로 위나라에 편지를 보냈는데 그중 "교주에서 목숨을 구걸하며 여생을 마치고자 합니다"[393]라는 구절이 있다. 대체로 이전에는 '산천이 드넓어서 습속이 한결 같지 않은' 곳으로 간주되던 남쪽 지역이 이제 선진적인 경제 형태의 영향을 오랫동안 받음으로써 경제적 상황이 다방면으로 이미 중원의 농경 지역과 상당히 접근하게 되었다. 양한시대에 영남 지역 호구가 급성장한 것도 농업 개발과 밀접한 관련이 있다.[394]

중국 농업사를 돌아보면 사회가 비교적 안정되고 정책도 비교적 합리적으로 시행된 시기에 농업도 발전했음을 알 수 있다(그림 11).

그림 11 씨 뿌리는 그림이 새겨진 벽돌. 쓰촨성 더양德陽 출토

당나라 전기에 이르러 농업경제의 발전과 번영이 최고봉에 도달했다.[395] 정치가 안정됨에 따라 사회경제의 발전도 유리한 조건을 제공받게 되면서 생산이 발전하고 민생도 풍요롭게 되었다. 개원 시기에 이르러 황무지가 대부분 개간되어 역사서에서 말하는 이른바 "높은 산과 끊어진 계곡에도 쟁기와 보습이 가득 찼다(高山絶壑, 耒耜亦滿)"는 국면이 나타났다. 당시 호적 인구가 전에 없이 증가했고, 생산도 신속하게 발전하여 민간에 식량이 넘쳐흐르고 비단이 가득한 풍경이 출현했다. 『통전』에는 다음과 같이 기록되어 있다.

"(개원 13년) 쌀 한 말에 13문文이었고, 청주靑州와 제주齊州에서는 곡식 한 말에 겨우 5문이었다. 이후로 천하에는 비싼 물건이 없어졌다. 동경東京과 서경西京에서는 쌀 한 말에 20문도 하지 않았고, 밀가루는 (한 말에) 32문이었으며, 비단은 한 필에 210문밖에 하지 않았다."[396]

당시에 식량과 비단 생산량이 풍부하여 물가가 저렴했음을 알 수 있다. 개원 20년(732)에 이르러 전국의 평민 호구가 786만(가장 많을 때는 1,000만을 넘음)이었고 인구는 4,543만 명이었다. 이는 당나라 초기와 비교해서 1.5배 이상이나 증가한 수치다. 어떤 경제 사학자는 당대에 장기적으로 경지 개척 운동이 계속되면서 그 기술이 한층 더 발전했는데, 강남 개발이 특히 두드러진 성과라고 지적했다. 즉 당대에 이르러 전국이 북쪽에서 남쪽까지—계속하여 국경 남단까지—모든 평지가 개발·이용되었다는 것이다.[397] 특히 강남 개발에서 얻은 성과로 전국의 경제 중심이 동남쪽으로 이동했다. 대운하도 당대에 매우 중요한 역할을 했다. 당나라는 장안에 도성을 정해서 정치 중심이 관중에 있었다. 관중이 비록 '옥토'라고 일컬어지긴 해도 토지 면적이 한정되어 있었고 생산량이 부족하여 도성의 수요에도 다 맞출 수 없었다. 이 때문에 당나라는 항상 "동남 지방의 곡식을 배로 운반해오곤 했다."[398]

당대 시인 이경방李敬方은 「변하 직진선汴河直進船」이라는 시에서 이렇게 읊었다. "변수가 회수로 통하자 다니기는 편리해졌지만, 백성에게 해로운 일 끝없이 이어지네. 동남 지역 43개 주州 모든 땅에서 만민 고혈 다 짜내서 이 운하로 운반하네(汴水通淮利最多, 生人爲害亦相和. 東南四十三州地)." 대운하의 힘을 빌려 식량을 운반할 수 있게 되자 중앙정부는 동남 지역에서 강력한 경제력을 지원받을 수 있게 되었다. 그리고 이것은 바로 동남 지역 농업경제가 발전함으로써 중앙을 지탱할 수 있는 능력이 생긴 것이다.

송대는 한대 이후의 역사에서 수리 사업에 큰 힘을 바친 아주 특별한 시기였다. 푸주푸는 이렇게 묘사했다. "수리 사업의 열기를 서한시대와 비교해봐도 더 심하면 심했지 모자라지 않다. 대체로 말해보면 송대는 중국 역사에서 수리 사업을 일으키고 관개 사업을 확장한 최전성기였다고 할 수 있다." 이 시기 전국 각지에서는 수많은 대규모 수리 관개 시설이 새로 건설되었고, 이미 매몰되었던 일부 수로도 복구·준설되었다. "무릇 이용할 만한 강이나 호수가 있거나 뚫어서 개통할 수 있는 연못이나 수로가 있으면 반드시 힘을 다해 수리 공사를 하여 전국을 강물 관계망으로 연결하려 했다. 이로써 토지의 관개 면적이 한껏 늘어났고 농산품의 수량도 증가했다." 이 시기 농업경제의 진보 성과는 또 농업 생산도구의 개량, 농작물 우량 품종의 개발, 재배 방법의 진화 등의 부문에도 잘 구현되어 있다. "송대의 농업 기술이 도달한 정밀성은 과거에 이미 거둔 성과를 바탕으로 크게 진전된 것이다."[399]

명·청시대 농업의 뚜렷한 발전 지표는 우선 생산량 증가에 잘 드러나 있고, 이로써 당시 인구의 급격한 증가에 따른 식량 수요를 대체로 만족시킬 수 있었다. 청나라 강희제시대에는 계급 모순을 완화하고 사회경제를 발전시키는 정책을 채택하여 일정한 성공을 거뒀다. 청나라 초기 사회의 생산력이 위축되는 단계를 거치면서 순치 연간에 황무지 개간을 장려했지만 그 효과는 매우 미미했다.

강희제는 백성과 함께 휴식한다는 정무 원칙을 세우고 생산력의 회복과 발전에 많은 주의를 기울였다. 그는 청나라 초기에 만주족이 한족의 토지를 무단으로 점령하던 권지圈地정책을 중지하라고 명령을 내렸다. 또 황무지 개간에 백성을 초치하기 위해 순치 연간의 황무지 개간 규칙을 수정하고 황무지 개간에 나서는 사람들에게 더욱 많은 혜택을 줬다. 지방관 중에서 황무지 개간에 백성을 동원할 수 있는 사람은 승진시켰지만 그렇지 못한 자는 파직했다. '경명전更名田' 정책을 시행하여 명나라 번왕藩王의 토지를 원 경작자에게 나눠주고 민간 호구로 바꿔 그 토지를 대대로 계승하게 했다. 이로써 번왕의 토지를 경작하던 농민은 자영농이 되었다. 조세 감면 정책을 시행하여 농업 생산을 장려했다. 감면 종류를 보면 대체로 황무지 개간 토지 면세(免征荒地田賦), 재난과 흉년 감세(災荒蠲免), 토지세 전체 면세(普免錢糧) 등이 있었다. 강희 24년(1685)에서 강희 26년까지를 전후하여 허난성, 즈리성直隸省, 후베이성 등 9개 성의 토지세[田賦]를 1년간 면제해줬다. 또 강희 50년부터는 전국 각 성의 토지세를 3년 동안 한 번씩 돌아가며 모두 면제해주도록 했다. 이 정책은 이전 역대 왕조에서는 찾아보기 어려운 사례에 속한다.

그리고 강희 51년 2월에는 "앞으로 태어나는 사람에게는 영원히 인두세를 받지 않겠다(滋生人丁, 永不加賦)"라는 정책을 시행했다. 이는 전국 장정의 인두세를 고정해 농민의 조세 부담을 줄인 조치였다. 몇십 년의 노력으로 전국의 토지 개간 면적은 순치 말년에 5.5억 무畝이던 것이 강희 말년에는 8억 무 이상으로 증가했다. 이로써 농업 생산은 전에 없이 발전했고, 인구도 신속하게 늘어났다. 이러한 정책에 기대 역사에서 말하는 이른바 '강건 융성기(康乾盛世)'가 실현될 수 있었다.

② 농학의 성취

역대로 농업 생산이 시종일관 중시를 받음에 따라 농사 경험을 총괄한 농학農學 저작도 상당히 많이 지어졌다. 농학은 실용을 중시하고 실험을 중시하며 실리를 중시하는 고대문화의 한 갈래 흐름 속에서 가장 특징적인 내용을 구현하고 있다.

왕위후王毓瑚가 펴낸 『중국 농학서록中國農學書錄』에는 농학 문헌을 14종류로 구분했다. 1. 농업 통론, 2. 농업 기상, 3. 경작과 수리 사업, 4. 농기구, 5. 넓은 토지에 적합한 작물(大田作物), 6. 대나무와 차, 7. 해충 방제, 8. 원예 통론, 9. 채소 및 야채, 10. 과일, 11. 화훼, 12. 양잠, 13. 목축과 수의獸醫, 14. 수산업이 그것이다. 이 책 뒤에는 편저자가 쓴「중국 농서에 관하여(關于中國農書)」라는 논문이 부록으로 첨부되어 있다. 그는 이 논문에서 "총체적으로 살펴보면 과거에 농서로 칭해지던 형형색색의 모든 저작을 아래 몇 가지 체계로 귀납할 수 있다"라고 언급했다. 즉 1. 종합적인 농서, 2. 천시와 경작에 관한 농서, 3. 각종 전문 농업 분야 저작, 4. 양잠 전문서, 5. 수의 관련 서적, 6. 야채 전문 서적, 7. 메뚜기 퇴치에 관한 서적, 8. 농가월령 서적, 9. 통론 성격의 농서가 그것이다.[400]

『한서』「예문지藝文志」에서는 다음과 같이 개괄했다. "농가農家에 속하는 부류는 대체로 농사를 관장하던 관직에서 나왔다. 백곡을 파종하고 경작과 양잠을 권하여 의식을 풍족하게 한다. 이 때문에 팔정八政[401]의 첫째가 식량[食]이고, 둘째가 재물[貨]이라고 했다. 공자께서 말씀하시기를 '중시해야 할 것은 백성과 식량이다'라고 하셨다. 이 점이 농가의 장점이다."[402]

당시 농가에 속하는 저작으로는 '모두 9명 114편이 있다'고 했다. 그 제목은 다음과 같다. "『신농神農』20편(전국시대에 농사를 게을리하는 것을 여러 사람이 미워하여 농경에 관한 일을 이야기하려고 신농씨에게 기탁했다), 『야로野老』17편(전국시대에 제나라와 초나라 사이에서 지어졌다), 『재씨宰氏』17편(어느 때 사람인지 알 수 없다), 『동안국董安國』16편(한나라 때 내사를 지냈다. 어느 황제 때인지는 알 수 없다), 『윤도위尹都尉』14편(어느 때 사람인지 알 수 없다), 『조씨趙氏』5편(어느 때 사람인지 알 수 없다), 『범승지氾勝之』18편(한나라 성제 때 의랑직을 지냈다), 『왕씨王氏』6편(어느 때 사람인지 알 수 없다), 『채계蔡癸』1편(한나라 선제 때 타당한 계책을 아뢰어 홍농 태수직에 이르렀다)."[403] 『한서』 「예문지」에 기록된 전국시대 농학 서적은 이미 하나도 남아 있지 않다.

우리가 볼 수 있는 선진시대 농업 관련 전문 문헌은 『여씨춘추』의 「상농上農」, 「임지任地」, 「변토辯土」, 「심시審時」 네 편뿐이다. 유관 학자의 추측에 따르면 이 네 편은 대체로 『후직농서后稷農書』의 내용을 채록한 것이라고 한다. 『후직농서』는 틀림없이 전국시대 초기의 저작일 것이다. 이 때문에 여불위가 그 내용을 채록할 수 있었다. 『한서』 「예문지」에 이 농서에 관한 기록이 없는 것으로 보아 이 책이 일찌감치 실전되었음을 알 수 있다. 다행히 『여씨춘추』 가운데 그 일부분이 보존되어 있다. 「상농」 1편에서 이야기하는 것은 농업 정책이고 「임지」, 「변토」, 「심시」 3편에서 이야기하는 것은 농업 기술이다.[404] 혹은 「상농」편은 중농 정책을 다룬 것이고 「임지」, 「변토」, 「심시」 3편은 농작물 재배에 관한 통론이라고도 한다. 따라서 이 세 편은 중국에 현존하는 가장 이른 시기의 농학 논문이라고 할 수 있다. 연구자들도 『후직농서』가 아마도 전국시대에 탁고託故 형식으로 지어

진 농서임에 주의하고 있다. 『여씨춘추』에서는 『후직농서』의 10가지 생산 문제를 언급했고, 『한서』「식화지」에서는 『후직농서』의 견전법畎田法[405]을 언급했으며, 『범승지서氾勝之書』[406]에서도 『후직농서』의 수종법溲種法[407]을 언급했다.

『여씨춘추』에 포함된 농학 저작 네 편의 의의를 토론하기 위해 농학사 전문 저작 『중국농학사中國農學史』 가운데 해당 단락, 즉 「'여씨춘추'에 반영된 전국시대 농학(呂氏春秋所反映的戰國時期農學)」이라는 대목의 분석을 인용해도 무방할 듯하다. 정밀한 경작의 이론 기초는 『중국농학사』에서 세 가지로 분석하고 있다.[408]

첫째, 사람이 작물 생산의 가장 중요한 요소다. 둘째, 정밀한 경작은 자연을 향한 투쟁 무기다. 셋째, 적시에 경작하는 것이 정밀한 경작의 관건이다. 토지 이용에 관한 이론과 기술도 세 가지로 분석하고 있다. 첫째, 토지의 특성에 맞게 경작하는 기술의 의미. 둘째, 작물 재배와 토지 이용. 셋째, 휴경과 재경작에 관한 토지 이용 기술. 파종을 위한 정지 작업 이론과 기술은 두 가지로 분석하고 있다. 첫째, 토양에 대한 선진시대 선조들의 요구 사항. 둘째, 정지 작업의 이론과 기술. 중국 최초의 작물 재배법인 휴종법畦種法(이랑 파종법)[409]에 관해서는 네 가지로 분석하고 있다. 첫째, 휴종법을 경지에서 계획하고 배치하는 기술. 둘째, 휴종법을 쓰기 위한 정지 작업을 할 때 요구 사항. 셋째, 높은 이랑 재배법(高畦栽培法)을 이용한 파종과 솎아내기. 넷째, 휴종법으로 본 전국시대 쟁기 이용 단서.[410]

어떤 학자는 『여씨춘추』에 포함된 「상농」 등 글 4편이 선진시대에 지어진 가장 체계적인 농학 저작이고, 거기에는 농업 기술 외에도 농업 정책까지 들어 있다고 지적했다. "이 글 몇 편에는 농업 문제를 고도로 중시하는 여불위와 진나라 정부의 견해가 반영되어 있고, 농업을 우선시하고 상업을 다음 순위로 취급하자는 그들의 주장이 담겨 있다. 이는 '말단[商業]을 완전히 억제하고 근본[農業]을 이롭게 하자(困末作而利本事)'는 상앙商鞅의 정책과도 일정한 차이점이 있다."[411]

서한 농학의 경전이 『범승지서』라면 동한 농학의 최고 성취를 대표하는 책은 바로 최식崔寔의 『사민월령四民月令』이다. 동한 후기에 저작된 『사민월령』은 농장 경영 경험을 총괄한 책이다. 『사민월령』은 역서曆書의 형식으로 다양한 농업 생산 경험과 관리 경험을 기록했다. 『수서』 「경적지」에서는 이 책을 농가의 저작으로 나열했다.[412] 『범승지서』가 관중 지역을 실험대상으로 삼은 농서라면 『사민월령』은 낙양 지역을 주요 농사 대상으로 삼은 농경 생활 규범이다. 북위北魏 가사협賈思勰이 지은 『제민요술齊民要術』은 당시 황하 중하류 지역의 상당히 수준 높은 농업 과학기술을 반영한 농학 전문 서적인데, 이 책 또한 연구자들이 매우 중시하고 있다.[413]

일본 학자 아마노 모토노스케天野元之助의 『중국고농서고中國古農書考』는 왕위후의 『중국 농학서록』을 보충한 서적으로 간주할 수 있다. 이 책 배열순서는 완전히 왕씨의 『중국 농학서록』을 모방했지만 수록한 책에는 다소 증감이 있다. 이는 저자가 비교적 쉽게 볼 수 있는 책을 연구대상으로 삼았기 때문이다. 수록한 농서의 총수도 왕씨의 『중국 농학서록』보다 적어서 240종에 불과하다.[414]

『중국 농학서록』과 관련하여 후다오징胡道靜은 일찍이 「희귀 고농서록(稀見古農書錄)」[415]과 「희귀 고농서별록(稀見古農書別錄)」[416]을 발표한 적이

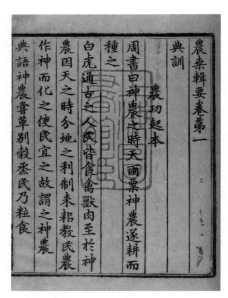

그림 12 『농상집요』 권1 서문

있다. 이 글 두 편은 모두『농서·농사론집農書·農史論集』417)에 수록되었다.
이 문집에 수록된 글로는 또『사시찬요四時纂要』,『몽시망회록夢溪忘懷錄』,
『남방초목상南方草木狀』,『종예필용種藝必用』,『농상집요農桑輯要』(그림 12),
『수예편樹藝篇』과『농학집성農學集成』을 다룬 논문 여러 편이 있다. 이 밖에
도 이 책에는 후다오징의「우리나라 고대 농학 발전 개황과 몇 가지 고농
학 자료에 관한 개론(我國古代農學發展槪況和若干古農學資料槪述)」이라는 글
이 수록되어 있다. 후다오징은 이 글에서 고대 농학 문헌의 정수를 개략
적으로 소개했는데, 그중「새로 발견된 몇 가지 주요 고농학 자료(若干新發
現的重要古農學資料)」의 내용은 특히 주의할 가치가 있다.

③ 역대 왕조의 농업 관리 형태

『여씨춘추』「십이기十二紀」에서는 1년 열두 달의 특징(十二月令)에 맞춰서 정책을 시행해야 한다고 강조하고 있다. 십이월령은 기실 오랜 농경생활로 얻은 경험을 종합한 것이다. 『여씨춘추』「상농」에서는 나라를 다스릴 때 농업을 중시해야 한다고 강조하면서 고대의 성군들이 민중을 영도할 수 있었던 까닭은 우선 농업경제를 특별히 중시했기 때문이라고 지적했다. 민중이 농업에 힘쓰면 땅의 이로움을 얻을 수 있을뿐더러 그들의 마음과 뜻을 바르게 할 수 있다는 점이 더욱 중요하다는 것이다. 『여씨춘추』에서는 또 후세에 오랫동안 준수해야 할 중농 원칙을 제기하면서, 그 의의가 경제적 측면으로만 한정되는 것이 아니라 자신의 뜻을 귀하게 여겨 정신문화 측면에서도 중요한 역할을 할 수 있다고 했다. 같은 글에서는 또 다음과 같은 세 부문으로부터 중농 정책의 추진 목적을 설명하였다.

첫째, "백성이 농사를 지으면 순박해진다. 순박해지면 쉽게 동원할 수 있다. 쉽게 동원할 수 있으면 변방이 편안해지고 임금의 지위가 드높아진다." 둘째, "백성이 농사를 지으면 진중해진다. 진중해지면 사사로운 마음이 줄어든다. 사사로운 마음이 줄어들면 공법이 바로 서고 힘이 하나로 모아진다." 셋째, "백성이 농사를 지으면 생산을 반복할 수 있다. 생산을 반복할 수 있으면 이사 가는 것을 신중하게 생각한다. 이사 가는 것을 신중하게 생각하면 자신이 사는 곳에서 죽으며 두 마음을 먹지 않는다."[418]

다시 말해 민중이 농경에 진력하면 소박해지고, 소박해지면 부려 쓰기가 쉽고, 또 신중하게 국법을 준수하며 자신의 재산을 모으기 때문에 다른 곳으로 떠돌아다니지 않으려 한다는 것이다. 여기에서도 분명하게 알 수 있듯이 특히 앞의 두 항목 즉 "백성이 농사를 지으면 순박해진다. 순박해지면 쉽게 동원할 수 있다"라는 항목 및 "백성이 농사를 지으면 진중해진다. 진중해지면 사사로운 마음이 줄어든다"라는 항목은 기실 모두 정치 문화적 측면으로 이해할 수 있는 의미를 담고 있다. 이러한 사상은 장기적으로 역대 통치자들의 정책에 영향을 주었다.

『여씨춘추』는 백가쟁명의 전국시대에 이루어진 최후의 문화적 성과물이다. 동시에 문화사의 모습으로 새로운 시대에 진입하려는 중요한 표지이므로 문화 진전의 이정표로 간주할 수 있다. 『여씨춘추』의 문화적 경향은 진秦나라 제국의 정책에 중요한 영향을 미쳤다.

진나라 경제생활에 관한 사료는 매우 한정적이고 또 진나라는 단명한 왕조이므로 후세 사람들은 진나라의 제도를 회고하면서 대부분 전면적으로 부정하는 태도를 보인다. 이 때문에 진나라 경제 운용의 총체적인 면모가 진실하게 드러날 수 없었다. 1975년 후베이성 윈멍雲夢 수이후디睡虎地 11호 진나라 무덤(秦墓)에서 간책簡册 10종이 출토되었다. 그중 대부분이 역사의 기록을 보충할 수 있는 진귀한 자료다. 윈멍 수이후디 진나라 간책秦簡이 제공해주는 경제 사료를 통해 우리는 당시 사회생활과 경제생활의 몇 가지 구체적인 상황을 새롭게 인식할 수 있게 되었다.

수이후디 진나라 간책의 일부 내용을 정리자들은 『진율 18종秦律十八種』이라 명명했다. 대체로 살펴볼 때 이 18종의 법률 문서는 이 법률의 전체 문서가 아니다. 당시에 이것을 죽간에 베낀 사람이 자신의 필요에 근거하여 그중 관련 부분을 초록한 것이다.

『진율 18종』에서 다루고 있는 내용은 상당히 광범위하다. 예를 들어 그중「전율田律」의 규정에 따르면 제때에 비가 내려 곡식 이삭이 패면, 각지에서는 비를 맞아 이삭이 팬 경지 면적 및 개간 후 아직 파종하지 않은 경지 면적을 때맞춰 서면으로 보고해야 했다. 또 곡식 싹이 튼 후 비가 내릴 때도 즉각 강우량과 강우 혜택을 받은 경지 면적을 보고해야 했다. 그리고 만약 가뭄 피해, 바람 피해, 홍수 피해, 메뚜기 피해와 기타 해충 피해가 발생하여 경지의 작물이 손상을 입으면 그 재난 지역의 범위도 보고해야 했다. 거리가 가까운 현에서는 걸음이 빠른 사람을 시켜 전문적으로 보고 문서를 올렸고, 거리가 먼 현에서는 역참 체계를 이용하여 반드시 8월 말 이전에 문서가 전해지도록 했다. 이를 통해 중앙정부에서는 해당 연도의 농사 형편을 전면적으로 이해하면서 농작물 생산의 진도를 엄밀하게 주시하고 그 수확량까지 정확하게 계산했다. 그리고 여기에서 더 나아가 해당 지역에 필요한 관리와 지도를 해나감과 동시에 구체적인 계획과 조치를 진행할 수 있었다. 또「구원율廄苑律」의 규정에 따라 4월, 7월, 10월과 정월에 일소耕牛를 평가했다. 그리고 1년이 차면 정월에 대규모 심사를 진행했다. 심사 과정에서 성적이 우수하면 전색부田嗇夫[419]에게 술 한 병과 육포 한 묶음을 상으로 내렸고, 소를 먹이는 사람에겐 1년 동안 부역을 면제해줬으며, 이와 관련된 인원들도 이에 상응하는 상을 받았다.

「구원율」의 규정에 따르면 만약 소를 이용해 경작을 하다가 소를 과로하게 만들어 소의 허리둘레가 1촌寸 줄어들면 그 일을 주관한 사람은 곧장 10대를 맞아야 했다. 향리에서 진행하는 일소 심사에서도 성적이 우수한 사람과 열등한 사람을 각각 나눠서 상벌을 부여했다. 우리는 또 다음과 같은 법률 조항을 찾아볼 수 있다. 철제 농기구를 빌려 쓸 때 본래 농기구가 낡았거나 파손되었으면 문서 형식으로 파손 정도를 위의 관청에 보고해둬야 그 농기구를 돌려줄 때 배상하지 않아도 되었다. 또 다음과 같은 규정도 있다. 관용 우마牛馬를 이용하거나 방목할 때 우마가 죽으면 즉시 그곳 현에 보고해야 한다. 그럼 해당 현에서 검시한 후 죽은 우마를 위의 관청에 가져다 바친다. 만약 제때 보고하지 않으면 위반에 상응하는 처벌을 받았다. 그것이 대구大廄, 중구中廄, 궁구宮廄[420]의 우마라면 그 근육, 가죽, 뿔, 고기에 상당하는 값을 바쳐야 했고, 당사자는 관청으로 압송했다. 또 소예신小隸臣[421]이 사망해도 검시 문서를 주관 관청에 올려 처리하게 했다. 그리고 매년 각 현과 각 도관都官[422]의 관리들에게 제공되는 수레용 소를 한 차례 점검할 때, 소가 1년 사이에 죽어서 그 손해배상액이 본래 규정 액수를 초과하면 담당 관리와 사육자가 모두 벌을 받았다.

한나라가 추진한 정책에도 농업경제를 촉진하기 위한 내용이 포함되어 있다. 예를 들면 유방은 천하를 안정시킨 후 군영의 병졸을 해산해서 전쟁 종결과 경제 생산 회복에 대한 결심을 보여줬다. 이 결정은 안정과 평화를 바라는 사회 상하 계층의 공동 염원에 부응한 조치였다. 농민 출신 병사들이 대거 복귀함에 따라 농촌경제 회복에 가장 기본적인 조건이 마련되었다. 유방은 해산한 군사들에게 정치적 지위와 경제적 이익, 즉 벼슬과 땅을 주겠다고 선언했다. 아울러 유방이 의지한 원칙은 바로 '법으로 공로자에게 땅과 집을 주라'는 것이었다. 즉 전쟁 중에 세운 전과와 공적에 따라 토지와 주택을 분배하라고 명확하게 선언했다. 이 정책은 비록 문서 내용이 진나라 법률과 유사하지만 당시의 시대적 배경에서는 새로운 의의를 발휘했다. 이른바 '군대에서 귀향한 자' 및 '유공자'에게 '벼슬을 주고' 우선적으로 '땅과 집을 하사함으로써 민심을 안정시켰고, 이로써 가장 생기 있는 사회적 역량이 농업 생산에 온 마음을 기울이게 되었다. 동시에 중소 지주와 부유 자영농 등 비교적 실력을 갖춘 계층이 신생 서한 왕조의 견실한 사회적 기반이 되게 했다.

유방은 또 두 가지 중요한 정책을 선언했다.

첫째, "백성이 이전에는 더러 산속과 소택지에 모여 살며 이름과 숫자를 호적에 기록하지 않았지만 지금은 천하가 이미 안정되었으므로 각각 자신의 현으로 돌아가라. 옛날의 관작과 전택田宅을 회복해주겠다. 관리들도 문서화된 법령으로 그들을 훈계하고 사리를 판별하게 해야지 매질을 하며 모욕해서는 안 된다."[423]

둘째, "백성 중에서 기아 때문에 스스로 몸을 팔아 다른 사람의 노비가 된 자는 모두 서민으로 면천시켜주라."[424]

이런 정책을 펴자 전란 중에 대거 야산과 소택지로 도망갔던 민중이 다시 귀향하여 정부의 통제 아래 호적에 이름을 올린 일반 백성이 되었고, 또 일정한 숫자의 노비들도 육체가 해방되었다. 이들은 고도의 생산 열정으로 농경 활동에 참여했다. 이런 조치는 틀림없이 농업 발전을 효과적으로 촉진했을 것이다.

한나라 초기 통치자들은 백성과 함께 편히 쉬는(與民休息) 정책을 시행했다. 이 정책은 당시 사회경제를 복구하고 발전시키는 측면에서 아주 중요한 역할을 했다. 『한서』「식화지」에는 대략 다음과 같은 내용이 기록되어 있다. 한 문제 재위 시에 가의賈誼는 중농重農 정책을 중시하면서 민중을 농업으로 귀의하게 하는 것은 국가 경제의 근본에 귀의하게 하는 것을 의미하므로, 이렇게 하면 천하 사람들이 자신의 힘으로 먹고살 수 있게 된다고 했다. 즉 가의는 이렇게 해야 천하를 부유하게 하고 안정시킬 수 있다고 생각했다. 식견이 뛰어난 이 사상가는 천하를 부유하게 하고 안정시키려면 경제를 발전시켜 안정된 정치 설계를 보장해야 한다면서 그 소망이 문제와 경제景帝 시대에 실현되었다고 인식했다. 순열荀悅은『전한기前漢紀』「문제文帝」2년에 조조晁錯의 다음과 같은 말을 인용했다.

식구가 다섯인 농가에서 직접 노동에 종사할 수 있는 사람은 두 명에 불과하므로 그들이 경작할 수 있는 경지 면적은 100무畝에 불과하다. 따라서 100무의 토지에서 수확할 수 있는 곡식도 300석石에 불과하다. 어떤 학자는 이 기록에 근거하여 당시 농업 생산이 회복되었을 뿐 아니라 발전했다면서 1무당 식량 생산량이 이미 전국시대 후기의 수준을 따라잡았거나 초월했다고 추정했다. 한나라의 소무小畝 면적은 전국시대의 주무周畝 면적보다 좀 작기 때문에 실제로 단위 생산량은 더 높아졌다는 것이다. 오늘날의 도량형으로 계산해보면 1무畝[425]당 281근斤[426]에 해당한다.[427]

한 무제는 만년에 농업경제를 발전시키는 것이 강한 군사로 전투에 나서는 것보다 강국을 만드는 데 훨씬 더 중요하다는 사실을 깨달았다. 이 때문에 그는 또 명확하게 '부민富民' 정책을 국정의 큰 방침으로 삼고 '지금의 임무는 농사에 힘쓰는 것'이라고 선언했다. 한 무제는 수속도위搜粟都尉 조과趙過에게 명령을 내려 선진적인 농경 기술인 '대전법代田法'[428]을 추진하게 했다. 관중 지역에서 대전법을 실험하자 1무당 생산량이 일반 경지에 비해 1곡斛 혹은 2곡 이상 증가했다.『한서』「식화지」의 기록에 따르면 "(대전법을) 일반 가정의 토지와 삼보三輔[429] 지역 공전公田에 시행하게 했고, 또 변방의 군郡 및 거연성居延城에도 가르치게 했다." 이후 각지로 확대하여 수익을 얻게 되자 "힘은 적게 들이고 곡식 수확량은 많아지게" 되었다. 거연 출토 한나라 죽간에 보이는 '대전창代田倉' 등의 문자에서도 대전법이 확실히 하서河西 지역 변방에서 성공적으로 시행되었음을 알 수 있다.

동한 초기에 광무제 유수劉秀는 농업 생산의 적극성을 자극하여 농업 발전을 촉진시킨 중요한 정책, 즉 조세 감면 정책을 시행했다. 토지세[田賦] 징수는 국가와 경작자가 직접 경제적 관계를 맺는 중요한 형식이다. 토지세 징수액은 정부가 통제할 수 있는 재력財力의 결정적 근거다. 토지세 징수 비율은 또 농경 생산자의 생활수준과 노동 열정을 결정하기 때문에 사회의 안정과 혼란에 영향을 미친다. 유수는 토지세 징수 조절의 의미에 주의하면서 이 방식으로 정부와 민중 사이의 모순을 완화하려고 했다. 건무 6년(30) 황하 유역의 주요 할거 세력을 평정했고 북방 주요 지역에서도 안정을 되찾았지만 외효隗囂와 공손술公孫述 세력을 아직 평정하지 못해서 여전히 전쟁이 계속되는 상황인데도 광무제 유수는 대략 다음과 같은 조서를 내렸다.

"이전에는 전쟁 상황이 아직 해소되지 못하여 군사비가 부족했기 때문에 십일세十一稅 정책을 시행했다. 지금은 군사들의 둔전屯田에서 나오는 식량도 넉넉히 쌓여 있으니 군국郡國에 명령을 내려 옛날 제도와 같이 토지세를 삼십일세三十一稅로 받도록 하라."[430] '삼십일세'는 한 문제 때 이미 시행한 적이 있는 토지세 정책이다. 유수는 정치를 담당한 그해에 바로 조칙을 내려 '삼십일세'를 다시 시행하겠다고 선언했다. 이로써도 과도한 토지세 징수 때문에 사회적 위기가 야기되는 상황을 피하기 위해 당시 최고 통치 집단이 많은 노력을 기울였음을 잘 알 수 있다.

역사적으로 농업경제발전에 관계된 제도와 정책은 주로 토지제도와 조세제도에 잘 드러나 있다. 고대에도 여러 차례 개혁정책이 추진되었다. 그것을 추진한 주도자들은 모두 토지제도와 조세제도를 잘 조정함으로써 생산관계를 개선하고 농업경제발전에 좋은 조건을 제공하려고 했다.

역대 토지제도를 살펴보면 흔히 대토지 소유자들의 토지 독점에 대한 제한을 출발점으로 삼아 정부가 농업경제를 직접 통제할 수 있도록 보장받으려 했다. 이에 비해 상대적으로 평균 수준인 개인 농가의 경지 점유율은 객관적인 면에서 농업 생산의 적극성 추동에도 유리한 조건이었다. 역사 속에서 시행된 토지제도 조정정책은 성공한 경우도 있고 실패한 경우도 있다. 총체적으로 살펴보면 비교적 합리적인 토지제도를 시행해야 농업 생산력 발전 추세에 부응할 수 있었음을 알 수 있다.[431]

농업경제발전 추진을 동기로 삼는 조세제도 개혁은 당나라의 '양세법兩稅法'과 청나라의 '탄정입지攤丁入地' 제도가 그 좋은 예이다.

당나라 초기에는 균전제를 시행하여 모든 농가가 일정한 토지를 보유하도록 보증해줬다. 이른바 "장정의 몸을 기본으로 삼는(以丁身爲本)" 조용조租庸調[432] 제도는 바로 이런 토지제도를 바탕으로 시행되었다. 그러나 토지 겸유가 끊임없이 확장되자 당나라 중기에는 토지를 잃고 유랑하는 농민이 많아졌다. 농민이 도망치면 정부에서는 일반적으로 이웃 사람에게 대신 세금을 물게 했고, 이 때문에 더욱 많은 농민이 도망자 대열에 합류했다. 이러한 조건에서는 조용조 제도를 유지하기가 매우 어렵기 때문에 조세제도 개혁이 필연적인 과제로 떠오를 수밖에 없었다. 당 덕종德宗 때 양염楊炎은 '양세법' 시행을 건의했다. 이 개혁 조치는 건중建中 원년(780) 정월에 정식으로 공포되었다. 양세법의 주요 원칙은 토호土戶(본토 호구)와 객호客戶(외래 호구)를 더는 구분하지 않고 현지에 자산과 토지가 있으면 바로 그곳 토지대장에 따라 세금을 징수하는 것이다. 이렇게 함으로써 일부 관료와 부호들이 토지대장을 폐기한 후 현지의 조용조를 피해 다른 주州·현縣으로 가서 땅을 사놓고 감세 혜택을 받는 걸 방지할 수 있었다. 이 밖에도 세금을 징수할 때 장정[人丁] 숫자를 위주로 하지 않고 재산과 토지를 위주로 했으며, 시간이 지날수록 완전히 토지를 위주로 했다. 양세법의 구체적인 형식은 다음과 같았다.

첫째, 건중 원년 이전에 정세正稅, 잡세雜稅, 잡요雜徭(잡역)로 나뉘어 있던 세금을 합병하여 그 총액을 '양세원액兩稅元額'이라 칭했다. 둘째, 이 양세원액을 호구별로 나눴는데, 그 원칙은 개간한 토지의 면적과 호구 등급의 고하高下에 따르는 것이었다. 셋째, 매년 여름과 가을로 나눠서 세금을 징수했다. 여름 세금[夏稅] 징수는 매년 6월을 넘길 수 없었고, 가을 세금[秋稅] 징수는 매년 11월을 넘길 수 없었다. 이 때문에 이 제도를 '양세兩稅'라고 불렀다(일설에는 호구세와 토지세 두 항목을 포괄하기 때문에 양세라 부른다고도 함). 넷째, 고정된 거처가 없는 상인에게는 일시 머무는 소재지 주·현에서 장사 수입의 30분의 1을 세금으로 징수했다. 다섯째, 조租, 용, 잡요는 모두 줄였지만 전체 장정에게 매기는 세금 총액은 폐지하지 않았다.

양세법은 중당 시기 극도로 문란해진 세금 제도를 통일하여 단기간에 민중의 부담을 일정 정도 줄여줬을 뿐 아니라 조세 원칙을 장정의 인두세에서 호구의 빈부 상황으로 개혁하여 징수 대상을 확대했다. 이는 땅이 없거나 재산이 적은 농민들에게 일정한 혜택이 돌아가는 제도였다.

청나라시대에 이르러 조세 제도에 대한 중요한 개혁이 또 한 차례 있었다. 그것은 바로 '탄정입지' 제도였다. 이른바 '탄정입지'는 대대로 이어온 인두세를 토지세에 병합하여 징수하는 조세 제도다. 그것을 또 '탄정입무攤丁入畝', '지정합일地丁合一', '정수지기丁隨地起'라 부르기도 했지만 통칭하여 '지정地丁'이라고도 불렀다.

청나라 왕조는 전란을 오래 겪어서 건국 초기에 호적대장이나 토지대장이 없었다. 그리고 만주족 지주와 일부 한족 지주는 면역과 면세 특권을 누렸으며, 관료와 부호들도 온갖 방법으로 땅이 없거나 적은 농민들, 기타 노동자들에게 조세와 노역을 전가했다. 이 때문에 조세 부과와 노역 징발이 불합리해지면서 시간이 갈수록 모순이 더욱 두드러지게 되었다. 빈궁한 농민과 기타 노동자들은 막중한 조세와 노역 부담을 견디지 못하고 토지를 떠나 유랑하거나 당시 조세와 노역 제도에 직접 저항하지 않을 수 없었다.

전통적인 조세 제도에서는 토지의 수량과 사람 머릿수 두 가지 표준에 근거하여 세금을 징수했다. 그것을 각각 '지은地銀'과 '정은丁銀'이라고 불렀다. 이 중 인두세[丁銀]는 사람의 사망, 은신, 유랑 등의 요인으로 변화가 빈번하여 정확한 통계를 잡기가 어려웠다. 그리하여 정부의 조세 수입을 보증하고 나날이 첨예화되는 계급 모순을 완화하기 위해 청나라 정부에서는 강희 51년(1712)에 바로 앞 강희 50년의 장정 숫자(24,611,324명)를 이후의 세금 징수 표준으로 삼고, 장차 태어나는 장정(이른바 성세자생인정 盛世滋生人丁)에 대해서는 영원히 세금을 부과하지 않는다고 규정했다. 인두세의 총액을 고정하자 전국에서 부담하는 인두세 액수도 고정되었다.

이 개혁 조치는 중국 왕조의 전제시대에 노역(인두세)이 조세 제도로 전환되는 중요한 표지였고, 이후 '탄정입지'라는 새로운 조세 제도 시행에 기반으로 작용했다. '탄정입지' 제도는 조세 제도에 대한 중요한 개혁 조치였다. '탄정입지' 제도를 시행한 이후 중국 역사에서 장기적으로 유지되어온 인두세 징수가 폐지되었고, 조세 표준이 통일되었으며, 조세 수속이 단순화되었다. 이 제도는 식구는 많고 토지는 적은 농민들에게 유리했고, 이로써 농민과 지주 사이의 인신 구속 관계도 약화되었다.

④ 중국 고대 수공업 발전의 특징

중국의 고대 수공업은 찬란한 역사를 갖고 있다.

상고시대 도예, 방직, 옥기 제작 등의 부문에 이미 상당히 수준 높은 공예품이 나타났다. 하지만 다른 경제 부문에서 독립하여 산업으로서 수공업이 성숙한 것은 상·주시대에 시작되었다. 당시 옥기와 청동기에 구현된 수공업 수준은 어떤 의미에서 '공전절후空前絶後'의 작품이란 평가를 받을 수도 있다. 한나라의 제철, 주조, 제강, 방직, 칠기漆器 업종 및 제지업製紙業의 시작은 당시 경제가 번영했다는 표지의 하나다. 이후 백공百工의 기술을 바탕으로 하는 업종이 대대로 우수한 성취를 이루었다. 우리가 지금도 볼 수 있는 다양하고 진귀한 역사 유물은 모두 고대 수공업 노동자가 지혜로 생산해낸 결과물이다.

고대 수공업 관리제도는 근래에 출토된 문헌에 그 정보가 반영되어 있다.

수이후디에서 출토된 진나라 죽간「금포율金布律」은 금전과 포백布帛에 관련된 법률이다. 이 법률에는 재무 관리제도가 규정되어 있다. 내용을 보면 정부의 세금 징수 방식과 금전 지출 방식이 언급되어 있다. 이로써 당시에 법률 규정으로 거래를 할 때 정찰 가격 표시를 요구했음을 알 수 있다. 「관시율關市律」에는 또 수공업에 종사하면서 관청에 생산품을 파는 사람은 반드시 면전에서 돈을 받아 즉시 해당 도기陶器 안에 투입해야 했고, 이 규정을 어기면 처벌을 받는다고 규정해놓았다. 특히 주의할 만한 가치가 있는 것은「공률工律」에 포함되어 있는 다음과 같은 내용이다. "같은 종류의 기물을 만드는 자는 기물의 크기, 길이, 넓이 등도 반드시 동일하게 해야 한다(爲器同物者, 其小大, 短長, 廣夾, 亦必等)." 비록 이것은 관영 수공업 생산 시스템에 대한 규정이긴 하지만 이처럼 표준화를 강구했다는 것은 중시할 만한 가치가 있다.

「공률」을 보면 또 현縣과 공방工室에서는 관련 기관을 통해 저울, 말, 되와 같은 도량형 기물을 교정해야 했는데, 최소한 매년 한 차례씩 교정해야 하며 자체적으로 교정에 숙련된 장인工匠이 있으면 교정받을 필요가 없다고 규정해놓았다. 그리고 도량형 표준 기물도 수령하여 사용할 때 교정을 받아야 한다고 했다. 「공인정工人程」은 노동 생산 정액에 관한 규정이다. 예를 들면 용예첩冗隸妾 2명은 장인 1명에 해당하고, 경예첩更隸妾 4

명은 장인 1명에 해당하며, 일을 시킬 수 있는 소예신첩小隸臣妾 5명은 장인 1명에 해당한다는 규정이 그것이다.[433] 이 죽간에서 우리는 당시 진나라가 법조문의 명확한 규정에 따라 예신隸臣, 하급관리[下吏], 성단城旦,[434] 장인이 함께 생산에 참여했고, 겨울철에 작업할 때는 규정을 좀 완화하여 3일 작업량을 여름 2일 작업량과 동일하게 인정해줬음을 알 수 있다.[435]

수이후디 진나라 죽간에는 또 「균공률均工律」이란 규정이 있는데, 여기에는 노역자가 자신의 능력을 모두 발휘할 수 있게 하는 원칙도 들어 있다. 즉 예신에게 특별한 기능이 있으면 장인工匠으로 삼을 수 있고 수레 몰기나 음식 만들기 등의 노역에 동원하지 않는다는 규정이 그것이다. 「균공률」에는 또 새로운 장인이 일을 시작하고 나서 첫 번째 해에는 규정 생산량의 절반에 도달해야 하고, 두 번째 해에는 숙련공과 동일한 생산량을 완성해야 한다는 규정도 있다. 스승이 일을 정성껏 가르치고, 그 기술을 따라 배워서 일정한 기초를 갖추게 된 장인은 1년 만에 학습을 마쳐야 했고, 새로 장인으로 입문한 사람도 2년 안에는 학습을 마쳐야 했다. 그리고 이 기간보다 앞서 학습을 마친 사람이 있으면 상관에게 보고하여 상을 내렸고, 이 기간을 넘기고도 학습을 마치지 못한 사람은 장부에 이름을 기록해둬야 했다.

수이후디 죽간에 기록된 법조문에서 우리는 당시 경제생활에 대한 정부의 통제가 상당히 전면적이고 구체적이었으며 수공업을 관리하는 정부의 조치도 지극히 미세하고 엄밀한 수준에까지 도달했음을 알 수 있다. 당시에 이미 상당히 엄격한 수공업 생산품질 검사제도가 수립되어 있었던 셈이다.[436]

동한 이후로는 장원田莊 경제도 발전하여 장원 내에서 문을 닫고 시장을 열 수 있을 정도였으며 심지어 필요한 것이 있으면 장원 내에서 모두 공급할 수 있었다. 농업, 임업, 목축업, 어업 그리고 기타 부업이 모두 흥성했으며 말로 표현할 수 없을 정도로 정교한 수공업 제품도 제작되었다. 따라서 기본적인 생활 소비품을 전장 밖의 시장에 의지하지 않아도 될 정도였다.

최식의 『사민월령』에도 장원의 생산 형태와 생활방식이 반영되어 있다. 장원의 경영 활동은 넓은 경작지 작물 재배를 위주로 하고 채소, 과일, 염료 작물을 함께 재배했다. 장원 내에서 키우는 나무로는 대나무, 오동나무, 소나무, 잣나무를 제외하고도 옻나무와 뽕나무도 상당히 중시되었다. 약재 채취 및 술, 식초, 간장, 엿 등을 양조하고 가공하는 일, 방직 수공업, 농기구와 무기 제작·수리 등도 모두 정밀한 관리 절차 속에 편입되었다. 이런 상황을 통해서도 장원이 상당히 완비된 마이크로 사회였고, 그 경영 내용에 수공업도 포함되어 있었음을 알 수 있다. 산동성 텅현滕縣 홍다오위안宏道院에서 출토된 한나라 화상석에도 지주가 경영하는 장원에서 대장장이가 철기를 단련하고 주조하는 그림이 그려져 있다.[437] 그리고 장원에서 수레바퀴를 제작하는 장면도 한나라 화상석에 반영되어 있다.[438]

관영 수공업 관리는 줄곧 매우 엄격한 제도를 갖추고 있었다. 관영 수공업에 종사하는 노동자들 중 많은 사람은 민간 장인으로 관청 장부에 이름이 오른 후 대대로 아무 보상 없이 힘든 노역에 종사해야 했다. 관영 수공업 장인들은 관노비에서 신분이 바뀐 사람이 많았으므로, 특히 베틀방

[織室]이나 자수방[繡房]의 여공들도 기실은 엄연한 노비에 불과했다.[439]

관영 수공업이 일정한 생산 규모를 갖추고 내부적으로 매우 세밀한 기술 분업이 이루어져 있었기 때문에 모든 업종의 생산이 상이한 생산 과정에 따라 진행되었다. 이런 상이한 과정은 원래 독립된 생산 부문에서 유래한 것이다. 그리하여 각 생산 과정은 서로 독립적이면서도 보완하는 시스템으로 작동했다. 각 생산 과정에 배치된 장인들은 각각 한 가지 전문화된 부분 작업에만 종사했지 두 가지 작업이나 두 가지 일을 함께 하지 않았다. 이렇게 하여 모든 장인은 전체 생산 과정에 종속된 부분 노동자가 되었다. 어떤 학자의 인식에 따르면 규모가 방대한 각종 관영 수공업 (소부감少府監이 주관하는 각종 수공업도 포함)은 모두 정부에서 개설한 기관이지만 공장 수공업 생산 설비를 갖춤과 동시에 공장 수공업의 기본 기능까지 구비했다고 한다.[440]

논자들은 또 고대 관영 수공업은 영리를 목적으로 상품 생산을 하지 않았고, 생산 과정의 업무 지휘는 정부에서 파견한 관리가 했으며, 이 밖에도 생산품에 교환가치는 없었고 오직 통치계급의 소비에 제공되거나 관가에서 사용하는 사용가치만 있었기 때문에 생산과 분배가 가치 규율에 지배를 받지 않았다고 지적했다. 따라서 '순수한 사용가치만을 생산한 것이 역대 관영 수공업의 중요한 특징이라'[441]고 할 수 있다.

⑤ 역대 중농억상 정책과 고난 속 상업의 발전

중국 전통사회에서 상인은 사회적 지위가 상당히 낮았다. 상업은 '말류'로 간주되어 오랫동안 비천시되고 억압되었다.

진시황시대에 '고인賈人(상인)'은 조정에 징발되어 변방 수비대로 파견되는 대상이었다.[442] 한번 시장의 호적市籍에 편입되면 3대 동안 인신의 자유를 상실했고 대외적으로 군사를 일으킬 때도 가장 먼저 변방 수비대로 보내졌다.[443] 한나라 초기에는 또 상인들에게 비단옷 착용을 불허하고 무기 소지도 불허했으며, 벼슬길에 나서는 것도 불허하고 토지를 사는 것도 불허했다. 만약 이를 위반하면 법률에 따라 처벌했다.

상인들은 이처럼 압제를 받았지만 여전히 당시 경제 조건에서 치부에 성공하여 사회경제에 중요한 역할을 담당했다. 즉 화폐경제가 이미 사회생활을 규정하는 시대였기 때문에 이익의 추동에 따라 '거상巨商들이 천하를 주유했고, 이로써 이들의 교역 물품이 유통되지 않는 곳이 없게 되어'[444] 생산과 소비도 원래의 지역 한계를 돌파했다. 이른바 '농업, 공업, 상업의 교역 통로가 뚫린'[445] 것이다. 이에 근거한 경제체제의 형성은 이처럼 넓고 빈번한 상업 활동을 조건으로 삼았다. 상업 활동이 광범위하고 빈번하게 전개되자 도처의 경제 지역은 각각 시간이 지날수록 더욱더 '재물 유통으로 부를 고르게 향유하는'[446] 경제 공동체 속에 융합되었다. 경제적인 의미에서 마침내 해내海內는 하나가 되었다.[447]

진·한시대에는 상업 활동이 경제발전을 강력하게 추동했다. 이는 특히 상업 운송에 두드러지게 구현되어 공전의 활력으로 대규모 물자 교류를 촉진했다. 이로써 "농업과 상업 생산품을 교역할 때 이익에 따라 본말을 정했다."[448] 이 때문에 이 무렵 경제생활에 전대미문의 활력이 생겨났다. 당시에 "화물을 무겁게 실은 부자 상인들이 천하를 주유해서 길이 뚫리지 않은 곳이 없었으며"[449] "천 리를 두루 돌아다니느라 관冠과 일산을 서로 바라보며 튼튼한 수레를 타고 살찐 말에 채찍질을 할 정도였고",[450] "배와 수레를 탄 상인들이 사방을 두루 편력하며"[451] "동서남북에서 각각 지혜와 계교를 발휘했다."[452] 빈번한 출행 활동을 기반으로 하는 민간 자유무역이 정부가 쳐놓은 상업 억압 정책의 다중 그물을 뚫고 진·한 경제 번영에 크나큰 공헌을 했다.

『사민월령』에 나오는 '적糴(쌀을 사다)'과 '조糶(쌀을 내어 팔다)'가 의미하는 곡식 매매 및 3월에 '베를 살 수 있고(買布)', 8월에 '가죽신[韋履]'을 사서 겨울을 준비하고, 11월에 '흰 개를 사서(買白犬)' 제수용품으로 쓴다는 등의 내용에는 활발한 농촌 상업 활동이 반영되어 있다. 『사민월령』에서 말하는 '사민四民'은 사士·농農·공工·상商을 가리키는데 그 주체는 바로 '농農'이다. 『사민월령』의 배열 내용에는 "늘어선 점포에서 화려한 상품을 파는(列肆賣侈功)" 시장 풍경이 빠져 있지만 농산품과 기타 상품을 매매하는 계절성 상행위는 포함되어 있다. 최식의 개인 경력에도 이미 이러한 경향이 드러나 있다.

『후한서』「최식전」의 기록에 따르면 최식은 부친이 세상을 떠난 후 토지와 집을 팔아 묘지를 만들어 부친을 안장했고 이 과정에서 재산이 모두 고갈되었다. 가난 때문에 그가 양조업에 종사하자 당시 많은 사람이 그를 비웃었지만 그 자신은 부끄럽게 여기지 않았다. 하지만 그의 경영 목적은 안분지족하는 삶에 그쳤을 뿐 더 많은 이익을 추구하지는 않았다. 공예와 상업에 대한 최식의 인식은 『잠부론潛夫論』「무본務本」의 관점과 일치한다. 즉 이들은 농업과 양잠도 삶의 근본이지만 치용을 목적으로 하는 백공百

工과 상품 유통을 목적으로 하는 장사도 삶의 근본이라고 인식했다. 공예와 상업을 어느 정도 긍정하는 이러한 인식에는 상당히 긍정적인 의미가 담겨 있다. 이러한 관념의 탄생과 발전에는 당시 동한 경제의 진보가 시대적 기반이 되어주었고 관동關東 지역, 특히 낙양 인근 지역의 공상工商 전통이 지역 조건으로 작용했다.

하지만 전통적인 유가사상, 즉 '농업 중시와 상업 억제(重農抑商)' 원칙이 중요한 영향력을 발휘한 것도 분명한 사실이다. 한나라 왕조는 이 원칙에서 출발했으면서도 현실적인 이익을 고려하여 매우 효과적인 상업 정책을 추진했다.

관영 염철鹽鐵(소금업과 제철업)은 바로 서한제국의 경제 기반을 전에 없이 강고하게 만든 매우 효과적인 정책의 하나였다. 관영 염철은 중앙정부가 소금과 철 생산지에 각각 염관鹽官과 철관鐵官을 두어 생산과 판매의 통일을 강구하고 그 이윤을 국가 소유로 하는 정책이다. 관영 염업의 형식을 보면 소금 생산지에 임명된 염관이 자염용煮鹽用 가마솥 '뇌분牢盆'을 설치하고 인부를 모집하여 소금을 끓여낸 뒤 거기에서 생산한 소금을 정부가 일괄 수매하고 판매하는 제도다. 관영 제철업의 형식을 보면 철 생산지에 임명된 철관鐵官이 철 채굴과 주조를 책임지고 철기를 판매하는 제도다. 관영 염철 제도 시행으로 국가는 국민 경제와 국민 생활에 가장 중요한 수공업과 상업 이익을 독점하여 황실의 소비와 거액의 군사비에 지출할 수 있게 되었다. 당시 백성의 조세 부담은 전혀 늘리지 않으면서도 국가의 쓰임새는 더욱 넉넉하게 되었다. 반면에 관영 염철은 사회경제와 민중 생활에 일부 부정적 영향을 미치기도 했다. 예를 들면 관제 소금이 가격은 비싸면서도 맛이 나쁜 경우라든가 철제 농기구가 품질이 조잡하여 실제로 쓰기에 부적합한 경우가 그것이었다.

한 무제시대에는 또 상홍양桑弘羊의 주도로 역사에서 '균수均輸'와 '평준平準'으로 불리는 제도 시행을 추진했다. 균수법은 바로 대사농大司農이 일부 군국郡國에 균수관을 파견하여 관영 운수업을 경영하는 것이다. 이 제도를 통해 전국 규모의 운수 체계를 개혁하여 기왕의 중복된 운수(重復運輸), 지나친 우회 장거리 운수(過遠運輸), 합리적 흐름에 어긋나는 운수(對流運輸) 등 불합리한 운수로 야기된 폐단, 즉 운수비 세금이 심지어 화물 가치를 초월하는 현상을 바로잡았다. 한 무제 원정 연간에 황하와 위수로 식량 400만 석을 실어왔는데, 여기에 관청에서 더 많은 곡물을 사 보태야 당시 식량 수요를 맞출 수 있었다. 그런데 상홍양이 균수법으로 운수 정책을 조정한 이후로는 원봉 연간에 관동으로 실어온 곡물이 해마다 600만 석으로 증가했다. 600만 석은 한나라 때 수레 한 대에 25곡斛을 싣는 적재 규정에 비춰보면 수레 24만 대 분량에 달한다는 사실을 알 수 있다. 교통 운수 시스템을 합리적으로 재조직함으로써 재정 형편의 대대적 개혁도 촉진되었다. [453] 평준법이란 바로 대사농이 도성에 평준관平準官을 설치하고 관영 상업 관리, 물가 억제, 수요와 공급 조절 등의 조치를 실시해 시장을 제어하는 정책이다. 균수법과 평준법을 제정해 시행함으로써 서한 왕조의 국가 경제 관리 수준은 새롭게 향상되었다.

통일 화폐 유통, 관영 염철업 관리, 균수법과 평준법 제정으로 한나라 정부는 경제적 이익을 얻는 데 그치지 않고 농업 중시와 상업 억제 정책의 바탕을 마련하게 되었다. 이 점이 더욱 중요하다.

한 무제시대에는 또 '산민算緡'과 '고민告緡' 등과 같이 대상인에게 직접 타격을 가하는 정책을 시행했다. 원수元狩 4년(기원전 119)에 시행되기 시작한 '산민전算緡錢' 제도의 규정에 따르면 상인, 수공업 겸직 상인 및 고리대금업자는 반드시 정부에 자기 자산을 보고해야 했다. 그리하여 상인은 2,000전錢당 1산算(120전)을 세금으로 내야 했고, 자영 수공업자는 4,000전당 1산, 초거軺車는 1대에 1산, 상인 소유 초거는 두 배, 배는 5장丈 이상이면 1산을 세금으로 내야 했다. 상인들 중에서 보고하지 않은 재산이 있거나 부실하게 보고한 사람은 변방 수비 1년의 처벌을 받았고 재산은 몰수되었다. 원정 4년(기원전 114), 한 무제는 또 '고민告緡' 제도를 시행하라고 명령을 내렸다. 이는 민간인들에게 '산민법' 위반자를 서로 고발하도록 장려하는 제도였다. 규정에 따르면 법을 어긴 상인의 자산을 몰수하여 고발자에게 그 절반을 상금으로 주게 되어 있었다. 이처럼 고발 운동이 성행하자 정부가 몰수한 재산이 1억 전을 헤아렸으며, 몰수한 노비도 수천수만에 이르렀다. 또 몰수한 사유 토지는 큰 현의 경우 수백 경頃에 달했고, 작은 현의 경우도 100여 경에 달했다. 중등 자산 이상을 가진 상인들 대부분이 고발을 당해 파산했다.

'산민', '고민' 제도를 시행한 이후 조정의 창고는 가득 찼지만 상인들은 심각한 타격을 입었다. 전제주의 중앙집권제가 전에 없이 강화되면서 강력한 경제적 보장 장치를 갖게 되었다. '산민'과 '고민' 제도는 당시 정부의 경제적 위기를 완화하는 측면과 경제적으로 정부와 대항할 가능성이 있는 상인들의 실력을 억제하는 측면에서 모두 직접 효과를 발휘했다. 그러나 강제 수단으로 일부 민중의 재산을 박탈하여 국고를 채우는 이러한 방법은 이후 역사에서 오랫동안 불량한 선례로 작용했다. 전통적인 전제 왕조에서 이러한 행정적 폐습이 형성된 것은 한 무제의 정치적 성공에서 계시받은 영향 탓이었다. 그리고 고대의 대일통 제국에서 농업 중시와 상업 억제 정책을 철저하게 추진한 것도 한 무제시대에서 그 역사적 연원을 찾아볼 수 있다.

왕망이 추진한 일련의 새 정책에는 또 '오균육관五均六筦'이라 불리는 도시 경제정책이 들어 있다. '오균육관'이란 '오균사대五均賒貸'와 '육관六筦' 제도를 가리킨다. 왕망은 일찍이 이 제도로 상공업과 재정 관리를 개선하려고 시도했다. '오균육관'은 여섯 가지 경제 활동에 통제를 가하는 제도다. 즉 육관은 소금, 철, 술에 대해 정부가 전매 제도를 실시하고, 화폐 주조를 정부가 관할하고, 명산대천에서 생산되는 특산품에 대해 정부가 세금을 받고, 도시 공상업 경영과 시장 물가에 대해 정부가 통제를 실시하고 아울러 관영 대출 업무 등을 관리하는 제도를 말한다. 쥐옌한간居延漢簡에서도 다음과 같은 문장을 관찰할 수 있다.

"□□매枚. 고운 명주 상품上品 1필은 소천小泉[454] 700매枚에 해당한다. 말과 소는 각각 그 두 배 가격인데, 관에서 정한 평균가격으로 만물에 적용해도 모두 두 배 가격이 될 수 있다. 희화羲和(大司農) 절위후折威侯 광匡 등이 물가의 평균가격을 매겼다. 대저 비싼 물건은 값이 내릴 것이다. 물건을 모두 상안성常安城 안에 모아놓으면 저절로 값이 아주 저렴하게 된다. 현縣의 관리는 백성에게서 물건을 교역한다. 백성은 □□."[455]

위의 원문에 포함된 "희화절위후광羲和折威侯匡"은 아마도 『한서』「식화지」하에 '오균육관'을 주관한 사람으로 나오는 '희화羲和 노광魯匡'[456]인 듯하다.[457] 이러한 사실에 비춰보더라도 왕망시대에 추진한 '오균사대' 제도는 '염염鹽鹽(소금)·철철鐵鐵(쇠)·전전錢錢(돈)·포포布布(베)·백백帛帛(비단)'에 그치지 않고, 아마 '마소[馬牛]'를 포함하는 '만물에까지(及諸萬物)' 적용하려 한 듯하다. 당시에는 '오균'을 실시한 여섯 개 도시를 '오균시五均市'라고 불렀다. 오균시는 바로 장안長安(지금의 샤안시성 시안시 서북), 낙양洛陽(지금의 허난성 뤄양시 동쪽), 한단邯鄲(지금의 허베이성 한단시), 임치臨淄(지금의 산둥성 쯔보시 동쪽), 완宛(지금의 허난성 난양시), 성도成都(지금의 쓰촨성 청두시)를 가리킨다.

『한서』「식화지」하의 기록에 따르면 왕망은 당시에 조서를 내려 다음과 같이 말했다. "『주례周禮』에는 사 제도가 있고 『악어樂語』에는 오균五均 형식이 있다. 『좌전』이나 『예기』 등 여러 전적에도 '알斡'[458]에 대한 언급이 많다. 그 역할은 서민들에게 물가의 평균 가격이나 고른 혜택이 돌아가도록 하고, 물건이나 토지를 독점하거나 겸병하는 자들의 발호는 억제하는 것이다. 이에 장안 및 다섯 도시에 '오균관五均官'을 설치한다. 장안 동시령東市令과 서시령西市令 및 낙양, 한단, 임치, 완, 성도 시장市長의 명칭을 바꾸어 모두 '오균사시사五均司市師'라고 칭하라. 또 동시東市는 '경京', 서시西市는 '기畿', 낙양은 '중中'이라 칭하고, 그 나머지 네 도시는 각각 '동', '서', '남', '북'이라 칭하라. 그곳에 각각 교역승交易丞 5명과 전부승錢府丞 1명을 설치하라."

당시 신나라 조정에서는 위의 같은 경제 관리 방식으로 농민을 잔혹하게 착취하는 상인들의 행위를 제한하고, 불법으로 폭리를 취하는 고리대금업자의 행위를 제지하여, 국가의 경제제도를 완비하고 사회의 경제적 관계를 조정하겠다고 공언했다. 그러나 이런 조치들에는 실행에 불리한 요소가 많이 포함되어 있어서 공·상업자들의 연합 반대에 직면했고, 결국 경제적 혼란만 야기하고 말았다.

'오균육관'법은 10여 년 동안 시행되었지만 전혀 이상적인 효과를 거두지 못했다. 왕망 지황地皇 2년(21)에 이 제도는 그가 실패한 일련의 정책과 마찬가지로 정식으로 폐지할 준비를 했다. 그러나 그다음 해 왕망의 신나라는 패망하고 말았다.

어떤 학자는 이렇게 지적했다. "서한에서 삼국에 이르기까지 양한 전 시기를 거치는 동안 상업 발전의 추세는 전혀 중단되지 않았다. 설령 소농경제를 기본 핵심으로 하는 사회경제구조 아래에서 상품의 국내 시장은 지극히 제한적이었고 또 항상 상업 억제 정책, 사치 억제 정책, 정부 전매 제도 등등과 같은 온갖 타격, 압박, 방해, 간섭을 받아서 상업 활동의 자유를 박탈당했지만 상인들은 무거운 압력을 뚫고 여전히 자신의 활동 무대를 개척했다. 그들은 어떤 협소한 새장 안에 갇혔더라도 한 가닥 출구를 찾아, 어려움 속에서도 여전히 저가에서 고가까지 물건을 팔아 큰 이익을 남겼다."[459]

한나라 상업 발전 상황을 우리는 기실 고대 상업사의 축소판으로 간주할 수 있다. 이후 후세의 상업 발전은 매우 번성하게 되었다. 당나라를 예로 들면 그 시절 시인 요합姚合이 「장원의 들길을 걷다(莊居野行)」에서 당시 민간의 상업 열풍을 다음과 같이 묘사했다.

"나그네로 들판 전답 사이를 걷노라니, 즐비한 집들 대문이 모두 닫혀 있네. 집 안에 누가 있는지 물어보니 모두 장사하러 떠났다 하네. …… 주민들은 모두 동쪽·서쪽으로 떠나고, 길은 밭두렁을 잠식하네. 옥을 캐러

그림 13 「청명상하도」 부분

산고개로 올라갔고, 보물을 따러 물속으로 들어갔네(客行野田間, 比屋皆閉戶. 借問屋中人, 盡去作商賈卅. …… 居人盡東西, 道路侵墾畝. 采玉上山嶺, 采寶入水府)."

이는 장사를 위해 천 리를 치달리며 '해마다 이익을 좇아 동쪽·서쪽으로 편력하고 있음을(年年逐利西復東)' 표현한 것이다. 또 당시 시인 장적張籍도「장사꾼의 즐거움(賈客樂)」을 생동감 있게 묘사했다.

"금릉에서 서쪽 가는 장사꾼도 많을시고, 배 안에서 성장하며 풍파도 즐기누나. 배를 띄워 떠나려고 강 포구로 다가가, 뱃머리에서 술을 뿌리며 신에게 제사 올리네. 술잔 멈추고 서로 함께 먼 길 기약 이야기하고, 촉蜀 땅으로 만蠻 땅으로 멀리멀리 이별하네. 금이 많으면 좌중에서 상객으로 인정받고, 밤마다 돈 계산으로 잠 잘 시간 늦어지네(金陵向西賈客多, 船中生長樂風波. 欲發移船近江口, 船頭祭神各澆酒. 停杯共說遠行期, 入蜀經蠻遠別離. 金多衆中爲上客, 夜夜算緡眠獨遲)."

또 백거이는「소금장사 아내鹽商婦」에서 "동서남북 나다녀도 집을 잃지 않는 건 바람과 물을 고향 삼고 배를 집 삼기 때문일세(南北東西不失家, 風水爲鄕船作宅)"라고 읊었으며, 유우석劉禹錫은「장사꾼賈客詞」에서 "장사꾼은 정처 없이 떠도는데, 떠도는 곳마다 이익만을 챙기네(賈客無定游, 所游唯利幷)"라고 읊었다. 이들의 시에도 천 리를 왕래하며 고생스럽게 장사하는 상인들의 생활 풍경이 형상적으로 묘사되어 있다.

원진元稹의 「장사꾼의 즐거움(估客樂)」에는 당시 상인의 진실한 생활이 잘 반영되어 있다.

"장사꾼으로 정처 없이 떠돌며, 이익이 있는 곳엔 곧바로 달려가네. 대문을 나서서 일행을 구한 후 집으로 들어와 부형과 작별하네. …… 구슬을 구하러 푸른 바다도 건너고, 보옥을 찾으러 호남 땅 형산에도 오르네.[460] 북쪽에선 당항마黨項馬[461]를 사고, 서쪽에선 토번의 매를 잡네. 염주炎州에선 석면포石棉布를 불에 씻고,[462] 촉蜀 땅에선 비단을 짜기도 하네.[463] 월越 땅 비첩婢妾의 피부는 기름처럼 매끄럽고,[464] 시중드는 동자는 눈빛도 환하네. 의식비를 모두 계산하면서도 노정의 원근은 따지지 않는다네. 천하를 두루 경영해본 후 다시 장안성으로 돌아왔네(估客無住者, 有利身卽行. 出門求火伴, 入戶辭父兄. …… 求珠駕滄海, 采玉上荊衡. 北買黨項馬, 西擒吐蕃鷹. 炎州布火浣, 蜀地錦織成. 越婢脂肉滑, 奚僮眉眼明. 通算衣食費, 不計遠近程. 經營天下遍, 卻到長安城)."

이 시에서도 드러나듯 당시 상인들이 취급한 상품 내용은 매우 다양했다. 장사의 기본원칙은 '이익이 있는 곳이면' '직접 간다'는 것이다. 높은 산 남쪽이든 바다 북쪽이든 어떤 고난도 마다하지 않았다.

상인의 활약은 특수한 교통 현상을 촉진했다. 당시 대도시에는 흔히 상선이 사방에서 모여들었고, 먼 곳에서 온 돛배가 운집했다. 『태평광기太平廣記』권44「하동기河東記」의 기록에 따르면 소동현蕭洞玄이 천하를 주유하다가 양주揚州에 도착했을 때 수많은 배가 수로 위에서 빽빽하게 운행하는 광경을 목도했다. 그는 이것을 이렇게 묘사했다. "그때 만여 척의 배가 꼬리에 꼬리를 물고 강의 좁은 길목에 막혀 있다가 보의 문을 열자 다투어 앞으로 내달렸다. 올라가고 내려가는 배들이 서로 부딪쳐 삐걱거리며 시간을 지체하자 뱃사공은 있는 힘을 다해 배를 밀어냈다. 그중 어떤 사람이 배를 멈췄는데 오른팔이 비틀려서 부러져 있었다. 그것을 본 사람은 모두 전율했다."[465]

『구당서』「대종기代宗紀」의 기록에 따르면 광덕廣德 원년(763) 12월 신묘辛卯 일에 악주鄂州(지금의 후베이성 우창)에서 세찬 바람이 불어 "강에서 화재가 발생하여 배 3,000척이 불에 탔다(火發江中, 焚船三千艘)"고 한다. 이 기록에서도 비교적 큰 항구에는 상업 운항 역량이 집중되어 있었음을 알 수 있다. 『당회요唐會要』 권86에도 당시 상업 운항 상황을 묘사한 대목이 있다. "또 천하의 여러 나루에는 배들이 모여 들어 곁으로 촉·한중漢中과 통하고, 앞으로 민閩(지금의 푸젠성)과 월(지금의 저장성)을 향해 간다. 수많은 소택지와 강가 숲 그리고 온갖 강과 호수가 하수河水 낙수洛水와 관통하고 회수淮水 동해까지 두루 이어진다. 대형 선박이 수천수만 척씩 서로 오고가며 물건을 교환하느라 아침부터 저녁까지 길게 이어진다."[466]

당나라 사람 이조李肇가 지은 『당국사보唐國史補』 권 하下의 기록에 따르면 당시 강호에 다음과 같은 말이 유행했다고 한다. "강물에 만 석石을 실은 배는 띄울 수 없다(水不載萬)." 그러나 당 대종 대력大曆에서 덕종 정원貞元 연간(766~804)까지는 이른바 '유대랑항선兪大娘航船'[467]의 크기가 가장 컸는데, "거기에 거주하는 사람은 배 위에서 삶을 영위하고, 죽은 자를 장사지내고, 자녀의 혼사를 치르는 등 모든 일을 처리했다(居者養生, 送死, 嫁娶, 悉在其間)." 심지어 갑판에서 채소밭을 만들어 씨를 뿌리기도 했으며, 노를 젓는 인부가 수백 명에 달했다. 유대랑항선은 남으로 지금의 장시江西까지 갔고, 북으로는 화이난淮南까지 갔다. 매년 한 번씩 왕복하며 많은 운수 이익을 남겼다. 따라서 그 운수 능력은 절대로 만 석에 그치지 않았을 것이다.

당시 육로를 통한 상업 운행도 매우 발달했다. 상업 운행에 부속된 보조 서비스 방식으로는 객사, 저점邸店,[468] 거방車坊[469] 등이 있었다. 이들 업종은 당시에 매우 흥성해서 심지어 수많은 벼슬아치도 분분히 여기에 참여하여 이익을 다퉜고, 이 때문에 조정에서는 엄령을 내려 그들의 행동을 제한하지 않을 수 없었다. 예를 들면 당 현종 개원 29년(741) 정월 '9품 이하 청류淸流 사족들의 객사, 저점, 거방 설치를 금했다.'[470] 당 덕종 대력 14년(779) 6월에는 '백관들이 저점을 설치하여 화물을 파는 행위를 금했다.'[471] 또 같은 해 7월에는 당 덕종이 조서를 반포하여 왕공, 경卿, 사士가 백성과 이익을 다퉈서는 안 된다고 엄격한 어명을 내렸다. 그리고 각 절도사와 관찰사가 흔히 양주에 교역용 저점을 설치하자 그 폐단을 지적하며 그것을 모두 폐지하라고 엄명을 내렸다.[472]

송·명시대에는 상업이 공전의 발전을 이루었다(그림 13). 명대 저명한 문학가 풍몽룡馮夢龍의 작품에서 우리는 온 사방으로 분주히 돌아다니며 드넓은 상업의 바다에서 경쟁하고 부침하는 당시 상인들의 생생한 형상을 목도할 수 있다. 『유세명언喻世明言』제1권「장흥가가 진주 적삼을 다시 만나다(蔣興哥重會珍珠衫)」란 소설에는 다음과 같은 내용이 들어 있다. 장흥가가 신혼 시절 "하루는 자신의 부친이 살아계실 때 광동에서 장사를 했고, 그것을 내버려둔 지 3년여이며, 그쪽에 아직 수습하지 못한 수많은 객사가 내버려져 있다는 사실이 떠올랐다." 그래서 의식주를 해결하기 위한 장사의 길을 포기할 수 없다고 결심한 후 길일을 받아 마침내 아내와 아쉬운 이별을 했다. 또 제18권「양팔로가 월나라에서 기이한 만남을 하다(楊八老越國奇逢)」에도 양팔로가 독서로 성공하지 못해서 가사가 날로 기울자 자신의 아내와 장사 일을 상의하는 장면이 있다. "조상님들께서 원래 민閩(福建)과 광廣(廣東) 지역에서 장사를 했소. 나도 자본을 좀 마련하여 상품을 산 후 장주漳州로 가서 장사를 할까 하오. 몇 푼의 이익이라도 얻으면 집안을 부유하게 하는 자산이 될 수 있을 것이오." 아내 이씨李氏도 그의 의견을 지지했다. "첩은 듣건대 집안 다스림은 근검을 근본으로 삼는다고 합니다. 수주대토守株待兎의 자세로야 어찌 좋은 일을 도모할 수 있겠습니까? 지금이 한창 나이시니 산 넘고 물 건너 고생을 감내할 때입니다. 속히 행장을 꾸리십시오. 일을 늦추거나 의심할 필요가 없습니다." 그리하여 길일을 받아 바로 출발했다.

풍몽룡은 또 「고풍古風」 시 1편에도 이와 상응하는 이야기를 채록해놓았다. 그것은 주로 장사꾼의 고난에 대한 내용이다. "인생에서 최대 고통은 장사에 나서는 일, 처자식을 내버리고 고향을 떠나야 하네. 풍우 속에서 먹고 자며 힘든 일 많이 겪고, 별을 헤며 달을 이고 분주히 떠돈다네. 물길 위 거센 풍파 아직 잦지 않았고, 육로 여행 땐 개·닭 소리에 편안한 잠 깨어나네. 평생의 호기가 꺾이고 소모되어 노래도 부르지 못하고 술도 마시지 못하네. 소자본으로 적게 벌어야지 자본이 많으면 허물이 되고, 필부도 옥을 품으면 장차 죄를 뒤집어쓰네. 우연히 몸이 아파 침대에 누울 때면, 만 리 길 고향으로 누가 편지 전해주리? 일 년 가고 삼 년 지나도 돌아가지 못하고 꿈속에서 쓰러지니 처자식도 놀라네. 등불 속에 홀연히 행인이 도착하니, 죽은 사람 다시 산 듯 문을 닫고 경축하네."[473)

풍몽룡의 『경세통언警世通言』 제22권 「송소관이 낡은 전립을 쓰고 부인과 다시 상봉하다(宋小官團圓破氈笠)」에는 유순천劉順泉의 경력과 재산에 대해 이렇게 서술했다. "그 유순천은 재주가 뛰어나서 줄곧 큰 배 한 척을 몰고 객상들의 화물을 실은 후 각 성省으로 가서 부려줬다. 그 기회를 이용해 수로水路 운송비용으로 은화를 많이 벌었는데, 그것은 아주 훌륭한 가업이었다. 그래서 그는 늘 배 위에서 바쁘게 일했다. 바로 배 한 척이 몇백 금에 해당했는데 그가 온몸을 바쳐 향남목香楠木으로 만든 것이었다. 온통 물길이 널린 강남에서는 이런 일로 먹고사는 사람이 많았다." 이 서술을 보면 새로운 경제 역량이 일어나고 있음을 알 수 있다.

명대의 저명한 작가 능몽초凌濛初의 『초각 박안경기初刻拍案驚奇』 권1 「전운한은 동정홍이란 귤로 행운을 만나고, 페르시아 오랑캐는 악어 껍질을 찢어 진주를 얻다(轉運漢遇巧洞庭紅, 波斯胡指破鼉龍殼)」에는 또 어떤 소주蘇州 상인이 북경으로 가서 부채를 파는 이야기가 실려 있다. 이 상인은 나중에 또 해상 무역을 하는 이웃 사람 몇 명을 따라 항해를 하다가 폭리를 취해 민중閩中(지금의 푸젠성)에서 부상富商이 되었고, 마침내 가업을 일으켜 오래도록 부유함이 끊어지지 않았다. 이런 이야기는 기실 당시에 오로지 해외에서 장사를 하며 이익을 추구하던 상인들의 경영 사적을 문학적으로 형상화한 것이다.

『객상일람성미客商一覽醒迷』란 책은 민閩 땅 상인 이진덕李晉德이 자신의 장사 경험을 기록한 저작이다. 이 책은 『천하수륙노정天下水陸路程』과 함께 판각하여 『객상일람성미 천하수륙노정客商一覽醒迷天下水陸路程』이란 제목으로 명 숭정 8년(1635)에 간행되었다. 『객상일람성미』에는 상인들이 각급 상업 활동 과정에서 주의해야 할 요점이 기록되어 있다. 거기에는 투자, 후원자 찾기, 가격 정하기, 물건 달기, 물건 내놓기, 대금 지불, 빚 받기, 소송 등과 관련된 내용이 포함되어 있다. 그중에는 특히 상업 수송과 관련된 교통 활동을 하면서 어떻게 천지간의 기후 변화를 관측하여 출발과 귀환 길일을 정할지 그리고 불측한 마음을 먹고 있는 무리를 어떻게 경계하여 자신의 몸과 자산을 안전하게 보호하고 각종 의외의 사건을 방지할지 적절한 방안을 제시했다. 이 책은 격언식의 문체를 채택했는데 그 스타일이 명대 민간에서 보편적으로 유행한『소아서小兒語』,[474]『속소아어續小兒語』[475] 및 당시에 이미 책으로 완성되었을 가능성이 있는『증광현문增廣賢文』[476] 등과 같다.

이 책 뒤에는 또「비상가悲商歌」30수가 부록으로 첨부되어 있다. 여기에는 장사를 하기 위해 나그네로 떠도는 고난이 다양하게 묘사되어 있다. "처자식을 버려두고 바다를 건너서, 새벽 길 별밤 길도 사양하지 않는다네. 만약에 자산을 가볍게 허비하면, 은근한 마음 저버리고 고통을 받게 되리. …… 사농공상 네 가지 중 상업이 가장 힘들어, 반생토록 기아와 포식 몇 번이나 바뀌었나? 거친 교외 돌베개로 언제나 침소 삼고, 풍상을 등에 지고 눈밭을 걸어가네."[477] 그들은 곳곳을 왕래하며 겪은 고통과 이로써 얻은 사회적 경험을 시구로 표현했다. 비록 뛰어난 표현은 드물지만 몇몇 구절에는 비교적 심각한 의미가 감춰져 있다. 또 어떤 내용은 심지어 상당히 긍정적인 의미를 담고 있다.

"부평처럼 떠도는 신세 정처도 정하지 않고, 이익에만 이끌리어 동서로 달려가네. 아침저녁 풍광은 빈번하게 바뀌는데, 꽃 피고 시드는 건 모든 곳이 똑같다네. …… 산천을 바라보니 고향은 아니고, 인정은 곳곳마다 염량세태로 부침하네. 내 고향 아니어도 의기투합 알아야 하니 자고로 남아는 천지사방에 뜻을 두네."[478]

이 책 뒤에는 또 「축월출행길일逐月出行吉日」, 「증천번지복시憎天翻地覆時」, 「양공기일楊公忌日」, 「육십갑자출일길흉六十甲子逐日吉凶」 등과 같은 부록도 실려 있다. 이 부록들은 모두 출행할 때 길일을 선택하기 위해 민간에서 유행하던 문서다. 이들 문서의 내용에서도 당시에 상업을 목적으로 하는 교통 왕래가 매우 빈번했음을 알 수 있다.

안휘 상인 황변黃汴이 편찬한 『천하수로역정』은 본래 제목이 『일통노정도기一統路程圖記』였다. 명 융경 4년(1570)에 최초로 간행되었다. 이 책은 각종 '여행 노선 지도'와 '노정 안내문'에 근거하여 편집한 교통 안내서다. 당시로서는 비교적 완벽한 내용을 담았다. 내용을 보면 2경京 13포정사布政司의 수륙 교통로에서 시작하여 도로의 갈래와 방향, 역驛 이름을 기록했고, 동시에 부분적으로 연도의 물산과 상황 그리고 치안, 숙식 조건, 배와 수레의 가격 등의 정보를 언급했다.

또 다른 책 『천하노정도인天下路程圖引』에는 '서릉의 담의자가 쓰다(西陵澹漪子識)'라는 표시가 되어 있다. 이 책은 명 천계 6년(1626)에 간행되었는데, 명대 수륙 교통로 100개 노선을 수록했다. 수륙 교통 노선의 역 이름과 거리를 위주로 기록했고 동시에 연도 각지의 물산, 풍토, 명승고적, 구체적인 교통 조건 등을 다루었다. 예를 들면 권1 「무호에서 안경을 거쳐 단풍진으로 가는 길(蕪湖由安慶轉至團風鎭路)」에는 다음과 같은 기록이 있다.

"안경부安慶府 죽패竹牌 머리에서 석패石牌로 가는 작은 배를 탄다. 80리를 가면 석패에 도착한다. 물이 줄었으면 이곳에서 나귀를 세낸다. 물이 불었으면 배를 타고 태호현太湖縣까지 가서 육로로 들어서면 여비를 좀 줄일 수 있다. 50리를 가서 창하倉下에 도착하여 점심을 먹어야 한다. 다시 30리를 가면 태호현에 도착한다."[479]

「무호에서 강서 장수를 거쳐 광동으로 가는 길(蕪湖由江西樟樹至廣東路)」
이란 제목 아래에서 우리는 또 이런 내용을 읽어볼 수 있다.

"화물은 장수진까지 가서 다시 삼판선三板船에 갈아 싣고 무우無虞로 올라가야 한다. 만안현萬安縣 남쪽에는 십팔탄十八灘이라는 물살 급한 여울이 있다. 물길을 거슬러 올라갈 때는 걱정할 것이 없으나 여울을 타고 내려올 때는 조심해야 한다. 정강湞江에는 여울이 많고 돌이 없어서 물을 거슬러 오르는 건 어렵고 내려오는 건 쉽다. 감주贛州 위로는 산바람에 풍토병 기운이 많아서 육로로 문을 나설 때는 풍토에 적응하며 천천히 가야 하지만 수로를 이용하여 배 속에 있으면 아무 해가 없다. 매령梅嶺은 길이 험해서 나귀와 말이 남긴 오줌에서 심한 악취가 난다. 술을 취하도록 마시고 밥을 배불리 먹은 후 길을 나서야 한다. 광성廣城에 이르러 음기가 부족하고 양기가 극성한 땅으로 들어가면 겨울에도 눈이 내리지 않고 나무도 잎을 떨구지 않는다. 사람들에게 습질濕疾이 많으므로 참된 원기를 잘 보전해야 한다."[480]

이처럼 완벽하고 상세한 내용은 모두 당시 사람들이 상업 활동에 종사하면서 직접 겪은 경험을 기록한 것이다. 이러한 기록이 오랫동안 전해져 온 사실에서도 우리는 당시 상업 경영이 이미 상대적으로 성숙했음을 알 수 있다.

[생각거리]

1. 중국 고대 농업 발전의 주요 특징은 무엇인가?

2. 중국 고대 수공업 관리제도를 간략하게 설명하라.

3. 중국 고대 상업 억제 정책의 작용과 영향을 간략히 서술하라.

[참고자료]

1. 중국농업과학원, 난징농학원 중국농업유산연구실, 『중국농학사』(초고) 상, 科學出版社, 1959; 하, 科學
   出版社, 1984.
2. 푸주푸, 『중국 봉건사회경제사』 제1권, 人民出版社, 1981; 제2권, 人民出版社, 1982; 제3권, 人民出版社,
   1984; 제4권, 人民出版社, 1986; 제5권, 人民出版社, 1989.

중국 고대의 군사사상과 군사제도

〔 8강 〕

전쟁은 일종의 사회 역사적 현상이다. 여기에는 정의의 전쟁과 불의의 전쟁이라는 구별이 있다. 중국 역사에는 외부의 침략을 막아내고 압제에 저항한 전쟁과 전투가 있었고, 여기에는 병가兵家의 지혜가 드러나 있다. 설령 불의한 전쟁이라 하더라도 후세 사람들이 기억해둘 만한 적지 않은 교훈을 남겨놓았다. 중국 역사에서 비교적 성숙하고 완벽한 군사사상 체계와 군사제도를 찾아볼 수 있는데, 그것들은 우리가 진지하게 연구할 가치가 있다.

① 중국 고대의 군사사상

사람들은 일반적으로 고대의 군사사상이 춘추전국시대에 발생했고,

그 대표 저작은『손자병법孫子兵法』이라고 인식한다. 그러나 이것은 역사적 사실과 전혀 부합하지 않는 인식이다.『손자병법』이 비록 고대의 노련한 병법서라 할 수 있고, 또 역대 군사가들이 성전으로 추앙했지만 이 책에 반영된 내용은 중국의 가장 이른 시기 군사사상이 아니다.

　『주역』이 바로 현존 서적 중에서 고대 군사사상을 반영한 첫 번째 저작이다.[481] 군사사상은 전쟁 실천에 기원을 두고 있다. 상나라 말기와 주나라 초기에 왕조가 교체되면서 전쟁이 빈번하게 일어났고, 이에『주역』도 이 시기의 군사활동을 종합적으로 평가했다.『주역』의 군사사상은 대체로 먼저 평화롭게 함께 사는 데 중점을 두었으며 강한 힘을 믿고 약자를 능멸하는 걸 치욕으로 생각했다.「태괘兌卦」‘초구初九’에는 다음과 같은 효사爻辭가 있다. "화해하여 기뻐하니 길하다(和兌, 吉)." 여기에서 ‘태兌’는 ‘열悅’과 같다. 나라와 나라가 화해하여 함께 기뻐하니 길한 일이라는 뜻이다.「태괘」‘구이九二’의 효사는 이렇다. "포로를 잡아 기뻐하니 길하지만 후회하고 패망한다(孚兌, 吉, 悔亡)." ‘부孚’는 ‘부俘’와 통한다.[482] 즉 다른 사람을 포로로 잡아 기뻐하니 잠시 길하지만 결국은 불길한 일이 일어난다는 뜻이다.「태괘」‘육삼六三’의 효사는 또 이렇다. "쳐들어와서 기뻐하니 흉하다(來兌, 凶)." 어떤 나라가 강대한 힘에 의지하여 다른 나라를 위협하고 자신의 뜻에 복종하도록 강요하는 것은 흉한 일이라는 뜻이다. 특정한 전쟁 장면을 묘사한 문장들을 보면『주역』의 저자가 반전 정서를 강하게 갖고 있음을 알 수 있다.「이괘離卦」‘구삼九三’의 효사는 이렇다. "갑자기 오는 것이라 불사르고, 죽이고, 내버린다(突如其來如, 焚如, 死如, 棄如)." 이것은 아마도 돌연한 습격으로 한쪽이 큰 재난을 당한 상황을 묘사한 듯하다. 저자가 표현하려는 것은 일종의 반전주의 사상이고, 추구하려는 것은 "모든 정치를 조화롭게 하면 만국이 모두 편안해진다(庶政爲和, 萬國咸寧)"는 태평성대라 할 수 있다. 이것은 서주 통치자들이 반복해서 선양한 '백성을 보호하고(保民而已)' '어질게 대하며 만물을 사랑하는(仁民愛物)' 정치적 이념과 비교적 잘 부합하는 사상이다.

그러나 『주역』은 비록 평화의 방식으로 국가 간 분쟁을 해결하자고 주장했지만 정의의 전쟁에 출병하는 것은 전혀 반대하지 않았다. 이와 연관된 「겸괘謙卦」 '상륙上六'의 효사는 이렇다. "공명을 얻어내는 겸謙이니 군사를 움직여 읍국을 침이 이롭다(鳴謙, 利用行師, 征邑國)." 전쟁 전에 도의적으로 주도권을 잡는 것이 전쟁 승리의 관건이라는 뜻이다. 「몽괘蒙卦」 '상구上九'에는 또 다음과 같은 효사가 있다. "도적이 되는 건 이롭지 않고, 도적을 막는 것이 이롭다(不利爲寇, 利禦寇)." 주도적으로 다른 나라를 침략하는 것은 자기 나라에 불리하고, 자신을 지키기 위해 방어 작전을 펴야 유리하다는 뜻이다. 전쟁에 신중해야 한다(愼戰)는 사상이 『주역』에서는 거듭거듭 강조된다. 전쟁 전에 계획을 세밀하게 세워야지 맹목적으로 군사를 부려서는 안 된다는 것이다. 「예괘豫卦」 '괘사卦辭'에서는 이렇게 말했다. "예豫는 제후를 세우고 군사를 움직임이 이롭다(豫, 利建侯, 行師)." 군사활동과 국가대사는 사전에 상세하게 따져보고 계획을 치밀하게 세워야하며, 일단 군사를 움직이면 군대의 규율과 기풍이 전쟁의 승부를 결정짓는 중요한 요소가 된다는 뜻이다. 「사괘師卦」 '초륙初六' 효사는 또 이렇다. "군사가 나아갈 때는 규율을 따라야 한다. 그렇지 않으면 선한 군대라도 흉하다(師出以律, 否臧, 凶)." 규율로 군사를 다잡지 못한 군대는 승리할 수 없다는 의미다. 작전을 지도하는 사상도 『주역』에 잘 구현되어 있다. 첫째, 공격할 때는 대담하고 과감해야 한다. 「진괘晉卦」 '구사九四' 효사에 관련 기록이 있다. "나아가는 것이 다람쥐와 같거나 고집을 부리면 위태롭다(晉如鼫鼠, 貞厲)." 두려움에 젖어 머리와 꼬리를 움츠리면 반드시 패배한다는 뜻이다. 둘째, 관건이 되는 요새를 점령하여 일거에 적의 생존 역량을 소멸해야 한다. 「동인괘同人卦」 '구삼九三'의 효사를 보자. "숲에 군사를 매복하고 높은 언덕으로 올라가면 3년이 되어도 일어나지 못할 것이다(伏戎于莽, 升高其陵, 三歲不興)." 한 번 전쟁으로 모든 것을 끝내고 적국에 치명적인 패전을 안기면 여러 해 동안 회복할 수 없다는 의미다.

『주역』에 실린 군사사상을 아직 다듬지 않은 박옥璞玉에 비유한다면 『손자병법』은 잘 다듬어진 매우 진귀한 보옥이라고 할 수 있다. '동방 병학의 비조(東方兵學鼻祖)'라고 일컬어지는 이 경전적인 군사 저작은 이후의 전쟁 실천과 군사사상에 지도적인 역할을 했다. 『손자병법』은 내용이

그림 14 죽간에 쓰인 『손자병법』

방대하고 논술이 정밀하여 후세에 이보다 뛰어난 병법서는 출현하지 않았다.

『손자병법』은 춘추 말기 오吳나라 명장 손무孫武가 지은 전체 13편의 병법 저작인데, 주제별로 완전한 사상 체계를 갖추고 있다(그림 14).

손자는 시종일관 전쟁에 신중한 태도로 접근하고 있다. 그의 '신전愼戰' 사상은 『손자병법』의 거의 모든 편編에 스며들어 있다. "군사 일이란 국가의 대사이고, 생사의 마당이며, 존망存亡의 길이니 자세히 살피지 않을 수 없다."[483] 전쟁이란 국가의 흥망과 백성의 생사에 관계된 일이므로 성실하게 마주하지 않을 수 없다는 뜻이다. 그러나 손자는 '전쟁에 신중해야 한다'고는 했지만 전쟁을 두려워하지는 않았다. 그는 전쟁의 목적이 '이익'을 쟁취하기 위한 것이므로 전쟁이 국가 이익에 부합하느냐를 전쟁과 평화를 선택하는 기준으로 삼아야 한다고 인식했다. 그는 이렇게 주장했다. "무릇 전쟁에서 이기고 공격하여 쟁취한 뒤 그 전공을 잘 마무리하지 못하는 자는 흉하다. 그것을 일러 비류費留[484]라고 한다. 이 때문에 현명한 군주는 전공을 사려 깊게 생각하고 훌륭한 장수는 전공을 잘 마무리한다. 이익이 없으면 군사를 움직이지 않고, 얻는 것이 없으면 군사를 쓰지 않고, 위태롭지 않으면 싸우지 않는다. 군주는 분노로 군사를 일으켜서는 안 되고, 장수는 노여움으로 전투에 나서서는 안 된다. 이익에 부합하면 움직이고 이익에 부합하지 않으면 멈춘다. 분노는 다시 기쁨이 될 수 있고, 노여움은 다시 희열이 될 수 있지만 망국에 이르면 다시 나라를 존재하게 할 수 없고, 죽은 자도 다시 살릴 수 없다. 이 때문에 현명한 군주는 전쟁에 신중하고, 훌륭한 장수는 전쟁을 경계한다. 이것이 나라를 편안하게 하고 군사를 온전히 하는 길이다."[485] 어떤 전쟁에서 어느 형식을 취하고 어떤 책략을 운용하든 결론은 결국 동일한 정치적·경제적 이익과 밀접하게 관련되어 있다. 따라서 '이익'이야말로 전쟁의 목적을 가장 광범위하게 일반적인 의미로 구체화한 표현이다.

이와 관련하여 손자는 전쟁의 승부를 결정짓는 요소를 다섯 가지로 개괄했다. 첫째 도道, 둘째 천天, 셋째 지地, 넷째 장將, 다섯째 법法이 그것이다.[486] 이 중에서 '도道'가 가장 중요하다. "도란 백성으로 하여금 윗사람과 같은 마음을 갖게 하는 것이다(道者, 令民與上同意者也)." 즉 백성의 지지를 얻어야 한다는 뜻이다. 그다음이 천, 지, 장, 법 등의 조건이다. 교전 쌍방이 이 다섯 가지 조건에 근거하여 비교 연구를 진행하고 승리를 확신해야 군사를 일으킬 수 있다. '천天'은 음과 양, 추위와 더위, 시기의 제약 등으로 구별된다. '지地'에는 땅의 높고 낮음(高下), 멀고 가까움(遠近), 넓고 좁음(廣狹), 사지와 생지(死生) 등의 구분이 있다. 장수의 소양에는 지智, 신信, 인仁, 용勇, 엄嚴 등의 차이가 있다. '법法'에는 곡제曲制(군사편제), 관도官道(군관의 직책), 주용主用(후방 보급) 등이 있다. 이러한 개괄이 전략 분석의 기본 사유를 결정한다.

『손자병법』이 작전을 지도하며 추구하는 최고 이상은 '싸우지 않고 적의 군사를 굴복시키는(不戰而屈人之兵)' 것이다. 이는 적을 위협하여 '자신을 보존하면서 온전한 승리를 거두는(自保而全勝)' 전략 목적이다. 『손자병법』에서는 이를 다음과 같이 설명했다. "무릇 군사를 쓰는 방법은 우리나라를 온전히 하는 것이 상위의 계책이고, 적국을 격파하는 것이 그다음이며, 우리 군사를 온전히 하는 것이 상위의 계책이고 적군을 격파하는 것이 그다음이다. ……이러한 까닭에 백 번 싸워 백 번 이기는 것은 최선의 방법이 아니며 싸우지 않고 적의 군사를 굴복시키는 것이 최선의 방법이다. 따라서 뛰어난 군사는 적의 계략을 치고, 그다음은 외교 관계를 치며, 그다음은 군사를 치고, 그다음은 성을 공격한다.…… 따라서 용병을 잘하는 자는 적의 군사를 굴복시키면서도 전쟁을 하지 않고, 적의 성을 함락시키면서도 공격을 하지 않고, 적국을 궤멸시키면서도 오래 시간을 들이지 않는다. 반드시 자신을 온전히 하고 천하에서 승부를 다투기 때문에 우리 군사를 상하게 하지 않고도 이익을 온전하게 얻을 수 있다."[487] 손자는 군사행동의 상책은 모략으로 승리를 얻는 것이고, 중책은 외교 수단으로 승리를 얻는 것이고, 하책은 전쟁터에서 승리를 얻는 것이며, 성을 공격하는 것은 하책 중의 하책으로 인식했다.

'전쟁을 하지 않고 적의 군사를 굴복시키는' 방법은 쉽게 실현할 수 없는 이상적 경지다. 손자가 더욱 중시한 것은 현실 작전에서 어떻게 전쟁을 지도하느냐는 문제였다. 이를 위해 그는 거울로 삼을 만한 작전 지도 원칙을 적지 않게 제시했다. 예를 들면 "적을 알고 나를 알면 백 번 싸워도 위태롭지 않다(知彼知己, 百戰不殆)"라든가 "적을 끌어들여야지 적에게 끌려다녀서는 안 된다(致人而不致於人)"라는 언급이 그것이다. 즉 작전 중에 주도권을 잡아야지 적에게 휘둘려서는 안 된다는 뜻이다. 또 "적의 변화에 따라 승리를 쟁취한다(因敵變化而取勝)"라는 말도 있다. 이는 전쟁 상황의 변화에 따라 기민하게 작전 방법을 바꿔야 한다는 의미다. "용병에는 고정된 형세가 없고, 물에는 고정된 형체가 없다(兵無常勢, 水無常形)"라는 구절에 담긴 이치는 절대로 낡아빠진 원칙을 고수해서는 안 된다는 것이다. 또 "군사행동은 조속히 승리하는 것을 귀하게 여기지 오래 끄는 것을 귀하게 여기지 않는다(兵貴勝, 不貴久)"라고 했다. 전쟁의 물질적 기초는 경제라는 인식이다. 이와 관련하여 다음과 같은 대목도 있다. "치거馳車(속도가 빠른 공격용 수레) 1,000대, 혁거革車(가죽을 덮은 수레) 1,000대, 갑사甲士 10만 명을 동원하고, 천 리에 걸쳐 군량미를 수송하려면 나라 안팎으로 드는 경비, 빈객을 대접하는 비용, 아교와 옻칠 같은 재료, 수레와 갑옷 등을 공급하는 데만도 날마다 1,000금을 소비해야 할 것이고, 그런 연후에야 10만의 군사를 일으킬 수 있다."[488] 전쟁 중에는 경제적 소모가 지극히 크기 때문에 어떤 국가도 장기 전쟁의 소모를 이겨낼 수 없다. 이 때문에 손자는 "군사행동은 조속히 승리하는 것을 귀하게 여기지 오래 끄는 것을 귀하게 여기지 않는다"라는 원칙을 제시했다. 그는 또 "오랫동안 군대를 밖으로 내돌리면 국가의 비용이 부족해진다(久暴師則國用不足)"라면서 그 후과가 매우 공포스럽게 될 것이라고 인식했다.

『손자병법』에는 공격과 방어에 관한 이론이 매우 완벽하게 갖춰져 있는데, 용병 원칙은 다음과 같다. "우리 군사가 적보다 열 배 많으면 포위하고 다섯 배 많으면 공격하고 두 배 많으면 갈라 치며, 대등하면 싸워야 하고 숫자가 적으면 도망쳐야 하고 힘이 약하면 피해야 한다."[489] 또 지휘관은 방어와 공격의 관계를 잘 처리해야 한다. "옛날에 전투에 뛰어난 사람은 먼저 적이 이길 수 없는 상황을 만들고, 적진 내부에 내가 이길 수 있는 상황이 조성되도록 기다렸다. 적이 이길 수 없는 상황을 만드는 것은 내게 달려 있고, 적진 내부에 내가 이길 수 있는 상황이 조성되는 건 적에게 달려 있다. 이 때문에 전투에 뛰어난 사람이라도 적이 나를 이길 수 없는 상황을 만들 능력은 있지만 적진 내부에 내가 이길 수 있는 상황이 조성되도록 할 능력은 없다. …… 적이 이길 수 없는 환경을 만드는 건 방어 상황이고, 내가 이길 수 있는 환경이 조성되는 건 공격 상황이다."[490] 방어의 주도권은 영원히 자기 수중에 있지만 공격할 기회는 항상 적의 실수와 소홀함으로 결정된다. '방어에 뛰어난 자는 마치 깊은 땅속에 군사를 숨겨두는 것처럼'[491] 매우 견실하게 은폐를 잘한다. 그러나 공격할 때는 '높은 하늘 위에서 움직이는 것처럼(動於九天之上)' 견고한 곳은 피하고 허약한 곳을 친다. 그리고 적이 예상하지 못하게 군사를 움직이고 적이 무방비 상태일 때 공격하여 전쟁과 전투의 돌연성을 형성한다.

『손자병법』은 또 작전의 포진(병력 배치) 문제를 아주 치밀하게 다뤘다. "많은 군사를 적은 군사 다스리듯 할 수 있으니, 숫자(군대의 편제)를 나누는 것이 바로 그 방법이다. 많은 적과 싸울 때 마치 적은 적과 싸우는 것처럼 할 수 있으니 형명刑名(깃발, 징, 북)이 바로 그 방법이다. 삼군의 군사가 적을 맞아 싸우면서 반드시 패배하지 않게 할 수 있으니 기정奇正이 바로 그 방법이다."[492] '기정'은 고대 군사용어 중 상용어에 속한다. 그 내용에는 상반된 두 가지 의미가 포함되어 있다. 즉 병력을 배치할 때 정면 작전을 수행하는 군대는 정正이라 하고 측면 공격, 포위 공격, 우회 공격을 담당하는 부대는 기奇라고 한다. 또 적을 통제하는 부대가 정正이 되고 돌격을 담당하는 부대는 기奇가 된다. 그리고 진영을 펼치고 적을 직접 마주하는 군대는 정正이 되고 기동 타격에 집중하는 부대는 기奇가 된다. 전법상 드러나게 적을 공격하는 군대는 정正이 되고 숨어서 몰래 기습하는 군대는 기奇가 된다. 일반적 원칙에 따라 작전을 펴는 군대는 정正이 되고 특수한 전법을 채택하여 싸우는 군대는 기奇가 된다. 손자는 "무릇 전투란 정正으로써 합하고 기奇로써 승리한다"[493]라고 인식했다. 뛰어난 지휘관은 반드시 기奇의 방법을 써서 승리를 쟁취한다. "전세戰勢는 기奇와 정正을 운용하는 것에 불과하다. 기와 정의 변화는 무궁무진하다."[494] 즉 작전은 바로 기와 정을 운용하는 문제라는 것이다. 군대 간의 정면 교전은 흔히 측면 공격, 우회 공격, 포위 공격 등과 같은 기奇의 형식으로 작전을 벌여 승리를 얻는다. 기와 정의 변화는 무궁무진하기 때문에 군대의 배치(전투 세력, 전투 대형)도 천변만화의 모습을 보인다. 따라서 지휘관은 하나의 틀에 얽매어서는 안 된다.

손자는 일찍이 "지피지기知彼知己, 백전불태百戰不殆"라는 말을 한 적이 있다. 여기에서 '지피知彼'는 바로 적의 상황을 이해하는 것으로, 작전의 승패와 직접 관계가 있다. "밝은 군주와 현명한 장수가 군사를 움직여 적에게 승리하고 다른 사람보다 더 많은 공을 세울 수 있는 까닭은 적의 상황을 먼저 알고 있기 때문이다."[495] 적의 상황을 먼저 알기 위해서는 귀신에게서 정보를 얻을 수도 없고, 어떤 사안에서 유추해낼 수도 없고, 하늘의 별자리에서 증거를 찾을 수도 없으므로 반드시 간첩에게서 정보를 얻어야 한다. 손자는 특히 간첩을 이용한 적정 정탐의 중요성을 매우 강조했다. 전군은 간첩이 제공하는 정보에 의지하여 활동을 전개해야 한다는 것이다. 동시에 또 이렇게 지적했다. "성현의 지혜를 갖고 있지 못하면 간첩을 부릴 수 없고, 어질고 의로운 마음을 갖고 있지 못하면 간첩을 쓸 수 없고, 미묘한 판단력이 없으면 간첩이 가져온 실질 정보를 얻어낼 수 없다."[496] 간첩을 이용할 때는 반드시 기지, 과감성, 정밀한 분석 능력으로 적에게 기만당하거나 이용당하는 일을 방지해야 한다. "적을 알고 나를 알면 승리해도 위태롭지 않고, 천시天時를 알고 지리地利를 알면 승리가 무궁하게 이어질 것이다."⁴⁹⁷⁾ 폐쇄적이고 협소하게 자신만 옳다고 생각하는 태도로는 전쟁에서 승리할 수 없다.

전국시대에는 전쟁이 빈번하여 실제 전투 경험이 풍부하게 쌓였으므로 군사사상가들은 병법의 소재를 충분히 제공받을 수 있었다. 『손빈병법孫臏兵法』이 이 시기 병법서의 대표작인데 당시 군사사상의 특징이 잘 드러나 있다.

『손빈병법』은 전국시대 제나라 사람 손빈과 그의 제자들이 지은 저작이다.⁴⁹⁸⁾ 전체 책은 모두 30편으로『손자병법』의 군사사상을 계승하고 발전시켰다.

먼저 『손빈병법』은 「손자병법」의 '신전愼戰'사상을 계승하여 전쟁의 승패가 국가의 존망과 직접 관련이 있으므로 반드시 성실하게 전쟁과 마주해야 한다고 인식했다. 『손빈병법』에는 이렇게 기록되어 있다. "전쟁에서 승리하는 것은 망한 나라를 존재하게 하고 끊어진 세대를 이어주는 방법이다. 전쟁에서 패배하는 것은 영토를 깎이고 사직을 위태롭게 하는 방법이다. 이러한 까닭에 군사행동을 신중하게 살피지 않을 수 없다."⁴⁹⁹⁾ 전쟁을 시작하려면 물자의 충분한 비축과 정의의 명분을 바탕으로 삼아야 한다. "대저 방어를 하면서도 물자를 충분하게 비축하지 못했거나 전투를 하면서도 정의의 명분이 없다면 천하에 튼튼하고 강한 나라를 만들 수 없다."⁵⁰⁰⁾ 이 밖에도 승리의 근본 요소는 바로 사람이라고 했다. "하늘과 땅 사이에 사람보다 귀한 것은 아무것도 없다."⁵⁰¹⁾ 구체적으로 말하면 바로 "현명하고 훌륭한 사람을 뽑아야 한다(篡賢取良)"라는 것이다. 원문의 '찬현篡賢'은 우수한 장수 선발을 가리킨다. 손빈은 우수한 장수는 '의義(정의)', '인仁(인애)', '덕德(덕망)', '신信(신의)', '지智(지혜)' 다섯 가지 품성을 갖춰야 한다고 인식했다.

그는 계속해서 다음과 같이 지적했다. "정의롭지 못하면 근엄하지 못하고, 근엄하지 못하면 위신이 없다. 위신이 없으면 병졸이 목숨을 바치려 하지 않는다." "어질지 못하면 군대가 승리할 수 없고, 승리할 수 없으면 공적을 세울 수 없다." "덕이 없으면 지휘에 힘이 없어지고, 힘이 없어지면 삼군의 이익을 얻을 수 없다." "신의가 없으면 명령이 시행되지 않고, 명령이 시행되지 않으면 군대를 온전하게 이끌 수 없다. 군대를 온전하게 이끌지 못하면 공명을 이룰 수 없다."[502] 손빈은 특히 장수의 '지혜'를 중시하여 "지혜가 부족한 장수는 왕왕 맹목적 자부심만 드러내고 강퍅하게 자기 생각만 내세운다"[503]라고 인식했다. 그리고 지혜와 용기를 모두 갖춘 장수는 적어도 "적의 숫자가 적다고 가볍게 보지 않고 강한 적에게도 겁먹지 않으며 처음 마음먹은 것처럼 끝까지 신중하게 처신한다"[504]라고 했다.

'취량取良'에서는 사병 선발에 대해 다루었다. 사병의 소양이 좋은지 나쁜지에 따라 부대 전투력의 강약이 직접 결정된다. 따라서 병사들을 엄격하게 선발해야 할 뿐 아니라 선발한 사병도 엄하게 훈련해야 한다. 그는 계속해서 이렇게 주장했다. "사병의 우수함은 사병 선발에 달려 있고, 그들의 용기는 군대 규율에 달려 있고, 작전의 교묘함은 형세 이용에 달려 있고, 군대의 날카로움은 장수의 신의에 달려 있고, 군대의 덕망은 올바른 도에 달려 있다."[505] 사병의 소양에는 정치적 소양도 포함되어 있었다. 손빈은 사병의 정치적 소양을 길러주는 부분도 매우 중시하면서 "덕행이란 군대에서 두텁게 쌓아야 할 소양이다"[506]라고 했다. 군인의 올바른 품성은 군대를 바로 세우는 기초다.

다음으로 손빈은 공격과 방어 이론에 대해 더욱 진전된 사고를 했다. 이는 『손자병법』에 비해 새롭게 발전한 측면이다. 특히 공격 원칙 탐색, 즉 "반드시 공격해야 할 곳에서는 지키지 않는다(必攻不守)"라는 원칙을 제기한 것은 바로 적이 혹시라도 방어할 수 없는 곳에는 반드시 치명적인 타격을 가해야 한다는 이론이다. 또 다수로 소수를 공격하고 소수로 다수를 공격하는 작전 원칙도 제시했다. 손빈의 인식에 따르면 아군은 다수이고 적군은 소수이며 아군은 강하고 적군은 약한 상황에서는 아군이 바로 '찬사贊師(적을 찾아서 결전을 벌이는 군대)'인데, 자신의 우세한 전력에 의지하여 급하게 적을 핍박하면서 결전을 벌이는 것은 결코 최선의 방법이 아니라고 했다. 오히려 병졸을 약하게 보이게 하고 무질서하게 행군하는 모습을 보여 적의 소망에 맞춰주는 것처럼 꾸민 뒤 적을 유인하여 전투를 벌이고, 그 기회를 틈타 적을 섬멸하는 것이야말로 가장 뛰어난 전략이라고 했다. 그러나 적군은 다수이고 아군은 소수이며, 적군은 강하고 아군은 약한 상황에서는 먼저 '양위讓威', 즉 적군의 예봉을 피한 연후에 "적이 대비하지 않는 곳을 공격하여 의표를 찔러야 한다(攻其無備, 出其不意)"라고 했다. 손빈은 창칼 무기 사용 시대의 쌍방 전투 형식을 상세하게 탐색했다. 『손빈병법』 「십진十陣」에서는 각종 진법陣法과 전법戰法을 논술했다. 그는 보병을 위주로 하고 병거와 기마병을 보조로 삼는 전투 대형[陣

法] 이론을 창안했는데, 이 이론은 후대의 진법에 바탕을 마련해줬다. 중국의 창칼 무기 시대 진법은 기본적으로 손빈의 원칙과 방법을 뛰어넘지 못했다. 후대의 진법은 손빈의 십진十陣을 발전시킨 것에 불과했다.

전국시대와 진·한시대에서 수·당시대에 이르기까지 고대사회는 상승 단계였고, 그중에서 한나라와 당나라 양대를 역사에서는 융성기라고 칭한다. 군사적으로도 변경을 넓게 개척한 성세盛世에 해당하며 당시에 우수한 장수들이 대거 등장했다. 또 군사사상에서도 앞 시대를 이어서 뒷시대를 열어주며 독창적인 견해를 많이 남겨놓았다. 『오자吳子』와 『이정병법李靖兵法』이 바로 좋은 사례에 해당한다.

『오자』는 전국시대 초기 오기吳起가 지었다고 알려져 있으나 오늘날 우리가 볼 수 있는 『오자』는 오기의 이름에 가탁한 것으로 보이며, 서한 초기에 완성된 위서僞書로 짐작된다.[507] 이 책에는 한대漢代의 군사 성과와 군사사상이 반영되어 있다.

『오자』는 6편으로 이루어져 있는데, 제1편 「도국圖國」에서는 먼저 전쟁관을 서술하면서 '덕을 닦으며 무武를 폐지하는(修德廢武)' 것이나 '군사에 의지하여 용맹을 즐기는(恃衆好勇)' 것은 모두 취할 만한 방책이 아니라고 했다. 따라서 전쟁은 무조건 의지할 만한 수단도 아니며 또 완전히 회피할 수 있는 수단도 아니므로 '안으로 문덕文德을 닦고, 밖으로 무장을 갖추는 것(內修文德, 而外治武備)'이 정확한 태도라고 했다. 『오자』의 전쟁관에는 『손자병법』에 비해 새로운 의미가 더욱 많이 담겨 있다. 『오자』에는 또 이렇게 기록되어 있다. "전쟁에 이기는 것은 쉬운 일이지만 승리를 지키는 것은 어려운 일이다. 이 때문에 천하에 전쟁을 하는 나라 중에서 다섯 번 승리하는 나라는 참화를 당하고, 네 번 승리하는 나라는 피폐해지고, 세 번 승리하는 나라는 패자覇者가 되고, 두 번 승리하는 나라는 왕을 칭하고, 한 번 승리하는 나라는 제帝를 칭한다고 한다. 이러한 까닭에 자주 전쟁에 승리하여 천하를 얻은 나라는 드물고 멸망한 나라가 많다."508) 이것은 기실 『손자병법』에 나오는 "군사행동은 조속히 승리하는 것을 귀하게 여기지 오래 끄는 것을 귀하게 여기지 않는다(兵貴勝, 不貴久)"라는 사상을 쉽게 해설한 내용이다. 장기적인 전쟁은 국력을 소모해 재난을 야기할 수도 있으므로 설령 전승국이라 해도 그런 대가를 지불해서는 안 된다고 깊이 있게 지적했다.

두 번째 편 「요적料敵」에서는 적의 상황을 판단하여 적 형편에 따라 승리를 얻는 방법을 논술했다. "적의 허실을 자세히 살펴 그 약점을 공격해야 한다."509) 피아 쌍방의 상황을 잘 아는 것이 전쟁 승리의 전제 조건의 하나라는 의미다. 또 이 편에서는 다음과 같이 주장했다. "적의 상황을 잘 헤아려 점을 치지 않고도 전쟁을 할 수 있는 경우가 여덟 가지 있고 …… 점을 치지 않고 바로 적을 피해야 하는 경우가 여섯 가지 있다."510) 적이 곤경에 처한 틈을 타서 전투의 호기를 잡았을 때는 적의 틈을 노려 신속하게 공격해야 한다. 이와 반대로 적이 강력하고 또 유리한 형세를 점했을 때는 결전을 피하면서 "이길 가능성이 보이면 진격하고, 어려움을 알면 후퇴해야 한다."511) 『손자병법』에서는 '적의 상황을 살필(相敵)' 때 적군에게서 나타날 수 있는 30여 종의 현상을 두루 나열하여 다소 복잡하고 요점이 없는 듯한 모습을 보였는데, 『오자』의 총체적 결론은 비교적 간명하고 구체적이다. 이 점은 분명히 새로운 시기의 군사사상이 새롭게 발전한 모습이라 할 만하다.

세 번째 편 「치병治兵」에서는 군대를 조직하는 일을 논술하면서 그 요점을 '군사 숫자의 많고 적음에 두지 않고(不在衆寡)' '군대를 일사불란하게 잘 다스리는 걸 승리의 조건으로 삼았다(以治爲勝).' 어떻게 하면 군대를 잘 다스려 승리를 얻을 수 있는가?

첫째, 부자지간처럼 상하가 잘 조직된 군대, 즉 군령이 잘 시행되는 군대를 건설해야 한다. 이에 대한 설명은 다음과 같다. "평소 병영 생활에는 예절이 있고 군사를 움직이면 위엄이 있어서 진격하면 막을 수 없고 후퇴하면 압박해올 수 없다. 전진과 퇴각에 절도가 있고 좌우로 전개하면서도 지휘에 잘 응한다. 비록 적에게 절단되어도 진법을 유지하고, 비록 흩어져도 대오를 이룬다. 함께 더불어 편안하고 함께 더불어 위기를 겪는다. 이런 군대는 단합하며 흩어지지 않고, 병력을 쓰면서도 지치지 않는다. 이런 군대가 진격하면 천하의 그 누구도 막을 수 없다."[512) 군기가 엄격하고 훈련에 기본 바탕이 있어서 정성을 다해 단결하고 중지를 모아 철옹성을 이루면 적을 공격할 때 이기지 못하는 경우가 없고, 적을 방어할 때도 굳게 지키지 못하는 경우가 없다.

둘째, 군대를 다스릴 때는 "교육과 경계를 먼저 시행해야 한다(敎戒爲先)." 여기에는 군사 기초 훈련과 전투 대비 훈련이 포함된다.

셋째, 군대를 다스리는 장수들이 과감성을 길러야 한다. 실제 전투가 알려주는 바에 따르면 장수가 적군과 아군의 객관적 상황에 근거하여 전투 기회를 포착한 후 침착하고 냉정하고 과감하고 정확하게 결심할 수 있느냐가 부대의 행동과 전투 승부에 중대한 영향을 미친다. 『오자』에서는 장수가 작전을 지휘할 때 마치 '물이 새는 배 위에 앉아 있는 듯, 불타는 집 속에 엎드려 있는 듯'[513) 신중하면서 냉정한 태도를 유지하고, 계책이 마련되면 결단을 해서 신속하게 행동하라고 요구했다. 즉 '지혜로운 사람도 계책을 낼 수 없고, 용감한 사람도 위엄을 떨칠 수 없는'[514) 다급한 상황에서는 '주저하는 사이에 용병의 피해가 가장 크게 발생하고, 의심하는 사이에 삼군의 재앙이 생겨난다.'[515) 이 말은 천고의 명언이다.

네 번째 편 「논장論將」에서는 장수의 기준과 직책을 서술했다. 장수는 '오신五愼(다섯 가지 신중함)'과 '사기四機(네 가지 관건)' 등의 군사적 소양을 갖춰야 한다. 이른바 '오신'은 리理(일사불란한 다스림), 비備(방비성), 과果(과감성), 계戒(경계성), 약約(간명함)이다. 말하자면 장수는 '많은 군사를 적은 군사처럼 잘 다스리는(治衆如治寡)' 군사적 재능을 갖춰야 하고, '문을 나서면 바로 적을 만나는 것과 같은(出門如見敵)' 정보를 갖고 있어야 하고, '적을 만나면 삶을 생각하지 않는(臨敵不懷生)' 헌신 정신이 있어야 하고, '비록 이겼더라도 처음 전쟁을 시작하는 것과 같은(雖克如始戰)' 신중한 태도를 지녀야 하고, '법령을 줄여서 병사를 번거롭지 않게 하는(法令省而不煩)' 기풍을 발휘해야 한다는 것이다. 이른바 '사기'는 '기기氣機(사기의 관건)', '지기地機(지형의 관건)', '사기事機(정보의 관건)', '역기力機(전투력의 관건)'를 가리킨다. 장수는 반드시 군대의 사기를 드높이고, 지형의 특징을 충분히 이용하고, 계책을 잘 써서 승리를 얻고, 수시로 부대원의 전투력을 향상시켜야 한다는 것이다.

다섯 번째 편 「응변應變」에서는 적을 만나 구사하는 임기응변의 전술사상과 전법 운용을 논술했다. 여기에서는 먼저 어떤 상황에서라도 군대는 반드시 상관의 지휘에 따라야 한다고 강조했다. 즉 "삼군이 장수의 위엄에 복종하고, 병졸이 상관의 명령에 따르면 싸워서 이기지 못할 강한 적은 없으며, 공격하여 무너뜨리지 못할 견고한 적진은 없다"[516]라고 했다. 이후에는 각종 상황에서 응용해야 할 상이한 진법을 각각 논술하면서 산악 작전, 수상 작전, 성곽 포위 공격 작전, 방어 습격 작전 등의 원칙을 하나하나 제시했다.

여섯 번째 편「여사勵士」에서는 공을 세운 장졸들에게 상을 내려 사기를 진작하는 일의 중요성을 강조했다. 사기는 정신적 역량이지만 실전 상황에서 그 역할을 낮게 평가할 수 없다. 국가가 만약 "명령을 내리면 사람들이 즐겁게 따르고, 백성을 동원하여 군사를 일으키면 즐겁게 임하고, 적과 무기를 마주대고 싸울 때 기꺼이 죽는다면"[517] 어디 가서 싸우든 언제나 승리할 수 있다.

『오자』에는 전국시대 후기에서 진·한시대까지 기병 작전을 위주로 했던 대군단끼리의 전쟁 상황이 반영되어 있다. 이 책에서 제기하는 군사사상과 작전 원칙은 『손자병법』의 사상이 새로운 시대에 맞춰 새롭게 발전된 것이므로 그 가치를 낮게 평가할 수 없다.

이정李靖(571~649)은 당나라 초기 장수다. 그는 당 고조와 당 태종을 도와 천하를 정벌했다. 북으로는 돌궐을 공격했고 서로는 토욕혼을 토벌했다. 몸소 수많은 전쟁을 치르며 혁혁한 전공을 세웠다. 그야말로 고대에 매우 보기 드문 군사 천재라 할 수 있다. 그는 『이정육군경李靖六軍鏡』 세 권을 저술했는데 모두 실전되었다. 당나라 두우杜佑가 쓴 『통전通典』에 그 일부 내용이 보존되어 있다.[518]

전략사상에서 이정은『손자병법』을 대표로 하는 전통 군사사상 가운데 '신전愼戰' 원칙을 계승했다. 그는 이렇게 인식했다. "대저 승리를 가져올 수 있는 계책이란 먼저 승리하고 뒤에 싸우며, 땅을 지키면서 잃지 않는다. 이것이 필승의 방법이다."[519] 전쟁 전 준비, 형세 분석, 전쟁 기미 파악 등의 요소를 상세하게 고려해야 한다는 의미다. 이정은 "군사행동은 조속히 승리하는 것을 귀하게 여기지 오래 끄는 것을 귀하게 여기지 않는다"라는 손자의 원칙을 긍정하면서도 이론적인 면에서 먼저 '지구전 전략'의 문제를 제기했다. "병력 운용의 형세는 비록 신속함을 위주로 하여 적이 미치지 못하는 틈을 노려야 하지만 적장이 꾀가 많고 적병이 질서가 잘 잡혀 있으며, 적장이 명령을 내리면 바로 시행되고 금지를 하면 바로 그치며, 적의 무기가 예리하고 갑옷이 단단하며, 적의 사기가 날카롭고 엄격하며, 적의 힘이 온전하고 강하다면 먼저 신속하게 적을 침범할 수 있겠는가?"[520] 이러한 상황에서는 '아군의 힘을 온전히 비축하여 적의 힘이 고갈되기를 기다리면서(蓄盈待竭)' 적과 지구전을 벌여야 한다. 즉 아군과 적군의 강약에 변화가 있기를 기다린 이후에 다시 적을 섬멸해야 한다. 이정은 또『오자』「요적」에 나오는 "적을 잘 헤아려 승리를 쟁취해야 한다(料敵制勝)"라는 사상을 계승하여 다음과 같이 주장했다. "적을 잘 헤아린다는 것은 적군과 아군의 형세를 잘 헤아려 유리하고 불리한 계책을 정해야 한다는 의미이며, 이렇게 해야만 비로소 군사를 출동시켜 승부를 낼 수 있다는 뜻이다. 장수와 군관은 적군과 아군 중에서 누가 더 조화롭고, 주객主客으로서 형세는 누가 더 편안한 상태이고, 갑옷은 누가 더 견고하고, 무기는 누가 더 예리하고, 훈련 규율은 누가 더 분명한지를 잘 헤아려야 한다. ……"⁵²¹⁾ 그는 『오자』에 나오는 '적을 반드시 공격해야 하는 상황(必可擊之道)'을 충분히 인식한 후 다시 '적을 공격할 수 있는 열다섯 가지 형세(十五形可擊)'⁵²²⁾를 제시하고, 이와 같은 형세를 틈타 일거에 적을 격퇴해야 한다고 주장했다.

이정의 전술사상에는 수·당시대 전쟁의 실상이 반영되어 있다. 그는 특히 추행진錐行陣(송곳진) 운용을 강조했다. 추행진은 공격 대형의 하나로, 적을 돌파하고 분할하는 진법이다. 당시보다 앞선 시기에는 공격할 때 일반적으로 사각형 진법方陣을 많이 사용했다. 이정이 추행진을 일상적인 전투 대형에 응용한 것은 일종의 창안이라 할 수 있으며 또한 전투 중 용감하게 적진을 돌파하고 분할하는 공격 정신을 보여주는 대형이라 할 수 있다. 이 밖에도 이정은 종대전술縱隊戰術(堅陣) 이론을 가장 먼저 제창하여 험준한 곳에 의지해 완강하게 대항하는 적의 전술에 맞섰다. 아울러 한편으로 적에게 저항하면서 다른 한편으로는 아군끼리 서로 엄호해주는 철수진법에서도 완전한 이론을 펼쳤다. 이정은 고대의 병법에 정통했을 뿐 아니라 자신의 풍부한 실전 경험까지 결합하여 독창적인 군사사상을 펼쳤다. 그의 군사 저작은 고대 군사사상사에서 중요한 위치를 점하고 있다.

송대는 전제사회가 전기에서 후기로 전환하는 결정적이고 관건적인 시대다. 송나라를 과거의 전제 왕조들과 비교해보면 정치적으로 고도의 중앙집권 전제제도를 시행했다는 두드러진 특징이 있다. 그것을 다음 몇 가지로 정리할 수 있다. 첫째, 중앙을 중시하고 지방을 경시하는 군사 배치를 해서 군사 역량을 수도 주위에 집중시켰다. 둘째, 고도로 중앙집권적인 행정체제를 시행하면서 역시 중앙을 중시하고 지방을 경시했다. 셋째, 예의와 통제를 결합하는 방법으로 문인과 사대부를 통제하면서 문文을 중시하고 무武를 경시하는 사회 풍조를 조성했다.

이러한 정치적 특징은 군사 부문에도 반영되어 본질 면에서 소극적인 방어 전략으로 치우치게 만들었다. 이러한 전략 구상은 또 중문경무重文輕武의 정치적 책략과 결합되면서 '문약한 송나라(弱宋)'라는 역사적 지위가 형성되었다. 따라서 송대에 문치 정책이 흥성함에 따라 군사이론과 군사기술이 겸비된 종합적인 병법서적『무경총요武經總要』[523]가 편찬되고 또 역사상 첫 번째 군사총서인『무경칠서武經七書』[524]가 편찬되기는 했지만 그것은 문서로서 병법 정리에 불과하여 송이 요遼와 서하西夏에 곤경을 당하다가 결국 금金과 몽골에 멸망하는 운명을 바꿀 수는 없었다.

명대의 민족 영웅 척계광戚繼光이 쓴『기효신서紀效新書』는 고대사회 후기에 출현한 가장 가치 있는 군사 논저다. 척계광은 명대 중기에 왜구와 싸운 저명한 장수다. 그의『기효신서』는 실전 경험을 종합한 저작이자 고대 병법을 발전시킨 저작이다.

『기효신서』18권에서 척계광은 고대의 진법을 계승하고 차감한 기반 위에서 당시 적의 상황(왜구), 지형(강남의 조밀한 물길), 화기 등의 특징을 정확하게 다루면서 창조성을 발휘하여 12명을 기본 단위로 하는 '원앙진鴛鴦陣'과 '삼재진三才陣'을 창안했다. 이는 이미 근대 군대의 분열과 행진 형식에 근접한 모습인데, 냉병기와 화기를 병용한 시대적 특징을 잘 보여준다. 전법상으로도 진격, 전개, 야전, 포위, 후퇴와 엄호 등의 근대적 병법과 행군, 야영, 정찰, 경계 등과 같은 각종 전투 임무 및 물자 보급 등의 지원 업무까지 모두 포함되어 있다. 이는 모두 앞 시대 병법의 기반 위에 창조적인 내용을 새로 담은 것이다. 특히 군사사상이란 측면에서도 시대를 초월하는 가치가 담겨 있다. 예컨대 군사훈련에 참가하는 사병의 자각성을 높이는 동시에 장수도 솔선수범하여 군사훈련에 참가하도록 하는 것과 같은 것이 그것이다. 이를 위해 척계광은 다음과 같이 주장했다.

"장수의 도리로서 이른바 병졸보다 앞장서야 한다는 것은 전투에 임해서 앞장서야 하는 일뿐만 아니라 갖가지 어려운 상황에서도 모두 앞장서야 함을 뜻한다. 이른바 병졸과 동고동락해야 한다는 것은 환난을 당했을 때 동고동락해야 하는 일뿐만 아니라 평소에도 언제나 동고동락해야 한다는 뜻이다."[525]

훈련은 실전의 요구에 맞춰서 진행해야지 형식적으로 치우쳐서는 안 된다. 척계광은 이렇게 진술했다.

"설령 평소에 배우고 익히는 신호, 명령, 진법의 기술이라 해도 그것을 모두 실전에 임했을 때와 똑같이 훈련한다면 진짜 전투를 할 때 평소에 익힌 기술을 사용할 수 있으니 하루의 훈련이 하루의 효과를 낼 수 있고, 한 가지 기술 숙련이 한 가지 이익을 발휘할 수 있다."[526]

『기효신서』의 가장 뚜렷한 특징은 바로 실용성이다. 척계광은 서언敍言에서 다음과 같이 말했다. "무릇 '기효紀效'라 이름을 붙인 것은 입과 귀에 공허한 말을 하지 않는다는 사실을 밝힌 것이며, 또 '신서新書'라 이름을 붙인 것은 옛 병법에서 나왔지만 그 병법에 구애되지 않고 현시대에 부합하는 타당한 내용을 담았다는 사실을 밝힌 것이다."[527] 이 책의 실용 사상은 지금까지도 여전히 아주 높은 가치를 발휘하고 있다.

② 중국 고대의 유명한 전투

중국 역사에서는 국가의 통일을 실현하고 외래 침략, 민족 탄압, 폭압 정치에 반항하기 위해 각 민족과 각 통치 집단 사이에 무수한 전쟁이 발발했다. 그중 수많은 전쟁이 어떤 역사 단계의 발전 그리고 모종의 민족, 왕조 및 정치 집단의 흥망성쇠를 결정하거나 그것에 영향을 줬다. 이러한 전쟁을 지휘한 인물들도 후인들에게 고귀한 경험을 남겼다.

여기에서는 진秦과 조趙의 장평대전長平大戰, 한漢과 흉노의 전쟁, 적벽대전赤壁大戰, 비수대전淝水大戰, 당과 돌궐의 전쟁, 송과 금의 화상원대전和尚原大戰을 고대의 전형적인 전쟁 사례로 선택하여 약간 분석하고자 한다. 이 몇 가지 전쟁 사례는 고대 전쟁사에서 일정한 대표성을 갖추고 있다. 장평대전은 진나라가 육국을 통일하는 과정에서 그 성공 여부를 가른 중요한 전투였다. 또 전략 결정, 첩보와 기병奇兵 활용, 전술 조정 등 군사적 측면에서도 전형적인 의미를 드러냈다. 한과 흉노의 전쟁은 기병騎兵 전술이 당시에 전략적 수단이었다는 사실을 표지해줄 뿐 아니라 농경민족이 유목민족을 패퇴시킨 기적까지 보여주었다. 적벽대전과 비수대전은 모두 소수가 다수에 승리한 전쟁 사례로 중국의 후대 정권에 결정적인 영향을 미쳤다. 그러나 양자 사이에는 비교적 커다란 차이가 있다. 조조는 전술 기법에서 패배했지만 전진前秦은 민심의 향배에서 패배했다. 당나라가 돌궐에 반격을 펼친 전투는 장거리 습격의 전형적인 사례다. 또 송과 금의 화상원대전에는 방어전 전개와 기습병 운용의 배합 효과가 충분하게 구현되어 있다.

(1) 장평대전

　진나라가 육국을 통일하는 과정에서 벌인 전쟁 중에서 가장 관건적인 전투는 바로 조나라와 벌인 장평대전이다. 조나라는 무령왕武靈王이 '오랑캐 옷을 입고 말 위에서 활을 쏘는(胡服騎射)' 군사 개혁을 단행한 이후 '백성은 부유해지고 창고는 가득 찼다(民富庫實).' 이로써 조나라는 신속하게 부국강병을 이뤄 진나라의 동진 통일정책을 방해하는 주요 적수가 되었다. 주周 난왕赧王 15년(기원전 260)에 진나라 군사는 왕흘王齕의 인솔 아래 조나라로 진공하여 당시 조나라의 세력 범위 안에 있던 장평長平(지금의 산시성 가오핑高平 서북)을 점거했다. 조나라의 노장 염파廉頗는 견벽청야堅壁淸野[528] 전술로 성을 고수하며 진나라 군사가 지치기를 기다려 치명적인 타격을 가하려고 했다. 진나라 군사의 공세는 조나라에 가로막혔지만 어떻게 손을 써볼 방법이 없었다. 그러자 진왕秦王은 신속하게 자신의 전략 목표를 실현하기 위해 범저范雎의 계략을 채택했다. 진왕은 간첩을 조나라로 파견하여 막대한 금전을 써서 조나라 권신權臣을 매수한 후 사방으로 유언비어를 퍼뜨렸다. 그 유언비어는 진나라가 조나라 명장 조사趙奢의 아들 조괄趙括을 가장 두려워한다는 내용이었다. 조왕도 본래 염파의 수비 전략에 불만을 품고 있었으므로 결국 조괄에게 조나라 군대를 지휘하게 했다. 진나라에서는 자신들의 반간계反間計가 성공하자 즉시 백기白起를 총사령관으로 파견하여 조나라와 결전에 대비하는 동시에 전체 군사들에게 백기가 총사령관이 되었다는 소식을 절대로 누설하지 못하게 했다.

조괄은 부임 후 곧바로 본래 정확하게 성을 고수하며 적을 피로하게 하던 작전을 바꾸는 동시에 이 작전을 지지해온 고급 군관을 대거 교체했다. 이로써 군대 내에 그에 대한 불만이 야기되었다. 조괄이 대대적인 진격 명령을 내리자 진나라 군대는 거짓으로 패배한 척 달아났고, 조나라 군대는 추격전을 전개하여 그들의 진영 앞까지 갔다가 저지당했다. 이때 백기는 두 갈래로 기습병을 파견하여 조나라 군대를 뒤에서 포위하게 했고, 또 한 갈래 군대를 시켜 조나라 군대의 퇴로를 끊게 했으며, 또 다른 한 갈래 군대에는 조나라 군대를 측면에서 교란하면서 그들을 둘로 분할하여 포위하게 했다. 조나라 군대를 포위했다는 소식을 들은 진왕은 15세 이상의 장정을 징발하여 모두 장평전선으로 보냈다. 이것은 기실 전국 총동원령이었다. 진나라 군대는 우세한 병력으로 조나라의 원군과 보급로를 차단했다. 조나라 군대는 장평에서 40여 일을 포위당하여 군량미와 원군이 모두 끊겼다. 여러 차례 조직적으로 포위를 돌파하려 했지만 모두 실패했다. 조괄은 최후 수단으로 친히 정예병을 이끌고 포위를 돌파하려다가 전사했고, 조나라 군사 40만 명은 진나라 백기에게 투항했다. 백기는 통일 전쟁의 강력한 적수를 철저하게 제거하여 육국六國의 전투의지를 와해시키기 위해 항복한 조나라 군사 40만 명을 전부 생매장해서 죽였다.

장평대전은 진나라가 통일 전쟁을 하는 과정에서 벌인 최대 규모의 전투였다. 진나라의 승리 요인은 다음과 같다. 첫째, 진나라는 전략적 공격 대상을 정확하게 선택했다. 전국시대 말기의 육국 중에서 군사적으로 진나라와 균형을 이룰 만한 나라는 오직 조나라뿐이었다. 조나라를 격파한 것은 진나라의 통일을 방해할 가장 큰 군사적 장애를 제거한 것과 같은 의미였다. 이는 육국 군사의 사기를 떨어뜨리는 측면에서도 매우 중요한 효과를 발휘했다. 둘째, 진나라는 반간계와 허약을 가장한 속임수 등을 충분히 이용하여 조나라의 군사적 결정에 실수가 생기도록 유도했다. 셋째, 실전 경험이 가장 풍부한 백기를 총사령관으로 임명하여 조나라 군대의 작전 의도를 정확히 판단하게 한 후 조나라 군사의 급박한 승리 욕망을 이용하게 했다. 백기는 이에 따라 유인 공격, 분할 포위, 합동 섬멸 작전을 구사하여 조나라의 군사 역량을 일거에 제거했다. 이는 기본적으로 진나라와 균형을 이뤘던 조나라의 군사적 역량을 궤멸시킨 전투였다.

(2) 한漢과 흉노의 전투

흉노는 은·주 시기에서 진·한 시기까지 중국 북방을 무대로 생활해온 유목민족이다. 흉노는 초·한 전쟁 때 중원이 소란한 틈을 타 물산이 풍부한 오르도스평원으로 진입함으로써 전에 없이 강성해졌다. 서한 초기에 한 고조는 그들과 화친할 수밖에 없자 공주와 다량의 재물을 보내 평화를 유지하려 했다. 한 문제와 경제 시대까지 이 정책을 70여 년간 지속했기 때문에 흉노의 기습과 소요를 저지할 수 없었다. 한 무제 때에야 국력이 강성해져 무력으로 흉노에 반격을 가할 조건이 성숙되었다. 원광元光 6년 (기원전 129) 한나라가 군대를 출정함으로써 흉노에 반격을 가하는 대규모 전쟁의 서막이 올랐다.

한과 흉노 사이에 벌어진 하남河南전투와 막남漠南전투는 흉노에 반격을 가한 첫 번째 싸움이었다. 원삭元朔 2년(기원전 127) 흉노가 군대를 보내 상곡上谷(지금의 허베이성 화이라이懷來 동남)과 어양漁陽(지금의 베이징시 미윈密雲 서남)을 침공했다. 무제는 흉노의 텅 빈 근거지를 공격하기 위해 위청衛靑에게 대군을 이끌고 가서 오랫동안 흉노에 점령된 오르도스평원(당시에는 이곳을 하남河南이라고 부름)을 공격하게 했다. 위청은 군사를 거느리고 북상하여 흉노를 기습한 후 하남 땅을 수복하고 삭방군朔方郡과 오원군五原郡을 설치했다. 그는 이곳에 백성 10만 명을 이주시켜 둔전屯田을 일구며 변방을 지키게 하고, 한 걸음 더 나아가 흉노에게 반격을 가할 전진 기지로 삼았다.

그 후 흉노 우현왕右賢王은 수초水草가 풍부한 오르도스평원을 탈환하기 위해 삭방군을 자주 공격했다. 한 무제 원삭 5년(기원전 124) 위청은 군사를 인솔해 삭방군으로 가서 다시 막남漠南(지금의 네이멍구 중부)으로 진입한 후 흉노 우현왕을 공격했다. 또 이식李息은 우북평右北平(지금의 네이멍구 닝청寧城 서남)으로 군사를 출동시켜 흉노의 선우單于와 우현왕을 견제하면서 위청에 호응했다. 위청은 철기군 3만 명을 변새 밖 600~700리까지 보내 흉노 우현왕의 왕정을 야습하여 흉노 정예군을 격파했다. 다음해 위청은 다시 10만 대군을 이끌고 변새 북쪽으로 나가 정양定襄(지금의 네이멍구 허린거얼和林格爾 서북)에서 흉노를 크게 격파했다. 이에 흉노는 참혹한 손상을 입고 사막 북쪽으로 퇴각했다.

한나라 조정은 하남전투와 막남전투로 북방 변경의 전쟁 근원을 철저하게 제거하고 국가 안정의 견실한 기초를 마련했다. 이로써 한나라는 세 가지 군사적 효과를 얻었다. 첫째, 오르도스 지역은 수초가 풍부하여 한나라와 흉노의 전력 요충지였다. 쌍방은 이 지역을 점령하기 위해 치열하게 다퉜다. 이곳은 이전까지 줄곧 흉노가 중원을 침략하는 전진 기지로 이용했다. 따라서 오르도스평원 수복은 한나라가 흉노에 반격을 가할 양호한 조건을 마련한 일이었다. 둘째, 하남을 수복한 후 한나라 군대는 곧바로 막남의 우현왕을 적극적으로 공격하여 막대한 전과를 얻었다. 이로써 흉노의 주력군을 한나라 변경 밖으로 몰아낸 뒤 흉노의 좌현왕과 우현왕의 연계를 끊고 그들을 양분하여 제어할 수 있게 되었다. 셋째, 흉노의 좌현왕이 세력이 강성했기 때문에 한나라 군대는 동쪽에서 거짓으로 싸우는 체하면서 주력군을 서쪽으로 보내 수비력이 상대적으로 약한 하남을 점령했다. 이는 병법에서 말하는 '적의 의표를 찔러 대비하지 않은 곳을 공격한다는(出其不意, 攻其不備)' 원칙과도 부합한다.

원수元狩 2년(기원전 121), 한나라 표기장군驃騎將軍 곽거병은 흉노의 오른쪽 팔을 절단하기 위해 농서隴西로 출병했다. 곽거병은 언지산鄢支山(지금의 간쑤성 산단山丹)을 넘고 서쪽으로 흉노 경계 안쪽 1,000여 리까지 진격하여 흉노 군사와 백성 1만여 명을 죽였다. 다음 해 곽거병은 또 북지北地(지금의 간쑤성 칭양慶陽 서북)로 출병하여 거연택居延澤(지금의 네이멍구 쥐옌하이居延海)을 건너 서쪽으로 진공했다. 그는 기련산祁連山에 이르러 흉노를 대파하고 군민軍民 3만여 명을 포로로 잡았다. 하서河西의 흉노 부락이 참혹한 손실을 입자 혼야왕渾邪王은 자신의 부족 4만 명을 이끌고 한나라에 투항했다. 하서전투 승리는 한나라 군대의 공격 방향 선택이 정확한 데 따른 결과였다. 한나라 군대가 막남전투에서 승리하자 흉노의 주력군은 막북漠北(사막 북쪽)으로 퇴각했다. 이로써 흉노의 동부와 서부의 위협이 상대적으로 증가했지만 이 양자 중에서는 서부의 힘이 비교적 약했다. 그러나 한나라는 관중關中 지역에서 건국했기 때문에 그들의 위협이 더 크게 느껴졌다. 따라서 한나라는 군사작전 지역을 서쪽 방향으로 잡아 흉노의 하서 세력을 섬멸하고 막남 지역의 전투 성과를 확장했다. 마침내 한나라는 관중평원을 노리던 흉노의 위협을 일거에 해소했다. 전술적 측면에서 한나라는 하서전투에서 연속 공격과 우회 포위 공격을 결합한 전법을 충분히 운용하여 적의 방어를 무력화하며 전투 임무를 최대한도로 완수했다.

원수 4년(기원전 119) 한 무제는 흉노를 향해 더욱 대규모 군사행동을 하기로 결정했다. 그는 군사를 막북漠北(지금의 몽골공화국 경내) 깊숙한 곳까지 파견하여 흉노의 주력군을 섬멸했다. 당시에 대장군 위청과 표기장군 곽거병은 각각 기병 주력군 5만을 인솔하고, 여기에다 다시 보병 수십만 명과 전마戰馬 10만 필을 보태 공격에 나섰다. 두 사람은 동과 서 두 길로 북진하여 막북에서 흉노와 대회전을 벌일 작정이었다.

위청은 정양에서 출병하여 1,000여 리를 북진한 끝에 마침내 흉노의 선우와 맞닥뜨렸다. 위청은 격전을 벌여 흉노군을 격파하고 2만에 가까운 적병을 섬멸한 후 그들을 치안산寘顔山(지금의 몽골공화국 경내 항가이산맥의 지맥)까지 추격하여 7만 명을 죽이고 개선했다.

막북전투에서 한나라 군대는 장거리 기습 작전을 펼치며 흉노 주력군을 찾아 섬멸하는 전략을 구사했다. 한나라 군대는 이동성과 기동성이 강한 흉노군의 특징을 겨냥하여 기마병으로 대군단을 꾸린 후 장거리 기습과 먼 길 우회 전법을 구사하여 적진 깊숙이 진격해 들어갔다. 한나라 군사가 감히 막북으로 진격해오지 못할 것이라는 흉노군의 방심을 이용하여 그들의 의표를 찔러 들어가 신속하고도 철저하게 추격한 뒤 일거에 적을 소탕했다.

(3) 적벽대전

동한 말기에 중원이 혼란에 빠졌다. 조조는 그 틈에 세력을 일으켜 점차 군웅을 평정하고 북방을 통일했다. 건안建安 3년(208) 조조는 군사를 이끌고 남하하여 형주荊州를 탈취하고 더 나아가 강동江東을 공격해 전국 통일을 실현하려고 했다. 그러나 그는 유비劉備와 손권孫權의 연합부대에 저지를 당했다. 쌍방은 당시 장강 중류의 적벽에서 대전을 치렀다.

건안 13년(208), 조조는 강릉江陵(지금의 후베이성 징저우荊州)에서 장강의 흐름을 타고 내려가면서 수륙 양쪽에서 함께 군사를 진격시켰다. 손권과 유비는 연합군을 편성하여 저항에 나섰고, 이 때문에 쌍방은 적벽赤壁(지금의 후베이성 푸치蒲圻 서북)에서 칼날을 마주 댈 수밖에 없게 되었다. 당시에 조조는 20만 대군을 보유했지만 손권과 유비의 연합군은 5만 명도 되지 않았다. 그러나 조조의 군대는 장거리 행군으로 피로와 질병에 지쳐 있었다. 이른바 "강한 쇠뇌도 끝 간 데까지 가면 노나라 비단도 뚫지 못한다(強弩之末, 勢不能穿魯縞)"라는 격이어서 군사들의 사기는 땅에 떨어져 있었다. 손권과 유비 연합군 측에서도 특히 오나라 수군은 줄곧 훈련에 전념하여 전투력이 비교적 강했다. 또 당시 전투는 손권과 유비 쌍방의 앞날이 걸려 있었으므로 모두 배수진의 각오로 전투에 임했다. 이 때문에 전투 의지가 상당히 강했고, 이러한 요인은 일정 정도 군사 숫자의 열세를 보강하는 역량으로 작용했다. 조조 군대와 남방의 연합군이 적벽에서 만나 1차전을 치른 결과 패배한 조조는 자신의 군대를 장강 북안의 오림吳林으로 퇴각시키고 그곳에서 휴식을 취하며 결전에 대비하게 했다.

조조군은 수상 작전에 적응하지 못하여 결국 전선戰船의 머리와 꼬리를 서로 묶어서 안정을 찾게 했다. 손권과 유비 연합군 지휘관 주유周瑜의 부장 황개黃蓋는 이러한 상황을 보고 주유에게 화공을 펼치자고 건의했다. 이 계책을 실행하기 위해 주유는 황개로 하여금 조조 진영에 거짓 항복하게 했다. 적을 가볍게 본 조조는 황개의 항복을 진실로 생각하고 그와 투항 시간과 신호를 약속했다. 이에 황개는 전선 10척에 기름 먹인 땔감을 가득 실은 뒤 천막으로 가린 다음 투항의 깃발을 꽂고 조조 진영으로 출발했다. 때마침 동남풍이 불어서 그들의 전선은 순조롭게 조조 진영으로 접근했다. 황개는 각 전선에 동시에 불을 붙이라고 명령을 내린 뒤 자신은 작은 배로 뛰어내려 돌아왔다. 바람이 불길을 세차게 돋우자 순식간에 조조의 수군 진채는 불바다로 변했다. 오래지 않아 불길은 장강 북안의 본진으로까지 번져 조조 군대는 혼란에 빠졌다. 사람과 말이 불에 타 죽고 익사자도 그 숫자를 헤아릴 수조차 없었다. 이때를 틈타 손권과 유비 연합군이 공격을 개시하자 조조 군대는 궤멸되었다. 조조는 패잔병을 이끌고 강릉 방면으로 철수했고 손권과 유비 연합군은 수륙 양쪽으로 조조군을 바짝 추격했다. 조조군은 굶주림에 병까지 겹쳐서 강릉으로 후퇴했지만 전사자와 부상자가 이미 반수를 넘었다. 조조는 하는 수 없이 북쪽으로 후퇴할 수밖에 없었다.

조조가 적벽에서 패배한 주요 원인은 교만하게 적을 경시하며 조급하게 싸우려 했기 때문이다. 그리고 조조군은 수상전에 익숙하지 않았는데 이는 자신의 단점으로 적의 장점을 공격하는 전법이었다. 이는 병가에서 절대 금하는 일이다. 반면에 손권과 유비 연합군은 조조군의 약점을 이용하여 자신들의 장점을 발휘했다. 그들은 단 한 번의 전투에 승리하여 약한 군대가 강한 군대를 이기는 모범 사례를 만들었다. 적벽대전은 삼국정립의 형세를 결정한 관건적인 전투였다. 이 전투에서 조조는 힘을 잃었지만 손권은 강동을 보존했고, 유비는 형주의 네 군郡을 점령하여 창업의 발판을 마련했다. 그리고 그는 계속해서 천부天府라고 불리는 익주益州를 취하여 삼분천하三分天下의 형세를 만들었다.

(4) 비수대전

전진前秦의 부견苻堅은 오호십육국시대의 황제 중에서도 매우 유능한 군주였다. 그는 어진 사람과 유능한 사람을 선발하고, 전투에 능숙한 사람을 등용하여 여러 영웅을 병합하면서 북방을 통일하고 중원을 점령했다. 동진東晉 태원太元 8년(383)에 부견은 동진에 선전포고를 했다.

태원 7년(382), 부견은 동진 정벌을 모의하는 과정에서 승상 부융苻融 (부견의 아우)을 비롯한 조정 대신, 황후, 태자, 고승 석도안釋道安의 반대에 직면했다. 그러나 부견은 혼자서 고집을 부리며 "내 군대가 장강에 말채찍을 던져 넣으면 그 흐름을 끊을 수도 있다"[529]라고 큰소리쳤다. 이 말에서도 그의 교만하고 광기어린 태도를 엿볼 수 있다.

태원 8년(383) 부견은 진晉나라 정벌 조칙을 내려 정권의 힘이 미치는 범위에서 군사를 징발하고 군량미를 조달함과 아울러 다음과 같은 조치를 취했다. 즉 승상 겸 정남대장군征南大將軍 부융에게 보병과 기병 25만 명을 통솔하고 선봉을 맡아 수양壽陽(지금의 안후이성 서우현壽縣)으로 곧추쳐들어가게 명령을 내렸다. 유주幽州와 기주冀州에서 징발한 군사를 팽성彭城(지금의 장쑤성 쉬저우徐州)으로 집결하게 했다. 요장姚萇에게는 양주梁州와 익주의 군사를 감독하여 장강을 따라 하류로 내려가게 했다. 부견 자신은 친히 주력 대군을 인솔하고 장안을 출발하여 항성項城(지금의 허난성 선추沈丘)을 지나 수양으로 향했다. 이렇게 모인 몇 갈래 대군을 전부 합하면 100여 만 명이나 되었다. '동서로 1만 리에 걸쳐 수군과 육군이 함께 진격하여' 강남을 석권하고 일거에 동진을 평정할 기세를 드러내보였다.

전진의 공세에 직면하여 동진에서도 방어 부대를 다음과 같이 배치했다. 승상 사안謝安은 중앙에 배치하여 전체 상황을 조절하게 했다. 환충桓沖에게는 장강 중류의 파동巴東과 강릉 등지의 무장 병력을 거느리고 상류를 통제하게 했다. 사석謝石을 정토대도독征討大都督에 임명하고 사현謝玄을 전봉도독前鋒都督에 임명하여 북부병北府兵 8만을 거느리고 회남淮南으로 가서 전진의 주력군을 맞아 싸우게 했다.

가을에 부융의 선봉대가 영구潁口(지금의 안후이성 정양관正陽關)에 당도했을 때 기타 두 갈래 진나라 군대는 진군 중이었는데, 중군은 진격 속도가 매우 빨랐지만 양쪽 날개는 행군 속도가 매우 느렸다. 이로써 전진의 우세한 병력은 이미 분산되는 모양새를 드러냈다. 이때 부융의 선봉대는 협석硤石(지금의 안후이성 서우현壽縣 화이어淮河 북쪽 연안)에 주둔한 동진의 일부 부대를 포위했다. 부견은 몹시 기뻐하며 친히 경기병輕騎兵 8,000명을 이끌고 수양으로 달려가면서 동시에 전 동진 양양襄陽 수비대장 주서朱序를 동진 군영으로 보내 항복을 권유했다. 그러자 주서는 고국을 생각하는 마음이 발동하여 사석에게 전진의 대군이 아직 집결하지 않았을 때 신속하게 진격하여 저들의 예기를 꺾는 것이 온전히 적을 격파할 수 있는 유리한 작전이라고 역설했다. 이에 사석은 성을 굳게 지키며 전진의 군사를 피로하게 만들려던 본래 계획을 바꿔 공격 작전으로 방향을 전환했다. 그들은 회수 서쪽 연안을 따라 올라가며 진나라 군사를 격파했고 마침내 비수 동쪽 연안까지 진격하여 전진의 군대와 강물을 사이에 두고 진을 쳤다. 이때 부견은 수양성에 올라가서 멀리 동진 군대의 엄정한 대형을 조망했다. 그러다가 그는 성 밖 팔공산八公山 위에서 가을바람에 초목이 일렁이는 모습을 보고 동진의 복병이 숨어 있는 것으로 생각하고는 두려운 기색을 드러냈다.

동진군은 전진군이 비수에 바짝 붙어서 진을 치자 강물을 건널 수 없었다. 이에 사현은 전진 군영으로 사신을 보내 전진군이 일단의 거리 밖으로 철수하면 동진군이 강물을 건너 결전을 치르겠다고 했다. 그러자 부견은 마음속으로 계략을 꾸몄다. 즉 동진군이 강물을 반쯤 건넜을 때 기습하여 일거에 승리를 쟁취하려는 속셈이었다. 그래서 부견은 사현의 요청을 수락했다. 그러나 뜻밖에도 당시 전진 군대의 민심이 술렁이는 상황에서 후퇴 명령이 떨어지자 그 기회에 도망치는 군사들이 많아져 걷잡을 수 없을 정도가 되었다. 이때 주서 등은 또 적진 후방에서 '전진 군사가 패배했다!'고 마구 고함을 질러댔다. 전진군 후방 부대는 전방의 상황을 알지 못한 채 모두 뒤에서 들려오는 고함을 참말이라 생각하고 서로 도망치기에 바빴다. 그러자 온 전선이 큰 혼란에 빠졌다. 동진군은 승세를 타고 적을 추격하여 완전한 승리를 거뒀다. 부융은 전사했고 부견은 일패도지一敗塗地하여 참혹한 손실을 입었다.

비수대전은 동진이 8만 군사로 백만 대군이라 칭한 전진 군사를 일거에 무찌른 전투였다. 이 전투는 근본적으로 주로 군심과 민심의 향배에 따라 승패가 결정되었다. 또 쌍방의 전략과 지휘부의 우열도 승패 결정의 중요한 요인이었다. 먼저 부견은 과대망상에 젖어 적을 경시하고 강퍅하게 자만했다. 이처럼 국내외 조건이 제대로 갖춰지지 않은 상황에서 그는 온 나라의 힘을 기울여 건곤일척의 승부를 벌였다. 다음으로 그는 전투에서 군사를 지휘할 때 주저하고 의심하는 모습을 보였다. 대군이 수양성에 주둔한 후 미적거리며 군사를 진격시키지 않고 동진 군대의 투항에만 희망을 걸었다. 그러다가 동진군이 반격해오자 예기가 꺾여 비수대전을 치르기도 전에 전체 군대의 장졸이 공포에 사로잡혔다. 그러다 교전 중 한 번 후퇴 명령이 내려지자 전진군은 걷잡을 수 없는 혼란에 빠졌다. 그러나 동진군은 전투 기회를 잡아 한 번 전투로 승리를 거둬 역사에서 소수 군대가 다수 군대에 승리한 저명한 사례를 만들었다.

(5) 당과 돌궐의 전쟁

돌궐은 중국 북방의 아주 오래된 민족으로 수·당 시기에 세력이 점차 강력해졌다. 그들이 할거한 범위는 동쪽 요동에서 서쪽 서역에까지 걸쳐 있었다. 수나라 때는 돌궐 내부에 불화가 생겨 동서 두 부족으로 세력이 분할되었다. 당나라 건국 후 동돌궐의 위협이 더욱 커지자 당 고조는 심지어 도읍을 옮길 마음까지 먹었다. 무덕武德 9년(626) 동돌궐의 힐리가한은 당 내부에서 일어난 '현무문의 정변'을 틈타 10만 철기군을 거느리고 관중을 침범하여 당나라 군대와 위수渭水를 사이에 두고 대치했다. 당시 당나라는 전에 없던 강력한 위협을 받았다.

당 태종은 돌궐의 위협을 철저하게 해소하려고 정치경제 분야에서 일련의 개혁 조치를 시행하여 국력을 신장하는 동시에 수년간 정예 부대를 양성하면서 군사적으로 적극 전쟁에 대비했다. 정관 4년(630) 당나라는 돌궐에 반격을 가할 여건이 성숙되자 대장 이정과 이세적李世勣에게 군사를 이끌고 돌궐 땅으로 진격하게 했다. 이정의 부대가 정양定襄(지금의 산시성 쉬저우朔州 핑루구平魯區 서북)을 습격하자 힐리가한은 당나라 주력군이 출병한 것으로 여기고 황급히 지휘 장막을 적구磧口(지금의 네이멍구 산딩후랄善丁呼拉爾)로 옮겼다. 이때 병주并州에서 출동한 이세적은 운중雲中(지금의 산시성 다퉁大同)을 넘어 돌궐군을 대파하고 이정과 군사를 합쳤다. 두 장수는 야간에 돌궐군을 공격하여 숨 쉴 틈도 주지 말자고 상의했다. 선봉장 소정방蘇定方은 야간에 군사를 치달려 힐리가한의 장막에서 겨우 7리 떨어진 곳까지 진격했지만 그들에게 발각되었다. 힐리가한이 겁을 먹고 도주하자 이정의 대군이 연이어 당도했고, 돌궐군은 결국 대패하여 전사자가 1만 명에 이르렀으며 포로로 잡힌 자도 10만 명에 달했다. 힐리가한은 밤에 영주靈州(지금의 닝샤寧夏 링우靈武)로 도주했다가 의지할 곳이 없자 군사를 이끌고 당나라에 투항했다. 이때에 이르러 동돌궐이 멸망했다. 당 태종이 동돌궐을 멸망시킨 일은 수·당 이래 이민족과 싸워서 거둔 공전의 승리였다. 이 승리로 중국 북쪽 변방의 우환이 제거되었고 당 태종도 혁혁한 명성을 날리며 북방의 이민족 군장들에게 '천가한天可汗'으로 추대되었다.

당나라가 동돌궐을 멸망시킬 때 한 번의 전투로 승리를 거둘 수 있었던 까닭은 당나라가 경제회복, 정치안정, 국력증강 등을 달성한데다 군사적 측면에서도 전투 전에 이미 전진 기지를 확보했기 때문이다. 용병술에 가장 뛰어난 이정이 전선에서 군사를 지휘하며 이세적과 협력하고 우회 기습 전술을 운용하여 적을 급습하며 연속해서 공격을 퍼부었다. 이로써 동돌궐 군대는 도망갈 길이 없어서 결국 당나라에 투항했다.

(6) 송과 금의 화상원대전

여진족은 중국 동북 지방에 거주해온 아주 오래된 민족으로 12세기 초에 점차 강성해져서 금나라를 건국하고 요나라를 패망시킨 후 다시 신속하게 북송까지 공격하여 일거에 그들을 멸망시켰다. 건염建炎 원년(1127)부터는 금나라 군대가 수차례 남하하여 남송 정권을 꺾으려 했으나 뜻을 이루지 못했다. 건염 4년(1130) 가을, 금나라에서는 전면적인 공격 작전을 바꿔 동쪽에서는 수비에 치중하고, 서쪽에서는 공격을 계속하는 전술로 전환했다. 완안종필完顔宗弼의 10만 주력군은 장강과 회수 전장에서 섬서陝西로 이동하여 집중된 역량으로 그곳을 점령했다. 그들은 여기에서 한 걸음 더 나아가 파산巴山을 넘고 촉도蜀道를 지나 사천四川으로 진격하려고 했다. 금나라 군대는 장강 상류 지역을 통제하며 대규모 군사를 이끌고 장강으로 우회하여 남송을 공격할 여건을 만들려고 했다. 금나라 군대는 봉상부鳳翔府(지금의 샤안시성 바오지寶鷄)를 전진 기지로 삼고 사천의 문호에 해당하는 화상원을 핍박했다.

소흥紹興 원년(1131) 10월, 완안종필은 10만 정예병을 이끌고 화상원에 주둔한 남송 군대에 맹공을 퍼부었다. 송나라 대장 오개吳玠는 병졸들에게 강궁과 쇠뇌로 적을 방어하라고 명령을 내렸다. 그들은 차례를 나눠 끊임없이 화살을 발사했다. 화살이 금나라 군사들 위로 소나기처럼 쏟아졌다. 금나라 군대가 조금 퇴각하자 오개는 유격병으로 기습하고 아울러 적의 보급로를 끊었다. 그리고 금나라가 후퇴할 때 반드시 거쳐야 하는 길에 복병을 숨겼다. 금나라 군대가 그곳에 이르자 송나라 복병은 공격에 나섰고, 금나라 군대는 큰 혼란에 빠졌다. 오개가 또 야간에 기습을 감행하자 금나라 군대는 견디지 못하고 도주했다. 당시 상황에 대해 다음과 같은 기록이 전한다. "적장과 병졸을 사로잡거나 목을 벤 숫자가 1만 명에 달했고, 완안종필은 화살 두 발을 맞고 겨우 몸만 빼내 달아났다. 이에 송나라에서는 완안종필의 깃발과 의장을 노획했다. 금나라는 중원으로 들어온 이래 일찍이 이와 같이 비참하게 패배한 적이 없었다."[530] 오개는 이 방어전을 지휘하며 병법의 정수를 잘 운용했다. 『손자병법』에는 이런 구절이 있다.

"무릇 전쟁이란 정규군으로 맞서고 기습병으로 승리를 쟁취한다. 이 때문에 기습병을 잘 운용하는 사람은 그 계책이 하늘과 땅처럼 무궁무진하고, 장강과 황하처럼 고갈되지 않는다. …… 전세란 기습병과 정규군의 운용에 불과하며 기습병과 정규군의 변화는 이루 다 헤아릴 수 없다. 기습병과 정규군이 상생하는 이치는 순환하는 고리처럼 끝이 없으니 누가 능히 그 이치를 다 헤아릴 수 있겠는가?"[531]

남송의 군대는 험준한 요새에 의지하여 완강하게 항거하면서 정면 저항과 측면 기습 전략을 결합하여 적의 주력군을 살상하고 전략 요충지를 보위하려는 목적을 최대한 실현했다.

③ 중국 고대의 군사제도

중국 고대의 군사제도는 상고시대인 하·은·주 삼대까지 거슬러 올라갈 수 있다. 하·은·주에서 춘추시대까지는 군사와 정치가 분리되지 않았고 군사체제도 병거전兵車戰이 위주였으며 '사師'를 작전 단위로 삼았다. 전국시대에 이르러 전쟁 방식이 병거전에서 보병전으로 바뀜에 따라 군사 지도체제에도 변화가 생겼다. 당시에는 보편적으로 장수와 재상 분권 제도를 시행하여 군대를 거느리는 장관을 장將, 장군, 상장군, 대장군 등으로 불렀다. 진秦나라에서는 이를 대량조大良造라 칭했으며 진왕 영정은 국위國尉를 설치하여 무관武官의 장長으로 삼았다. 초나라에서는 무관의 장을 주국柱國 또는 상주국上柱國으로 칭했다.

전국시대에는 장군 이하 무관직도 비교적 완비되어 있었다. 조趙나라에서는 사마司馬, 도위都尉를 설치했고 제齊나라도 사마를 설치했다. 진秦, 제, 초나라는 낭중郎中을 설치했고 각 제후국은 모두 도위를 설치하여 도성 방위를 맡겼다. 진나라에서도 중위中尉 직을 두어 도성 경비를 맡겼다.

전국시대 군사 지도체제의 기본 특징은 각 제후국에서 모두 통일된 병거부대를 창설했고 그 나라 군주가 군대의 최고통수권자로 군림했다는 점이다. 군권이 고도로 집중되자 제후국 군주는 군대 조직, 군대 이동, 각국 정벌 권한을 독점하게 되었다. 또 '호부虎符'제도를 실시하여 군권 집중을 실현했다. 각 제후국에서는 보편적으로 징병제를 시행하여 군현 단위로 장정을 징발했다. 남자의 복무 연한은 대체로 15세에서 60세까지였다. 일부 제후국에서는 용사를 모집하고 선발하는 방법을 군대 조직의 방식으로 이용했다. 예컨대 위나라 '무졸武卒', 제나라 '기격技擊', 진나라 '예사銳士' 등이 그것이다. 이러한 군사 모집 방법을 모병제의 발단으로 간주할 수 있다.

전국시대에는 병거병兵車兵의 지위가 춘추시대에 비해 크게 강등되었지만 그래도 여전히 군대의 중요한 부분을 차지했다. 그러나 점차 보병이 병거병을 대신하여 각국 군대의 주력군으로 자리 잡아갔다. 기병騎兵이 독립된 병과로 발전하기 시작한 것은 조나라 무령왕이 '오랑캐 옷을 입고 말 위에서 활을 쏠 수 있는' 강력한 기마병을 창설한 뒤였다. 각 제후국에서도 이를 본받아 기병을 중시했고 이로써 기병이 마침내 당시 군대의 중요한 병과가 되었다.

전국시대 각 제후국에서는 보통 상비병常備兵제도를 시행했다. 각국은 자신의 군대가 강력한 전투력을 보유하도록 엄격한 훈련을 실시하며 엄정한 군기를 확립했다. 이를 위해 각국은 모두 군대에서 상벌제도를 두루 시행했다. 예컨대 진나라에서는 전공을 20등급으로 정하고, 신분의 귀천을 나누지 않고 전공의 대소에 따라 상을 주었다. 『상군서』「경내境內」의 기록은 이렇다. "성을 공격하고 고을을 포위하는 과정에서 적의 수급 8,000명 이상을 벤 사람에게는 규정에 따라 최고 등급의 상을 내린다. 야전 과정에서 적의 수급 3,000명을 벤 사람에게도 규정에 따라 최고 등급의 상을 내린다. 이와 연관된 관리도 조사操士 및 교도校徒에서 위로 대장에 이르기까지 모두 상을 내린다."532)

이 구절 본문에 나오는 '영론盈論'의 기본 방법은 20등급에 따라 벼슬을 최대한 높여주는 것이다. 또 병졸이 전투를 두려워하여 도망치면 얼굴에 먹으로 죄수 표시를 하거나(黥刑) 코를 자르는 형벌(劓刑)을 가했다. 종합해보면 전국시대에 벌써 군사 법규가 상당히 완비되었음을 알 수 있다. 전장의 규율, 군대 내부의 연대책임제도, 군영 내부의 경계, 각급 장수의 권한, 전투 조직 및 깃발과 휘장의 사용, 지휘 신호 등을 시행하고 유지하는 부문에 모두 구체적이고 엄격한 규정이 있었다. 이는 당시 군사제도가 이미 상당히 완비되었음을 밝혀주는 점이다.

진나라는 중국 역사에서 통일 전제 집권에 성공한 첫 번째 국가다. 당시 창립한 중앙집권 군사 영도체제는 후대의 역사에 막대한 영향을 미쳤다.

진나라는 통일 이후 가장 먼저 황제제도를 수립하여 황제가 전국 최고의 군사 권력을 장악할 수 있게 했다. 전국 각지의 군대를 이동시키고 징발하는 일, 장수들에게 병권을 부여하는 일을 모두 황제가 발급한 호부虎符를 신표로 삼아 시행해야 했다. 호부는 병부兵符라고도 하는데 동銅으로 호랑이 모양을 만들어 등에 문자를 새긴 뒤 둘로 나눠 절반은 황제가 보관하고 절반은 장수에게 발급하여 지니게 했다. 어떤 군대를 이동시키려면 반드시 황제가 절반의 호부를 지닌 사자를 파견하여 장수가 지닌 호부와 맞춰보게 했는데, 그것이 딱 맞아야 이동 명령의 효력이 발생했다.

진나라에서는 중앙의 최고 군사조직 장관을 태위太尉라고 불렀다. 통일 전에는 태위를 위尉 또는 국위라고도 불렀는데, 그 지위는 대량조 다음이었다. 대량조 직위가 폐지된 후 태위가 무관의 우두머리로 승진했고, 마침내 삼공三公의 하나로 꼽혔다. 태위에게는 군사 통수권은 있지만 군사 이동권은 없었다. 국가에서 군사를 일으킬 때 황제는 어떤 장수를 지정·파견하여 군사를 통솔했다. 중앙집권 군사 지도체제는 군현제 행정체제에 상응하는 제도였다. 군郡, 현縣, 향鄕에는 모두 군대를 전문적으로 관리하는 관직이 있었다. 군에는 군위郡尉를 두어 병졸 징집과 파견, 무기제조와 보관 및 지방 치안 등을 담당하게 했고, 현에는 현위縣尉를 두어 한 현의 군사 업무를 맡아보게 했으며, 향에는 유요游徼를 두어 그 고을의 군사 업무와 치안 업무를 책임지게 했다.

진나라의 병거부대는 작전 시에 여전히 중요한 임무를 담당했다. 공격할 때는 병거부대가 적진을 돌파하여 전투 대형을 무너뜨렸다. 방어할 때는 병거로 사방에 방어막을 쳐서 적의 공격을 막아냈다. 병거부대의 편제는 기본적으로 전국시대의 제도를 답습하여 일반적으로 수레를 모는 어수御手, 전투 병사 그리고 부속 보병 세 부분으로 구성되어 있었다.

보병은 진나라 군대의 주요 병과로 '재관材官'이라고 불렀으며 경무장 보병과 중무장 보병으로 나뉘어 있었다. 경무장 보병은 갑옷을 입지 않아서 활발하게 활동할 수 있었다. 이 때문에 그들은 전투할 때 활과 쇠뇌로 먼 곳에 있는 적을 살상했다. 중무장 보병은 갑옷을 입었다. 그들은 적이 접근해오기를 기다려 창戈, 긴 창[矛], 도끼, 몽둥이[殳] 등의 무기를 들고 전투를 벌였다. 이와 같은 병과 구분은 무기 설비와 전투 수요에 따라 결정되었다. 이는 군사제도사에서 일대 진보라 할 만하다.

진나라 군대는 작전을 펼칠 때 대부분 병거부대, 보병, 기병 등의 혼합 대오를 편성하여 전투과정에서 서로 협력하게 했다. 이로써 각종 무기의 장점을 잘 발휘하여 서로 단점을 보완할 수 있었다. 진시황릉 병마용兵馬俑에서 출토된 병졸 인형을 살펴보면 수천 명으로 편성된 대오 중에 창과 도끼를 든 보병도 있고, 수레를 모는 거병車兵도 있고, 말을 탄 기병도 있다. 병과별로 자신의 직책을 수행하며 암묵리에 협력과 조화를 이루었다.

진나라에서는 일반 징병제를 시행했다. 적령기 남자는 반드시 병역 전문 명부에 등록되었고, 그때부터 병역과 부역에 복무해야 했다. 당시에는 그것을 '부적傅籍'이라 불렀다. '부적' 연령은 17세에 시작하여 60세에야 그쳤다(관직에 있는 사람은 56세에 그쳤음). '부적'에 오른 사람은 일괄적으로 2년 동안 병역에 복무해야 했다. 1년은 자신의 군郡에서 복역했고, 1년은 도성이나 변방으로 가서 복무했는데 이들을 '정졸正卒'이라 불렀다. 성년 남자들은 모두 2년간 병역 외에도 자신의 군과 현에서 1개월 동안 성곽 수리, 도로 건설, 운송 업무에 종사해야 했다. 이들은 만기가 되면 교대했기 때문에 '경졸更卒'이라 불렀다. 이처럼 전국 규모로 적정 연령에 따라 장정을 징발하는 일반 징병제는 후대에 큰 영향을 미쳤다.

서한의 군사제도는 진나라 제도를 계승했지만 나름대로 독창적인 면모를 가미했다. 황제는 여전히 군대의 최고통수권자였으므로 양대 중앙 군사 지휘기구를 직접 장악하여 전군을 통제했다. 양대 기구의 하나는 낭중령郎中令, 위위衛尉, 중위中尉 등으로 구성된 중앙경비기구였고, 다른 하나는 태위太尉, 장군, 장將, 위尉 등으로 구성된 전국 최고 군사행정기구였다.

중앙 경비부대는 궁궐 경비부대와 도성 경비부대로 나눠볼 수 있다. 남군南軍이라 부른 궁궐 경비부대는 낭중령[光祿勳]이 총책임자였으며 위위가 부대를 통솔했다. 북군北軍이라 부른 도성 경비부대는 중위[執金吾]가 총책임자였으며 궁궐 밖 도성 안의 일상 경비를 담당했다. 황제는 전군을 효과적으로 통제하려고 중앙에 태위를 우두머리로 하는 군사지도기구를 설치했다. 태위는 명의상 최고위 군사장관이었지만 실제로는 군사 행정 업무만 책임졌고 출병과 통솔 권한은 없었다. 한 무제 때는 대장군직을 설치하여 점차 태위를 대신하여 병권을 장악하게 했고, 심지어 승상을 능가하는 권한까지 부여했다. 그러나 무제 이후에는 대장군직을 설치하기도 하고 폐지하기도 했으며, 실제 지위도 사람에 따라 낮아지기도 하고 높아지기도 했다.

서한시대의 지방행정체제는 군현제를 유지했다. 군郡의 장관은 태수였고 차관은 도위都尉였다. 태수는 군민軍民 업무를 총괄하는 책임자였고 도위는 군사 업무만 나눠 맡았다. 후자는 구체적으로 군내郡內의 모든 군사행동을 책임지면서 직접 지방 부대를 통솔했기 때문에 권력이 막중했다. 현급縣級 군사지도기구는 군급郡級기구와 유사했다. 따라서 현령은 모든 군민의 업무를 주관했고, 현위縣尉는 군사 업무만 나눠 맡았다. 그 직무는 주로 도적을 잡고 경내 경비를 책임졌으므로 현령으로부터 일정한 독립성을 유지했다. 향에는 유요를 두었고, 향 이하 마을인 정亭에는 정장亭長을 두었다. 정은 지방 군사의 기층 조직이었다.

한 무제 때부터 중앙에서는 항복하거나 복속해온 이민족에 대해 모두 속국을 설치하여 거주하게 했다. 속국도위屬國都尉는 속국의 최고위 관리인데 무관으로서 민사 업무까지 겸임했다. 이는 한나라 군사체제의 한 가지 특징이었다. 속국 및 변경 지역에 대한 군사 통제를 강화하기 위해 중앙에서는 '지절도호持節都護'라는 명칭의 임시 무관을 파견했다. 예를 들면 서역도호西域都護, 호강교위護羌校尉 등이 그것으로, 이들의 지위는 내지內地의 태수에 상당했다. 이 또한 한나라의 독특한 지방 군사지도기구임과 동시에 중앙정부가 변경 지역을 통제하는 특수한 조치의 하나였다.

서한시대에는 병역과 노역을 구분하지 않고 모두 '요역徭役'이라고 칭했다. 성년 남자는 모두 요역에 복무해야 했다. 우선 자신의 출신 군郡에서 1년 동안 병거병과 기마병에 속한 보병, 즉 군국병郡國兵으로 복무하며 군사훈련을 받아야 했다. 이 과정에서 필요한 군사기술을 익힌 후 고향으로 돌아가 농사일을 하며 국가 예비군으로 대기했다. 이후에는 다시 실제 수요에 근거하여 1년 동안 '수졸戍卒'로 변방에서 복무하기도 하고, 1년 동안 '위졸衛卒'로 도성 경비부대에서 복무하기도 했다. 복무를 마친 후에는 매년 자신의 고을에서 1개월 동안 노역에 복무해야 했는데 이를 '경졸更卒'이라 불렀다. 경졸의 임무는 보루 수리, 봉수대 건설, 궁궐과 능묘 조성, 제방 수리, 운수 참여 등이었다.

한 무제 이전에는 병거병과 기마병을 모두 중시했지만 이후에는 기마병이 병거병의 지위를 대신하여 한나라 군대의 주력 병과가 되었다. 한과 흉노 사이에 벌어진 몇 차례 대전에서 기마병이 중요한 역할을 하면서 전략 병과의 변화를 가져왔고, 이후 기마병은 전쟁의 주력이 되었다.

한나라 군대의 편제는 부곡제部曲制였다. 군사를 거느리는 장군 아래에 부部, 곡曲, 둔屯, 대隊, 십什, 오伍로 이루어진 조직 체계가 설치되어 있었다. 부는 한나라 군대의 최고 일급 편제로 부를 주관하는 장수를 교위校衛라고 불렀는데, 그 품계는 태수와 같았고 출정하여 작전을 수행할 때는 군대를 거느리는 장군의 지휘를 받았다. 부에 예속되어 있는 곡의 장관은 군후軍侯라고 불렀으며 품계는 현령과 맞먹었다. 둔에는 둔장屯長을 두었고 대에는 대솔隊率을 두었다. 십과 오는 군대의 최하층 조직이었다. 이런 일련의 군사조직은 평소 설치해두었다가 전쟁이 일어나면 조정에서 임명한 장군이 군사를 통솔하여 정벌이나 방어에 나섰다.

수·당의 군사제도도 매우 특색이 있다. 성당盛唐의 혁혁한 군사적 위엄은 상당 부분 잘 완비되고 운영이 양호한 군사체제에서 말미암았다.

당나라 병권은 중앙에 집중되어 있었고 황제가 직접 관할했다. 상서성에 속한 병부는 국가의 일상적 군사 업무를 관리하기 위한 기관으로 그 장관은 병부상서였다. 정관 10년(636)에는 북조北朝부터 시행해온 부병제府兵制를 크게 조정했다. 부병은 국가의 기본 상비군으로 평소 12위衛와 태자 동궁육솔東宮六率에 예속되어 있었다. 그중에서 좌위左衛와 우위右衛는 60개 군부軍府를 거느렸고, 나머지 위衛는 40~50개 군부를 거느렸으며, 나머지는 동궁육솔에 예속되었다. 위와 솔의 장수는 평소 부병을 관리하며 윤번제로 궁궐 숙위宿衛 등의 일을 책임지다가 전시에는 황제의 임명을 받아 각 부府에서 징집한 부병을 이끌고 전장으로 출정했다.

『신당서』에는 이렇게 기록되어 있다. "만약 사방에서 전쟁이 일어나면 이들 장수에게 명하여 출전하도록 했고, 전쟁이 끝나면 바로 군사를 해산했다. 병졸은 부府에서 해산했고 장수는 조정으로 귀환했다."[533] 중요한 군사 업무는 정사당政事堂에서 열리는 재상회의를 통해 논의했는데 이는 황제를 보좌하기 위한 대책의 일환이었다. 병부에서는 무관 승진 심사, 임명과 파면, 군대 편제, 임무 교대, 갑옷과 무기, 병마 관리, 병적 등의 사무를 담당했다.

군부軍府라고도 칭하는 부는 당나라 중기 이전에 시행한 기본 군사 단위로 사람들은 이 제도를 줄곧 병농합일兵農合一의 구상에서 나온 것이라고 언급해왔다. 당 태종 때는 군부를 절충부折衝府라고 불렀다. 병력이 1,200명에 달하면 상부上府로 삼았고, 1,000명이면 중부中府, 800명이면 하부下府로 삼았다. 매 부에는 장관인 절충도위折衝都尉 1명과 부장관인 좌우 과의도위果毅都尉 각 1명씩을 두었다. 가장 많을 때는 전국에 모두 634부를 설치했는데, 당시 병력은 60만 명에 달했다. 부에 속한 병력은 주로 당시 정치 중심인 관중, 농우隴右, 중원 등지에 분포해 있었다.

부병은 주로 자영농과 지주 가운데서 선발·조달했지만 빈민도 있었다. 규정에 따르면 3년에 한 번씩 선발했으며, 20세 이상 성년 남자는 모두 선발 대상이었다. 선발할 때는 재산, 능력, 식구 숫자를 근거로 삼았다. 재산이 비슷할 때는 부자를 뽑았고, 능력이 비슷할 때는 강한 자를 뽑았으며, 재산과 능력이 비슷할 때는 식구가 많은 사람을 뽑았다. 한번 부병에 등록되면 60세가 되어야 병역이 면제되었다. 부병 본인은 부역과 세금이 면제되었지만 가족은 면제 혜택을 받지 못했다. 성당 이후 전쟁이 빈번해지고 전공으로 받은 상도 대부분 현실화되지 못하자 군인들의 사회적 지위도 낮아졌다. 이에 재산이 많은 사람들은 군복무를 혐오하게 되었고, 특히 토지겸병 현상이 심각해졌다. 이로써 균전제가 파괴되어 군자금 모집이 어려워지고 병졸 징집 대상이 없어지자 부병제가 점차 모병제로 대체되었다.

당 현종 개원 10년(722) 대규모 모병이 시작되었다. 모병은 이미 고용병의 성격이 포함되어 있어서 병사들의 자질이 떨어졌다. 이들은 전시에는 적을 만나자마자 바로 무너졌고, 평시에는 저잣거리를 돌아다니며 행패를 부렸다. 군사 비용은 모병제가 시행됨에 따라 민간으로 전가되어 사회적 부담이 나날이 증가했다. 모병제는 당나라가 전성기에서 쇠퇴기로 전환하게 된 주요 원인의 하나로 작용했으며 후기로 갈수록 중국 전통사회에 상무정신이 결여되는 근원의 하나가 되었다.

성당시대에는 변경 지역에 절도사節度使제도를 시행하여 변경 야전군을 관할했다. 그곳의 병력은 직업화한데다 기마병 위주로 편성되어 군사력이 매우 강했다. 그러나 오랫동안 병력을 장악한 장수들에게 이용되기가 매우 쉬워서 결국 '안사의 난'이 일어나는 주요 원인으로 작용했다.

송나라 때도 황제가 직접 군사 배치와 이동 그리고 지휘에 관한 권한을 장악했다. 황제 휘하 병권은 세 갈래로 나뉘어 있었다. 추밀원樞密院은 최고군사기관으로 전략 수립, 군대의 일상 업무 처리, 병졸 모집, 군대 이동을 책임졌으며 그 장관은 추밀사樞密使라고 칭했다. 삼아三衙는 전국 군대의 최고지휘권을 분담했다. 삼아의 온전한 명칭은 전전도지휘사사殿前都指揮使司, 시위친군마군도지휘사사侍衛親軍馬軍都指揮使司, 시위친군보군

도지휘사사(侍衛親軍步軍都指揮使司)이다. 삼아는 모두 도지휘사사가 장관이었고 지위는 추밀원보다 낮았다. 추밀원과 삼아는 군대 동원권과 군대 관할권을 분담하며 상호 견제했다. 장수가 평소에 직접 관할하는 부대가 있더라도 전시에는 황제가 다른 장수를 파견하여 군사를 이끌고 출전하게 했다. 그리고 전쟁이 끝난 후에는 병력을 삼아로 귀속시켜야 했다.

이에 대해 송나라 사람들은 이렇게 진술했다. "열성조의 군대 제어 방법을 살펴보면 천하 각 지방의 군대는 추밀원에 뿌리를 두고 있었다. 추밀원은 군사를 동원할 권한은 갖고 있었지만 군사를 직접 장악하는 중임은 갖고 있지 못했다. 중앙 도성의 군대는 삼아의 장수에게 매여 있었다. 삼아는 군사를 직접 장악하는 중임은 갖고 있었지만 군사를 동원할 권한은 갖지 못했다. 상하가 서로 매여 있었기 때문에 마음대로 전횡할 수 없었다. 이것이 바로 130여 년간 병란이 없었던 까닭이다."[534] 이러한 제도는 당나라 때 번진藩鎭 할거로 초래된 병화를 없애고 사회 안정을 보장하는 측면에서 확실히 크게 공헌했지만 동시에 상호 견제가 심해 군사적 효율이 떨어지는 폐단을 낳았다.

송나라 군대는 금병禁兵, 상병廂兵과 향병鄕兵, 변경지구의 번병蕃兵 세 종류가 있었다. 금병은 국가의 정규군으로 도성을 수비하면서 정벌 및 변경과 지방을 지키는 임무를 맡았다. 상병은 지방군이었지만 기실 전문적으로 노역을 담당하는 부대였다. 이 부대는 각 주州와 일부 중앙기구에 분속되어 축성, 도로 수리, 운수 등의 임무를 맡았고 대부분 훈련을 받지 않았다. 향병은 민병民兵으로 비정규 지방군이었지만 일부 지역 향병은 경계 내의 땅을 지켜야 했기 때문에 비교적 강력한 전투력을 보유했다.

송나라의 금병과 상병은 모두 모병제로 운영되었다. 모병 단계에서 건장한 자는 금병으로 뽑혔고 왜소한 자는 상병으로 뽑혔다. 모병에 선발된 이후에는 가족을 병영에 데리고 있을 수 있지만 본인은 반드시 얼굴이나 팔뚝에 먹물로 병졸 표시를 해야 했다. 그리고 중도에 전역할 수 없었으므로 기실 종신 복역제인 셈이었다. 병력에 결원이 생기면 그 자제들 중에서 보충병을 선발했고, 도망가거나 범죄를 저지르면 지극히 엄중한 처벌을 받았다. 매번 흉년이나 가뭄이 들 때마다 파산한 농민을 대거 모집했기 때문에 송나라 때 쓸데없는 군사들에게 군비軍費를 낭비해야 했을 뿐 아니라 흔히 도적떼까지 군사로 받아들였다. 심지어 군사가 부족할 때는 범죄자도 병력 조달원의 하나로 활용되었다. 따라서 송나라 군사들의 자질은 매우 낮은 편이었다.

명나라 군사제도도 상당히 독창적이었다. 군대의 편제는 위소제衛所制를 채택했다. 황제가 군대의 대권을 독점한 기초 위에서 전국 각 요지에 위소衛所를 설치했다. 하나의 주州에는 소所를 설치했고 여러 주를 합하여 위衛를 설치했는데, 1위는 5,600명 정도였다. 소所는 천호소千戶所와 백호소百戶所로 나눠서 각각 1,000여 명과 100여 명의 군사를 거느렸다. 전국 군대는 모두 이 제도에 따라 위소로 배속되었고, 각 위소의 관병은 소재지 도지휘사사都指揮使司에 나뉘어 배치되었다. 또 도지휘사사는 중앙의 5군, 즉 중군, 좌군, 우군, 전군, 후군 도독부에 배속되었다. 도독부는 최고군사기관으로 전국 위소의 병적을 관장했다. 그러나 정벌, 방어, 훈련 등을 시행할 때는 병부兵部의 명령에 따랐다. 전쟁이 일어나면 병부에서 황제의 뜻에 따라 군사를 이동시키고 영병관領兵官을 임명하여 위소에서

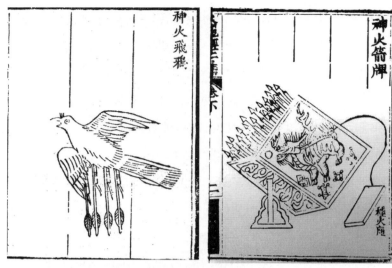

그림 15 명대 군사 무기를 모은 『화룡경』에 실린 '신화비아', '화룡부편' 그림

출병한 군사를 거느리고 출정하도록 했다. 전쟁이 끝나면 영병관은 조정의 자기 직책으로 귀환했고, 군사들은 각각 자신의 위소로 돌아갔다. 이 제도는 군사 통수권과 군사 이동권을 분리해 대장의 전횡과 반란을 방지하고, 황제와 조정의 전국 군사 통제권을 보장해줬다.

명나라 군대는 경군京軍, 지방군, 변병邊兵 세 부분으로 구성되어 있었다. 경군은 전국 군대의 정예병으로 평소에는 도성을 보위하고 전시에는 전투 주력군으로 활동했다. 명 성조成祖 때는 경군에 72위가 배속되어 있었고 또 정식으로 5군, 삼천三千, 신기神機 3대 군영을 설치했다. 평소에 5군영은 진법을 전문적으로 연습했고, 삼천영은 주로 순찰을 돌았으며, 신기영은 화기를 다뤘다(그림 15). 지방군은 각지의 위군衛軍이 되어 내륙의 각 군사 거점에 배치되었다. 변병은 동쪽 압록강에서 서쪽 가욕관嘉峪

關까지 아홉 곳의 군사 거점에 배치되었는데, 이를 '구변九邊'이라 불렀고 각각 총병관總兵官을 설치하여 관할했다. 이 밖에 민병은 정식 병적 이외의 군사들로 지방의 치안을 유지하는 무장 병력이었다.

위소의 병력은 세병제世兵制로 조달되었으므로 병졸과 무관 모두 세습되었다. 어떤 사람이 병적에 편입되면 군호軍戶라 칭해져 지방 행정장관이 아니라 도독부의 관리를 받았다. 아버지가 죽으면 아들이 병적을 세습하여 대대로 군인이 되었다. 명대 병졸은 사회적 지위가 아주 낮아서 항상 범죄자 패거리에 가담하곤 했으며 자질도 형편없어서 도망병이 끊임없이 발생했다. 이 때문에 명나라 중기 이후에는 모병제를 실시했고, 이들이 점차 명나라 주력군이 되었다. 그러나 모병제는 병력 양성에 막대한 경비가 소모되어 국고 지출이 나날이 늘어났고 결국 국력이 고갈되는 상황에 이르고 말았다.

청나라 전기에는 중앙에 군기처軍機處를 설치하여 군사 대권을 장악하고 황제의 뜻에 따라 군사 업무를 처리했다. 청나라 군대는 팔기병八旗兵과 녹영병綠營兵으로 구성되어 있었다. 팔기는 정황正黃, 양황鑲黃, 정백正白, 양백鑲白, 정홍正紅, 양홍鑲紅, 정람正藍, 양람鑲藍 등 여덟 가지 색깔의 깃발을 표지로 삼았다. '기旗'는 본래 만주족 전통의 '병민합일兵民合一' 사회조직으로 군사, 정치, 경제 등의 부문을 겸유하는 직능을 갖고 있었다. 팔기에는 각각 기주旗主가 있어서 모두 그 직위를 세습했다. 청 태종은 또 몽골팔기蒙古八旗와 한군팔기漢軍八旗를 증설했다. 중국 전역을 통일한 후에는 팔기가 생산활동에는 종사하지 않는 완전한 군사조직이 되어 기주가 아닌 국가에 직속되었다. 또 경영팔기京營八旗(정황, 정백, 양황 3기가 담당함)와 주방팔기駐防八旗로 나누고 후자를 전국 요충지에 분산 주둔시켜 지방을 진무하는 군대로 삼았다. 녹영병은 명나라의 위소제를 참조하여 모집한 한족 군사로, 녹기綠旗(녹색 깃발)를 표지로 삼았다. 군영을 군사조직의 기본 단위로 삼았고 기병, 보병, 수병守兵으로 나뉘었다. 녹영병의 장수는 병부에서 선임했으며 모든 성省에 녹영진綠營鎭이 여러 곳 있었다. 녹영의 주장主將은 총병總兵으로 칭했고, 총병 위에는 제독提督이 있어서 한 성 또는 여러 성 각 녹영진의 총병을 제어했다. 순무巡撫와 총독總督에게는 제독을 통솔하는 권한이 부여되었다.

만주팔기는 기사騎射를 장長으로 삼았는데 평평한 들판에서 적진을 돌파할 때 뛰어난 전투력을 발휘했다. 한군팔기는 화기 사용에 뛰어나서 견고한 성을 공격하고 수상에서 작전을 펼칠 때 많은 전공을 세웠다. 그러나 팔기병은 청 왕조의 건국과 공고화에 막대한 공을 세웠기 때문에 황실에서는 만주팔기를 우대하는 정책을 펴서 각 부문에서 모두 그들에게 특별 혜택을 베풀었다. 이후 팔기병은 점점 전투력을 상실하여 강희제가 삼번三藩의 난을 평정한 이후로는 팔기병이 녹영병에 의지하는 현상이 나날이 강화되었고, 이로써 청나라 군대에서 누리던 전략적 주력군의 지위도 녹영병에 대체되었다.

[생각거리]

1. 『손자병법』에 포함된 군사사상의 요점과 역사적 가치

2. 당나라가 동돌궐을 멸망시킨 전쟁의 돌연성突然性

3. 중국 고대 징병제의 변천을 논술하라.

[참고자료]

1. 『중국군사사』 제2권(兵略), 解放軍出版社, 1987.
2. 『중국군사사』 제3권(兵制), 解放軍出版社, 1987.
3. 『중국군사사』 제4권(兵法), 解放軍出版社, 1988.

중국 고대의 풍부하고 다채로운 사회생활

〔 9강 〕

'사회생활'은 의미가 풍부한 개념으로 보통 광의와 협의 두 가지 견해가 포함되어 있다. 광의의 사회생활은 사회의 모든 물질활동과 정신활동을 가리킨다. 협의의 사회생활은 인간의 일상생활 중에서도 주로 의衣, 식食, 주住, 행行(교통, 여행)과 사회 일반의 취향 등을 가리킨다.

중국은 옛날부터 사회생활의 전통적인 정서를 중시했다. 예컨대 춘추 시대 공자가 정리한 『시경』, 역대 정사 속의 「지志」와 「서書」 및 이를 본뜬 전문적인 사서史書에는 모두 각 역사 시기에 활동한 상이한 계층의 물질 생활과 정신생활 자료가 담겨 있다. 즉 이들 사서에는 각 고을의 분포와 이동, 사회조직, 의식주행, 노동 상황, 남녀 혼인, 제사 활동, 풍속과 예법, 오락과 교육 등의 활동이 모두 반영되어 있다. 신해혁명辛亥革命을 전후하여 근대적이고 과학적인 의미의 사회생활사 연구가 시작되었고, 이후 수십 년간 고대 생활사에 관한 전문 저작과 논문, 사회생활사 관련 자료 정리 성과물이 다량 출간되었다. 사회생활사 연구는 1930~1940년대의 중요한 학술 현상 중 하나였다. 사람들은 이러한 연구 성과에서 근대 과학 이론과 방법을 빌려와 원시자료나 새로 출토된 자료를 바탕으로 고대의 사회생활, 특히 인민 대중의 사회생활의 본모습을 복원하여 역사에 대한 사람들의 인식을 심화하려고 시도했다.

① 상고시대의 인류 생활

원시 인류는 험난한 자연환경과 마주해 어떻게 생존을 유지하고 발전해왔을까? 이것은 각종 신화와 전설의 주제다. 중국도 예외는 아니다. 전설에 따르면 최초 인류는 동굴에서 거주하거나 나무 위에서 살면서 채소나 과일을 생식하고 짐승의 고기를 먹었다고 한다. 그러다가 수인씨燧人氏가 나무를 마찰시켜 불을 얻어서 사람들에게 음식을 익혀먹는 방법을 가르쳤다고 한다. 이러한 전설은 상고시대 인류의 실제 생활과 기본적으로 일치한다. 고고학적 발견을 보더라도 지금부터 71만 년에서 23만 년에 이르는 구석기시대 초기에 베이징 저우커우뎬周口店 일대에서 생활한 상고 인류가 불을 사용하기 시작했음을 알 수 있다. 그들은 초본식물, 관목과 교목의 잎 그리고 나뭇가지를 연료로 삼아 자연에서 채취한 불씨를 장기적으로 보존하며 음식을 익히고, 난방을 하고, 어둠을 밝히고, 추위를 막고, 야수의 침입을 방비했다. 당시 사람들은 돌망치로 돌을 깨는 방법으로 간단한 석기를 만들었다.

그러나 이러한 도구로는 근본적으로 육식 맹수에 대항할 수 없었기에 오직 사슴 따위와 같은 초식동물만 포획할 수 있었다. 따라서 그들이 얻을 수 있는 육류는 매우 제한적일 수밖에 없었다. 베이징원인들이 먹거리를 얻는 주요 수단은 채집이었고, 팽나무 열매가 그들의 주요 먹거리였다. 이 밖에도 호두나무, 가래나무[楸], 상수리나무[櫟], 개암나무[榛], 장미薔薇, 갈매나무[鼠李], 소나무[松], 느릅나무[榆] 등의 씨앗과 잎을 먹었고 볏과[禾本科], 콩과 식물의 줄기와 열매를 먹었다. 당시에는 부모와 자녀, 조부모와 자손 간의 관계만 제외하고는 같은 세대 남녀 간에 군혼群婚이 행해졌고, 혈연관계에 있는 형제자매도 서로 부부가 될 수 있었다.

중국 사회는 지금부터 대략 4만~5만 년 전후에 구석기시대 말기로 진입했다. 이때에 이르러 사회생활이 비교적 크게 발전하여 석기 제작 기술도 뚜렷하게 진보했다. 이 때문에 사냥돌[石球]을 많이 만들어 수렵에 이용함으로써 수렵이 먹거리를 얻는 주요 수단이 되었으며 이미 인공으로 불을 얻는 방법까지 습득했다. 같은 어머니에게서 태어난 형제자매 및 방계 형제자매의 혼인은 배제하면서 상이한 군체群體 간의 같은 세대 남녀들이 서로 부부가 되는 군혼제群婚制가 행해졌다. 군체 규모는 보통 30~50명 사이였다. 공동으로 혼인생활을 하는 남녀는 살아서는 각자 출생한 군체 속에서 생활하다가 죽으면 각자 출생한 군체의 공동묘지에 묻혔다. 태어난 자녀들은 모두 모친의 군체에 속했다. 군체 사이에 비교적 느슨한 관계가 형성되기 시작했다.

지금부터 약 1만 년 전에 중국 사회는 구석기시대에서 신석기시대로 넘어갔다. 신석기시대는 지금부터 1만 년 전에 시작되어 약 4,000년 전에 끝났으므로 역사가 6,000여 년 되었다. 그중에서 전기 4,000년이 모계 씨족사회의 번성기였다. 모계 씨족사회의 경제생활에서는 수렵채취가 여전히 중요한 지위를 점했지만 이때 이미 농업이 발명되었다. 게다가 자연조건의 차이에 따라 황하 중하류 지방은 조와 기장 재배 발원지가 되었고, 장강 하류 지역은 벼 재배 발원지가 되었다. 경작하고, 수확하고, 가공하는 데 필요한 3대 농기구도 이미 기본적으로 갖춰졌고 돌, 뼈, 조개껍질, 나무로 제작한 농기구 수량이 수렵 도구를 초과하여 당시 주요 생산도구로 자리 잡았다. 가축 사육업도 출현하여 발전했는데 당시 사람들은 돼지, 개, 닭, 소 등을 두루 길렀다. 도기陶器도 발명되었다. 완碗(주발), 발鉢(사발), 분盆(동이), 관罐(단지), 옹甕(독), 우盂(바리), 항缸(항아리), 소구첨저기小口尖底器, 소구평저기小口平底器, 대구첨저기大口尖底器 등 다양한 도구가 제작되어 음식기, 저장기, 수기水器, 취사도구 등 여러 유형으로 쓰였다. 당시 도기 가마의 온도가 900도에서 1,000도 사이여서 산화작용이 일어났기 때문에 구워낸 도기는 홍색을 띠었고, 표면 도안은 흑색으로 그렸다. 이런 도기를 채도彩陶라 한다. 직물 짜기[編織] 기술도 상당한 수준에 도달하여 빗금형[斜紋纏結], 바둑판형[基盤格], 체크무늬[間格紋] 등 다양한 방법을 사용했다.

모계 씨족사회의 거주 집단은 방 단위, 집 단위, 촌락 세 등급으로 나눌 수 있다. 촌락 인구는 300명 내외였다.[535] 각 촌락에는 모두 거주 지역과 분묘 지역이 있었고, 도요陶窯 지역이 설치된 곳도 있었다. 촌락 거주 지역 중앙에는 큰 광장이 있었으며 그 주위에 광장을 향해 문을 낸 가옥이 분포해 있었다. 가옥은 몇 개 그룹으로 나눌 수 있다. 전체 촌락은 혈연관계의 군체로 구성되었고, 그중 한 집 단위 구성원의 관계가 다른 집 단위 구성원의 관계보다 혈연적으로 훨씬 가까웠다. 그리고 각각의 방 단위 구성원의 관계는 혈연적으로 더욱 가까운 사람들이 모여 살았고, 작은 방에 거주하는 사람은 하나의 가정을 이뤘는데, 여성 한 사람과 그녀의 자식 및 그녀와 혼인한 외부 씨족 남자로 구성되었다. 분묘 지역과 거주 지역을 갖춘 촌락, 집 단위, 방 단위 세 단계 구성원은 자신의 조직에 상응하는 묘지, 분묘, 합장묘 세 단계 장묘 구조를 갖고 있었다. 합장묘 몇 개가 합쳐져서 하나의 큰 분묘군을 이루었고, 큰 분묘군 몇 개가 합쳐져서 한 촌락의 묘지를 이루었다. 남녀는 죽은 뒤 여전히 각각 자신의 씨족 묘지에 묻혔다.

신석기시대 이후 2,000여 년 동안, 즉 지금부터 6,000년에서 4,000년 사이에 고대사회에 역사적으로 가장 큰 변화가 일어났다. 이 시기를 전후하여 황하와 장강 유역 씨족 부락이 모계 씨족사회에서 부계 씨족사회로 변화했다. 부계 씨족사회에서는 농업이 사회 생산의 주요 수단이 되었다. 농업 생산도구인 대형 돌삽[石鏟]이 석기 제작 기술의 정점에 도달했고, 강남 지역에는 쟁기, 파토기破土器, 김매기 도구가 출현하여 농업 생산량이 크게 늘어났다. 농업 생산의 안정적인 증가와 상응하여 가축 사육도 왕성하게 발전했다. 전통적으로 육축六畜이라고 일컫는 말, 소, 양, 닭, 개, 돼지가 이 시기에 모두 사육되었다.

도기 종류와 모양도 갈수록 더 복잡하게 변했다. 규鬹(돼지 모양의 술 담는 용기), 가斝(두 귀가 있는 세 발 술잔), 격鬲(굽은 세 발 술잔), 언甗(세 발 시루), 정鼎(귀 둘 달린 세 발 솥), 두豆(굽이 높고 뚜껑 있는 목제 식기), 관罐, 우盂, 화盉

(술을 담는 주전자 모양의 용기), 분盆, 완碗, 호壺(호리병), 배杯(대접 모양의 보통 술잔), 옹甕 등이 모두 갖춰졌고 재질도 단단해졌다. 색깔은 일반적으로 회색과 흑색이었다. '단각흑도배蛋殼黑陶杯'로 대표되는 정교하고 아름다운 도기도 출현했다. 칠기와 목기 제작도 상당한 수준에 도달했고, 목공 도구로 쓰이는 돌도끼[石斧], 돌자귀[石錛], 돌끌[石鑿] 등도 정교하게 갈아져 날카롭고 실용적으로 발전했다. 당시에 이미 돌판 자르기, 평평하게 깎기, 자루 달기, 석기 갈기 등 가공 기술을 능숙하게 구사했다. 또 목기를 화려하게 장식하려고 목기에다 채색 꽃무늬를 그려 넣었다. 이 시기의 방직품은 마직품麻織品과 사직품絲織品 두 종류로 나뉜다. 삼베 씨줄과 날줄의 밀도는 모계 씨족사회의 평균인 1㎠당 12×12줄 내외에서 30×30줄 내외로 치밀해졌다. 옥기玉器와 동기銅器도 다량 나타났다.

부계 씨족사회에서 사회 거주 단위는 표면적으로 방 단위, 집 단위, 촌락 세 단계로 드러나 있지만 그 내용은 질적으로 변화되고 있었다. 먼저 가옥들의 중앙지향식 폐쇄 구조가 바뀌기 시작했다. 본래 중앙광장이 수행해온 기능과 역할이 취락 내의 대형 사당과 그 주위 광장으로 대체되었다. 가옥은 대부분 배열형으로 바뀌어 옆으로 가지런하게 늘어선 대형 가옥군이 나타났는데, 이것을 하나의 대가족 거주 지역으로 간주할 수 있다. 각 대가족은 또 몇몇 대가정으로 나뉘고, 각 대가정은 두세 칸으로 연결된 작은 가옥이나 그 인근의 단칸방에 거주했다. 단칸방의 존재는 대가정 내에서 일부 결혼한 자녀가 상대적으로 독립생활을 했다는 사실을 밝혀준다. 서로 이웃한 일부 대형 가옥군은 하나의 종족 군체를 이루었다.

분묘 지역도 가족 단위에 따라 구역이 나뉘기 시작했다. 한 줄 또는 한 무리로 이루어진 분묘는 하나의 가족 분묘군을 형성했고, 몇 개 가족 분묘군이 합쳐져 종족 공동묘지를 형성했다. 특히 주의할 만한 사실은 촌락 내부의 손윗사람과 각 가족 구성원 사이에서 지위와 재산이 현격하게 달라졌고, 부락과 부락 사이에도 차이가 생겨나기 시작했다는 점이다. 원래 대체로 평등했던 농경 취락은 초보적 분화를 겪으며 불평등 구조 중심의 취락 형태로 발전했다. 일부 취락 주민은 경제적 재산이나 사회적 지위가 모두 다른 취락을 능가했고, 그 지도자들도 자기 취락 주민뿐 아니라 다른 취락 주민까지 통치했다.[536] 몇몇 중심 취락에는 심지어 성읍城邑까지 나타났다. 대체로 기원전 3000년을 전후한 시기부터 기원전 2000년까지 황하와 장강 및 기타 지역에 판축 토성이나 석성으로 둘러싸인 수많은 성읍이 계속 출현했다. 성읍의 출현으로 기존 취락의 면모가 일변하여 이른바 '만국이 수풀처럼 병립하는(萬邦林立)' 현상이 나타났다. 전설에 따르면 당시에 부락연맹 형태가 나타나 만국 간의 관계를 조정하기 시작했다고 한다.

부계 씨족시대에는 자고이래로 자연 숭배, 토템 숭배, 조상 숭배와 같은 갖가지 신앙이 출현함에 따라 씨족 단위의 전통과 관습이 형성되기 시작했다. 이러한 전통과 관습은 취락과 취락 간의 왕래가 증가하면서 초보적으로 융합되는 모습을 보였다. 하늘과 땅 그리고 부계 조상에 제사를 올리는 활동이 사회생활 속에서 갈수록 더 중요한 의미를 지니게 되었다. 황하와 장강 유역, 심지어 그 주변 지역에서도 모두 이 시기에 대형 제단이 출현했다.

② 하 · 상 · 주시대의 사회생활

하·상·주의 왕조 교체는 이 책 2강에서 서술했으므로 여기에서 다시 서술하지 않겠다.

하·상시대 도시는 왕조와 각 제후국의 정치적 중심이면서 군사적 보루였다. 정권 담당자들은 각 도시에 방어시설을 설치하거나 높은 성벽을 구축하거나 거대한 해자를 파거나 천연 장벽을 이용하여 도시를 지켰다. 도시 내에서 가장 중요한 건축물은 귀족들이 거주하는 궁전과 조상신에게 제사를 올리는 종묘였다. 도시 내의 거주민은 모두 종족끼리 모여 살았고, 종족끼리 장례를 치르며 종족사회의 특징을 드러냈다. 도시 내에는 수공업 구역도 설치되어 분업이 세밀하게 이뤄졌다.

하·상시대 혼인제도는 일부일처제가 주류였지만 귀족 중에는 일부다처 현상이 매우 보편적이었다. 귀족들이 정치적 연대를 하려고 혼인을 수단으로 삼는 특징도 매우 뚜렷하게 나타났다. 하·상 왕조와 귀족 제후국은 항상 정치적 혼맥을 이뤄 다른 제후국의 딸을 아내로 맞고 본국의 딸을 외부 제후국으로 시집보냈다.

하·상시대 음식 용기는 크게 취사도구, 음용도구, 식기 세 종류로 나눌 수 있다. 취사도구로는 주로 격鬲, 정鼎, 언甗(세 발 시루), 관罐, 증甑 등이 있는데, 이런 도구를 이용하여 음식을 삶고 쪘다. 음용도구로는 가斝, 작爵(참새 부리 모양의 세 발 술잔), 화盉, 고觚(몸체는 가늘고 입은 나팔 모양인 술잔), 배杯 등이 있었는데 대부분 술을 마시는 용도로 썼다. 식기로는 주로 궤簋(원통 모양의 뚜껑 있는 제기), 두豆, 발鉢 등이 있었다. 하나라시대에는 대부분 도기를 썼고, 상나라시대에는 주로 청동기를 썼다. 당시 사람들은 음식을 먹을 때 주로 도구로 집어먹는 방식을 썼다. 숟가락[匕], 국자[勺], 젓가락[箸]이 비교적 흔한 도구였다. 상나라의 주요 곡식으로는 조, 기장, 보리, 벼 등이 있었다. 육류는 두 종류가 있었다. 첫째는 가축으로 소, 양, 돼지, 개, 말, 닭 등이었고, 둘째는 사냥으로 잡은 야생동물이었다. 음주가 성행한 것이 상나라 사회생활의 주요 특징이었다. 위로는 상나라 임금부터 아래로는 신하들에 이르기까지 각급 귀족들은 모두 음주를 즐겼다. 음주에 빠져 정치를 돌보지 않은 것이 상 왕조가 부패하여 패망한 주요 원인의 하나였다.

하나라 사람과 상나라 사람은 특히 천신天神을 숭배했다. 그들은 현실 세계를 '아래[下]' 세상으로 여겼고, 신의 세계를 '위[上]'의 세계로 일컬었다. 위의 세계에는 '제帝' 또는 '상제上帝'로 불리는 최고신이 있어서 그가 해[日], 달[月], 별[星辰], 바람[風], 구름[雲], 천둥[雷], 비[雨] 등 하늘의 여러 신과 흙[土], 땅[地], 산山, 내[川] 등 지상의 여러 신을 통솔하는 등 자연의 운행을 지배하고 인간의 화복을 주재하는 능력을 갖고 있는 것으로 인식했다. 상나라 사람들은 또 항상 거북점으로 신의 뜻을 물었다. 생·노·병·사, 전쟁 참가 및 후퇴, 도시 건설과 관리 임용, 사냥과 경작, 혼인, 천신과 조상신 제사 등 사안의 대소에 관계없이 모두 점을 쳐서 천신의 뜻을 탐색한 후 어떻게 행동할지 결정했다. 조상의 영혼들도 사후에 화복을 내려주는 것으로 인식했지만 그들은 단지 상제와 상나라 왕 사이의 중재자에 불과해서 그 지위는 상제만큼 중요하지 않은 것으로 생각했다.

서주西周시대 국가 형태는 주나라 왕실과 지방 제후국의 불평등 연맹이었다. 하·상시대와 상이한 점은 서주 연맹이 대부분 가족 분봉의 기반 위에 자리 잡아서 서로 친척이나 인척관계에 있었다는 것이다. 이 때문에 상나라 때의 비혈연 연맹에 비해 더욱 밀접하고 공고한 특징을 보였다.

도시는 여전히 주나라 왕실과 각 제후국의 정치, 군사, 문화 중심지였다. 주 왕실과 각 제후국의 수직 관계 및 각 제후국 간의 수평 관계에 따라 서주시대 도시 건설은 상대적 통일성을 보이면서 등급이 비교적 분명했다. 규모로 따져보면 천자의 도성이 제후들의 그것보다 컸고 제후의 도성도 등급 구별이 있었다. 귀족과 경대부卿大夫의 봉읍封邑 규모는 도성보다 작아야 했다. 궁궐과 종묘는 도시의 주체 건물이었으므로 '나라의 중심을 선택하여 궁궐을 짓고, 궁궐의 중심을 선택하여 종묘를 짓는' 원칙을 준수해야 했다. 도시에는 모두 수공업 구역이 있어서 상업 활동이 비교적 활발했다.

서주의 혼인 형태는 하·상의 그것과 본질적인 구별이 없었다. 상이한 점은 서주의 혼인은 예제禮制에 맞추어 진행되었기 때문에 일련의 약속된 의례를 행했다는 사실이다. 이 점은 이 책 2강에서 소개했으므로 여기에서는 생략한다.

서주의 복식은 재질, 모양, 치수, 색깔, 무늬 등으로 등급과 귀천의 차이를 표현했다. 천자, 제후, 경대부 예복에는 엄격한 등급 규정이 있었다. 흔히 입는 옷으로는 주로 현단玄端[537)과 심의深衣[538) 두 종류가 있었는데 현단은 상의와 하의가 연결되지 않은 옷으로 천자에서 사士까지 입을 수 있었다. 심의는 상의와 하의가 연결된 옷으로 천자에서 서민까지 모두 입을 수 있었다.

주나라시대에는 음식에도 의례의 특징이 짙게 배어서 각종 모임이나 행사 때의 음식에 모두 상세하고 구체적인 규정이 있었다. 음주 부문에서 주나라 사람들은 비교적 절제된 모습을 보였다. 주나라 초기에는 금주 조치를 엄격히 시행하여 백성에게 강제로 술을 끊게 했다. 그러나 서주 중기 이후로는 금주 정책이 완화되어 사회적으로 음주 기풍이 점차 성행하게 되었다.

③ 춘추전국시대 사회생활의 변화

춘추전국시대는 중국 고대사회의 대변혁기였다. 이 시기에 도시에서 아주 큰 변화가 일어났다. 춘추시대에는 도시 숫자가 뚜렷하게 증가하여 성을 쌓아 도시를 건설한 기록이 끊이지 않고 등장한다. 국토는 좁고 국력도 그저 그랬던 노魯나라만 해도 은공隱公에서 애공哀公까지 200여 년 동안 『춘추』와 『좌전』에 기록된 성곽 건설, 성곽 수리, 성곽 확장 사례가 20여 차례나 된다. 이를 근거로 큰 제후국의 성곽 건설 상황도 미루어 짐작할 수 있다. 성읍의 증가는 정치 활동, 군사 활동, 문화생활이 몇몇 핵심 도시에만 한정되지 않았다는 사실을 드러내준다. 춘추시대의 도시 계획과 도시 배치에는 다양화의 특징이 드러나기 시작했다. 어떤 도시는 서주시대의 옛 제도를 답습했고, 어떤 도시는 예제의 구속을 벗어던졌다.

전국시대에도 도시 숫자가 더욱 늘었고 도시 경제 기능도 전에 비해 현저히 증가했다. 조趙나라의 한단邯鄲(지금의 허베이성 한단), 인藺(지금의 산시성 리스離石 서쪽), 제齊나라의 즉묵卽墨(지금의 산둥성 핑두平度 동남), 안양安陽

(지금의 산둥성 차오현曹縣 동쪽), 설薛(지금의 산둥성 텅현滕縣 동남), 연燕나라의 하도下都(지금의 허베이성 이현易縣), 탁涿(지금의 허베이성 쥐현涿縣), 계薊(지금의 베이징시 서남), 위魏나라의 대량大梁(지금의 허난성 카이펑開封), 안읍安邑(지금의 산시성 샤현夏縣 서북), 온溫(지금의 허난성 원현溫縣 서남), 지軹(지금의 허난성 지위안濟源 동남), 한韓나라의 정鄭(지금의 허난성 신정新鄭), 양적陽翟(지금의 허난성 위현禹縣), 형양榮陽(지금의 허난성 싱양榮陽 동북), 둔류屯留(지금의 산시성 툰류屯留 남쪽), 장자長子(지금의 산시성 장쯔長子 서남), 초楚나라의 영郢(지금의 후베이성 장링江陵 지난성紀南城), 완宛(지금의 허난성 난양南陽), 수춘壽春(지금의 안후이성 서우현壽縣), 진陳(지금의 허난성 화이양淮陽), 월越나라의 오吳(지금의 장쑤성 쑤저우蘇州), 송宋나라의 도읍陶邑(지금의 산둥성 딩타오定陶 북쪽), 위衛나라의 복양濮陽(지금의 허난성 푸양濮陽 남쪽), 진秦나라의 옹雍(지금의 샤안시성 펑샹鳳翔 남쪽), 함양咸陽(지금의 샤안시성 셴양咸陽 동북), 역양櫟陽(지금의 샤안시성 린퉁臨潼 북쪽), 주나라 왕실의 낙양雒陽(지금의 허난성 뤄양洛陽) 등이 모두 유명한 대도시 겸 상업도시였다.[539] 당시에 제후국의 도성이 아닌 몇몇 도시 규모도 춘추 제후국의 도성 규모를 능가했다.

전국시대의 도시에는 상업 지역이 있고 시장 사방으로 시문市門이 설치되어 있었는데 새벽에 문을 열고 밤늦게 문을 닫았다. 제나라 도성 임치는 전국시대에 규모가 가장 크고 번화한 상업 도시였다. 종횡가 소진蘇秦은 임치의 번화한 풍경을 이렇게 묘사했다. 임치 성안에는 민가가 7만 호 있고 성년 남자는 21만 명 있었다. 시민들은 유유자적하며 "모두들 우竽를 불고, 슬瑟을 타고, 축筑을 켜고, 금琴을 튕기고, 닭싸움을 하고, 개 경주를 하고, 쌍륙 놀이를 하고, 축국 놀이를 했다."[540] 음악과 유희 등 오락 활동이 풍부하고 다채로웠음을 알 수 있다. 또 큰길을 왕래하는 수레도 아주 많아서 항상 수레바퀴가 서로 부딪쳤으며, 거리에도 사람들이 인산인해를 이뤄 견딜 수 없을 정도로 복잡했다. 따라서 "옷섶이 이어져 휘장을 이루고, 소매를 들어 올리면 장막이 될 정도였으며, 땀이 흘러내려 비가 내리는 것 같았다."[541]

춘추전국시대에는 시골에도 끊임없는 변화가 발생했다. 인구 증가, 철제 농기구의 광범위한 보급 및 농경 기술의 진보에 따라 과거에는 야만의 땅으로 비천시되었던 도시 교외 지역도 점차 번영을 누리기 시작했고 심지어 어떤 곳은 신흥 상업도시로 성장했다. 황야도 계속 개간되어 새로운 거주민이 끊임없이 출현했다. 시골 지역에 대한 통제를 강화하려고 각 제후국에서는 점차 현제縣制를 시행했다. 본래 시골이었던 지역이나 멸망시킨 이웃 나라에도 필요에 따라 현縣을 설치했다. 현은 농촌 관리를 위주로 설치된 기초 행정단위였다. 전국시대에는 현을 기반으로 군郡을 설치했다. 이에 따라 군현양급제郡縣兩級制란 지방조직이 형성되었다. 일정한 토지를 점유하고 주로 농업 생산에 종사하는 동시에 가내수공업을 경영하는 자영농이 농촌의 주요 노동자가 되었다.

춘추시대의 혼인 형태는 여전히 '동성불혼同姓不婚' 원칙을 준수했다. 제후와 경대부는 모두 동일한 등급 안에서 타성 여자를 아내로 맞았다. 천자는 제후에게 구혼했고, 왕실의 딸들도 대부분 제후에게 출가시켰다. 사士 이하 평민 가정은 대부분 일부일처제를 유지했다. 혼인 연령은 남자가 통상 20~30세였고, 여자는 15~20세였다. 당시에 여자가 시집에서 내쫓기는 현상도 비교적 보편적이었고 쫓겨난 여자가 재혼하는 일도 아주 흔했다.

지리와 기후 차이 및 정치적 다원화 그리고 사치와 검약 풍조의 상이함 때문에 춘추전국시대의 복식에는 일정한 지역성과 다양성의 특징이 뚜렷하게 나타났다. 이 시기 복식의 가장 큰 변화로는 먼저 전국시대 조나라 무령왕武靈王의 호복胡服 착용을 들 수 있다. 기원전 307년 무령왕은 신료들의 반대를 물리치고 의연히 군사 개혁을 진행하면서 군복을 동호東胡, 임호林胡, 누번樓煩 등 유목민족의 복장으로 바꾸라고 명령했다. 그리하여 조나라 군대는 옷자락이 짧은 옷을 입고, 허리에 혁대를 매고, 혁대 고리를 채우고, 가죽신을 신게 되었다. 이 복장은 나중에 상부 계층 전체로 퍼져나갔다.

춘추전국시대에는 귀족들의 음식 생활에 의례화의 특징이 매우 농후했다. 청동으로 제작한 음식 용기는 쇠락하기 시작했고, 칠기漆器가 일상 생활 각 부문으로 광범위하게 보급되었다. 당시 칠기는 매우 정밀하게 제작되어 형태가 정교했고 색깔도 선명했으며, 무늬도 다채로워 수려한 아름다움을 드러냈다. 다양한 형태와 색깔의 칠기는 당시 음식 생활에 청신한 분위기를 제공했다.

춘추전국시대에는 또 피비린내와 화염이 가득해서 전투 기술과 용맹성을 광범위하게 숭상했다. 1년 중 농한기가 되면 춘토春蒐, 하묘夏苗, 추미秋彌, 동수冬狩라는 사냥 겸 군사훈련을 했다. 『춘추곡량전春秋穀梁傳』의 기록을 요약하면 대략 다음과 같다. 사냥할 때 군사훈련을 하는 것은 의례 중에서 큰일에 속한다. 풀을 땅에 꽂아놓고 사냥의 경계로 삼는다. 사냥할 때는 그 경계를 넘어서는 안 된다. 병거를 꼿꼿이 세워 당당하게 보이게 한 뒤 그곳에 큰 깃발을 꽂아 원문轅門(병영의 대문)으로 삼는다. 원문 크기는 병거의 두 축을 원문 양쪽에서 각각 네 치[寸] 정도 떨어지게 한다. 사냥 도중 만약 어떤 병사가 모는 수레의 축이 원문과 부딪치면 원문 내에서 사냥할 자격을 잃게 된다. 왜냐하면 병거를 모는 능력이 모자라기 때문이다. 사냥할 때는 요구사항이 많았다. 병거를 몰 때 병거가 일으키는 먼지가 수레바퀴 자국 밖으로 날려서는 안 된다. 말을 치달릴 때 네 발굽이 서로 호응해야 하고 속도도 적당해야 한다. 수레를 모는 사람이 절도를 잃지 않아야 화살을 쏘는 사람이 목표물을 맞힐 수 있다.

사냥에는 또 규정이 있었다. 설정해놓은 사냥 범위 밖으로 짐승이 도망가면 더 추격하여 살해해서는 안 된다. 이것은 전쟁 때 도망가는 적군을 추격하여 살해하지 않는다는 의미를 취한 것이다. 화살에 맞은 금수가 얼굴이나 머리에 상처를 입었다면 그대로 놓아주는데 이것은 투항한 적을 사살하지 않는다는 의미를 취한 것이다. 또 화살에 맞은 금수가 너무 어리면 역시 풀어주는데 이는 어린이를 학살하지 않는다는 의미를 취한 것이다. 사회규범의 일종으로서 무예는 이미 춘추시대 사회의 남성이 갖춰야 할 중요한 덕목이었다. 온몸에 군복을 입고 뛰어난 활쏘기 솜씨와 수레 몰기 기술을 갖춘 남성은 당시 사람들이 숭배하는 영웅이었다.[542]

④ 진·한시대의 사회 기풍

진·한시대에도 전국 도시의 숫자가 끊임없이 증가했다. 일반적으로 말해서 군과 현의 소재지에는 모두 성을 쌓아 도시를 세웠기 때문에 군과 현의 총수가 대체로 당시 도시 숫자와 같다고 할 수 있다. 진나라 통일 이후에는 국토가 전에 없이 넓어졌다. 연구에 따르면 진나라는 당초에 경기 이외의 국토를 36군으로 나눴고 나중에는 41군으로 확대하여 1,000개 내외의 현을 설치했다고 한다. 따라서 진나라의 도시 총수는 대략 1,100곳에 달했다.

전쟁으로 땅을 겸병한 탓에 아주 번화했던 전국시대 도시도 진나라로 접어들면서 상대적으로 쇠락을 면치 못하게 되었다. 그러나 진나라 도성 함양은 번영을 구가하며 인구가 50만 이상에 달했다. 서한西漢 평제平帝 때가 되면 도시 숫자가 대략 1,500곳에 이르렀다. 전국시대에는 동방의 대국 제나라에 모두 70여 곳 정도 도시가 있었지만 서한시대에는 제나라 옛 땅에 이미 120곳에 달하는 도시가 생겨났다. 봉건 정부가 서북 지역과 서남 지역에 대한 통치를 대대적으로 강화함에 따라 변경 지역에도 새로운 도시가 끊임없이 출현했다. 예를 들면 흉노의 옛 땅이었던 하서河西 지구에 한 무제는 무위武威, 장액張掖, 주천酒泉, 돈황敦煌 4개 군郡을 설치했고, 서한 후기에는 하서의 4개 군이 이미 35개 현을 거느렸다. 동한시대에도 하서 지구의 현은 계속 증가하여 모두 43개 도시가 되었다. 변방에 설치된 이들 군 소재지와 현 소재지는 본래 군사 거점이라는 성격이 강했으나 후기로 갈수록 인구 증가와 경제발전에 따라 점점 그 지역을 대표하는 경제와 문화 중심지로 변했다.

진·한시대에는 도시 건축 규모도 부단히 발전하여 당시 도시 전체 배치를 보면 대체로 성벽, 궁궐과 관청, 도로, 시장, 주택, 교외 건축물이 건설되어 있었고, 수공업 지구도 설치되어 있었다. 성벽은 도시 사방을 둘러싸는 높은 담장으로 보통 황토를 판축해서 만들었다. 성벽의 두께와 높이는 도시 크기에 따라 각각 달랐다. 한나라 장안성의 성벽은 기단부 넓이가 16m에 달했고 지금 남아 있는 성벽의 최고 높이는 8m에 달한다. 성벽 사방에는 성문을 약간 설치했다. 도시는 대부분 궁궐이나 관청을 중심으로 배치되었다. 도성 내의 궁궐 지역은 또다시 사방으로 담장을 둘렀고, 아울러 시장에도 사람들이 출입할 수 있는 대문을 설치했다. 주택 지역은 여리閭里를 단위로 삼았는데 거기에는 호화로운 개인 저택도 있었고 빈민들의 거주 지역도 있었다. 당시 도시 건설은 이미 성벽의 한계를 뛰어넘어 성 밖 교외로 발전하기 시작했으며 일부 의례를 위한 건축물을 교외에 짓기도 했다.

만리장성 이북에서 영남 지역에 이르는 광대한 시골, 특히 황하 유역, 회수 유역, 장강 유역의 농업 지역에는 광범위하게 자영농이 분포해 있었다. 그들은 대부분 종족을 단위로 일가친척끼리 모여서 거주했다. 그들은 국가 호적에 오른 백성으로서 명의상 국가의 인가를 받으면서도 독립적 사용권을 가진 일정한 면적의 토지를 소유했다. 그러나 그들은 국가에서 규정한 토지세와 인두세를 부담해야 했고 부역에도 종사해야 했다. 양한시대에는 도시 귀족과 관료를 제외하고도 잔혹한 토지 겸병 과정에서 강대해진 지방 토호들도 있었다. 특히 동한시대에는 '대문을 닫고도 시장을 열 수 있는' 전장田莊 경제가 형성되었다. 그들의 '영예와 즐거움은 제후왕을 능가했고 세력은 고을 수령과 맞먹었다.'543) 그들은 향촌 사회의 신생 역량으로 성장하여 본래의 귀족과 부자들의 규정에 충격을 가했다.

한나라의 의관제도는 동한 명제明帝 때 이르러서야 초보적으로 완성되었다. 황제의 복장 중 상의는 검은색으로 만들었고 하의는 붉은빛이 도는 황색으로 만들었다. 상의에는 여섯 종류 도안이 들어갔고, 하의에도 여섯 종류 도안이 들어갔다. 이 도안 12종을 차례로 나열해보면 다음과 같다. 해[日], 달[月], 별[星辰], 산山, 용龍, 화충華蟲(꿩의 일종), 종이宗彝(제사용 예기), 조藻(水草), 분미粉米(白米), 보黼(도끼무늬), 불黻(아亞자형 무늬). 황제는 중요한 의례에 반드시 이 12장복章服을 입어야 했고, 제후와 삼공은 산과 용 이하의 9장복을, 구경九卿 이하는 화충 이하 7장복을 입어야 했다. 일상복은 진·한시대의 복식문화가 통일되는 방향으로 나아갔다. 춘추전국 시대 교차기에 출현한 상하의 일체형의 '심의深衣'가 서한시대에도 널리 유행했다. 동한시대에 남자들은 대부분 품이 넉넉한 긴 상의와 스트레이트 치마 형태의 하의를 입었다. 여성용 심의는 스타일이 크게 바뀌어 의복 아래로 늘어뜨리는 뾰족한 꼬리가 하나에서 둘로 증가하여 연미복 같은 형태가 되었다. 한나라 여성들은 붉은 입술, 하얀 치아, 긴 목, 발그레한 빛이 도는 흰 피부, 날씬한 몸매를 아름답게 여겼다. 마왕두이馬王堆 1호 한묘漢墓에서 출토된 시녀 인형과 한양릉漢陽陵 부장묘에서 출토된 시녀 인형(그림 16)은 모두 붉은 입술, 검은 눈썹, 갸름한 얼굴을 하고 심의를 입고 있다. 이런 모습은 당시 현실 생활을 반영한 것이다.

진·한시대의 주식은 기본적으로 기장[黍], 조[粟], 보리[麥], 벼[稻], 콩 [菽]으로 구성되었다. 디딜방아와 연자방아 등 식량 가공 도구가 보급됨에 따라 민간에서도 정밀하게 가공된 양식을 먹을 수 있었다. 부식인 육류는 양, 돼지, 개, 닭을 비교적 널리 먹었다. 진·한시대에는 어류를 즐겨 먹는 경향도 생겨나서 수산업자들이 늘 큰 부자가 되었다. 당시 사람의 식사 방법은 먼저 밥솥에다 밥을 해서 주걱으로 퍼낸 뒤 대소쿠리에 담아 식사자리로 날라서 먹었다. 술을 마시는 방법은 평소에 술을 항아리에 저장했다가 마시고 싶을 때 술그릇[尊]이나 술병[壺]에 담아 술자리 곁에다 놓고 국자로 퍼서 사람들의 작爵, 굉觥(네 발 달린 금수 모양의 술잔), 치觶(원통 모양의 입이 큰 술잔) 등에 채워주고 다 마신 후에는 다시 자리에 놓았다. 서한 시기에 음식을 차리는 밥상[案]이 나타나서 사람들이 먼저 음식물과 식기를 밥상에다 차렸다. 가정생활에서는 연장자를 존경하거나 부부간에 손님처럼 공경하는 감정을 표시하기 위해 음식을 제공하는 사람이 밥상을 높이 받들어다 놓고 상대방에게 음식을 권했다. '거안제미擧案齊眉'라는 고사성어가 바로 동한시대에 나왔다.[544]

그림 16 한양릉에서 출토된 시녀 토기

진秦 효공孝公시대에 상앙은 변법을 시행하여 가정 내 혼인 관계의 주요 정신을 이렇게 언급했다. "백성에게 명령을 내려 부자 형제가 같은 방안에서 거주하는 것을 금지했고" "백성 가운데 아들이 둘 이상 있는데도 분가하지 않은 자에겐 세금을 배로 징수했다."545) 각 가정에는 일부일처와 그들이 낳은 아들 하나만 함께 살게 했고, 그 아들이 결혼한 후에는 또 손자 하나만 그 집에 살게 했다. 말하자면 한 가정에는 2대의 일부일처만 함께 살 수 있게 한 것이다. 100년 후 진시황은 한 걸음 더 나아가 상앙이 당년에 제정한 혼인제도를 법률로 확정했다. 기원전 210년 진시황은 지금의 저장성 일대로 순행을 가서 「회계각석會稽刻石」을 세우고 자신이 생각하는 이상적인 결혼 관념과 결혼 도덕을 체계적으로 천명했다. 그는 그곳 월나라 땅의 풍속에 남편이 죽은 후 아들이 있는데도 과부가 마음대로 개가하는 풍속은 엄격하게 금지해야 하고, 남녀가 결혼한 후 여자가 남편에게 불만을 느끼고 도망가는 현상도 용인할 수 없다고 생각했다.

월나라 땅 사람들은 내외 구별이 분명치 않고 남녀 풍속도 무분별하여 항상 비정상적인 남녀 관계가 발생하곤 했는데, 진시황은 그런 남녀는 죽여도 죄가 없다고 규정했다. 진시황은 일부일처제를 보호하는 것이 절대로 사소한 일이 아니라 천하태평과 관계된 큰일이라고 인식했다. 그는 과부 수절과 일부일처제 준수를 중앙집권제도와 연결해 결혼관과 결혼 풍속도 도량형 통일처럼 완전히 규범화하려고 시도했다. 양한시대에는 남녀의 결혼, 이혼, 과부개가 등이 비교적 자유로웠지만 윤리적 관념이 혼인 관계 속으로 스며들기 시작하여 아버지나 형이 죽은 후 아들과 동생이 서모나 형수를 아내로 삼는 '연燕', '용用', '보報'와 같은 유풍은 지탄의 대상이 되었다. 이 때문에 중원 지역에서는 이와 같은 풍속이 점차 사라지게 되었다. 당시 혼인은 주로 사회 여론에 맞춰 일부일처제를 지향하면서 가정의 발전을 이뤘다. 귀족들의 혼인은 겹혼 현상이 비교적 심해서 사돈을 맺는 집이 중복되는 현상이 나타났다.

진·한시대에는 또 체계화된 제사제도가 확립되었다. 대체로 한 성제成帝 시기에 이르러 이미 남쪽 교외에서 하늘에 제사를 올리고, 북쪽 교외에서 땅에 제사를 올리는 규범이 만들어졌다. 이렇게 몇 번 반복하는 동안 동한 초기 남쪽 교외에서는 하늘에 제사를 올리고, 북쪽 교외에서는 땅에 제사를 올리고, 계절마다 제사를 올리고, 봉선례封禪禮를 올리고, 사직에 제사를 올리는 천지 제사 형식이 확립되었다. 동한 명제 이후로는 '동당이실同堂異室'을 마련하고 하나의 사당 안(同堂)에 세대 순서로 감실을 따로 만들어(異室) 조상을 제사하는 제도를 시행했다. 조상을 제사하는 전례에는 주로 체협禘祫,[546] 사시 제사, 상례, 능묘 제사가 포함되었다. 이러한 제도는 역대 봉건왕조의 모범이 되어 이후 각 시대의 국가 제례 때도 부분적 변화만 있었을 뿐 전체 틀은 근본적으로 바뀌지 않았다. 진·한시대의 평민과 공경대부들은 모두 땅의 신에게 올리는 제사와 조상에게 올리는 제사를 가장 중요한 정신 의탁처로 삼았다.

진·한시대의 생·로·병·사, 의·식·주·행과 관련된 활동에는 곳곳에 무속과 술수학術數學의 영향이 스며들어 있었다. 후베이성 윈멍 수이후디에서 출토된 진간秦簡『일서日書』는 바로 날짜의 길흉을 선택하는 술수 서적이다. 통계에 따르면 한 해에 꺼리는 날이 151일을 넘었다. 이는 한 해 총 날짜의 41.3%에 해당한다. 이러한 문화에서는 사람이 자각적이고 자유롭게 사회생활을 하는 것이 제한적일 수밖에 없었다. 한나라는 천하를 합병한 후 장안에 사사관祠祀官을 두었는데 각각 양무梁巫, 진무晉巫, 진무秦巫, 형무荊巫로 나뉘었다. 여기에서도 당시에 무당이 궁정과 민간에서 활발하게 활동했음을 알 수 있다.

서한시대에는 제지술製紙術이 발명되었고, 동한시대에는 채륜蔡倫이 그것을 발전시켰다. 이것은 진·한 문화 활동의 대사건이었다. 종이가 발명됨으로써 문자를 새기거나 기물(주로 도기와 청동기), 동물(거북껍질과 소 견골), 직물, 죽간 위에 글을 쓰던 역사가 바뀌었다.

진·한시대에는 귀족에서 평민에 이르기까지 모든 사람이 보편적으로 적극적이고 진취적인 정신을 표현했다. 예를 들면 한중漢中 사람 장건은 기원전 138년 한 무제의 초빙에 응하여 사신으로 대월지로 가서 10여 년 동안 활동하며 마침내 서역 길을 개척했다. 절개와 신의를 중시하는 것 또한 진·한시대 사회 기풍의 중요한 특징이었다. 전횡田橫은 진나라 말기에 유방과 함께 제후왕에 봉해졌다. 나중에 유방이 천자가 되자 전횡과 장사 800명은 유방에게 복종하는 걸 치욕스럽게 생각해 전부 장렬하게 자결했다.[547] 소무蘇武는 흉노에 사신으로 가서 죽음을 무릅쓰면서도 부절을 더럽히지 않았다.[548] 양진楊震은 청백리로 이름이 높았는데 한밤중에 친구가 찾아와 뇌물을 주자 "하늘이 알고, 땅이 알고, 자네가 알고, 내가 안다"[549]라면서 뇌물을 거절했다. 이러한 사례는 모두 양한 사회가 숭상하던 정신 면모다.

⑤ 위진남북조시대의 사회생활

위진남북조시대는 중국 역사상 각 민족이 대융합을 이룬 시기였다. 민족 융합의 범위는 매우 넓어서 거의 중국의 장강, 황하, 요하, 사막 북쪽 등 광대한 지역을 포괄했다. 북방 민족인 흉노匈奴, 선비鮮卑, 갈羯, 저氐, 강羌, 노수盧水족이 각각 앞서거니 뒤서거니 정권을 세워 그들의 사회조직 모델과 문화 습관을 중원으로 옮겨왔다. 남방의 산월山越, 만족蠻族, 오인俣人, 이인俚人, 요인僚人도 깊은 산에서 나와 한족과 융합되기 시작했다.

민족 대융합으로 남북의 사회조직 형태는 격렬하게 변화했다. 북방에 할거한 정권은 대체로 '호한분치胡漢分治' 단계를 거쳤다. 이른바 '호한분치'는 국경 안의 소수민족에게는 소수민족 자체의 제도를 시행하고, 국경 안의 한족에게는 한족 제도를 시행하는 것을 말한다. 북위北魏 태화太和 초년(477년 무렵)에야 한족 고유의 제도로 지방 기층 관리제도를 개혁했다. 태화 9년에서 10년까지(485~486)는 균전제, 삼장제三長制, 주군제州郡制가 선을 보였다. 삼장제는 5호戶의 백성들에게 인장鄰長을 두고, 5린鄰에는 1리장里長을 두고, 5리里에는 1당장黨長을 두는 제도다. 태화 10년에 북위 조정은 전국에 38개 주州를 설치함과 동시에 경기 지역에서도 행정 구역을 나누고 병합하는 개혁 조치를 단행했다. 또 북방 지역에서는 진·한 이래로 지속된 주, 군, 현 조직을 다시 받아들였다. 남조의 한족 정권은 사회조직이 진·한시대와 기본적으로 유사해서 주, 군, 현 관리 모델을 그대로 답습했다. 그러나 명문세가와 지방호족 세력이 팽창하면서 당시 사회에 문벌사족門閥士族이라는 특수한 계층이 출현했다. 북위 효문제孝文帝의 개혁 조치 이후 북방에서도 사족 계층이 신속하게 발전했다. 남북

사족들은 모두 거대한 토지를 소유하고 전장을 건설하여 정치경제적 특권을 향유했다. 개별적인 소농도 자신의 작은 토지를 소유했지만 흔히 사족의 노비나 호족의 고용인으로 전락했다.

위진남북조시대에는 남방의 농업경제가 비교적 크게 발전하여 6대 도작구稻作區(벼 재배 지역)가 형성되었다. 강남 도작구에는 삼오三吳, 환남皖南, 진릉晉陵 지역이 포함되었는데, 이곳은 남조에서 가장 중요한 도작구였다. 그리고 형상남천荊湘南川 도작구, 한중파촉漢中巴蜀 도작구, 남양분지南陽盆地 도작구, 회남淮南 도작구, 교광민광交廣閩廣 도작구가 있었다. 이 도작구들은 남방 농업경제가 전국에서 저조한 위치를 점하던 상황을 근본적으로 변화시켰다. 남방 도시의 밀집도도 진·한시대를 초월했다. 그중에서 특히 양주揚州, 형주荊州, 익주益州, 광주廣州 네 지역 도시가 밀집도가 가장 높았다.

위진남북조시대의 주식은 쌀과 밀이었다. 면류 조리법에 많은 변화가 생겨 서진 속석束晳은 「병부餠賦」에서 새로 출현한 면식으로 안건安乾, 거여粔籹, 돈이豚耳, 구설狗舌, 검대劍帶, 안성案盛, 부주餢飳, 수축髓燭[550] 등의 이름을 들었다. 이것들 중 어떤 것은 일반 백성이 만들었고, 어떤 것은 이민족이 중원으로 갖고 왔다. 이 시기에 중국 요리의 9대 맛, 즉 신맛[酸], 단맛[甛], 쓴맛[苦], 매운맛[辣], 짠맛[鹹], 신선한 맛[鮮], 향긋한 맛[香], 담백한 맛[淡]이 모두 갖춰졌다. 한나라 때 이미 발효식초를 어떻게 만드는지 알고 있었고, 북위 때는 곡식으로 발효식초를 제조하는 기술이 상당히 성숙했다. 『제민요술』에는 발효식초 제조법이 다양하게 실려 있을 뿐 아니라 식초를 만들어 묵히는 방법까지 기록해놓았다. 선진시대에는 육장肉醬인 '해醢'만 있었지만 한나라 사람들은 이미 콩으로 장을 담갔다. 『제민요술』의 「장 담그는 법(作醬法)」에서는 맛이 다른 열세 가지 장을 어떻게 담그는지 그 방법을 전문적으로 소개하였다. 위진남북조시대 중원 지역의 적지 않은 요리법은 외지에서 들어왔다. 본래 호인胡人들이 즐겨 먹던 유락乳酪도 북방 한족의 부식으로 널리 유행했다. 또 '강자맥자羌煮貊炙'라는 요리법도 있었다. 『제민요술』의 소개에 따르면 '강자羌煮'는 본래 강족羌族의 요리로, 정선한 사슴고기를 삶아 네모꼴로 자른 후 각종 조미료로 만든 진한 소스에 찍어서 먹는다. '맥자貊炙'는 맥족貊族이 발명한 새끼돼지구이다. 불로 새끼돼지고기를 천천히 구우면서 거기에 술을 뿌리고 기름을 바른다. 잘 구워진 새끼돼지고기는 색깔이 곱고 신선하여 호박색을 띤다. 입에 넣자마자 살살 녹는데 즙도 많고 고기도 부드러워 최상품 요리로 친다.

서진과 동진시대에는 차를 마시는 풍조도 성행했다. 손님을 접대할 때 차를 올리는 것이 관례였다. 왕몽王濛은 혼자서도 차 마시기를 좋아했고 손님을 접대할 때도 차를 즐겨 내놓았다. 차를 권하는 모습이 지나치게 은근하여 손님들은 그 모습을 보고 두려운 마음이 생겨서 '수액水厄(차로 인한 횡액)'을 초래한단 원망이 있을 지경이었다. 차는 인품의 고하를 나타내는 음료였다. 동진의 육납陸納은 자기 집에서 차를 마련하여 당시 명사 사안謝安을 초대했다. 그러자 육납의 조카가 그것이 지나치게 검소하다고 생각하여 마음대로 술과 고기를 올렸다. 그러나 결과적으로 재주를 피우려다 일을 망치고 말았다. 사안이 떠난 후 육납은 자신의 깨끗한 명성을 망쳤다고 조카를 심하게 혼냈다. 당시 사람들은 술도 즐겨 마셨다. 진

晉나라 사람 유령劉伶은 저명한 술꾼이었다. 그는 항상 작은 수레를 타고 다니면서 마음대로 술을 마셨다. 그리고 하인에게 삽을 들고 따르게 하고는 자신이 죽은 곳에다 바로 자기 시신을 끌어 묻으라고 했다. 가족이 그에게 술을 끊으라고 권하자 그는 그렇게 하겠다고 했지만 배후에서는 하늘에다 이렇게 기도했다. "하늘이 이 유령을 탄생시킨 건 술로써 이름을 내려 함입니다. 한 번 마시면 열 말을 마시고, 다섯 말로 술병을 고칩니다. 처자식이 말리는 말은 삼가 듣지 않겠습니다."[551] 『제민요술』에는 술 주조 방법이 수십 종 보존되어 있다. 그중에 '제미주穄米酒'라는 술이 있는데 이 술은 술맛이 매우 좋지만 너무 독하여 과음하면 곧바로 죽는다. 해당 기록은 다음과 같다. "사람들과 이 술을 마실 때는 먼저 주량이 얼마인지 물어보고 그 주량에 따라 술을 줘야 한다. 만약 이런 방법을 말하지 않으면 좋은 술맛을 자제할 수 없어서 죽지 않는 사람이 없다."[552]

위진남북조시대에는 복식의 아름다움도 강구했다. 몸에 입는 옷(상하의), 머리에 쓰는 옷(관모), 발에 신는 옷(신발과 버선)이 사람들의 전형적인 장식 대상이 되었다. 당시에는 복식의 변화 속도가 아주 빨랐다. 『포박자』「기혹譏惑」에는 당시 관모, 신발, 의복이 매일 매월 새롭게 변화했다고 기록했다. "금방 길어졌다가 금방 짧아졌고, 한 번 넓어졌다가 한 번 좁아졌으며, 갑자기 높아졌다가 갑자기 낮아졌고, 어떤 때는 굵어졌다가 어떤 때는 가늘어지기도 하는 등 복식에 일정한 법칙이 없었다."[553] 이처럼 당시 복식은 항상 신분 등급의 한계를 돌파했다. 호복도 널리 유행했다. 16국이 할거한 북조시대에 호복은 황허강 유역에서 한족 복장의 평균 수준으로까지 확대되었다. 북위 효문제의 개혁이 이루어진 이후에야 복식의 호풍胡風이 바뀌기 시작했다.

위진남북조시대 혼인의 전형적 특징은 신분 등급에 따른 혼인이 대부분이라는 점이다. 명문세가에서는 여러 가지 특권을 향유하면서 혈통, 문벌, 출신 성분으로 인간의 사회적 지위와 신분 가치를 저울질하는 척도로 삼았다. 따라서 혼인도 혈통의 순수성을 극력 보존하는 방향으로 이루어졌다. 당시 명문세가의 혼인은 두 가지 특징을 보였다. 첫째, 문벌을 중시했다. 남방의 명문세가 사이에는 정치적 지위, 사회적 명망, 가문의 세력에 근거하여 비교적 안정된 혼반婚班이 형성되어 있었다. 낭야왕씨琅琊王氏, 진군사씨陳郡謝氏, 진군원씨陳郡袁氏, 세 가문 사이에 통혼이 가장 빈번했다. 기타 하남저씨河南褚氏, 초국환씨譙國桓氏, 영천유씨潁川庾氏 등도 왕씨·사씨와 통혼은 했지만 정치적 지위나 가문의 세력이 그들에게 미치지 못했고 혼인 빈도도 그렇게 높지 못했다. 북방의 대성大姓인 최씨崔氏·노씨盧氏와 혼인하는 집안도 거의 대부분 한 군郡에서 명망이 높은 가문이었다.[554] 이런 점에서도 당시 남북조 명문대가들의 혼인 등급 경계선이 매우 분명했다는 사실을 알 수 있다. 둘째, 지역적인 요소가 비교적 두드러졌다. 예를 들면 오군吳郡의 명문대가 중에서 고씨顧氏, 육씨陸氏, 장씨張氏, 회계공씨會稽孔氏, 오흥심씨吳興沈氏 다섯 가문은 가장 밀접하게 통혼했고, 고씨, 육씨, 장씨 세 가문 사이의 통혼도 비교적 빈번했다. 신분등급에 따른 혼인으로 조혼이 당시 사회에서 매우 보편적 현상이 되었다. 예를 들면 삼국시대 오나라 울림태수鬱林太守 육적陸績의 딸은 겨우 13세에 같은 군의 장백張白에게 시집갔고, 동진의 순선년荀羨年은 15세에 황실과 혼인을 맺었다. 양梁 무제는 겨우 14세의 정귀빈丁貴嬪을 후궁으로 맞아들였고, 하동河東의 배자야裴子野는 겨우 10세인 진陳나라 주홍정周弘正에게 자신의 딸을 시집보냈다. 조혼에 따라 자연스럽게 출산 연령도 낮아져서 형제자매의 나이 차이는 커지는 데 비해 삼촌과 조카, 고모와 조카 사이의 나이 차이는 비슷해지는 현상이 나타났다. 성이 다른 혈연 사이의 빈번한 혼인은 이 시기 문벌 혼맥의 현저한 특색이라 할 수 있다. 육조 후기의 명문세가 자제들이 "피부와 뼈가 연약하여 걷는 일도 감당하지 못했고, 신체와 원기는 허약하여 추위와 더위도 이기지 못했다"[555]라고 한 현상이 바로 이러한 혼인의 나쁜 결과였다.

남북조시대 신분 등급에 따른 혼인 습속은 대체로 비슷했지만 다른 점도 있었다. 후처後妻와 첩을 맞아들일 때 남조의 정실과 측실의 구분, 적서 차별은 북조처럼 엄격하지 않았고, 가정의 분규도 북조처럼 심각하지 않았다. 가정에서 여성의 지위도 남북이 서로 달랐다. 북방에서는 소수민족문화의 영향으로 여성의 사회적 접촉이 비교적 빈번해서 사회적 지위도 비교적 높았다. 가정 조직과 가족 구성원의 정감도 남북이 서로 달랐다. 남방에서는 부자가 따로 살면서 한 집 안에서도 부엌을 따로 쓰는 풍속이 있었다. 이와 관련하여 『태평광기』에 재미있는 일화가 실려 있다. 북제北齊의 사신 노사도盧思道가 진陳나라로 초빙되어 갔을 때 진나라 귀족들이 연회를 열고 그를 불렀다. 그들은 연회석상에서 그를 놀리며 다음과 같은 시를 읊었다. "느릅나무 잎 자라니 한인들이 배부르고, 초원의 풀 자라니 당나귀가 살이 찌네(楡生欲飽漢, 草長正肥驢)." 이는 느릅나무와 풀을 먹는 북방 사람들이 멍청한 당나귀와 같다고 조롱한 것이다. 그러자 노사도도 다음 시로 반격했다. "시루는 함께 쓰면서도 밥은 따로 차려 먹고, 솥은 같이 쓰면서도 물고기는 따로 찌네(共甑分灶米, 同鐺各煮魚)." [556] 이 시는 남방 사람들이 음식은 같이하면서도 밥은 따로 먹는 풍습을 풍자한 것이다.

위진남북조시대에는 특히 사람의 죽음을 중시했지만 장례 예절은 그다지 중시하지 않았다. 그들은 다만 마음을 다해 애도하는 일에만 열중했다. 서진의 왕융王戎은 모친상을 당하여 술을 마시고 고기를 먹으며 예절에 구애되지 않았지만 너무나 슬퍼한 나머지 그 모습까지 초췌해졌다. 동진 회계 사람 왕헌지王獻之가 죽자 그의 형 왕휘지王徽之는 문상을 가서 울지 않았다. 왕헌지가 평소에 금琴 연주를 좋아해서 왕휘지도 아우의 금을 잡고 연주하며 혼령을 위로해주고 싶어 했기 때문이다. 그러나 아무리 해도 좋은 연주를 할 수 없었다. 그러자 그는 금을 땅바닥에 내던지고 슬픈 목소리로 "사람과 금이 모두 죽었다(人琴俱亡)"라고 울부짖으며 오랫동안 애통해했다. [557] 당시에는 묏자리 잡는 방법도 비교적 중시했다. 곽박郭璞, 장자공張子恭, 고영문高靈文 등이 모두 당시 이 부문의 대가였다. 묏자리 잡는 방법은 천인감응론과 음양오행설을 계승한 점 이외에도 산천의 형세를 매우 중시했고, 아울러 묘혈의 방위, 좌향, 구도 등을 꼼꼼하게 따졌다. 그중에서 산천의 형세를 가장 중시했는데 거기에는 산맥, 물 흐름, 숲의 위치·방향·싱싱함·쇠락함 등이 포함되어 있고, 산천의 '형形'·'세勢'·'기氣' 등도 중요하게 봤다.

위진남북조시대 사람들은 종교와 신앙을 지향하는 마음이 비교적 강렬했다. 당시 불교와 도교는 모두 대규모 신도를 보유하고 있었다. 진·한 시대에 확립된 천지 제사의례는 이 시기에 개별 황제들이 관련 제사를 거행한 것 이외에는 그다지 중시되지 못했다. 오히려 불교의 부처와 도교의 신을 숭배하는 현상이 나날이 증가했다. 도교는 독특한 신선 체계를 창안했다. 도교는 중국 고유의 우주관을 뛰어넘지 못하고 여전히 천지, 일월, 성진, 풍우, 뇌전雷電, 산악, 강해江海, 산천을 자기들이 신앙하는 '신의 계보'의 골간으로 삼았지만 도교에서 묘사하는 신의 형상은 친화력이 더욱 강해졌다. 이들 형상은 국가의 제례에서 내세우는 우상처럼 엄숙하지도 않았고 정치적 색채도 옅었다. 또 도교에는 득도하여 신통력을 얻은 사람, 즉 '진인眞人'과 '선인仙人'도 있다고 인식했다. 이들은 대부분 적송자赤松子, 팽조彭祖, 왕교王喬 등과 같은 전설상의 인물이다. 남북조시대에 여산廬山에는 초진관招眞館, 형산衡山에는 구진관九眞館, 동백산桐柏山에는 금정관金庭館, 모산茅山에는 곡림관曲林館을 건축하여 도교의 신선에게 제사를 올렸다. 구겸지寇謙之와 육수정陸修靜이 도교 신들에게 올린 제례 절차에도 규범화 현상이 보인다. 불교의 신불神佛 체계에는 주로 부처, 보살, 천왕天王(護法神), 역사 등이 포함되어 있다. 불교의 신과 부처는 국가 의전으로 시행된 유가의 신이나 도교의 신과는 달랐다. 불교의 불상이나 신상 숭배는 주로 석가탄신일, 성도절成道節, 열반절 기념 의식과 각 사원의 일상적인 예배 의식에 모두 포함되었다. 상술한 의식을 거행할 때는 향을 사르고 꽃을 공양했으며, 살생은 반대했다.

불교와 도교의 영향으로 위진남북조시대 민간에서는 신을 제사하는 활동이 나날이 번잡해졌다. 정령이나 요괴에 대한 미신도 당시 일상생활의 중요한 구성 요소였다. 산, 나무, 돌, 짐승, 새가 모두 정령이나 요괴가 될 수 있다고 인식했다. 각종 정령과 요괴 중에서 당시 사람들은 거북 정령[龜精], 수달 정령[獺精], 물고기 정령[魚精], 산 정령[山精], 여우 정령[狐精], 쥐 정령[鼠精]을 더욱 심하게 믿었다. 이런 정령과 요괴는 묘령의 소녀, 잘생긴 소년, 백발 선비로 변하는 등 변화막측의 모습을 보이는데, 여기에는 당시 사람들이 종교 관념의 영향을 받아 대자연을 예술적으로 개조한 흔적이 드러나 있다.

⑥ 수·당시대 사회생활의 특색

수·당과 오대五代에 발달한 도시로는 황하 유역에 장안, 낙양, 태원, 개봉, 정주, 활주滑州, 난주蘭州가 있었고 장강 유역에는 성도, 강릉, 형주, 담주潭州, 월주越州, 양주 등이 있었다. 바닷가에는 등주登州, 항주, 천주泉州, 광주, 교주가 있었고 서북 지역에는 양주涼州가 있었으며 서남 지역에는 계림이 있었다. 장안은 수·당 양대의 정치, 경제, 문화 발전의 중심지이자 발달한 상업도시이기도 했다. 장안 성안에는 큰길이 동서로 14갈래, 남북으로는 11갈래 있어서 모두 108곳의 방坊(도시 내 구역)을 구획 짓고 있었다. 그중 동시東市와 서시西市가 양쪽 방坊을 차지하고 가로세로 약 1,000m 규모의 시장 구역을 형성했다. 시장 안에서는 두 줄기 남북 방향 큰길과 동서 방향 큰길이 서로 교차하며 우물 정井자 모양의 거리를 만들었다. 사방에는 저택이 즐비했고 중간에는 각양각색 점포가 있었으며, 같은 종류의 상품을 파는 가게는 흔히 같은 지역에 집중적으로 자리 잡았다. 동시에는 상점이 220곳 있었고, 서시는 서역과 페르시아, 대식국大食國 상인들이 모여 있어서 대외 무역 센터 역할을 했다. 이곳도 동시에 못지않게 상업이 발달했다.

시골에서는 백성이 대부분 일가친척과 함께 모여 살았다. 소농 가정은 흔히 3대가 한 집안을 이뤘고, 매호 평균 식구는 5~6명이었다. 동성 종족이 사람들의 일상생활에서 중요한 역할을 했다. 설령 분가하여 재산을 나눠 가졌더라도 동일한 종족 내에는 모든 일가가 공인하는 연장자나 족장이 있어서 종족 간 사무를 처리하거나 분규를 해결했다. 백거이의 시에 이런 내용이 있다. "한 마을에 오로지 두 성씨뿐이니 대대로 혼인하여 인척이 되네. 가까운 친척과 먼 친척 모두 함께 살고, 어린아이와 어른도 무리지어 놀러 다니네."[558] 당시에 흔히 볼 수 있는 가족식 촌락을 형상적으로 묘사한 것이다.

당나라의 혼인 제도와 예법도 앞 시대와 기본적으로 동일했다. 사족士族들이 숭상하는 혼인 제도의 영향으로 당대 상위계층도 혼인 대상을 고를 때 대등한 문벌을 지극히 중시했다. 역사가 오래된 사족은 문벌이 높았기 때문에 문벌이 낮은 가문에서는 그들과 혼인을 맺을 때 흔히 아주 비싼 '혼인 지참금[陪門財]'을 지불해야 했다. 당나라 사람들은 정절 관념이 비교적 희박해서 여성이 이혼한 뒤 개가해도 질책하지 않았다. 황실의 공주도 개가한 사람이 23명이었고, 그중 세 번 시집간 사람도 4명이나 된다. 그러니 민간에서는 개가에 대한 구속이 거의 없었다.[559]

수·당시대에 남방의 주식은 쌀이었고, 북방의 주식은 조와 보리(혹은 밀)였다. 그 북쪽 유목 지역에서는 양고기, 소고기, 말고기가 주식이었다. 당시에 사람들이 일상적으로 재배하고 식용한 채소는 수십 종에 달했다. 시금치, 근대 등 외국 채소도 계속 중국으로 들어와서 식단에 올랐다. 원래 중국에 있던 대추, 밤, 복숭아, 자두, 매실, 살구, 배, 귤과 영남의 여지, 바나나 등도 모두 대량 생산과 소비가 이루어졌다. 호두, 석류, 포도 등 한나라 이후 들어온 과일도 더욱 광범위하게 유통되었다. 오대五代 시기에는 수박이 서북 지역에서 중원으로 전래되었다. 주류는 여전히 가장 중요한 음용 식품이었다. 당나라 때는 곡식으로 빚은 술 이외에도 포도주가 보태졌다. 정관 14년(640) 당나라 군대가 고창국을 멸망시키고 나서 포도씨와 포도주 제조 방법을 중국으로 가져왔으며, 이로써 포도주가 신속하게 사방으로 전파되었다. 수·당 이전에는 차를 마시는 풍습이 주로 남방에서 유행했지만 중당 이후로는 음차飮茶 풍습이 점차 북방으로 보급되었을 뿐 아니라 변새 밖 유목민족 지역에까지 전해졌다. 이러한 추세에 힘입어 차를 연구하는 학문도 생겨났다. 경릉竟陵(지금의 후베이성 톈먼天門) 사람 육우陸羽(약 733~804)는 차의 기원, 성질, 품질, 재배, 채취, 우려서 마시기, 다구 및 차 마시는 방법을 연구하여 『다경茶經』이란 책을 저작했다. 이 책은 중국에서 나온 첫 번째 차 관련 전문 저서다.

수·당시대의 복식에는 관복과 민복民服, 남자 옷과 여자 옷이 있었다. 관복은 신분 등급이 엄격해서 황제의 복장은 대구면大裘冕 등 14종이 있었고, 태자의 복장은 곤면袞冕 등 6종이 있었다. 황후의 복장은 면의褕衣 등 3종이 있었고, 황태자비의 복장은 유적褕翟 등 3종이 있었다. 백관의 복장을 보면, 1품은 곤면, 2품은 별면鷩冕, 3품은 취면毳冕, 4품은 수면繡冕, 5품은 현면玄冕, 6품 이하에서 9품까지는 작변爵弁이었다. 복장의 색깔은 황제는 적색[赤]과 황색[黃], 3품 이상은 자주색, 4품은 진홍색[緋], 5품은 연홍색[淺緋], 6품은 진녹색[深綠], 7품은 연녹색[淺綠], 8품은 감청색

[深靑], 9품은 담청색[淺靑]을 썼다. 평민인 백성은 대부분 흰옷을 입었다. 당나라 여성 옷은 신분의 귀천을 막론하고 대부분 적삼[衫], 치마[裙], 숄[帔]을 한 세트로 삼았다(그림 17). 위 적삼의 아랫단은 치마허리에 묶었다. 치마는 대부분 풍성하고 길어서 땅을 덮을 정도였다. 어깨에는 '피복帔服'이라는 비단 숄을 걸쳤는데 그것을 허리까지 늘어뜨렸다. 호풍胡風의 영향으로 부귀한 사람들 사이에선 노출 복장이 유행했다. 적삼과 치마는 넉넉하고 화려했으며 일부러 가슴을 노출했다.

당나라 때 실내가구의 가장 특징적인 변화는 의자를 사용한 것이다. 의자는 한나라 때 서역에서 수입되어 처음에는 '승상繩床'으로 불렸다. 앉는 부분과 등받이를 끈으로 엮어서 만들었고 네 다리는 나지막했다. 그것이 발전하여 당대에 이르러서는 끈을 버리고 네 다리를 높이면서 일상가구로 사용하게 되었다. 의자를 사용함으로써 사람들의 생활 습관이 바닥에 앉는 좌식에서 다리를 펴고 의자에 앉는 입식으로 바뀌었다. 당대에는 가정용 자기도 나날이 풍부해졌다. 당삼채唐三彩 자기 중에서도 민간 생활에 맞게 만들어진 가정용 그릇이 많다. 금은 용기 사용도 증

그림 17 당나라 분묘에서 출토된 부인 토기

가했다. 특히 당나라 후기에 이르면 중상층 가정에서 금은 용기를 비교적 널리 사용했다.

수·당 오대 시기 일반 민중의 종교와 신앙은 조상 숭배, 불교·도교 신앙을 제외하고도 다양한 자연 신령을 믿었다. 이 때문에 종교 활동의 내용과 방식이 풍부하고 다채로워져서 몇 가지 새로운 시대적 특징이 나타났다. 모든 가정에서는 조상에 대한 공양과 제사 활동을 가장 중심에 놓았다. 불교 관련 활동을 보면 경전 베끼기, 경전 판각하기, 불상 만들기, 사찰 세우기, 석굴 조성하기, 시주하기 등이 있고 각종 법회도 수시로 열렸다. 이러한 활동 중 어떤 것은 개인이나 가족 단위로 행해졌고, 어떤 것은 집단이 주체가 되어 거행했다. 수신 양성養性, 단약 복용, 장생불로를 주장하는 도교는 중상층 인사들 사이에서 비교적 유행했다. 조로아스터교, 마니교, 경교景敎(기독교 일파)를 믿는 사람은 주로 서역 상인과 일부 소수민족이었고, 한족 중에서는 이들 종교를 믿는 사람이 많지 않았다. 민간에서는 무속도 여전히 유행했는데, 그중에서도 점술과 액막이 풍습이 더욱 성행했다.

⑦ 송·원시대의 사회생활

북송 중기에 이르러 전국에서 인구 10만 명이 넘는 도시가 46곳으로 늘어났다. 개봉 인구는 100만 명 이상이었다. 남송의 도성이었던 임안부臨安府(지금의 항저우)는 영종寧宗 때 이미 120만 명을 넘어섰다. 송대의 도시는 방坊과 시市의 한계를 타파했다. 이 때문에 사람들은 시장 집중 방식에서 벗어나 상점을 마음대로 개설할 수 있었다. 개봉 성안에는 도처에 상점[商鋪], 여관[邸店], 전당포[質庫], 주루酒樓, 음식점이 있었고 밤에 상품 교역을 할 수 있는 야시장[夜市]도 열렸다. 성안에는 주민에게 오락을 제공하는 와사瓦肆라는 곳이 있었는데, 그 안에는 구란勾欄(가무 장소), 주사酒肆, 다루茶樓가 설치되어 있었다. 지금까지 전해지고 있는 사실적인 풍속화「청명상하도淸明上下圖」에는 당시 개봉성 풍경이 사실적으로 반영되어 있다. 원나라로 들어선 이후에도 역사가 유구한 도시들이 계속 번영을 구가했을 뿐 아니라 운하의 회복과 해운의 개통에 따라 운하 연변과 해안 지역에 매우 활력이 넘치는 도시들이 생겨났다. 일찍이 당대에 출현한 대도시 주위의 정기적인 시골 시장[草市, 墟市]도 송대에 이르러 이미 대도시와 중소 도시 그리고 일부 시골 마을 주변까지 두루 퍼져나가 일상생활에서 없어서는 안 될 교역 장소가 되었다. 이러한 시골 시장이 발전하여 진시鎭市가 되었고, 진시가 발전하여 도시[城市]가 되었다.

송대에는 도성, 주州, 부府, 현縣 및 진시에 거주하는 주민을 방곽호坊郭戶라 불렀다. 방곽호는 주主와 객客으로 구분했다. 자신의 집 등 생활 근거가 있는 사람은 주호主戶로 칭해졌고, 셋방에 사는 사람은 객호客戶로 불렸다. 수공업자와 상인들의 사회적 지위도 아주 높아져서 그들 및 자제들은 관영학교에 입학하여 공부할 수 있었고, 과거시험에도 응시할 수 있었다.

송대부터는 토지 상품화도 막을 수 없는 추세가 되었다. 국가는 광대한 토지를 더는 소유하지 않았고, 국가가 소유한 토지를 더는 균전제와 같은 방식으로 재분배하지 않았으며, 더더욱 개인의 토지 매매에 강력하게 간섭하지 않았다. 시골에 거주하는 호구를 향촌호鄕村戶라고 불렀는데 여기에도 주객의 구분이 있었다. 향촌의 주호主戶는 토지를 소유하고 국가에 토지세를 바치는 호구를 가리킨다. 객호客戶는 토지, 소[耕牛], 농기구 등과 같은 생산 수단이 없이 남의 토지를 빌려 소작하는 소작농을 가리킨다. 객호와 지주의 관계는 당대 이전처럼 몸이 예속되는 관계가 아니라 경제적으로 일정한 소작료를 지불하는 계약 관계였다. 원대에도 한족 향촌 사회의 주객 제도는 전혀 바뀌지 않았다.

명문세가가 사라지고 상품 경제가 발전함에 따라 송대에는 혼인 제도에 두 가지 중요한 변화가 나타났다. 첫째, 배우자를 고르는 표준이 이전처럼 명문세가를 중시하지 않고 과거급제자를 중시했다. 둘째, 혼인을 맺으려 할 때 물질적인 재산을 따졌다. 송대에는 부자 상인들이 황실의 공주를 아내로 맞아들이는 일이 아주 흔했다. 원대는 다민족 사회였기 때문에 혼인 제도와 가정생활에도 민족마다 상이한 풍속과 관습이 나타났다.

송대의 복식은 전체적으로 보아 관복과 민복 두 종류로 나눌 수 있다. 관복은 조복朝服과 공복公服으로 나뉜다. 조복은 조정의 조회, 국가 제사 등 중요한 의례가 있을 때 입었다. 모두 상의와 하의가 붉은색[朱色]이었다. 관대冠帶와 속받침 옷은 서로 다른 색깔과 옷감을 사용했고, 관복에 상응하는 관모도 있었다. 공복은 관리들의 일상복으로 최고위 재상에서 말단 관리까지 늘 입는 옷이었다. 그러나 품계에 따라 옷 색깔이 전혀 달랐다. 3품 이상은 자색紫色, 6품 이상은 붉은색[朱色], 7품 이상은 녹색, 9품 이상은 청색을 사용했다.[560] 공복의 스타일은 둥근 칼라 큰 소매를 했고, 치마형 하의에는 큰 물결무늬를 한 줄 넣었다. 허리에는 가죽띠를 맸고, 머리에는 복두幞頭(일종의 두건)를 썼으며, 발에는 가죽신이나 모직 신발을 신었다. 규정에 따르면 자색과 진홍색 공복을 입을 자격이 있는 관리들은 반드시 허리에 금과 은으로 만든 물고기 모양의 장식물 '어대魚袋'를 차야 했다. 서민과 백성은 흰옷만 입도록 허용되었지만 나중에 유배 중인 관리, 향시에 합격한 거인擧人, 서민들은 검은 옷을 입도록 허락했다. 그러나 실제 생활에서는 민간에서도 아무런 구속을 받지 않고 오색 찬란한 옷을 입었다. 송대 여성은 일반적으로 상의는 적삼을 입고 하의는 치마를 입었다. 적삼에는 가벼운 재질의 직물을 많이 사용했다. 궁궐의 비빈들은 대부분 황색과 홍색을 썼으며 관리, 사인士人, 서민의 집에서는 연녹색, 연자주색과 은회색, 연남색 등의 색깔을 썼다. 석류빛 붉은 치마가 당시에 가장 유행했다. 북송 말기부터 귀족 여성들 사이에서 전족이 유행하기 시작했다.

송대에는 음식문화가 크게 발전했다. 북송 통일 후 도성 변경汴京은 남북 음식 기술 교류의 중심지가 되었다. 남송 때 북방인들이 대거 남하하자 변경의 음식업이 항주 등지에서 다시 번영했다. 『동경몽화록東京夢華錄』, 『몽량록夢粱錄』, 『무림구사武林舊事』 등에는 송대의 음식 종류와 이름이 다양하게 기록되어 있다. 고급 대형 주루, 예를 들면 변경의 인화점仁和店, 회선루會仙樓, 항주의 무림원武林園, 희춘루熙春樓 같은 곳에는 밥, 요리, 술 등이 모두 갖춰져 있었고, 주루 안에 긴 회랑과 죽 이어진 누각이 있었다. 또 2층 고급 좌석과 1층 개별 좌석이 나뉘어 있었고 노래 부르는 아이와 춤추는 여인이 공연을 하며 시중을 들었다. 송나라 사람들은 보편적으로 술 마시기와 차 마시기를 좋아했다. 송대에는 전국 각지에서 생산되는 명주가 즐비하여 장능신張能臣은 『주명기酒名記』에 북송의 명주를 거의 100종 가까이 기록해놓았다.

『무림구사』에도 남송의 명주 50여 종이 기록되어 있다. 당시에 유행한 주류는 대체로 황주黃酒, 과일주[果酒], 약주藥酒, 백주白酒(大燒酒) 네 가지로 나눌 수 있다. 황제는 주연을 베풀고 대신들과 단합을 도모했으며, 문인들은 술을 마시며 시작詩作의 흥을 돋웠다. 또 사인士人들과 일반 백성의 혼인 잔치, 축수祝壽 잔치에도 술이 빠지지 않았다. 송나라 사람들은 차 마시기에도 상당한 공을 들였다. 손님이 방문하면 명차로 접대했는데 이를 '품명品茗'이라 했다. 당시 태학생들 사이에 일종의 다도회茶道會가 있어서 여러 학생이 함께 모여 차를 마시고 한담을 나누며 친목 조직처럼 운영했다. 술 마시기와 차 마시기가 풍속으로 정착되면서 혼례나 장례 행사 때도 전문적으로 차와 술을 구비한 부엌 및 그와 관련된 도구를 갖춰서 손님을 접대했다. 이 밖에도 송대의 도시에는 냉음료를 파는 가게도 나타나서 편두탕[甘豆湯], 배즙[漉梨漿], 모과즙, 침향수沉香水, 여지액[荔枝膏水] 등과 같은 음료를 팔았다.

도교와 불교는 여전히 송대의 가장 중요한 종교였다. 유가의 조상숭배와 제천의식, 불교의 수륙제水陸祭, 도교의 재초齋醮(재앙을 물리치고 복을 비는 제사) 행사에 모두 일상생활의 정취가 짙게 배어 있었다. 그러나 사회가 변화함에 따라 민간에서 숭배하는 신령에도 새로운 내용이 보태졌다. 중당 이전에는 형주를 중심으로 지금의 후난 후베이 지역에서만 숭배되던 관우關羽가 송·원시대부터는 전체 백성의 신앙 대상이 되었다. 성황城

隍은 한 도시를 전문적으로 수호하는 신령으로 숭배되었는데 거의 땅의 신[社神] 숭배와 대등할 정도로 중요하게 여겨졌다. 지금의 푸젠성과 저장성 등 동남 해안 지역에서는 마조媽祖(바다의 평화를 지켜주는 여신) 신앙이 성행했다. 무속도 여전히 유행했으며 양택과 음택 풍수도 사회를 풍미했다.

송대 사회에는 화려한 기풍이 성행했고, 향락 의식도 매우 심해서 일반 사대부의 생활도 지극히 사치스러웠다. 그러나 일군의 지식인들은 여전히 유가문화의 책임 의식을 바탕으로 현실과 정치에 적극적으로 참여하면서 도덕규범을 고수했다. 그들은 고도의 사회적 책임감과 독립적 인격을 드러냈다. 범중엄范仲淹, 구양수歐陽修 등은 선비들에게 절개를 중시하고 기개를 떨쳐야 한다고 호소했다. 범중엄이 말한 "천하의 근심에 앞서 근심하고, 천하의 즐거움 뒤에 즐거워한다"561)라는 정신은 당시 사회와 이후 역사에 심원한 영향을 미쳤다. 남송 사대부들은 "내가 어질고자 하면 그 어짊이 바로 이른다"562)라는 개체 윤리를 자각하고 개인이 성인이 되고 현인이 되는 도덕 목표를 확립했다. 국가가 생사존망의 위기에 빠졌을 때 그들은 삶을 버리고 대의를 취했으며 집안이 망하더라도 국난을 구하기 위해 목숨을 바쳤다. 『송계충의록宋季忠義錄』「교정범례校訂凡例」에 따르면 남송 말년 원나라에 항거하며 목숨을 바친 영웅이 500여 명에 이른다. 원대에 몽골인과 색목인은 사회적 지위가 높았으나 물욕에 빠져 음악, 여색, 명견, 명마에 탐닉했다. 지식인들은 벼슬길이 순탄하지 못해서 곤궁하게 살았고, 사대부도 강호를 방랑하며 본성대로 행동했기 때문에 노장사상이 특히 유행했다. 그들은 소탈하게 풍류를 즐기고 담박한 정신

세계에 탐닉하면서 한적함과 자유로움을 추구했다. 이러한 문화심리는
후세 문화에 적지 않은 영향을 미쳤다.

⑧ 명·청시대의 사회 습속

명대 중기에 이르러 시골 도시[城鎭]가 전에 없는 번영과 발전을 이뤘
다. 명대 전기에 송·원 이래로 침체됐던 옛 시골 도시들이 지난날의 번
영을 회복하기 시작했다. 지금의 저장성 지역 일부 시골 정기시장과 촌
락은 아주 빠른 속도로 수백 호, 수천 호, 심지어 1만 호를 상회하는 규모
의 도시로 발전하여 바둑판과 같은 도시 연락망이 갖춰졌다. 명 중기에는
대규모 상품 집산이나 중계무역을 주 기능으로 하는 상업 도시가 출현했
다. 더욱 중요한 것은 수공업을 전문으로 하는 도시도 생겨났다는 사실이
다. 예를 들면 지금의 장쑤성과 저장성에 속하는 성택盛澤, 복원濮院, 강경
江涇, 쌍림雙林, 능호菱湖, 오진烏鎭, 남심南潯 등의 진鎭이 바로 견직업絹織
業이 발달함에 따라 흥성하기 시작한 도시다. 풍경楓涇, 수경洙涇, 주가용
朱家涌과 같은 도시는 면방직업의 발달과 직접 관련을 맺고 있다. 숭덕현
崇德縣 석문진石門鎭은 기름 짜기 산업(窄油業) 덕분에 수천 호가 밀집한 큰
도시가 되었다. 경덕진景德鎭(장시성에 속함)은 도자기 산업으로 명성을 얻
었고, 불산진佛山鎭(광동성에 속함)은 철기 제조업으로 유명해졌다. 청대의
화동, 화북, 화중 지구에서 현縣 소재지 이상의 도시는 1,400여 곳이었고
동북, 서북, 몽골 등 변경 지역 현 소재지 이상의 도시는 100여 곳이었다.
북경, 소주, 양주, 항주, 광주, 한구漢口, 강녕江寧(지금의 난징)은 모두 인구

가 수십만에 달했고 점포는 1,000곳 이상이나 되었다. 이 때문에 상위 도시가 다수의 중소 도시를 총괄하고, 다시 중소 도시가 시골의 진鎮을 총괄하는 국면이 조성되었다. 경제가 발달한 지역에서는 흔히 몇 개 도시가 공동으로 하나의 방사선형 시장 권역을 형성했다. 예를 들면 가정현嘉定縣(장쑤성에 속함) 현 소재지에서 관할하는 진鎮의 경우 남쪽과 서쪽으로 부채꼴 모양으로 분포하는데 대체로 다섯 겹의 시장 권역으로 나눌 수 있었다. 매 권역은 6리 정도 거리로 떨어져 있으며 가장 먼 진은 현 소재지에서 40리 거리에 있었다.

명·청의 도시는 일반적으로 성안 십자로를 기준으로 동서남북 네 구역으로 나뉘었다. 성안은 방坊을 줄기로 삼아 방 아래에 큰 거리[街道]와 작은 골목[胡同]이 있었다. 큰 거리와 작은 골목은 성안 주민들의 포호鋪戶(점포)와 항호行戶(가게)로 채워졌다. 성 가까운 곳에는 동서남북 네 문을 경계로 관상關廂563)을 네 곳 설치했다. 상인과 그들의 상업 활동은 도시 생활 가운데서 가장 활력 넘치는 부분이었다. 상인들이 명대 중기에 보여준 두드러진 특징은 그들의 출신 고을을 연결 끈으로 삼아 상방商幫을 형성하여 전국적인 상업 활동에 종사했다는 점이다. 청대에는 상방이 아주 많았는데 그중 큰 것을 10대 상방이라고 불렀다. 즉 산동山東 상방, 산서山西 상방, 섬서陝西 상방, 동정洞庭 상방, 강우江右 상방, 영파寧波 상방, 용유龍遊 상방, 복건福建 상방, 광동廣東 상방, 휘주徽州 상방이 그것이다. 그중에서 가장 유명한 것은 산서의 진상晉商과 휘주의 휘상이었다. 전국 각 주요 도시에는 모두 각 상방의 회관이 있었고, 지역 회관과 동업 회관도 출현했다. 예를 들면 한구의 산섬山陝 회관에는 태원방太原幫, 분주방汾州幫,

홍영방紅榮帮, 합영방合榮帮, 권다방卷茶帮, 서연방西煙帮, 문희방闻喜帮, 경위방京衛帮, 균연방均煙帮, 아방雅帮, 화포방花布帮, 서약방西藥帮, 토과방土果帮, 서유방西油帮, 육진방陸陳帮, 필두방匹頭帮, 피화방皮貨帮, 중장방衆帳帮, 핵도방核桃帮, 홍화방紅花帮, 당방當帮, 피지방皮紙帮, 휘표방彙票帮 등이 포함되어 있었다. 상인들은 성誠(성실), 신信(믿음), 인仁(어짊), 의義(대의)를 근본으로 삼아 상품 생산과 경영에 종사하여 막대한 자본을 축적했다. 건륭 연간에 양주揚州의 100여 호에 이르는 소금 판매상 중 진상과 휘상의 자본 총액은 백은白銀 7,000~8,000만 냥에 달했는데, 이는 당시 국고에 보관된 은의 총량을 초과하는 양이었다.

명·청시대의 농촌은 여전히 가정을 단위로 하는 소농 경제에 머물러 있었지만 시장과 연계가 나날이 밀접해졌다. 농민들은 이미 자급자족하고 남은 생산물뿐만 아니라 자신이 생산한 농산품을 시장에 내다 팔았고, 이외에도 더 많은 것을 시장에 의지했다. 그들은 농산품을 교환해 자신의 생산과 소비를 만족시키고 있었다. 농가에서는 식량 작물을 재배하는 것 외에도 교환을 목적으로 하는 경제 작물로 면화, 사탕수수, 담배, 여지, 용안龍眼 및 경제적인 수목까지 재배했으며 아울러 농산품을 가공하기 시작했다. 농민 경제는 상업성 짙은 농업 경영에 종사하면서 시장의 지배를 더욱 강하게 받게 되었다. 이에 따라 한편으로 농민들의 생활은 더욱 풍성하고 다채로워졌으며 생활수준도 향상되었지만, 다른 한편으로는 생활의 가변성이 더욱 심해졌으며 빈부 양극화 현상도 더욱 두드러지기 시작했다. 일부 농민들은 농업 경영에 수완을 발휘하여 그것을 확대 재생산하면서 '상농上農'이 된 반면, 일부 농민들은 자영농에서 지위가 하락하여 소작농, 노복, 고용농 신세가 되었다. 농촌에서 소작농의 지위는 여전히 미천했다. 일반적으로 소작 관계는 계약제로 이루어졌기 때문에 소작료를 분할해서 납부하거나 정액으로 납부했다.

　농촌의 법정 행정구역은 현 이하에 향鄕·도都·보保·장莊 네 단계나 향·도·장 세 단계 또는 향·장 두 단계로 되어 있었다. 명대에는 일반적으로 110호를 1리里로 삼았고, 1리 가운데서 장정이 많고 식량을 많이 생산하는 10호를 추천하여 이장里長으로 삼았다. 나머지 100호는 10갑甲으로 편성하여 1갑마다 갑수甲首 1인을 두었다. 이장과 갑수는 식량 생산량과 장정 숫자를 조사하여 세금과 부역 장부를 만들어 조세 납부를 독촉했다. 청대에는 이사제里社制 외에 주로 보갑제保甲制를 시행했다. 10호에 패두牌頭 한 사람을 뒀고, 10패牌에 갑두甲頭 한 사람을 뒀으며, 10갑甲에 보장保長 한 사람을 뒀다. 이로써 보갑은 기층민의 치안과 교화를 담당하는 조직이 되었다.

　명·청시대에도 사회생활 조직에서 종족이 차지하는 지위가 낮다고 평가할 수 없다. 많은 지역에 여전히 종족 전통의 사회조직이 존재했다. 종족 조직은 종손과 족장을 우두머리로 하는 관리 기구를 만들어 종족 사당을 건립했다. 그들은 매년 청명과 동지에 일가친척이 힘을 합쳐서 조상에게 제례를 올렸는데 족장은 족보를 읽고, 족규族規를 강의하고, 선현의 어록을 낭독한 연후에 함께 밥을 먹고 조상의 음덕을 나눴다. 사당은 종족 권력기구가 일가친척 관련 사무를 처리하고 권선징악을 위한 포상과 징벌을 내리며 가법家法을 집행하는 장소였기 때문에 엄연히 관아와 같은 역할을 했다.

명대의 복식은 기본적으로 앞 시대를 답습했지만 복식 재료에 비교적 큰 변화가 일어났다. 전통적인 복식 재료는 삼베, 비단, 갈포葛布와 동물 가죽이었는데, 명대에는 면화가 삼베의 지위를 대신했다. 면직업은 소농 가정에서 농업의 지위 다음으로 중요시된 필요불가결한 부업이었다. 청대 복식의 특징으로는 등급 차별과 민족 특색이 선명했다는 점을 들 수 있다. 만주족은 원래 한족과 상이한 복식 제도와 전통 습속을 갖고 있었다. 청나라 군대는 산해관山海關으로 진입한 후 백성에게 변발을 하도록 하고 의관을 바꾸게 했다. 이 때문에 복식에 중대한 변화가 발생했다. 건륭 중기에 이르러 만주족 특색에다 한족 전통 등급 표식이 가미된 복식제도가 형성되었다. 청나라 규정에 따르면 황제에서 평민까지 모두 복식이 48종 있었다. 그것은 황족이 6종, 왕족이 35종, 귀족 중 작위가 있는 사람이 5종, 내명부 1종, 선비와 서민 1종으로 이루어진 제도였다. 신분 등급에 따라 복식의 색깔, 재료, 무늬, 장식 등에 제한이 있었다. 장포長袍와 마고자는 청대 남자들의 전형적인 복장이었다. 포복袍服은 일반적으로 좁은 소매와 둥근 옷깃, 둥근 칼라에 목을 드러냈다. 포복 밖에 금괘襟褂를 덧입었는데 길이가 긴 것을 대괘大褂라 불렀고, 짧은 것을 마고자라 불렀다. 한족 여성 복장은 여전히 명대의 스타일을 이어받았다. 한족 여성은 대부분 전족을 했고, 신발은 좁고 작은 것을 귀하게 여겼으며, 황금색 동전 모양 자수를 놓고 옥구슬이나 비취로 장식을 했다. 바닥이 평평하고 굽이 높은 것 등 다양한 양식이 있었다. 만주족 여성 복장은 대부분 치파오[旗袍]였다. 둥근 칼라에 옷깃이 컸고 치마 양쪽을 텄다. 소매는 직선형이었고, 허리는 넉넉했으며, 길이는 발등을 덮었다. 만주족 여성은 전족을 하지 않았다.

명대 남방의 주식은 쌀이 위주였고, 북방은 밀이 위주였다. 옥수수와 고구마 등 해외 작물도 명대 중기에 수입되어 광범위하게 보급되었다. 이 두 가지 작물은 쉽게 재배할 수 있고 가뭄에 강한데다 고지에서도 심을 수 있으며 맛도 좋아서 비교적 척박한 땅과 산촌에서 재배하기에도 적당했다. 명대 후기에 이르러 고구마는 이미 지금의 광둥성, 푸젠성, 저장성, 장쑤성 일대에서 보조 식량 역할을 했다. 옥수수도 장강 중상류 유역의 산촌, 특히 한수 유역의 산촌에서 중요한 식량 작물로 재배되었다. 청대에는 또 미주 원산 작물인 땅콩도 광범위하게 보급되었다. 명·청시대에 평민의 음식 습관은 다른 왕조시대와 기본적으로 일치했다. 겨울에는 매일 두 끼를 먹었고, 여름에는 매일 세 끼를 먹었다. 농한기에는 적게 먹었고, 농번기에는 자주 먹었다. 평민에 비해 귀족 지주의 음식 생활은 매우 풍성했다. 정식 외에 간식도 있어서 이루 다 헤아릴 수 없을 만큼 종류가 많았다. 주연酒宴은 중요한 교제 수단이어서 벼슬아치, 장사치에서 중류 가정에 이르기까지 많은 사람이 격식을 강구했다. 이에 상응하여 요식업도 매우 발달하여 최종적으로 소채蘇菜(장쑤 요리), 노채魯菜(산둥 요리), 천채川菜(쓰촨 요리), 월채粤菜(광둥 요리)라는 4대 요리 계보를 형성했다. 이 밖에도 휘양淮揚(화이허淮河 근처 양저우揚州), 소송蘇凇(쑤저우와 상하이), 상악湘鄂(후난)의 간단한 먹거리도 아주 유명했다. 만주족 전통의 전양석全羊席[564]도 '수품명두水品明肚', '칠공영대七孔靈臺' 등 요리 120종 및 12종의 간식을 갖춘 대형 연회로 발전했다. 심지어 이른바 '만한전석滿漢全席'[565]은 남북의 유명 요리를 모두 포괄하여 사치의 극을 달렸다.

술과 차는 여전히 명·청시대의 주요 음식 소비품이었다. 창주滄州의 창주滄酒, 덕주德州의 노주盧酒, 산서山西의 노주潞酒, 감숙甘肅의 구기주枸杞酒, 무석無錫의 혜천주惠泉酒, 소주蘇州의 삼백주三白酒, 양주揚州의 모과주木瓜酒, 상주常州의 난릉주蘭陵酒, 소흥紹興의 고로주苦露酒, 쓰촨의 통주筒酒가 모두 판매량이 아주 좋았다. 또 이 시대에는 용정龍井, 육안六安, 송라松蘿, 양선陽羨, 모첨毛尖, 노군미老君眉, 벽라춘碧螺春 등 유명한 녹차 이외에도 화차花茶와 반발효 무이차武夷茶도 개발했다. 소수민족의 음료를 보면 만주족, 몽골족, 회족回族 등은 습관적으로 양젖, 소금, 차, 버터를 섞어서 볶은 밀크티를 마셨고, 티베트족은 습관적으로 수유酥油,[566] 참바rtsam-pa,[567] 소금, 차를 섞어서 조제한 수유차를 마셨다.

명·청시대 세시풍속은 앞 시대를 답습했다. 원단元旦(설날), 입춘立春, 상원上元(정월 대보름), 화조花朝,[568] 청명淸明, 욕불浴佛,[569] 단오端午, 걸교乞巧,[570] 중원中元,[571] 중추中秋(음력 8월 15일), 중양重陽(음력 9월 9일), 동지冬至, 납팔臘八,[572] 제조祭竈[573] 등이 주요 명절이었다. 묵은해를 보내고 새해를 맞이하는 행사는 음력 12월에 시작하여 다음 해 정월 18일까지 계속되었다. 봄철 명절은 '청명'이 중심이 되었는데 청나라 때는 청명에 조상의 분묘를 찾아 벌초하고 제사를 올렸으며, 야외로 나가 답청踏靑을 즐기며 봄놀이를 했다. 여름철 명절은 '단오'를 중심으로 진행되었다. 단오에는 강에서 용주龍舟 경기를 했고, 성황묘회城隍廟會도[574] 열렸다. 가을철 명절은 아주 많았다. 중요한 것은 '칠월칠석', '중원절', '중추절', '중양절'을 둘러싸고 벌이는 행사였다. 이 중 음력 7월 15일 중원절은 '귀절鬼節'이라고도 했다. 불교에서는 흔히 우란분회盂蘭盆會 또는 우란분절이라고도

하며 절에서 제례를 올리며 외롭게 떠도는 귀신을 구제한다. 겨울철 명절은 주로 동지가 중심이었다.

명·청시대에는 사회가 안정되고 경제가 발전했기 때문에 민간으로 전승되어온 세속문화도 전에 없이 번성했다. 전통극, 곡예, 민요 등 민중 중심의 문화 활동이 일세를 풍미했다. 지방 전통극에도 각 지방의 색채가 짙게 배어 있고 일상생활의 숨결도 강렬하게 녹아 있어서 민중에게서 많은 환영을 받았다.

[생각거리]

1. 역사에서 사회생활이 차지하는 가치를 어떻게 인식해야 할까?
2. 중국 고대에 도시와 시골의 관계가 어떤 발전 과정을 거쳤고, 그 과정은 무엇을 설명해주나?
3. 역대 복식과 음식의 주요 변화를 개략적으로 서술하라.

[참고자료]

1. 장치즈 주편, 『중국 역사中國歷史』, 高等教育出版社, 2001.
2. 인파루陰法魯 등 주편, 『중국 고대 문화사中國古代文化史(揷圖本)』(上, 下), 北京大學出版社, 2008.
3. 쑹전하오宋鎭豪, 『하·상 사회생활사夏商社会生活史』, 中國社會科學出版社, 1994.
4. 린젠밍林劍鳴 등, 『진·한 사회문명秦漢社會文明』, 西北大學出版社, 1985.
5. 자오원룬趙文潤 주편, 『수·당 문화사隋唐文化史』, 陝西師範大學出版社, 1992.
6. 주루이시朱瑞熙, 『송대 사회사 연구宋代社會史硏究』, 中州書畫社, 1983.
7. 스웨이민史衛民, 『원대 사회생활사元代社會生活史』, 中國社會科學出版社, 1996.
8. 쑹더진宋德金, 『금대 사회생활사金代社會生活史』, 陝西人民出版社, 1990.
9. 펑얼캉馮爾康, 창젠화常建華, 『청인 사회생활清人社會生活』, 天津人民出版社, 1990.

중국 고대사상의 변화

〔 10강 〕

　중국 고대사상 중에서 매우 영향력 있고 독창적인 관념은 유가儒家와 도가道家다. 이 두 가지는 서로 대립하고 융합하며 춘추전국시대 백가쟁명의 중요한 한 면을 장식했다. 한나라 때 유학이 사상의 정통으로 추대되어 관학官學으로 정립된 이후(그중 주요 경전 및 그것을 연구하는 학문을 경학이라고 함), 도가 학설과 도교사상은 민간과 지식인 사이에서 심원한 영향을 미쳤다. 서한 말기와 동한 초기에 불교가 전입되어 본토 사상문화와 충돌하면서도 융합했다. 이후 길고 긴 역사를 거치면서 불교는 점차 중국 특색을 갖게 되었다. 유儒, 도道, 석釋(佛) 세 가지 사상이 심층적으로 더욱 진전되어 융합하는 과정에서 송대 이학理學이 발생했다. 나중에 송대 정주학程朱學(性理學)이 원·명시대에 관학으로 인정받으며 점차 본래의 활력을 상실한 이후, 청나라 초기 재야 선비들 사이에서는 지난 사상을 총결산하고 미래를 열자는 활발한 사상 논쟁이 벌어져 중국 사상사에 중요한 한 면을 장식했다. 세계 역사가 근대로 진입하던 시절에 중국은 점차 피압박 국가로 전락했다. 서구 근대 학설 특히 근대 정치 문명 사상이 전입되자 중국 학문[中學]과 서양 학문[西學] 사이에는 논쟁이 벌어지지 않을 수 없었다. 중국 학문과 서양 학문의 충돌과 융합을 어떻게 해결해야 하느냐가 중국 근대사상의 주요 과제가 되었다.

① 중국 고대 도덕학설의 형성: 공자사상

기원전 21세기 하수河水(지금의 황허) 지역에 중국 역사상 첫 번째 왕조인 하나라가 나타났다. 기원전 16세기에는 하수 하류에서 일어난 상나라가 하나라를 멸망시키고 상 왕조를 열었다. 상제上帝를 최고신으로 받드는 종교가 조상 숭배와 자연 숭배 위주의 원시종교를 대체했다.

기원전 11세기에는 위수渭水(지금의 웨이허) 유역에서 발전한 주나라가 상나라를 멸하고 주 왕조를 건립했다. 주나라 사람들의 종교사상에는 새로운 요소가 적지 않았다. 예를 들면 상제와 조상신을 분리한 것이 바로 서주 종교사상의 특색이었고, 주나라 사람들은 그들 자신의 도덕 윤리 사상을 제기했다. '덕德'과 '효孝'를 중심으로 하는 도덕 범주가 그것이다.

상·주의 종교사상은 초기 음양오행설과 연계되었다. 음양은 본래 자연계의 명암을 표시하는 개념이었는데, 음양설로 정립되면서 사물의 대립과 통일까지 설명하는 논리로 발전했다. 이러한 경향은 『주역』경문經文에서 아주 분명하게 살펴볼 수 있다.

중국의 사상문화가 찬란하게 꽃핀 시기는 춘추시대(기원전 770~기원전 476)와 전국시대(기원전 475~기원전 221)였다. 이 시기에는 사회적으로도 거대한 변화가 발생했다(이 책 2강 참조). 이런 시대적 특징과 상응하여 노나라를 중심으로 '사학私學' 학파인 유가와 묵가墨家가 등장했다. 이 두 학파를 '사학'이라고 하는 이유는 이 양대 학파에 속한 학자들이 정치가 겸 사상가인 경대부卿大夫나 세습 관리에 제한되지 않고 일부가 평민 계층 출신이었기 때문이다.

유가의 창시자는 공자孔子다(그림 18). 그는 춘추 말기의 대사상가 겸 교육자였다. 묵가 창시자인 묵적墨翟은 겸애兼愛와 비공非攻(전쟁 반대)을 주장했다. 제자諸子 학파의 출현 선후를 보면 유가와 묵가 이후 두 학파의 특징을 겸비하고 비판한 도가가 나타났다. 춘추 말기의 노자老子가 가장 이른 시기의 도가 대표자였다.

전국시대에는 사상가가 더욱 많아져서 이들을 '제자백가諸子百家'라 칭했다. 한나라 때 사마담司馬談은 제자학설의 주요 경향에 따라 그들을 음양가, 유가, 묵가, 명가名家, 법가, 도덕가 여섯 학파로 나눴다.[575] 반고는 『한서』「예문지」에서 제자백가를 유가, 도가, 음양가, 법가, 명가, 묵가, 종횡가, 잡가, 농가의 9가로 분류했다.

춘추전국시대에 일어난 '백가쟁명'으로 고대 역사는 문화 사상의 융성기를 누렸다. 이 시기 유가사상의 요점을 대략 소개하겠다.

공자(기원전 551~기원전 479)는 노나라 창평昌平 추읍陬邑(지금의 산둥성 취푸 동남쪽) 출신으로 이름은 구丘, 자字는 중니仲尼다. 어려서 아버지를 여의고 빈천하게 생활했다. 청년 시절에 말단 회계 관리[委吏]와 소와 양을

至聖孔子

名丘字仲尼山東
兗州府曲阜縣人

그림 18 공자(청대에 그려진 초상)

관리하는 직책[乘田]을 역임했다. 30세를 전후한 시기에 개인적인 학문 강의를 시작했다. 34세에 제齊나라로 가서 순舜 임금 때의 옛 음악인 '소악韶樂'을 듣고 3개월 동안 고기 맛을 모를 정도로 심취했다. 51세에 노나라 중도재中都宰로 임명되었다가 나중에 사공司空과 사구司寇로 승진했다. 57세에 제자들을 데리고 중원 각국을 돌며 유세했다. 68세에 고향 노나라로 돌아와 교육에 진력했다. 공자를 이해하려면 먼저 『논어』를 읽어야 한다. 이 책은 공자와 그 제자들의 대화 모음집인데, 공자의 제자와 재전 제자들이 기억을 되살려 기록했다.

공자가 중국 사상문화사에서 공헌한 첫 번째 점은 필생의 정력을 기울여 서주시대 문헌을 정리해 자신의 교육 교재로 삼은 일이다. 이 책들은 중국에서 가장 영향력 있는 고대 문헌이 되었다. 그럼 이들 교재에는 어떤 책들이 포함되어 있을까?

(1) 『시詩』

후대에 『시경』으로 칭해지는 이 책은 서주에서 춘추시대까지의 시가 총집이다. 본래는 3,000여 편이 있었는데 공자가 발췌하고 교정한[刪訂] 이후 305편만 남겼기 때문에 흔히 『시삼백詩三百』이라고도 불렸다.[576] 이 시가 선집은 「풍風」, 「아雅」, 「송頌」 세 부분으로 구성되어 있다. 「풍」은 각 지방의 민요로 모두 15국풍國風으로 이루어져 있다. 「아」는 주나라 사람들의 표준어[官話]를 아언雅言이라고 한 데서 나온 말로 서주시대 도성과 그 주변 지역의 시가다. 「송」은 종묘 제사에 쓰인 음악이다. 근대 학자들의 지적에 따르면 『시경』의 시는 그 유래가 아주 다양하다. 어떤 것은 음악 담당 관리[樂官]가 민간에서 채집한 것이고, 어떤 것은 관리가 주나라 왕에게 헌정한 후 악관에 전해진 것이다. 어떤 것은 귀족의 제사나 기타 용도로 창작된 것을 악관이 채보했고, 어떤 것은 제후들이 주나라 천자에게 바친 음악이다. 그리고 각 제후국 악관이 주나라 왕실로 가져온 음악도 있다.

공자는 『시경』을 아주 중시했다. 그는 늘 학생들을 계발하면서 시를 읽으라고 요구했다. 시 읽기를 인성 교육과 연계한 것이다.

(2) 『서書』

흔히 『서경』이라고 하는 『상서尙書』다. 춘추시대 이전 국왕과 관리의 정치 자료 모음집으로 100편이 있었다고 하나 지금은 28편이 전한다. 공자는 제자들에게 『서』를 공부하는 목적이 역사 지식을 늘리는 데 그치지 않는다면서 더욱 중요한 것은 선왕들이 어떻게 나라를 다스리고 정무를 처리했는지 경험을 체감하는 것이라고 했다.

(3) 『예禮』

『사례士禮』라고도 하며 후세에는 흔히 『의례儀禮』로 칭해졌다. 『주례周禮』, 『예기禮記』와 함께 '삼례三禮'로 불린다. 주나라 예법을 깊이 연구한 공자는 예법에 아주 좋은 감정을 갖고 있어서 제자들에게 예법을 성실하게 공부하고 실천하라고 요구했다.

(4) 『악樂』

음악과 관련한 서적으로 『악경樂經』을 가리킨다. 공자는 음악을 중시하면서 음악이 도덕 교화의 중요한 수단의 하나라고 인식했다. 공자는 내용과 형식이 모두 완비된 음악을 요구했다.

(5) 『주역周易』

건乾, 곤坤, 진震, 손巽, 감坎, 이離, 간艮, 태兌 등 팔괘八卦로 천天, 지地, 뇌雷, 풍風, 수水, 화火, 산山, 택澤 등 자연현상을 상징하면서 자연과 사회 변화를 추측하는 점술서다. 이 가운데 인생 경험과 철학사상이 포함되어 있다. 상나라와 주나라 교체기에 책이 완성된 것으로 보인다. 공자는 『주역』을 부지런히 연구하며 잠시도 손에서 놓지 않았다. 『역전易傳』은 전국시대에서 진·한 교체기 무렵의 저작으로 『주역』을 해설한 책이다. 『역전』은 열 부분으로 구성되어 있기 때문에 『십익十翼』이라고도 칭한다. 저자는 아직 단정하기 어렵다. 어떤 사람은 『역전』의 저자가 공자라고 하지만 증거가 부족하다. 후대에 『주역』의 뜻을 밝혀내고 해설한 다양한 저작도 '역전易傳'이라고 한다. 따라서 진·한 이후 『주역』 해설서와 구별하기 위해 『십익』을 『역대전易大傳』이라 칭하기도 한다.

(6) 『춘추春秋』

공자가 노나라 사관의 기록을 근거로 정리하여 완성한 책이라고 한다. 노 은공隱公 원년(기원전 722)에서 시작해 노 애공哀公 14년(기원전 481)에 끝난다.

『악경』은 실전되었기 때문에『시』,『서』,『역』,『예』,『춘추』를 '오경五經'이라고 한다. 이것이 유가의 기본 경전이다.[577] 공자는 '오경'을 연구하고 정리하여 중국 사상문화사에 중요한 공헌을 했다.

또 공자가 중국 사상문화사에 미친 중요한 공헌은 '인학人學'에 관한 사상과 관점을 체계적으로 제기했다는 점이다. 어떻게 군자가 될 것인가? 어떻게 공부해야 성현이 될 수 있나? 인간의 생활 목표는 무엇인가? 인간의 가치관 문제에서 공자는 자신만의 독특한 견해를 보여줬다.

이러한 견해 가운데에 '인仁'이라고 불리는 사상적 범주가 있다. 『좌전』과 『국어』에서도 공자 이전 또는 공자와 동시대에 수많은 사람이 '인'에 대해 언급한 사실을 발견할 수 있다. 『국어』「주어周語」에서는 "인을 말하려면 반드시 사람에게 미쳐야 한다(言仁必及人)"라고 했다. 이러한 언급은 공자의 '인학'을 형성하기 위한 사상적 준비 단계라 할 수 있다. 이를 바탕으로 공자는 내용을 취사선택하고 제련하고 종합한 것은 물론 새로운 내용을 보태서 '인'을 '인학'의 기본 범주가 되게 했다.

공자는 제자들과 대화하는 과정에서도 여러 차례 '인'의 의미를 설명했다. 그의 관점은 조상신 숭배를 출발점으로 삼은 것이 아니라 인간의 이성을 바탕으로 삼았고, 씨족 군체를 출발점으로 삼은 것이 아니라 개인의 수신修身을 바탕으로 삼았으며, 어느 한편을 옹호하며 다른 한편의 희생을 강요하는 것을 출발점으로 삼은 것이 아니라 쌍방의 요구를 모두 고려하는 태도를 바탕으로 삼았다. 예를 들면 공자는 '인'을 '남을 사랑하는 것愛人'이라고 해석했는데 이 말에도 이러한 특징이 잘 드러나 있다.

공자의 제자 번지樊遲가 '인'이 무엇이냐고 묻자 공자는 "남을 사랑하는 것이다(愛人)"라고 대답했다.[578] 이른바 '남을 사랑하는 것'이란 한편으로 '자신이 하고 싶지 않은 일을 남에게도 시키지 않는 것(己所不欲, 勿施於人)'[579]이면서 다른 한편으로는 "자신이 서고자 하면 남을 세워주고, 자신이 도달하고 싶으면 남을 도달시켜준다(己欲立而立人, 己欲達而達人)"[580]라는 경지다. 이 두 가지 내용의 결합을 '충서지도忠恕之道'[581]라고 한다. 군신과 부자 사이 등과 같은 인간관계를 조절하기 위해서 공자는 쌍방이 상호 존중할 것을 요구했다. 예를 들면 아버지가 자식에게 효도를 강조할 때도 자애로 자식을 대해야 한다는 것이다. 즉 아버지가 자식을 자애롭게 대하지 않으면 자식은 아버지에게 효도할 마음이 나지 않는다는 것이다. 이러한 태도를 다른 부문으로도 확대할 수 있다.

공자는 도덕적으로 수양을 이룬 군자가 되려면 자신의 노력에 의지하여 '나'에게서 시작해야 한다고 강조했다. 공자는 이렇게 말했다. "하루라도 자신의 욕망을 이기고 예禮를 회복하면 천하가 인에 귀의할 것이다. 인을 행하는 것이 나로부터 말미암는 것이지, 남으로부터 말미암는 것이겠는가?"[582] 여기에서 예를 회복한다는 것은 서주의 예제禮制를 회복하자는 주장인데, 이는 공자의 정치 이상인 동시에 군자의 자아 수양을 치국평천하治國平天下의 기점으로 삼은 견해다. 이처럼 '나'에게서 시작하는 도덕수양론은 유가 '인학' 사상의 핵심 내용이다. 유학이 역사적으로 변화하는 과정에서도 이 핵심은 바뀌지 않았다.

공자는 중요한 도덕규범을 많이 언급했다. 『논어』 「양화陽貨」 편에 다음과 같은 대화가 있다. "자장이 공자에게 인에 대해 물었다. 공자가 말했다. '천하에 다섯 가지를 행할 수 있으면 인이 이루어진다.' 그게 무엇인지

여쭙습니다. 공자가 말했다. '공恭, 관寬, 신信, 민敏, 혜惠가 그것이다. 공손하면 남이 업신여기지 않고, 관대하면 사람을 얻고, 신용이 있으면 남이 그를 믿고, 민첩하면 공을 세우고, 은혜로우면 남을 부릴 수 있다.'"[583] 여기에서 공은 공손하게 은인자중하는 태도, 관은 관대하고 후덕한 태도, 신은 신용이 있는 태도, 민은 민첩하게 게으름 없이 부지런히 힘쓰는 태도, 혜는 타인에게 관심을 갖는 태도를 가리킨다. 이 밖에도 『논어』에는 다양한 도덕규범이 제시되어 있다. 예를 들면 온溫(온화), 양良(선량), 공恭(자중, 자존), 검儉(검소), 양讓(겸양) 등이 그것이다.[584] 이러한 도덕규범은 중국 역사 발전에 아주 큰 영향을 미쳤다.

공자는 인간이 생명을 영위하는 과정에서 도덕규범을 준수하며 도의道義를 첫 번째 위치에 놓아야 하고, 이런 생활을 해야만 삶이 충실해질 수 있다고 인식했다. 인간의 생활 목표를 단순하게 부귀 추구로 귀결해서는 안 되고, 비록 모두들 부귀를 얻고 싶어 하더라도 여기에 제한을 가해야 하는데 그 제한이 바로 도의라는 것이다. 말하자면 도의에 부합하는 부귀는 취할 만한 것이지만, 도의에 부합하지 않는 부귀는 취해서는 안 된다는 것이다. 즉 인간은 도의를 위해 살아야지 부귀를 위해 살아서는 안 되며, 이렇게 사는 것이야말로 인생의 진정한 가치라는 것이다. 바로 이러한 의미에서 공자는 "군자는 대의大義에 밝고, 소인은 이익에 밝다"[585]라고 했다. 공자의 관점은 '인간'의 가치를 드높이는 이론이다. 그는 중국 사상사에서 인생의 가치관을 체계적으로 논술한 첫 번째 철인哲人이다. 이 밖에도 공자는 정치사상과 교육사상 부문에도 다양하고 깊이 있는 논술을 했다. 그러나 편폭의 제한 때문에 여기에서 더 소개하지 못한다.

공자는 중국 고대를 통틀어 가장 영향력 있는 사상가 겸 교육가였다. 그가 세상을 떠난 후 2,000년 역사 동안 사람들이 그에게 내린 평가는 단일하지 않았다. 공자처럼 후세 사람들에게 격렬한 논쟁을 불러일으킨 사상가는 고대사상사에서 찾아볼 수 없다.

② 중국 고대 자연철학의 형성: 노자사상

철학은 시대정신의 반영이고 민족문화의 영혼이다. 중국 고대철학에는 깊이 있는 이론 체계가 있고 특수한 표현 형식이 있다. '천도天道'와 '인도人道'의 상호 연관성 연구도 고대철학의 기본 주제 중 하나였다.

'천도'는 우주, 천지, 자연의 기원과 법칙을 두루 가리키는 말이다. 그러나 '인도'는 인류 사회와 인간 자신에 관한 이치를 가리킨다. 고대 철인들이 이 두 명제의 관계에 관심을 기울인 까닭은 고대 농업 생산 발전과 관련이 있기 때문이다. 중국은 유구한 농경 역사와 풍부한 농학農學 성과를 갖고 있다. 『주역』에 이런 말이 있다. "천문을 살펴 시절의 변화를 관찰하고, 인문을 살펴 천하의 교화를 이룬다."[586] 여기에서 천문은 계절과 때에 관한 학문을 가리킨다. 이것을 살피는 목적은 인간에게 시의적절하게 농경 활동을 하게 하려는 것이다. 인문은 인류 '문명'의 또 다른 표현이다. 이것은 주로 사회제도와 인간 자신의 소양을 가리킨다. 중국의 고대철학이 천도와 인도의 상호 관계에 관해서 행한 탐구와 논술은 바로 천문과 인문에 대한 인식을 심화 발전시킨 것이다.

춘추전국시대에 노자는 이미 천도와 인도의 관계를 깊이 탐구하여 완전한 이론 체계를 갖춘 자연철학의 기념비를 세웠다.

『사기』의 기록에 따르면 노자의 성은 이씨李氏이고, 이름은 이耳로 초나라 고현苦縣(지금의 허난성 루읍鹿邑 동쪽) 여향厲鄕 곡인리曲仁里 사람이라고 한다. 그는 일찍이 동주 왕실의 장서를 관리하는 사관에 임명되어 수많은 책을 읽고 천도와 인도에 관한 지식을 융합하여 춘추시대 말기 가장 교양 있는 대철학가가 되었다. 그는 도가학파의 창시자로 인정된다.

어떤 학자들은『노자老子』라는 책이 노자 본인이 지은 것이 아니라 전국시대에 완성된 저작이라고 인식하고 있다. 이후 삼국시대 위나라 사람 왕필王弼이『노자』에 주석을 달았는데, 그 주석도『노자』본문과 쌍벽을 이루는 철학 미문美文으로 유명하다. 후세 사람들은『왕필주본王弼注本』을『노자』통행본으로 일컫는다. 1973년 창사長沙 마왕두이馬王堆에서 비단에 쓰인(帛書)『노자』갑본甲本과 을본乙本이 발견되었다. 이로써 학자들은 백서본과 통행본『노자』를 대조 연구하게 되어 노자철학의 정확한 의미 이해에 한 걸음 더 다가설 수 있게 되었다. 통행본과 백서본은 같은 점도 있고 다른 점도 있다. 1993년 후베이성 징먼시 궈뎬郭店 1호 초나라 분묘에서 죽간이 한 무더기 발견됐다. 그중에도『노자』죽간 일부가 포함되어 있어서 학자들이 연구를 진행 중이다.[587] 지금도『노자』원본에 관한 자료가 적지 않게 발견되고 있다.

『노자』텍스트에서 바로 우리 눈에 띄는 한 가지 범주는 바로 '도道'다. 이 책 개권벽두에 기록된 '도'에 관한 설명은 노자철학의 강령이라 할 수 있다. '도'는 노자에 의해 세계의 본원으로 인식되었다. 그것은 '유有'와 '무無'의 통일이다.『노자』제1장에서는 "무는 천지의 시작을 이름함이고,

유는 만물의 어머니를 이름함이다(無, 名天地之始, 有, 名萬物之母)"[588]라고 했다. 무엇이 '무'인가? 글자의 표면에만 근거하여 아무것도 없음으로 해석해서는 안 된다. '무'가 가리키는 것은 공간이며 공허다. '무'의 또 다른 의미는 통상적인 물체와 상이한 '도'를 가리킨다. 따라서 그것을 단순히 원이나 네모라고 말할 수 없다. 그것에는 불확정성이 들어 있기 때문이다. 또 천지만물의 최초 형태를 '유有'라고 칭할 수 있고, 여기에서 복잡다단한 세계 만물이 발전되어 나온다.

노자철학에서 천도는 찬양받지만 인도는 폄하된다. 노자가 볼 때 '도'는 천지만물로 변화하면서도 신의 힘이 가해지지 않고, 교묘한 장식도 없으며 저절로 그렇게 된다. 『노자』에 다음과 같은 명언이 있다. "사람은 땅을 본받고, 땅은 하늘을 본받고, 하늘은 도를 본받고, 도는 자연을 본받는다."[589] 천도는 다투지 않고, 말하지 않고, 교만하지 않고, 사물을 제압하려는 마음이 없고, 무형의 큰 그물처럼 광대무변하다. 비록 엉성한 것 같지만 어떤 것도 새어나갈 수 없고 모든 것을 그 속에 포괄한다. 이와 달리 '인도'는 사사롭고 편협하고 불공정하다. 이 때문에 '인도를 어떻게 개조할 것인가'라는 문제가 발생한다. 노자는 "인도는 천도를 본받아야 한다"라고 대답했다.

어떻게 본받아야 하는가? 이를 위해 '도'의 운행법칙과 응용방법을 분석하지 않을 수 없다. 『노자』 제40장에서는 이렇게 말했다. "되돌아가는 것은 도의 운동이고, 약한 것은 도의 쓰임이다(反者道之動, 弱者道之用)." '되돌아가는 것[反]'은 상반된 방향으로 움직여 그 상반된 방향으로 발전한 이후 다시 반대 방향으로 발전하여 애초 상태에 도달하는 것이다. 이 때문에 '되돌아가는 것'에는 대립을 통한 지양止揚 그리고 애초의 본질 회복이라는 두 가지 의미가 포함되어 있다. 이 총체적인 법칙의 영향 아래 노자는 강함과 약함, 삶과 죽음, 화와 복, 위와 아래, 앞과 뒤 등과 같은 대립과 지양의 화첩을 펼쳐 보인다. 그는 어떻게 해야 세계의 각종 대립 현상이 인류 사회와 인간 자신을 해치지 않을지에 대해 사람들을 일깨운다. 그는 '천도'가 저절로 그렇게 되는 특징을 인류 사회에 운용하여 위정자들에게 '유약'과 '무위無爲'의 품격과 풍모를 갖추도록 요청했다. 즉 순박, 순결, 자신만 옳다고 생각하지 않기, 자신의 견해만 고집하지 않기, 백성을 번거롭게 하지 않기, 백성의 마음을 자기 마음으로 삼기 등의 품성이 그것이다. 이처럼 천도가 스며든 인도를 지향해야만 불패의 경지에 오를 수 있다는 것이다.

노자철학의 용어로 말하면 그것은 바로 '억지로 무엇을 하지 않으면서도 하지 않는 일이 없는(無爲而無不爲)' 경지다. 여기에서 '무위'는 주로 독단적인 마음과 전제적인 행위를 제거하는 것을 가리킨다. 함부로 무엇을 하지 않는다는 뜻이 포함되어 있으므로 아무것도 하지 않는다는 뜻은 결코 아니다.

천도와 인도에 관한 노자의 논술에는 고대 변증법적 사유가 화려하게 펼쳐져 있다. 그 속에는 지혜와 통찰력이 가득하여 중국 민족의 사상문화 발전에 큰 영향을 미쳤다. 물론 솔직히 말하면 노자철학은 저절로 그러한 천도를 이용하여 인도 자체를 부정하는 특징이 있어서 이론적으로 편파적인 측면이 있다. 하지만 역사 속에서 우리는 봉건사회의 위정자들이 일정한 범위 내에서 노자철학의 몇 가지 요소를 응용하여 약간 성과를 거둔 사실을 찾아볼 수 있다. 노자사상은 서구에도 큰 영향을 미쳤다. 『노자』는 서구에서 여러 언어로 번역되었다. 하지만 이들 번역본 중에서 노자사상을 비교적 정확하게 반영한 책은 결코 많다고 할 수 없다.

이 대목에서 노자사상 고유의 심층적인 생태 지혜를 언급하지 않을 수 없다. 목전의 전 세계 생태환경은 이미 부분적인 악화 단계에서 전면적인 위기로 치닫고 있다. 20세기 초부터 서구 식자층은 지구 환경문제를 끊임없이 경고해왔다. 그러나 서구에서는 기독교 전통의 뿌리가 깊어서 자연을 인간의 도구로 간주하는 경향이 강하고, 철학의 주류 전통도 대부분 데카르트식의 인식, 즉 자연은 연장성만 있는 기계적인 순수 객체일 뿐이라는 교조적 인식에 머물러 있다. 20세기 중엽에도 환경 윤리학 연구는 여전히 서구 철학계에 수용되지 못했다. 1970년대에 이르러서야 환경철학이 탄생했다.

이에 비해 노자와 도가사상의 기본 주장은 바로 '도는 자연을 본받는다(道法自然)'는 것이다. 도가의 사상에는 인간 중심의 편향된 측면이 없다. 오히려 도가에서는 인간과 자연 만물이 한 몸으로 이어져 있고, 자연 존재에는 심오한 내재적 가치가 깃들어 있어서 인류는 응당 자연을 숭상하고 자연에 관심을 기울이고 자연과 어울려 조화롭게 살아야 한다고 주장한다. 노자가 그려내는 세계의 청사진은 만물이 조화를 이루고, 각각의 생명이 제대로 살아가고, 그런 가운데 생기가 충만한 협력 세계다. 이것이야말로 지금 전 세계가 실현하려고 노력하는 생태 문명사회의 위대한 이상일 것이다.

③ 전국시대의 천도와 인도 논쟁

전국시대 사상과 학술의 '백가쟁명'은 모두 천도와 인도의 상호 관련성에 대한 각 학파의 서로 다른 이해에서 파생했다. 당시 유가의 대표자 중한 사람이었던 맹자는 인도를 이해할 수 있어야 자연스럽게 천도를 이해할 수 있다고 인식했다. 이는 천도를 인도의 확장으로 보는 태도다. 따라서 맹자는 논술의 중점을 인도에 두었다. 어떻게 하면 사회를 잘 다스릴수 있을지에 대해 그는 온전한 윤리적 정치관을 갖고 있었다.

맹자(기원전 372?~기원전 289)는 이름이 가軻로 전국시대 중엽 사람이다. 공자의 제4세대 제자로 어려서부터 훌륭한 가정교육을 받았고 성인이 된후에는 중원 각국을 다니며 자신의 정치적 주장을 선전했다. 만년에는 고향 추국鄒國(지금의 산둥성 쩌우청鄒城)으로 돌아가 자신의 강의 경험을 정리하여 『맹자』 7편을 지었다. 동한 학자 조기趙岐가 이 책을 정리하여 본래의 7편을 모두 상·하편으로 나눴는데 그것이 지금 우리가 보고 있는 『맹자』 14편이다. 『맹자』 주석서는 너무나 많은데 그중 가장 유명한 것이 송대 주희가 지은 『맹자집주孟子集註』다.

'어진 정치[仁政]'는 맹자가 논술하는 인도의 주요 내용을 이룬다. 어진정치는 백성을 근본으로 삼는 정치다. 이는 "백성이 귀하고, 사직은 그다음이며, 임금은 가볍다(民爲貴, 社稷次之, 君爲輕)"[590]라는 맹자의 신념과 부합한다. 어진 정치는 먼저 백성을 따뜻하고 배부르게 해야 하는데 이것을 '소강小康'이라 한다. 어진 정치는 통치자의 각성과 실제 조치라는 이른바 '인치人治'에 의지한다. 이는 근대사회의 법제 정치와 다른 점이고, 국민을 정치의 주체로 삼는 근대의 정치학설과도 일치하지 않는 점이다. 또 어진 정치는 도덕으로 사람을 복종시키는 것이라고 주장하므로 이를 도덕교화의 정치라 할 수도 있다.

어떤 사람이 맹자에게 사람이 왜 어진 정치를 실현할 수 있느냐고 물었다. 맹자는 도덕 윤리관을 제기하여 어진 정치를 실현하는 기반으로 삼았다. 맹자는 사람에게 네 가지 본성이 있다고 주장했다. 첫째는 측은지심惻隱之心으로 사람을 사랑하는 마음이다. 둘째는 수오지심羞惡之心으로 수치를 아는 마음이다. 셋째는 사양지심辭讓之心으로 겸양할 줄 아는 마음이다. 넷째는 시비지심是非之心으로 옳고 그름을 분별하는 마음이다. 측은지심이라는 천부적인 도덕 요소를 확충하고 확장하면 '인仁'이 된다. 수오지심을 확대하면 바로 '의義'가 된다. 사양지심이 있으면 예법에 따를 줄 알게 된다. 그것이 '예禮'다. 시비지심이 있으면 진짜와 가짜, 옳고 그름을 분별할 줄 알게 되므로 '지혜롭게[智]' 된다.

인간의 천부적인 도덕 요소는 어떻게 해야 인, 의, 예, 지로 확장될 수 있는가? 맹자는 인간이 후천적으로 분발하고 노력해야 한다고 강조했다. 이와 관련하여 맹자는 사람들이 어떤 한 가지 일을 하려면 반드시 오래 고난을 겪는다는 사실을 알아야 한다고 했다. 그는 『맹자』에서 이렇게 말했다. "그러므로 하늘이 장차 이 사람에게 큰일을 맡길 때는 반드시 먼저 그 마음과 뜻을 고통스럽게 하고, 그 힘줄과 뼈를 수고롭게 하고, 그 육체를 굶주리게 하고, 그 몸을 텅 비게 하여 그가 하는 일이 하고자 하는 바와 어긋나게 한다. 그것은 마음을 움직이고 자기 성질을 참아내게 하여 그들이 할 수 없었던 일을 더 많이 할 수 있게 하기 위해서다. …… 그런 후에야 우환 속에 삶이 있고 안락 속에 죽음이 있다는 사실을 알게 된다."[591] 인간은 어려움을 겪으면서 지식과 경험을 축적하여 일상을 뛰어넘는 고난 극복 능력을 기를 수 있다는 의미다. 무릇 고난 앞에서 패배한 사람은 큰일을 할 수 없다. 따라서 우환은 인생을 생기 있게 하고, 사람의 머리를 맑게 하고, 사람을 분발하게 한다. 이와 반대로 안락은 사람의 의지를 약화시켜 사람을 멍청하게 하고, 사람의 의지를 꺾는다. "우환 속에 삶이 있고, 안락 속에 죽음이 있다"라는 말이 인생의 고귀한 경험이라는 사실을 알 수 있다.

이러한 인생철학을 이해했다면 행동으로 실천하여 자신의 정신적 품위를 높여야 한다. 맹자의 말을 빌리면 그것이 바로 '양기養氣'인데, '드넓은 기상(浩然之氣)'을 기르는 것을 의미한다.[592] 여기에서 말하는 '기상[氣]'은 정신적 품위와 내면세계다. 이것을 정의로 길러서 조금도 손상받지 않게 하면 천지사방에 가득 차게 되어 없는 곳이 없게 된다. 뒷날 중국 민족의 인인지사仁人志士들이 말하는 '정기正氣'가 바로 여기에서 배태되어 나왔다.

맹자는 또 '대장부'라는 개념을 제시했다. 그의 말에 따르면 그 표준은 다음과 같다. "부귀도 그를 혼란하게 하지 못하고, 빈천도 그의 뜻을 바꿀 수 없고, 무력도 그를 굴복시킬 수 없게 되어야 이런 사람을 일러 대장부라고 한다."[593]

이상의 여러 부문을 언급한 것이 모두 맹자의 윤리도덕 사상이다. 그는 '인도'를 이야기하면서 주로 도덕 문제를 다루었다. 아울러 그 도덕을 정치에 운용하려고 했기 때문에 그의 인식을 윤리적 정치관이라 부를 수 있다. 그가 보기에 인성이 선善하다는 것을 알면 한 걸음 더 나아가 천도가 무엇인지 알 수 있고, 그것이 바로 '본성을 알면 하늘을 알 수 있는(知其性, 則知天矣)' 인식이라는 것이다. 여기에서 우리는 맹자가 말한 '천도'가 바로 도덕으로서 천天이며, 의리로서 '천天'이란 사실을 미루어 알 수 있다. 이 것은 결코 그가 발명한 것이 아니다. 『사기』「공자세가孔子世家」에 따르면 자사子思가 『예기』「중용」을 지었는데 거기에 다음과 같은 말이 있다. "성 誠이란 하늘의 도요, 성誠해지려고 노력하는 것은 사람의 도다."[594] 『맹자』 「진심」상上에도 이와 같은 말이 있는데 이는 전혀 이상한 일이 아니다. 왜 냐하면 자사는 맹자의 스승이므로 사제 간에 관점이 동일한 것은 흔히 있 을 수 있는 일이기 때문이다. '성誠'이란 진실하여 거짓이 없는 태도로 일 종의 도덕적 범주다. 자사와 맹자 학파에서는 천도는 진실하여 거짓이 없 는 도덕 품격이고, 인도는 천도의 표현이며, 인간이 다른 동물과 구별되 는 특징은 바로 도덕관념을 갖고 성誠의 원칙을 강구하기 때문이라고 인 식했다. 이것이 바로 천도와 인도의 통일이라는 것이다. 이 두 가지는 성 誠이라는 도덕 원칙의 바탕 위에서 융합되어야 한다. 맹자는 인간이 이처 럼 도덕으로 통일을 이루는 것이 바로 인생의 가치이자 목표일 뿐만 아니 라 인생의 가장 큰 즐거움이라고 보았다.

우리는 천도와 인도를 통일한 맹자의 도덕관이 중국의 역사 발전에 중 요한 영향을 미쳤다는 사실을 인정해야 한다.

전국시대 말기 유가의 대표 인물인 순자荀子는 천도와 인도의 관계를 토론하면서 맹자와 다른 견해를 보였다.

조나라 사람인 순자는 이름이 황況, 자는 경卿으로 손경자孫卿子라고도 불렸다. 일찍이 제나라에 간 적도 있지만 기원전 266년 진秦 소왕昭王의 초빙에 응하여 진나라로 갔다가 그곳의 민풍이 순박하고 정치가 깨끗한 것을 보고 깊은 인상을 받았다. 기원전 255년에는 초나라로 가서 초나라 상국 춘신군春申君에 의해 난릉령蘭陵令(지금의 산둥성 이현峄縣)으로 임명되었다. 춘신군이 죽은 뒤 면직되었지만 난릉에 거주하며 제자 교육을 생업으로 삼았으며 『순자荀子』를 지었다.

순자는 기원전 298년에서 기원전 238년까지 살았다. 당시 중원 각국을 어떻게 통일하느냐가 이미 역사의 주제로 부각되어 있었다. 그는 제자백가의 학문을 두루 섭렵하고 제나라에서 직하학궁稷下學宮을[595] 주관한 적도 있다. 그곳에서 그는 제자백가의 여러 학자와 학문을 토론하고 연구했다. 이로써 그는 충분한 자료와 대담한 기백으로 「비십이자非十二子」[596]와 같은 명작을 써서 각 학파의 학설을 비평했다.

무엇이 '천天'이고 무엇이 '인人'인가? 순자는 「천론天論」 첫머리에서 이렇게 밝혔다. "하늘의 운행에는 일정한 법칙이 있다. 그것은 성군 요 임금 때문에 존재하는 것도 아니고, 폭군 걸 임금 때문에 없어지는 것도 아니다. 나라를 잘 다스림으로써 그것에 대응하면 길하고, 나라를 어지럽게 함으로써 그것에 대응하면 흉하다."[597] 순자의 인식에 따르면 하늘의 일정한 법칙은 인간의 의지에 지배되지 않고 그 자체의 법칙을 따르며, 인간은 '하늘(자연)'로부터 자신이 얻고 싶은 것(먹거리)을 얻을 수 있을 뿐이라고 한다. 만약 인간이 하늘의 법칙을 위반하면 반드시 징벌을 받게 된다. 순자는 인간 세상에 대대로 전승되어온 농사 경험에 의지하여, 삶을 영위할 수 있는 충분한 자산을 가지고 계절의 운행에 따라 행동해야 하늘이 사람을 병들게 하지 않는다고도 했다. 따라서 인간이 자연 앞에서 아무 능력도 발휘할 수 없는 존재가 아님을 알 수 있다. 만약 인간의 능력을 무시하고 오직 하늘의 은총만 바란다면 그것은 천인天人 관계의 실제 상황과도 부합하지 않는 태도다. 이에 대해 순자는 이런 결론을 내렸다. "이 때문에 하늘과 인간의 분리된 직분을 분명하게 알아야 지인至人(지극히 뛰어난 인간)이라 할 수 있다."[598]

'하늘과 인간의 직분이 나뉘어 있다(天人相分)'는 순자의 이론은 중국 사상사에서 큰 의미가 있다. 실제로 순자는 다음과 같은 한 가지 진리를 천명한 셈이다. 인간은 스스로 자연계에서 분리하고, 그 자연을 마주하는 인식 주체가 되어야만 일반적인 의미의 인간이 아니라 진정한 의미의 인간이 될 수 있다. 자연계의 노예가 아니라 지혜, 도덕, 자각성을 갖춘 인간이 될 수 있다. 이런 사람을 순자는 '지인至人'이라 불렀다.

순자는 「천론」에서 하늘과 인간의 관계를 중점적으로 논술했지만 이 두 가지 사이에 통일을 이루는 측면도 있다는 사실을 결코 잊지 않았다. 그는 인간이 자연을 인식할 때 먼저 '서로 나뉜 존재(相分)'라는 사실을 인정해야만 하늘과 인간이 지닌 각각의 특징을 관찰할 수 있다고 주장했다. 말하자면 인간의 면전에 펼쳐져 있는 것은 천태만상의 자연세계이지 한 가지 색깔이나 한 가지 목소리의 단조로운 존재가 아니라는 것이다. 이 밖에도 인간은 하늘과 인간의 통일 원리를 따라야 하는데 이는 '도道'의 관점으로 하늘과 땅의 관계를 바라봐야 한다는 태도다. 순자가 보기에 만물은 오직 '도道'의 한 측면에 불과하고, 개별 사물은 전체 세계의 한 부분에 불과한데도, 인간은 흔히 치우친 인식으로 전체를 개괄하고 부분으로 전체를 대신하면서 스스로 '도道'를 잘 알고 있다고 생각한다는 것이다. 기실은 어떤가? 그런 인간들은 아무것도 알지 못하고 아무것도 얻지 못한다.

　순자는 '인도人道'에 관해서도 깊이 있는 논술을 했다. 그는 사회제도의 유래를 탐구하는 데 진력하면서 비교적 완전한 제도가 어떤 제도인지 꼼꼼히 따졌다. 이 문제는 편폭의 제한으로 여기에서 논의를 줄이고자 한다. 천도에 관한 순자의 논술은 도가의 영향을 받아서 '천天'을 자연으로 이해했고, 천도를 자연의 법칙으로 이해했다. 인도에 대해서 그는 여전히 유가적 관점을 고수하면서 예제禮制와 도덕교화를 중시했다. 천도와 인도를 분리한 순자의 이론은 중국 자연과학 발전에 기초를 놓은 이론 중 하나로 뒷날 자연 유물론자들의 중요한 근거가 되었다. 예를 들면 한나라의 왕충王充, 당나라 유종원柳宗元과 유우석劉禹錫이 모두 순자의 '천인상분론天人相分論'을 계승하고 발전시켰다.

　전국시대 중기에 활동한 사상가 장자莊子는 도가학파를 대표하는 인물이다. 천도와 인도에 관한 그의 논술에는 심오한 철학적 사유가 가득하다.

　장자(기원전 369~기원전 286)는 이름이 주周로 송나라 몽蒙(지금의 허난성 상추商丘 동북) 땅 사람이다. 일찍이 고향에서 칠원漆園을 관리하는 말단 관직을 지낸 적이 있고, 나중에는 은거 생활을 했다. 그는 냉정한 눈으로 세상을 바라보면서 제자백가의 학설을 깊이 있게 연구했다. 그는 자연과 인생의 각종 문제를 심사숙고하며 깊이 있는 이론과 독특한 스타일을 갖춘 『장자莊子』를 저술했다. 철학자들의 연구에 따르면 『장자』「내편內篇」[599]은 장자 자신의 저작이고, 「외편外篇」은 장자 후학後學의 저작이라고 한다. 『장자』「천하天下」편은 중국 역사에서 선진사상을 총결산한 첫 번째 저작으로 양주楊朱와 혜시惠施 등에 관한 중요 사료가 보존되어 있다.

장자는 노자가 주장한 '도는 자연을 본받는다'는 관점을 더욱 자세하게 설명했다. 그는 기氣가 모이면 인간의 생명이 이루어지고 기가 흩어지면 죽음이 다가온다고 보았다. 이 가운데에 조물주는 없으며 불가사의한 운명의 신이 인간의 생명을 주재하지도 않는다는 것이다. 그는 자연의 원리로 인간의 생사를 관찰하면서 생명을 위해 기뻐 날뛸 필요도 없고, 죽음 때문에 마음 아파할 필요도 없다고 주장했다. 그는 또 자연 변화의 관점으로 문제를 바라보고 개인감정의 질곡에서 벗어날 수 있으면 정신의 해탈을 이룰 수 있다고 인식했다. 장자가 보기에 인간은 생명이 있을 때 인성이 있어서 밥을 먹고 옷을 입으며 생존을 추구하고, 또 생존을 위해 논밭 갈기와 베 짜기 같은 노동에 종사하는데 이것은 인간의 자연스러운 본성이라는 것이다. 그런데도 유가에서는 예악을 만들어 인간의 본성을 위반하고 있다고 주장했다. 여기에서 장자는 인간의 자연성을 인성의 전부로 간주하면서 인성의 사회성을 부정했는데, 이는 일종의 편향이라고 할 수 있다.

장자가 중국 역사에 미친 공적은 철학적인 시각에서 천도와 인도의 상호 모순적 측면을 몇 가지 제시했다는 점에 있다. 예를 들면 천도의 관점에서 만물을 바라보면 아무런 차별이 없다는 것이 그런 점에 속한다. 그는 『장자』「제물론齊物論」에서 "무릇 만물은 생성하지도 소멸하지도 않고 그 도는 통하여 하나가 된다"[600]라고 했다. 그러나 인도의 관점에서 보면 많은 차이가 발생한다. 예를 들면 작은 작대기도 크다고 말할 수 있다. 왜냐하면 그것보다 작은 물건이 있기 때문이다. 또 작다고 말할 수도 있다.

왜냐하면 그것보다 큰 물건이 있기 때문이다. 다시 예를 들어보면 사람들은 미녀 서시西施를 보면 모두 아름답다고 말하지만 물고기는 그녀를 보면 멀찌감치 도망간다. 왜냐하면 물고기는 그녀를 추하다고 여기기 때문이다. 따라서 사물에 대한 인간의 인식은 상대적임을 알 수 있다. 장자는 철학적으로 매우 중요한 문제 한 가지를 제시했다. 그것은 바로 인식 과정의 상대성과 절대성 문제다. 장자 사유의 예리함과 심오함은 바로 이 점에서도 잘 드러난다. 그러나 그는 상대성을 버리고 절대성을 추구해야 한다면서 만물일체를 주장했지만 이 이론 문제를 정확하게 해결한 것은 아니다.

장자는 「소요유逍遙遊」에서 또 하나의 중요한 철학 문제를 제기했다. 그것은 바로 자유와 필연의 관계 문제다. 그는 반드시 일정한 조건에 의지해야만 존재할 수 있는 사물을 '유대有待(조건이 충족되길 기다림)'라고 불렀다. 대붕大鵬이 9만 리 창공을 날아서 남쪽 바다로 옮겨갈 수 있으려면 '하늘에 드리운 구름(垂天之雲)' 같은 큰 날개와 세찬 바람에 의지해야 한다. 열자列子는 '바람을 타고 날아다니려면(御風而行)' 매우 경쾌하게 바람에 의지해야 한다고 했다. 그럼 세계에는 어떤 조건에도 의지하지 않는 절대자유가 있을까? 장자가 말한 '소요逍遙'란 무엇인가? 그것이 바로 절대자유다. 그러므로 『소요유』 또한 '절대자유론'이라고 할 수 있다. 장자가 보기에 미관말직에 근무하는 사람이 공명과 봉록에만 매달려 있다면 그 사람은 '소요'를 입에 담을 수 없다. 또 어떤 사람이 공명과 봉록에는 마음이 없지만 자신의 몸을 버리지 못한다면 그 또한 '소요'의 경지에 도달할 수 없다. 모든 것을 버리고 만물과 혼연일체가 된 '지인至人'만이 '소요'의 천국으로 들어갈 수 있다. 인간은 어떻게 해야 점차 자유의 세계로 들어갈 수 있을까? 장자는 이 중대한 문제를 제기했다. 그러나 후인들이 보기에 옛 철인들은 당시에 이 문제를 원만하게 해결하지 못한 듯하다.

이상에서 춘추전국시대의 유가와 도가가 천도와 인도 문제에서 보여준 기본 관점을 비교적 상세하게 소개했다. 이후 중국 사상사는 대체로 유가와 도가의 끊임없는 심화와 융합을 통해 발전했다.

전국시대의 천도와 인도 사상을 언급하려면 또 다른 학설, 즉 음양오행설을 거론하지 않을 수 없다. 음양오행설의 창시자는 전국시대 중후기 사상가 추연鄒衍이다. 이것은 매우 정치화한 학설이다. 금金, 목木, 수水, 화火, 토土 오덕五德의 상생상극相生相克 관계를 이용하여 왕조의 흥망성쇠(이를 인도人道라 칭한다)를 해명했다. 추연은 왕조의 흥망성쇠가 다음과 같은 순서로 진행된다고 인식했다. 토덕土德(黃帝) → 목덕木德(夏禹) → 금덕金德(商湯) → 화덕火德(周文王) → 수덕水德(?) → 토덕土德(?). 모든 왕조는 오행의 한 가지 '덕德'을 대표하므로 하나의 왕조가 쇠락한 후에는 또 다른 오행의 덕을 갖춘 왕조가 대체한다는 것이다.

이와 같은 추연의 '오덕종시설五德終始說'은 영향력이 아주 컸다. 이 때문에 진秦나라는 흑색인 수덕水德을 숭상했고, 그 뒤 한漢나라는 토덕土德인 황색을 숭상했다. 한나라 이후에도 음양오행설은 여전히 사회적 영향력이 상당했다. 몇몇 왕조의 창업 군주들은 모두 자신이 무슨 '덕德'에 해당하고 무슨 색깔을 숭상해야 하는지 자문하며 그것을 천명의 근거로 삼았다.

④ 제자백가 학문을 융합하려는 시도

기원전 221년 진나라가 여섯 나라를 멸망시키고 통일 봉건국가를 건립했다. 이 새로운 역사 시기에 중국 사상은 어떻게 변화하고 발전했는가?

사상사의 주류로 볼 때 춘추전국시대의 제자백가 학문이 점차 융합하는 추세를 보였고, 융합의 형식도 각양각색이었다. 여기에서는 두 가지 형식만 거론하고자 한다. 하나는 유학을 위주로 음양오행설, 법가학설, 도가학설의 몇 가지 특징을 수용하는 경향이다. 이것은 한나라 동중서 사상이 대표적이다. 또 다른 하나는 위·진시대 현학玄學으로 유가와 도가 학설의 융합에 중점을 두고 새로운 사상을 만들어낸 것이다. 아래에서 하나씩 소개하겠다.

한나라 초기에는 제자백가 학설이 잠깐 부흥했다. 명가名家와 묵가에서는 저명한 인물이 나타나지 않았지만 각 학파에는 모두 서로 다른 역량을 갖춘 대표자가 출현했다. 각 학파 중에서 특히 유가와 도가가 성황을 이뤘다. 그러나 전체 사회사조로 보면 신비화한 음양오행설의 영향력이 비교적 컸다. 한 무제 때에 이르러 중앙집권 제도가 점차 안정되자 유가와 도가의 역량에 변화가 발생했다. 한 무제는 중앙집권 제도로 정치적 국면을 안정시키고 유학을 독존의 지위로 받들었다.

따라서 우리는 이 대목에서 동중서 사상을 반드시 언급해야 한다.

동중서(기원전 179~기원전 104)는 서한시대 유학의 대가로 정치적 경험이 풍부했다. 그는 오랫동안 유가경전의 하나인 『춘추공양전春秋公羊傳』을 연구했다. 동중서는 경제 때 박사에 임명되었고, 무제 때 현량과에 문장으로 천거되었다. 당시에 그는 무제에게 대책문을 세 차례 지어 올려 유학으로 나라를 다스리자고 건의했다. 서한시대 금문경학今文經學[601]은 이미 박사가 14명 임명되었지만 동중서의 춘추공양학처럼 위정자의 환영을 받은 학파는 없었다. 그럼 『춘추공양전』은 어떤 책인가? 공자가 정리하여 편찬한 『춘추』는 이후 여러 종류의 상이한 주석서가 나왔다. 그중에서 전국시대에 완성된 공양고公羊高의 주석서를 『춘추공양전』이라고 칭한다. 『춘추공양전』의 인식에 따르면 『춘추』는 아주 간단한 몇 글자로 역사에 대한 긍정 평가와 부정 평가를 내리는데 기실 그 속에는 심오한 뜻이 담겨 있다는 것이다(그걸 미언대의微言大義라고 한다). 그래서 『춘추공양전』에서는 사람들이 발견하기 어려운 『춘추』의 심오한 뜻을 발굴하여 쉽게 설명했다고 한다. 이러한 사상 자료는 동중서가 자기 견해를 표현하기에 매우 편리했다. 그가 발표한 의견은 마치 근거가 있는 것처럼 여겨졌고 그리 큰 제한도 받지 않았다. 그의 주요 저작은 『춘추번로春秋繁露』다.

동중서의 인식에 따르면 하늘과 사람 사이에는 일종의 신비한 연계가 존재한다고 한다. 즉 하늘이 인사를 주재하고 인간의 행위도 하늘을 감동시킬 수 있다는 것이다. 따라서 자연계에서 출현하는 재난과 길조는 하늘이 인간(군주)을 견책하고 포상하는 의미를 담고 있다. 군주는 반드시 하늘의 뜻에 따라 일을 처리해야 한다. 만약 하늘의 뜻을 위반하면 반드시 하늘의 징벌을 받는다. 동중서는 하늘의 권위를 이용하여 군주의 권력을 제한했다. 그는 이렇게 말했다. "백성의 뜻을 억누르고 군주의 뜻을 펼쳐주며, 군주의 뜻을 억누르고 하늘의 뜻을 펼쳐주는 것이 『춘추』의 대의다."[602] 선진 제자백가 중에서 묵자도 종교를 이용하여 나라를 다스리자고 주장한 적이 있다. 그는 '천지天志(하늘의 뜻)'를 치국의 '법의法儀(법도)'

로 삼아야 한다고 했다. 이런 점에서는 동중서의 사상이 묵가와 유사한 점이 있다. 그러나 그는 음양오행설에서 이론적 근거를 찾는 일을 더욱 중시했다.

동중서는 '삼강설三綱說'[603]을 음양관계로 해석하면서 "임금은 양이고 신하는 음이다. 아버지는 양이고 아들은 음이다. 남편은 양이고 아내는 음이다"라고 인식했다. 그러나 음양은 결코 자연관계가 아니라 주종관계라고 하면서 '양은 높고 음은 낮으며(陽尊陰卑)', '양은 귀하고 음은 비천하다(陽貴陰賤)'는 주장을 폈다. 동중서는 이러한 논리로 "왕도의 삼강은 하늘의 원리에서 구할 수 있다(王道之三綱, 可求之於天)"[604]라고 결론을 내렸다. 동중서는 도가학설에서 자연의 범주를 선택했지만 '도는 자연을 본받는다'는 관점으로 그것을 해석하지 않고 대부분은 음양오행설로 신비화해서 그것으로 초기 유가 학설에 포함된 인문적 도덕윤리관을 대체했다. 이것은 진·한 이후 중국의 각종 사상 학설이 모두 선진시대에서 사상 자료를 찾아내 이용하거나 왜곡하거나 종합하거나 해체하여 그 시대에 필요한 사상 이론으로 재가공했음을 설명해준다. 동중서의 사상이 바로 그와 같은 경향의 대표적 사례라 할 수 있다.

위에서 동중서의 사상이 지나치게 정치화했다고 언급했다. 그럼 선진 사상이 서로 융합되는 과정에서 이론적 색채가 더욱 농후한 사상 학설이 나타나지는 않았던가? 나타난 적이 있다. 그것은 바로 위·진시대에 출현한 '현학玄學'이다.

위진남북조시대(220~589)는 매우 불안정한 시기인 동시에 과학기술 부문에서 풍성한 성과를 낸 시기이기도 하다. 이 시기는 또 문화와 사상 부문에서 점차 한나라 경학과 신학神學의 속박이 약화되면서 국내 각 민족문화와 외국문화(인도에서 들어온 불교를 가리킴)가 서로 교류하며 융합을 이룬 시기이기도 하다.

위·진 현학은 새로운 사상체계였다. 무엇이 '현玄'인가? 『노자』 제1장을 보자. "현玄하고 또 현玄하니 그것은 온갖 오묘함의 문이다(玄之又玄, 衆妙之門)." 여기에서 말하는 '현玄'은 '무無'에 해당하고, '묘妙'는 '유有'에 해당한다. 그 의미는 무형에서 태어나는 유형의 사물을 연구해야 한다는 것이다. 이것은 만물의 생성과 근원에 관한 철학 문제다. 위·진 현학은 '유'와 '무'를 주선主線으로 삼아 이 문제와 관련된 변화[變]와 불변[常], 하나[一]와 다수[多], 근본[本]과 말단[末], 움직임[動]과 고요함[靜] 등의 상호 관계를 논술하면서 세계에 대한 인간의 인식을 심화함과 아울러 자연과 인생의 본질을 드러내려고 했다.

왜 현학을 유가와 도가가 융합된 사상체계라고 하는가? 기본적인 사상 자료의 출처를 살펴보면 그런 사실을 알 수 있다. 현학의 어떤 파를 막론하고 그들은 모두 『주역』, 『노자』, 『장자』를 사상의 기본 자료로 삼고 있다. 이 세 책을 흔히 '삼현三玄'이라고 한다. 철학자들의 설명에 따르면 『주역』에서 서술하는 변화의 논리는 서주가 발흥할 무렵에 생겨났다고 한다. 당시 주 문왕은 우환 가득한 세상사에 직면하여 사물의 혁신 논리를 이해했기 때문에 그 논리를 실제 행동에 운용하여 마침내 상나라를 대체할 수 있었다는 것이다. 『주역』의 논점은 『노자』나 『장자』의 자연 변화 논리와 전혀 모순되지 않는다. 위·진시대 철학자들은 이런 논리를 유기적으로 결합하여 자연(천도)을 중시하면서도 사회 속 인간사(인도)까지 잘 강구하여 사람들로 하여금 단순함으로 번잡함을 제어하게 하고 또 그런 논리를 쉽게 이해할 수 있도록 하여 몇몇 현학파를 형성했다.

현학은 하안何晏과 왕필王弼 일파를 대표로 삼는데 이들을 '귀무파貴無派'라고 한다. 하안(193?~249)은 자가 평숙平叔이며 남양南陽 완현宛縣(지금의 허난성 난양) 사람이다. 지금 남아 있는 그의 저작으로는 『논어집해論語集解』와 『도론道論』, 『무명론無名論』 일부 단락이 있다. 왕필(266~249)은 산음山陰(지금의 허난성 자오쭤焦作) 사람으로 어려서부터 재주가 뛰어났으나 23세에 요절했다. 저작으로 『노자주老子注』, 『노자지략老子指略』, 『주역주周易注』, 『주역약례周易略例』, 『논어석의論語釋疑』 등이 있다. 하안과 왕필은 자연과 인생을 관찰하여 모든 변화는 '도道'에서 연원하는데, '도'는 구체적인 사물과 달리 흔적이 없으며 사물 깊은 곳에 숨어 있다고 인식했다. 이런 의미로 보면 흔적이 없는 '도'를 '무無'라고 칭할 수 있는 셈이다. 그것은 모든 것의 근본이면서 사물의 변화 연원이기도 하다. 왕필도 이렇게 말했다. "만물은 본래 형체가 없어서 결국 하나로 귀의한다. 무엇 때문에 하나가 되는가? 그것은 본래 무無이기 때문이다."605) 여기에서 하나와 다수, 근본과 말단, 본체[體]와 활용[用], 없음[無]과 있음[有] 등과 같은 일련의 범주가 도출된다. 왕필은 이러한 범주 및 이들 사이의 관계를 논술하면서 사람들이 현상을 통해 본질을 인식하도록 도움을 주고 있다. 그는 세계의 본질인 '무'는 흔적이 없으므로 문자나 언어로는 확실하게 서술할 수 없다고 인식했다. 이 때문에 그는 이런 관점을 '언부진의言不盡意(말로 뜻을 다 표현할 수 없음)'라 했다.

봉건사회의 온갖 예법과 제도를 '명교名敎'라고 하는데 왕필은 이런 것들을 모두 '다수', '말단', '활용'의 범주에 속한다고 보았다. 그러나 왕필은 이런 것들을 소홀히 해서도 안 되고 소홀히 할 수도 없다고 했다. 왜냐하면 이런 것들 속에 당시 사회의 명맥이 존재하기 때문이라는 것이다. 이에 왕필은 명교란 사회 속 인간사가 '저절로 그렇게 된(自然而然)' 표현일 뿐이라고 했다. 그러므로 현실의 합리성은 오직 현학이 주장하는 하나의 원칙으로만 인증할 수 있는 셈이다. 이 때문에 현학가는 현실의 반역자가 결코 아니며, 오히려 당시 사회를 변호하는 사람이라고 설명하는 것이 더욱 타당한 논리라 할 수 있다.

이 밖에도 현학에는 상수向秀와 곽상郭象을 대표로 하는 '자생파自生派'가 있다. 상수(227~277)는 하내河內 회懷(지금의 허난성 우즈武陟) 땅 사람이고, 곽상(252~312)은 낙양 사람이다. 상수와 곽상은 『장자』에 주注를 달아 이름을 날렸다. 이 두 사람은 사물의 필연성을 강조하면서 그것을 절대화하여 우연성을 걷어낸다. 따라서 두 사람이 말하는 '자연'은 실제로 기계적인 필연성의 발현이므로 숙명론의 변형으로 귀착된다. 두 사람은 모든 사물이 저절로 그렇게 된다고 인식했다. 이런 의미에서 말하면 현존 사회제도도 저절로 그렇게 된 것이므로 항거할 수 없고, 오직 이런 이치를 잘 이해하고 각자가 분수에 맞게 살아야 사회도 태평하게 된다는 것이다. 우리는 이런 점에서 두 사람의 『장자주莊子注』가 장자의 본래 사상에서 멀리 동떨어져 있음을 알 수 있다. 장자는 자연을 숭상하고 예법을 반대했지만 상수와 곽상은 오히려 예법과 명교의 합리성에 이론적 근거를 제공했기 때문이다.

중국에서 유가와 도가의 융합은 오랜 시간을 거쳤고, 이것을 고대에는

'회통會通'이라고 했다. 고대철학자들은 학자가 하나의 구석에 머물러서는 안 되며, 다방면으로 지식을 흡수하여 융합하고 회통시켜 자신의 피와 살로 삼아야 한다고 강조했다. 융합하고 회통하는 가운데 이전의 사상을 그대로 베끼는 것이 아니라 취하기도 하고 버리기도 하면서 새로운 방향으로 나아간다는 것이다. 위·진 현학은 그 내면의 이론에 유가와 도가의 사상 자료를 포괄하면서도 일정 부분 그것과 유리된 방향으로 나아갔기 때문에 이미 새로운 사상 체계로 발전했다고 설명할 수 있다.

⑤ 도교, 불교와 중국 본토 사상

종교 사상은 사회사상사의 주요 구성 부분이다. 중국 고대사상사 가운데서 본토의 도교와 외국에서 전래된 불교는 중국 사회에 커다란 영향을 미쳤다. 물론 이외에도 다른 종교가 있지만 편폭의 제한으로 여기에서는 도교와 불교 그리고 중국 고대사상의 관계만을 간략하게 설명하고자 한다.

도교는 중국에서 태어나고 자란 종교로 '도道'가 바로 이 종교의 핵심이다. 이 종교에서는 인간이 모두 도를 닦아 신선이 될 가능성이 있다고 인식한다. '도'는 존재하지 않는 때나 존재하지 않는 장소가 없으므로 성실하게 수련만 하면 득도得道할 수 있고, 득도를 해야 '도와 함께 오래 머물며(與道同久)'606) 신선이 될 수 있다고 한다. 장수하며 신선이 되는 것이 도교가 추구하는 목표다. 수련 방법으로는 복식服食, 행기行氣, 방중술, 수일守一, 외단外丹, 내단內丹, 재초齋醮, 부록符籙, 금주禁呪 등이 있다. 이런 방법으로 장생불사를 성취하고 신선이 될 수 있다는 것이다. 도교에서는 인간의 최고 이상을 장생불사와 신선이 되는 것으로 설정한 연후에 이 최종 목표를 둘러싸고 그것에 도달하기 위한 온갖 사상과 방법을 제기했다. 노자와 장자의 사상은 전혀 종교가 아니었지만 도교에서는 도가사상 가운데 몇 가지 명제를 빌려와 추상화한 후 자연을 초월하여 영생을 추구하는 종교관으로 완성했다.

도교에는 몇 가지 연원이 있다. 물론 가장 먼저 노자와 장자 사상을 들 수 있다. 도가사상의 '도道'에 관한 이론, 양생론, 신선사상이 도교의 탄생에 이론적 기초를 제공했다. 『노자』에 이미 '늙지 않고 오래 사는 방법(長生久視之道)'이 언급되어 있다. 초기 도교에서는 노자와 장자를 신격화하여 일정하게 왜곡된 『노자』와 『장자』를 경전으로 삼았다. 이것은 종교를 창시하기 위한 중요한 업무였다. 한나라 말년에 도교에서는 노자를 '태상노군太上老君'으로 높여 도교의 교주와 주신으로 삼았다.

도교의 또 다른 사상 연원은 황로학黃老學이다. 노자 이전의 사상을 황제黃帝에게 가탁하는 사상을 황로학이라고 한다. 그 연원은 상당히 오래되었다. 동한시대의 황로학은 양생에 편중되어 있었고 신선사상의 경향도 더욱 농후해졌다. 예를 들면 하상공河上公은 『노자장구老子章句』에서 "사람은 정신을 양생하면 죽지 않는다(人能養神則不死也)"라고 했다(제6장 주註). 동한 후기에는 황제와 노자를 숭배하는 일이 사회적으로 유행하여 황로학의 종교화 경향이 더욱 뚜렷해졌다.

이 밖에도 묵자사상, 전국시대와 진·한시대에 유행한 신선 전설과 방사方士의 술법, 원시종교의 자연 숭배와 귀신 숭배, 민간 종교의 무속 관념 및 음양오행설도 모두 도교사상과 관련이 있다. 또 예를 들어 유가사상이 도교사상에 미친 영향으로 말하면 초기의 도교는 모두 유가가 제창한 윤리도덕을 옹호했다. 동한시대에 나온『태평경太平經』은 초기 도교의 경전인데, 이 책에도 임금에게 충성하고 부모에게 효도하고 어른을 공경해야 한다는 가르침이 실려 있다. 또 이 책에서는 역사상 처음으로 '천天·지地·군君·사師·부父'를 일체로 규정했다. 갈홍葛洪은 신선이 되려면 '충성忠, 효도孝, 화목和, 순종順, 어짊仁, 믿음信'을 근본으로 삼아야 한다고 인식했다. 뒷날의 도교도 대부분 이와 같이 삼강오륜과 명교를 전혀 반대하지 않았다.

　도교가 탄생할 무렵에 나온 경전『태평경』에서는 '원기元氣'가 모여서 하늘, 땅, 인간이 생성된다는 우주관을 제기했다. 또 '승부설承負說'을 내세워 선과 악에 대한 보응은 자신뿐만 아니라 자손에게까지 미치고, 자신도 선조가 행한 선악의 보응을 이어 받는다고 했다. 즉 자신은 앞 5대 선조의 보응을 이어받고(承負), 뒤 5대는 자신의 선악에 대한 보응을 받는다는 것이다. 이런 논리로 당대에 선을 행하고도 나쁜 결과를 얻고, 악을 행하고도 좋은 결과를 얻는 문제를 해명했다.

　이 밖에도 도교에서는 장생불사를 성취하고 신선이 되는 이론과 방법 및 세상을 태평하게 하는 사회정치사상을 제기했다. 한나라 위백양魏伯陽은『주역참동계周易參同契』에서 기존의 양생과 연단술을 총결산하고 다시 발전시키면서 연단 수련이 천지의 조화와 내재적 관계가 있다고 강조했다. 그리고 역易의 이치와 단丹의 이치는 상통한다고 주장하며『주역』의 '기론氣論'과 도교의 연단 내양內養 이론을 소통시켰다. 또 그는 만물의 생성과 변화는 음양이 교합하면서 잠시도 떨어지지 않고 정기精氣를 펼친 결과라고 인식했다. 그리고 장생불사를 추구하려면 반드시 음양의 변화에 순응하고 건곤乾坤 64괘의 운행 규칙을 파악하여 수련, 즉 연단을 계속해야 한다고 했다. 이를 바탕으로『주역참동계』에서는 내단內丹과 외단外丹 수련법을 토론하였는데, 이러한 방법은 후세의 외단 수련을 주장하는 사람들이나 내단 수련을 주장하는 사람들 모두에게 깊은 영향을 미쳤다. 이 때문에 후세 사람들은『주역참동계』를 '만고단경왕萬古丹經王'이라고 한다.

동한 순제順帝와 환제桓帝 때 초기 도교의 두 교파, 즉 오두미도五斗米道와 태평도太平道가 출현했다. 이 두 교파는 각각 자파만의 영수, 신도, 경전, 조직, 계율, 선교 장소가 있었다. 이 때문에 이 두 교파의 출현은 도교가 정식으로 성립되었음을 나타낸다. 도교는 성립할 때 대체로 두 파벌로 나뉘었다. 하나는 금단金丹 수련을 하며 주로 장생불로와 신선술을 선전하는 교파인데 흔히 단정파丹鼎派로 칭한다. 동한 말년의 좌자左慈가 창시자이고, 위백양의『주역참동계』가 이 교파의 초기 경전이다. 다른 하나는 부적과 주문을 위주로 하면서『노자』에 포함되어 있는 사회정치사상 일부를 흡수하여 하층민 속으로 들어가 활동하는 교파로 이를 흔히 부록파符籙派라 칭한다. 오두미도와 태평도가 바로 여기에서 초기에 분파된 양대 조직이다.

위진남북조시대에는 도교의 교파가 더 많이 분화되었고 사상도 좀 더 체계적으로 변해서 민간종교가 이제 고등종교로 전환하기 시작했다. 이런 과정에서 사상이 정리되면서 도교는 성숙된 경지로 나아갔고, 당나라와 북송에 이르러 매우 왕성한 교세를 자랑했다. 이 무렵 도교는 사상 부문에서 영향력이 큰 몇몇 대가를 탄생시켰다. 그들은 비교적 성숙된 도교 교의敎義, 경전 문헌, 수련 방법, 종교 계율 등을 제공하여 도교의 성숙에 이론과 제도적 주춧돌을 놓았다.

수·당에서 북송까지는 통치자들이 모두 도교를 숭배하고 지지했기 때문에 도교가 비교적 크게 발전했다. 당시에 도사 숫자가 크게 증가했고 도교 궁전도 전국 각지에 두루 건립되어 날이 갈수록 장관을 이루었다. 사상 부문에서는 도교학자가 배출되었고, 도교 관련 서적도 두루 모아졌으며, 도교 이론도 전에 없는 번영을 누렸다.

황실의 성이 이씨李氏였던 당나라에서는 노자의 성도 이씨였기 때문에 특별히 도교를 숭상했다. 당 무덕武德 9년(626) 고조 이연李淵은 「노자를 앞세우고 석가는 뒤로 물리라(先老後釋詔)」는 조서를 반포했다. 그는 구체적으로 "노자를 앞에 두고 공자를 그다음으로 하며 석가는 맨 마지막으로 돌려라(令先老, 孔次, 末後釋宗)"라고 지시했다. 정관 11년(637) 태종 이세민李世民은 조서를 내려 "도사와 여관女冠[607]을 승려 앞에 위치시켜도 좋다"[608]라고 규정했다. 당 고종은 노자를 '태상현원황제太上玄元皇帝'에 봉하고 사당을 지어 제사를 올렸다. 또 『노자』를 상경上經으로 삼아 왕공과 백관들에게 공부하게 하고 아울러 거인擧人을 뽑는 과거시험 과목에 『노자』를 추가했다. 당 현종은 숭현관崇玄館을 설립하고 도교 과거제도[道擧制度]의 규정을 마련했다. 즉 네 가지 진경眞經[609]으로 과거시험을 열고 인재를 뽑았으며 현학박사玄學博士를 두었다. 천보 원년(742)에는 장자를 남화진인南華眞人, 문자文子를 통현진인通玄眞人, 열자列子를 충허진인沖虛眞人,

경상자庚桑子를 통허진인洞虛眞人으로 호칭하라고 했고, 이 네 사람의 저서도 모두 진경眞經으로 바꿔 부르라고 했으며, 『도덕경道德經』도 군경지수群經之首(여러 경전의 우두머리)로 삼으라고 규정했다. 이후의 통치자들도 계속 도교를 지지했다.

당나라 초기에 손사막孫思邈, 성현영成玄英, 사마승정 등 저명한 도교학자가 쏟아져 나왔다. 그들은 유가와 불교의 일부 사상을 수용하여 도교의 교리와 교의 그리고 수련 방법을 발전시키면서 도교의 이론 건설을 추진했다. 손사막은 『천금요방千金要方』 등을 지어 당 이전의 의약醫藥 성과를 총결산함과 아울러 양생방법까지 다루어 도교식 의약학 발전에 큰 공헌을 했다. 성현영은 『노자』와 『장자』에 주석을 달아 노자와 장자의 사상을 결합했다. 또 불교의 중관中觀 학설을 흡수하여 『노자』의 '현지우현玄之又玄' 구절의 '중현重玄'[610]을 해석했다. 그 의미는 유有에 막히지 않으면서도 무無에 막히지 않고 현玄에도 막히지 않으며, 심지어 막힘에 막히지 않으면서도 막히지 않음에 막히지 않는다는 것이다. 그는 동진시대에 나타나기 시작한 '중현지도重玄之道' 사상을 해설하는 데 큰 힘을 발휘했다.

모산종茅山宗[611]의 사마승정은 『노자』와 『장자』 등 경전을 근거로 유가의 정심正心·성의誠意 이론과 불교의 지관止觀·선정禪定 사상을 수용하여 '안심좌망安心坐忘'의 수련방법을 제기했다. 이에 근거하여 그는 경건함을 지키면서 욕망을 제거하고, 고요히 앉아 마음을 집중하라고 요구했다. 아울러 재계齋戒, 안처安處, 존상存想, 좌망坐忘, 신해神解 다섯 가지 '점문漸門'을 거친 후 신神과 도道의 합일을 추구하여 장생불사를 이루고 신선이 되고자 했다. 사마승정은 이러한 사상으로 『노자』와 『장자』의 본뜻을 왜

곡했지만 동시에 도교의 수양 사상과 수양 방법을 발전시켜 도교가 외단에서 내단으로 전환하도록 이론상 기초를 놓았다.

양송시대에는 도교의 고수들이 출현했다. 진단陳摶과 장백단張伯端은 유가, 불교, 도교의 삼교합일三敎合一과 내단 수련 사상 부문에 새로운 논술을 했다. 진경원陳景元의 『노자』 해석은 중현학을 계승한 것이었다. 이러한 도교사상은 송학宋學과 이학理學에 중요한 영향을 미쳤다. 남송시대에는 도교 내부에서 분파가 어지럽게 생겼다. 부록파의 숫자가 가장 많아서 부적을 쓰는 방법도 각양각색이었다. 동시에 북방의 금金나라 통치 지역에서는 앞서거니 뒤서거니 태일도太一道, 진대도眞大道, 전진도全眞道 등의 여러 교파가 출현했다.

원대 중후기에 도교는 부록파 위주의 정일도正一道와 내단 수련 위주의 전진도 양대 파가 국면을 주도했는데 이 양대 파는 명나라 이후로도 계속 전해졌다. 이 무렵 도교는 내부의 각파가 서로 융합을 추구하는 동시에 유가와 불교 두 사상과도 더욱 진전된 융합을 시도했다. 도교의 교리와 교의 부문에서는 내단 학설이 주류를 형성했다. 명대에 전진도의 교세가 가장 왕성했던 곳은 호북湖北의 무당산武當山이었다. 명대 중·후기에서 청대 및 중화민국 시기에 이르면 도교의 정치적 위상이 점차 하락했고 교리와 교의에도 새로운 내용이 부족했다. 교단 조직도 나날이 분산되면서 축소되었고 사원도 나날이 파괴되어 쇠락의 조짐이 뚜렷하게 나타났다.

이제 중국 불교를 살펴보겠다.

불교는 서한 말기 또는 동한 초기에 중국으로 전입되었다. 본토 문화가 그것을 연구하고 개조하고 흡수하는 가운데 중국 특색의 불교를 형성했을 뿐 아니라 그중 몇몇 사상과 관점, 특히 사유방법은 유가와 도교 학파에 수용되어 점차 송대 이학 사상 체계로 융합되었다. 이 과정에는 1,000여 년이라는 상당히 긴 시간이 필요했다.

불교는 기독교, 이슬람교와 함께 세계 3대 종교로 일컬어진다. 불교는 기원전 6세기에서 5세기까지 천축天竺 카필라국(지금의 네팔 경내) 정반왕淨飯王의 아들 고타마 싯다르타가 창립한 종교다. 석가모니釋迦牟尼: Sakyamuni라는 말은 불교도가 그를 존경해서 부르는 호칭이다. 그가 죽은 해는 대체로 기원전 490에서 기원전 480년 사이로 추정된다. 그것은 공자가 죽기 전 1년 혹은 10년에 해당한다. 이는 석가모니 활동 기간이 공자의 시대와 대체로 비슷하다는 사실을 말해준다. 불佛은 석가모니를 가리키는 말이다. 그는 인생에 갖가지 고통이 가득한 이유가 각자의 업業[612]과 혹惑[613] 때문이라고 인식했다. 그럼 인간은 어떻게 해야 번뇌에서 벗어날수 있는가? 불교에서는 세계의 모든 사물은 질적인 규정이 없고 또 자체의 본성이 없는 환상일 뿐이라고 하면서 그것을 '공空'이라고 칭한다. 이때문에 중생이 고통에서 벗어나 해탈을 얻으려면 반드시 일정한 수련 과정을 거쳐야 하고, 그 후 극락세계로 진입할 수 있다고 한다.

중국 불교사학자들의 연구에 따르면 불교가 막 중국으로 들어왔을 때는 중국인이 자신의 고유문화 시각에 근거하여 불교를 바라봤다고 한다. 예를 들면 한나라 사람들은 불교가 황로학과 유사하다고 인식했고 위·진시대 사람들은 현학을 통해 불교를 이해했다. 그것은 이른바 '격의格意'라는 사유 방법인데, 불교를 현학의 범주와 개념으로 해석하면서 마치 현학의 한 분파로 인식한 것이다. 이 때문에 당시 사람들의 불교 이해는 견강

부회 상황에서 벗어날 수 없었다.

남북조시대에도 서역에서 다시 불교가 전파되어 크게 발전했고 불교 사찰도 많이 건립되었다. 그러다가 당대에 이르러서야 천태종天台宗,[614] 화엄종華嚴宗,[615] 선종禪宗처럼 영향력이 큰 중국적 불교 종파가 출현했다.

선종은 다른 불교 종파에 비해서 중국 특색이 더욱 강하다. 범어 'Dhyāna'를 음역하여 '선나禪那'라 했고 그것을 줄여서 '선禪'이라고 칭했다. 마음을 고요하게 하는 수련 활동을 가리킨다. 범어 'Samadhi'는 '정定'으로 번역했다. 이 때문에 '선정禪定'이라는 말은 생각을 집중하여 마음을 오로지 하나의 경지로 모으는 것을 가리킨다. 선종에서는 이렇게 해야만 번뇌를 극복하고 '삼학三學'인 계戒, 정定, 혜慧[616]와 '육도六度'인 보시布施, 지계持戒, 인욕忍辱, 정진精進, 정려靜慮, 반야般若[617]를 수지修持하는 방법을 얻을 수 있다고 한다. 선종은 선정 수련을 위주로 하기 때문에 생긴 명칭이다. 전설에 따르면 남조 송나라 말기 중국에 온 남천축南天竺 승려 보리달마菩提達磨가 창시자라고 한다. 그 후 혜가慧可, 승찬僧璨, 도신道信을 거쳐 오조五祖 홍인弘忍에 이르러 신수神秀의 북종北宗과 혜능慧能의 남종南宗으로 분리되었다. 북종은 인도 전통 선법의 영향을 비교적 많이 받아서 점수漸修를 주장한다. 그러나 남종에서는 불성은 누구에게나 있으므로 밖에서 구할 필요 없이 자신의 본성을 보면 부처가 될 수 있다면서 돈오頓悟를 주장한다. 이 때문에 남종은 전통을 타파하는 창조 정신을 갖게 된다. 남종은 혜능의 제자 신회神會 등의 노력으로 널리 전파되어 점차 북종의 지위를 대신하면서 선종의 정통이 되었고, 혜능도 선종의 실제 창시인으로 추인되었다.

선종의 경전은『육조단경六祖壇經』으로 불린다. 육조 혜능이 구술한 것을 제자들이 모아서 편집했다. 모두 1권이다.『육조단경』에서는 선종 철학의 핵심이 주체의식론이고, 마음[心]이 가장 근본이며 "부처는 마음속에서 지어지는 것이니, 몸 밖에서 구하지 말라(佛向心中作, 莫向身外求)"고 설파한다. 아울러 다음과 같은 게어偈語[618]도 실려 있다. "보리심은 마음을 향해 찾아야지[619] 어찌하여 밖을 향해 현묘함을 찾는가? 말씀을 이에 맞춰 수행하면, 서방 정토가 눈앞에 있겠네(菩提只向心覓, 何勞向外求玄. 所說依此修行, 西方只在眼前)." 또 이렇게 말했다. "네가 부처가 되려면 만물을 추종하지 말라. 마음이 생기면 온갖 법이 생기고, 마음이 사라지면 온갖 법도 사라진다(爾欲得作佛, 莫隨萬物. 心生, 種種法生, 心滅, 種種法滅)." 선종의 인식에 따르면 사람은 모두 불성佛性을 갖고 있으므로 마음으로 깨달아 망상에 가려지지 않으면 불성이 드러나서 곧바로 성불할 수 있다고 한다. 따라서 바다와 같은 수많은 불경에 기댈 필요도 없고 여러 대에 걸쳐 수행할 필요도 없다는 것이다. 인간의 성불 여부는 각자 내심의 깨달음에 따라 결정되므로 시간에 기댈 필요도 없고 외부의 힘에 기댈 필요도 없다는 의미다.

일반적으로 말해서 불교 철학은 모두 인간의 주체의식, 즉 '마음[心]'의 작용을 중시할 뿐 아니라 주체의식도 매우 세밀하게 분석한다. 예를 들면 당나라 불교 대가 현장玄奘(600~664)은 온갖 고생도 마다하지 않고 불법을 찾아 15년간(길에서 2년을 보냈으므로 모두 17년임) 수행하다가 스스로 중국 불교의 한 종파인 법상종法相宗을 창립했다. 그는 인간의 주관 인식 능력에 대해서 '팔식八識'을 내세웠다. 즉 눈[眼], 귀[耳], 코[鼻], 혀[舌], 몸[身],

뜻[意] 그리고 제7식인 말나末那: Manas, 제8식인 아뢰야阿賴耶: Alaya가 그 것이다. 이 중 제8식이 바로 '마음'인데 제8식 가운데서 인간 인식의 결정적 작용이 일어난다. 하지만 법상종은 추론 과정이 지나치게 자질구레하여 불학의 한 가지 이론으로만 가치가 있을 뿐이다. 또 이론이 너무 난삽하여 민간에 널리 보급되지 못하고 몇십 년 동안 명맥을 유지하다 사라졌다.

선종이나 법상종을 막론하고 모두 마음(주체의식)의 작용을 중시한다. 이러한 사상 경향은 중국의 사상문화에도 비교적 큰 영향을 미쳤다. 육구연陸九淵(1139~1192)과 왕수인王守仁(1472~1528)을 대표로 하는 송·명시대의 심학心學은 그 사유방법에서 직접 선종의 영향을 받았다. 그러나 '마음[心]'의 내용에는 육·왕 심학만의 독특한 관점이 포함되어 있다. 그것은 결코 선종에서 직접 연원한 것이 아니다. 육·왕이 강조한 '마음'은 바로 도덕을 지향하는 주관 의지다. 이 밖에도 선종은 중국의 사상문화에서 인간의 주관적인 능동성을 고무하여 인간이 독립적으로 사고할 수 있도록 이끌었다.

중국 사상에 마친 불교의 영향은 위에서 말한 '주체의식론' 말고도 '본체本體' 관념을 들 수 있다. 예를 들면 중국 불교 종파의 하나인 화엄종에서 제시한 이른바 '일진법계一眞法界'가 그것이다. 일진법계는 언어와 사유로 표현할 수 없는 진실한 본체를 가리킨다. 세계의 모든 현상이 일진법계의 반영이고, 그것이 구현된 '일[事]'과 '이치[理]'는 하나로 융합되어 걸리는 것이 없으므로 서로 보충하고 의지한다고 한다. 이와 같은 사유방식은 송나라 성리학자 정호程顥·정이程頤와 주희朱熹(1130~1200) 등에게 수용되어 개조되었으며, 유가·도가 사상과 융합되어 '천리天理(도덕의 정신화)'야말로 세계의 진실한 본체라고 인식되었다. 하지만 이학理學은 결코 종교가 아니라 중국 철학사상의 하나일 뿐이었다. 이학자들이 도덕적인 인격 역량을 믿은 것은 불교적 인식이 중국 민족의 토양에 뿌리를 내린 특징이라 할 수 있다. 이학자들은 현세와 인간의 역량을 믿었다. 그리고 불교의 몇몇 사유방법을 흡수하는 동시에 그것을 지양止揚하여 새로운 학설을 완성했다.

중국 불교는 본토의 사상문화가 침윤된 종교로 인도의 초기 불교와는 다르다. 런지위任繼愈는 이에 대해 이렇게 주장했다. "인도의 초기 불교는 출가 이후에 더는 세속 일에 관심을 갖지 않는다고 선전했다. 가정과 완전히 관계를 끊었으며 국가대사에도 관심을 두지 않았고 부모를 공경하지도 않았다. 중국 불교는 …… 출가하여 스님이 된 뒤에도 부모를 존경하고 임금에게 충성했다. 즉 스님도 충군애국忠君愛國을 제창했다. 이 때문에 중국 사찰에는 '호국사護國寺'나 '보국사報國寺'로 이름 붙인 절이 많다. 그들은 불교가 국가를 위해 덕망 높은 인재를 길러내는 것이 바로 대충대효大忠大孝라고 인식했다. 동진東晉의 혜원慧遠은 여산廬山에서 경전을 강의할 때 유가의 『상복경喪服經』을 들어 상례 문제를 다뤘다. …… 현장은 인도에서 돌아온 후 귀가하여 늙은 누나를 만났다. 이것은 인도에서는 허용되지 않는 일이다. 일단 출가하면 누나는 말할 것도 없고 부모를 찾아볼 필요도 없다."[620]

⑥ 유가, 도가, 불교의 융합과 사상의 창의성

불교는 중국으로 전입된 후 본토 사상과 충돌하면서도 융합했다. 중국 역사를 살펴보면 대대로 이론적으로 불교에 반대한 사람이 많았다. 예를 들면 남제南齊의 사상가 범진范縝(450?~510)은 「신멸론神滅論」이라는 명문을 써서 철학적 시각으로 불교를 비평하고 무신론을 선전했다. 역사가 전진하는 과정에서 식견이 있는 사람들은 본토의 사상이 불교에 비해 몇 가지 약점과 부족한 점이 있다고 인식했다. 예컨대 불교에서는 법통을 중시하고 선종에서는 특히 조사祖師의 법통과 그 계승 관계를 중시하는 데 비해 유가에서는 이와 같은 법통에 대한 인식이 없었다. 더욱 중요한 것은 불교에는 자체적인 '불성론佛性論'이 있어서 불성을 영원한 정신의 실체, 즉 '진여불성眞如佛性'이라고 인식했다는 점이다. 유가에서는 '인도'를 중시한다. 그러나 도가에서는 '인도'가 '천도'를 따라 배우는 측면에 중점을 두면서 '도'를 우주만물의 근원이라고 말하지만 인간에 대해서는 '도법자연道法自然'의 원칙을 인식하고 실천해야 한다고 강조한다. 철학적인 용어로 말하면 도가철학에도 본체론은 있지만 그 사상의 중점은 결코 본체의 추상적 의미를 논술하는 데 놓여 있지 않다.

첫 번째 법통 관념이 부족한 점은 쉽게 해결할 수 있었다. 당나라 문학가 겸 사상가 한유韓愈(768~824)가 바로 해결 방안을 제시했다. 그는 자신의 명문 「원도原道」, 「원성原性」, 「원인原人」 등에서 중국의 유학에 자신만의 도통道統이 있다고 논술했다. 그 도통이 요, 순, 하나라 우왕, 상나라 탕왕, 주나라 문왕, 무왕, 주공을 거쳐 공자로 전해졌다가 맹자로 전해졌고, 맹자 이후에는 도통이 끊겼다가 한유에 이르러 다시 이어졌다는 것이다.

두 번째 본체론이 부족한 점은 사상 이론 부문에서 연구를 진행했지만 그리 쉽게 해결할 수 없었다. 유가는 인간의 도덕 실천을 중시하는 데 비해 추상적인 철학 이론은 부족하다. 그러나 기실 한유는 전혀 그렇지 않았다. 그는 『예기』「중용」에서 말하는 것이 보편 진리를 담은 철학 이론인데도 이전 유학자들은 주의를 기울이지 않았다고 인식했다. 북송시대 사상가 장재張載(1020~1077)도 한유와 같은 관점을 갖고 있었다. 그는 이렇게 말했다. "학자들은 책을 믿어야 하고 『논어』와 『맹자』는 반드시 믿어야 한다. ……『예기』는 여러 유학자의 손에서 나왔지만 또한 대의를 해치는 곳은 없는 듯하고, 『중용』·『대학』과 같은 글은 성인의 문하에서 나왔음을 의심할 수 없다."[621] 『대학』에서는 개인의 입지立志, 수신修身, 제가齊家, 치국治國, 평천하平天下를 이야기하면서 학자가 공부하는 목적을 분명하게 밝혔기 때문에 '성인의 문하에서 나왔음을 의심할 수 없다'고 한 것이다. 그리고 『중용』에서 말하는 '중화中和'의 이치는 우주자연과 인생의 기본 질서이고 심오한 철리이므로 이 책도 『대학』과 마찬가지로 '성인의 문하에서 나왔음을 의심할 수 없다'는 것이다.

중국 사상의 발전은 한유와 장재가 지적한 바와 같다. 즉 만약 『논어』, 『맹자』, 『대학』, 『중용』을 하나로 융합하면 '만물을 발육할 수 있어서 그 높이가 하늘에까지 닿을 수 있다'[622]는 것이다. 이처럼 거대하고 간고한 사상 이론 작업은 한유와 장재 등의 기초 작업을 거쳐 주돈이周敦頤와 이정二程(程顥, 程頤), 주희에 이르러 구체적인 건축 설계와 공사가 이루어졌고 마침내 송대 이학이라는 거대한 건물이 완공되었다. 이것은 불교와 본토

그림 19 주희

문화 및 유가와 도가가 고차원으로 융합한 결과다. 이러한 융합이 송대에 이루어진 것은 우연이 아니었다. 송대에는 경제, 문화, 과학이 상당히 발달했다. 학자들의 통계에 따르면 송대 전체 인구 중에서 선비들이 차지하는 비율이 꽤 높았고, 이들 중 과거를 봐서 관리가 된 사람도 적지 않았다. 서원도 발달했다.

주희(그림 19)는 남송 강서江西 사람이지만 건양建陽(지금의 푸젠성 난핑시 南平市 젠양구建陽區)으로 이주해 살면서 오랫동안 학문을 강의했다. 생전에는 그의 학술사상이 조정의 공격을 받아서 '거짓 학문[僞學]'이라고 칭해졌다. 주희가 세상을 떠난 지 9년 만에야 조정에서는 비로소 그의 명예를 회복해주었다.

주희는 몇십 년 동안 정성을 다해 『대학』, 『논어』, 『맹자』, 『중용』에 주석을 달았다. 이를 『사서집주四書集註』라 한다. 이 속에는 주희의 사상이 관통하고 있는데 교감과 각주 부문에 새로운 견해가 적지 않다. 원, 명, 청 3대 동안 성리학이 성행한 것도 『사서집주』의 유행과 밀접한 관련이 있다.

주희의 저작은 방대하다. 그가 쓴 서신, 제발題跋, 상소문[奏章], 잡문 등을 편집한 문집 100권과 별집 10권이 남아 있는데 이를 합쳐서 『주자대전朱子大全』이라고 한다. 그의 어록도 제자들이 『주자어류朱子語類』 140권으로 편집해놓았다.

주희는 학자들이 『사서』를 공부할 때 순서에 맞게 해야 한다고 인식했다. 그의 인식은 이렇다. 가장 먼저 『대학』을 읽어야 한다. 『대학』은 3강령과 8조목을 다루므로 공부의 바탕으로 삼아야 한다. 3강령은 밝은 덕을 밝히고(明明德: 도덕수양), 백성을 새롭게 하고(親民: 민본사상), 지극한 선에 머무는 것(止於至善: 도덕 완성)을 가리킨다. 8조목은 격물格物(객관 사물 연구), 치지致知(지식 습득), 성의誠意(뜻을 세움), 정심正心(뜻을 실현하기 위한 노력)을 가리킨다. 그다음으로는 『논어』를 읽어야 한다. 이 책은 근본이므로 공자의 언행을 체험 위주로 공부하면서 총체적인 안내서로 삼아야 한다. 그다음은 『맹자孟子』를 읽으면서 유가의 도통을 선양하고 이단을 배척하며 성선설을 강구해야 한다. 마지막에는 『중용』을 읽으면서 유학에서 얻을 수 있는 수준 높은 철리哲理를 이해해야 한다.

중국 고대에는 철리라는 말이 없었지만 이와 유사한 말은 있었다. 그것이 바로 『역전易傳』 「계사繫辭」에 나오는 말이다. "형이상을 일러 도道라 하고, 형이하를 일러 기器라 한다(形而上者謂之道, 形而下者謂之器)." '형이상'을 이르는 말인 '도'는 일반적이고 구체적인 지식이 아니라 사물의 본질을 탐구하는 도를 가리킨다. 이 도라는 것이 도대체 무엇인가?

주희는 이 '도道'가 사물의 존재 근거로, '이理'라는 말로 표현할 수 있다고 했다. 예를 들면 하늘은 왜 무너지지 않는가? 땅은 왜 만물을 실을 수 있는가? 부채는 왜 이렇게 만들어서 이렇게 사용하는가? 등에 담긴 이치가 그것이다. 우주, 자연, 사회의 수많은 현상이 모두 그 자체의 존재 이치가 있다. 학자들은 응당 그 이치를 연구하고 각종 사물의 존재 근거를 연구해야 한다. 이 근거를 칭하여 '이理'라고 한다.

그럼 '이理'는 만물과 어떤 관계를 맺고 있는가? 주희는 송대의 자연과학에 대해 깊은 소양을 갖고 있었지만 이 문제를 해석할 때는 자연과학에 전혀 의지하지 않았다. 그는 북송시대 성리학의 기초를 놓은 주돈이의 『태극도설太極圖說』의 관점을 이어받아 '태극太極' 이전에 '무극無極'이 있었다고 인식했다. 당시에 어떤 사람이 무극이 무엇이고, 무극과 태극이 무슨 관계가 있느냐고 물었다. 주돈이는 무극이 태극으로 변하고 태극이 음양陰陽이라는 두 가지 기氣로 변했다가 그 후 오행五行으로 변하는데, 오행이 만물을 낳는다고 인식했다. 이것은 기본적으로 『역전』의 공식이기 때문에 그리 큰 창의성은 없다. 주희는 이 공식을 뛰어넘기 위해 더욱 객관적이고 형이상학적인 시각으로 이理를 분석했다. 이에 그는 '이일분수理一分殊'설을 제기하여 만사와 만물은 모두 하나의 '천리天理'에서 연원한다고 인식하면서 그것은 마치 하나의 달이 이 세상 모든 강에 비치는 것과 같다고 했다. 그의 이 관점은 화엄종의 영향을 받았음이 분명하다.

어떤 사람이 다시 물었다. 이 천리가 도대체 자연의 이理입니까? 아니면 도덕의 이理입니까? 주희는 때로는 그것을 자연의 이理라 했고 때로는 도덕의 이理라 했지만 그가 강조한 것은 후자이며 그것이야말로 진정한 천리라고 인식했다. 그의 인식은 대체로 이렇다. 천리의 특징은 우리가 만져볼 수 있는 모양도 없고, 몸체도 없다. 그리고 그것은 결코 어떤 사물에 의지하는 것이 아니라 독립적으로 존재한다. 시작도 없고 끝도 없으며, 영원히 사라지지 않고 우주에 가득하여 없는 곳이 없다. 이 천리가 유일무이한 최고의 존재이고, 자연의 이理는 그것의 한 가지 표현일 뿐이다.

사람과 천리는 무슨 관계를 맺고 있는가? 이 대목에서 인성人性을 언급하지 않을 수 없다. 주희는 인성에 '천지지성天地之性'과 '기질지성氣質之性'이 모두 포함되어 있다는 장재의 관점을 수용하여 다음과 같이 인식했다. 인성 가운데 한 가지는 '천명지성天命之性'인데 천리가 인성에 반영된 것으로 그 성질은 순수한 선善이다. 다른 한 가지는 인성 가운데 '기氣'로 구성된 부분인데 그것을 '기질지성氣質之性'이라 한다. 선으로도 변할 수 있고 악으로도 변할 수 있다. 주희의 관점에 따르면 인성은 천명지성과 기질지성의 융합체이므로 천명지성을 발휘하여 기질지성을 억제해야 한다. 주희의 말을 빌려서 표현하면 "천리가 존재하면 인욕은 없어지고, 인욕이 극성하면 천리는 사라지게 된다"[623]라는 것이다. 따라서 학자들은 반드시 '천리를 존재하게 하고 인욕을 없애야 한다.'[624] 주희가 여러 곳에서 해석한 바에 따르면, 이른바 '인욕을 없앤다'는 것은 절대로 물질적 욕망이 있어서는 안 된다고 말한 것이 아니라 지나치게 물질적 쾌락만 향유해서는 안 된다는 것이다. 또 절대로 감정에 치우쳐서는 안 된다고 말하는 것도 아니다. 인류에게 인성은 뿌리이고 감정은 싹이다. 따라서 감정은 인성의 표현이므로 없을 수 없다. 그러나 감정을 범람하게 해서는 안 되고, 감정에 함부로 몸을 맡겨서도 안 되며, 도덕으로 감정을 절제해 그 것이 도덕과 통일되도록 해야 한다.

주희의 사상은 매우 체계적이다. 문제를 다룰 때도 그는 항상 두 측면 을 모두 이야기했지만 최종적으로 강조한 것은 천리였다. 이 때문에 그의 사상체계를 분석할 때는 지나치게 단순화된 논리를 적용해서는 안 된다. 그는 유가, 도가, 불교를 한 덩어리로 융합해 유가를 골간으로 하는 사상 체계를 완성했으며 기타 사상과 학설도 흡수하고 소화했다. 이 때문에 그 의 사상은 중국 봉건사회 후기 사상사에서 가장 중요한 지위를 점하고 있 다. 이러한 결과를 단지 통치자의 제창 때문이라고만 말해서는 안 된다.

이학이 탄생한 것은 당시 지식인들이 유가, 도가, 불교 사상을 융합하 여 창의적인 생각을 도출한 결과다. 이학은 원·명 두 왕조를 거치면서 점 차 활력을 잃었지만 『사서집주』는 학자들이 공명과 봉록을 얻기 위한 수 단이 되었다. '이학의 말류'로 일컬어지는 이러한 사상 침체 국면은 명에 서 청으로 정권이 교체되는 상황 때문에 학자들의 반성을 불러일으켰다. 명과 청이 교체되는 충격적인 변화 국면을 누가 과연 책임져야 하는가? 기왕의 사상문화에는 아무 잘못이 없었던가? 중국 전통사상 가운데 유가 와 도가, 기타 학파는 어떻게 평가해야 하는가? 불교의 전입 등과 같은 중 요한 사상 문제는 어떻게 평가해야 하는가? 당시 학자들은 이런 문제를 연구하고 사고하면서 응분의 답안을 제출하지 않을 수 없었다. 따라서 청 나라 초기인 17세기 중엽 중국에는 사상의 깊이가 있고 독창적이며 개성 도 선명하면서 학문적 소양도 뛰어난 사상가가 출현했다. 왕부지王夫之,

황종희黃宗羲, 고염무顧炎武 등과 같은 사상가가 그들이다. 여기에서는 왕부지를 예로 들어 간략히 설명하고자 한다.

왕부지(1619~1692)는 자는 이농而農, 호는 강재薑齋로 호남 형양衡陽 사람이다. 청나라에 항거하다 실패하여 만년에는 상수湘水 서쪽 석선산石船山에 은거했다. 이 때문에 학자들은 그를 선산선생船山先生이라고도 칭한다.

왕부지는 중국 고대사상을 전면적으로 총결산하는 작업을 했다. 유가에 관해서 그는 『주역내전周易內傳』, 『주역외전周易外傳』, 『독사서대전설讀四書大全說』 등을 썼다. 또 도가에 관해서는 『노자연老子衍』, 『장자해莊子解』 등을 썼다. 불교와 유가, 도가의 관계를 연구하는 부문에서는 『상종낙색相宗絡索』, 『장자「정몽주張子「正蒙注」」, 『예기장구禮記章句』 등을 썼다. 그는 또 『사문록思問錄』, 『악몽噩夢』, 『황서黃書』 등을 저작했고, 사학 부문에서도 『독통감론讀通鑒論』을 지었다. 왕부지의 저작 중 현존하는 것만 해도 약 70종 400여 권에 이른다. 후인들이 그것을 두루 모아 『선산유서船山遺書』를 편집했는데, 청 도광, 동치 연간에 나온 판각본과 1933년 상하이 태평양서점太平洋書店에서 나온 인쇄본이 있다. 또 1980년대에 웨루서사岳麓書社에서 『선산전서船山全書』를 출간했다.

왕부지는 중국과 외국문화에 아무런 편견이 없었다. 그의 원칙은 이렇다. "…… 저들의 보루로 쳐들어가서 치중을 습격하고 의지처를 해체하여 저들의 단점을 드러내 보인다."[625] 각종 사상문화의 관점을 탐구하여 약점과 단점을 찾아내는 동시에 그중에서 자신에게 유용한 것을 섭취한다는 의미다. 예를 들어보면 그는 중국 불교에 '능能'과 '소所'의 범주가 있다고 지적했다. 그것은 내용상 대체로 중국의 '명名(명분)', '실實(실질)'이라는 범주와 유사하다. 그러나 불교에서는 '명名'과 인식주체의 연계를 강조하면서 그것을 '능能'이라고 칭한다. 여기에는 '인간에게 인식할 능력이 있다'는 뜻이 포함되어 있다. 또 '실實'을 인식대상으로 삼고 그것을 인식주체와 연계해 '소所'라고 칭하는데 여기에는 '인간에 의해 인식된다'는 뜻이 포함되어 있다. 이렇게 하여 불교 철학은 이론적 측면에서 '명名'과 '실實'을 구분했을 뿐만 아니라 통일까지 했으므로 중국 사상에 큰 공헌을 한 셈이다.

중국의 사상은 불교의 영향으로 매우 세밀해졌음을 알 수 있다. 그러나 그 결함도 쉽게 드러나 보인다. 불교에서는 모든 것이 '오직 마음에 달려 있고 인식에 달려 있다(惟心惟識)'고 말한다. 이러한 태도는 실제로 인식 대상을 소멸시켜 '능能(인식주체)을 소所(인식대상)로 대체하고' 의식이 세상의 모든 것이라고 생각하게 한다. 이 때문에 왕부지는 다음과 같이 인식을 바꿨다. 세계는 '실질로서 본체를 갖고 있기도 하고', '실질로서 그 쓰임을 갖고 있기도 하므로', '본체와 쓰임은 한결같이 그 실질에 의지한다.' 세계는 실질로서 존재하는 것이다. 또 그는 '소所'에 따라 '능能'을 발휘해야 하고 '능能'은 반드시 '소所'에 부합해야 한다는 이론을 제시했다. 말하자면 객관적으로 존재하는 사물이 인간의 인식활동을 이끌게 되므로 인간의 인식활동은 객관적인 세계에 부합해야 한다는 것이다.[626] 단지 한 가지 사례만 들었지만 다른 부문도 미루어 짐작할 수 있다. 왕부지는 불교를 완전히 부정도 하지 않고 완전히 긍정도 하지 않으면서 본보기로 삼기도 하고 개조하기도 했다.

왕부지는『역전』과 도가사상에 대해서도 이와 같은 태도를 취했다.『역전』「계사」에 다음과 같은 말이 있다. "이러한 까닭에『역』에는 태극이 있고, 여기에서 양의兩儀(陰陽)가 생겨나며, 양의에서 사상四象(老陽, 老陰, 少陽, 少陰)이 생겨난다(是故『易』有太極, 是生兩儀, 兩儀生四象)." 이에 대해 왕부지는 의문을 품었다. '양의'는 창조되어 나온 것인가? '태극' 가운데 '대립쌍[有對]'이 있는가? 노자와 장자는 태극을 이야기하지 않고 오직 '도道'만 이야기하면서 '도道가 일一을 낳고, 일이 이二를 낳고 …… (道生一, 一生二 ……)'라고 했다. 도道에는 본래 음양이 없었다. 왕부지는 그렇게 이해하지 않고 다음과 같이 해석했다. "…… 이것은 태극이 부모이고 양의가 아들이라는 말이 아니다. …… 태극은 음양 위에 고립되어 있는 것이 아니다."[627] 그가 이해한 태극은 음양이라는 두 기가 아직 분화되지 않았을 때의 운동상태일 뿐이다. 그것을 '인온絪縕'이라 부를 수 있다. 따라서 태극과 음양은 부자관계도 아니고 창조와 피창조 관계도 아니다. 태극 속에는 본래 서로 대립적 요소인 음과 양이 포함되어 있다. 여기에서도 만물에는 대립하는 요소가 없는 것이 없고, 태극도 예외가 아니라는 왕부지의 견해를 엿볼 수 있다. 그는 '대립쌍'이란 어떤 사물에는 있고 어떤 사물에는 없는 것이 아니라고 강조했다. 만물의 고요함과 시끄러움(靜躁), 강함과 부드러움(剛柔), 길함과 흉함(吉凶), 순응과 반역(順逆) 등과 같은 대립쌍은 '모두 태초의 혼돈 속에 본래 들어 있는(皆太和絪縕之所固有)'[628] 것이라고 했다.

사물의 운동과 정지에 관한 문제에서도 왕부지는 독특한 견해를 내세웠다. 그는 음기와 양기가 미분화 상태일 때는 '태초 혼돈[太和絪縕]'의 실체라고 할 수 있는데 그 실체는 본래 운동하는 것이라고 했다.[629] 사람들이 관찰할 수 있는 구체적인 사물의 '지止(정지)'와 '행行(운동)'은 모두 본래 움직이는 '태초 혼돈'의 표현이라는 것이다. 이 때문에 왕부지는 유가의 인성도 '날마다 태어나고 날마다 완성된다(日生日成)'는 관점을 중시했다. 그는 "성性이란 살아 있는 이理이므로 날마다 태어나고 날마다 완성된다"[630]라고 했다. 인성의 풍부함은 언제나 발전하고 운동하는 과정이고, 오랫동안 노력하고 분투하는 과정이며, '날마다 거듭 새로워지는' 과정이라는 것이다. 이러한 이해에 근거하여 왕부지는 자신의 거처 벽에 다음과 같은 시구를 써두었다. "육경은 나에게 새로운 국면을 열라 하니, 이 몸은 천명에 따라 생매장되길 바라노라(六經責我開生面, 七尺從天乞活埋)." 전통문화를 대하는 자세에서 과거를 계승하고 미래를 열고자 하는 역사적 책임감이 잘 드러나 있다.

[생각거리]

1. 공자와 노자의 사상 요점
2. 중국 고대사상의 특징

[참고자료]

1. 장치즈 주편, 『중국 사상사』, 西北大學出版社, 2012.
2. 양보쥔楊伯峻, 『논어역주論語譯注』, 中華書局, 1980.
3. 양보쥔, 『맹자역주孟子譯注』, 中華書局, 1960.
4. 주쳰즈朱謙之, 『노자교석老子校釋』, 中華書局, 1984.
5. 왕셴쳰王先謙, 『장자집해莊子集解』(諸子集成本).
6. 궈펑郭朋, 『단경교석壇經校釋』, 中華書局, 1983.

중국 고대 문학예술 보고

〔 11강 〕

    중국 고대의 문학예술은 자체적인 체계와 선명한 특색을 갖고 있는데다 유명 문학가도 배출하고 성취도 찬란하여 세계 고대문학사에서 중요한 지위를 점하고 있다. 문학으로 말하면 시詩, 사詞, 곡曲, 부賦, 산문, 변문騈文, 소설, 희곡 등의 부문에 모두 사상이 심오하고 형식도 아름다운 가작과 역작이 창작되었다. 또 예술로 말하면 서예, 그림, 음악, 무용, 조각, 건축, 공예 등의 부문에 모두 의미가 깊고 풍격이 상이한 정품精品과 신품神品이 탄생했다. 고대 문학예술의 보고를 발굴하는 것은 중국 민족의 우수한 문예 전통을 계승하고 자신감을 고양하는 일이므로 아주 중요한 의미가 있다. 여기에서는 주로 문학, 서예, 회화, 음악, 무용을 예로 들어 간략하게 설명한다.

① 연원이 유구한 문학의 바다

중국 고대문학은 연원이 유구하고 변화 궤적도 분명하다. 문학형식도 시대마다 자체적인 성취를 드러낸 대표적인 체재가 있다.

선진시대의 주요 문학형식으로는 산문과 시가가 있다. 산문 부문에는 주로 『상서』, 『춘추』, 『좌전』, 『국어』, 『전국책』 등 역사 산문과 『노자』, 『논어』, 『묵자』, 『맹자』, 『장자』, 『순자』, 『한비자』 등 제자諸子 산문이 있다. 이 두 가지 산문은 모두 순수한 문학작품은 아니다. 그러나 역사 산문의 실록정신과 서사 방식은 고대 기록 산문의 기초를 놓았고 고대 서사문체의 기본 틀을 확립했다. 제자 산문의 심오한 사상과 생생한 표현 양식도 후세 산문에 모범을 제시했다. 특히 『장자』는 수많은 우언, 역사 전설, 신화 이야기로 이론을 설파했는데, 이 때문에 상상력이 풍부하다.

『장자』는 후세 이상주의와 낭만주의 문학 전통 형성에 심원한 영향을 미쳤다. 시가는 『시경』과 초사를 대표로 삼는다. 『시경』은 서주 초기에서 춘추 중엽까지 500여 년간 유행한 노래를 모은 시가 총집이다. 그것은 본래 노래 부를 수 있는 형식이었다. 풍風, 아雅(대아大雅와 소아小雅), 송頌(周頌, 魯頌, 商頌) 세 가지 음악 형식으로 분류되어 있다. 풍의 주체는 토속음악인데 바로 지방의 민요를 말한다. 조정에서 파견한 행인行人이라는 관리가 15개 제후국과 지방에서[631] 채집한 것으로 그곳의 민간 가요가 대부분이다. 아와 송은 주로 주 왕실의 음악인데 대부분 문인들이 창작했다.

『시경』의 시가는 내용이 풍부하고 표현 기법도 다양하며 4언 위주로 되어 있다. 그중에서 '풍'에서 표현하고 있는 사실 정신과 '아'에 포함된 시대 우환 의식이 후세 문학에 가장 큰 영향을 미쳤다. 초사는 굴원屈原과 송옥

宋玉 등의 작가들이 초나라 음악을 바탕으로 발전시킨 문학형식이다. 송나라 사람 황백사黃伯思는 이렇게 말했다. "대체로 굴원과 송옥의 작품은 모두 초나라 말로 쓰였고, 초나라 음악으로 지어졌고, 초나라 땅을 기록했고, 초나라 사물의 이름을 적었다. 이 때문에 초사楚辭라고 부를 수 있다."[632] 이는 초사의 지역적 특징을 강조한 진술이다. 대표 작품으로는 굴원의 「이소離騷」, 「구가九歌」, 「구장九章」, 「천문天問」 및 송옥의 「구변九辯」 등이 있다. 굴원은 세계적 영향력을 갖고 있는 애국시인이다. 그의 작품에는 깊은 애국심, 옳고 그름에 대한 분명한 생각, 집요한 탐구 정신, 고결한 인격, 풍부한 인생 경험 등이 담겨 있고, 또 그것이 기이한 상상, 아름다운 시어와 함께 웅장하고 우아한 풍격을 형성하여 문학사상 진귀한 보배로 인정되고 있다.

한대漢代에는 부賦, 악부시樂府詩, 산문, 문인의 오언시가 최고 성취를 이뤘다. 한부漢賦는 이소체離騷體 부, 시가체詩歌體 부, 장편 대부大賦, 서정 소부小賦 등 여러 가지 형식이 있지만 그중에서 장편 대부가 사람들의 주목을 받았다. 그것은 드넓은 시야, 드높은 기세, 광대한 구조, 화려한 어휘, 운문과 산문의 결합 방식으로 당시의 도성과 사냥 등 다방면의 경관을 묘사하여 한나라 대제국의 거대한 기상과 심미 정취를 반영했다. 이로써 장편 대부는 한대를 대표하는 문학장르가 되었다.

매승枚乘의 「칠발七發」, 사마상여司馬相如의 「상림부上林賦」와 「자허부子虛賦」, 양웅揚雄의 「감천부甘泉賦」·「우렵부羽獵賦」·「장양부長楊賦」·「하동부河東賦」, 반고班固의 『양도부兩都賦』, 장형張衡의 「이경부二京賦」는 모두 장편 대부의 대표작이다. 서정 소부도 꽤 특색 있는 작품이 많다. 장형의 「귀전부歸田賦」, 조일趙壹의 「자세질사부刺世疾邪賦」는 모두 동한시대의 암흑 같은 현실에 대한 불만을 토로했다. 이 작품들은 언어가 아름답고 리듬감과 운율미가 뛰어나다. 악부는 본래 진·한시대 음악을 관장하는 관청이었다. 이곳 소속 악사들이 전국 각지에서 채집한 민요와 일부 문인들이 창작한 시가를 정리하여 노래 부를 수 있게 하고 그 가사를 악부라고 했다. 이 때문에 악부라는 말도 시가의 한 분야를 가리키는 용어가 되었다. 악부는 위로『시경』「국풍國風」의 전통을 계승하여 민생의 희로애락을 반영하고 있다. 형식은 잡언체가 많아서 후세 '가행체歌行體' 시가의 근원이 되었다.

한대에는 선진시대에 비해 산문의 종류도 많아졌다. 정론政論, 철리哲理, 서신書信, 잡사雜史, 잡전雜傳, 기전紀傳 등 다양한 종류가 지어졌다. 이 중 기전체 산문이 가장 높은 성취를 이뤘다. 사마천의『사기』는 헛되이 꾸미지 않고 악을 숨기지 않는 실록정신으로 역사가들에게 칭송될 뿐 아니라 문학가들에게도 찬사를 받고 있다.『사기』는 형상이 생동감 있고, 서사 속에 심오한 인생 경험이 녹아 있어서 짙은 서정미를 느낄 수 있다. 이 때문에 루쉰은『사기』를 '역사가의 절창이며 운율이 없는 「이소離騷」다'[633]라고 칭찬했다. 문인의 오언시는 동한 말년에 지어진 「고시십구시古詩十九詩」가 대표작이다. 수량은 많지 않지만 19수 모두 뛰어난 작품이다. 이 작품들은 오언시의 성숙을 표지하며 이후 위진남북조 시가 창작에도 직접 영향을 미쳤다.

위진남북조는 문학 자각의 시대였다. 그중에서 가장 두드러진 특징은 모든 작가가 자신의 작품에 개성을 반영하면서 독특한 풍격을 창조했다는 점이다. 이 시기에는 시가와 변문騈文 창작이 가장 뛰어났다. 시는 오언이 위주였고 제재가 매우 광범위해졌다. 백성의 고통을 반영한 작품, 변방 생활을 표현한 작품, 산수와 전원을 묘사한 작품, 남녀의 사랑을 노래한 작품에다 철리哲理를 읊고 신선술을 추구한 작품도 있다. 탁월한 성취를 이룬 작가도 매우 많았다. 예를 들면 '삼조三曹(曹操, 曹丕, 曹植)', 왕찬王粲, 채염蔡琰, 완적阮籍, 혜강嵇康, 육기陸機, 반악潘岳, 좌사左思, 유곤劉琨, 곽박郭璞, 도연명陶淵明, 사령운謝靈運, 포조鮑照, 사조謝朓, 유신庾信 등이 그들이다. 이 중에서 도연명과 사령운이 창시한 전원시와 산수시의 영향력이 가장 컸다. 도연명 시의 평담하고 자연스러운 풍격은 당대 산수전원 시인들에게 직접 영향을 미쳤고, 후세에 수많은 작가가 추구하는 심미적 경계의 모범이 되었다. 조비, 포조, 유신 등은 7언시 부문에서 당나라 시인의 앞길을 열었다.

문인들의 창작 외에도 남북조시대에는 민간의 민요도 고도의 성취를 이뤘다. 변문은 대구를 강구하고 화려한 수식을 추구하는 문체다. 이로써 중국어에 잠재된 대칭미, 리듬감, 운율미 그리고 시어의 채색미가 지극히 높은 수준으로 발전했다. 저명한 작가로는 조식, 육기, 반악, 포조, 유신 등이 있다. 이들은 모두 인구에 회자되는 작품을 남겼는데 이 중 유신의 성취가 가장 높았다. 그의 변문은 대구, 전고典故, 화려한 어휘를 구사하는 기법이 능수능란할 뿐만 아니라 심오한 의미까지 담겨 있어서 변문의 집대성자로 일컬을 만하다.

당나라는 시의 시대였다. 원이둬聞一多는 당대를 '시당詩唐'이라 칭하면서 "시당이란 말은 시의 당나라란 뜻이다(詩唐者, 詩的唐朝也)"[634]라고 했다.

그림 20 이백, 두보, 백거이

당대에는 유명 시인이 많고 명작이 무수하며, 제재가 풍부하고 풍격이 다양할 뿐만 아니라 각종 시 형식도 모두 갖춰졌다. 이런 면을 보더라도 당시 번영을 쉽게 짐작할 수 있다. 당대 시 형식은 대체로 고체古體, 근체近體, 소체騷體 세 부류로 나뉜다. 고체시는 연원이 두 가지다. 하나는「고시 십구수」에서 나와서 남조 작가의 창작을 거친 후 형성된 이른바 '고풍古風'이다. 다른 하나는 한·위와 육조六朝의 악부에서 유래한 형식인데, 오언과 칠언을 위주로 잡언을 섞는 '가행체歌行體'가 그것이다. 근체시는 남조 제나라 '영명체永明體'[635]에서 연원했고 극도로 음률을 강구하는 특성이 있다. 절구絶句와 율시律詩 그리고 율시를 늘여 쓰는 배율排律이 있다. 소체는 초가楚歌에서 나왔는데, 특히 굴원의「이소」를 모방한 형식이다. 당대 시인들은 각종 시 형식을 모두 창작했다.

　왕유王維, 맹호연孟浩然, 고적高適, 잠참岑參, 왕창령王昌齡, 이백李白, 두보杜甫, 백거이白居易(그림 20), 유우석劉禹錫, 한유韓愈, 이하李賀, 두목杜牧,

이상은李商隱 등이 모두 당대 시의 대가였다. 왕유와 맹호연은 산수전원시를 아주 높은 경지로 끌어올렸다. 맹호연은 오언에 뛰어났고, 왕유는 오언과 칠언 모두에 아름다운 작품을 지었다. 왕유는 시에 뛰어났을 뿐 아니라 그림에도 뛰어났다. 그는 이 두 가지 예술을 융화해 '시 속에 그림이 있고 그림 속에 시가 있는(詩中有畫, 畵中有詩)' 예술 효과를 성취했다. 그의 산수전원시 중「산거추명山居秋暝」,「종남산終南山」,「신청야망新晴野望」,「위천전가渭川田家」 같은 작품은 모두 '시 속에 그림이 있는' 명작들이다. 불교의 영향을 깊이 받은 그의 시는 텅 비고 그윽한 느낌이 강하며 선의禪意도 풍부하다. 예를 들면 『망천집輞川集』에 실려 있는「조명간鳥鳴澗」,「녹시鹿柴」와 같은 작품이 그러하다. 이 때문에 왕유를 '시불詩佛'이라고 칭하기도 한다. 고적, 잠참, 왕창령은 변새시邊塞詩로 유명하다. 고적과 잠참 두 사람은 가행체 시를 잘 썼지만 격조와 구법은 상이하다.

이백은 도가의 영향을 깊이 받아서 거리낌이 없고 호방하다. 시를 지을 때는 마치 천마天馬가 하늘을 나는 것 같고, 붓이 종이에 닿지 않는 것 같은 느낌을 준다. 이 때문에 그를 '시선詩仙'이라 칭한다. 그는 칠언 가행체와 절구를 가장 잘 썼다. 칠언 가행체「촉도난蜀道難」,「장진주將進酒」,「행로난行路難」,「몽유천모음유별夢遊天姥吟留別」 등과 절구「망여산폭포望廬山瀑布」,「아미산월가峨眉山月歌」,「선성견두견화宣城見杜鵑花」 등은 모두 명작이다. '씩씩하고 뛰어난 기상(雄奇飄逸)'이 그의 주요 풍격이다.

두보는 유가의 영향을 크게 받아서 작품 행간에 나라와 백성을 걱정하는 마음이 가득하다. 그의「자경부봉선현영회오백자自京赴奉先縣詠懷五百字」,「병거행兵車行」, '삼리삼별三吏三別',[636]「모옥위추풍소파가茅屋爲秋風所

破歌」, 「추흥팔수秋興八首」, 「등고登高」 등의 작품은 모두 우환의식이 종이를 꿰뚫을 정도다. '의미가 깊고 형식이 기발한 것(沈鬱頓挫)'이 그의 주요 풍격이다. 시의 형식에서 두보는 모든 체재에 뛰어나서 시를 집대성한 사람이란 칭송을 들었다.

원진元稹은 이렇게 말했다. "두자미杜子美(杜甫)에 대해서 말하면 대체로 위로는 『시경』의 「국풍」과 초사의 「이소」에 맞닿아 있고, 아래로는 심전기沈佺期와 송지문宋之問의 체재를 갖췄으며, 예스러움은 소무蘇武와 이릉李陵과 견줄 만하고 기상은 조식曹植과 유정劉楨을 뛰어넘었다. 또 안연지顔延之와 사령운謝靈運의 고고함을 뒤덮고 서릉徐陵과 유신庾信의 화려함을 섞어 넣었다. 고금의 체재와 기세를 모두 얻었고 온갖 시인들의 뛰어남을 겸비했다."[637] 후세 시인들은 그의 시를 모범으로 삼으면서 그를 일컬어 '시성詩聖'이라 했다.

백거이도 유가의 영향을 깊게 받았다. 그는 일찍이 "천하를 두루 구제하려는 뜻을 품고(兼濟天下)" "문장은 시대를 위해 짓고, 시는 일을 위해 짓는다"[638]라고 했다. 「신악부新樂府」 50수, 「진중음秦中吟」 10수 등 풍유시諷論詩는 "오직 백성의 아픔을 노래하면서(惟歌生民病)"[639] 현실의 온갖 폐단을 비평했다. 이 때문에 당시 권력자들은 이를 갈며 분통을 터뜨렸다. 그의 애상시哀傷詩 「장한가長恨歌」는 양귀비와 당 고종 이융기李隆基의 사랑 이야기를 읊은 작품이다. 진실한 감정과 아름다운 시어가 한데 어울려 천하의 명작으로 칭송받고 있다. 당 헌종憲宗 원화元和 10년(815)에 재상 무원형武元衡이 자객의 칼을 맞고 목숨을 잃자 백거이는 태자찬선대부太子贊善大夫의 직함으로 범인을 잡아 복수를 하자고 요청했다. 그러나 당시 권력자가 그의 월권행위를 비난하며 그를 강주사마江州司馬로 추방했다. 그 다음 해 그는 저명한 애상시 「비파행琵琶行」을 지었다. 이후 세상일에 관여하지 않고 "홀로 심신을 선하게 닦는(獨善其身)" 생활을 하며 개인의 마음을 묘사한 시를 많이 지었다. 그의 시는 시어가 평이하여 민간으로 널리 퍼져나갔고 일찍이 일본과 조선 등지로도 두루 전파되었다. 유우석의 시는 호방하고 강건하며, 한유의 시는 기발하고 특이하다. 이하의 시는 처연하고도 화려하며, 두목의 시는 씩씩하고도 재기발랄하다. 그리고 이상은의 시는 정이 깊고 그윽하다. 이들의 작품 중에는 영원한 매력을 지닌 명작이 많다.

시 이외에도 당대에는 산문, 전기소설傳奇小說,[640] 사詞, 통속문학(변문變文과 속문俗賦)도 높은 성취를 이뤘다. 이 중 주목할 만한 가치가 있는 것은 산문과 전기소설이다. 한유와 유종원柳宗元 등은 변문이 형식에만 치우쳐 내용이 공허해진 현상에 불만을 품고 선진 양한의 자유로운 산문 형식을 쓰자고 제창했다. 이러한 산문을 '고문古文'이라고 했다. 그들은 우수작을 많이 남겼다. 한유의 논설문 「원도原道」, 「원훼原毀」, 「사설師說」, 「잡설雜說」 등과 유종원의 우언 「삼계三戒」, 산수 기행문 「영주팔기永州八記」 등은 모두 산문을 참신한 경지로 끌어올렸다. 전기소설로는 백행간白行簡의 「여와전女娃傳」, 원진元稹의 「앵앵전鶯鶯傳」, 장방蔣防의 「곽소옥전霍小玉傳」, 이공좌李公佐의 「남가태수전南柯太守傳」, 이조위李朝威의 「유의전柳毅傳」 등이 창작되었는데, 이 작품들은 모두 인정세태 묘사에 뛰어나서 원·명시대에는 대부분 전통극으로 개편되었다.

중당中唐시대부터 사詞도 점차 성행하기 시작했다. 만당晚唐과 오대五代

의 사 작가 온정균溫庭筠, 위장韋莊, 풍연사馮延巳, 이욱李煜 등의 확장을 거쳐 송대에 이르면 사가 그 시대의 대표적 문학 장르가 되었다. 사는 민간에서 기원했고, '오랑캐 골목의 노래(胡夷里巷之曲)'에서 나왔다. 이른바 '오랑캐 골목의 노래'는 주로 서역의 소수민족 음악과 중원의 민간 음악을 가리킨다. 주요 반주 악기는 비파였다. 형식은 가지런하지 않은 시구에다 특수한 격률을 쓴다. 음악에 따라 각종 형식으로 나뉜다. 그중에서 소령小令[641]과 만사慢詞[642]가 주요 형식이다. 송나라 초기의 범중엄范仲淹, 구양수歐陽修, 안수晏殊, 안기도晏幾道 등이 지은 작품은 모두 소령이다.

비교적 일찍 만사를 지은 작가는 장선張先이고, 다량으로 만사를 지은 작가는 유영柳永이다. 유영은 「망해조望海潮」, 「팔성감주八聲甘州」, 「우림령雨霖鈴」 등 명작에서 도시의 번화함, 나그네의 심정, 이별의 아픔을 층층이 묘사하면서 완곡하고 깊이 있는 소회를 드러냈다. 송사의 풍격은 주로 완약婉弱(곱고 함축적)하다. 유영, 진관秦觀, 주방언周邦彦, 이청조李淸照는 모두 저명한 완약파婉約派 사 작가다. 소식蘇軾은 "시로써 사를 썼다(以詩爲詞)"라고 칭해진다. 시의 내용과 제재, 정감, 이치, 의경意境, 수법을 사에 도입하여 사의 풍격을 다양화했다. 그가 쓴 호방사豪放詞는 필치가 웅건하고 정취가 격렬하며 기세가 광대하여 사람의 마음을 강렬하게 뒤흔드는 힘을 갖고 있다. 그의 「염노교·적벽회고念奴嬌·赤壁懷古」, 「강성자·밀주출렵江城子·密州出獵」, 「수조가두·명월기시유水調歌頭·明月幾時有」와 같은 작품은 모두 갈수록 더욱 새로워지는 명작이다. 소식의 완약사도 가작이 적지 않다. 예를 들면 「수룡음·차운장질부양화사次韻章質夫楊花詞」, 「강성자·십년생사량망망江城子·十年生死兩茫茫」, 「복산자卜算子·결월괘소동

缺月挂疏桐」등의 작품은 정취가 곱고 어휘가 맑아서 널리 인구에 회자되고 있다.

　남송시대에 통치자들이 강남 땅 구석에서 안주하자 영웅호걸들은 나라를 위해 헌신할 길이 막혔다. 장효상張孝祥, 장원간張元幹, 신기질辛棄疾, 진량陳亮, 유극장劉克莊, 유진옹劉辰翁 등은 모두 자각적으로 소식의 호방한 사풍을 계승하여 자신의 깊은 애국심과 호매한 정신을 쏟아냈다. 신기질의 「수룡음·등건강상심정水龍吟·登建康賞心亭」, 「영우락·경구북고정회고永遇樂·京口北固亭懷古」, 「파진자·위진동보부장사이기지破陣子·爲陳同甫賦壯詞以寄之」 등의 작품은 드넓은 경지와 웅건한 필치를 보여주면서 무예를 펼칠 땅이 없는 영웅들의 비분을 호방한 풍격 속에 투영해서 독자들을 깊이 감동시켰다. 후세 사람들은 신기질을 소식과 함께 거론하며 '소·신蘇·辛'이라 부른다. 남송시대에는 강기姜夔, 오문영吳文英, 사달조史達祖, 주밀周密, 왕기손王沂孫, 장첩蔣捷, 장염張炎 등과 같은 또 다른 풍격의 사 작가가 등장했다. 이들은 모두 음률에 정통한데다 엄정한 격률, 부드러운 기법, 영묘靈妙한 풍격을 중시했기 때문에 격률파라고 일컬어졌다.

　송대에는 시와 산문의 성취도 높았다. 송시는 비교적 철리적인 내용을 많이 썼으므로 감정 표현을 중시한 당시와는 경향이 상당히 다르다. 북송시대에는 소식과 황정견黃庭堅의 시가 가장 높은 성취를 이뤘다. 남송시대에는 육유陸游, 양만리楊萬里, 범성대范成大의 성취가 높았다. 구양수歐陽修, 소순蘇洵, 소식, 소철蘇轍, 왕안석王安石, 증공曾鞏, 육유 등은 모두 송대의 저명한 산문대가이기도 하다.

　원대元代를 대표하는 문학은 곡曲이다. 곡에는 산곡散曲과 잡극雜劇 두 가지가 포함된다. 산곡은 송나라와 금나라 시대에 민간에서 탄생했다. 그중 수많은 곡조가 북방인 거란, 여진, 몽골 등 소수민족에게서 왔다. 산곡도 소령과 투곡套曲 두 종류로 나뉜다. 소령은 짧은 하나의 곡이고, 투곡은 동일한 궁조宮調의 곡을 두 곡 이상 연결하여 만든 장편 곡인데 일반적으로 끝에 미성尾聲이 달려 있다. 산곡도 사詞와 마찬가지로 장단구 형식의 시가다. 그러나 친자襯字[643]를 덧붙일 수 있고 운자도 평성, 상성, 거성을 통운通韻할 수 있다. 따라서 산곡은 사보다 형식이 더욱 자유로워진 신체시라 할 수 있다. 잡극은 북방 음악인 산곡으로 창을 하는 전통극 형식이다. 그 체제는 보통 한 극본이 4절折로 되어 있으며 설자楔子[644]가 하나 들어간다. 배우로는 여자 역할인 단旦, 남자 역할인 말末, 지위가 낮으면서 우스갯짓을 담당하는 정淨, 기타 다양한 잡역인 잡雜이 있어서 이를 잡극의 4대 항당行當이라 불렀다. 그중에서 주인공 역할인 정단正旦이나 정말正末만 창을 할 수 있었고, 기타 각색은 대화만 했다. 정단이 창을 하는 잡극을 단본旦本이라 했고 정말이 창을 하는 잡극을 말본末本이라 했다.

원대의 저명한 잡극가로는 관한경關漢卿, 마치원馬致遠, 왕실보王實甫, 백박白樸, 기군상紀君祥, 강진지康進之, 정광조鄭光祖 등이 있다. 관한경의 『두아원竇娥寃』과 『단도회單刀會』, 마치원의 『한궁추漢宮秋』, 왕실보의 『서상기西廂記』, 백박의 『오동우梧桐雨』와 『장두마상牆頭馬上』, 기군상의 『조씨고아趙氏孤兒』, 강진지의 『이규부형李逵負荊』, 정광조의 『천녀이혼倩女離婚』이 모두 일대의 명작이다. 『두아원』은 두아의 비극적인 운명을 들어 원대 관리 사회의 암흑, 지방 깡패의 만행, 고리대금업자의 착취 등과 같은 엄혹한 현실을 폭로하고 비판했다. 『서상기』는 장공張珙과 최앵앵崔鶯鶯의 자유연애를 통해 문벌 관념과 봉건사회의 가부장 의식을 부정하고 "천하에 서로 정을 느낀 사람이 마침내 가족을 이룬다(天下有情人終成眷屬)"라는 아름답고 이상적인 애정을 표현했다. 『조씨고아』는 정영程嬰, 공손저구公孫杵臼 등이 조씨댁 고아를 구조하기 위해 희생하는 이야기를 통해 정의와 인성의 고귀함을 노래했다. 왕궈웨이王國維는 이 작품을 "세계적인 대비극 작품과 나란히 놓아도 손색이 없다"[645]라고 칭송했다. 이 작품은 또 처음으로 서구에 소개된 중국 희곡이다. 일반적인 잡극 작가는 모두 산곡까지 지었다. 예를 들면 위에서 소개한 관한경, 마치원, 백박은 모두 유명한 산곡 작가이기도 하다.

북송 말에서 남송 초에 걸쳐 발생한 희문戲文도 원대 희곡의 주요 형식 중 하나다. 희문은 온주溫州 일대에서 발생했기 때문에 온주잡극溫州雜劇 또는 영가잡극永嘉雜劇[646]이라고도 하고, 남곡南曲으로 창을 하기 때문에 남희南戲라고도 한다. 나중에 명대에는 전기傳記[647]로 칭해졌다. 전기의 주요 배역으로는 생生(남성 배역), 단旦(여성 배역), 정淨(강렬한 성격의 남성 조역), 추丑(추악한 용모의 조역)가 있다. 이것이 전기의 4대 배역이다. 잡극처럼 주인공 한 사람만 창을 하는 것이 아니라 여러 배역이 비교적 자유롭게 창을 할 수 있다. 장면 수도 비교적 많아져서 극의 전체 길이가 훨씬 더 길어졌다. 저명한 남희 극본으로는 명나라 초기 4대 전기인 『형차기荊釵記』, 『백토기白兔記』, 『배월정拜月亭』, 『살구기殺狗記』 및 고명高明의 『비파기琵琶記』가 있다. 그중에서 『배월정』과 『비파기』가 사상적·예술적으로 가장 높은 성취를 이루었다.

명·청시대 중 특히 청대에는 시, 사, 산곡, 변문駢文 등 각종 문학형식이 모두 일정한 성과를 냈지만 소설과 희곡이 가장 주목을 받았다. 소설에는 장편과 단편의 구분이 있다. 이 시기 장편소설은 모두 장회체章回體로 되어 있다. 장회체는 송나라와 원나라의 강사講史[648]와 평화平話[649]에서 발전한 양식인데, 설화인說話人(이야기꾼)이 매번 길이가 일정한 이야기를 공연한 데서 기원했다. 이 때문에 자연스럽게 각 장의 길이가 비슷한 장편 이야기가 되었다. 그 후 점차 각 장의 제목을 붙이고 앞뒤 내용을 완전하게 맞추어 스토리를 이어지게 했다. 이 장회체 소설은 민간의 설서說書에서 기원했기 때문에 그 언어가 모두 당시의 구어[白話] 위주로 되어 있다. 저명한 장회소설로는 나관중羅貫中의『삼국연의三國演義』, 시내암施耐庵의『수호전水滸傳』, 무명씨無名氏의『금병매金瓶梅』, 오승은吳承恩의『서유기西遊記』, 오경재吳敬梓의『유림외사儒林外史』, 조설근曹雪芹의『홍루몽紅樓夢』, 허중림許仲琳의『봉신연의封神演義』등이 있다.

『삼국연의』는 광대한 기상으로 역사 사건을 소설로 묘사하면서 제갈량諸葛亮, 관우關羽, 조조曹操, 유비劉備, 사마의司馬懿, 조운趙雲 등 생생한 인물 형상을 다양하게 창조했다.『수호전』은 '나라의 혼란은 위에서 발생한다(亂自上作)'는 사회적 근원을 폭로하면서 송강宋江, 임충林冲, 이규李逵, 무송武松, 노지심魯智深, 완씨阮氏 3형제 등 수많은 전형 인물을 창조했다. 『금병매』는 최초로 소설 창작을 역사 이야기나 신기한 이야기에서 일상생활로 전환하게 만들었다.『서유기』와『봉신연의』는 고대인들의 문학적 상상력을 극점으로 끌어올렸다.『유림외사』는 팔고문八股文[650]이 야기한 인성 파괴와 인격 파탄의 폐해를 심각하게 비판했다.『홍루몽』은 전통적인 묘사 방법을 타파하고 인물 창조, 제재 선택, 소설 구조, 서사 형식, 언어 운용 등 다각적 측면에서 고전소설을 예술의 최고봉으로 밀어 올렸다. 가보옥賈寶玉, 임대옥林黛玉, 설보차薛寶釵, 왕희봉王熙鳳, 청문晴雯, 탐춘探春 등 다양한 인물 형상은 지금까지도 여전히 예술적 매력을 발산하고 있다. 단편소설은 백화白話(당시 구어)와 문언 두 종류로 나뉜다.

백화소설은 송·원 시기 화본話本에서 기원한 양식이다. 명 중엽 이후로는 문인들이 이런 소설을 모방해서 창작했기 때문에 속칭 '의화본소설擬話本小說'이라고도 한다. 의화본소설은 보통 1편에 한 가지 이야기를 서술한다. 이에 주제가 비교적 하나로 집중되고 필치도 비교적 간결하여 군더더기가 없다. 저명한 의화본소설로는 명대 풍몽룡馮夢龍의 '삼언三言'651)과 능몽초凌濛初의 '이박二拍'652)이 있다. 삼언에는 소설이 모두 120편 수록되어 있고, 이박에는 모두 78편 수록되어 있다.

이 작품들에는 당시 시민의 생활과 가치관이 반영되어 있다. 예를 들면 「매유랑독점화괴賣油郎獨占花魁」에서는 기름 장수 진중秦重과 기녀 신요금莘瑤琴의 사랑 이야기를 묘사했다. 「두십낭노침백보상杜十娘怒沉百寶箱」에서는 기녀 두십낭의 진실한 의협심을 찬양하며 공자 이갑李甲의 허위를 질타했다. 「장흥가중회진주삼蔣興哥重会珍珠衫」에서는 장흥가가 아내 왕삼교王三巧의 불충을 따지지 않고 다시 원만한 가정을 꾸리는 일을 서술했다(이상은 모두 '삼언'에 나옴). 「전운한우교동정홍轉運漢遇巧洞庭紅」, 「첩거기정객득조疊居奇程客得助」는 모두 상인들이 성공한 이야기다(모두 '이박'에 나옴). 이 작품들은 비교적 뛰어난 사상적·예술적 가치를 갖추고 있다. 문언 단편소설 중에서 가장 유명한 것은 포송령蒲松齡의 『요재지이聊齋志

異』이다. 이 작품집에서는 신선, 여우, 귀신 이야기를 빌려 생활을 에둘러 반영하면서 작가의 태도와 이상을 표현했다. 그중 「영녕嬰寧」, 「청봉靑鳳」, 「소취小翠」, 「섭소천聶小倩」에서는 모두 청춘 남녀의 감동적인 사랑 이야기를 묘사했는데 지금까지도 강한 호소력을 발휘하고 있다.

명·청시대 전통극에는 주로 잡극, 전기, 지방극 세 가지가 포함되어 있다. 잡극에서 가장 유명한 것은 명나라 서위徐渭가 지은 『사성원四聲猿』이다. 이 희곡집은 「광고사狂鼓史」, 「옥선사玉禪師」, 「자목란雌木蘭」, 「여장원女狀元」 네 편의 극본으로 구성되어 있다. 이 중 「자목란」은 목란이 아버지를 대신하여 군대에 간다는 이야기이고, 「여장원」은 황숭하黃崇嘏의 딸이 남장을 하고 과거시험에 응시하여 장원한다는 이야기다. 이 두 가지 이야기는 모두 문文과 무武에 뛰어난 여성이 남자들에게 양보하지 않고 자신의 재능과 개성을 발휘한다는 내용이다. 이는 여성을 비하하는 봉건 의식에 대한 첨예한 도전이다.

전기는 명대에 두 파로 나뉘었다. 하나는 탕현조湯顯祖를 대표로 하는 임천파臨川派(탕현조가 장시성 임천臨川 사람)고 다른 하나는 심경沈璟을 대표로 하는 오강파吳江派(심경이 장쑤성 오강吳江 사람)다. 임천파는 희곡의 사상과 문장의 화려함을 비교적 중시하기 때문에 '문채파文采派'라고도 한다. 오강파는 연극의 음악성, 오락성 그리고 희곡언어의 대중 수용성을 비교적 강조하면서 무대 연출 효과를 중시하기 때문에 '본색파本色派'라고도 한다.

이 두 파는 각각의 주안점이 따로 있고 각각의 존재 가치를 따로 가지고 있다. 실제적인 창작 성취로만 본다면 탕현조가 더 뛰어나다. 탕현조는 흔히 '임천사몽臨川四夢'이라 불리는『자차기紫釵記』,『모란정牡丹亭』,『남가기南柯記』,『한단기邯鄲記』를 창작했다. 그는『모란정』에서 젊은 낭자 두여낭杜麗娘의 사랑 이야기를 묘사했다. 이 극본에서 그녀는 정을 위해 죽고, 정을 위해 산다. 살아도 죽을 수 있고 죽었다가도 다시 살아난다. 일종의 '지극한 정'을 표현한 셈이다. 이것은 인성을 억압하던 당시 성리학에 대한 일종의 비판이다. 청나라 때 홍승洪昇이 지은『장생전長生殿』과 공상임孔尙任이 지은『도화선桃花扇』도 한 세대를 대표하는 전기의 명작이다.『장생전』에서는 양옥환楊玉環(양귀비)과 이융기李隆基(당 현종)의 굳건하고 변함없는 사랑을 묘사했다.『도화선』에서는 명기 이향군李香君과 복사復社[653] 인재 후방역侯方域의 파란만장한 사랑 이야기에서 남명南明[654] 왕조의 패망 원인을 폭로하면서 흥망성쇠에 대한 작가의 느낌을 표현했다.

명대 지방극으로는 여요餘姚(저장성), 해염海鹽(저장성), 익양弋陽(장시성), 곤산崑山(장쑤성), 4대파가 있었다. 이 중 곤산강崑山腔(崑曲)[655]이 감미로운 곡조와 우아한 대사로 통치자들과 사대부들의 존중을 받으면서 점차 연극계의 주류 음악이 되었는데 그것을 '아부雅部'라고 했다. 그러나 각 지방에서는 그곳 특색의 지방극도 여전히 유행했는데 그것을 '난탄亂彈' 또는 '화부花部'라고 불렀다. 청나라 후기에 이르면 곤곡도 점차 쇠퇴하고 그것을 대신해서 새로 일어난 '피황희皮黃戲'가 인기를 얻었는데, 이것이 바로 현재까지 전해지는 경극京劇이다. 경극 외에도 남곤南崑(장쑤성), 북익北弋(베이징), 동류東柳(산둥성, 허난성 일부), 서방西梆(산시성陝西省, 산시성山西省) 등 4대 지방극이 있었다. 이 4대 지방극에서 수많은 지방극이 파생되었고 그것들은 각각 자체 극목極目을 갖고 있는데다 제재가 풍부하고 형식이 생기 있으며, 기풍도 씩씩하고 언어도 소박하여 대중의 사랑을 많이 받았다.

② 이채로움이 가득한 서예와 회화 동산

서예의 기원은 문자의 출현과 같고 문자의 기원은 회화의 기원과 관련이 있다. 한자에는 '육서六書'의 학설이 있다. 육서는 상형象形, 형성形聲, 회의會意, 지사指事, 가차假借, 전주轉注를 가리킨다. 일반적으로 앞의 네 가지는 글자를 만드는 방법(造字法)이고, 뒤의 두 가지는 글자를 운용하는 방법(用字法)으로 인식된다. 상형은 글자를 만드는 최초의 방법으로 모든 한자가 파생되는 기초로 작용했다. 상형은 발음과 뜻이 어울려 하나의 글자를 이루고 있고 형성, 회의, 지사는 모두 상형의 기초 위에서 확장·발전된 원리다. 상형은 사물을 그리는 것이므로 한자는 발생 초기부터 그림과 연관되어 있음을 알 수 있다. 서예는 글자체, 글자형태, 필세筆勢를 강구할 뿐 아니라 글자와 글자 사이의 배치 관계를 특히 중시하면서 공간을 남겨놓는 기법에도 주안점을 둔다. 또 글자형태와 전체 구도로 모종의 취향, 운치, 법도를 표현하여 서예가의 주관적 정감과 미학 이념을 드러낸다. 이런 점도 서예와 회화가 상통하는 대목이다.

이 때문에 당나라 장언원張彦遠에서 청나라의 수많은 서예 이론가에 이르기까지 모두들 서화동원書畵同源(서예와 회화는 근원이 같다) 학설을 설파했다. 물론 서예와 회화에는 뚜렷하게 구별되는 점도 있다. 문자는 끊임없이 구상에서 추상으로 발전하지만 회화는 시종일관 구상적 특징을 보존한다. 서예의 주관성은 문자 자체의 제한을 받지만 회화의 주관성은 표현 대상의 제약을 받는다. 이러한 특성은 필연적으로 서예와 회화의 분리를 초래했고, 결국 각각 상이한 예술 특징 때문에 서로 다른 예술 추구로 나아가게 되었다. 이 밖에도 서예가 얼마나 독립적인 지위를 얻으려고 노력하든지 간에 그것이 기록 언어라는 기본적인 기능 때문에 시종일관 실용성의 제약에서 벗어나기가 어렵다. 그러나 회화는 시간이 지날수록 더욱더 실용성에서 벗어나 순 예술의 경지로 진입할 수 있게 된다.

초기 서예는 주로 현실적인 쓰임에 부응해야 했으므로 비교적 공리성이 강하게 반영될 수밖에 없었다. 그러나 서예에는 일종의 창조자로서 글을 쓰는 주체가 개입되므로 창작자나 심지어 각 시대의 심미적 경향이 표현되기 마련이다. 반포半坡에서 출토된 도자기 문양 중에는 문자와 유사한 무늬가 있다. 그것은 양사오문화에 속하는 선사시대 무늬임에도 이미 도형과 선의 변화에 주의를 기울였다. 상대商代의 갑골문, 주대周代의 금문金文, 춘추전국시대의 대전大篆과 소전小篆, 진·한시대의 예서隸書는 문자 형체의 구성, 필법의 운용, 전체 구도 등의 부문에 모두 각각 상이한 특징과 미감을 표현했다. 대체로 갑골문은 가늘고 곧으며, 금문은 비교적 굵고 중후하다. 전서篆書는 비교적 장엄하고 고아하며, 예서는 비교적 부드러우면서도 웅혼하다. 이런 서체에는 모두 서로 다른 시기의 상이한 유행 경향과 예술 기풍이 반영되어 있다.

후한 시기부터 사람들은 서예를 자각적으로 추구했다. 이러한 자각의 표지가 바로 서예 이론의 출현이다. 양웅은 『법언法言』「문신問神」에서 이렇게 말했다. "언어는 마음을 모두 전할 수 없고, 글씨는 언어를 모두 전할 수 없으니 참으로 어렵도다! 오직 성인만이 언어의 해법을 터득했고 글씨의 형체를 터득했다. …… 이 때문에 언어는 마음의 소리이고, 글씨는 마음의 그림이다."[656] 그는 '글씨'와 '언어'를 결합하여 사고를 진행하면서 좋은 언어는 좋은 서체를 선택하여 기록해야 하므로 서체는 글쓴이가 마음을 다해 선택한 결과라고 인식했다. 즉 그는 서예를 인간의 정신적 창조와 연계해 논술을 진행하면서 서예 창작이 이미 인간의 주체성과 분리될 수 없음을 밝혔다. '글씨는 마음의 그림이다(書爲心畵)'는 명언은 후세 서예 이론의 기본 명제가 되었다.

후한시대에 공문서를 빨리 써야 할 필요성에 적응하기 위해 예서가 초예草隷(예서에서 바로 초서로 바뀐 서체)로 변했다. 후한 장제章帝 때 대서예가 두조杜操의 개혁을 거쳐 이 초예는 장초章草로 바뀌었다. 이른바 장초에 대해 당나라 때 서예 이론가 두고竇臯는 「술서부述書賦」에서 다음과 같이 말했다. "두조는 자字가 백도伯度로 경조京兆 사람이다. 마침내 후에 제齊 땅 재상이 되었다. 장제는 그의 필적을 귀하게 여겨 장표章表(일종의 상소문)를 올리라고 조서를 내렸고, 이 때문에 장초라고 부르게 되었다."[657] 말하자면 장초라고 이름 붙인 것은 장제와 관련이 있고 또 이런 초서를 사용하여 장표를 올리게 한 일과 관련이 있다는 것이다. 장초는 실용적인 필요성 때문에 탄생했지만 그 필법에는 추상성이 뚜렷하게 가미되어 있다. 서예가가 일정한 심미관에 근거하여 글씨를 썼고 이 때문에 예술적 주체성의 특징이 더욱 풍부하게 배어 있다. 두조의 제자 최원崔瑗도 저명한 서예가였다. 그는 창작의 기초 위에서 장초 창작 이론을 총결산하여 유명한 서예론인 「초서세草書勢」를 집필했다. 「초서세」는 현재 286자가 전한다. 이 글에서 그는 초서의 특징을 이렇게 결론지었다. "네모꼴은 구矩(네모의 표준)에도 맞지 않고, 둥근 원은 규規(원의 표준)에도 맞지 않는다. 왼쪽 획은 억누르고 오른쪽 획은 드날리니 언뜻 바라보면 마치 글씨가 기운 듯하다. 짐승이 발돋움하고 새가 솟구쳐 오르는 모습은 하늘로 날아올라 다른 곳으로 옮기려는 것 같다. …… 섬세하고 오묘하여 문서를 처리할 때도 적절하게 쓸 수 있다."658) 말하자면 장초는 법도에 맞지 않고 휘날아오르는 필세를 보이기 때문에 서예가의 뜻을 표현하는 데 중점을 두는 글자체라는 것이다.

장초 서예에서 가장 뛰어난 성취를 이룬 인물은 장지張芝다. 장지는 자가 백영伯英으로 돈황敦煌 주천酒泉 사람이다. 평생 벼슬을 하지 않고 서예에만 힘썼다. 젊은 시절 연못가에서 서예를 연습했는데 연못물이 모두 검게 변할 정도로 몰두했다. 그가 배운 것은 두조와 최원의 장초였다. 그러나 청출어람이란 말처럼 스승을 뛰어넘어 초서 부문에서 공전절후空前絕後의 독보적인 경지에 도달했기에 흔히 초성草聖으로 일컬어진다. 예서 부문에서 가장 뛰어난 성취를 이룬 사람은 채옹蔡邕이다. 채옹은 문학가 겸 서예가였다. 한 영제靈帝 희평熹平(172~178) 연간에 채옹은 당할전堂谿典, 양사楊賜 등과 상소문을 올려 당시에 이미 심각하게 왜곡된 육경六經의 문자를 바로잡고, 그 정본을 비석에다 새겨 도성 낙양의 태학문太學門 밖에 세우자고 건의했다. 그럼 천하의 독서인들이 그 비석을 표준으로 삼을 수 있게 된다는 주장이었다. 이 요청은 황제의 비준을 받았다. 그리고 실제로 새긴 것은 『주역周易』, 『상서尙書』, 『노시魯詩』, 『의례儀禮』, 『춘추春秋』, 『공양전公羊傳』, 『논어論語』 7종이었다.

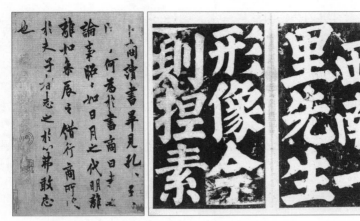

그림 21 구양순(왼쪽)과 안진경의 글씨

비석에 쓰인 글자체는 모두 한나라 표준 서체인 예서였다. 채옹이 직접 돌에다 붉은 글씨를 쓴 후 다시 석공을 시켜 글씨를 새기게 했다. 서예의 시각으로 바라보면 그것은 한나라 예서의 최고 수준을 대표하는 작품이었다. 비석은 총 46기로 이루어졌고 양면에 모두 글자를 새겼다. 이것이 바로 서예사에서 명성이 자자한 『희평석경熹平石經』이다. 『희평석경』은 후한 말과 서진西晉 초에 두 차례의 동란을 거치면서 거의 훼손되고 말았다. 1922년 이후 계속 잔편이 발굴되어 지금까지 거의 100여 편이 확인되었다. 나진옥羅振玉의 고증에 따르면 그것은 벌써 후세 사람들의 보각補刻이 섞여 있어서 원래 모습은 아니라고 한다.

조씨曹氏가 집권한 위나라시대에 가장 유명한 서예가는 종요鍾繇와 위기衛覬였다. 두 사람은 모두 여러 서체에 뛰어났다. 종요의「위공경상존호비魏公卿上尊號碑」와 위기의「수선비受禪碑」는 모두 위나라 예서魏隷로 썼지만 각각의 기풍은 서로 다르다. 전자는 중후하고 후자는 준수하다. 제왕齊王 조방曹芳 정시正始 2년(241)에 위기는「삼체석경비三體石經碑」조성을 주도했다. 이른바 '삼체'란 고문古文, 전서, 예서를 가리킨다. 당시에 새긴 경문은『상서』,『춘추』와『좌전』일부다. 원래 비석은 모두 28기였는데, 청나라 광서光緒 연간과 1949년 건국 이후에 일부 잔편이 출토되었다.

종요는 해서의 정립에도 막대한 공헌을 했다. 장초가 형성된 후 한나라 말기 왕차중王次仲의 서체 개혁을 거쳐 한자는 점차 해서에 가까워졌다. 지금 세상에 전하는 종요의 유묵遺墨에는「하첩표賀捷表」,「선시표宣示表」,「천계직표薦季直表」등이 있지만 대부분 진적眞迹이 아니라 모본摹本이나 영인본이다.

진대晉代에 이르러 서예가 융성기로 진입하자 수많은 서예 명문가가 등장했다. 예를 들면 위기의 아들 위근衛瑾을 대표로 하는 위씨세가衛氏世家, 장지의 외손 삭정索靖을 대표로 하는 삭씨세가, 육기陸機와 육운陸雲 형제를 대표로 하는 육씨세가, 치감郗鑒을 대표로 하는 치씨세가, 유량庚亮·유역庚懌·유빙庚氷·유익庚翼 형제를 대표로 하는 유씨세가, 사상謝尙과 사만謝萬 형제를 대표로 하는 사씨세가, 왕희지王羲之·왕헌지王獻之 부자를 대표로 하는 왕씨세가 등이 서예 명문가에 속한다. 지금까지 전해지는 진나라 진적 중에서 가장 이르면서도 믿을 만한 것은 육기의「평복첩平復帖」이다. 이것은 몽당붓으로 먹을 적게 묻혀서 쓴 장초 작품으로 필력이 강건하고 노련하다. 매우 진귀한 진나라 서예 유묵인지라 현대 서예 대가 치궁啓功 선생은 '묵황墨皇'이라고 칭송했다. 서예로써 가장 성취가 높았던 가문은 왕씨세가였다. 왕희지와 왕헌지의 서예는 진나라 서예의 최고 수준을 대표한다. 당대 장언원의 『법서요록法書要錄』 기록에 따르면 왕희지의 서첩은 모두 465종이 있었다고 한다. 그의 대표작에는 작은 해서小楷로 쓴 「악의론樂毅論」, 행서로 쓴 「난정집서蘭亭集序」, 초서로 쓴 「십칠첩十七帖」 등이 있다. 이 작품들의 진적은 이미 전해오지 않고, 지금 남아 있는 것은 후세 사람들의 모본이다. 또 「회인집왕서성교서懷仁集王書聖教序」(간칭 「성교서聖教序」)는 후인이 왕희지의 글씨를 집자하여 만든 서첩이다.

「난정집서」는 역대 서예 평론가들이 '천하제일행서天下第一行書'라고 칭송한 작품이다. 필획이 유려하고 운필이 기민하며 구성이 활달하다. 자유로우면서도 법도를 잃지 않았고, 부드러우면서도 골기를 잃지 않았으며, 소탈하면서도 근엄함을 잃지 않았다. 이 작품은 왕희지의 개성적인 예술 기풍을 충분히 드러냈을 뿐 아니라 진나라 사람들이 숭상하는 신운神韻과 기백의 예술 정신을 잘 보여주었다. 후세 사람들은 왕희지의 서예를 지극히 높게 평가하면서 그를 '서성書聖'이라고 칭송했다. 왕헌지는 부친이 닦아놓은 기반 위에서 새로운 면모를 보여줬다. 그는 행서를 배웠지만 행서에 집착하지 않는 동시에 해서와 초서의 한계를 뛰어넘어 '행해行楷'와 '행초行草'를 창조했다. 그것이 이른바 '파체破體'다. 대표작으로는 「중추첩中秋帖」과 「십이월첩十二月帖」이 있다. 북조의 서예는 대부분 현재 석각 형태로 전해온다. 정도소鄭道昭, 정술조鄭述祖 부자의 서예가 가장 유명한데, 이들은 모두 위비체魏碑體로 이름을 떨쳤다. 지금 남아 있는 유명한 비석으로는 정도소의 「정문공비鄭文公碑」, 「운봉산석각雲峰山石刻」, 「천주산석각天柱山石刻」 등이 있다.

수·당시대에도 서예가가 수많이 등장했다. 이들은 대체로 두 파로 나뉜다. 그 하나는 법도를 준수했고 다른 하나는 자유를 추구했다. 법도를 준수한 일파로는 구양순歐陽詢, 우세남虞世南, 저수량褚遂良, 설직薛稷, 유공권柳公權, 안진경顔眞卿 등이 있다. 이들은 여러 서체에 모두 뛰어났지만 해서를 주 종목으로 삼았다. 이들의 해서는 공통적으로 법도가 있으면서도 법도에 구애되지 않고 비교적 광대한 기상을 드러내는 특징이 있다. 이는 당나라 사람들의 씩씩한 기백과 드넓은 흉금이 표출된 것으로 볼 수 있다. 같은 해서라 해도 각자 서로 다른 특색이 있다. 구양순의 서체(그림 21 왼쪽)는 구조가 정밀하고 근엄하며 글자체는 네모꼴이고 필획은 둥근데 이를 흔히 '구체歐體'라 칭한다. 「화도사비化度寺碑」, 「구성궁예천명九成宮醴泉銘」이 그의 대표작이다. 우세남의 서체는 강함과 부드러움을 겸비했고, 풍만함과 수척함을 모두 갖춰서 변증법적 예술미가 풍부하다. 사람들은 이를 일컬어 '절필絶筆'이라고 칭한다. 「공자묘당비孔子廟堂碑」, 「파사론서破邪論序」가 그의 대표작이다. 저수량의 서체는 겉으로는 맑고 수려하지만 속에는 단단한 뼈대가 있어서 사람들이 묘품妙品이라고 평가했다. 「안탑성교서雁塔聖教序」, 「음부경陰符經」이 그의 대표작이다.

설직의 서체는 비교적 강건하고 수척하며 위나라 비석의 기풍이 남아 있어서 당나라에서는 독특한 일가를 이루었다. 「신행선사비信行禪師碑」가 그의 대표작이다. 유공권의 서체는 안으로는 골기가 있고 밖으로는 날카롭다. 운필을 꺾고 펼침에 뛰어난 면모를 보이는데 이를 '유체柳體'라 칭한다. 「금강경金剛經」, 「현비탑비玄秘塔碑」가 그의 대표작이다. 안진경의 서체(그림 21 오른쪽)는 단정하고 장중하며 구조도 정밀하다. 웅건한 가운데 수려함이 스며 있고, 장엄한 가운데 활달함이 깃들어 있어서 당대 해서의 최고 경지에 이르렀다. 사람들은 그의 서체를 흔히 '안체顔體'라 일컫는다. 이는 두보의 시(杜甫詩), 한유의 문장(韓愈文), 오도자의 그림(吳道子畵)과 더불어 '4절四絶'의 하나로 칭송된다. 그의 대표작은 너무 많지만 현대인들은 안체를 습작할 때 대부분 「다보탑비多寶塔碑」와 「대당중흥비大唐中興碑」를 모본으로 삼는다.

자유를 추구한 일파로는 손과정孫過庭, 하지장賀知章, 장욱張旭, 회소懷素 등이 있다. 이들의 공통적 특징은 비교적 명리에 얽매이지 않고 서예를 생명으로 간주하면서 작품 속에 자신만의 선명한 개성과 기질을 녹여 넣었다는 것이다. 이들은 초서를 위주로 창작 활동을 했다. 왜냐하면 초서의 추상성과 사의성寫意性[659]이 작가의 주체성을 표현하기에 가장 적합하기 때문이다. 손과정의 초서는 해서에서 변화한 것이어서 글자와 글자 사이가 연결되어 있지 않다. 제멋대로인 듯하면서도 규범에서 벗어나지 않아서 사람들은 그의 초서를 '금초今草'라 부른다. 그의 초서는 주로 자형의 무궁한 변화와 운필의 자유로운 활용이 특징이다. 지금까지 전해오는 그의 작품 중에서 가장 유명한 것은 「서보書譜」인데, 후세 사람들은 대부분 이 작품을 초서 학습의 입문서로 삼아왔다.

하지장과 장욱은 모두 광기 어린 성격에 술을 좋아하는 것으로 이름이 났다. 하지장은 스스로 호號를 '사명광객四明狂客'이라 지었으며, 장욱도 사람들이 '장전張癲'이라 불렀다. 두보는 일찍이 「음중팔선가飮中八仙歌」를 지어서 이 두 사람을 이백과 나란히 '음중팔선[660]'의 한 사람으로 거론했다. 이들은 모두 초서를 잘 썼지만 서예의 기풍은 달랐다. 하지장의 초서는 손과정보다 더욱 자유롭다. 또 손과정처럼 글자와 글자 사이가 이어지지 않았고 장초의 기풍도 조금 깃들어 있다. 장욱은 초서의 이어쓰기를 잘 운용했다. 두보는 「음중팔선가」에서 그를 이렇게 묘사했다. "장욱은 술 석 잔에 초성草聖의 솜씨 전하면서 모자 벗고 맨 이마로 왕공王公 앞을 횡행하네. 종이 위에 붓 휘두르니 구름과 안개 피어나는 듯(張旭三杯草聖傳, 脫帽露頂王公前, 揮毫落紙如雲煙)." 그의 초서는 흔히 '광초狂草'로 칭해지며 사람들에게 기세등등하고 자유분방한 느낌을 준다. 그는 당시에 '초성草聖'이라 일컬어졌고, 이백의 시, 배민裵旻의 검무와 함께 삼절三絶로 칭송되었다.

회소는 스님이다. 평생토록 각고의 노력으로 서예에 매진했다. 일찍이 파초 잎에 글씨를 연습했고 심지어 자기 가사에도 글씨를 연습했다. 연습으로 닳은 붓이 산을 이루자 그것을 산 아래에 묻고 '필총筆冢(붓무덤)'이라 불렀다. 광인 기질이 농후하여 '광승狂僧'으로 칭해졌고 그의 초서도 '광초'로 불렸다. 당시에 장욱과 함께 '초성'으로 일컬어지면서 '미치광이 장욱에 광인 회소(顚張狂素)'라는 말도 유행했다. 그러나 그의 서예 기풍은 장욱과 다르다. 장욱은 굵은 필획을 좋아했지만 회소 작품에는 가는 필획과 갈필이 비교적 많다. 하지장이 쓴 「효경孝經」, 장욱이 쓴 「고시사첩古詩四帖」, 「두통첩肚痛帖」, 「천자문千字文」, 회소가 쓴 「자서첩自敍帖」, 「성모첩聖母帖」 등은 모두 중국 고대 서예의 보배들이다. 당대에는 행서에도 명인과 명작이 많았다. 당 태종 이세민의 「온천명溫泉銘」, 육간지陸東之의 「문부文賦」, 이옹李邕의 「녹산사비麓山寺碑」 등이 그것이다.

송나라 사람들은 이성적 색채가 짙어서 서예에서도 의취意趣를 강구했다. 그들의 작품에는 법도 속에 자유가 드러나고 규칙 속에 개성이 엿보인다. 송대에 가장 뛰어난 성취를 이룬 서예가로는 채양蔡襄, 소식蘇軾, 황정견黃庭堅, 미불米芾 4대가가 있다. 이 4대가는 행서를 위주로 글씨를 썼지만 각각 기풍이 서로 다르다. 채양의 행서는 시원시원하고 획이 굵으며 생동감이 풍부하다. 소식의 행서는 강함과 부드러움을 겸비했고 기세가 강하다. 황정견의 초서에는 운치가 감돌고 행서에도 다소 초서의 맛이 깃들어 있어서 비교적 부드러우면서 청아하다. 미불도 행서와 초서를 모두 잘 썼다. 그의 행서는 산뜻하고 굳세면서 활발한 느낌이 있다. 지금까지 전해지는 이 4대가의 명품은 상당히 많다. 채양의 작품으로는 「산거첩山居帖」, 「이도첩離都帖」, 소식의 작품으로는 「치평첩治平帖」, 「황주한식시黃州寒食詩」, 「여사민사론문첩與謝民師論文帖」, 황정견의 작품으로는 「범방전范滂傳」, 「송풍각시권松風閣詩卷」, 미불의 작품으로는 「태계시권苕溪詩卷」, 「촉소첩蜀素帖」 등이 있다. 4대가 외에도 송 휘종徽宗 조길趙佶은 독창적이고 특색 있는 '수금체瘦金體'를 개발했다. 이 서체는 외관이 수척하고 날카롭지만 내면은 넉넉하고 풍요로워 수려하면서도 힘찬 기풍을 보여준다. 이 서체로 쓴 명작으로 「수금체천자문瘦金體千字文」이 세상에 전한다.

원대에 서예로 가장 뛰어난 성취를 이룬 사람은 조맹부趙孟頫다. 그의 해서는 근엄하고 수려하여 '조체趙體(松雪體)'로 일컬어지며 구양순, 안진경, 유공권의 해서와 이름을 나란히한다.

명·청 양대에는 서예가가 밤하늘의 별처럼 무수하여 명작도 구름처럼 많이 창작되었다. 각 서체가 모두 흥성했고, 수많은 대가가 일제히 활동했기 때문에 일일이 이름을 거론하기 어렵다. 예를 들면 명대의 심주沈周,

축윤명祝允明, 문징명文徵明, 당인唐寅, 왕총王寵, 서위徐渭, 동기창董其昌 등과 청대의 부산傅山, 유용劉墉, 김농金農, 정섭鄭燮, 등석여鄧石如, 하소기何紹基 등을 모두 대가로 칭할 수 있다. 이들의 공통적 특징은 선인들을 학습하는 데 뛰어날 뿐 아니라 새로운 국면을 개척하고 새 기풍을 내세워 독창적인 작품을 창작한 데 있다. 명작으로는 심주의 「오언율시축五言律詩軸」(行書), 축윤명의 「조식시책曹植詩冊」(行草), 「전적벽부前赤壁賦」(今草), 「두보시축杜甫詩軸」(狂草), 문징명의 「고춘잠전축顧春潛傳軸」(小楷), 왕총의 「천자문권千字文卷」(行草), 「송지문시宋之問詩」(장초行草에 행초章草의 맛이 가미됨), 서위의 「사축詞軸」(狂草), 동기창의 「논화책論畵冊」(行書), 「척독尺牘」(行草), 부산의 「칠절시축七絶詩軸」(篆書), 「오언시축五言詩軸」(隸書), 유용의 「소해책小楷冊」(小楷), 김농의 「예서입축隸書立軸」(隸書), 정섭의 「칠언시축七言詩軸」(행서行書, 예서隸書, 초서草書가 모두 있음) 등이 있다.

중국의 회화는 사실을 중시하면서도 사의寫意를 중요하게 여기고 형체묘사를 중시하는 듯하면서도 정신을 그려내는 걸 더욱 중시한다. 표현 기교는 매우 많지만 가장 기본적인 방법은 선과 묵색의 운용이다. 그림의 제재도 역사 시기마다 달라져서 사회생활의 각 부문까지 모두 묘사 대상이 되었지만 그중에서도 가장 많이 그려진 것은 인물, 산수, 새, 꽃, 초목, 누대 및 종교 이야기다.

중국의 회화는 연원이 유구하다. 출토된 유물로 살펴보면 양사오문화와 마자야오문화에 속하는 채도彩陶, 상·주시대에 속하는 청동기 예기禮器의 도안은 모두 장식을 목적으로 해서 공예 미술의 특성을 갖추었지만 아직 독립된 의미의 회화라고는 할 수 없다. 전국시대에서 진·한시대까지 창작된 백화帛畵(비단에 그린 그림), 와당瓦當, 화상전畵像磚, 칠화漆畵, 목판화木版畵, 목간화木簡畵 등에는 동물, 식물, 인물, 실경, 환상 등이 그려져 있다. 이 중에서 백화의 성취가 가장 뛰어나다. 1949년 후난성 창사長沙 천자다산陳家大山 초나라 무덤楚墓에서 출토된 「용봉인물도龍鳳人物圖」,[661] 1973년 창사 쯔탄쿠子彈庫에서 출토된 「어룡도御龍圖」, 1972년에서 1974년까지 창사 마왕두이 연후軟侯 이창利倉의 아내 무덤(1호 한묘)과 아들 무덤(3호 한묘)에서 출토된 백화에는 모두 그린 이의 풍부한 상상력과 고도의 회화 기교가 구현되어 있다. 하지만 총체적으로 말하면 이 시기의 회화는 아직 공리성과 장식성에서 완전히 벗어나지 못하여 여전히 공예미술의 특징을 포함하고 있다.

위진남북조는 회화가 예술적으로 자각을 향해 나아간 시대였다. 이 시기의 가장 두드러진 특징은 회화가 점점 공리성과 장식성에서 벗어나 독립적인 심미 가치를 추구하게 되었다는 점이다. 이 시기에는 우수한 작품이 많이 창작되었을뿐더러 비교적 체계적인 회화 이론도 정립되었다. 이 시기에는 특히 두 가지 제재의 회화가 사람들의 눈길을 끈다. 하나는 인물화, 다른 하나는 산수화다. 인물화에서 가장 높은 성취를 이룬 사람은 진대晉代 화가 고개지顧愷之다. 고개지의 명작 「낙신부도洛神賦圖」와 「여사잠도女史箴圖」(모두 후세 사람의 모본)에 그려진 인물들은 매우 생동감 있고 핍진하다. 인물화에 대해 고개지는 독창적인 견해를 표명했다. "인간 사지의 미추는 본래 그림의 절묘한 점과는 무관하다. 그림을 그릴 때 인간의 정신을 전하는(傳神寫照) 주안점은 바로 눈에 달려 있다(四體姸蚩, 本亡關於妙處, 傳神寫照, 正在阿堵之中)."[662] 그에게는 「화론畵論」, 「위진승류화찬魏晋

胜流画赞」, 「화운대산기畫雲臺山記」 등과 같은 회화 이론이 있다.

저명한 남조 화가 사혁謝赫은 뛰어난 성과를 남긴 초상화가다. 요최姚最는 『속화품록續畵品錄』에서 그의 인물화를 이렇게 평가했다. "점 하나라도 정교하게 찍으며 인물을 흡사하게 그리려 하고, 눈으로 털 하나까지 생각하며 그 어느 것도 빠뜨리지 않는다(點刷精研, 意在切似, 目想毫發, 皆無遺失)." 말하자면 생생한 모습을 그리려 한다는 의미다. 사혁은 또 후세에 큰 영향을 준 회화 이론가이기도 하다. 그는 『고화품록古畫品錄』에서 회화는 '육법六法'을 준수해야 한다고 주장했다.

"첫째, 운치가 있고 생동감이 넘쳐야 한다. 둘째, 골기를 드러내는 방법은 운필에 달려 있다. 셋째, 사물에 따라 그 형상을 그린다. 넷째, 사물의 종류에 따라 색칠을 한다. 다섯째, 그림의 요소를 잘 배치한다. 여섯째, 옛날의 명화를 옮겨 그려본다(一曰氣韻生動, 二曰骨法用筆, 三曰應物象形, 四曰隨類賦彩, 五曰經營位置, 六曰傳移模寫)."

이 육법은 후대에 고대 회화의 경전적인 이론이 되었다. 산수화에서 가장 높은 성취를 이룬 사람은 종병宗炳과 왕미王微다. 종병은 산수를 좋아하여 멀리까지 유람하기를 좋아했고 '유람한 곳을 모두 그림으로 그려 방안에 걸어뒀다.'663) 그는 「화산수서畵山水序」에서 저명한 '창신暢神' 이론을 제기했다. 즉 산수화 창작은 사람과 자연의 관계를 조화시켜 인간 정신의 드높은 경지를 개척하기 위한 것이라는 의미다. 그는 이 글에서 가까운 것은 크게 그리고 먼 것은 작게 그리는 투시 이론도 설명했다. 왕미의 주요 화론은 「서화敍畵」에 포함되어 있다. 이 글 끝에서 그는 이렇게 말했다. "아! 어찌 유독 손바닥으로만 그림을 그리려 하는가? 또한 밝은 신령이 강림하기도 한다. 이것이 그림의 정취다(嗚呼, 豈獨運諸指掌, 亦以明神降之, 此 畫之情也)." 심령으로 그림을 그려야지 기교에만 의지해서는 안 된다는 점 을 강조한 것이다.

수·당시대에는 전통 회화가 전성기를 향해 나아갔다. 당시 회화는 주 로 인물, 산수, 화조, 말, 귀신, 건물 등을 제재로 삼았으며 화가 한 명이 한 부문 또는 여러 부문에서 뛰어난 그림을 그렸다. 예를 들면 수나라 화 가 전자건展子虔은 말 그림과 산수화를 모두 잘 그렸다. 당나라의 저명한 화가 염립본閻立本과 오도자의 인물화는 아주 높은 수준에 도달했다. 염 립본의 「역대제왕도歷代帝王圖」에는 한나라에서 수나라까지의 제왕 13명 이 등장한다. 염립본은 상이한 인물 성격과 공적에 근거하여 서로 다른 모습을 그려내 각 제왕의 정신 면모를 잘 드러냈다. 또 「보연도步輦圖」에 서는 당 태종이 문성공주文成公主의 혼사를 처리하기 위해 토번 사신 녹동 찬祿東贊을 접견하는 이야기를 그렸다. 이 그림에는 접견자와 피접견자의 상이한 정신 상태가 잘 표현되어 있어서 마치 당시 사람을 직접 만나고 현장에 직접 있는 것 같은 느낌이 든다. 오도자는 종교 관련 그림을 잘 그 렸다. 그는 일생 동안 사찰의 벽화를 매우 많이 그렸다. 그중 가장 유명한 것은 「지옥변상地獄變相」이라는 그림이다. 전설에 따르면 그가 그린 지옥 세계가 너무나 음산하고 참혹하여 사람들이 그의 그림을 보고 죄를 뉘우 쳤다고 한다. 오도자의 명화 「송자천왕도送子天王圖」는 일본에까지 전해 졌다. 이 그림은 석가모니의 출생 이야기를 그린 것이다. 이 역시 종교 제 재 이야기지만 그림 속 인물의 표정과 태도가 보통 사람과 다름이 없어서 인정미가 매우 풍부하다.

장언원은 『역대명화기歷代名畵記』 권2에서 오도자의 화론을 인용했다. "사람들은 모두 겉모습만 비슷하게 그리는 데 힘쓰지만 나는 그런 속된 경향에서 벗어났다(人皆謹於象似, 我則脫其凡俗)." 여기에서도 알 수 있듯이 그는 그림을 그릴 때 겉모습을 비슷하게 그리려 했을 뿐 아니라 인물의 정신을 그리는 데 진력하면서 속된 경향을 벗어던지고 새로운 의미를 그려내려 했다. 오도자는 수준 높은 그림 솜씨 덕분에 '화성畵聖'으로 일컬어지고 있다. 산수화 부문에서 뛰어난 성취를 이룬 화가로는 이사훈李思訓, 왕유王維, 장조張璪 등이 있다. 이사훈의 산수화는 선을 그릴 때 구륵勾勒[664] 기법을 많이 썼다. 그런 후 다시 청색[大靑]을 칠하고 군청색[螺靑]과 녹청색[苦綠]으로 산이나 바위 색을 칠했다. 나뭇잎은 때때로 먹물을 겹쳐 사용하고 석청石靑과 석록石綠: Mineral green 색을 입혔다. 이사훈의 화법은 당시와 후세에 큰 영향을 미쳐서 산수화의 일파인 청록파靑綠派를 탄생시켰다. 왕유의 산수화는 소식이 「제남전연우도題藍田烟雨圖」에서 '그림 속에 시가 있다(畵中有詩)'고 평가했다. 그는 때때로 색깔을 짙게 칠하며 이사훈과 비슷한 그림을 그렸지만 더러 수묵을 활용하여 기풍이 청신하고 상쾌한 그림을 그렸는데, 이는 후대의 남종화에 깊은 영향을 주었다. 명대의 동기창은 심지어 왕유를 남종화의 시조라 칭하기도 했다. 현존하는 「강산제설도江山霽雪圖」, 「산음도山陰圖」, 「설계도雪溪圖」 등은 왕유의 작품으로 전해진다.

장조는 산수화를 그릴 때 수묵을 중시했고 기법상에서도 새로운 경향을 풍부하게 보탰다. 장조는 화론 부문에서도 독창적인 견해를 제시했다. 그의 저서 『화경畵鏡』은 이미 실전되었지만 "밖으로는 조화옹을 스승으로 삼고, 안으로는 마음의 근원을 터득한다(外師造化, 中得心源)"라는 경전적 명언은 지금까지도 전해온다. 당대 화조화花鳥畵의 명인으로는 설직薛稷을 꼽을 수 있고, 말 그림의 명인으로는 조패曹覇와 한간韓干을 들 수 있으며, 한간의 명화「조야백照夜白」이 전해지고 있다. 또 소 그림의 명인으로는 위언韋偃이 있는데, 그의 명화「오우도五牛圖」가 남아 있다. 당대에는 벽화도 많이 그렸다. 벽화는 대부분 민간 화가들이 그렸으며, 돈황敦煌 막고굴莫高窟의 벽화를 가장 대표작으로 친다. 돈황의 벽화는 불교 이야기 위주이지만 당시 상층 귀족이나 하층 평민의 생활도 많이 반영했다. 일부 벽화는 장면이 크고, 인물이 많고, 구성이 기묘하고, 색채가 풍부하고, 형상이 생동적이고, 기법이 변화무쌍하여 수준 높은 심미적 가치를 성취했고 문화적·역사적 가치도 매우 풍부하게 담아냈다.

오대에서 송에 이르는 기간에는 인물화, 화조화, 산수화가 중국 회화의 근간으로 자리 잡았다. 남당南唐 화가 고굉중顧閎中은 인물화의 대가였다. 그의「한희재야연도韓熙載夜宴圖」는 송나라 사람들의 모본摹本이 전해오는데 인물의 태도와 표정을 잘 묘사하여 그 정신을 정확하게 드러냈다. 이 작품은 중국 회화사에서 오랜 기간 혁혁한 명성을 누려왔다. 송대화가 이공린李公麟은 백묘白描[665] 기법을 창안하여, 특히 인물화를 참신한경지로 끌어올렸다. 그가 그린「유마힐도維摩詰圖」는 백묘 기법으로 그린인물화의 명품이다. 소한신蘇漢臣은 어린이 소재 그림에 뛰어났고「화랑도貨郞圖」가 남아 있다.

화조도 부문에서는 오대의 서희徐熙와 황전黃筌이 가장 뛰어난 성취를이뤘다. 서희는 강남의 은사로 그의 그림은 대부분 시골 생활에서 소재를 취했다. 그는 수묵담채 위주로 그림을 그리면서 농촌의 한적한 풍경을 풍부하게 담아냈다. 황전은 궁정화가로 그의 그림에는 대부분 궁정 귀족의 심미관이 반영되어 있다. 그는 항상 담묵으로 바탕을 그리고 그 위에 다시 채색을 했기 때문에 귀족적인 특성이 강하다. 이 때문에 평론가들은 "황전은 부유하고 고귀하며, 서희는 시골 맛이 있고 빼어나다(黃家富貴, 徐熙野逸)"라는 말로 두 사람의 풍격을 구별했다. 서희의 작품은 진품이 전해오지 않고, 황전의 작품은 「진금도珍禽圖」가 남아 있다. 송대의 화조도 작품으로 지금까지 전해지는 것 중에는 송 휘종의 「도구도桃鳩圖」와 「오색앵무도五色鸚鵡圖」가 가장 유명하다. 송나라 사람들은 매화와 대나무 수묵도에서도 뛰어난 성취를 이뤘다. 문동文同은 대나무를 잘 그렸고 현재 「묵죽도墨竹圖」가 남아 있다. 양무구揚無咎는 매화 그림 전문 화가였으며, 「설매도雪梅圖」, 「사매화도四梅花圖」 등이 전해온다. 소식도 그림을 잘 그렸고 현재 「고목죽석도古木竹石圖」가 남아 있다.

산수화가 중에서 오대에 가장 유명한 사람으로는 형호荊浩, 관동關仝, 동원董源, 거연巨然 등이 있다. 형호는 파노라마식 산수화全景山水로 명성을 날렸는데 힘찬 기세가 특징이다. 관동은 형호의 기법을 본받았기 때문에 흔히 '형·관荊·關'으로 병칭된다. 지금까지 전해지는 두 사람의 명작으로는 형호의 「광려도匡廬圖」, 관동의 「산계대도도山溪待渡圖」와 「관산행려도關山行旅圖」가 있다. 동원은 이사훈에게서 채색 기법을 본받았고 왕유에게서 수묵 기법을 본받았다. 그는 산수의 신묘한 기운을 표현하는 데 치중하면서 뛰어난 솜씨를 발휘하여 스스로 일가를 이뤘다. 현재 전해지는 그의 명작으로는 「하산도夏山圖」, 「용수교민도龍袖驕民圖」,[666] 「소상도瀟湘圖」,

「한림중정도寒林重汀圖」등이 있다.

거연은 동원을 사사해서 그와 화풍이 비슷하기 때문에 '동·거董·巨'로 병칭된다. 그러나 그는 산수화의 의경意境 부문에서 더욱 심오한 경지를 개척했다. 그가 그린 산수화는 "초목이 무성하면서도 밝아서 상쾌한 기운이 가득하다." 현전하는 명작으로「추산문도도秋山問道圖」,「만학송풍도萬壑松風圖」,「계산도溪山圖」등이 있다.

송대 산수화가들 중에는 형호, 관동, 동원, 거연의 영향을 받지 않은 사람이 없다. 그중 대가급으로는 이성李成, 범관范寬, 곽희郭熙, 미불米芾, 미우인米友仁, 이당李唐, 유송년劉松年, 마원馬遠 등이 있다. 이성은 먹을 황금처럼 아끼면서도 산천의 형상을 잘 그렸다. 지금 볼 수 있는「청만소사도晴巒蕭寺圖」가 그의 작품으로 전해진다. 범관은 골법骨法을 매우 중시하여 특히 설경을 잘 그렸다. 그의 명작으로는「계산행려도溪山行旅圖」,「설산소사도雪山蕭寺圖」,「설경한림도雪景寒林圖」등이 전해지며, 이 두 사람은 '이·범李·范'으로 병칭된다. 곽희는 궁정화가로 이성의 영향을 비교적 많이 받았다. 그러나 자신만의 경지를 깊이 터득하여 구도의 곡절과 원대함에서 독보적인 경지에 도달했다. 대표작으로「조춘도早春圖」,「유곡도幽谷圖」,「과석평원도窠石平遠圖」,「계산추제도溪山秋霽圖」등이 있다. 미불과 미우인 부자는 '이미二米'로 병칭된다. 두 사람은 모두 수묵 운용에 뛰어나서 특히 낙가점落茄點[667] 기법으로 산수화를 잘 그렸다. 두 사람의 산수화는 '미점산수米點山水'로 칭송되었고, 송대 산수화 중에서 가장 독창적인 면모를 드러냈다. 지금 전해지는 작품으로 미우인의「소상도瀟湘圖」,「운산득의도雲山得意圖」등이 있다. 이당, 유송년, 마원은 모두 화원파畵院派 산수화가로 역시 명작이 세상에 전한다.

송대의 회화 중에서 우리가 특별히 거론해야 할 것은 바로 장택단張擇
端의『청명상하도清明上下圖』다. 이 작품은 파노라마식 화면에 북송 수도
개봉의 생활 풍속을 진실하게 묘사했다. 제재가 광범위하고 예술 기교가
다양하여 당시 회화가 도달할 수 있는 최고 수준에 이른 작품이라 불후의
가치를 지니고 있다.

원·명·청 삼대의 회화는 전대에 비해 큰 변화가 있었다. 이 시기에는
문인화가 주도적인 지위를 점하면서 시인과 서예가가 화가를 겸했고 서
예, 시, 그림이 융합되는 경향이 뚜렷했다. 문인들은 서예와 그림을 빌려
자신의 심령, 개성, 정감을 표현했다. 따라서 사의화寫意畵(뜻을 묘사하는
그림)가 이 시기의 주류를 이뤘다. 제재로 살펴보면 산수화가 한 시기를
풍미했고 대가도 배출하여 큰 흐름을 주도했고 화조화, 매화도, 묵죽도
등이 그다음을 차지했으며 인물화가 또 그다음을 차지했다.

원대에 활동한 산수화가로는 조맹부, 황공망黃公望, 왕몽王蒙, 예찬倪
瓚, 오진吳鎮 등이 있다. 조맹부는 산수화 이외에도 인물화, 말 그림, 화
목花木과 죽석竹石 그림에도 뛰어났다. 황공망, 왕몽, 예찬, 오진은 산수
화 위주로 그림을 그렸다. 조맹부는 명작이 대단히 많다. 그의 산수화로
는「작화추색도鵲華秋色圖」, 죽석도로는「고목죽석도古木竹石圖」등이 유명
하다. 황공망은 실경을 관찰하여 그리는 데 주안점을 뒀다. 그는 우산虞山
과 부춘산富春山의 경치를 많이 그렸다. 지방의 특색도 강하고 개성도 풍
부하여 왕몽, 예찬, 오진 등의 화가들보다 높은 성취를 이룬 것으로 평가
된다. 황공망의 명작으로는「구봉설제도九峰雪霽圖」,「우암선관도雨巖仙觀

圖」,「부춘산거도富春山居圖」 등이 있다.「부춘산거도」는 황공망이 정우鄭雩
(별명 무용사無用師)를 위해 그린 그림인데 나중에 명나라 사람 오홍유吳洪裕
가 소장했다. 오홍유는 이 그림을 지극히 사랑했기 때문에 임종에 이르러
서도 이 그림을 불태워서 순장해달라고 요청했다. 다행히 그의 조카가 불
속에서 이 그림을 구출했는데, 이때 이 그림은 크고 작은 두 조각으로 나
뉘었다. 그림 뒷부분 '무용사권無用師卷'으로 칭해지는 비교적 큰 조각은
타이베이 고궁박물원故宮博物院에 소장되어 있다. 그리고 '잉산도剩山圖'로
칭해지는 작은 조각은 저장성박물관浙江省博物館에 소장되어 있다.

 2011년 6월 타이베이 고궁박물원에서 전체 그림 두 조각을 합쳐서 전
시하여 거대한 반향을 불러 일으켰다. 왕몽의「청변은거도靑卞隐居图」와
「하일산거도夏日山居图」, 예찬의「우산임학도虞山林壑圖」와「자지산방도紫
芝山房圖」, 오진의「수촌도水村圖」와「어부도漁父圖」 등도 모두 특색 있는 작
품이다. 이 작품들은 원나라 사람들의 산수화 가작일 뿐 아니라 후세 사
람들이 항상 모방하는 모범작이기도 하다. 원대에는 꽃, 대나무, 매화도
대부분 수묵으로 그렸다. 짙고 옅은 먹색으로 묘사 대상의 정신적 풍모를
표현했기 때문에 묵화墨花, 묵죽墨竹, 묵매墨梅로 불린다. 대가들도 많이
배출되었다. 전선錢選, 왕연王淵은 모두 묵화에 뛰어났고 이간李衎, 고안
顧安, 왕면王冕 등은 모두 묵죽과 묵매에 뛰어났다. 원대 인물화 중에서 가
장 거론할 만한 가치가 있는 것은 지금의 산시성 루이청현芮城縣 영락궁永
樂宮에 그려진 도교 신선 벽화다. 이 벽화에 그려진 수많은 인물은 각각 상
이한 특징을 갖추고 있고 매우 생동감이 있다. 고대 벽화 중에서 진귀한
명품이라 할 만하며 그 가치 또한 돈황벽화에 비해 손색이 없다.

명·청 양대에도 산수화가가 많이 등장했다. 명대의 심주, 문징명, 당인, 구영仇英은 4대가로 칭해지며, 이 밖에 동기창, 진계유陳繼儒, 남영藍瑛도 고수에 속한다. 청대에는 홍인弘仁, 곤잔髡殘, 팔대산인八大山人, 석도石濤 네 승려가 가장 개성적인 산수화를 그렸다. 그들은 산수화 외에도 화조화와 인물화도 그렸다. 이후에도 산수화가가 이루 헤아릴 수 없을 정도로 많이 등장하여 각각 상이한 유파를 형성했다. 그러나 화가들이 나날이 선배 명인들을 따라 배우는 과정에서 모방과 절취만 중시하며 산수 자체에 대한 관찰, 체험, 소통을 소홀히 하게 되자 산수화는 점점 쇠퇴의 나락으로 떨어지게 되었다. 따라서 이 시기에는 대가들이 많아서 가작이 때때로 창작되기는 했지만 선배를 뛰어넘어 새로운 경지를 개척한 작품은 그리 많지 않았다. 명대의 화조화, 묵죽화, 묵매화, 묵란화 부문에는 심주, 당인, 변문진邊文進, 여기呂紀, 임량林良, 진순陳淳, 서위, 주지면周之冕, 진홍수陳洪綬 등 많은 화가가 활동했다. 이 중에서 개성이 풍부하여 후세에 비교적 깊은 영향을 미친 화가는 서위다. 서위의 「묵화도墨花圖」, 「모질도耄耋圖」, 「석류石榴」 등은 모두 필묵이 시원한 사의화寫意畫의 대작이다. 이 작품들은 모두 진정으로 법도에 얽매이지 않고 독창적으로 개성을 발휘한 작품이기 때문에 대대로 아주 높은 평가를 받아왔다. 청나라 초기 팔대산인, 석도 및 양주팔괴揚州八怪[668] 중 김농金農, 황신黃愼, 정섭鄭燮은 꽃, 새, 벌레, 물고기, 매화, 대나무를 매우 개성적으로 그려서 화가 자신의 씩씩하고 자유로운 인격과 소탈하고 꾸밈없는 예술 경지를 잘 구현했다. 그중에서도 정섭은 대나무, 바위, 난초를 독특하게 그렸다. 그의 작품은 예술적인 면에서 완벽한 아름다움을 구현했다고 할 수는 없지만 내

면의 정신을 남김없이 표현한 측면에서는 반복해서 곱씹으며 음미해볼
만하다.

③ 비단결처럼 아름다운 음악과 무용 예술

서예와 회화처럼 음악과 무용도 매우 밀접하게 관련을 맺고 있다.

원시시대에 시, 음악, 무용이 삼위일체였음은 일반인들도 인정하는 사실이다. 『여씨춘추·중하기仲夏紀』「고악古樂」편에 다음과 같은 기록이 있다. "옛날 갈천씨의 음악은 세 사람이 소꼬리를 잡고 발을 구르면서 노래를 여덟 곡 부른다. 첫째「재민載民」, 둘째「현조玄鳥」, 셋째「수초목遂草木」, 넷째「분오곡奮五穀」, 다섯째「경천상敬天常」, 여섯째「달제공達帝功」, 일곱째「의지덕依地德」, 여덟째「총만물지극總萬物之極」이 그것이다."[669] 이른바 '갈천씨의 음악'은 상고 전설시대의 음악을 가리킨다. '재載'에는 시작한다는 의미가 있으므로 '재민載民'은 바로 백성의 탄생 즉 인류의 탄생을 가리킨다. '현조玄鳥'은 제비다. 『시경·상송商頌』「현조玄鳥」에 "하늘이 제비에게 명하여 땅으로 내려가 상나라 조상을 낳게 했네(天命玄鳥, 降而生商)"라는 시구가 있다. 하느님[上帝]이 제비를 황하 가로 보내 알을 낳게 했고, 유융[有娀氏]의 딸이며 제곡帝嚳의 왕비 간적簡狄이 그 알을 삼키고 설[契]을 낳았다고 한다. 설이 바로 상나라 선조다. '수초목遂草木'은 초목이 무성하도록 축원하는 것이다. '분오곡奮五穀'은 오곡이 풍성하기를 축원하는 것이다. '경천상敬天常'은 하늘의 도리를 경건하게 받드는 것으로 자연의 규율을 따른다는 의미다. '달제공達帝功'은 하느님의 공덕을 찬양하는

것이다. '의지덕依地德'은 만물을 길러주는 대지의 덕을 찬양하는 것이다. '총만물지극總萬物之極'은 금수가 번식을 잘하고 가축이 왕성하게 늘어나기를 바라는 것이다. 여기에서도 알 수 있듯이 상고시대 사람들이 노래를 부르고 춤을 추는 것은 자연과 인간에 대한 자신의 이해와 노동 성과에 대한 기대 그리고 아름다운 생활에 대한 바람을 표현하기 위해서였다. 전설에 따르면 황제黃帝시대에는 「운문雲門」, 요 임금시대에는 「대장大章」과 「대함大咸」(일명 「함지咸池」), 순 임금시대에는 「대소大韶」(줄여서 「소韶」라 함), 하나라 때는 「대하大夏」, 상나라 때는 「대호大濩」, 주 무왕 때는 「대무大武」라는 음악이 있었다고 한다. 또 저명한 음악가 겸 무용가로 기夔가 있었다고도 한다. 『사기』 「하본기」에 따르면 우禹가 치수에 성공하자 기夔가 음악을 연주했는데 그때 "새가 날아오고 짐승이 춤을 췄으며, 「소소簫韶」 아홉 악장의 연주가 끝나자 봉황이 날아와 의례를 행했고 온갖 동물도 모두 춤을 췄다"[670]라고 한다. 이른바 '새가 날아오고 짐승이 춤을 췄다'라든가 '온갖 동물도 모두 춤을 췄다'는 기록은 사람들이 노래하고 춤을 출 때 새와 짐승 혹은 온갖 동물을 모방했음을 가리킨다(어떤 사람들은 새와 짐승이 원시 부족의 토템이라고 함). 이런 음악에는 인간과 자연의 지극히 친밀한 관계가 구현되어 있다.

출토 유물로 판단해볼 때 음악과 무용의 기원은 그 시기가 비교적 일렀음을 알 수 있다. 1986년에서 1987년까지 허난성 우양현舞陽縣 자후賈湖 근처에서 일곱 구멍과 여덟 구멍으로 된 뼈피리[骨笛] 18자루가 발굴되었다. 시대 측정에 따르면 이 유물들은 지금부터 8,000년 전을 전후한 시대의 것이라고 한다. 칭하이성 다퉁현大通縣 상쑨자자이上孫家寨에서는 마자야오문화에 속하는 채도동이[彩陶盆]가 발견되었다. 이 유물은 지금부터 5,000년 전을 전후한 시대의 것으로 동이 위에 소녀 세 모둠이 그려져 있는데 한 모둠이 5명으로 구성되어 있고 모두들 손을 잡고 춤을 추는 동작을 하고 있다. 출토된 악기로는 북, 경磬, 편경編磬, 종鍾, 편종編鐘, 편요編鐃, 뼈피리, 훈壎, 약籥, 화龢 등이 있다.

서주에서 춘추전국시대까지 음악과 무용이 매우 발전했다. 주나라에는 엄밀한 예악제도가 있었으며 조정에도 춘관春官이 설치되어 예악을 관장했고 대사악大司樂, 악사樂師, 대사大師 등의 관리들이 음악과 무용을 전문적으로 관리했다. 『시경』에 실려 있는 민요는 정부에서 전문가[行人]를 민간으로 파견하여 수집한 음악인데, 이것을 악사들이 음률에 맞게 가공하여 재완성했다. 당시에 사인士人들은 '육예六藝'[671]를 공부했고 그 속에 음악도 포함되어 있었다. 음악과 무용은 종류가 매우 많았다. 대사악은 '육무六舞'를 가르쳤고, 악사는 '소무小舞(규모가 작은 무용)'를 가르쳤으며, 모인旄人은 산악散樂과 이악夷樂을 가르쳤다. 또 비를 기원하고 전염병을 몰아내기 위한 나무儺舞 및 주 왕실 이외 각 민족이 즐기던 음악과 무용도 있었다.

춘추시대 말기에 공자는 개인적으로 학문을 가르쳤는데 음악도 그가 가르친 주요 과목의 하나였다. 공자는 자신이 수준 높은 연주가였으며, 음악가 사양師襄에게 가르침을 청한 적도 있다. 또 천하를 주유하며 도착한 곳에서 설령 고난이 있더라도 여전히 쉬지 않고 음악을 연주했다. 『논어』에는 음악과 무용에 관한 논평이 상당히 많다. 예컨대 공자는 「소韶」 음악을 '지극히 선하고 지극히 아름답다(盡善盡美)'라고 했으며, 「무武」 음악은 '지극히 선하지만 지극히 아름답지는 않다(盡善而未盡善)'[672]고 했다. 또 공자는 제齊나라에 가서 「소」 음악을 들은 후 그 음악에 도취되어 '3개월 동안 고기 맛을 모를(三月不知肉味)'[673] 정도의 지경에 빠졌다. 당시 노나라 권력자 계손씨季孫氏가 자기 집에서 무용수들에게 천자의 춤인 '팔일무八佾舞'[674]를 추게 하자 공자는 "이런 일을 참을 수 있으면 무슨 일을 참을 수 없겠는가?(是可忍, 孰不可忍?)"라고 분노했다. 그는 또 『시경』을 평론하면서 "태사 지摯가 부임 초에 연주했던 「관저關雎」의 마지막 장은 그 음악소리가 귀에 가득 넘쳤다(師摯之始, 「關雎」之亂, 洋洋乎盈耳哉)"[675]라고 했다. 공자의 제자 중에도 금琴과 슬瑟을 연주할 수 있는 사람이 즐비했다. 유학은 당시 널리 알려진 학파였기 때문에 음악 보급 부문에서 상당히 큰 기여를 했다.

주 왕실 이외에 음악과 무용 부문에서 가장 높은 성취를 이룬 제후국은 초나라였다. 초나라에는 옛날부터 자체의 음악과 무용이 있었다. 굴원이 「이소」에서 언급한 「구변九辯」과 「구가九歌」, 송옥이 「대초왕문對楚王問」에서 거론한 「하리下里」, 「파인巴人」, 「양아陽阿」, 「해로薤露」, 「양춘陽春」, 「백설白雪」 등은 모두 초나라 고유의 지방 악곡이다. 굴원의 「구가」는 바로 신에게 제사 지낼 때 연주하는 민간 음악을 바탕으로 가사를 써 넣은 것이다. 당시 음악에도 이미 체제와 규범이 갖춰져 있었다. 즉 궁宮, 상商, 각角, 변치變徵, 치徵, 우羽, 변궁變宮의 7음이 사용되었고 황종黃鐘, 태주太簇, 고선姑洗, 유빈蕤賓, 이칙夷則의 육률六律(陽律)과 대려大呂, 협종夾鐘, 중려仲呂, 임종林鐘, 남려南呂, 응종應鐘의 육려六呂(陰律)로 음계가 분류되어 있었다. 악기도 이미 상당히 풍부해져서 이른바 '팔음八音'이 구비되어 있었다. 팔음은 악기를 재료에 따라 나눈 것으로 금金(쇠), 석石(돌), 토土(흙), 혁革(가죽), 사絲(실), 목木(나무), 포匏(박), 죽竹(대나무)이 그것이다. 실제로 종鐘, 경磬, 고鼓, 부缶는 타악기이고 금琴, 슬瑟, 생笙, 소簫, 지篪 등은 현악기와 관악기다. 1978년 후베이성 쑤이현 레이구둔擂鼓墩 증후을묘曾侯乙墓에서는 작은 종이 65매 달린 대형 편종과 생, 소, 금, 슬 등 124종의 다른 악기도 함께 출토되어 세상을 깜짝 놀라게 했다. 이는 선진시대의 음악 발전 수준을 널리 알린 사건이었다.

진·한시대에는 음악과 무용을 전문적으로 관장하는 악부樂府라는 관청을 설립하여 사방 여러 지방의 민요 수집을 맡겼다. 한 무제 때가 이 악부 관청의 전성기였다. 『한서』「예문지」에는 이렇게 기록되어 있다. "무제가 교사郊祀의 의례를 정함에 이르러 …… 악부를 설립하고 시를 채집하여 밤에 낭송하게 했다. 조趙, 대代, 진秦, 초楚 지방 민요가 포함되어 있었다. 이연년을 협률도위로 삼고 사마상여 등 수십 명을 천거하여 시부詩賦를 짓게 했으며, 음률을 토론하게 하여 팔음의 음조에 맞춰 19장의 노래를 지었다."[676] 당시에 악부 관청에 근무하는 사람만도 1,000명을 넘었다. 악부에서 사용된 주요 악곡 종류는 고취곡鼓吹曲과 상화가相和歌였다. 광의의 고취곡에는 고취곡과 횡취곡 두 종류가 포함되어 있었다. 소簫(통소)와 가笳(갈대피리) 등의 악기로 연주하는 것을 고취곡이라 했고, 연주 악기 가운데 북[鼓]과 뿔피리[角]가 포함된 것을 횡취곡이라 했다. 고취곡은 주로 조정의 조회, 임금의 행차, 임금이 베푸는 연회 등에 사용되었으므로 의례용 음악이라 할 수 있다. 횡취곡은 말 위에서 연주했으므로 군악에 속했다.

나중에 고취곡과 횡취곡은 완전히 나뉘어 아주 다른 두 종류 음악이 되었다. 전자는 민간의 주연에서도 연주되었지만, 후자는 여전히 군악으로만 사용되었다. 상화가는 민간에서 기원한 음악으로 악기 반주가 없는 '도가徒歌'였다. 나중에는 한 사람이 노래하는 독창과 세 사람이 노래하는 중창으로 발전했으며 '단가但歌'라 칭하기도 했다. 그 후 다시 적笛, 생笙, 금琴, 슬瑟, 비파琵琶, 쟁箏 등과 같은 관현악기와 박자만 맞추는 절節을 반주 악기로 사용했다. 절을 잡은 사람이 창을 하고 다른 악기로 '반주[和]'를 넣었기 때문에 '상화가相和歌'라고 불렀다. 상화가는 위·진시대에 점차 대형 가무에 쓰이는 투곡套曲(세트를 이루는 일련의 악곡)이 되었다. 이 밖에 한대의 '백희百戲'도 음악·무용과 관련이 있다. 이른바 백희에는 씨름[角抵], 잡기, 마술魔術, 가무가 포함되었다. 장형의 「이경부二京賦」와 이우李尤의 「평락관부平樂館賦」에는 모두 백희에 관한 묘사가 있다. 여기에 나오는 '어룡만연魚龍曼延', '총회선창總會仙倡', '동해황공東海黃公'은 일반적으로 가무를 가리키는 것으로 인식한다.

위진남북조시대에는 음악과 무용이 크게 발전했다. 당시 매우 중요한 음악은 청상악淸商樂, 금곡琴曲, 가무희歌舞戲[677]였다. 청상악은 청악淸樂이라고도 하는데 강남에 전해진 중원의 옛 악곡과 강남오가江南吳歌, 형초서곡荊楚西曲이 여기에 포함된다. 반주 악기로는 종鐘, 경磬, 금琴, 슬瑟, 격금擊琴, 비파, 공후箜篌, 축筑, 쟁箏, 절고節鼓, 적笛, 소簫, 지篪, 훈塤 등 여러 종류가 있다. 가사는 흔히 5언 4구가 한 단락을 이루고 뒤에 '송성送聲'이나 '화성和聲'이 부가되기도 했다. 청상악은 비교적 청아하고 유장한 곡조가 특징이다. 금곡은 문인들 사이에서 유행했다. 후한 말기에 채옹이

「금조琴操」를 지은 후 동진시대 '죽림칠현竹林七賢'[678] 중 완적阮籍과 혜강嵇康 등이 모두 금琴 연주에 뛰어났다. 전설에 따르면 완적은 금곡琴曲「주광酒狂」을 작곡했고, 혜강은「광릉산廣陵散」[679] 연주를 잘했는데, 혜강이 사마씨司馬氏에게 살해당한 후에는「광릉산」의 맥이 끊겼다고 한다. 명대 음악가 주권朱權의『신기비보神奇秘譜』에 앞의 두 가지 금곡이 실려 있지만 이는 후인들의 위작이다. 완적의 조카 완함은 비파 연주를 잘했고 금곡도 지을 줄 알았다. 나중에 완함이 연주한 종류의 비파를 '완함'이라고 불렀고 줄여서 '완阮'이라고만 하기도 했다. 이 시기 가무희로 가장 유명한 것은「답요낭踏謠娘」이다. 최영흠崔令欽의『교방기敎坊記』기록에 따르면「답요낭」의 내용은 다음과 같다. 용모가 추악한 어떤 남자가 술에 취해 아내를 구타하자 그 아내는 이웃집으로 가서 억울한 사정을 하소연했다. 이웃 사람이 남편을 잡아서 부인의 옷을 입히고 사람들이 많이 모인 곳을 천천히 걸어가게 하는 한편 창을 하게 했다. 창이 한 대목 끝날 때마다 사람들은 일제히 화답을 했다. "답요踏謠[680]가 온다! 답요낭이 괴로워하며 온다!(踏謠和來! 踏謠娘苦和來!)" 이 가무희에는 일정 정도 연극의 요소가 들어있어서 후세의 중국 전통극 형성에 중요한 영향을 미쳤다.

수·당시대에는 음악과 무용이 모두 흥성했다. 수·당시대의 궁정 연회 음악으로는 다부악多部樂(七部樂, 九部樂, 十部樂이 있었음)과 이부기二部伎가 있었다. '칠부악'은 국기國伎, 청상기淸商伎, 고려기高麗伎, 천축기天竺伎, 안국기安國伎, 쿠차기龜玆伎, 문강기文康伎를 가리킨다. 국기는 서량西凉의 악무樂舞, 청상기는 중국 전통 악무, 고려기는 옛 조선의 악무, 천축기는 옛 인도의 악무, 안국기는 중앙아시아 옛 나라의 악무, 쿠차기는 옛 쿠차

국 악무, 문강기는 서진西晉에 기원을 둔 가면무다. '구부악'은 칠부악에
다 강국康國과 소륵疏勒 두 가지를 보탠 것이다. 당 태종 정관 14년에는 또
'고창악高昌樂'을 설치해서 구부악이 마침내 십부악으로 완성되었다. 여
기에서도 분명하게 알 수 있는 바와 같이 이러한 여러 음악은 청상과 문
강을 제외하면 모두 소수민족이나 외래 민족에서 온 것으로 다민족, 다국
가의 악무가 융합되고 있었음을 잘 보여준다.

이부기는 '입부기立部伎'와 '좌부기坐部伎'를 가리킨다. 당堂 아래에 서서
연주하는 것을 입부라 하고, 당 위에 앉아서 연주하는 것을 좌부라 한다.
이 두 가지는 음악이 서로 다르다. 백거이는 「입부기立部伎」라는 시에서
이 두 가지 음악을 다음과 같이 묘사했다. "입부기에서 북과 피리[笛] 소리
요란하니, 쌍검 춤을 추고 구슬 일곱 개를 던져 올리네. 굵은 동아줄을 예
쁘게 타고 긴 장대에서 뛰어내리네. 태상太常의 음악은 등급이 있어서 당
위는 앉고 당 아래는 섰네. 당 위 좌부에서는 생황[笙] 반주에 노랫소리 울
리고, 당 아래 입부에서는 북과 피리 울리네. 생황 반주에 한 가지 노래는
귀 기울여서 듣는데, 북과 피리 수많은 곡은 아무도 듣지 않네."[681] 이 시
를 통해 입부기의 악기는 북과 피리 위주이고, 좌부기는 주로 생황 반주
에 맞춰 노래를 한다는 사실을 알 수 있다.

좌부기는 연악燕樂(연회에 연주되는 궁중 음악)이 으뜸이어서 술 마시고 잔
치할 때 흔히 쓰였다. 연악 중에서 「진왕파진악秦王破陣樂」은 진왕이었던
당 태종 이세민의 무공을 찬양한 음악인데 무측천武則天시대에 일본으로
전해져서 지금까지도 이 악곡의 아홉 가지 악보가 남아 있다. 이 음악은
연악 중에서 가무대곡歌舞大曲으로 수·당시대 악무의 최고 성취를 대표

한다. 이런 대곡의 구성은 매우 복잡하여 산서散序, 삽삽排軷, 배편排遍, 전정顚正, 전정正攧, 입파入破, 허최虛催, 실최實催, 곤편袞遍, 헐박歇拍, 살곤殺袞 등 수많은 단락과 마디가 들어 있다. 당 현종이 인도의「바라문곡婆羅門曲」을 근거로 개편한「예상우의곡霓裳羽衣曲」이 바로 저명한 가무대곡이다.

연악 중 소형 무용곡으로는 건무健舞와 연무軟舞 두 가지가 있다. 건무는 강건한 기풍이어서 빠른 관현악으로 반주를 넣는다. 유명한「혼탈渾脫」,「검기劍氣」,「호선胡旋」,「자지柘枝」가 모두 건무다. 연무는 비교적 부드럽고 경쾌한 기풍이어서 우아하고 가벼운 음색의 악기로 반주를 넣는다. 유명한「양주凉州」,「녹요綠腰」가 바로 연무에 속한다. 당대의 음악과 무용은 시에도 많이 반영되어 있다. 예를 들면 두보의「공손대낭제자검기행公孫大娘弟子舞劍器行」이 바로 검무[劍器舞]를 묘사한 명편이다. 심아지沈亞之의「자지무부柘枝舞賦」, 노조盧肇의「호남관쌍자기무부湖南觀雙柘枝舞賦」가 모두 무용을 읊은 작품이고 심랑沈郞, 당하唐啗, 일명佚名에게는 모두「예상우의곡부霓裳羽衣曲賦」라는 제목의 작품이 있다. 돈황 막고굴벽화에도 무용을 묘사한 그림이 많다. 이는 우리에게 제공된 수·당시대 음악과 무용의 생생한 증거 자료다. 이 밖에도 당대에는 '참군희參軍戲'가 유행했다. 이는 참군과 창골蒼鶻이라는 배역이 우스갯짓을 하며 웃음을 유발하는 공연으로 현대의 코미디 같은 요소가 많이 담겨 있다.

당과 오대에서 송대까지 곡자曲子라는 음악이 성행했다. 곡자는 애초에 민간에서 발생했고, 나중에는 궁정의 연악과 관련을 맺었다. 반주 악기는 주로 비파를 썼다. 본래 악곡에 맞춰서 노래를 부르고 그 악보에 따라 가사를 지은 것이 바로 사詞다. 따라서 음악으로서 곡자와 시로서 사詞

의 번성은 동보적인 것이다. 송대에는 곡자에 익숙하고 사에도 뛰어난 문학가가 상당히 많았다. 예를 들면 유영柳永, 주방언周邦彦, 강기姜夔, 장염張炎 같은 대가가 모두 그러했다. 강기의 사집詞集『백석도인가곡白石道人歌曲』에는 지금까지도 17수의 사에 악보가 남아 있는데 이는 음악사의 진귀한 자료로 인정되고 있다.

북송 때 도성에는 구란勾欄과 와사瓦肆와 같은 공연장소가 많아서 각종 예인藝人들과 각종 문예 형식이 그곳에서 발전을 도모하며 문예의 흥성을 촉진했다. 설창說唱[682] 예인 공삼전孔三傳은 대형 설창 형식인 '제궁조諸宮調'를 창조했다. 이른바 제궁조는 같은 궁조에 속하는 몇 가지 노래를 하나로 모아 짧은 투곡套曲을 만들어 처음부터 끝까지 하나의 운자韻字를 쓴다. 그리고 다시 상이한 궁조의 몇 가지 투곡을 모아 장편 제궁조를 만들고 중간에 간단한 설명 단락을 섞어 넣어 긴 이야기를 공연한다. 제궁조는 남북 형식이 다르다. 남방에서는 대부분 피리[笛]를 반주 악기로 사용했지만 북방에서는 쟁箏과 비파를 반주 악기로 사용했다. 이 때문에 북방에서는 제궁조를 '현삭弦索' 또는 '겹탄사掐彈詞'라고도 불렀다. 현전하는 가장 완전한 북방의 제궁조는 금나라 동해원董解元의 『서상기제궁조西廂記諸宮調』다. 제궁조는 설창 예술을 새로운 차원으로 끌어올렸을 뿐 아니라 장차 전통극 발생에도 견실한 기초를 놓았다.

송대와 금대에 흥성한 산곡과 잡극을 통칭하여 곡曲 또는 곡자曲子라 한다. 그러나 두 가지는 구별해서 말해야 한다. 간단하게 말해서 산곡은 시 장르로서 서정 혹은 서사를 위주로 하고, 잡극은 희곡 장르로서 대화체 형식인데 주로 배우의 연기로 이야기를 서술한다. 하지만 이 두 가지 양식은 음악적 측면에서는 같은 연원에서 나왔다. 앞에서 산곡에 소령과 투곡이라는 두 가지 기본 형식이 있다고 언급했다. 잡극에서는 절折로 나뉘는데 하나의 절은 하나의 음악 단락을 이루므로 실제로 하나의 투곡 형식으로 구성된다.

여기에서는 주로 잡극에 대해서 설명하고자 한다. 잡극은 송대에 이미 출현했다. 맹원로孟元老의 『동경몽화록東京夢華錄』 권8에 실린 기록에 따르면 북송시대 변경汴京의 공연장 구란과 와사에서는 칠월칠석이 지난 후 『목련구모目連救母』 잡극을 공연했다고 한다. 송대 잡극은 보통 염단艶段,[683] 정잡극正雜劇,[684] 산단散段[685]으로 구성되고 말니末泥(남자 주인공), 인희引戲(조연), 부정副淨(여자 주인공), 부말副末(우스개 광대), 장고裝孤(관리) 등 5대 배역이 있었다. 공연은 이야기 내용에 따라 정해지며 때로는 대화를 위주로 하고, 때로는 노래도 부르고 춤도 추면서 악기로 반주를 넣기도 했다.

남송과 대치한 금나라에서는 '원본院本'이 있었는데 공연상황은 잡극과 대체로 비슷했다. 원대에 이르면 잡극의 구조와 연기 양식이 기본적으로 고정되었고, 음악도 비교적 고정된 형식을 사용했다. 일반적인 잡극에 사용된 궁조는 모두 6궁宮 11조調 범위 안에 속했다. 무슨 궁조를 선택할지는 극의 내용과 극중 인물의 정서를 봐서 결정했다. 원대 희곡가 연남지암燕南芝庵은 자신의 저서 『창론唱論』에서 6궁 11조의 특징을 이렇게 정리했다. "선려궁仙呂宮으로 부르는 창은 청신한 맛이 멀리까지 이어진다. 남려궁南呂宮으로 부르는 창에서는 탄식과 비애가 우러난다. 중려궁中呂宮으로 부르는 창은 높고 낮음이 순식간에 바뀐다.

황종궁黃鐘宮으로 부르는 창은 부귀한 맛이 가득하다. 정궁正宮으로 부르는 창은 슬프고도 웅장하다. 도궁道宮으로 부르는 창은 표일하면서도 그윽하다. 대석조大石調로 부르는 창은 풍류가 가득 깃들어 있다. 소석조小石調로 부르는 창은 하늘하늘 아리땁다. 고평조高平調로 부르는 창은 가늘게 꺾이며 흔들린다. 선섭조船涉調로 부르는 창은 구덩이를 다듬는 듯하다. 헐지조歇指調로 부르는 창은 급박하면서 조금씩 끊어진다. 상각조商角調로 부르는 창은 슬프면서 곱게 꺾인다. 쌍조雙調로 부르는 창은 강건하면서 격렬하다. 상조商調로 부르는 창은 처연하게 원망에 젖어 사모하는 듯하다. 각조角調로 부르는 창은 울음소리가 길게 이어지는 것 같다. 궁조宮調로 부르는 창은 전아하고 침중하다. 월조越調로 부르는 창은 고민은 풀렸지만 냉소하는 듯하다.”[686]

북잡극과 상대되는 남희는 연기와 창법에서 모두 비교적 자유롭다. 북잡극은 7성 음계를 사용하고 박자도 비교적 빠르면서 강하지만, 남희는 5성 음계만 사용하고 박자도 느리면서 부드럽다. 북잡극에서는 현악기를 주로 반주 악기로 사용하고 그중에서도 비파를 주요 악기로 사용한다. 그러나 남희에서는 관악기를 주로 반주 악기로 사용하고 그중에서도 피리[笛]와 퉁소[簫]를 주요 악기로 사용하면서 고판鼓板을 곁들인다. 하지만 남희든 북잡극이든 모두 강講(이야기 구연), 염念(생각), 주做(동작), 타打(싸움)를 중요한 연기 수단으로 삼는다. 즉 음악, 무용, 연기, 잡기, 무술, 미술을 하나의 용광로에 넣어 함께 녹여낸 종합예술인 셈이다. 이 두 가지 전통극은 모두 연기자들에게 아주 수준 높은 예술 기법을 요구한다. 창은 발음이 정확하면서도 원만해야 하고, 대사는 박자에 맞으면서 리듬감이 있어야 하고, 연기는 몸으로 형체를 표현해야 하고, 동작은 정해진 법도에 맞아야 한다. 이 모든 요소를 관통하는 것이 바로 음악과 무용이다. 따라서 중국에서는 전통극이 점차 고대 음악과 무용의 주류를 점령했다. 그이후는 다른 어떤 악무樂舞 형식도 이와 나란하게 아름다움을 다툴 수 없었다.

잡극은 발생 초기에 남희와 함께 유행했지만 명대에 이르러서는 남희가 점점 주도적인 지위를 점하면서 잡극은 점차 쇠퇴의 길을 걸었다. 명나라 사람들은 남희를 전기傳奇라고 불렀다. 전기에 사용된 성강聲腔[687]은 네 종류로 곤산강崑山腔, 익양강弋陽腔, 여요강餘姚腔, 해염강海鹽腔이 그것이다. 이것을 '4대성강四大聲腔[688]'이라고 부른다. 4대성강은 모두 지방 전통극 창법으로 곤산강은 강소성 곤산 일대에서 기원했고, 익양강은 강서성 익양 일대에서 기원했으며, 여요강과 해염강은 절강성에서 기원했다. 곤산강은 명 중기 음악가 위량보의 개량을 거쳐 신선하고 부드러우면서 한 글자를 여러 번 꺾어서 창을 하는 특징을 보인다. 또 청아하면서 나긋나긋한 창법에 원만하고 유려한 특색도 지니고 있어서 흔히 '수마조水磨調'라고 불린다. 전통극 전문가 양신어가『완사기浣紗記』전기를 창작하고 곤산강으로 창을 하게 했다. 이로써 곤산강은 4대 성강 중에서 신속하게 첫 번째 자리를 차지하게 되었다. 아울러 곤산강은 소리와 정감이 고아하기 때문에 흔히 '아부雅部'로 불렸다. 청나라 중기 이후에는 중국 전역에서 가장 영향력 있는 전통극이 되어 '곤곡崑曲'이라고 칭해졌다.

익양강도 다른 지방의 방언과 곡조에 비교적 잘 적응하여 끊임없이 영향력을 확대하면서 높은 소리 계열의 전통극을 형성했고 지금도 수많은 지방극 속에서 고유의 창법을 유지하고 있다. 여요강과 해염강은 짧은 기간 유행하다가 점차 쇠미하여 사라졌다. 청 중기에는 북경 전통극이 성행했고 각종 전통극 형식도 북경으로 모여들었다. 1790년을 전후하여 건륭황제는 '4대휘반四大徽班'[689]을 북경으로 불러들였다. 북경으로 진출한 후 휘반의 예인들은 다른 지방의 창법 특히 한극漢劇(한수 유역의 전통극)과 밀접하게 교류하면서 점차 새로운 전통극인 '피황희皮黃戲'를 형성했다. 이것이 바로 이후 중국 전통극의 대표로 일컬어지는 경극京劇(京戲)이다. 피황희는 주로 이황조二黃調와 서피조西皮調가 합쳐진 연극이다.

이황조는 비교적 깊고 부드러운 느낌을 주기 때문에 추억, 깊은 생각, 비분강개의 마음을 표현하기에 적합하다. 서피조는 밝고 격렬한 느낌을 주기 때문에 기쁨, 격동, 고조된 감정을 표현하기에 적합하다. 피황희는 발전 과정에서 이황은 물론 서피와 반대되는 두 가지 계통도 받아들였다. 이로써 경극은 더욱 강력한 서정 표현 기능을 갖게 되었다. 경극은 판강체板腔體[690] 체계에 속하는 연극이다. 주요 판식板式으로는 도판導板, 회룡回龍, 원판原板, 만판慢板, 이륙二六, 유수流水, 요판搖板, 산판散板 등이 있다. 지금까지도 경극은 여전히 중국 전통극 중에서 주도적인 지위를 점하므로 명실상부한 '국가 예술의 정수(國粹)'라고 할 수 있다. 물론 명·청 이래로 지방극도 아주 번성하여 남곤南崑(곤강崑腔 체계), 북익北弋(고강高腔 체계), 동류東柳(허난, 산둥의 현삭희弦索戲), 서방西梆(산시山西, 산시陝西의 방자강梆子腔)이라는 4대 지방극 체계를 형성했다. 각종 민간 곡조, 가무, 설창 예술은 끊임없이 새로운 양식을 창조하면서 중국 고대 음악과 무용 예술을 휘황찬란하게 장식했다.

[생각거리]

1. 선진시대에서 청대까지 중국 고대문학에는 어떤 중요한 문학양식이 있었고 그 성과는 어떠했나?

2. 중국 고대 서예와 회화 분야에는 어떤 유명 작가와 작품이 있나?

3. 음악과 무용은 어떤 관계를 맺고 있나? 중국 전통극은 발생 후 왜 음악과 무용 분야에서 주도적인 지위를 차지했나?

[참고자료]

1. 마지가오馬積高, 황쥔黃鈞 주편, 『중국 고대문학사中國古代文學史』 수정본, 湖南文藝出版社, 2009.
2. 주런푸朱仁夫, 『중국 고대서예사中國古代書法史』, 北京大學出版社, 2010.
3. 왕보민王伯敏, 『중국 회화사中國繪畫史』, 上海人民美術出版社, 2009.
4. 양인류楊蔭瀏, 『중국 고대음악사고中國古代音樂史稿』, 人民音樂出版社, 1981.
5. 왕커펀王克芬, 『중국 무용사中國舞蹈史』, 文化藝術出版社, 1996.

중국 고대 사학의 형성과 발전

〔 12강 〕

옛날부터 중국인은 지극히 깊이 있는 역사의식을 가져왔다. 춘추시대에 공자는 노나라 사관이 기록한 역사를 정리하고 수정하여 『춘추春秋』를 편찬했다. 이 책은 중국 사학이 정식으로 출범했음을 알리는 저작이다. 중국 고대 사학은 세 단계를 밟으며 발전했다. 첫째, 전국시대에서 양한시대까지는 형성기다. 둘째, 위·진시대에서 명말까지는 발전기와 전성기다. 셋째, 명말 청초에서 아편전쟁까지는 총결산기와 전환기다. 중국 고대 사학의 발전 과정을 살펴보면 세 가지 뚜렷한 특징을 발견할 수 있다. 첫째, 사회의 역사를 중시하면서도 자연의 역사를 중시한다. 그리하여 양자 간의 상호 관계에 대한 철학적 사고를 중시한다. 둘째, 중국 고대의 사유방식과 밀접한 관련이 있는 일련의 방법 체계를 형성했다. 셋째, 사학의 경세經世 기능과 사학가의 품성 수양과 기능 훈련을 특히 강조했다.

① 선진 사학과 그 특징

중국 사학은 연원이 매우 유구하다. 전설에 따르면 황제黃帝시대에 이미 사관을 두었다고 한다. 하夏·상商 양대에는 사관을 좌사左史와 우사右史로 나눠 좌사는 말을 기록하고 우사는 일을 기록했다. 상나라 때는 전典⁶⁹¹⁾과 책册⁶⁹²⁾이라는 역사서가 있었다. 서주시대에는 사관의 일을 더욱 세분하여 대사大史, 소사小史, 내사內史, 외사外史, 시사侍史, 어사御史, 여사女史의 직책을 두었다. 이들 사관 중에서 어떤 사람은 국가의 전장제도를 관장했고, 어떤 사람은 정치를 위한 명령문을 초안했으며, 어떤 사람은 각 제후국의 정치 문서 보존을 책임졌다. 오랫동안 이런 일을 처리하는 과정에서 역사를 기록하고 문헌을 보존하는 일련의 방법이 도출되었다. 이러한 방법은 은허殷墟 갑골문 복사卜辭와 주나라 청동기 명문銘文에도 반영되어 있다.

진정한 사학 저작은 공자가 노나라 역사를 정리하여 편찬한『춘추』에서 시작되었다. 공자는 역사에 흥미가 많아 역사 저작에서 자신의 정치적 주장을 밝히려 했다. 그는 역사란 계승과 발전의 통일 과정이라고 했다. 그리고 사회 진보의 표지는 인간의 정감과 품성이 합리적으로 표현될 수 있느냐와 그것이 갈수록 더 문명화될 수 있느냐에 달려 있다고 보았다. 그는 또 사학자는 민감한 사회 비판력을 갖춰야 한다고 인식하면서 스스로 역사 인물과 사건에 대해 도덕적 가치 판단을 내리는 데 특히 주안점을 뒀다. 맹자는 공자가『춘추』를 쓴 목적을 다음과 같이 서술했다. "세상이 쇠퇴하고 정도正道가 미약해지자 사악한 학설과 포악한 행위가 일어났다. 신하로서 자기 임금을 시해하는 자가 생겼으며, 자식으로서 부모를 죽이는 자도 생겨났다. 공자께서 두려워하여 『춘추』를 지으셨다."[693] 공자는 역사와 사학을 비교적 명확하게 구별했다.

역사를 도대체 어떻게 인식해야 하는가? 역사의 배후에는 도대체 어떤 근거가 있는가? 춘추전국시대에 이 문제를 둘러싸고 광범위한 토론이 벌어졌다. 노자와 장자는 역사란 자연과 인류 사회의 상호 통일 과정이어야 한다고 인식했다. 역사의 진보 여부를 저울질하는 관건은 사회가 더욱 자연스러워졌는지를 봐야 한다는 것이다. 도가의 역사관은 사회의 역사를 명확하게 자연의 역사 속에다 위치짓는 것이라 할 수 있다. 즉 양자를 통일된 유기체로 간주하면서 역사 발전의 궁극적인 합리성 문제를 제기하여 인간이 사회 역사의 진행을 더욱 고차원적으로 탐색할 수 있도록 이끌었다.

전국시대 중기에 추연鄒衍은 자연의 역사를 구체적으로 연구해 오덕종시설五德終始說을 제기했다. 그는 역사란 변하는 것이지만 변화 속에 규칙이 있으며 그 규칙은 자연의 운동 법칙에 따라 결정된다고 인식했다. 즉 자연계의 기본 요소인 금金, 목木, 수水, 화火, 토土 사이에는 상극의 원리가 존재한다는 것이다. 목은 토를 이기고(木克土), 토는 수를 이기고(土克水), 수는 화를 이기고(水克火), 화는 금을 이기고(火克金), 금은 목을 이긴다(金克木)면서 이러한 현상이 자연현상을 빌려 규칙적으로 발현된다고 주장했다. 사람들은 밖으로 표현된 자연현상에서 계시를 받아 그것에 상응하는 조치를 취해야 한다는 것이다. 따라서 만약 자연 운행의 변화 법칙을 따르지 않으면 합리적인 정치 질서를 건설할 수 없게 된다. 추연의 역사관은 당시에 커다란 반향을 불러일으켰다.

춘추전국시대에는 역사 기술 방법도 크게 발전했다. 공자는『춘추』를 저술하면서 노나라 임금 재위 기간으로 연도를 편성하고 주나라 역법에 맞춰 시기와 달을 기록했다. 이는 초보적으로 시간, 장소, 인물, 사건 네 가지 요소를 결합하여 역사를 기술하는 태도라 할 수 있다. 이에 따라 연도[年], 시기[時], 달[月], 날짜[日]에 따라 사건을 기록하는 방법이 확립되었다.

『국어國語』는 총 21편 8부로 구성되어 있다. 「주어周語」3편, 「노어魯語」2편, 「제어齊語」1편, 「진어晉語」9편, 「정어鄭語」1편, 「초어楚語」2편, 「오어吳語」1편, 「월어越語」2편이 그것이다. 위로는 주 목왕穆王이 견융犬戎을 정벌하는 일(대략 기원전 967)에서 시작하여 아래로는 진晉나라 지백智伯이 멸망하는 사건(기원전 453)까지 약 500년간 주周, 노魯, 제齊, 진晉, 정鄭, 초楚, 오吳, 월越 여덟 나라 군신들이 모의한 계책의 득실을 기록했다. 이는 국가별 역사 기록 체제를 창안한 것이다. 특히『좌전』에서는 역사활동을 서술할 때 개략적 서술[槪述]과 직접 서술[直述] 방법을 활용하여 주요 역사 사건을 기록하면서 반드시 전후의 인과관계를 밝혔다. 사람들은 이로써 완전하고 명확한 인상을 받는다.

『좌전』에서 묘사한 전쟁 대목은 생동감 있고 다채로우며 웅장하고 격렬하여 직접 현장에 있는 듯한 느낌을 준다. 역사 인물을 묘사할 때는 정련된 문자로 그 인물의 성격을 매우 형상적으로 그려내 마치 살아 숨 쉬는 것처럼 느껴지게 한다. 이러한 묘사법은 후세 역사 서술에 심원한 영향을 미쳤다.

진·한시대에는 전국시대 추연이 제기한 오덕종시설이 가장 깊은 영향을 미쳤다. 오덕종시설은 진秦나라의 정치 생활 가운데서 중요한 역할을 담당했다. 진시황은 주나라 정권을 탈취한 후 수덕水德으로 화덕火德을 대체했다고 생각했다. 아울러 역법을 바꾸고 의복 색깔을 바꿨다. 즉 하력夏曆 10월을 정월로 정하고 의복과 깃발을 만들 때 모두 흑색을 숭상하게 했다. 동시에 옛 도성인 옹雍(지금의 산시성 평샹현 남쪽) 땅에서 백제白帝, 청제靑帝, 황제黃帝, 적제赤帝에게 제사를 올리며 자신이 역대 모든 제왕의 전통을 계승했다고 선포했다.

추연의 오덕종시설 이외에도 우리가 주목해야 할 역사관이 또 하나 있다. 그것은 바로 유가경전인『춘추공양전春秋公羊傳』에서 제기한 삼통설三統說이다.『공양전』은『춘추』의 주석서로 전설에 따르면 공자의 제자 자하子夏에서 비롯되었다고 한다. 나중에 공양고公羊高의 자손들이 그 학설을 대대로 전했고, 한 경제景帝 때에 이르러서야 공양수公羊壽와 호모생胡母生이 그들 스승의 학설을 죽백竹帛에 저술로 남겨서 마침내『공양전』이 정본화되었다.『공양전』의 인식에 따르면 공자가『춘추』로 노 은공隱公에서 노애공哀公까지 242년의 역사를 총괄할 때 역사 발전에 대한 기본 인식을 포함시켰다는 것이다. 그것은 바로 흑통黑統, 백통白統, 적통赤統이 서로 순환한다는 사상이다. 가장 뚜렷한 증거는 바로 위에 주나라 천자가 있는 상황에서 노나라를 역사 서술의 핵심으로 삼아, 노나라의 향배를 시시비비의 표준으로 삼고 있다는 사실이다.

이를 보더라도『춘추』가 실제로 노나라 역사를 기반으로 삼아 새로운 정치 이상을 표현했지만, 이러한 이상이 지난 역사 발전 단계와 아무 관계가 없지 않다는 사실을 알 수 있다. 즉『춘추』는 하나라 후예인 기杞나라, 상나라 후예인 송宋나라와 주나라 정치제도를 서술하면서 새로운 정치가 과거의 역사 전통을 취사선택한다는 사실을 설명하고 있다.

추연을 대표로 하는 오덕종시설과『공양전』을 대표로 하는 '삼통설'이 유행한 이후 이 둘의 관계를 어떻게 조화시킬지가 역사 이론 부문의 중요한 문제로 대두되었다. 오덕종시설은 오행 상극의 관계에 기대 배열된 역사 체계인데 여기에는 진秦나라 역사도 포함되어 있다. 즉 주나라는 화덕火德의 나라이고 오행설에서 수水가 화火를 이기므로 진나라가 수덕水德이 되며, 토土가 수水를 이기므로 한나라가 토덕土德에 상응한다는 것이다. 가의賈誼는 한나라가 진나라를 계승한 것은 토덕에 해당하므로 이에 맞는 한 가지 방안을 제정해야 한다고 했다. 즉 한나라는 색깔은 황색을 숭상하고, 숫자는 5를 쓰고, 역법은 정삭正朔을 고치고, 관직에서는 그 명칭을 새로 정해야 한다고 건의했다. 한 문제 때는 노魯 지방 사람 공손신公孫臣이 황룡이 출현할 것이라고 예언했는데, 오래지 않아 성기현成紀縣에서 과연 황룡이 나타나자 당시 사람들이 분분히 한나라는 토덕에 해당한다고 주장했다.

기원전 104년 한 무제는 정식으로 제도 개혁을 선포하고 역법을 새로 정하여 정월을 한 해의 첫째 달로 삼았으며, 의복 색깔은 황색을 숭상하게 하고, 숫자는 5를 존중하게 하여 관직명을 새긴 인장도 다섯 글자로 쓰게 했다. 이와 아울러 연호도 태초太初로 정하게 했다. 이에 따라 오덕종시설은 전한의 관방이 인정한 역사 이론이 되었다.

삼통설을 가장 두드러지게 발전시킨 인물은 바로 동중서다. 그는 주나라가 적통赤統이 되고 진나라는 삼통 가운데서 주나라 적통에 부속된 나라에 불과하므로 진나라가 주나라를 계승했지만 새로운 시작은 아니라고 인식했다. 따라서 진나라는 삼통의 범위에 들어가는 것은 아니므로 한나라가 흑통黑統에 해당한다는 것이다. 동중서의 인식에 따르면 모든 왕조는 새로 건국한 이후 반드시 이전 두 왕조의 후예를 제후왕으로 봉하여 자신의 영토 안에 두고 이전 각 왕조의 정삭과 의복 색깔을 계승하게 해야 하며, 새로운 황제는 반드시 거처를 옮기고 호칭을 바꾸며, 정삭을 갈고 의복 색깔에 변화를 줘야 한다는 것이다. 또 깃발과 건물 등도 바꿔야 하지만 사회의 기본제도는 바꿀 수 없다고 했다. 동중서는 다음과 같이 주장했다. "대저 나라의 큰 기강과 인륜, 도리, 정치, 교화, 습속, 문장의 의리는 모두 옛날과 같이해야 한다. 어찌 바꿀 수 있겠는가? 따라서 임금된 사람은 제도 개혁改制의 명분을 가질 수는 있지만 도道의 실질은 바꾸지 못한다."[694]

유향劉向과 유흠劉歆 부자는 한나라가 화덕에 해당한다는 사실을 인정한 바탕에서 추연이 제기한 오행상극의 순환 체계를 오행상생의 순환 체계로 바꿨다. 동시에 『역전易傳』에 나오는 "황제는 진방震方에서 출현한다(帝出乎震)"[695]라는 구절을 역사의 발생 기점으로 삼아 역사를 체계적으로 새롭게 배열했다. 유향 부자의 배열에 따르면 주나라는 목덕木德에 해당하고 목은 화를 살리므로(木生火) 한나라는 화덕에 해당한다. 그런데 진나라는 수덕으로 주나라와 한나라 사이에 끼어서 오행의 차례를 잃었으므로 나라를 오래 유지하지 못하고 단지 윤통閏統[696]에 그치게 되었다는 것이다.[697] 이러한 조정은 오행의 측면에서 삼통설의 일부 관점을 흡수한 것으로 삼통설에서 진나라를 배척하는 논조와 견해가 일치한다. 삼통설의 시각에서 보면 기존의 삼통설을 비교적 합리적으로 해석했다고 할 수 있다. 따라서 주나라는 흑통이고 한나라는 적통이라는 견해가 한나라 사회에서 보편적으로 받아들여졌다.

한대에 역사학이 발전함으로써 위에서 서술한 역사 이론이 출현했거니와 동시에 사마천과 반고라는 대역사가도 출현했다. 이 점이 더욱 중요하다. 이 두 사람은 이 시기의 역사 이론 성과를 충분히 흡수하고 아울러 통사와 단대사의 시각으로 사학 자체 이론을 풍부하게 했으며 또 그것을 발전시켰다.

사마천(기원전 135~기원전 86)은 전한 하양현夏陽縣(지금의 샤안시성 한청韓城) 사람이다. 그의 부친 사마담司馬談도 한 무제 건원建元, 원봉元封 연간에 태사령太史令을 지냈으며 천문, 역법과 황로黃老의 학설을 좋아했다. 사마천은 유년 시절에 고향에서 농사와 목축을 배웠고, 10세에 고문古文을 공부하기 시작했다. 20세에 천하를 주유하기 시작했고 나중에 낭중郎中 벼슬에 임명되었으며, 사신이 되어 서쪽 나라로 여행한 적도 있다. 원봉 3년(기원전 108) 그는 부친의 직위를 계승하여 태사령이 되었다. 이때부터 그는 황실 도서관의 자료를 정리하고 수집하며 역사를 쓰기 위한 준비에 착수했다. 태초太初 원년(기원전 104) 사마천은 태초력太初曆을 제정하는 업무에 참가함과 아울러 『사기』를 저술하기 시작했다. 6년 뒤 그는 이릉李陵을 변호하다가 옥에 갇혀 궁형宮刑을 당했다. 이후 그는 치욕을 참고 천고불후의 명작 『사기』를 완성했다.

『사기』는 「본기本紀」 12권, 「표表」 10권, 「서書」 8권, 「세가世家」 30권, 「열전列傳」 70권 등 모두 130권으로 이루어져 있다. 위로는 전설시대인 황제에서 시작하여 아래로는 한 무제까지 약 3,000년의 역사를 다뤘다. 사마천은 『사기』에서 인류 사회의 변화는 물론 자연계의 변화까지 기록했다. 『사기』에 기록된 지리의 범위를 보면 서쪽으로는 중앙아시아, 북쪽으로는 고비사막, 남쪽으로는 베트남에 이르렀다. 천지의 끝까지 이르고 고금을 두루 포괄한 완전한 역사 화첩이라 할 만하다. 인류 사회 각 부문의 예를 들면 정치, 경제, 문화, 과학기술, 교통, 민족, 종교, 풍속과 사회를 구성하는 각 계층 예를 들면 제왕, 장군, 재상, 관리, 학자, 협객, 점쟁이와 농민, 장인, 상인들이 모두 전면적으로 역사에 반영되었다.

사마천은 도의道義가 역사 발전에서 차지하는 역할을 중시했다. 그는 임금과 신하, 귀인과 천민을 막론하고 모두 도의를 지켜야 한다고 인식했다. 임금은 자신의 몸으로 올바른 법도를 만들고 덕으로써 백성을 교화해야 한다고 했다. 그는 진시황과 한 무제를 비교하여 임금의 도리를 제시했고 좋은 관리와 혹독한 관리를 비교하여 신하의 도리를 제시했다. 그는 주공周公이나 소하蕭何처럼 자기 장단점을 잘 알면서 백성에게 행복을 가져다주고 아울러 용감하게 자신을 희생하는 정치인을 찬양했다. 그는 또 하층사회의 협객을 다음과 같이 칭송했다.

"그의 말은 반드시 신의가 있고, 그의 행동은 반드시 결과가 있고, 이미 허락했으면 반드시 정성을 다해 행한다. 자신의 몸을 아끼지 않고 다른 사람의 액운과 곤경을 도와주러 간다. 생사존망의 일을 행하고도 자기 능력을 자랑하지 않고, 오히려 자신의 덕을 떠벌리는 걸 수치스럽게 생각한다.”[698]

그들은 우의와 신의를 중시하고 남을 돕는 걸 즐겁게 생각하면서 자신을 희생하여 이웃을 위한다. 자신이 한 말을 반드시 행하고 곤경 속에서 다른 사람을 구출한다. 강경하고 정직한 행동으로 정의를 넓게 행한다. 그러면서도 자랑하지 않고 보답을 바라지 않는다. 이런 사람들은 대부분 신분이 비천하고 대개 시골에 사는 평민들이다. 그러나 이들의 행동은 사회에 보탬이 되기 때문에 긍정할 만한 가치가 있다는 것이다.

『사기』에서는 또 인류 사회의 경제생활 규칙도 분석을 시도했다. 『사기』의 「평준서平準書」에는 한나라 초기 100여 년 동안의 재정과 경제발전 과정이 기록되어 있다. 사마천은 이 대목에서 상품과 화폐의 관계와 발전 상황 그리고 경제정책의 변화와 득실 상황을 중점적으로 서술했다. 『화식열전貨殖列傳』에는 장인匠人과 상인들이 재물을 축적한 사적을 기록했다. 「하거서河渠書」에는 농업 생산과 관계가 밀접한 수리水利 발전사를 기록하면서 우임금 이후 중국 전역의 수리 공사를 체계적으로 정리했다. 사마천은 농업, 광업, 수공업, 상업이 모두 인류 생활에 없어서는 안 될 생산활동이자 경제활동이고, 각각 자체적인 발전 규칙을 갖고 있다고 지적했다. 『사기』에서는 또 인류 사회의 예악문화도 분석하면서 인간의 정신 면모와 경제 상황은 밀접한 관련이 있다고 인식했다. 즉 “창고가 가득 차야 예절을 알고, 의식이 풍족해야 영욕을 안다”[699]라는 것이다.

특히 주의할 가치가 있는 것은 사마천이 춘추전국시대 이래로 인간이 자연계에 대해 탐구해온 인식 성과를 계승하고 발전시켜 자연의 역사와 인류의 역사가 맺고 있는 관계를 연구했다는 점이다. 그의 말을 빌리면 이것이 바로 '하늘과 사람 사이의 관계를 탐구하는 일(究天人之際)'이다. 사마천은 『사기』에서 「천관서天官書」, 「율서律書」, 「역서曆書」, 「하거서」, 「일자열전日者列傳」, 「귀책열전龜策列傳」 등을 전문적으로 개설하여 중요한 천문 변화와 지리 상황을 기재했다. 그는 인간이 생겨난 이래로 각 왕조의 군주들이 모두 해, 달, 별과 역수曆數의 변화에 관심을 집중한 중요한 원인은 바로 하늘의 현상이 정치의 호오好惡, 왕조의 교체, 사회의 흥망성쇠와 밀접한 관계가 있기 때문이라고 인식했다. 특히 해, 달, 항성 및 5대 행성의 운행은 인간만사와 더욱 밀접한 관계가 있다고 했다. 그는 자고이래로 하늘과 인간이 서로 감응한 규칙을 연구하고 시대의 변화를 깊이 탐구하여 현실 생활에 더욱 효과적인 지침을 마련하려 했다.

사마천은 역사를 연구할 때 사실을 추구해야 한다고 주장했다. 그는 전국시대와 진·한시대 이래로 학자들이 왕왕 『춘추』에 대한 억측에 근거하여 책을 쓰거나 학설을 내세운다고 지적했다. 그는 이에 이의를 제기했다. 그는 역사 사실을 취사선택할 때나 역사 인물을 논단할 때 모두 근엄하고 신중한 태도를 견지하면서 '그중에서 언어가 더욱 전아한 것을 선택한다(擇其言尤雅者)'는 원칙을 관철했다.

'천하에 흩어져버린 옛 소문을 두루 모으기 위해(網羅天下放失舊聞)' 그는 20세부터 전국을 유람하며 현지를 답사했다. 그는 장강과 회수로 간 적도 있고 강릉에서 강을 건너 장사에 도착해 굴원을 조문하기도 했다. 원수沅水와 상수湘水를 거쳐 구의九嶷로 가서 순 임금의 장지와 사적을 고찰했다. 북으로는 여산廬山에 올라 우 임금이 구강九江을 소통시킨 전설을 탐구했다. 월 땅에서 오 땅으로 가서 고소산姑蘇山에 올라 오호五湖를 조망하고, 춘신군春申君의 옛 성과 궁궐을 관람했다. 다시 장강을 건너 회음淮陰으로 가서 한신韓信에 관한 사실과 소문을 채집했다. 머문 기간이 가장 길었던 곳은 곡부曲阜와 임치臨淄였다. 그는 그곳에서 "공자의 사당, 수레와 의복, 예기禮器를 관람했다."[700] 또 "옛 대량의 유허지로 간 적도 있다."[701] 이런 유람에서 그는 역사를 더욱 깊이 이해하게 되었다. 『사기』에 기록된 역사 자료는 사마천이 직접 수집한 것이 많다.

『사기』는 후세 사학자들에게 「본기」, 「세가」, 「열전」, 「서」, 「표」라는 사학 체례를 창조해줬다. 이 중에서 「본기」는 만사를 총괄하는 중추 기록인데 연도에 따라 제왕의 행사, 조칙과 명령, 삼공 임명과 면직, 재상 등용과 파직, 제후의 사망과 형벌, 외교와 조공, 길흉과 변고를 간략하고 엄격하게 기록하는 데 주안점을 두어 역사 기록의 요강要綱 역할을 하게 했다. 「표」는 연도를 날줄로 삼고 나랏일을 씨줄로 삼아 사건 위주로 기록하기도 하고 시대 위주로 기록하기도 했다. 연대가 길면 세표世表(세대 연표)를 쓰고 짧으면 연표年表와 월표月表를 쓰기도 했다. 「서」는 국가의 큰 정령과 법령에 대한 기록이다. 군현의 설치와 변경, 관제官制의 창설과 폐지, 형법의 경중, 호구의 등재와 탈락, 경제의 번영과 쇠퇴, 예악과 풍속의 변천, 병력의 주둔과 철수, 수리시설의 개통과 폐쇄, 일식과 성변星變 등을 사건의 종류와 순서에 따라 나열하고 그 시말이 모두 드러나게 했다. 「세가」와 「열전」에서는 각각 제후국과 인물을 기록했다. 이 인물들은 역사에 일정한 영향을 미친 사람들이다. 청대 조익趙翼은 『22사 차기廿二史箚記』에서 이렇게 말했다. "이로부터 역사의 체례가 한번 정해지자 역대 역사 저술자들이 그 범위를 넘어설 수 없게 되었으니 진실로 역사가들의 지극한 법도라 할 수 있다."[702] 이에『사기』는 후대 정사의 모범이 되었다.

반고班固는 자가 맹견孟堅으로 부풍扶風 안릉安陵(지금의 산시성 셴양시 동쪽) 사람이다. 그의 부친 반표班彪(3~54)는 자가 숙피叔皮로 후한 광무제 때의 저명한 유학자였다. 그는 역사책 저술에 전념하여『태사공서후전太史公書後傳』수십 편을 지었다. 반표가 세상을 떠난 후 반고는 부친의 역사 저작이 상세하지 않다고 여기고 마침내 부친의 사업을 완성하는 일에 착수했다. 영평永平 5년(62) 어떤 사람이 명제에게 반고가 사사롭게 국사를 고친다고 상소문을 올렸다. 반고는 체포되어 옥에 갇혔으나 명제가 그의 집에 있던 역사 저술 원고를 보고는 오히려 그를 난대영사蘭臺令史에 임명하고『세조본기世祖本紀』저술에 참여하여 황실의 서적을 교감하게 했다. 나중에 황제의 조칙을 받들어『한서』저술을 계속했다. 그는 이때부터 20여 년 동안 저술에 침잠하여 마침내 건초建初(76~84) 연간에『한서』초고를 완성했다. 화제和帝 영원永元 원년(89) 중호군中護軍이 되어 거기장군 두헌竇憲을 따라 북흉노 정벌에 참전했다. 영원 4년 두헌은 외척으로 전횡하다가 화제의 명령으로 자결했고, 이때 반고도 체포되어 옥중에서 죽었다.『한서』원고는 흩어졌고 아직도 8표表와「천문지天文志」는 완성되지 못한 상태였다. 나중에 반소班昭와 마속馬續이 이를 보충했다.

『한서』는 모두 100편인데,「본기」12편,「표」8편,「지志」10편,「열전」70편으로 구성되어 있다. 후인들은 각 편의 길이에 따라 상, 하 또는 상, 중, 하로 나누어 모두 120권으로 편집했다. 전체 글자 수는 80만 자에 달한다. 한 고조 유방 원년(기원전 206)에서 시작하여 왕망 지황地皇 4년(23)에서 기록을 마쳤으므로 모두 230년 역사가 포함되어 있다. 전한 일대와 단명한 왕망 정권 역사를 모두 포괄했다. 기전체 단대사 저술의 선례를 남겼다.

『한서』는 역사 기록의 새로운 영역을 개척하여 사학의 범위를 확대했다. 특히 『한서』의 「지」 10편은 『사기』의 「서」 8편을 바탕으로 범위를 확장한 것이다. 반고는 『사기』의 「율서律書」와 「역서曆書」를 「율력지律曆志」로 합쳤고, 「예서禮書」와 「악서樂書」를 「예악지禮樂志」로 합쳤다. 또 「평준서」를 「식화지」로, 「봉선서封禪書」를 「교사지郊祀志」로, 「천관지」를 「천문지」로, 「하거서」를 「구혁지溝洫志」 바꿨다. 이 밖에도 「형법지刑法志」, 「오행지五行志」, 「지리지地理志」, 「예문지艺文志」를 새롭게 보탰다. 이 중 「지리지」는 행정구역을 주요 대상으로 삼은 중국 최초의 전문 지리서에 해당한다. 여기에서는 한나라 이전의 지리 연혁을 기록하면서 『상서』 「우공禹貢」의 구주九州와 『주례周禮』 「직방씨職方氏」의 구주를 중점적으로 서술했다. 또 전한의 지리를 군국郡國 중심으로 기록하고 본문에 주석을 다는 형식으로 전한 행정구역의 범위, 산천과 명승지, 호구와 물산, 풍속과 습관을 서술했다. 『예문지』에서는 유흠의 『칠략七略』을 근거로 한나라 이전의 도서 편찬 상황과 도서목록을 기록했다. 이는 학술가치가 지극히 높은 초보적 학술사라고 할 수 있다.

역사서 체제 부문에서도 『한서』는 훌륭한 공헌을 했다. 『한서』는 한 시대만 다룬 단대사로 『사기』의 「세가」를 취소하고 「열전」에 편입했으며 「서」를 「지」로 바꿨다. 전체 100편 중 「본기」 5편, 「표」 6편, 「지」 3편, 「열전」 40편 등 54편은 『사기』를 바탕으로 완성했지만 좀 더 체제를 보충하면서 조정했다. 예를 들면 『한서』 「식화지」는 대부분 『사기』 「평준서」를 모범으로 삼았다. 그러나「평준서」는 한나라 초기에서 한 무제 시기까지의 경제제도를 서술하는 데 그쳤지만「식화지」는 신농씨神農氏에서 왕망 말년까지의 역대 경제제도를 모두 서술했고, 그중에는「사기」에 누락된 토지제도와 관련된 기록도 있다.『한서』는 변방 소수민족과 이웃 나라 역사에 대한 기록도『사기』보다 더 구체적이다.

반고는『사기』「대완열전大宛列傳」을「서역전西域傳」으로 개편하여 서역 몇십 개 국가의 역사, 한나라와 서역의 정치적 왕래, 경제적·문화적 교류의 역사를 서술했다. 또 안식安息, 대월지大月氏, 대하大夏, 조지條支 등 중앙아시아와 서아시아 국가의 역사도 기록했다. 그는 또『사기』에서는 부차적 인물로 기재된 혜제惠帝, 왕릉王陵, 장건張騫, 동중서 등의 인물을 독립시켜 상세한 기록을 추가했지만「골계열전滑稽列傳」, 일자열전日者列傳」,「귀책열전龜策列傳」은 폐지했다. 이러한 사례는 반고가 기전체 역사 체제를 더욱 보충하고 풍성하게 했다는 사실을 알려준다.

양한시대에는『사기』와『한서』이외에도 동한 조정에서 기전체 국사『동관한기東觀漢記』도 편찬했다. 당나라 유지기劉知幾의『사통史通』「고금정사古今正史」에 따르면『동관한기』의 편찬 과정은 다음과 같다. 명제가 처음에 반고에게 조칙을 내려「세조본기世祖本紀」와 공신전 및 신시병新市兵,[703] 평림병平林兵,[704] 공손술公孫述과 관계된 일을 편찬하여「열전」과「재기載記」모두 28편을 지으라고 했다. 반고 등은「세조본기」와 28편의「열전」과「재기」를 완성한 이후 유진劉珍, 복무기伏無忌, 채옹蔡邕 등의 계속된 노력에 힘입어 마침내 동탁이 변란을 일으키기 전에 위로는 광무제에서 아래로는 영제에 이르는 역사서인『동관한기』를 편찬했다.『동관한기』는 규모가 방대하고 자료가 풍부하여 삼국시대와 양진시대에 동한 관련 주요 역사서로 인정되면서『사기』, 『한서』와 함께 '삼사三史'로 병칭되었다.

한 헌제시대에는 편년체 역사서『한기漢紀』도 지어졌다. 헌제는 역사 서적을 좋아했지만『한서』의 문장이 너무 방대함을 고심하다가 건안 3년 (198) 조칙을 내려 순열荀悅(148~209)에게『좌전』의 체제에 의거하여『한 서』를 개편하라고 했다. 순열은 3년의 시간을 들여『한기』 30권, 15만 자를 편찬했다. 이는『한서』의 5분의 1에 불과하다.『한기』의 주요 공헌은 역사서의 편년 체제를 더욱 풍요롭게 했다는 점이다. 편년체는『춘추』와『좌 전』이후 순열의『한기』 편찬에 힘입어 새로운 발전을 선보였다.

종합해보면 한대의 역사학은 풍부한 역사이론을 생산했을 뿐 아니라 역사학 자체의 요구에 따라 역사를 주체적으로 연구하고 기록하는 방식에서도 모두 장족의 발전을 이뤘다.

③ 위·진시대에서 수·당시대까지 역사학의 발전

위·진시대에서 수·당시대까지 중국의 사학은 이전 역사학 발전의 기초 위에서 더욱 진전된 모습을 보였다. 먼저 역사관이 한 걸음 더 발전했다. 이 시기에는 신학사관을 비판하며 자연과 인류 사회의 관계에 대한 이해에서도 진보적인 견해가 나타났다. 수·당시대에는 고대 역법에 획기적인 변화가 일어났다. 수나라 유작劉焯의『황극력皇極曆』과 장주현張冑玄의『대업력大業曆』, 당나라 승僧 일행一行의『대연력大衍曆』에서는 세차歲差를 고려했을 뿐 아니라 수리數理를 이용하여 비교적 정확하게 세차값을 추리해냈고 항성 위치의 이동 현상도 탐구했다. 새로운 역법의 출현으로 당시 연·월·일·시의 확정치가 상대적으로 정확해졌고, 일식과 월식과 같은 천문현상에 대한 예측치도 이전보다 훨씬 정확해졌다.

상술한 역법으로 고대 천문 현상을 거슬러 살펴보면 본래 비정상으로 여겨지던 천문현상도 합리적으로 해석할 수 있다. 이러한 배경 아래 유지기(661~721)는 『사통』「채찬采撰」에서 신학사학을 귀납하여 네 가지로 분류했다. 첫째, 참위讖緯와 미신迷信을 역사에 편입하는 것이다. 둘째, 방술가方術家의 기이한 일을 역사에 편입하는 것이다. 셋째, 신기한 옛날이야기를 역사에 편입하는 것이다. 넷째, 음양가의 재난에 관한 학설을 역사에 편입하는 것이다. 그는 상서로운 조짐이나 참위설을 반대하고 이성적 태도를 견지하면서 자연현상이 인류 역사에 미치는 영향을 객관적으로 연구해야 한다고 주장했다.

유종원柳宗元(773~819)과 유우석劉禹錫(772~842)은 철학적인 시각으로 하늘과 사람의 관계를 탐구했다. 유종원은 자연계는 의지가 없고 사회의 치란治亂은 인간의 일일 뿐이므로 자연현상과 인간만사는 서로 간섭하지 않는다고 지적하면서 "성인의 도는 기이한 것을 탐구하여 신령하다고 생각하지 않으며 자연현상을 끌어들여 고귀하다고 생각하지 않는다. 다만 인간에게 이로운 일만 고려하고 실제 일에 맞추어 대비할 뿐이다"[705]라고 주장했다. 유우석은 유종원의 관점을 보충했다. 그는 자연과 인간은 물질적 기초에서는 통일되어 있지만 자연계와 인간계는 각각 자체적인 직능과 규칙을 갖고 있다고 지적했다. 자연계의 직능은 '만물을 살리는(生萬物)' 것이고, 인간계는 예법제도에 따라 규정된 시비是非 관념을 이용하여 사회질서를 유지한다는 것이다.

그의 주장은 이렇다. "하늘의 도는 생장과 번식에 있고 그 쓰임은 강약에 있다. 인간의 도는 법제에 있고 그 쓰임은 시시비비에 있다."[706] 그는 또 하늘과 사람 사이에는 차이가 있기 때문에 하늘과 인간은 서로 간여하지 않는 관계이며, "하늘이 할 수 있는 것을 인간은 본래 할 수 없고, 인간이 할 수 있는 것을 하늘도 할 수 없는 것이 있다"[707]라고 지적했다. 왜냐하면 객관적인 존재란 상호작용하므로 하늘과 인간도 서로서로 이기기도 하고 쓰임을 갖고 오기도 한다는 것이다. 사회의 법제가 분명하게 시행되면 시비가 명확해지고 상벌도 엄정해지면서 사람들은 재앙과 행복의 원인을 이해하게 된다. 이때에 이르러 '시비'를 규범으로 삼는 인간의 다스림(人理)이 '강약'을 준칙으로 삼는 '하늘의 다스림(天理)'을 극복하게 된다. 이와 반대의 일이 벌어져 법제가 파괴되고, 시비가 전도되고, 상벌이 어지러워지면 사람들은 자신의 운명을 파악할 방법이 없어져 쉽게 종교와 미신에 빠져든다. 이와 같은 견해는 자연계와 인류 사회의 상호 관계를 정확하게 이해하는 측면에서 지극히 심원한 의미를 담고 있다.

이 시기 인류 역사에 대한 탐구는 역사 인물의 개인 운명에 편중되어 있었다. 일찍이 선진시대에 맹자는 인간의 도덕적 본성과 도덕적 능력으로 살펴볼 때 인간은 외부의 속박을 받지 않고도 고도의 도덕적 경지에 도달할 수 있다고 지적했다. 맹자의 논리 내면에 숙명론의 요소는 없지만, 인간이 사회에서 좋은 기회를 만났을 때 자신의 도덕적 이상을 그 사회에 실현할 수 있는가 하는 측면에서는 '운명[命]'이란 존재가 내포되어 있다. 맹자의 인식에 따르면 이상적인 군자는 바로 현실 정치 생활의 여러 경우를 잘 다루는 사람이라고 한다. 유가의 운명론은 일정 정도 사회 역사의 모순 현상을 반영한 이론이다. 어떤 시기의 정치적·문화적 상황에서는 왕왕 수준 높은 도덕과 이성을 갖춘 사람들이 보통 사람들보다 더욱 심한 고난을 당한다. 이에 비해 도덕과 이상이 부족한 인물들은 오히려 늘 엄청난 영예를 누리기도 한다. 이 때문에 설령 역사의 객관적 본질이 이성과 도덕이라 하더라도 인간이 살아가는 사회에는 여전히 이해할 수 없는 우연성이 충만해 있다.

위·진시대에 사람들은 역사 인물의 운명에 관심을 기울이면서 생명이란 가장 고귀한 것이므로 공로, 명성, 이익, 녹봉 그리고 도덕적 추구보다 더욱 높은 가치가 있다고 인식했다. 인간의 생활환경과 역사과정에는 운명의 요소가 존재하므로 인간이 일종의 자유 심경을 견지하는 것이 가장 중요하다는 것이다. 이 무렵 불교는 중국으로 전해진 후 고유의 감응론에 섞여 들어가 삼세감응론三世感應論을 제기하면서 전통적 운명론을 극단으로까지 끌어올렸다. 불교의 인식에 따르면 선행에는 선한 보답을 받고 악행에는 악한 보답을 받을 뿐 아니라 이러한 보응은 육도윤회六道輪回의 현상세계 속에서 끝까지 진행된다고 한다. 즉 보응은 인간의 전생, 현생, 내세에까지 두루 미치며 또 인간과 기타 동식물 내지 귀신 세계에까지 널리 연관된다는 것이다. 이러한 보응론에 의거하여 당시 사람들은 한편으로 현세의 인간 생활을 납득할 수 있게 되었다. 말하자면 개인이 현실 생활에서 당면하는 여러 처지는 그의 '업보'에 대한 보응이라는 것이다. 또 다른 한편으로 사람들은 이런 보응론에 입각하여 개인으로 구성된 사회질서도 합리적으로 해석할 수 있게 되었다. 즉 현실 속의 정치질서는 상이한 개체가 공동으로 조성한 업보의 보응이라는 것이다. 불교의 보응론은 표면적으로 역사의 우연성을 설득력 있게 해석한 이론이지만 실제로는 이를 극단으로까지 발전시킨 이론이다. 이 보응론은 당시 역사학 주석 작업에도 일정한 영향을 미쳤다.

이 시기 역사학은 경학의 부속 지위에서 벗어나 독립 학문으로 변화하기 시작했다. 전국시대 이전에는 역사학이 단독으로 학문을 이룬 적이 없다. 진·한시대에『사기』가 출현함으로써 중국 사학이 초보적으로 형성되었음을 알렸다. 그러나 반고는『한서』「예문지」에서 사학 저작을 경서목록인「육예략六藝略」'춘추가春秋家' 뒤에 배열했다. 위진남북조시대에는 경학이 쇠퇴하여 사학의 지위가 높아지면서 학술 영역에서 독립 학문으로 자리 잡게 되었다. '사학'이란 말은 석륵石勒이 조왕趙王을 칭할 때 처음 사용했다. 동진 원제元帝 대흥大興 2년(319) 석륵은 임파任播와 최준崔浚을 '사학좨주史學祭酒'로 임명하여 역사 지식을 전수하게 했다. 유송劉宋 문제文帝는 원가元嘉 15년(438)에 유학儒學, 현학玄學, 문학文學, 사학史學 네 학관을 설치하고 저작좌랑著作佐郎 하승천何承天에게 사학을 주관하게 했다.

송나라 말기와 제나라 초기에는 총명관總明觀을 개설하고 그 안에 현학, 유학, 문학, 사학 네 과를 두었다. 각 과에는 학사 10명을 임명하여 자신이 맡은 학문을 전문적으로 연구하게 했다. 사학이 비록 말석에 자리 잡고 있지만 마침내 독립된 학문으로 중시되었음을 알 수 있다. 당시 목록학 상황을 보면 서진의 비서감秘書監 순욱荀勖은『중경신부中經新簿』를 편찬하면서 갑甲·을乙·병丙·정丁 네 부로 여러 서적을 총괄하고 역사책을 한 부로 독립시켜 병부에 속하게 했다. 동진의 이충李充도 여러 서적을 교감한 뒤 그것을 사부四部로 분류했고, 사부史部를 경부經部 다음인 두 번째 위치까지 끌어올렸다.

사학의 독립은 특히 사학 자체에 대한 반성에 잘 표현되어 있다. 당나라 유지기의『사통』이 이러한 반성의 전형적 결과물이다. 유지기는 자가 자현子玄으로 당나라 팽성彭城(지금의 장쑤성 쉬저우徐州) 사람이다. 그는 어려서부터 역사서를 좋아했고, 11세에『좌전』을 완독했으며, 17세 이전에 이미『사기』,『한서』,『삼국지』등 한나라 이래의 각 역사학 서적과 당나라 역대 실록을 두루 읽었다. 무측천 장안長安 2년(702)에 42세가 된 유지기는 22년간의 벼슬살이를 거친 후 정식으로 사관에 임명되었고, 이에 발분하여『사통』을 지었다.『사통』은 논술의 범위가 매우 광범위하다. 예를 들면 사관史官 원류, 사서 체제, 사서 평론, 사학 방법, 사학 수양, 사학 감별 부문에 모두 전문적인 편장을 마련하여 토론을 진행했다. 유지기는『사통』에서 각종 역사서의 체제에서 각 체제의 어떤 부분까지도 모두 논평을 가한 후 '육가이체六家二體'로 개괄했다. 육가란『상서』가,『춘추』가,『좌전』가,『국어』가,『사기』가,『한서』가를 가리키고, 이체란 기전체와 편년체를 가리킨다.『춘추』와『좌전』은 편년체에 속하고,『사기』는 통사 체제를 열었으며,『한서』는 단대사의 비조가 되었다. 또『좌전』은 연도로 구분을 했고『국어』는 나라별로 내용을 분류했다.

정사의 각 체제는 첫째 본기, 둘째 세가, 셋째 열전, 넷째 표력表曆, 다섯째 서지書志, 여섯째 논찬論贊, 일곱째 서례序例로 나뉘는데 유지기는 편마다 토론을 덧붙였다. 이 때문에『사통』전체를 종합적으로 살펴보면 사관, 정사, 육가, 이체 네 편에 가장 풍부한 내용이 담겨 있다. 유지기는『사통』에서 사학 체제, 사학 방법, 사학 원류源流를 연구해 각종 체제의 장단점을 밝히려고 했다. 유지기는 이렇게 해야만 사학 저술의 기본 품격을 갖출 수 있다고 인식했다. 유지기는 또『사통』의「식감識鑑」편에서 사식史識(역사 인식)에 대해 전문적으로 토론했다. 그는 "인식에는 열린 의견과 닫힌 의견이 있고, 정신에는 어두움과 밝음이 있다. 영욕이 이 때문에 달라지고, 애증이 이 때문에 나뉜다(識有通塞, 神有晦明, 毁譽以之不同, 愛憎由其各異)"라고 주장했다.

역사가의 가치 표준은 역사 저술에 매우 중요한 영향을 미친다. 어떤 역사가에게도 어쩔 수 없이 몇 가지 한계가 있을 수밖에 없지만 유지기는 역사가가 적어도 공자가 정리한『육경六經』의 윤리와 도덕정신을 깨달아 상대적으로 객관적 시비 표준을 가져야 한다고 인식했다. 그는 또『육경』의 도덕정신을 사학 영역에 구현해야 한다고 인식하면서 마치 좌구명左丘明처럼 먼저 역사의 진실을 증명하고 유지해야 한다고 생각했다. 이어서 유지기는『춘추』저작이 높은 사람을 위해 사실을 꺼리고 친한 사람을 위해 사실을 감췄기 때문에 역사가 진실을 전해야 한다는 태도에서 비교적 멀어지게 되었다고 말했다. 그러나『좌전』은 역사적 사실을 상세하게 기록했다.

유지기는 또『혹경惑經』과『신좌申左』라는 저작에서 사학의 진실성에 더욱 수준 높은 요구를 제기했다. 아울러 유지기는 역사가는 반드시 사재史才, 사학史學, 사식史識 세 가지 조건을 갖춰야 사관직을 감당할 수 있을 것이라고 주장했다. 이른바 사재는 역사 자료를 수집하고 감별하고 총괄하는 능력이다. 이른바 사학은 박학다식한 역사 지식과 사학 분야에 대한 이해를 가리킨다. 이른바 사식은 역사 사실과 역사 인물의 시시비비에 대한 관찰, 감별, 판단력을 가리킨다.

위·진에서 수·당에 이르는 시기에도 중국의 고대 사학 방법은 더욱 진일보한 발전을 이뤘다. 이 시기 사학 방법의 발전은 다음과 같은 몇 가지 부문에 잘 표현되어 있다.

첫째, 사관의 직책과 분업이 더욱 세밀하고 명확해졌다. 위·진시대부터 전문적인 사관이 설치되기 시작했다. 유지기의『사통』「사관건치史官建置」의 기록에 따르면 진晉나라 때는 기거주기起居注記[708]와 역사 저술이 아직 분리되지 않아서 저작랑이 기거주관起居注官을 동시에 맡았지만 북위北魏에 이르러 비로소 저작랑과 별도로 기거영사起居令史직을 설치하여 임금이 연회를 열 때마다 그 좌우에서 임금의 발언과 빈객의 응대를 기록했다. 이 제도는 나중에 기거주 2인을 두는 것으로 바뀌었고, 대부분 기타 관리들이 겸직하게 했다. 이후 비록 기주記注[709]와 저술을 맡은 관직을 달리 부르기는 했지만 기주 담당자는 기주만 관장하고 기거주는 전문 사관이 저술을 맡았으므로 사관직이 저술직으로 방향이 바뀌었다. 이로써 관에서 정사를 편찬하는 제도가 생겨났다.

후한의 사관이『동관한기』를 편찬한 전통을 계승하여 심약沈約,[710] 소자현蕭子顯,[711] 위수魏收[712]는 황제의 조칙을 받들어 사서를 편찬했다. 당 태종은 천하를 평정한 이후 사관에게 명하여『진서晉書』를 편찬하게 했으며, 조칙을 내려 양梁, 진陳, 제齊, 주周, 수隋 다섯 나라의 역사를 저술하게 하여 역사 편찬의 큰 국면을 열었다. 이후 역대 사관들은 모두 이러한 법도를 본받았다. 사관의 저술 능력이 강화되자 사료의 완전성을 더 엄격히 요구하게 되었다. 이에 사관들은 황제 중심의 정치, 경제, 문화, 군사 활동을 상세하게 기록하는 일 이외에 정치적 역량에 의지하여 제도를 만든 후 정부 각 부서의 문헌도 모두 정리해 사관에게 제출하라고 요구했다. 사료의 수집과 보관에서도 오랜 기간의 실천과 경험 축적에 힘입어 수·당시대에 법률 규정이 약간 이루어졌다.

둘째, 사료史料의 분류도 더욱 과학화되었다. 문헌 수집과 보관 제도가 개선되었기 때문에 위진남북조에서 명나라 말기까지 사관이 다루는 사료의 범위도 갈수록 더욱 넓어졌다. 불교, 도교 등과 관련된 문화 현상이 나날이 증가하고 지하 문물 자료도 끊임없이 출토됨에 따라 이 시기 사가史家들은 사료를 어떻게 합리적으로 분류할지 다양한 의견을 제시했다. 진나라 순욱은 위나라 정묵鄭默이 정리한 국가 도서목록『중경부中經簿』를 바탕으로『신부新簿』를 저술하여 모든 서적을 사부四部로 분류했다. 갑부甲部에는 육예六藝(六經)와 소학小學(文字學)을 수록했고 을부乙部에는 제자諸子, 병법, 술수術數(점술, 방술方術)를 수록했으며 병부丙部에는 역사서, 옛이야기[舊事]를 수록했고 정부丁部에는 시詩, 부賦, 도찬圖贊을 수록했다. 동진 초에 이충李充은 이 분류에 근거하여 도서를 정리했다. 남조 송나라 원가元嘉(424~453) 연간에 사령운은『사부목록四部目錄』을 편찬했고, 원휘元徽(473~477) 연간에 왕검王儉은『사부서목四部書目』과『칠지七志』를 지었다.『칠지』의 분류는 다음과 같다.

1. 경전지經典志, 2. 제자지諸子志, 3. 문한지文翰志, 4. 군서軍書, 5. 음양陰陽, 6. 술예術藝, 7. 도보圖譜. 아울러 불교와 도교 서적 목록도 부록으로

들어 있다. 양나라 때는 완효서阮孝緖가 모든 도서를 『칠록七錄』으로 분류했다. 1. 경전, 2. 기전紀傳, 3. 자병子兵, 4. 문집文集, 5. 기술技術, 6. 불佛, 7. 도道.

『수서』「경적지經籍志」에서는 다시 사부 즉 경부經部, 사부史部, 자부子部, 집부集部로 분류했다. 이 분류법은 후대 도서 분류의 공통 표준으로 자리잡았다. 이 중 사부史部는 다시 정사류正史類, 고사류古史類, 잡사류雜史類, 패사류霸史類, 기거주류起居注類, 구사류舊事類, 직관류職官類, 의주류儀注類, 형법류刑法類, 잡전류雜傳類, 지리류地理類, 보계류譜系類, 부록류簿錄類의 13류로 분류되었다.

셋째, 사료의 진위 판별과 감별에서도 위·진에서 수·당에 이르는 기간에 초보적인 사료 고증법이 형성되었다. 위진남북조시대에 사서의 오류를 바로잡은 고증 관련 저작이 나타났다. 삼국시대 촉나라 사학자 초주譙周는 자신의 저작 『고사거古史據』에서 『사기』의 오류를 교정했다. 그가 고증한 내용에는 문자, 씨족, 성씨, 인물, 역사 사건이 망라되어 있다. 동진 사학자 손성孫盛은 『이동평異同評』을 지어 역사 사건의 연대를 정정하고 역사 기록의 오류를 판별했다. 남조 송나라의 배송지裴松之는 『삼국지주三國志注』에서 여러 가지 상이한 역사 기록을 인용하여 『삼국지』의 오류를 분석했다. 북위의 역도원酈道元은 『수경주水經注』를 지을 때 자신이 만리장성 이남과 진령秦嶺 이북 지역의 산천을 직접 답사해본 경험과 사회적 실천으로 얻은 지식에 의지하여 문헌 기록의 정확성 여부를 검증했다. 상술한 사학자들은 자기 저작을 통해 문헌 사료를 검증하는 과정에서 모두 서로 정도는 다르지만 본증本證(본래의 증거), 타증他證(다른 증거), 이증理證

(논리적 증거) 등의 기교와 방법을 운용했다. 고증은 역사 연구 과정에서 반드시 필요한 학문 방법으로 수·당시대에 이르러 더욱더 역사가들의 중시를 받았다. 유지기는 『사통』에서 고증 방법을 이용하여 역사 기록에 오류가 발생한 원인을 밝혔다. 유종원도 고증 작업에 뛰어났다. 그는 『열자列子』, 『문자文子』, 『갈관자鶡冠子』, 『항창자亢倉子』, 『안자晏子』 등의 전적을 고찰할 때 사상과 내용 면에서 문헌이 생산된 시대 및 위작 흔적을 중점적으로 검토했다.

넷째, 이 시기에는 사학 저술 체제와 방법도 나날이 복잡해졌다. 24사 중 『후한서』, 『삼국지』, 『진서晉書』, 『위서』, 『송서』, 『남제서』, 『양서』, 『진서陳書』, 『북제서』, 『주서周書』, 『수서』, 『남사』, 『북사』 13종의 사서가 위진남북조시대에 완성되었다. 여기에 오대 후진後晉시대에 관에서 편찬한 『구당서舊唐書』를 보태면 모두 14종에 달한다. 이 시기에 나온 사서를 보면 역대 기전체 정사 외에도 편년체, 전지체典志體,[713] 회요체會要體[714] 등이 있다. 또 본래의 사학 기록과 저술 방법도 충분하게 발전해 각각 정도는 서로 다르지만 계속해서 완벽을 향한 노력을 그치지 않았다.

④ 송 · 원 · 명 시기의 사학

송·원·명 시기에 중국 사학은 또다시 새롭게 발전했다. 먼저 역사의 본질을 인식하는 부문에서 현학과 불학을 비평하면서 역사의 본질은 인륜 도덕과 이성 정신을 견지하는 것이라고 더욱 명확한 태도를 보였다. 북송의 주돈이周敦頤, 장재張載, 정호程顥, 주희朱熹를 대표로 하는 성리학자들은 이론적인 면에서 체계적으로 현학과 불학을 비판하고 천도나 천리야말로 자연과 인류 사회의 진정한 본질이며 또 그것이 유가에서 이상화한 윤리도덕의 의식과 질서라고 결론지었다. 성리학자들의 인식에 따르면 역사에는 확실히 우여곡절이 많고 역사 인물 개인의 처지로 보더라도 각자의 영광과 치욕, 장수와 요절에는 얼마간 우연성이 불가피하게 개입될 수밖에 없다고 한다.

그들은 심지어 인간 각자의 기품氣稟이 다르다는 논리로 역사의 우연성에 대해 좀 더 진전된 설명을 했다. 즉 인간은 각각 타고난 기질이 맑은 사람도 있고 탁한 사람도 있으며, 치밀한 사람도 있고 성근 사람도 있기 때문에 개인의 생존 상태도 천지의 기氣가 운행하는 과정 속에 이미 배정되어 있다는 것이다. 따라서 개인의 처지와 사회생활 속 개인의 구체적 위치도 모두 필연적이어서 어떤 변화도 있을 수 없다. '성정[性分]'도 개인이 천리의 흐름 속에서 얻어내는 윤리도덕의 잠재능력이라는 면에서는 어떤 제한도 받지 않는다. 중요한 것은 '성정'에 기대서 '운명[命分]'을 인식함과 아울러 그 운명의 한계를 활달하게 이해하고 넘어서야 한다는 것이다. 역사 과정에서 살펴보면 정치의 잘잘못은 완전히 인간의 노력 여부로 결정된다. 이 시기 역사학자들은 개인의 도덕 능력과 이성 능력 그리고 개인의 생존 상황을 구분하고 개인의 운명과 전체 사회의 정치적 운명을 구분하여 사회 속 정치는 인사人事에 입각하여 이해해야 한다고 밝혔다. 이는 역사의 내적 법칙을 깊이 있게 사색한 결과였다.

이 시기 사람들은 도덕과 인륜이 역사 속에서 차지하는 지위를 지나치게 강조했기 때문에 마침내 그것에 대해 거의 종교적 신념을 갖게 되었다. 그것이 사학 영역에서 전형적으로 표현된 것이 바로 새로운 정통론이다. 이른바 정통이란 합리적인 역사 질서를 의미한다. 선진시대와 양한시대에 출현한 추연의 오덕종시설이 바로 이러한 역사 질서를 대표한다. 즉 오직 오덕五德(五行)에 따라 계승된 왕조만이 정통이며 오덕의 운행 과정에서 정확한 지위를 찾을 수 없는 왕조는 '윤위閏位'에 불과하다는 것이다. 위진남북조시대에는 정치적 분열과 정치적 견해가 각각 달랐기 때문에 '정위正位'와 '윤위'를 판별하려는 시도가 수시로 나타났다. 심약은『송서』에서 북위를 '변발을 한 오랑캐(索虜)'로 배척했지만, 위수는『위서』에서 남조를 '섬나라 오랑캐(島夷)'라고 손가락질했다. 진수陳壽는『삼국지』에서 위를 정통으로 삼고 촉과 오를 가짜 왕조라고 했다. 그러나 습착치習鑿齒는『한진춘추漢晉春秋』에서 촉을 정통으로 삼고 위를 가짜 왕조로 배척했다.

송대에 구양수, 사마광, 주희 등은 모두 역사 속 정통론에 입각하여 발

그림 22 사마광 초상

언했다. 각각의 논점은 서로 다르지만 그들은 모두 기계적인 오덕종시설로는 정통론에 대한 토론을 진행할 수 없다고 여기고, 역사 속 정통론의 본질은 바로 도덕이라고 주장했다. 이것은 이념화된 윤리 강상綱常이다. 주희는 역대 왕조를 정통과 찬탈 두 종류로 구분했다. 그의 인식에 따르면 정통 왕조는 반드시 도의를 따르고 민심에 부합했지만 분수도 모르고 나라를 찬탈한 역적은 전혀 도의에 부합하지 않게 행동했다는 것이다. 그의 기준에 근거해보면 주나라 이후 오대에 이르기까지 오직 주, 진秦, 한, 서진西晉, 수, 당만 정통이 된다. 촉한과 동진은 정통의 여파이므로 정통이라 할 수 없다. 한나라 여후 정권과 왕망 정권, 당나라 무측천과 삼국시대 위와 오, 남북조시대의 한, 조, 연 등은 모두 '가짜 정통[僞統]' 또는 '훔친 정통[竊統]'의 나라에 불과하다. 역사의 도덕을 더욱 양호하게 구현하기 위해 이 시기에는 『춘추』 필법[書法]'에도 더 진전된 내용과 완벽한 의미를 부여했다. 주희는 『자치통감강목資治通鑑綱目』을 저술하여 역사 사실의 표현 방법과 도덕적 이념을 유기적으로 결합했다. 그는 『춘추』 필법'을 통해 찬탈과 시해의 죄를 엄하게 규탄하며 절의를 제창하고 도덕을 밝혔다. 이로써 그의 『자치통감강목』은 송대 의리 사학의 모범이 되어 후세 사학 발전에 큰 영향을 미쳤다.

송·원·명시대에는 관찬 역사서 제도도 더욱 진전된 모습을 보였다. 송대의 역사 편찬 기관으로는 실록원實錄院, 기거원起居院, 옥첩소玉牒所, 일력소日曆所, 국사원國史院, 회요소會要所, 시정기방時政紀房 등이 있었다. 그중 실록원에서 조정의 대사를 기록했다. 송대에는 북송 태조에서 남송 이종理宗까지 모두 실록이 있다. 기거원에서는 황제의 평소 기거 상황을 기록했다. 옥첩소에서는 황실의 족보를 판별하여 계보를 분명히 했다. 일력소에서는 역사 자료를 정리하고 일력을 만들어 실록 편찬과 국사 편찬에 자료를 제공했다. 국사원에서는 현 왕조의 국사와 이전 왕조 역사를 편찬하는 일을 담당했다. 회요소에서는 역사 자료를 부문별로 정리했다.

요遼, 금金, 원元 세 왕조의 역사 편찬 기관은 송나라와 대체로 비슷했다. 요나라에서는 국사관을 설치하고 저작국著作局과 기거원도 개설했다. 금나라도 국사원, 저작국, 기주원記注院을 설치했다. 원나라에서는 국사 편찬 업무를 한림원, 국사원, 집현원으로 귀속시켰고, 비서감秘書監 내에 저작랑著作郞, 저작좌랑著作佐郞, 비서랑秘書郞, 교서랑校書郞을 두었다. 기거주 편찬은 급사중給事中과 좌우보궐左右補闕이 담당하게 했다. 명나라는 건국 초에 바로 기거원과 국사원 등을 개설했고 그 뒤 국사 편찬 임무를 한림원으로 귀속시켰다. 기거원과 국사원은 때때로 폐쇄하기도 하고 다시 개설하기도 했지만 관찬 사서 제도는 중단 없이 계속되었다. 송대에서 명대까지 편찬된 관찬 사서로는 『구오대사舊五代史』, 『신당서』, 『요사遼史』, 『송사宋史』, 『금사金史』, 『원사元史』 6종이 있다.

송·원·명시대에는 조판인쇄술의 발전과 문화 전파 방식의 진보에 힘입어 과거에는 주로 국가에서 담당하던 국사 편찬 사업이 능력 있는 평민의 손에까지 미치게 되었다. 따라서 이 시기에는 개인이 사사롭게 국사를 편찬하는 일이 크게 유행했다. 특히 명나라 말기에는 사학 편찬자가 관리에서 학자로 넘어가게 되어 일군의 학자형 사학자가 나타났다. 이 시기에 출현한 사찬私撰 역사서 가운데서 비교적 중요한 것으로는 구양수의 『신오대사新五代史』와 담천談遷(1594~1657)의 『국각國榷』이 있는데 『국각』은 무려 108권 500만 자에 이른다.

이 시기 사학의 큰 발전을 보여주는 현상으로는 회통會通 사상이 사학
의 주류가 되었다는 점이다. 중국의 사학은 회통을 추구하고 변화의 법칙
을 밝히는 걸(求通明變) 비교적 중시한다. 당대 개원 연간에 유지기의 아들
유질劉秩은『주례周禮』「육관六官」의 관직에 의거하여 경전, 역사서, 제자
백가의 말을 두루 수집하고 차례를 나눠『정전政典』35권을 저술했다. 당
덕종 때는 두우가 역대 전장제도의 연혁과 변천을 전문적으로 서술한『통
전』을 편찬했다. 두우는『통전』을 식화문食貨門, 선거문選舉門, 직관문職官
門, 예문禮門, 악문樂門, 병문兵門, 형문刑門, 주군문州郡門, 변방문邊防門 아
홉 부문으로 나눴고, 문門 아래에는 목目을 약간 뒀으며, 일부 목目 아래에
는 몇몇 자목子目을 두었다. 배열은 왕조 순서를 차례로 삼고 각종 제도의
연혁과 흥망성쇠, 각종 제도에 대한 역대의 평가를 두루 모아 명확한 회
통 의식을 드러냈다. 그러나 송대에 이르러서야 회통은 보편적인 사학 의
식이 되었다. 유학의 발전과 회통 사상의 영향으로 송대 사학계에는 회
통을 추구하는 경향이 매우 뚜렷해졌다. 이러한 경향에 힘입어 사마광의
『자치통감』과 정초鄭樵의『통지通志』라는 대표적 통사 저작이 출현했다.

사마광(1019~1086)은 자가 군실君實로 섬주陝州 하현夏縣(지금의 산시성
샤현) 사람이다(그림 22). 어려서부터 역사학을 좋아한 사마광은 북송의 저
명한 정치가 겸 사학자로서 조정의 지원하에 유방劉放, 범조우范祖禹, 류
서劉恕를 자신의 조수로 삼아 편년체 통사『자치통감』을 편찬했다.『자치
통감』에는 위로 주나라 위열왕威烈王 23년(기원전 403)에서 아래로 후주後
周 현덕顯德 6년(959)에 이르기까지 모두 1,362년의 역사가 총 294권에 나

뉘어 기록되어 있다. 이 밖에도『자치통감』의 부산물로『목록目錄』30권,
『고이考異』30권,『계고록稽古錄』20권,『역년도歷年圖』5권,『통감거요력通
鑑擧要曆』80권,『통감석례通鑑釋例』1권이 있다. 사마광은『자치통감』을 진
상하기 위한 상소문(進自治通鑑表)에서 중국에 이미 역사서가 적지 않지만
일반인은 끝까지 읽기가 어렵다면서 이렇게 말했다. "매번 사마천과 반
고가 역사책을 지은 이래 문자가 너무 번다해졌음을 근심해왔습니다. 포
의布衣의 선비도 이것을 두루 다 읽지 못하는데 하물며 군주야 어떠하겠
습니까? 날마다 만기친람萬機親覽에 여념이 없는데 어느 겨를에 역사책을
두루 다 읽을 수 있겠습니까?"[715] 그는 또『자치통감』편찬 취지를 이렇게
토로했다. "역사책 중에서 쓸데없이 긴 부분을 삭제하고 요긴한 부분만
발췌하려고 했습니다. 오로지 국가의 흥망성쇠에 관한 일과 백성의 생사
고락에 관계된 일 그리고 법도로 삼을 만한 선한 일과 경계로 삼을 만한
악한 일을 취하여 연도 순서로 한 질의 책을 만들어 앞뒤로 순서가 있게
했고 정밀함과 조악함이 섞이지 않게 했습니다."[716]

이렇게 하여 그는 임금에게 다음과 같은 편리함을 제공하려고 했다.
"앞 시대의 흥망성쇠를 거울삼아 지금 시대의 득실을 고찰하여 선행을 권
장하고 악행을 응징하면서 옳은 사례는 취하고 잘못된 사례는 버릴 수 있
으니 이에 옛날을 잘 헤아리는 덕을 닦을 수 있고 전에 없는 지극한 치적
을 쌓을 수 있습니다."[717] 다시 말해 사마광은『통감』에서 역사의 흥망성
쇠와 시비득실을 총결산하는 데 주안점을 뒀다는 것이다.

정초(1104~1162)는 자가 어중漁仲이고 호는 협제夾漈로 흥화군興化軍 포
전莆田(지금의 푸젠성 푸톈莆田) 사람이다. 그는 한평생 심혈을 기울여 기전

체 통사 『통지』를 완성했다. 『통지』는 「제기帝紀」 18권, 「세가」 3권, 「열전」 108권, 「재기載記」 8권, 「사이전四夷傳」 7권, 「연보」 4권, 「이십략二十略」 52권 등 모두 200권으로 이루어져 있다. 이 책은 내용이 광범위하여 사회 역사 외에도 천문, 지리, 동물, 식물, 문학, 음운 등의 분야가 포함되어 있다. 이 책에 서술된 역사 연대는 각 부분이 그다지 일치하지 않는다. 「제기」 부분은 삼황오제에서 수나라까지 서술했고 「후비전后妃傳」은 한나라에서 수나라까지 서술했으며, 「열전」은 주나라에서 수나라까지 서술했고 「이십략」은 전설시대에서 북송시대까지 서술했다.

정초는 이 책에서 특히 전체 역사를 회통시키는 데 주안점을 뒀다. 그는 이 책 첫머리 총서總序에서 이렇게 술회했다. "온갖 강물은 각각 다른 물길로 흘러가지만 반드시 바다에서 모이게 되고 그런 후 구주九州(중국 전역)가 강물에 침몰되는 우환이 없어진다. 만국은 각각 서로 다른 길로 이어지지만 반드시 중원으로 통하게 되고 그 이후에는 팔방이 막히는 걱정이 없어진다. 모이고 통하는 뜻이 이처럼 크다!"718) 회통 사상은 정초가 역사를 편찬하기 위해 적용한 지도사상이었다. 그는 자신이 저술하는 영역에서 가능한 한 각 부문의 역사 원류를 탐색하려 했다.

송대에 시작된 회통 의식은 원·명시대에도 계승·발전되었다. 원대에는 마서림馬瑞臨(1254?~1323)의 전장제도 통사 『문헌통고文獻通考』가 지어졌고, 명대에는 왕기王圻(1530~1615)의 『속문헌통고續文獻通考』와 『통지』를 이어 쓴 소경방邵經邦의 『홍간록弘簡錄』이 발간되었다.

송·원·명시대 사학 부문에 나타난 또 하나의 중요한 현상은 바로 지방지地方志가 증가한 것이다. 송나라 태종, 진종, 인종, 신종, 휘종, 영종寧宗

등은 모두 지방지 편찬과 수집에 관한 조서를 내린 적이 있다 특히 송 휘종 때 조정에서는 지방지를 전문적으로 편찬하는 기관인 구역도지국九域圖志局을 개설하여 전국의 지방지 저술을 주관하게 했다. 이것은 중국 최초로 중앙정부에 설립된 지방지 편찬 전문기관이다. 통계의 따르면 송나라에서만 지방지 1,016종이 저술되었는데, 그중에는 총지總志도 35종이 포함되어 있다. 그러나 그 이전 한나라와 당나라 시대에 편찬된 지방지 총수는 400종에도 미치지 못한다.[719] 『태평환우기太平寰宇記』, 『원풍구역지元豊九域志』, 『하남지河南志』, 『오군국경속기吳郡國經續記』, 『신안지新安志』 등은 모두 송대에 편찬된 유명한 지방지다.

원대에는 지방지가 모두 190여 종 나왔다. 그중에서 대덕大德 7년(1303)에 지어진 『대원대일통지大元大一統志』 1,300권에는 문자 이외에도 채색 지리도地理圖가 들어 있다. 명대에는 관찬 총지 6종, 지방 관찬 통지通志(省志) 69종, 부지府志 449종, 현지縣志 1,890종이 발간되었다. 이처럼 많은 수량은 모든 시대를 초월한다. 그중에서 관찬 『대명일통지大明一統志』가 가장 중요하다. 이 책은 명 영종英宗 천순天順 5년(1461)에 완성되었고 모두 90권으로 되어 있다. 당시 도성인 북경, 남경과 각 포정사布政司가 관할하는 부府를 분권 기준으로 삼았고 부 아래에는 목目을 두었다. 명대 행정 지리를 이해하는 데 큰 도움이 된다. 이런 지방지들은 취재 범위가 넓은데다 어떤 곳은 직접 방문 조사하여 자료를 구했기 때문에 상당히 믿을 만하다. 이는 그 사회의 역사를 연구할 때 빠뜨려서는 안 될 중요한 역사 전적이다.

송·원·명시대에는 사학 자체에 대한 반성도 새로운 수준으로 올라섰다. 양송시대부터 역사 자료에 대한 진위 판별 의식이 뚜렷이 증가했다. 학자들은 대담하게 '의리義理'를 운용하여 문헌과 전적을 자세히 살피기 시작했다. 구양수, 사마광, 왕안석, 정초 주희, 섭적葉適, 이심전李心傳, 진진손陳振孫, 조공무晁公武 등은 진위 판별 대상을 일반 도서에서 『상서』, 『주역』, 『시경』, 『좌전』 등 유가경전으로까지 확대했다. 명대 중기 이후에도 일부 학자들이 사학의 엄숙성을 강조하면서 사료의 진위를 판별하기 위한 작업을 했다. 예를 들면 매목梅鷟은 자신의 저작 『상서고이尚書考異』에서 『고문상서古文尚書』가 위서僞書임을 판정하면서 이전에 『고문상서』의 진실성을 의심한 논술들을 집중적으로 한데 모아 위서를 판별하는 보편 원칙을 제기했다. 왕세정은 『사승고오史乘考誤』를 저술하여 당시 실록 기록의 부실함과 야사 기록의 허황함과 명인 행장 기록의 아부성을 비판했다. 호응린胡應麟은 『사부정와四部正訛』에서 위서 100여 부를 판별하고 다시 그것을 바탕으로 문헌의 진위를 감정하는 일련의 방법을 제시했다. 이러한 고증 의식과 고증 방법은 사학 저작의 과학성과 진실성을 높이는 데 많은 도움을 줬다.

이 시기에는 편년체 사서, 기전체 사서, 전지체典志體 사서의 저술 방법도 모두 비교적 큰 발전을 이루었다. 예를 들어 사마광은 『자치통감』 저술의 방법과 절차를 이야기하면서 가장 먼저 역사 사실을 잘 선택해야 한다고 했다. 사마광은 그 기준을 다음과 같이 제시했다. "오로지 국가의 흥망성쇠에 관한 일과 백성의 생사고락에 관계된 일, 그리고 법도로 삼을 만한 선한 일과 경계로 삼을 만한 악한 일을 취한다." 이른바 국가의 흥망성쇠란 주로 각 왕조의 정치적 청탁淸濁을 반영한 역사 사실을 가리키고, 백성의 생사고락에 관계된 일이란 주로 재산, 형벌, 예의, 관직, 군사 등의 중요한 제도를 포괄한다. 사마광은 위의 기준에 따라 역대 정사와 기타 전적 자료를 다량으로 수집해 상이한 기록을 '절충하여 하나로 묶고' 또 '그 같고 다름을 참고하여' '믿을 만한 것을 따르는' 고증 방법을 제시했다. 사마광은 그다음 절차가 구체적인 편찬 과정이라고 했다.

사마광 등은 먼저 편찬의 범례를 확정했다. 남송 왕응린王應麟의『옥해 玉海』권47 '자치통감조自治通鑑條'와『송사』「예문지」의 기록에 따르면 사마 광은『자치통감』을 편찬하기 전에『통감전례通鑑前例』1권을 지어 전체 저 작의 용어와 양식 등 범례 36조를 제정했다. 그런 후 북송의 역법 전문가 유희수劉羲叟의『장력長曆』에 근거하여 옛 전적에 기재된 역사 사실의 날 짜와 갑자甲子를 판정했다. 그리고 나서 연도로 군주를 엮고, 군주로 왕조 를 엮어(여러 나라의 대치나 분열이 긴 기간에는 오직 한 나라의 한 군주 연호만 취 한다) 각각 그 연도에 맞는 역사 사실을 엮어 넣었다. 이렇게 만든 연도별 역사 자료 모음 초고를 '장편長編'이라 하고 마지막에 이 초고를 첨삭해서 저작을 완성했다. 구체적인 서술 부문에서『자치통감』은 다음과 같은 몇 가지 점을 반영했다.

우선 어떤 중요한 역사 사건에 대해 연관법을 사용하여 처음과 끝이 일 관되게 했고 원인과 결과가 분명히 드러나게 했다. 이 때문에 어떤 사건 의 서술은 단지 며칠 만에 끝났지만 어떤 것은 수개월, 어떤 것은 심지어 몇 년이 걸리기도 했다. 사마광은 사건의 전후 호응 관계에 깊은 주의를 기울였다. 독립된 조항으로 서술하기에는 적절치 않지만 한번 거론할 만 한 가치가 있는 부차적 사실은 부서법附敍法을 사용해 뒤에 부록처럼 덧붙여 기록했다. 예를 들면 완적阮籍은 상주가 되어서도 술을 마셨고, 완함阮咸은 상주 신분에도 총애하는 하녀와 함께 말을 타고 돌아왔으며, 유령劉伶은 지나치게 술을 좋아했고, 혜강嵇康은 쇠를 두드려 단련하는 일을 좋아하다가 당시 권력자 응견종鷹犬鍾과 원수가 되었다. 이러한 일들은 모두 혜강의 죽음을 기록한 다음 단락에 부록처럼 덧붙여놓았다. 또 사마광은 사건이 일어난 시기가 불명확한 사실의 주요 부분을 서술할 때 추서법追敍法을 사용했다. 즉 먼저 사건을 거슬러 올라가 그 유래를 밝히고 그 다음에 본론을 기록했으며 그 뒤에 사건 진전의 주요 노선을 보충했다. 이 때문에 『자치통감』은 고대 편년체 역사 저작 방법의 정점에 도달했다고 할 만하다.

송대의 역사서에는 또 새로운 체제인 기사본말체가 출현했다. 남송시대에 건구建甌 사람 원추袁樞(1131~1205)는 『통감기사본말通鑒紀事本末』을 저술했다. 그는 사건의 시말을 상세하게 밝히기 위해 연도별로 기록된 『자치통감』의 체제를 사건별로 모은 후 한 글자도 고치지 않고 초록해 그 사건에 알맞은 제목을 붙였다. 이 책의 전체 239조條의 표제에는 각 조 아래에 66가지 사건이 부록으로 붙어 있고 모두 305가지 사건을 선록해놓았다. 전체 책은 모두 42권으로 『자치통감』의 절반에 불과하다. 이 책은 편년체와 기전체의 장점을 교묘하게 결합하여 새로운 역사 체제를 창조했다. 명대에는 또 진방첨陳邦瞻이 『송사기사본말末史紀事本末』과 『원사기사본말元史紀事本末』을 지어 점차 기사본말체 역사서 시리즈가 간행될 수 있게 흐름을 조성했다.[720]

⑤ 명·청시대에서 아편전쟁 시기까지의 사학

명·청시대에는 중국의 고대 학술이 총결산 단계에 도달했고 사학가들도 사학의 기준 내지 사학 방법에 대해 일련의 새로운 인식을 형성했다.

당시에 왕부지는 역사에 대한 자신의 관점을 중점적으로 천명했다. 그는 철학적 시각으로 자연과 인류 사회의 관계에 대해 사변적인 색채가 가득한 분석을 내놓았다. 그의 인식에 따르면 천도와 인도는 자연 역사 과정과 사회 역사 과정의 규칙에 대한 고도의 개괄이다. 천도와 인도의 관계는 두 가지 측면으로 표현된다. 그 하나는 천도가 인도의 전제이며 기초라는 것이다. 인류 사회의 기본 요소, 예컨대 인간의 도덕과 이성 능력은 자연 역사의 장기적인 변화 과정에서 생겨났다. 또 다른 한 가지는 인도는 천도의 가치 중심이라는 것이다. 자연의 역사 과정도 인류의 역사를 떠나면 도道를 운운할 수 없다는 의미다. 그러나 인류 사회의 역사에는 자연의 역사와 상이한 특수성이 있다. 이 두 가지는 둘로 나눌 수도 없지만 함부로 섞어 놓을 수도 없다. 왕부지는 또 이렇게 지적했다.

어떤 사물에 대한 연구든 모두 부문을 나누고 종류를 구별하여 구체적으로 연구해야 한다. 그런 후 다시 연구 과정에서 그에 상응하는 원리를 추출해야지 그렇지 않으면 사이비 인식에서 벗어나기 어렵다. 천지와 일월의 운행은 모두 자연의 천리[理]가 구체적인 사안[事]으로 드러난 것이다. 그러나 "그 이理가 우리 종파의 질서라고 말하는 것은 그래도 가능한 일이지만 그 구체적 사안[事] 하나가 우리 종파의 구조 운행 법칙이라고 말한다면 천하에서 지극히 허황한 사람이 아닌 한 누가 감히 그런 이치를 믿겠는가?"[721] 즉 만약 생경하게 천지와 일월의 운행 방식을 억지로 사회 역사에 덧씌워서 사회 역사가 천지와 일월의 운행 과정을 본받는다고 인식한다면 이는 엉터리 이론에 가깝게 될 뿐이라는 것이다.

왕부지는 또 인류 역사의 구체적 운행 법칙에 대해서도 깊이 있게 사고했다. 그는 일찍이 역사의 '운명론'에 대해 독특한 견해를 발표한 적이 있다. 그는 인류 역사에는 일종의 필연적 추세가 있어서 상고시대부터 자신이 살고 있는 시대까지, 야만에서 문명에 이르기까지 정치, 경제, 사상 등각 부문에서 구체적인 변화 과정을 거쳤다고 인식했다. 그는 『독통감론讀通鑒論』에서 중국 사회가 은말에 획기적인 전환 단계를 거쳤다고 지적했다.[722] 그러나 어떤 변화를 막론하고 모두 인류의 도덕과 이성 능력의 진보를 구현하고 있다고 했다. 그는 하·은·주 삼대를 문명의 극치로 인정하는 학설에 반대하면서 인류의 문명은 결국 각종 복잡한 모순 상태 속에서 한 걸음씩 전진한다고 인식했다. 다시 말해 당시의 어떤 불합리한 요소를 간파하고도 상고시대를 미화할 수는 없다면서 그것은 역사의 강물이 아래로 흐르는 것과 같아서 사람의 마음도 옛날과 다르기 때문이라고했다.

왕부지는 또 역사의 운명은 인류 도덕과 이성 정신이 모순 운동을 하는 과정에서 한 걸음씩 전진하지만 이러한 운명에도 역사 주체의 적극인 노력이 필요하다고 주장했다. 그의 견해는 대략 이렇다. 역사 이성과 도덕정신은 결코 순수한 자연 과정에서 생기는 것이 아니라서 역사 인물의 참여와 창조가 필요하다. 역사 인물은 당시의 역사 조건을 초월해서는 아무성과도 낼 수 없지만 또한 역사 조건을 그대로 따라간다고 해서 아무 성과도 낼 수 없는 것이 아니다. 그는 임금과 재상이 운명을 만들 수 있다는 논리를 제시하면서 역사의 주요 인물이 적극적으로 노력하면 역사 조건을 바꿀 수 있고, 역사 발전의 수준도 더욱 높일 수 있다고 인식했다.

왕부지는 또 특히 사학의 공용성을 상세하게 논술했다. "역사를 귀하게 여기는 사람은 옛 사적 서술을 스승으로 삼는다. 사서를 저술하는 사람이 기록만 번잡하게 하고 세상 경륜의 큰 방략을 드러내지 못한 탓에 후인들이 역사 득실의 요점을 얻어 법도로 삼으려 해도 그 경로를 찾지 못한다면, 이 어찌 역사를 이용하는 방법이라 할 수 있겠는가?"[723] 사학 연구는 역사의 번잡한 기록에 머물러서는 안 되고 사회 발전이라는 중대한 문제와 역사 득실의 경험에 관심을 기울여 후인들이 그 속에서 새로운 사고를 계발할 수 있도록 해야 한다. 그러나 그는 또 사학 연구가 적절한 공용성을 갖추려면 반드시 먼저 사학의 진실성을 보증해야 한다고 지적했다.

사학의 진실성은 첫째, 사서의 기록이 역사의 객관적 진실에 부합하는 것을 가리키고 둘째, 사서 기록의 상세함과 간략함 그리고 찬사와 비난이 모두 그 사서의 가치 기준을 타당하게 구현하는 것을 가리킨다. 왕부지는 역사 사실과 역사 인물에 대한 기존 사서의 평가가 두 가지 폐단을 드러냈다고 인식했다.

첫째, "도道에 근거하여 논리를 풀어간다면서도 도에 맞는 논리를 펴지 않고, 법에 의지하여 평가한다 하면서도 법을 자세하게 살피지 않는다(放於道而非道之中, 依於法而非法之審)." 그는 몇몇 역사가가 시비와 가치 표준을 갖고 있지 않은 건 아니지만 구체적인 운용 과정에서는 이러한 표준을 잘못 적용하여 악영향을 초래했다고 했다. 그는 계속해서 다음과 같이 주장했다. "찬사가 필요 없는 일을 칭찬하니 군자도 영광으로 생각하지 않고, 비난을 이길 수 없는 일을 비난하니 간신도 우습게 여긴다(褒其所不待褒, 而 君子不以爲榮, 貶其所不勝貶, 而奸邪顧以爲笑)."

둘째, 자질구레하고 간사한 논리를 늘어놓는 것이다. 어떤 역사서에는 시시비비 기준이 아무것도 없어서 다음과 같이 잘못된 일을 부추긴다. "계책은 사기를 숭상하고, 간언은 속임수를 높이 치고, 공을 세우기 위해 음험한 짓을 하고, 명예를 구하기 위해 정도를 어긴다. 거짓으로 남을 추종하는 자를 장려하여 중용을 지킨 사람이라 하고, 비굴하게 생명을 훔친 자를 과장하여 밝은 철인이라 한다. 방종한 짓으로 인간의 정신을 뒤흔들어 허황하게 만들고, 교묘한 말로 인간의 명의名義를 찢어서 왜곡되게 한다. 이것은 세상의 교화와 백성의 생활이란 견지에서 살펴볼 때 그 재난이 홍수보다 심하고, 그 죄악이 맹수보다 악랄하다."[724] 이 때문에 왕부지는 역사가의 소양을 중시하면서 역사의 본질에 대해 수준 높은 인식을 하는 사람만이 훌륭한 역사 저작을 쓸 수 있고 또 역사를 인간 생활에 유익하게 만들 수 있다고 인식했다.

왕부지는 역사의 경험을 거울로 삼는 문제도 논술했다. 그는 일찍이 '자치自治'와 '통감通鑑'이라는 두 단어의 의미를 해석하면서 우리가 역사를 연구하는 일은 결코 이전 왕조의 흥망성쇠나 역사 인물의 출세와 곤궁에 기뻐하거나 슬퍼하는 데 그치지 않고 역사 가운데서 얻은 계시를 자신의 사회적 실천에 운용하는 것이라고 생각했다. 그는 역사의 경험을 흡수하려면 중요한 두 가지 고리를 통과해야 한다고 지적했다.

첫째, 개인을 본래의 역사적 조건에다 위치시키고 당시 만약 자신이 그런 문제에 직면했다면 어떤 대책을 세울 수 있었을지 생각한 연후에 역사의 경험을 비교해야 한다. 오직 이렇게 해야만 자신이 역사발전의 곡절을 진정으로 이해할 수 있고, 또 역사 속에서 올바른 수확을 진정으로 얻을 수 있다. 이처럼 처지를 바꿔놓고 생각해봐야 옛사람이 성공한 일면을 잘 살펴서 나에게 적용할 수 있고 또 옛사람이 실패한 일면을 간파하여 나에게 도움을 줄 수 있다. 이것이야말로 몇몇 성공 사례만을 죽어라고 고수하지 않는 태도다.

둘째, 개인이 직면한 현실 문제를 해결하려 할 때 옛사람의 경험에서 거울로 삼을 만한 요소가 있는지를 고려해야 한다. 왕부지의 인식에 따르면 역사를 거울로 삼는 일은 바로 현실 조건이 바뀐 상황에서도 옛날의 성공 경험이 아직도 유효한지 따져보는 것이고, 또 옛날의 실패 경험이 현재의 편향을 바로잡을 수 있는지 생각해보는 것이다. 역사의 경험은 절대 불변의 규칙이 아니다. 역사의 경험을 거울로 삼는 일의 고귀함은 각 시대 상황에 맞게 그 득실을 토론하는 데 있다.

청나라 초기의 또 다른 사상가 황종희(1610~1695)는 정치 비평 사상을 중점적으로 드러냈다. 그는 『명이대방록』에서 정치의 기원을 고찰하면서 진·한 이래 군신 관계와 법률 관리는 모두 본래 의미에서 멀리 벗어나 있다고 인식했다. 예를 들면 상고시대에 임금을 추대할 때는 천하가 주인이고 임금은 손님이어서 오직 천하가 이익을 얻고 피해에서 벗어날 수 있었다. 이 때문에 백성보다 앞서 고통을 당하고 백성보다 늦게 행복을 누리는 사람만이 임금이 될 수 있었다. 따라서 상고시대에는 임금의 보위를 받지 않으려는 사람도 많았다. 그러나 후세에는 임금이 주인이 되고 천하가 손님이 되었다. 국가의 정치 기구와 정치 행위는 모두 제왕 개인의 사사로운 이익을 위하는 것일 뿐이었다. 이 때문에 이처럼 잘못된 정치 형태를 다루면서 소인배들처럼 행동해서는 안 된다. 황종희는 이렇게 주장했다.

"군신 간의 의리가 정해지면 하늘과 땅 사이에서 도피할 곳이 없다고 고루하게 생각하며 걸왕과 주왕이 폭정을 해도 오히려 탕왕과 무왕이 그들을 주살해서는 안 된다고 한다. 그러고는 상고할 수도 없는 백이와 숙제 이야기를 망령되이 전하면서 억조창생의 흩뿌려진 피와 살은 부패한 쥐의 살점과 다름이 없다고 여긴다."[725]

황종희는 인간 사회의 도의道義 사상을 바꿔야 할 뿐 아니라 제도와 문화의 주체인 관리들도 사상적으로 계몽해야 한다고 주장했다. "천하의 치세와 난세는 한 성씨의 흥망에 달린 것이 아니라 만백성의 고락에 달려 있다." 만약 "신하된 자가 재난 속에 빠진 백성을 경시하며 임금만 보좌하여 행동하고 임금만 따르며 목숨을 바쳤다면 신하의 도리에서 진실로 어긋남이 없었다고 할 수 없다. …… 집을 나가 임금에게 벼슬하며 천하를 자기 일로 삼지 않는다면 이런 자는 임금의 노복이나 애첩에 불과하다. 그러나 천하를 자기 일로 삼는다면 이런 사람은 임금의 스승이나 벗이다."[726] 동시에 황종희는 제도와 입법을 강화하여 제도적으로 군주 권력과 정치 소외의 조치를 제한해야 한다고 강조했다 그는 또 재상의 권력으로 군주의 권력을 나누고 학교에서 공정하게 시시비비를 가리는 방법이 일정한 효과가 있다고 인식했다.

황종희 개인의 사학 실천은 주로 송·원·명 학술사를 정리하는 부문에 잘 표현되어 있다. 그는 『명유학안明儒學案』과 『송원학안宋元學案』 편찬을 주관했는데 이 두 책에 그의 학술 연구의 특징이 명확하게 드러나 있다. 그는 『명유학안』 「자서自序」에서 학술사상을 포폄하는 대전제를 제기했다. 그것은 바로 저자가 반드시 자신이 논술하는 학술사상의 정화를 깊이 있게 이해해야지 다른 사람의 찌꺼기를 정화로 간주해서는 안 된다는 것이다. 황종희의 학안 저작은 구체적인 저술 방법에서도 몇 가지 특색을 보여준다. 그는 각 학안 맨 앞에다 「서론」을 붙여서 간명하게 요점을 설명하고, 곧바로 본론에서 각 학자의 간략한 전기를 나누어 서술했다. 간략한 전기에서는 학자의 생애와 주요 학술 관점을 소개한 이외에 그것을 평가하고 분석하여 그들의 학술 정수를 지적해냈다. 그런 후 각 학자의 중요한 저작과 어록을 발췌하여 수록했는데, 이 자료들은 모두 전인들의 낡은 책을 베낀 것이 아니라 원전 전집에서 가져왔다.

당시 학술사 연구 부문에서 고염무顧炎武(1613~1682)도 역사의 본질 연구와 학술사 연구 방법에 대한 관점이 왕부지, 황종희와 상통했다. 고염무는 진정한 학술 연구는 반드시 옛 군왕들의 경전을 고찰하고 당대의 임무를 종합하여 자신을 수양하고 백성을 다스리는 실학實學으로 기능해야 한다고 인식했다. 그는 인문적인 도덕 정신을 종교화하는 것에 반대하면서 인문적인 도덕 정신은 반드시 현실에 기반을 두어야 하고 현실세계의 모순만이 역사의 본질을 반영할 수 있다고 인식했다. 이 때문에 역사의 본질을 정확하게 이해하려면 집중적으로 연구해야 한다. 예를 들어 환관 현상은 한·당·송·명이 모두 달랐으므로 그것에 대해 각각 전문적인 연구를 진행해야 한다. 이 밖에 토지세, 학교, 변방, 풍속 등도 모든 시대의 대표적 과제이므로 이에 대해서도 전문적으로 연구해야 한다. 고염무는 자신의 저서 『일지록日知錄』에서 모두 1,000여 조의 결론을 내렸다. 이는 바로 상술한 역사 현상을 조목조목 연구하여 가장 본질적인 연관성을 찾아내고 역사의 본질적인 모순 현상을 폭로하는 과정이었다.

고염무는 학술 연구의 방법론 측면에서 전통 학술 정신을 어떻게 회복하느냐는 문제를 중점적으로 연구했다. 그는 현실의 폐단을 개혁하고 점차 학술 연구의 경세치용 정신을 일깨울 방법이 두 가지 있다고 지적했다. 그는 먼저 학술 연구의 현실감을 강화해야 한다면서 시대정신이 결핍된 천박한 학문을 극력 반대했다. 그는 자신의 학술 연구에서 현실 문제에 깊은 관심을 기울였다. 그의 제자 반뢰潘耒도 『일지록』에는 국책과 민생에 관한 내용이 들어 있으므로 반드시 근본을 탐구해 그 까닭을 토론해야 한다고 말했다. 고염무는 이 책에서 역대 정권 조직의 각종 형식 및 장단점, 관리 선발의 여러 가지 방법 및 득실, 사회 풍속의 갖가지 유행과 효용을 고찰했다. 또 명말의 정치 문제를 비판하며 자신의 건의와 주장을 적극적으로 제시했다. 고염무는 현실 사회 문제의 해결과 이를 위한 역사 경험 제시를 매우 중시했다.

다음으로 그는 양한 이래 주관과 억측에 의지해온 학술 방법에서 극력 벗어나기 위해 상대적으로 객관적인 학술 방법을 탐색해 학풍을 바꾸려고 노력했다. 고염무는 학술 연구의 자료 기반과 논리적 방법에 매우 깊은 관심을 기울였다. 고염무는 책을 쓰고 학설을 내세울 때 전인들의 말을 인용하면서 반드시 원문을 이용했다. 그는 또 믿을 만한 자료가 있으면 일정한 방법을 운용하여 고인의 관점을 연구해야 한다고 지적했다. 그 자신은 음운학과 훈고학 등에 특히 깊은 관심을 기울였다. 그는 경전 기록에 대한 실증적 연구를 매우 중시했다. 또 천하의 절반을 직접 답파할 때도 늘 책을 들고 다니며 수시로 역사 지리와 전고를 현실 속에서 검증했다.

종합해보면 명·청 교체기 학술 사조는 공허하고 쓸모없는 학문에 반대하면서 경세치용의 실학으로 전환했고, 사학의 경세치용 의식은 객관적이고 실증적인 역사 연구의 기반 위에 세워져야 한다고 인식했다. 이러한 경향은 고대 사학 방법의 과학화에 많은 도움을 줬다.

청대에는 관찬 정사의 전통을 계승하여 순치, 강희, 옹정 3대를 거치는 동안 24사의 마지막 단대사인『명사』를 편찬했다.『명사』는 자료가 풍부하고 문자가 간명하며 편찬 체제는 근엄하다.

건륭과 가경 시대의 박학樸學(고증학)은 청나라 초기의 학술 방법에서 발전했다. 이 학문의 과도기적 인물인 염약거閻若璩, 호위胡渭, 모기령毛奇齡, 만사대萬斯大, 만사동萬斯同, 범조우范祖禹 등의 학문은 문자옥文字獄(당시 필화사건)에 위협을 당하여 청나라 초기 학문의 특징인 경세치용적 포부가 약화되기는 했지만 그래도 여전히 청초 학자의 실학 정신을 계승하고 발전시켰다. 예를 들어 염약거는 한 가지 사물이라도 알지 못하면 매우 수치스럽게 생각했다. 아울러 그는 역사 지리와 경사經史 전문 저작을 분석하는 부분에까지 자신의 고증 방법을 확장하여『고문상서소증古文尙書疏證』을 저술했다. 그는 선인들의 기반 위에서 고문상서가 위조되었다고 증명했다. 이러한 학술 연구의 전문화 경향은 건가박학乾嘉樸學 학술 연구에 전문화와 심도를 더해줬다.

박학 가운데서 사학 연구의 대세를 살펴보면 다음과 같은 학파가 있다. 교주구사파校注舊史派(옛 역사책을 교감하고 거기에 주석을 다는 학파), 중정구사파重訂舊史派(옛 역사책을 다시 정정하는 학파), 중집구사파重輯舊史派(옛 역사책을 다시 집록하는 학파). 교주구사파는 고염무의『일지록』에 근원을 두었다. 건륭 가경 연간에『일지록』에서 보여준 사학 연구 방식을 적용한 저작으로는 왕명성王鳴盛의『17사 상각十七史商権』, 전대흔錢大昕의『22사 고이廿二史考異』, 왕념손王念孫의『독서잡지讀書雜志』, 항세준杭世駿의『제사연의諸史然疑』, 홍이훤洪頤煊의『제사고이諸史考異』등이 있다. 조익趙翼의『해여총고陔余丛考』(43권)와『22사 차기廿二史箚記』(36권) 등은 상당한 깊이에 도달한 저작이다.

중정구사파는 여러 경향으로 분파되었다. 어떤 분파는 내용은 전혀 보태지 않고 본래 사서의 구조와 형식만 바꿨다. 예를 들면 심병진沈炳震은『신당서』는 간명하고『구당서』는 상세하다고 인식하고『신구당서합초新舊唐書合鈔』260권과 부록『보정補正』6권을 편찬했다. 어떤 분파는 내용도 보충하고 구조도 확대했으며, 또 다른 분파는 어떤 역사책의 일부 내용을 보충하고 일부 형식을 확대했다. 예를 들면 만사동의『역대사표歷代史表』등이 그러하다.

중집구사파는 옛날에는 존재했지만 당·송 이후 사라진 책 중에서 내용의 다소를 불문하고 각 서적, 특히 여러 유서類書(백과전서)에 남아 있는 것들을 정리해냈다. 예를 들면 전국시대 말년에 나온『세본世本』은 전대소錢大昭와 홍이손洪飴孫 등이 자료를 집록했다.『죽서기년竹書紀年』은 진봉형陳逢衡이『죽서기년집증竹書紀年集證』50권을 편찬했고, 뇌학기雷學淇

도『죽서기년의증竹書紀年義證』40권을 편찬했다.『후한서』에 관한 것으로는 요지사姚之駟의『팔가후한서집본八家後漢書輯本』이 있고,『구오대사舊五代史』에 관한 것으로는 소진함邵晉涵 집본 등이 있다.

건륭 가경 연간의 사학자들이 경전과 역사 문헌 자료에 행한 교주, 정정, 집록 작업은 전통적 고증 방법을 계승한 것이다. 특히 명대 중엽 이후의 고증 방법을 계승한 기반 위에서 하나의 방대한 방법론 체계를 형성했다. 이러한 방법론 체계는 고찰 대상의 상이함에 근거하여 외고증外考證과 내고증內考證으로 나눌 수 있다. 이른바 외고증은 역사 문헌을 고찰 대상으로 삼고 문자, 음운, 훈고, 판본, 교감, 변위辨僞 등의 학문에 도움을 받아 역사 문헌 본문의 착오를 교정하고 문헌 사료의 진위와 연대를 감정하는 방법이다. 내고증은 문헌에 기재된 역사 사실을 고찰 대상으로 삼고 분석, 비교, 귀납, 추리 등의 방법을 사용하여 역사 저작에 기재된 사건, 명칭, 사물, 제도 등의 유래와 진실성을 증명·감별·평가하는 방법이다.

종합해보면 외고증 방법으로는 문헌 사료의 기본 전제를 고증한다. 내고증은 비교, 분석, 귀납, 추리 등의 논리적인 방법을 운용하여 역사 텍스트에 기재된 역사 사실의 신빙성과 가능성을 고찰·증명하고 문헌 속의 역사 사건, 전장제도, 지리 연혁이 실제 사실에 부합하는지를 감정해 그것의 진실한 면목을 밝혀낸다. 건륭 가경 연간의 고증학은 아주 효과적인 운용 시스템을 구축하여 사학의 과학화와 객관화에 크게 공헌했다. 그러나 이러한 고증법의 가장 큰 한계는 오직 문헌 사료 자체의 진실성에서만 과학적인 논증을 할 수 있지만, 문헌을 어떻게 해석하고 전적의 기록을 어떻게 이해할 것인가? 그리고 그 가운데서 인과관계나 연관성을 어떻게 탐색할 것인가는 거의 언급하지 않았다.

　주의할 가치가 있는 것은 건륭 가경 연간의 학자들이 역사 문헌을 고증해 역대 역사서의 체제와 방법에 대해서도 비교적 객관적으로 이해했다는 점이다. 예를 들면 조익은 『22사 차기』에서 다음과 같은 다양한 조목을 설정했다. 『사기』 편차史記 編次', 『사기』 변체『史記 變體', 『사기』 『한서』의 상호 득실('史 漢 互有得失)', 『후한서』 『삼국지』 필법 상이점('後漢書 三國志 書法不同處', 『삼국지』 필법('三國志 書法)', 『송서』 「본기」 필법('宋書 本紀 書法)', 『송서』 『제서』 대서법('宋·齊書 帶叙法', 『제서』 필법 용의처('齊書 書法用意處)', 『제서』와 같은 서술법이 가장 좋다('齊書 類叙法最善)', 『남사』는 진수의 『삼국지』의 체제를 모방했다('南史 仿陳壽 三國志 體例)', 『남사』 『북사』의 「열전」에 자손들이 부가된 사례('南·北史 子孫附傳之例)', 『위서』에는 곡필이 많다('魏書 多曲筆)', 『북사』 필법과 『주서』 『수서』 상이점('北史 書法與 周·隋書 不同處', '구양수 『신오대사』 필법의 근엄함(歐史書法謹嚴)', 『송사』 순서의 부적당한 점('宋史 排次失當處)', 『요사』의 「표」가 가장 좋다('遼史 立 表 最善)', 『원사』 「열전」에는 일월이 상세하게 기록됨('元史 列傳 詳記日月)', 『명사』 「열전」에는 대부분 대체적인 기록만 존재한다('明史 立傳多存大體).' 이는 모두 22사의 필법과 체제에 대한 간명한 평가와 분석이다. 소진한(1743~1796)은 『사고전서총목제요四庫全書總目提要』 「사부제요史部提要」 작업에 참여한 적이 있다. 이를 바탕으로 그는 『남강문초南江文鈔』 「27부 사서 제요二十七部史書提要』를 저술했다. 『삼국지』와 『구오대사』를 제외하고 24부 정사 중 22부가 모두 들어 있고, 이 밖에 『사기집해史記集解』, 『사기정의史記正義』, 『양조강목비요兩朝綱目備要』, 『통감전편通鑒前編』, 『통감강목전편通鑒綱目前編』5편의 제요가 들어 있다. 그 내용은『사고전서』「사부제요 史部提要」와 같은 점도 있고 다른 점도 있다. 이러한 제요는 주로 역사서의 성격을 평론하면서 역사 필법의 연원과 특징에 주의를 기울이고 있다.

장학성章學誠(1738~1801)은 역사서 의법義法 연구를 바탕으로 개성적이고 특색 있는 사학 저작 목표를 창조하자고 제안했다. 장학성은 회계會稽 (지금의 저장성 사오싱) 사람으로 자는 실재實齋다. 건륭 연간에 진사에 급제하여 국자감 전적典籍을 지냈다. 일찍이 주균朱筠의 문하에서 학문을 닦았고 대진戴震, 왕중汪中, 홍량길洪亮吉 등과 왕래하며 학문을 토론했다. 특히 사학 분야에 조예가 깊었다.

장학성은 특히 사학의 독창성을 중시했다. 그는 이렇게 말했다. "역사의 큰 근원은『춘추』에 뿌리를 두고 있다.『춘추』의 대의는 기록과 삭제의 뜻이 분명하다는 데 있다. 기록과 삭제의 대의에 입각하면 역사 사실에 본말을 갖출 수 있을 뿐 아니라 문장도 법도를 이룰 수 있다. 공자께서 '대의가 존재하는 일이면 뽑아서 실었다'고 한 뜻에 비춰 살펴볼 때 본래 천하에 기강을 세우고 대도를 밝히려 한 것이다. 따라서 고금의 변화에 관통하여 일가의 언어를 이루고자 하는 사람은 반드시 다른 사람이 생략한 점을 상세히 기록하고, 다른 사람이 같다고 한 점을 다르게 생각하고, 다른 사람이 경시한 점을 중시하고, 다른 사람이 근엄하게 취급한 점을 소홀하게 봐야 한다."[727] 장학성이 말한 사학의 대의에는 사학자들의 경세치용 목적과 주장이 포함되어 있고, 사학자들이 역사 사실을 드러내는 체제의 독창성도 포함되어 있다.

장학성은 사학의 덕德, 재才, 학學, 식識에 대해서도 깊이 있는 논술을 했다. 그의 인식에 따르면 사덕史德은 바로 사학자의 마음 씀씀이로 도덕적 소양과 품격에 해당한다고 한다. 즉 장학성은 엄숙한 사명감과 실사구시적 태도로 진실을 구하려는 사람만이 사학자의 대표가 될 수 있다며 다음과 같이 주장했다. "대개 좋은 사학자가 되려면 천도와 인도의 관계를 신중하게 판별하면서 천도를 다 발휘해야지 개인의 주관을 보태서는 안 된다. 천도를 다 발휘하면서 개인의 주관을 보태지 않으면, 설령 소기의 성과를 내지는 못했더라도 진실로 그렇게 해야 한다는 사실을 알게 될 테니, 이 또한 저술자의 마음 씀씀이라고 일컬을 수 있다."[728] 사식史識은 사학자가 역사 사실의 주객과 경중을 판단하고 그 원류를 분석할 수 있는 예민한 식견을 가리킨다. 장학성은 이 네 가지의 통일을 강조하면서 "사식史識(역사에 대한 식견)이 없으면 대의를 판단할 수 없고, 사재史才(역사를 기록하는 재능)가 없으면 문장을 잘 쓸 수 없고, 사학史學(역사에 대한 배움)이 없으면 역사 사실을 정련할 수 없다"라고 했다.

장학성은 고증학 부문도 깊이 연구했기 때문에 방법론을 구체적으로 논술할 때 기왕의 사학자들보다 훨씬 고명한 태도를 드러냈다. 그는 역사학 부문에서 어떤 사학자가 차지할 수 있는 지위가 그가 선택한 역사 제재에 따라 결정될 뿐만 아니라 체제상으로 독창성을 보였는지에 따라 결정된다고 보았다. 장학성이 제시한 역사 저술 절차는 다음과 같다. 우선 자료를 수집한다. 그는 특히 자료 수집 업무를 중시했다. 그는 자료 수집을 역사 저작에 반드시 필요한 준비 단계로 간주했다. 그는 역사 자료에 차례를 매기는 세 가지 목적을 구체적으로 분석한 바 있다.

첫째, "어떤 사람은 자료를 모아 제때에 바로 책을 저술하여 후인의 판정을 기다린다." 둘째, "어떤 사람은 저술에 뜻을 두고 먼저 많은 책을 섭렵하면서 계속 새로운 땔감을 모은다." 셋째, "전문가의 도야를 거친 뒤 부지런히 힘을 써서 거대한 업적을 이룩한다."[729]

그는 모든 사료는 저술과 관련되어 있기 때문에 어떤 목적에서 나왔는지를 막론하고 사료의 편차編次 방법을 잘 강구하여 가능한 한 사학 저작에 전면적인 사료를 제공해야 한다고 인식했다. 그는 또 지방지의 사료 가치를 특별히 논술한 적이 있다. 장학성은 사학자가 역사를 저술할 때는 모두 하나의 중심 사상을 갖게 마련이고 이 중심 사상을 둘러싸고 유관 사료를 선택한다고 주장했다. 또 그는 사학 체제의 고귀함은 원만하고 신통함에 있다고 인식했다. 그는 기전체와 편년체는 각각 부족한 점을 갖고 있다면서 이렇게 말했다. "기전체 역사서는 부류별 실례를 구하기는 쉽지만 대세를 관통하여 알기는 어렵다." "편년체 역사서는 사실을 연도별로 곧장 서술할 수는 있어도 돌아갈 수는 없다. 인간과 사건에 기록할 수 있는 연도가 있거나 거기에 부합하는 일이 있으면 비록 겨자씨만 한 사소한 일이라도 반드시 기록한다. 그러나 기록할 수 있는 연도와 거기에 부합하는 일이 없으면 비록 태산 같은 큰일이라도 기록하지 못한다."[730]

그는 기전체와 편년체 앞에 따로 '별도 기록'을 나열하여 두 체제의 결함을 보충할 수 있다고 여겼다. 예를 들면 편년체 내에서 언급된 인물이나 사건을 큰 틀로 개괄하여 편년체 내에서 기전체의 면모를 볼 수 있게 한다든가 기전체의 「기紀」, 「표表」, 「지志」, 「전傳」 중에서 서로 연결되는 사실을 각각 주석의 형식으로 편목篇目을 달고 그것을 전체 책 앞에 배치하여 기전체 내에 편년체와 기사본말체의 장점이 포함되도록 할 수 있다는 것이다. 장학성이 가장 추앙한 것은 기사본말체였다.

장학성은 역사 사실을 구체적으로 기술하는 부문에서 반드시 사료의 원형을 완전하게 베낄 필요는 없고 저작의 필요에 따라 본래 뜻을 위반하지 않는 전제하에 합리적인 취사선택을 할 수 있다고 인식했다. 장학성은 훌륭한 사학 저작에는 원문을 보좌하는 주석이 빠져서는 안 된다고 생각했다. 그는 역사를 저술하는 사람은 자신의 사학 저작에 스스로 주석을 달아야 한다고 주장했다. 장학성이 제안한 사학 저작 방법에는 사학 저작 체제의 진보적 경향이 반영되어 있고, 사학 저작과 고증의 유기적 결합 양상이 전형적으로 반영되어 있다. 이는 고대 사학의 저술 방법론이 이미 새로운 수준에 도달했음을 표시한다.

종합해보면 명말 청초에서 아편전쟁 앞 시기까지 중국 고대 사학 방법은 점차 과학화의 방향으로 발전을 거듭하며 이미 근대 사학 방법론의 맹아를 보여주었다. 이 시기 사학 관념의 진보 현상과 마찬가지로 이와 관련된 각종 요소도 발전의 발걸음을 함께했다. 예를 들면 건륭 가경 연간의 학자들은 사학의 고증 의식을 지나치게 강조했지만 사학 저작 방법과 사학 논술 방법에 관해서는 인식이 부족했고 사학 부문의 대작도 출현하지 않았다. 각종 방법론의 새로운 요소가 결합해 체계화되기까지는 아직도 우여곡절의 험난한 발전 과정을 거쳐야 했다.

[생각거리]

1. 양한 사학의 특색은 무엇인가?

2. 중국 역사학 발전 과정에서 『자치통감』이 차지하는 위치를 서술해보라.

3. '24사'의 명칭을 열거해보라.

[참고자료]

1. 바이서우이白壽彝, 『중국 문학사中國史學史』 제1책, 人民出版社, 1981.

2. 인다尹達 주편, 『중국 사학 발전사中國史學發展史』, 中州古籍出版社, 1985.

3. 우쩌吳澤 주편, 위안잉광袁英光, 구이쮠이桂遵義, 『중국 근대 사학사中國近代史學史』, 上海古籍出版社, 1989.

4. 취린둥瞿林東, 『중국 고대 사학 비평 종횡中國古代史學批評縱橫』, 中華書局, 1994.

5. 쑹옌선宋衍申 주편, 『중국 사학사 강요中國史學史綱要』, 東北師範大學出版社, 1996.

6. 리빙취안李炳泉, 디푸성邸富生 주편, 『중국 사학사강中國史學史綱』, 遼寧師範大學出版社, 1997.

7. 장치즈 주편, 『중국 근대 사학 학술사中國近代史學學術史』, 中國社會科學出版社, 1996.

중국 고대의 과학기술

〔 13강 〕

    중국 고대의 과학기술은 번영에서 쇠퇴의 나락으로 떨어진 역사가 있다. 중국의 과학기술이 세계의 맨 앞 대열에 서 있던 시대에 대해서는 충분히 자부심을 가질 수 있다. 그러나 그것이 쇠미하여 낙후 국가로 전락한 뒤 외국의 공격을 받던 시대에 대해서는 애통하고 분한 마음을 금할 수 없다. 이 때문에 심각하게 반성하지 않을 수 없다. 중국 민족의 과학기술 발전 경험과 교훈을 총체적으로 결산하여 오늘날의 과학기술 발전에 본보기를 제공하는 것이야말로 역사학자, 특히 과학기술 사학자들이 절대로 사양해서는 안 되는 책임이라 할 수 있다. 고대 과학기술의 성과와 오류를 정확하게 인식하고 평가하는 것은 모든 중국인이 응당 갖춰야 할 이지理智와 식견이다. 우리는 자존망대해서는 안 될 뿐 아니라 더더욱 스스로 비하해서도 안 된다. 다만 이성적인 안목으로 역사를 비춰보며, 드넓은 세계사의 물결 속에서 견실한 발걸음으로 자신만의 길에 매진해야 한다. 그렇게 자기 특색을 드러내며 그 찬란한 세계로 진입해야 한다.

① 중국 고대 과학기술의 성취와 특징

중국 고대 과학기술의 찬란한 성취에 대해서는 영국의 저명한 과학기술 사학자 니덤Joseph Needham(1900~1995)의 말을 인용해 개괄해보는 것이 좋다. "기원전 3세기에서 기원후 14세기 사이에는 중국의 과학기술이 서구인들이 도저히 따라갈 수 없는 수준에 도달해 있었다." 중국의 발명과 발견은 '왕왕 동시대의 유럽을 훨씬 능가했다. 특히 15세기 이전에는 더 더욱 그러했다.'[731] 이 말은 현재 이미 일반적인 중국 과학기술사 연구자들이 보편적으로 인정한다. 우리는 고대에 세계의 앞 대열을 장식한 중국의 과학기술 아이템을 쉽게 열거해볼 수 있다. 예를 들어 마르크스에 의해 자본주의 계급사회의 도래를 예고했다고 일컬어졌고,[732] 베이컨에 의해 전 세계의 사물과 상태를 변화시켰다고 일컬어진[733] 인쇄술, 화약, 나침반 3대 발명품은 바로 모든 사람이 알고 있는 사례에 속한다. 학문 분과를 나눠서 나열해보더라도 고대의 천문학, 기상학, 수학, 지리학, 농학, 의학, 식물학, 동물학, 광물학, 화학에서 수리교통, 토목건축, 정원설계, 금속주조, 선박제조, 도자기, 방직, 염색 등 모든 영역이 세계의 선도적 위치에 있었다. 여기에서 이 모든 영역을 다 열거할 수는 없으므로 천문학, 수학, 지학, 농학, 의학 5개 부문만 간략하게 설명하고자 한다.

천문학 영역에서 중국은 천문 관측, 역법 계산, 천문 관측기 제작 등 모든 부문에서 세계의 앞 대열에 서 있었다. 중국 최초의 편년체 역사책『춘추』에는 일식이 37차례 기록되어 있고 그중 33차례가 신빙성 있는 기록이다. 특히 노 장공莊公 7년(기원전 687)의 거문고자리 유성우 기록과 노 문공文公 14년(기원전 613)의 핼리혜성 출현 기록은 모두 세계에서 가장 이른 시기의 기록에 속한다. 중국의 사서史書에는 일식, 월식, 태양흑점, 유성우, 혜성, 오로라 등 특수한 천문 현상에 대한 기록이 끊이지 않고 등장한다. 이는 모두 세계 천문학사 연구에 유용한 자료로 제공된다. 중국에서는 특히 별자리 관측을 중시했다. 1978년 후베이성 쑤이현隨縣 전국시대 초기 증후을묘曾侯乙墓에서 옻칠을 한 상자 하나가 출토되었다. 그 뚜껑에는 청룡과 백호가 그려져 있고, 중간에 '두斗'자가 큰 글씨로 쓰여 있으며, '두斗'자 주위에는 28수宿의 명칭이 있다. 이는 적어도 전국시대 초기에 사신四神과 28수 같은 천문 지식이 이미 상식으로 통했다는 사실을 밝혀준다. 전국시대에 나온『감석성경甘石星經』에는 144개 항성 좌표가 포함된 항성표가 기록되어 있다.[734] 이것은 세계적으로 공인된 현존 최고의 항성표다.

　1973년 후난성 창사의 마왕두이 3호 한묘에서 출토된『오성점五星占』과 거기에 붙어 있는 표에는 진왕秦王 정政 원년(기원전 246)에서 한 문제 3년 (기원전 177)까지 목성, 토성, 금성의 위치와 일주 회합주기 내의 동태가 나열되어 있다. 이 표에서 제공하는 목성 회합주기는 395.44일로, 지금의 관측 결과보다 3.27일이 적은 수치다. 토성 회합주기는 377일인데, 지금의 관측 결과보다 0.94일 적은 수치이다. 금성 회합주기는 584.4일인데, 지금의 관측결과보다 0.48일 많은 수치다. 이는 모두 우리가 주목할 만한 관측 결과다. 중국은 고대에 역법 제정을 더욱 중시하여 일단의 시간이 경과하면 천문학자들이 새로운 연구 성과를 역법 편제에 삽입했고, 이로써 역법은 날이 갈수록 더욱더 정밀해졌다. 예를 들면 선진시대에는 황제력黃帝曆, 전욱력顓頊曆, 하력夏曆, 은력殷曆, 주력周曆, 노력魯曆 등 '고육력古六曆'이 있었다. 그중에서 전욱력은 회귀년回歸年이 365.25일이고 19년에 7번 윤년을 두었다. 이는 당시 세계상에서 매우 정밀한 역법의 하나로 진秦 왕조에서 채택했다.

한대에는 태초력太初曆, 삼통력三統曆, 사분력四分曆, 건상력乾象曆이 있었다. 건상력은 유홍劉洪이 제작했다. 그는 처음으로 근월점近月點 개념과 정삭正朔 계산법을 도입하여 교식交食 한계를 정했고 아울러 달의 교점, 회귀년, 황도와 백도의 거리 등의 연구에도 새로운 성과를 냈다. 동진의 우희虞喜는 세차歲差를 발견했고, 유송劉宋의 조충지祖沖之는 이 이론을 대명력大明曆 제정에 도입했다. 북위의 장자신張子信은 태양운동의 불균등성과 시차視差가 교식 조건에 미치는 영향을 발견했다. 수나라 유작劉焯은 황극력皇極曆을 제정할 때 이 부문의 성과를 흡수했다. 당나라 조사약曹士藥의 부천력符天曆, 변강邊岡의 숭현력崇玄曆, 송나라 주종周琮의 명천력明天曆, 요순보姚舜輔의 기원력紀元曆 등은 모두 선인들의 기초 위에서 새로운 내용을 보탠 것이다.[735]

가장 저명한 것은 원나라 곽수경郭守敬이 제정한 수시력授時曆이다. 그가 확정한 회귀년은 365.2425일로 현재 세계에서 통용되는 그레고리우스력Gregorius曆과 완전히 일치한다. 고대의 천문 관련 기구로는 해시계[圭表], 혼의渾儀, 혼상渾象, 물시계[漏壺] 등 종류가 매우 많다. 한나라 때 장형張衡이 만든 혼천의渾天儀는 물을 동력으로 사용했다. 송대에 소송蘇頌이 제조한 수운의상대水運儀象臺는 혼의, 혼상, 계시기計時器를 한데 모은 기구로, 비교적 복잡한 기계장치가 포함되어 있고 물을 동력으로 사용했다. 여기에서도 고대 천문 기구 제작이 이미 높은 수준에 도달했음을 알 수 있다.

중국은 수학 영역에서도 가장 일찍 십진법으로 숫자를 계산한 국가에 속하며, 선진시대에 이미 사칙연산이 완성되어 있었다. 『구장산술九章算術』에 들어 있는 계산 체계는 일상생활의 수요(예를 들면 토지측량, 공사계산, 물자배분 등)를 위주로 발달하여 산술, 대수, 기하 등 다방면의 수학 문제에까지 미치고 있다. 그중에는 방정식(일차연립방정식)에 관한 문제 18개와 직각삼각형 문제 18개가 포함되어 있다. 방정식에는 이미 마이너스 개념이 도입되어 있고, 직각삼각형은 대지측량과 지도 제작에 응용되었다. 『구장산술』은 위·진시대 수학자 유휘劉徽의 주석을 거치면서 중국 특색을 갖춘 수학 시스템이 되었다. 조충지가 구한 원주율은 정확하게 일곱 번째 유효숫자에까지(3.1415926〈π〈3.1415927) 도달했다. 이는 지금 세계에 알려진 같은 종류의 계산 결과보다 1,000년 이상 앞서는 것이다.

송·원시대에는 '천원술天元術', '사원술四元術(고차방정식 해법)', '타적초차垜積招差(고차원의 등차급수 문제)', '대연구일술大衍求一術(연립일차합동식 문제)'을 푸는 문제에서도 모두 세계 수준보다 몇백 년이나 앞서 있었다. 진구소秦九韶, 이야李冶, 양휘楊輝, 주세걸朱世傑 등의 수학대가들은 모두 송·원시대 수학 성취를 대표하는 인물이다. 명대에 이르러 주산이 점차 산가지를 대신하게 되었다. 주판은 당시 세계에서 가장 선진적인 계산기였다. 2013년 12월 4일, 유네스코에서는 주산을 인류 무형 문화유산으로 선정했다.

지리학 영역에서는 선진시대의 『우공禹貢』, 『산해경山海經』, 『관자管子』 「지원地員」 등 전적에 이미 풍부한 지리 지식이 기록되었다. 『한서』에서 비롯하여 24사 중 16부에 「지리지地理志」가 개설된 것을 제외하고도 당대에는 『원화군현지元和郡縣志』, 송대에는 『태평환우기太平寰宇記』와 『원풍구역지元豐九域志』, 원·명·청 3대에는 『일통지一統志』 등 지리에 관한 총지가 간행되었다. 수많은 지방지에도 지리 부문의 기록이 포함되어 있다. 이러한 사서와 지서志書에는 각 지역의 행정구역, 강역범위, 역사연혁이 기록되어 있을 뿐 아니라 인구, 산천, 관문, 수리, 토질, 교통, 광산, 특산, 조공품 및 명승고적 등이 모두 기록되어 있다. 이로써 당시 자연 상황과 경제 상황에 대해 지극히 풍부한 자료를 얻을 수 있다.

북위 역도원의 『수경주』에 기록된 하천과 수로는 모두 1,252조에 달한다. 아울러 연도의 산천지형, 하천 관개 시설, 성읍 상황, 역사연혁 및 물산 상황도 모두 상세하게 기록되어 있어서 사료적 가치가 지극히 높다. 당대의 승려 현장이 저술한 『대당서역기』는 고대 중앙아시아, 인도, 파키스탄 등의 국가와 그 지역 역사를 연구한 지리학 명저다. 명대의 저명한 지리학자 서하객徐霞客은 평생 수많은 지역을 고찰했는데, 그중에서 동굴만 해도 100여 곳이 포함되어 있다. 그는 각 동굴의 방위, 깊이, 넓이를 자세히 기록했고 용암 동굴, 종유석 동굴 등의 형성 원인까지 과학적으로 기록하려고 노력했다. 니덤은 서하객이 지리학 부문에 미친 공헌을 아주 높게 평가했다. 지도 부문에서는 창사 마왕두이 한묘에서 지형, 군사 주둔, 성읍에 관한 지도가 세 폭 출토되어 당시 지도 그리기가 높은 수준에 도달했음을 보여주었다.

서진의 배수裴秀는 18폭의 「우공지역도禹貢地域圖」를 제작했을 뿐 아니라 그림 지도의 여섯 가지 원칙을 제기했다. 그것은 분율分率(비례 축척), 준망準望(정확한 방위), 도리道里(거리), 고하高下(높낮이), 방사方邪(지형의 경사), 우직迂直(우회와 직선)을 가리킨다. 이 중 '분율'에서는 지도 비례척의 정확성을 요구했고, '준망'에서는 각 지역 간 방위의 정확성을 요구했으며, '도리'에서는 각 지역 간 거리의 정확성을 요구했다. 또 '고하', '방사', '우직'에서는 지형의 변화와 산해山海의 격절에 따라 도로의 고저, 경사, 곡직曲直이 다르다는 사실을 지적하면서 지도를 그릴 때 두 지역 간의 수평과 직선거리를 유지해야 한다고 주장했다.

송대에 이르면 지도 그리기의 성취가 더욱 뚜렷하게 나타난다. 현존하는 저명한 북송시대 각석도刻石圖로는 쓰촨성 룽현榮縣의 「구역수령도九域守令圖」가 있고 남송시대 각석도로는 시안西安 비림碑林의 「화이도華夷圖」와 「우적도禹迹圖」, 쑤저우蘇州 문묘文廟의 「지리도地理圖」 등이 있다. 「화이도」는 당시 세계지도이고 「우적도」는 전국지도다. 계속해서 청나라 초기에 이르기까지도 중국은 지도 그리기 부문에서 세계의 제일 앞 대열에 서 있었다. 강희 57년(1718)에 제작한 「황여전도皇輿全圖」(전국지도)가 바로 이 부문의 대표작이다.

중국은 아주 오래된 농업 국가다. 이 때문에 농업은 역대 왕조에서 줄곧 나라의 근본으로 간주되었고 농학도 자연히 고대 중국의 중요한 학문의 하나로 기능했다. 농학의 성취에 관해서는 이 책 7강 2절을 참고하면

된다.

중국의 의학 즉 중의中醫도 연원이 유구하고 내용도 아주 독특하다. 그동안 계속 출토된 상나라 갑골 복사卜辭에는 의학과 관련된 기록이 300여 편이나 등장한다. 1973년 허베이성 가오청藁城 타이시촌臺西村 상나라 말기 유적에서는 약용으로 쓰이는 복숭아 씨앗 30여 개와 산앵두郁李 씨앗이 발굴되었다. 같은 해 창사 마왕두이 한묘에서는 「족비십일맥구경足臂十一脈灸經」, 「음양십일맥구경陰陽十一脈灸經」, 「오십이병방五十二病方」 등 의약 관련 저작이 다량 출토되었다. 황제黃帝 이름에 기탁하여 전국시대에 완성된 『황제내경黃帝內經』은 유기체성과 변증성을 강구하는 고대 의학 이론의 기초를 놓았다. 이 책에서는 인간의 신체를 하나의 유기적 통일체로 간주하면서 인체 내부의 오장육부, 12경락經絡, 기경팔맥奇經八脈, 기혈氣血, 진액津液이 유기적으로 연계되어 있다고 보았다. 병의 근원을 진단하는 부문에서 이 책은 신체 내부 기능의 변화에 주의했을 뿐 아니라 자연계의 풍風(바람), 한寒(추위), 서暑(더위), 습濕(습기), 조燥(건조), 화火(불) 등 이상 현상이 질병에 미치는 영향도 강조했다. 이 책은 또 음양오행설에 포함된 합리적인 성분을 흡수하여 음양이 상호 의존하고 대립하고 근본이 되고 증감하는 관계를 강조하면서 치료의 근본 목적은 바로 음양 관계를 조화와 평형에 이르게 하는 것이라고 인식했다.

이른바 "사법瀉法(과도한 기를 빼내는 방법)이란 기의 운행 방향과 반대로 침을 놓는 것이고(迎), 보법補法(허약한 기를 보충하는 방법)이란 기가 운행하는 방향으로 침을 놓는 것이다(隨). 침을 놓을 때 기의 역방향과 순방향으로 놓을 줄 알면 기를 조화롭게 할 수 있다. 기를 조화롭게 하는 방법을 알려면 반드시 음양에 통해야 한다"[736]라고 주장하는 이론이 바로 이러한 이치에 입각해 있다. 신농씨神農氏 이름에 기탁하여 한나라 때 완성된 한의약 저작『신농본초경神農本草經』에는 약용 식물 252종, 약용 동물 67종, 약용 광물 46종 등 약재가 총 365종 수록되어 있다. 현대 의학의 연구로 증명된 바에 따르면 이 책에 기록된 약재의 약효가 대부분 정확하다고 한다.

이 책의「서록序錄」에는 약재의 성질인 '오미五味' 즉 산酸(신맛), 함鹹(짠맛), 감甘(단맛), 고苦(쓴맛), 신辛(매운맛)에 관한 이론과 '사기四氣' 즉 한寒(추움), 열熱(더움), 온溫(따뜻함), 량凉(시원함)에 관한 이론 및 주약主藥과 보약輔藥 개념인 군君, 신臣, 좌佐, 사使[737] 이론의 원칙이 제시되어 있다. 이러한 이론들은 중국의 약재학과 처방학 부문에 기초를 놓았다.『황제내경』과『신농본초경』은 모두 고대 의학 체계의 근간이 되었고, 이후 한 세대 또 한 세대의 보충과 진보를 거치면서 점차 특유의 의학 이론 체계를 형성했다. 고대에는 명의도 많이 배출되었거니와 의학 명저도 무수히 쓰였다. 전국시대의 명의 편작扁鵲은 이미 망望, 문聞, 문問, 절切[738] 등 각종 진단법을 운용하여 질병의 증상을 종합적으로 진단할 줄 알았고 돌침[砭石], 침구針灸, 안마按摩, 뜸[熨帖], 수술, 취이吹耳(귓속에 약재 가루를 불어넣음), 도인술導引術 등 다양한 방법을 운용하여 질병을 치료했다. 한나라 명의로는 장중경張仲景(『상한론傷寒論』 저자)과 화타華陀(마비산麻沸散 발명자, 그림 23)가 있고, 위진남북조의 명의로는 왕숙화王叔和(『맥경脈經』의 저자), 황보밀皇甫謐(『침구갑을경針灸甲乙經』의 저자), 갈홍葛洪(『주후백일방肘後百一方』의 저자), 도홍경陶弘景(『신농본초경집주神農本草經集注』의 저자)이 있다. 수·당시대

그림 23 화타

의 명의로는 손사막孫思邈(『비급천금요방備急千金要方』과 『천금익방千金翼方』의 저
자), 왕도王燾(『외대비요外臺備要』의 저자)가 있고 송·원시대 명의로는 당신미
唐愼微(『경사증류비급본초經史證類備急本草』의 저자), 송자宋慈(『세원록洗寃錄』의 저
자), 왕유일王惟一(『동인수혈침구도경銅人腧穴針灸圖經』의 저자)이 있으며 명·청
시대의 명의로는 이시진李時珍(『본초강목本草纲目』의 저자), 왕청임王淸任(『의
림개착醫林改錯』의 저자) 등이 있다. 고대에는 내과, 외과, 산부인과[婦科], 소

아과[兒科], 정형외과[骨科], 이비인후과[五官科]의 질병 및 전염병, 각종 난치병 치료 부문에 모두 독특한 처방법을 시행했고 약물학, 처방학, 침구학 및 양생보건학 등의 부문에서도 더욱 선명한 특색을 드러냈다.

고대 과학기술의 가장 두드러진 특징은 대외적으로 과학기술을 교류하며 외래 과학기술을 수용하기도 했지만 중국 자체의 과학기술 시스템이 독립적으로 형성되었다는 점이다. 니덤은 『중국 과학기술사』에서 일부 서구학자들이 중국의 사상과 문화가 대부분 서구에서 기원했다고 주장해온 관점을 일일이 반박하며 중국의 문화와 과학 발전이 독창적이라고 인식했다. 그는 이렇게 결론을 내렸다. "중국과 서쪽 이웃 나라, 남쪽 이웃 나라 사이의 교류와 반응은 우리가 줄곧 인정해온 것보다 훨씬 많았다. 그렇지만 중국의 사상과 문화 모델의 기본 시스템에는 아주 선명하면서도 여태껏 중단된 적이 없는 자발성이 담겨 있다. 이것이 중국과 '바깥 세계가 단절된' 진정한 의미다. 과거에 중국은 바깥 세계와 접촉했지만 이러한 접촉이 종래에 특유의 문화와 과학 시스템에 영향을 미칠 만큼 많았던 적은 없었다."[739] 이러한 결론은 중국의 과학기술 문화사를 연구하는 다수 학자가 받아들일 만한 이론이다.

학자들은 중국의 문화와 과학기술이 독창성을 지니게 된 원인을 일반적으로 지리의 상대적 폐쇄성으로 귀결한다. 동쪽은 끝도 없이 드넓은 바다이고 서쪽은 구름까지 치솟은 알타이산맥과 쿤룬산맥 및 황사가 사방에서 일어나는 고비사막이며, 서남쪽은 하늘을 뚫고 오른 히말라야산맥이고 북쪽은 1년 내내 추위가 엄습하는 시베리아 황무지이며 남쪽도 고산준령과 해양이다. 이러한 지리적 환경으로 사람들은 교통이 상대적으로 낙후된 시대에 대규모로 대외 교류를 진행하기 어려웠다. 따라서 이러한 지역 내에서 형성된 사상문화와 과학기술은 필연적으로 상대적 독립성을 지닐 수밖에 없었다. 이는 인도, 그리스, 아라비아국가의 과학기술 체계와는 다른 점이다.

중국의 고대 과학기술은 사회생활에서 발생하는 실제 문제 해결을 비교적 중시했다. 이 때문에 고대의 다양한 과학기술 영역에는 모두 실용성이라는 특징이 구현되어 있다. 예를 들면 천문학 영역에서 중국은 천문 현상의 위치를 관찰하여 역법을 제정하는 일에 특별히 주의했다. 이는 옛날부터 농업을 위주로 한 자연 경제의 수요와 연관된 것이다. 중국에서는 고대에 산술, 대수, 기하를 주요 내용으로 삼고 산가지와 주판을 주요 계산기로 삼는 수학 체계를 형성해왔는데 이는 역법 제정, 토지 측량, 제방·궁궐·창고의 건축, 세금 계산, 재산 분배, 상품 교역 등의 수요와 긴밀하게 연관되어 있다. 중국의 지리학은 『상서』「우공」과 『산해경』에서 『한서』「지리지」에 이르기까지 점차 산천, 도로, 변방 관문, 수리, 토질, 물산, 조공품과 특히 행정구역 변화를 중시하는 전통을 형성해왔다. 이는 분명히 봉건적인 정치, 경제, 군사 수요와 맥락이 닿아 있는 현상이다. 게다가 제지술, 인쇄, 농학, 원예, 수리, 제철, 방직, 도자기 등은 일상생활과 더욱 밀접한 기술이므로 실용성의 특징이 더 두드러진다.

실용성을 강구한 이외에도 고대인은 사물의 총체적 관련성과 변증법적 관계를 특히 중시했다. 총체적 관련성과 변증법적 특징은 다양한 학문 분과에 모두 반영되어 있다. 이러한 총체적 관련성과 변증법적 관념은 중국인이 거시적 측면에서 천인天人 관계의 조화를 특별히 중시한 점과 미시적 측면에서 사물 내부 관계의 조화를 중시한 점으로 표현되고 있다. 건축을 예로 들어보면 고대인은 건축물 자체의 구조, 비례, 배치를 중시했을 뿐 아니라 건물의 좌향 방위와 사방의 산수풍경 등 외부 환경과 조화도 특히 중시했다. 이러한 경향이 발전하여 양택·음택 선정과 관련된 독특한 학문인 '풍수학風水學'이 생겨났다. 이러한 총체적 관련성과 변증법적 관념이 가장 잘 구현된 학문이 바로 중의학이다. 위에서 서술한 바와 같이 중의학에서는 특히 음양의 상호 의존, 상호 증감, 상호 평형을 강조하고 질병의 원인에 대한 종합적 고찰을 강조했으며, 이를 바탕으로 변증법적 치료를 강구했다.

② 중국 고대 과학기술이 성과를 거둘 수 있었던 까닭

근본적으로 말해서 어떤 민족이나 국가의 과학기술이든 모두가 그곳 인민 집단의 지혜의 결정품이자 공동 노력의 결과물이다. 이 점은 동서고금을 통틀어도 예외가 없다. 중국도 마찬가지다.

당연한 이야기지만 고대 과학기술이 찬란한 성과를 거둘 수 있었던 것도 중국 자체 내에 구체적 원인이 있다.

정치제도적 측면에서 중국은 고대 봉건사회의 존속 시간이 길었다. 봉건사회가 흥성한 기간에 중국은 유럽 중세의 암흑기에 비해 상대적으로 온화하고 개명하고 적극적이고 진취적인 일면을 보였다. 봉건사회의 경제 기반은 자급자족의 자연 경제이며 정치적으로는 권력 집중 제도를 채택해 국민 통치와 국가 업무를 독단적으로 관리했다. 『상서』「홍범洪範」에는 '팔정八政'이 제시되어 있는데 그중에서 '식食'과 '화貨'가 첫머리를 차지하고 있다. '식'은 바로 백성의 생활과 밀접하게 관계된 업무를 관장하는 것이고, '화'는 재산 관리를 가리킨다. 즉 식과 화는 국가 경제의 명맥이 걸린 문제였다. 따라서 역사상 국가와 민생을 위한 계책과 관계된 일은 모두 국가가 독단적으로 결정했다. 국가가 경제의 목줄을 잡고 비교적 강력한 경제력을 갖고 있었기 때문에 국가의 안전이나 민생에 필요한 일련의 과학기술 아이템도 흔히 정부에서 인력, 물력, 재력을 동원하여 계획을 시행하고 완성했다. 예를 들면 역법 제정, 무기 개량, 장성 수축, 운하 굴착, 강물 치수, 토지 개간, 농기구 보급, 염철鹽鐵 관리와 방직 염색, 도자기, 옻칠 등의 업무가 모두 이와 같았다.

또 농사 시기를 알아야 할 필요성 때문에 하나라 때 이미 천문을 전문적으로 관장하는 기구를 설치했다. 전설에 따르면 하나라 소강少康 임금 때 천문을 관장하는 희씨羲氏와 화씨和氏가 음주에 빠져 직무를 제대로 수행하지 못하고 일식 발생 예보를 제때 하지 못하여 온 나라가 공황 상태에 빠졌다고 한다.[740] 그 후 역대로 모두 천문 기구를 설치하여 천문 관측과 역법 제정을 전문적으로 관리하게 했다. 정부에서는 또 항상 대규모 천문 관측 활동을 펼쳤다. 예를 들면 한 무제 때 민간 천문학자 20여 명을 모집하여 한력漢曆 제정을 논의하게 했다. 당시 이 활동에 참가한 유명한 천문학자로는 당도唐都, 낙하굉落下閎, 등평鄧平, 사마가司馬可, 후군의侯君宜, 사마천 등이 있다. 이들은 모두 18가지 방안을 제출했고 마침내 등평의 방안인 태초력을 최종 역법으로 선정했다.

당대에는 일행一行이 사람들을 이끌고 대규모 대지 측량 사업을 벌였는데 당시에 처음 과학적인 방법으로 자오선을 실측했다. 원대에는 곽수경이 더욱 대규모 측량 사업을 진행했고, 또 매우 정밀한 수시력을 제정했다. 이런 대규모 과학기술 사업은 모두 정부가 일행과 곽수경에게 인력, 물력, 재력을 동원하여 일을 추진하도록 명령을 내린 것이다. 중국의 천문학 발달은 분명히 국가의 중시와 밀접한 관련이 있다. 수학도 일찍이 국가의 지지와 관리를 받았다. 예를 들면 수나라에서는 국자시國子寺에 산학算學을 설치하고 박사 2인, 조교 2인을 두어 수학을 가르치게 했다. 당나라 국자감에도 산학관算學館이 설치되어 있었으며, 그곳의 산학박사가 수학 인재 양성을 책임졌다. 당나라 이순풍李淳風, 왕진유王眞儒 등은 『구장九章』, 『해도海島』, 『손자孫子』, 『오조五曹』, 『장구건張邱建』, 『하후양夏侯陽』, 『주비周髀』, 『오경산五經算』, 『철술綴術』, 『집고緝古』 등 10대 산경算經에 주석을 달아 수학 교재로 제공했다. 이러한 작업은 모두 수학 발전을 크게 촉진했다.

의학도 일찍이 국가 관리 체계로 편입되었다. 『한서』 「교사지」의 기록에 따르면 한 성제 때 이미 '본초대조本草待詔'로 불리는 의관醫官을 두었다고 한다. 수·당시대에는 국가 의약 기관이 이미 상당히 완비되어 있었다. 수나라 때 태의서太醫署에는 의관과 의무원 200여 명이 소속되어 있었고, 당나라 때는 300여 명에 달했다. 당나라 태의서에는 의과醫科, 침과針科, 안마, 금주禁呪 4과를 설치하여 박사와 조교를 두고 학생을 받아 관련 업무를 전수하게 했다. 당나라 조정에서는 대형 약재 서적인 『신수본초新修本草』를 반포했다. 송대에도 약재 서적 수정과 편찬을 매우 중시했다. 송 태조 때 편찬된 『개보본초開寶本草』, 송 인종 때 편찬된 『가우본초嘉祐本

草』와『도경본초圖經本草』가 당시에 간행된 약재 서적이다. 송·원시대에는 태의가 아홉 개 분과로 세분되었다. 이러한 사업은 자연스럽게 의학의 발전을 크게 촉진했다. 때로는 국가가 모종의 필요성 때문에 과학기술 인원들을 격려했다. 예를 들면 송 태조 때 병부영사兵部令史 풍계승馮繼昇이 불화살 제조법을 헌상하자 그에게 의복과 비단을 상으로 내렸다. 또 신위수군神衛水軍 대장 당복唐福이 화기火器를 헌상하고 조선무장造船務匠 항관項綰이 해전 선박 모형을 헌상하자 이 두 사람에게 모두 금전을 상으로 내렸다. 송대에는 군사 과학기술이 비교적 발달했고 병법서도 많이 나왔는데,[741] 이는 정부의 장려와 밀접하게 관련된 일이다. 이러한 장려는 다른 과학기술 영역의 발전도 추동했다.

종합해보면 고대 과학기술의 발전은 과학기술을 중시한 역대 정부의 몇 가지 조치와 밀접하게 관련되어 있다.

중국 봉건사회는 끊임없이 지배자가 바뀌었지만 그 바탕의 문화적 분위기, 정치제도, 경제구조, 생활방식과 사유방식은 시종일관 큰 변화 없이 계승되고 고정되었다. 중국문화가 세계 다른 유형의 문화와 상이한 점은 종래에 현격한 단절이 일어난 적이 없다는 것이다. 이러한 문화의 계승성과 안정성은 쉽게 타성으로 흐르기도 하지만 과학기술의 발전에 유리하게 작용하는 측면이 있다. 고대의 다양한 과학기술 영역이 높은 수준에 도달할 수 있었던 이유도 대대로 자료가 계승되고 연구자가 계속 이어졌기 때문이다. 고대의 수많은 학문 분과를 예로 들면 천문, 수학, 지리학, 농학, 의학, 화학, 철강, 선박, 도자기, 방직 등의 분야에서 모두 자체적인 발전과 변화의 뚜렷한 흔적을 찾아볼 수 있다. 이처럼 다양한 과학기술이 모두 각 세대 사람들의 노력과 탐색으로 비교적 수준 높은 성과를 낼 수 있었다.

역사상 중요한 기술 성과들은 모두 청사에 이름도 남기지 못한 무수한 기능장들의 고통스러운 노력으로 얻어진 것이다. 노동자들이 세계의 과학기술 발전을 추동하는 근본 동력임은 의심할 수 없는 사실이다. 그러나 과학기술은 복잡한 지적 활동이므로 어떤 영역에서 수준 높은 경지에 도달하려면 비교적 심도 깊은 문화적 소양과 전공 지식이 필요하고, 일정한 물질적 조건도 필요하다. 이러한 것들은 보통 노동자들이 갖추기 어려운 점이다. 이 때문에 두뇌 노동자로서 지식인들, 즉 고대에 '사士'라고 불린 사람들이 과학기술사에서 특히 중요한 공헌을 했다.

고대의 '사士'는 춘추시대 말기 사학私學의 흥성에 따라 발흥한 계층이다. 이 계층은 발흥할 때부터 역사와 문화에 대한 사명감, 도의감, 책임감을 품고 고도의 이성 정신을 갖췄다. 전국시대에 이르러 '사士' 계층은 각각 상이한 학문적 견지에 따라 유가, 도가, 묵가, 법가, 명가, 음양가, 농가, 의가醫家, 병가 등의 유파로 나뉘어 고대 그리스의 소피스트에 상응하는 백화제방, 백가쟁명의 국면을 형성했다.

선진시대 제자백가 중에서 자연과학 분야에 가장 광범위하고 깊이 있는 연구를 한 학파는 바로 묵가墨家였다. 묵자와 그의 후학들은 비교적 엄정한 논리 체계를 세웠고, 아울러 그것을 자연과학 부문에 응용했다. 시공과 사물의 속성 분류, 광학, 역학, 기하학 등에 대한 문제에서 묵가는 논리적인 언어로 설명하려고 힘쓰면서 비교적 수준 높은 이론을 보여줬다. 예를 들면 그들이 시공에 대해서 내린 정의는 이렇다. "구久는 다른 시간으로 두루 퍼져나가는 것이다(久, 彌異時也)." "우宇는 다른 장소로 두루 퍼져나가는 것이다(宇, 彌異所也)."「경설經說」의 해석에 따르면 '구久'는 시간을 가리키고 '미이시彌異時'는 옛[古], 지금[今], 아침[旦], 저녁[暮]을 포괄하는 모든 시간을 의미한다. 또 '우宇'는 공간을 가리키고, '미이소彌異所'는 동, 서, 남, 북을 포괄하는 모든 공간을 의미한다.

그들이 원圓에 대해 내린 정의는 이렇다. "환圜은 하나의 중심에서 길이를 같이 하는 것이다(圜, 一中同長也)."[742] 일중一中은 하나의 중심을 가리킨다. 동장同長은 같은 거리의 반경 또는 직경을 가리킨다. 이것은 원에 대한 현대인의 이해와 아무런 구별이 없다. 양쪽으로 그림자가 두 개 생기는 이유를 묵가는 이렇게 해석했다. "두 빛이 빛을 받는 하나의 대상을 끼고 있는데, 하나의 빛마다 그림자를 만든다(二光夾一光, 一光者景也)."[743] 이는 두 빛이 경계에서 교차해서 비추고 중간에 두 빛을 받는 물체가 끼어 있기 때문에 양쪽으로 그림자가 생긴다는 뜻이다. 만약 빛이 하나만 있다면 그림자가 하나만 생길 뿐이다. 거꾸로 된 그림자가 생기는 것에 대해 묵가는 이렇게 해석했다.

"빛이 사람을 비추는 것은 마치 화살을 쏘는 것과 같다. 아래에 있는 빛이 사람을 비추면 그림자는 높은 곳에 생기고, 위에 있는 빛이 사람을 비추면 그림자는 아래에 생긴다. 발은 아래의 빛을 가리기 때문에 위에 그림자가 생기고, 머리는 위의 빛을 가리기 때문에 아래에 그림자가 생긴다. 멀든 가깝든 가로막는 물건이 있으면 빛에 방해가 되기 때문에 그림자가 그 속에 막혀 있게 된다."[744]

오목거울에 상이 맺히는 원인을 묵자는 다음과 같이 해석했다. "오목

거울을 보고 서면 그림자가 하나는 작으면서 뒤집어지고 하나는 크면서 바르다. 그것은 거울 중심부 밖인지 안인지에 달려 있다."[745] 또 평형 문제에 대해 묵자는 이렇게 해석했다. "저울[衡]은 한쪽에 무게를 더하면 반드시 아래로 내려간다. 저울추[權]와 무게를 같게 하여 서로 평형을 이루면 저울 머리 쪽 길이는 짧지만 저울 끝 쪽은 길어진다. 이때 양쪽에 무게를 더하여 무게를 같게 하려면 저울 끝이 반드시 내려가는데 이는 저울 끝이 저울추의 무게를 얻었기 때문이다."[746]

법가도 자연과학 부문에서 나름대로 견해를 펼쳤다. 예를 들면 『한비자』 「해로解老」편에는 이理에 관한 다음과 같은 견해가 있다. "길고 짧음(長短), 크고 작음(大小), 네모와 원(方圓), 견고함과 허약함(堅脆), 가벼움과 무거움(輕重), 흰색과 검은색(黑白) 등을 일러 이치[理]라 하고 이치가 확정되면 사물을 쉽게 분석할 수 있다."[747] 사물의 구체적 속성을 나누고 분석하고 확정하는 이치로 '이理'를 관찰한 것은 매우 중요한 과학사상이다. 명가名家의 인물 혜시惠施는 수많은 변론 문제를 제기했다. 그중 일부는 자연과학과 관련이 있다. 예를 들면 다음과 같다. "남쪽은 끝이 없으면서도 끝이 있고, 오늘 월나라에 가는 것은 어제 온 것입니다. …… 나는 천하의 중앙을 압니다. 연나라 북쪽과 월나라 남쪽이 바로 그곳입니다."[748] 이러한 언급에는 지구가 원형이라는 추측이 포함되어 있다. "한 자 길이의 채찍을 하루에 반씩 자른다 해도 만세토록 그 길이가 끝나지 않습니다."[749] 이러한 언급에는 물질을 무한하게 나눌 수 있다는 사상이 포함되어 있다.

음양가는 천문과 지리 부문에서 비교적 깊이 있는 연구를 했다. 『한서』 「예문지」에서는 이렇게 분석했다. "음양가는 모두 천문과 역법을 관장하는 관리(羲和之官)에서 나왔다. 삼가 하늘에 순종하고 해, 달, 별자리의 형상을 보고 역법을 만들어 경건하게 백성에게 시간을 알려주는 것이 이들의 장기다."750) 『사기』 「맹자·순경열전孟子·荀卿列傳」에는 '구주九州'에 관한 음양가 추연鄒衍의 생각이 기록되어 있다. 추연은 일반인들이 이해하고 있는 중국(赤縣神州)이 실제로는 천하 구주의 하나일 뿐이라고 인식했다. 천하 지리에 관한 이러한 안목은 당시로서는 비교적 드넓은 인식이라고 할 수 있다.

농가, 의가, 병가와 과학기술의 관계는 더욱 밀접했지만 여기에서 더는 자세히 설명하지 않겠다.

진·한시대 이후로는 봉건 대일통 정권이 확립되었기 때문에 '사士' 계층의 사상 자유는 춘추전국시대보다 악화되었다. '사' 계층의 관심도 정치사회와 윤리도덕 등 현실문제에 더욱 집중되었다. 게다가 통치자들은 늘 높은 관직과 많은 녹봉으로 '사' 계층을 좌지우지하면서 그들을 봉건정치의 현실적 수요라는 노선으로 끌어들였다. 이 때문에 자연과학 문제 연구에 대한 그들의 흥미는 현저히 약화되었다. 그러나 여전히 한 무리 사인士人들은 과학기술 부문 연구에 종사하면서 끊임없이 우수한 성과를 생산해냈다. 이들은 일반적으로 역사, 공학, 농학, 의학, 수학 등을 담당한 사람 그리고 과학기술 분야와 밀접한 관련이 있는 중앙관리 또는 지방 장관들이었다. 그들은 대부분 과학기술을 발전시키기 위한 시대적·역사적 사명을 담당할 만한 인재들이었고 아울러 과학기술이라는 험난한 노선을 용감하게 걸었기 때문에 비교적 높은 성과를 거둘 수 있었다.

예를 들면 한나라 천문학자 장형은 14년 동안 태사령직을 맡아보며 천문 사업에 대해 시종일관 깊이 있는 흥미와 열정을 품었다. 이 때문에 그는 혼천의와 지동의地動儀 등과 같은 다양한 발명품을 남길 수 있었다. 『수경주』의 저자 역도원은 북위에서 어사중위御史中尉와 주군州郡 장관을 역임했다. 송나라 과학자 심괄沈括은 왕안석이 변법을 시행하던 기간에 삼사사三司使, 군기감軍器監 등 직책을 역임했다. 그는 박학다식하고 문장을 잘 지었으며 천문, 방지方志, 율력, 음악, 의약, 점술에도 모르는 것이 없었다. 또 더욱 부지런히 현지답사를 행하며 평생토록 다양한 저술을 남겼다. 그는 만년에 진강鎭江에 정착한 후 평생 보고 듣고 연구한 결과를 기록하여 필기체 과학 명저 『몽계필담夢溪筆談』을 남겼다. 원대의 농학가 왕정王禎은 현령으로 있으며 농업에 깊은 관심을 기울였다. 그는 평생 농업과 관련된 자료 수집에 주의하고 농업 부문의 경험을 총결산하여 농학 명저 『농서農書』를 지었다.

봉건 정치에 필요한 인재는 숫자가 한정되어 있었으므로 당시 인재 선발제도는 항상 온갖 폐단을 드러냈다. 게다가 관직 사회의 권력투쟁도 격렬했고 난세도 끊임없이 이어져 시대마다 일부 지식인들은 벼슬할 길을 찾지 못하거나 아예 벼슬을 단념하면서 관직 사회 바깥을 떠돌았다. 이들을 흔히 은사隱士라 불렀다. 은사가 만약 조상대대로 물려받은 재산이 없으면 생활이 비교적 빈곤하여 스스로 생계를 개척해야 했다. 그들은 문화인이었기 때문에 대부분 문화 교육활동을 생계 수단으로 삼았다. 그들 중 상당수는 사상이 비교적 자유롭고 활달했으며 명리에도 담박했다. 따라서 세속의 공리를 크게 따지지 않고 자연의 신비를 연구하면서 새로운 발명품을 내는 일을 인생의 목표와 취미로 삼았으며 기술 부문에서도 상당한 성과를 거뒀다. 우리는 고대 과학기술사를 이야기하면서 그들의 공헌을 잊어서는 안 된다.

예를 들면 북조의 저명한 천문학자 장자신張子信은 난리를 피해 섬으로 들어가서 장장 30년 동안 자신이 직접 관측하고 계산한 끝에 태양과 행성운동의 불균등성과 시차가 일식 계산에 영향을 미친다는 사실을 발견했다. 이는 일식 예보와 역법 제정에 매우 중요한 발견이었다. 천쭌구이陳遵嬀 선생은 그의 관측 업적이 덴마크 천문학자 브라헤Tycho Brahe(1546~1601)에 뒤지지 않는다고 인식했다.[75] 수·당시대에 「천문대상부天文大象賦」와 「보천가步天歌」 등 천문 현상에 관한 명작을 창작한 이파李播와 단원자丹元子도 모두 은사였다. 명나라 말기에 서양 학문이 동쪽으로 전래된 이래 중국 천문학도 서양 천문학의 영향을 받아 새로운 모습을 드러냈다. 청나라 초기에 이르러 천문, 역법, 수학을 연구하는 동향이 일세를 풍미했다. 민간의 은사들은 더욱더 이런 풍조를 즐기며 싫증을 내지 않았다. 저명한 천문학자 설봉조薛鳳祚, 왕석천王錫闡, 매문정梅文鼎 등은 모두 은사였다.

설봉조는 애초에 중국 전통 수학을 공부하다가 나중에 폴란드인 예수회 선교사 스모고렌스키Jean Nicolas Smogolenski(1611~1656)의 영향으로 서양 수학 학습으로 방향을 바꿨다. 그러나 그는 스모고렌스키의 학문만 고수하지 않고 서양 수학과 중국 전통 수학을 유기적으로 결합했다. 그는 『산학회통정집算學会通正集』, 『고험考验』, 『치용致用』, 『태양태음제행법원太阳太阴诸行法原』, 『목화토삼성경행법원木火土三星经行法原』, 『교식법원交食法原』 등 수학과 천문학 분야의 다양한 저작을 남겼다. 『청사고』「주인전疇人

傳」에서는 그를 "그러므로 그는 중국과 서양 학문에 통달하여 한 세대 과학자의 으뜸이라는 말에 손색이 없는 사람이다(然貫通其中西, 要不愧爲一代疇人之功首云)"라고 평가했다. 왕석천도 중국과 서양 학문에 두루 통달하여 스스로 신법新法을 세웠다. 그는 매일 날이 맑으면 저녁에 지붕 위로 올라가 별자리를 관측하면서 늘 밤새도록 잠도 자지 않았다. 그의 주요 저작『만암신법晚庵新法』총 6권은 설봉조의 성취와 비견할 만하다. 사람들은 설봉조와 그를 남왕북설南王北薛[752]이라고 병칭했다. 매문정은 어릴 때 자신의 부친 매사창梅士昌과 서당의 스승 나왕빈羅王賓을 따라 별자리를 관측했고, 27세 때는 도사 예관호倪觀湖에게서 천문을 배웠으며, 나중에 서양 학문까지 공부했다. 그는 전통적인 천문과 역법을 전통 방법으로 연구하고 총결산해 저서 80여 종을 남겼다.

지리학 부문에서는 앞에서 거론한 명대 지리학자 서하객을 예로 들 수 있는데 그의 부친 서유면徐有勉이 바로 은사였다. 서하객은 어려서부터 은사들의 고고한 자취를 흠모하며 관리가 되려 하지 않고 필생의 정력을 지리 답사 작업에 바쳤다. 니덤은 그의 지리 답사 활동을 이렇게 평가했다. "그의 여행기를 읽어보면 17세기 학자가 쓴 것 같지 않고 마치 20세기 야외 관찰자가 쓴 답사 기록 같다."[753] 청나라 초기에 고염무와 범조우 등도 청나라에 출사하지 않고 초야에 은거하여 학문을 닦았다. 그들도 모두 지리학 분야에 진력하여 고염무는『천하군국이병서天下郡國利病書』를, 범조우는『독사방여기요讀史方輿紀要』를 남겼다.

은사 중에는 의술에 정통한 사람이 매우 많았다. 그들은 민간에서 생활하면서 많은 환자와 접촉했기 때문에 관방의 의사나 궁궐 어의보다 임상

치료 기회가 훨씬 많았다. 이 때문에 은사들 중에는 명의가 대단히 많았다. 전국시대 명의 편작의 의술은 장상군長桑君으로 불리는 은사가 그에게 전수해준 것이다. 편작 자신도 벼슬을 하지 않고 평생 사방에서 의술을 베풀며 진秦나라, 조趙나라, 제나라 등 여러 나라에 거주한 적이 있다. 후한시대의 명의 화타도 은사였다.『후한서』「방술열전方術列傳」에서는 그를 이렇게 묘사했다. "양생술에 통달하여 나이가 100세가 되었는데도 장년의 용모를 갖고 있었다. 당시 사람들은 그를 신선으로 생각했다. 패沛 땅 재상 진규陳珪가 그를 효렴孝廉으로 추천했고, 태위太尉 황완黃琬도 그를 추천했지만 모두 취임하지 않았다."[754] 명대 의학자 이시진은 초왕부楚王府의 봉사정奉祠正이란 벼슬을 지낸 적이 있고 태의원太醫院에서도 관직을 맡은 적이 있지만 시간이 그렇게 길지 않았고 평생 주로 민간에서 의술 활동에 종사했으므로 역시 은사라 할 수 있다. 그는 30여 년 동안 약재 연구에 매진하며 수많은 명산을 현지답사하고 전대의 의학서적 800여 가를 읽고 난 후 원고를 세 번이나 고친 끝에 마침내 의약 명저『본초강목』을 지었다.

은사 중에는 농학자도 많다. 예를 들면 당나라 은사 육우陸羽는 초계苕溪에 은거하여 스스로 호를 '상저옹桑苧翁'이라 했다. 그는 차茶를 좋아한 사람이라 찻잎 분야에서 정밀하고 깊이 있는 탐구를 하여『다경茶經』3편을 지었다. 그의『다경』에는 차의 근원, 마시는 법, 다구에 관한 내용이 모두 들어 있다.[755] 그가 차 재배와 차 확산에 크게 공헌했기에 사람들은 그를 차신茶神으로 존경하며 제사까지 올린다. 은사 육구몽陸龜蒙이 지은『뇌사경耒耜經』은 농기구에 관한 중국의 첫 번째 전문 저작이다. 송대 은

사 진저陳翥는『동보桐譜』라는 저작을, 임홍林洪은『산가청공山家淸供』, 왕작王灼은『상당보霜糖譜』(사탕수수를 이용한 설탕 제조법)를 저술했다. 원대 은사 왕여무汪汝懋는『산거사요山居四要』, 명대 은사 주권朱權은『구선신은서臞仙神隱書』, 마일룡馬一龍은『농설農說』, 청대 은사 장리상張履祥은『보농서補農書』, 포송령蒲松齡은『농상경農桑經』, 유응당劉應棠은『준산농포梭山農圃』를 저술했다.[756]

은사 중 몇 사람은 수공업에도 깊은 관심을 기울이며 세밀한 탐구를 진행했다. 명대의 저명한 과학자 송응성宋應星은 현縣의 교유敎諭, 부府의 추관推官, 주州의 지사知事 등 관직을 역임했지만 평생 명리와 봉록에 큰 관심이 없었다. 명나라가 멸망한 후 그는 더는 벼슬하지 않고 은사로 살았다. 그의 명저『천공개물天工開物』은 당시 농업, 그중에서도 특히 수공업 생산기술을 다루었는데 이는 지금도 아주 중요한 과학 문헌으로 인정되고 있다. 그는『천공개물』서문에서 "이 책은 공적, 명예, 벼슬과는 전혀 상관이 없다(此書於功名進取毫不相干也)"라고 했다. 이 말 한마디에도 명리를 따지지 않고 과학에 헌신한 그의 사상 경지가 남김없이 드러나 있다.

고대에는 생산력이 비교적 낮았기 때문에 사람들의 인식 능력도 매우 제한적이어서 과학과 미신의 경계를 분명하게 구별하지 못했고, 과학과 미신이 항상 혼재된 형태로 있었다. 몇몇 미신은 현대인의 안목으로 보면 매우 황당무계하지만 객관적인 면으로 볼 때 과학 발전에는 긍정적인 역할을 했다. 예를 들면 고대인은 하늘과 사람이 쌍방향으로 교류하므로 인간의 행위가 하늘을 감동시킬 수 있고, 천문 현상에도 그에 상응하는 변화가 일어난다고 인식했다. 인간의 선한 행위에는 하늘이 길조를 보이고, 타당하지 않은 행위에는 비정상적인 자연현상으로 경고를 보낸다는 것이다.

이러한 관념을 통상적으로 '천인감응설天人感應說'이라 한다. 고대의 점성술이 바로 이러한 관념이 야기한 미신이다. 점성술 자체는 결코 과학에 속하지 않지만 인간은 점성술을 믿었기 때문에 각종 비정상적인 자연현상에 특히 유의하면서 그것을 관측하고 기록하는 흥미와 열정을 갖게 되었다. 매번 비정상적인 자연현상을 만날 때마다 사관들은 그것을 제때 기록했을 뿐 아니라 신중하게 역사서의 「천문지天文志」, 「천상지天象志」 또는 「오행지五行志」에 편집해 넣었다. 고대 역사서에는 일식, 월식, 태양 흑점, 혜성, 유성우, 신성, 초신성, 오로라, 지진, 홍수, 가뭄, 풍해風害, 충해蟲害 등 각종 자연재해와 각양각색의 기이한 동식물에 관한 기록이 무수히 남아 있다. 이러한 기록은 오늘날 과학기술사를 연구할 때 매우 확실하고도 진귀한 자료가 되는데, 이는 고대인도 당초 예상하지 못한 효과라 할 수 있다.

중국에서 발생하고 성장한 종교인 도교도 과학기술사에서 매우 중요한 역할을 했다. 도교 경전 총집인 『도장道藏』에는 연단술과 관련된 수많은 저작이 보존되어 있다. 가장 유명한 것이 바로 『주역참동계周易參同契』와 『포박자抱朴子』 「내편內篇」이다. 전자는 '만고단경지왕萬古丹經之王'으로 칭송되고 후자는 신선 단정파丹鼎派의 대표작으로 일컬어진다. 외단外丹을 정련하는 데 쓰이는 원료는 금, 은, 납, 수은, 운모, 석영, 유황, 웅황, 자황 등 광물류 약재와 소나무와 잣나무 진액, 복령, 영지 등 식물 약재다. 광물류 약재는 일반적으로 모두 정련 과정을 거쳐서 사람이 복용할 수 있는 모종의 화학물질로 만든다. 따라서 외단을 정련하는 과정은 실제로 하나의 화학반응 과정인 셈이다.

연단의 화학반응에는 주로 두 가지가 있다. 하나는 화법火法반응이고 다른 하나는 수법水法반응이다. 화법반응은 주로 열을 가하는 것이고, 수법반응은 주로 물에 용해하는 것이다. 연단을 할 때 도교도들은 아주 경건한 태도를 유지하며 모든 작업을 매우 세밀하게 진행한다. 그것은 본래 종교적 신앙심이라 할 수 있지만 그런 모습은 과학연구에서 필수적으로 갖춰야 할 태도이기도 하다. 도교도들은 성실한 탐색과 결산 과정을 거쳐 수많은 화학 지식을 이해하고 화학 부문에서 다양한 성과를 얻어냈다. 예를 들면 『포박자·내편』「금단金丹」에서는 이렇게 말했다. "단사를 태우면 수은이 되고, 그 변화가 쌓이면 다시 단사가 된다(丹砂燒之成水銀, 積變又還成丹砂)." 단사는 황화수은[硫化汞]으로 붉은색을 띠고 열을 가해 단련하면 황이 산화작용을 일으키면서 이산화유황SO₂이 되어 금속 수은이 분리되어 나온다. 이것이 바로 이른바 '단사를 태우면 수은이 된다는 것'이다. 다시 수은과 유황을 결합하면 검은색 황화수은이 생성되고 그것을 승화시키면 붉은색 황화수은 결정을 얻을 수 있는데 이것이 바로 '변화가 쌓이면 다시 단사가 된다'는 것이다.

또 『포박자·내편』「황백黃白」에는 다음과 같은 설명이 있다. "납은 성질이 희지만 그것을 붉게 하면 단丹이 된다. 단은 성질이 붉지만 희게 하면 납이 된다(鉛性白也, 而赤之以爲丹. 丹性赤也, 而白之以爲鉛)." 이것은 납이 화학반응을 거쳐 흰색의 염기성탄산납basic lead carbonate이 되고, 다시 열을 가하여 각종 화학 변화를 일으키면 붉은색의 사산화삼납Pb₃O₄이 되며, 사산화삼납이 또 화학반응을 거치면 흰색 납이 분리되어 나온다는 것이다.[757] 수법반응에 관해서는 도교 경전 『삼십육수법三十六水法』에서 용액을 이용하여 황금과 단사 등 광물을 용해하는 다양한 지식을 소개하고 있다. 그중에서 초산 등 무기염을 사용한 사례는 세계에서 가장 앞선 경우에 해당한다.[758] 대규모 수법 연강煉鋼은 송대에 시작되었지만 그 기원은 도교의 연단술에서 비롯되었다. 화학반응은 황산에도 사용되었다. 『황제구정신단경결黃帝九鼎神丹經訣』에는 숯으로 황산구리를 태워 연기를 내면서 황산을 얻는 방법이 있다. 자오쾅화趙匡華 선생은 이것이 건류법으로 황산을 만든 세계 최초의 기록이라고 인정했다.[759]

도사들의 연단 목적은 불로장생을 추구하기 위한 것뿐 아니라 그것을 약재로 사용하여 인간의 병을 치료하기 위한 것도 있다. 당나라의 도사이며 의학자인 손사막은 단사, 증청曾靑, 자황, 웅황, 자석, 금아金牙 등의 광물로 화학 조제약 '태일신정단太一神精丹'을 만들어냈다. 그 속에는 산화비소, 산화수은(비소와 수은에는 모두 맹독이 들어 있음)이 포함되어 있는데, 그것으로 다양한 종류의 병충과 세균을 죽였다. 또 신체 외부에 사용하여 피부병을 치료했고 신체 내부로 복용하여 회귀열과 학질을 치료했는데 여기에는 강장작용도 있다고 한다.[760]

역사적으로 도교도 중에서 의학에 정통한 사람이 매우 많았다. 위에서 거론한 명의 화타, 갈홍, 도굉경, 손사막 등이 모두 도사였다. 약물학과 처방학 연구는 필연적으로 동물학과 식물학 지식과 관련을 맺는다. 따라서 역사적으로 수많은 도사가 모두 동물학과 식물학 분야에 정밀하고 깊이 있는 견해를 갖고 있었다.

연단술과 관련된 과학기술 발명도 거론할 만한 가치가 있다. 예를 들면 송나라 때부터 화약을 광범위하게 사용했지만 화약을 배합하는 방법은 적어도 당나라 때 이미 도사들이 연단하는 과정에서 발견했다. 연단 용기는 밀봉해야 했으므로 도사들은 일종의 '육일니六一泥'를 만들어 사용했다. 육일니는 융염戎鹽(단맛이 나는 암염), 노염鹵鹽(쓴맛이 나는 소금), 여석礜石(비소 성분이 들어 있는 돌), 모려牡礪(굴껍데기 분말), 적석지赤石脂(풍화한 돌의 진), 활석滑石(표면이 매끈한 돌), 반석礬石(유황을 함유한 돌) 등 원료를 정련해서 만드는데, 육일니 속에 규소, 칼슘산화물, 소금 등이 들어 있기 때문에 그 성능이 오늘날의 시멘트와 비슷하다.

종합해보면 도교가 과학기술에 공헌한 점은 아주 다양하다. 이 점에 근거하여 니덤은 도가를 다음과 같이 칭송했다. "동아시아의 화학, 광물학, 식물학, 동물학은 모두 도교에서 기원했다." 심지어 또 이렇게 말했다. "중국에 만약 도교사상이 없었다면 깊은 뿌리가 썩어가는 고목과 같았을 것이다."[761]

③ 중국 고대 과학기술은 왜 점점 쇠락했나

니덤은 1940년대에 여러 자리에서 언급하기를 그가 『중국 과학기술사』를 쓴 목적의 하나는 한 가지 중요한 문제를 토론하기 위해서라고 했다. 그것은 바로 중국이 15세기 이전에는 과학 발명과 발견 분야에서 동시대의 유럽을 훨씬 뛰어넘었지만 16세기 이후로는 오히려 유럽이 근대 세계 질서 형성에 기본 요소의 하나로 작용한 현대과학을 탄생시켰고, 같은 시기에 중국문명은 아시아에서 그와 유사한 과학을 탄생시키지 못했는데, 그 장애요소는 무엇일까 하는 문제였다. 이 문제를 사람들은 '니덤 문제' 라고 한다.

이것은 우리가 깊이 사고해야 할 문제지만 대답하기 어려운 문제이기도 하다. 중국의 고대 과학기술은 오랫동안 동시대의 유럽을 능가했다. 이것은 사실이다. 유럽은 16세기 이후 현대과학을 탄생시켰다. 이것도 사실이다. 이미 발생한 사실에 대해 우리는 명확하게 발생 원인을 찾아낼 수 있다. 예를 들면 고대 과학기술이 찬란한 성과를 낼 수 있었던 원인에 대해서는 앞에서 적지 않게 분석했다. 유럽이 현대 과학기술을 탄생시킨 원인도 사람들이 분석 결과를 많이 내놓고 있다. 그러나 중국이 16세기 이후 왜 현대과학을 탄생시키지 못했는가 하는 문제에는 대답하기가 쉽지 않다. 왜냐하면 발생한 적이 없는 일의 원인을 따질 때는 다양한 의견을 낼 수 있지만 그 대답에 필연성이 존재할 수 없기 때문이다. 예를 들어 우리는 똑같은 방식으로 다음과 같은 질문을 할 수 있다. 유럽의 현대 과학기술은 고대 그리스의 과학기술 문헌을 수집하고 정리한 기반 위에서 탄생하고 형성되었다. 그러나 9세기에서 12세기 사이에 아랍인들도 고대 그리스 과학 저작을 수집하고 번역하고 정리하고 전파하는 일을 매우 중시했는데 어째서 현대 과학기술이 아랍 국가에서는 탄생할 수 없었는가? 이 문제에 대해서 사람들은 물론 두세 가지 해답을 내놓을 수 있을 것이다. 하지만 그 해답은 검증할 방법이 없으므로 필연성을 갖출 수 없다.

그러나 유럽에 대해서든 아니면 자신의 과거에 대해서든 중국은 16세기 이후 과학기술의 발전 속도가 느려졌을 뿐만 아니라 갈수록 정체되었고, 결국 근대에 이르러 낙후된 끝에 외국 침략을 당해 울분까지 자아내는 결과를 빚게 되었다. 이것은 이미 일어난 객관적 사실이다. 우리는 이런 사실을 회피할 수도 없고, 그 원인을 깊이 생각하지 않을 수도 없다.

중국의 과학기술이 16세기 이후 낙후된 원인에 대해서 이미 많은 사람이 여러 측면으로 논의한 적이 있다. 심지어 어떤 사람은 그 근원을 중국의 오래된 문자인 한자에서 찾으려고도 했다. 그러나 가장 주요한 원인은 15세기 이후 봉건제도가 점차 몰락했고, 이것이 직접 과학기술 낙후를 야기했기 때문이다.

사회제도가 과학기술 발전을 촉진하거나 제약한 일은 유럽 역사에서도 찾아볼 수 있다. 중세기 유럽의 과학이 거의 질식 상태였던 것은 암흑적인 교회 통치와 밀접하게 관련되어 있다. 이것은 많은 사람이 인정하는 결론이다. 교회 통치하에서도 고대 그리스로마의 아리스토텔레스Aristoteles, 프톨레마이오스Claudius Ptolemaeus 등의 과학 저작이 여전히 전해졌지만 과학정신을 꽃피우지 못하고 오히려 신학이론의 보조 수단으로 간주되어 과학은 결국 신학의 시녀로 전락했다. 이것이 바로 생생한 실례다. 15세기 이후 유럽 자본주의가 발흥함에 따라 르네상스와 종교개혁이 뒤를 이었고 근대 자연과학도 이러한 대세에 맞추어 생기를 드러냈다. 이것도 생생한 실례다. 엥겔스는 중세시대를 이렇게 정의했다.

"중세기는 야만적인 원시상태에서 발전되어왔다. 그것은 고대문명, 고대철학 그리고 정치와 법률을 깨끗이 일소하고 모든 것을 처음부터 시작했다. 중세가 몰락한 고대세계로부터 계승한 것은 바로 기독교와 문명을 잃어버린 폐허뿐이었다. …… 성직자들이 교육을 농단할 수 있는 지위

를 확보함으로써 신학이 교육 속으로 스며들었다. 정치와 법률도 모두 성
직자들의 손에 장악되었고, 이 또한 다른 모든 과학과 마찬가지로 신학의
지원군이 되었다. 모든 것이 신학 속에서 통용되는 원칙에 따라 처리되었
다."[762]

자본주의와 과학 발전의 관계를 마르크스는 다음과 같이 말했다.

"자본주의 생산은 이때 처음으로 자연과학을 위해 상당히 큰 규모로 연
구, 관찰, 실험을 진행할 수 있게 물질적 수단을 창조해줬다. 자본주의 생
산이 확대됨에 따라 과학적인 요소도 처음으로 의식적이고도 광범위하
게 발전하고 응용되었으며 아울러 현실 생활 속에서도 그 규모가 이전 시
대에는 상상할 수 없을 정도로 커졌다."[763]

마르크스와 엥겔스의 이런 언급은 유럽 중세기의 본질과 자본주의 생
산 및 과학 발전이 맺고 있는 관계를 인식하는 데 많은 도움을 준다.

사실이 이와 같으므로 17세기에서 18세기까지 영국, 프랑스 등 유럽
국가에서 일어난 부르주아 혁명의 승리, 산업혁명, 해외 식민지 확장은
모두 상호보완적으로 진행된 것이다. 이 과정에서 유럽의 과학기술은 줄
곧 신속한 발전을 거듭했다. 그러나 이 시기 중국은 여전히 잠자는 사자
에 불과했다. 봉건제도도 여전히 고유 논리에 따라 한 걸음 한 걸음 전제
를 더욱 강화하고 암흑을 더욱 심화하는 지경으로 내달아 결국 낙후의 수
렁에서 외국에 구타당하는 비참한 결말을 맞고 말았다.

중국 봉건제도 몰락의 표지는 바로 봉건 전제제도 강화로 드러났다. 이
로써 국민의 자유정신은 상실되었고 창조력은 억압될 수밖에 없었다.

봉건 전제제도는 명대에 이미 뚜렷하게 강화되기 시작했다. 그것은 정

치적 측면에서 봉건 군주 개인의 권력 강화와 경제적·법률적·문화적·교육적·사상적 측면에서의 전면적 무단통치로 표현되었다. 명 태조 주원장은 강경하고 사나운 정치를 숭상했다. 그는 연거푸 정치적으로 큰 사건을 만들어 공신들을 살육했고, 걸핏하면 조정에서 대신들에게 곤장을 쳤다. 심지어 특무기관인 금의위錦衣衛를 창설하여 몰래 신하들을 감시했다. 지방에 대해서도 황책黃册[764]과 어린도책魚鱗圖册[765]이라는 편제로 보통 농민들에 대한 통제를 강화했고 능지처참, 변방 배치 등의 수단을 이용하여 범죄자에게 가혹한 징벌을 시행했다. 과거시험은 사서오경에서만 문제를 출제하고 선비들에게 성인을 대신하여 문장을 지으라고 요구하면서 그들의 사상을 통제했다. 전제제도의 강화로 과학기술의 발전이 분명하게 억압되었다. 명대 후기에 이르러 중국의 과학기술은 이미 유럽의 수준과 뚜렷한 차이를 보이기 시작했다. 이 시기에도 비록 이시진, 서하객, 송응성과 같은 위대한 과학자가 출현하기는 했지만 모두 은사였다. 따라서 이들의 성취는 동시대 유럽 과학자 코페르니쿠스, 갈릴레이, 케플러, 데카르트, 하비 등에 비해 일정한 차이를 보였다.

명대 후기에 강남에서 자본주의의 싹이 트고 같은 시기에 서양문화가 중국으로 전입됨으로써 동서양 과학기술의 간극이 해소될 좋은 계기를 맞았다. 이 시기에 일어난 방직·제철·도자기 기술의 진보, 풍력·수력·석탄 등 에너지원에 대한 수공업의 운용, 공장주와 고용 노동력의 대규모 출현은 모두 자본주의를 한 걸음 더 발전시키는 여건으로 작용했다. 중국과 외국의 교류 부문에서도 유럽 선교사들의 도래와 서광계徐光啓, 이지조李之藻 등의 노력으로 일정 정도 서로 교류를 촉진하는 효과를 발휘할 수 있었다.

그러나 청나라 군대의 산해관 진입과 명나라의 멸망으로 역사의 방향이 바뀌게 되었다. 청나라는 중원의 주인이 된 후 한족화 정책을 강화했으나 그들은 한족문화 중에서도 주로 봉건 전제제도를 학습했다. 봉건 전제제도는 민족 억압을 강화하여 명대에 비해 더욱 암흑적인 사회를 만들었다. 자본주의 맹아가 가장 이른 남동쪽 일대에서 반청운동이 가장 격렬했다. 이 때문에 그곳은 진압이 가장 잔혹하고 통제가 가장 엄밀한 지역이 되었다. 강희·옹정·건륭 시대에 융성기가 출현하여 농업과 수공업 생산이 비교적 크게 발전하고 상업도 신속하게 발전하여 전국적으로 시장 시스템이 초보적으로 형성되었고, 대외무역도 전에 없이 흥성했으며, 자본주의적 요소도 명말에 비해 더 증가했지만 총체적으로 보면 봉건 전제의 정도가 약화되었다기보다는 오히려 더욱 엄혹해졌다고 할 수 있다. 국가의 일은 크고 작고에 관계없이 모두 황제가 최종 결정을 했다. 이로써 황제 한 사람의 의지가 국가 운명을 결정하게 되었다. 또 끊임없이 이어진 문자옥도 지식인의 자유사상을 엄중하게 훼손했다. 팔고문으로 과거를 보는 제도는 이권으로 선비를 유혹하여 결국 그들을 부패시키는 도구로 전락했다.

강희제와 건륭제는 문치를 한다는 구호 아래 지식인의 역량을 조직하여 『고금도서집성古今圖書集成』과 『사고전서四庫全書』 등과 같은 대형 문헌을 편집했지만 이런 사업의 진정한 목적은 문화를 고양하려는 것이 아니라 이 기회를 빌려 문인 학자들의 현실적 관심을 돌리려는 것이었다. 그들은 이를 빌미로 문화통제를 강화하여 문화에 심지어 큰 상처를 입혔다.

이 때문에 청나라 초기에 과학기술 부문에서 약간 성과를 내기도 했고, 강희제처럼 과학기술에 열렬한 뜻을 지닌 황제가 출현하기도 했지만 과학기술이 나날이 몰락하는 총체적인 방향을 바꿀 수는 없었다.

건륭 말년에서 가경·도광시대까지 봉건 전제제도의 폐단이 나날이 심해졌지만 가경제와 도광제는 강희제나 건륭제처럼 더는 독단적인 능력을 발휘하지 못했다. 인구는 끊임없이 증가하고 왕공 귀족은 나날이 사치에 빠져들었으며, 부패 풍조는 갈수록 심해지고 국가 재정은 점점 더 고갈되었다. 군대의 무기는 하루하루 부식되고 민중의 반항은 더욱더 격화되었지만 봉건 통치자들은 근본적으로 쇠락의 대세를 되돌릴 힘이 없었다. 건륭시대에 흥성한 고증, 교감, 음운, 훈고 위주의 고증학도 사대부들을 현실 문제에서 벗어나 옛날 종이더미로 침잠하게 했다. 게다가 건륭제 후기에 시작된 쇄국정책으로 대외 교류는 단절되어 나라 전체가 아무런 생기도 찾아볼 수 없는 상황이 되고 말았으니, 어떻게 과학기술의 발전을 운위할 수 있겠는가? 1840년 아편전쟁 이후 제국주의의 함선과 대포의 위협을 받고 불평등조약을 맺은 후 중국은 결국 반+식민지 반+봉건국가로 전락했다. 따라서 과학기술의 발전은 더욱더 심한 곤경 속으로 빠져들었다.

그러므로 16세기 이후 중국의 과학기술 발전이 점점 쇠락의 길을 걸은 것은 근본적으로 봉건제도의 몰락에 따른 결과였다.

다음으로 일반 연구자들은 모두 중국이 지정학적 측면에서 상대적으로 폐쇄된 나라인데다 한족문화가 주변 소수민족 문화에 비해 상대적으로 발달해서 특히 봉건왕조 담당자들은 과대망상에 젖었고, 이 때문에 중국의 고인들이 점점 자아 중심의 경향을 보였다고 인식했다. 또 중국은 역대로 자급자족 국가였다. 이러한 자급자족 상황에 근거하여 사람들은 중국이 세계에 의지하지 않아도 되고 다른 나라와 교류할 필요도 없다고 믿었다. 이것은 매우 뿌리 깊은 관념이어서 명나라 말기 전 세계에 대한 지리 지식이[766] 전입된 이후에도 철저하게 타파되지 않았다. 청대 통치 자들은 "천조天朝는 물산이 풍부하여 없는 것이 없다(天朝物産豐盈, 無所不有)" 라는 관념을 쇄국정책의 이론 근거로 삼았다. 외국 사신단이 중국에 왔을 때도 청나라 통치자들은 흔히 그들을 먼 곳에서 조공을 바치러 온 속 국 사신으로 대우하면서 국가와 국가 사이의 평등한 교류로 간주하지 않았다. 이러한 태도는 모두 중국과 세계의 교류에 불리하게 작용해서 오직 자신을 더욱 심하게 폐쇄시키고, 더욱 보수화하고, 더욱 낙후시킬 뿐이 었다.

중화민족은 지혜가 풍부하고 창조력이 풍부한데, 수천 년 동안 창조해 온 휘황찬란한 역사가 바로 그것을 명확하게 증명한다. 중국의 전통문화 속에 고귀한 에센스가 즐비하다는 것은 세계가 공인하고 있는 사실이다. 그러나 중국의 전통문화에서는 오늘날의 관점으로 보면 매우 제한적이 고 심지어 조악한 요소도 발견할 수 있다. 이러한 것들이 과학기술 발전 에 부정적으로 작용했고 더 나아가 걸림돌이 되었다.

예를 들어 사유의 각도로 말해보면 고대인들은 천지의 관계를 인식할 때 잘못된 관념을 갖고 있었다. 고대인들이 이해한 천天은 언제나 지地와 상대되는 개념이었고, 지地 자체도 천天의 일부로 간주하지 않았다. 중국 천문학사에서 고대인들은 개천설蓋天說,[767] 혼천설渾天說,[768] 선야설宣夜

說[769] 등의 개념을 가지고 우주는 무한하다고 인식했고 해, 달, 오성 운행에 대한 관측도 매우 정밀하게 진행했다. 심지어 아주 정밀한 행성 회합주기까지 계산했다. 그러나 고대 그리스의 피타고라스학파처럼 천체모형 이론을 제시하지 못했으며 고대 로마 천문학자 프톨레마이오스처럼 '지구중심설[地心說]'을 주장하지도 못했다. 고대인들은 특히 '천天(하늘, 자연)'과 '기技(기술)'의 관계를 중시했다. 『장자』「양생주養生主」에는 '도道'가 '기技'로 나아간다는 이론이 있다. '도道'란 만사와 만물의 총근원, 총규칙, 총원칙, 총강령인데, '도' 하나만으로 만물을 제어할 수 있다고 했다. 고대인은 항상 '도'를 이용하여 모든 현상을 총괄하고 해석했다. '기技'는 구체적인 기술이다. 각종 '기技'를 연구하는 부문에서 고대인들은 늘 심오한 원리를 탐구하여 정밀한 기술을 창안했다. 이것이 아마도 고대의 다양한 기술이 세계의 앞 대열에 위치하게 된 원인일 것이다.

그러나 옛사람들은 왕왕 '기技'를 직접 '도道'와 연결했다. 즉 '기技'를 직접 총근원, 총규칙, 총원칙, 총강령으로 연결하면서 구체적인 규칙 탐구는 소홀히 했다. 구체적인 규칙에 대해서 옛사람들은 존재를 몰랐던 것도 아니고 그것을 탐구한 사람이 없었던 것도 아니다.[770] 애석한 것은 고대인들이 자연과학 문제를 논술할 때 큰 이치를 밝히는 데 주안점을 뒀을 뿐 구체적인 '사물의 이치'에는 늘 소홀히 했다는 점이다. 이런 점 때문에 고대인들의 자연과학 연구는 이론적인 면에서 늘 모호하고 불분명하며 공허한 특징을 보였고, 시종일관 경험과 감성의 속박에서 벗어나기 어려웠다. 물론 이것은 아마도 한계성이 아니라 고대 사유방식의 특징일 것이다. 또 그것이 한계성이라 하더라도 다른 민족과 교류해 보완할 수 있는

것이라 할 수 있다. 이는 중국인이 고대 그리스 유클리드의 『기하원본』,
아르키메데스의 『부체浮體에 대하여』와 『원圓의 측정에 대하여』를 이해하
고 수용할 수 없었기 때문도 아니고, 코페르니쿠스와 갈릴레이, 다윈의
관점을 이해하고 수용할 수 없었기 때문도 아니며, 역사와 지리적 조건
의 한계로 마땅히 있어야 했던 교류가 서로 없었기 때문에 야기된 현상이
었다.

중국 고대의 '천인합일설天人合一說'도 일정 정도 한계성이 있다. 천인합
일설이 관심을 기울인 것은 우주 가운데 자리 잡은 인간의 지위이고, 가
장 중점을 둔 것은 인간과 자연의 조화였다. 이런 견해에는 합리적 요소
가 포함되어 있다. 그러나 천인합일설도 항상 자연과학과 인문학을 결합
하는 과정에서 자연에 관한 문제를 토론하면서 자연을 인문화했고, 인문
학 문제를 토론하면서는 인문을 자연화하는 결과를 야기했다. 따라서 자
연과학과 인문학 양자를 연구할 때 모종의 편향을 드러냈다. 천일합일설
은 또 신학의 출현을 초래하기도 했다. 한나라 동중서가 주장한 '천인감
응론'은 천인합일설의 일종이다. 이 학설은 자연으로서 천天을 의인화하
여 천이 의지를 갖고 인간 세계를 감시할 수 있으며, 아울러 군주의 행동
이 양호한지 불량한지에 따라 복이나 재앙을 내린다고 인식했다. 바로
앞에서도 서술한 바와 같이 고대에는 과학과 미신이 혼재된 형태로 존재
했다. 이러한 관념으로 유도된 점성술도 천문학 발전에 아주 큰 역할을
했다.

그러나 근본적인 면에서 그것은 일종의 미신이어서 한나라 때 이미 환
담과 왕충 등의 비판을 받았다. 또 그것은 세속의 정치를 위해 봉사했기

때문에 봉건시대에는 아주 큰 시장을 갖고 있었다. 따라서 점성술은 과학의 전파와 발전에 불리한 영향을 미쳤을 뿐 아니라 정치 변혁에도 항상 걸림돌로 작용했다. 역대 통치자들은 모두 자신이 천하를 얻은 것을 천명이 귀착된 것이라면서 자신을 신격화했다. 또 천문의 변화가 민심을 뒤흔들어 자신의 통치를 해칠까봐 두려워했기 때문에 항상 천문학 영역 내에 금지 구역을 설치했다. 예를 들면 역대 몇몇 황제는 태사의 천문 관측 결과를 봉함하여 외부로 발설하지 못하게 했다.

『남제서』「천문지天文志」에는 남조 제나라 명제明帝 건무建武(494~497) 연간의 다음과 같은 기록이 남아 있다. "태사가 일을 아뢰자 명제는 천문의 변화가 밖으로 전해지지 못하게 하려고 그것을 비밀로 하여 밖으로 내보내지 않았다(太史奏事, 明帝不欲使天變外傳, 并秘而不出)." 당 문종 개성開成 (836~840) 연간에 황실에서는 사천대司天臺의 관리가 일반인과 왕래하는 걸 금지하면서 점괘의 길흉에 대해 비밀을 유지하라고 요구했다. 송 태평흥국太平興國 3년(978)에는 민간의 사사로운 천문 학습을 금지하려고 천문을 아는 민간인에게 조서를 내려 일괄적으로 과거를 본 후 사천대에서 근무하라면서, 만약 사실을 숨기고 보고하지 않으면 사형에 처하겠다고 했다. 다음 해 전국 각 관청에서 천문 술사術士를 보내오자 과거시험을 보게한 후 일부는 사천대에서 일하게 하고 나머지는 얼굴에 묵형墨刑을 가해 섬으로 유배를 보냈다. 명나라 초기 주원장은 사사롭게 천문을 배우는 사람은 유배형에 처하고 사사롭게 역법을 만드는 사람은 극형에 처하라고 규정했다.[771] 이러한 조치는 천문학의 전파와 발전에 지극히 불리하게 작용했다.

천인감응론은 풍수학, 관상학, 운명학 등 수많은 영역으로 스며들었다. 우리가 앞에서도 서술한 것처럼 고대 풍수학에는 과학적인 요소가 포함되어 있다. 그러나 천인감응론의 미신적인 내용을 받아들인 후 고대 풍수학에는 황당한 이론이 많이 섞여 들어가게 되었다. 이러한 이론은 심지어 근대까지도 과학기술의 발전에 악영향을 끼쳤다. 예를 들면 양무운동때 보수파들은 철도 건설에 반대하면서 '산천을 뚫으면 반드시 신의 징벌을 당한다(穿鑿山川, 必遭神譴)'[772]는 기괴한 이유를 내세웠다.

[생각거리]

1. 중국 고대 과학기술 분야의 주요 성과는 무엇인가? 또 그 발전에는 어떤 특징이 있는가?

2. 중국이 고대 과학기술 분야에서 큰 성과를 거둔 원인은 무엇인가?

3. 왜 중국에서는 16세기 이후 과학기술이 점차 낙후되었는가?

[참고자료]

1. 조지프 니덤, 『중국 과학기술사』, 科學出版社, 1990.
2. 두스란, 판추위 등, 『중국 과학기술사고』(수정본), 北京大學出版社, 2012.
3. 루융샹 주편, 『중국 고대 과학기술사강』(수학, 물리와 화학, 천문학, 지리학, 생물학, 농학, 의학, 기술이 포함된 제8권, 각 권은 모두 서로 다른 저자가 집필함), 遼寧教育出版社, 1996.
4. 주야핑, 『도교문화와 과학』, 中國科學技術大學出版社, 1995.

중국 근대사의 새로운 과제

〔 14강 〕

　중국 사회는 몇천 년간 고대 농업문명을 거친 후 청나라 말기 도광道光, 함풍咸豊 연간 즉 19세기 중엽에 이르러 천고에 없었던 변화가 일어났다. 이러한 변화는 중국인에게 새로운 역사적 과제를 두 가지 던져줬다. 하나는 바로 외세의 침략에 저항하면서 국가와 민족의 독립을 쟁취하는 일이고, 다른 하나는 세계 근대화의 조류에 순응하며 중국 사회의 전면적인 전환을 실현하는 일이었다.

　이 두 가지 새로운 역사 과제를 실현하는 과정에서 중국인은 여러 차례에 걸친 외국 열강의 침략 전쟁과 다방면의 괴롭힘을 당하는 동시에 농민 계급과 부르주아지의 영도하에 외국 침략에 반항하고, 청나라 전제정치와 북양군벌의 군사독재에 반대하는 투쟁을 계속 전개했다. 그러나 이런 투쟁은 결국 실패하고 말았다. 그리고 선진적인 중국인은 서구의 과학기술, 대규모 기계 생산방식, 민주제도, 사상문화를 배우자고 제창하면서 중국의 사상을 바꾸고, 관념을 갱신하고, 기계 산업 발전을 가속화하고, 정치의 민주화와 법제화를 실현하자고 제창했다. 이를 위해 당시 선구자들은 간고하고도 탁월한 노력을 기울였다.

효과는 미미했지만 이들의 노력에 힘입어 중국 사회는 마침내 근대화의 첫걸음을 내딛게 되었다. 1919년 5·4운동 이전 80년의 역사가 밝혀준 바에 따르면 중국이 서양 국가의 옛길을 따라 걸으려는 시도는 성공하지 못했다. 이후 중국인은 마르크스주의 이론과 혁명의 구체적인 실천을 결합하여 앞에서 넘어지면 뒤에서 이어받고, 희생으로 분투하며 국가와 민족의 독립을 실현했다. 아울러 오랜 기간 고난의 탐색과 파란만장한 곡절을 겪는 과정에서 국가의 근대화가 비로소 정확한 길을 찾게 되었다. 이로써 두 가지 새로운 역사 과제는 마침내 점차 해결되는 모습을 보이게 되었다.

① 청나라의 쇄국과 낙후 그리고 서구 근대화의 조류

1644년 만주 귀족은 산해관으로 진입한 이후 중국 최후의 봉건왕조 청나라를 세웠다. 중원으로 들어온 후 100여 년 동안 청나라는 개간 장려, 탄정입무攤丁入畝[773] 등의 경제정책을 시행했기 때문에 사회 발전과 경제 번영의 국면이 촉진되었다. 청나라 중기 이전 상당히 긴 시간 정치 분야건 경제와 문화 분야건 막론하고 중국은 여전히 세계의 앞 대열에 서 있었고 당시 세계 최강대국의 하나였다. 이 시기를 사학자들은 '강건융성기

[康乾盛世]'라고 한다(이 책 3강에서 상세히 서술했음). 이 시기 중국의 판도는 북으로 시베리아에 닿았고 동북으로는 스타노보이산맥과 사할린섬에 이르렀으며, 서쪽으로는 파미르고원에 도달했고 남쪽으로는 타이완과 난하이南海에 걸쳐 있었다. 청 도광 연간에 중국의 영토 면적은 1,300여 만 ㎢에 이르러 전체 유럽 면적보다 200여 만 ㎢나 넓었다.

그러나 봉건주의의 생산관계가 중국에서 막다른 골목에 이르러 사회 생산력 발전에 어떤 새로운 여지나 기회도 제공하지 못했고, 심지어 생산력 발전을 심각하게 가로막게 되었다. 건륭 중·후기부터 중국 사회는 점차 쇠퇴기로 접어들었고 아편전쟁[774] 시기에 이르면 이미 사방에 위기가 잠복하게 되었다.

먼저 사회경제 영역에서 지주가 땅을 소유하는 토지제도와 자급자족에 기반을 둔 봉건 자연경제가 사회의 생산력 발전을 속박해서 토지 겸병과 농민 파산 현상이 매우 심각해졌다. 가경 연간(1796~1820)에 전국 경지 면적은 대략 8억 무에 이르렀지만 대부분 지주와 각급 관료가 장악했다. 예를 들면 도광 시기의 대학사 기선琦善은 토지를 무려 265만 무 소유했다. 토지 집중 현상의 심화로 농민들은 토지를 잃고 지주의 고용농으로 전락했다. 그들은 지주에게 70% 이상 소작료를 바치는 이외에도 무거운 세금과 각종 잡다한 명목의 수탈에 시달려야 했다. 이러한 사회경제 상황으로 소규모 농업과 소규모 수공업은 한층 더 밀접하게 결합되었다. 농민들은 농업 생산에 종사하는 동시에 가내수공업 노동에 종사해야 했다. 자급자족의 소농경제는 사회의 분업과 생산 규모의 확대 그리고 생산기술 수준의 발전을 심각하게 방해했다. 당시 청나라는 농업을 중시하고 상업을 억제하는 정책을 시행하면서 선진적인 생산기술과 공예를 부정한 기술로 간주하여 배척했다. 이렇게 하여 해안 지방에서 싹트던 자본주의 맹아가 수공업에서 대규모 산업으로 전환할 조건을 상실하게 되었다. 물론 계속 성장을 멈추지는 않았다. 이 때문에 아편전쟁 이전 시기까지는 중국 사회의 경제생활 가운데서 봉건 자연경제가 여전히 주도적 지위를 차지했다.

정치적 측면에서는 중앙집권의 군주 전제제도가 고도로 발전하면서 봉건통치의 부패가 심각하게 진행되었다. 역사상 중앙집권의 군주 전제제도는 중국 민족의 다원일체 사회 형성과 사회 생산력 발전에 일정 정도 긍정적인 역할을 했다. 그러나 사회가 끊임없이 발전함에 따라 이러한 제도의 폐단이 날이 갈수록 더욱 심해졌다. 청나라는 명나라의 정치제도를 계승하여 중앙집권의 군주 전제제도 발전을 정점으로 끌어올렸다. 이러한 제도는 황제를 중심으로 중앙과 지방에 완전하고 엄밀한 거대 관료 체계를 형성했다. 권력은 군주의 권위와 전제정치를 옹호하면서 백성의 불만과 반항을 엄밀하게 통제하고 진압했다.

이런 상황에서 통치집단의 부패는 너무나 흔한 현상이 되었고, 관리들은 부귀 이외에 국가대사와 민생이 무엇인지 알지 못했으며, 자기 파당을 제외하고 인재가 무엇인지도 알지 못했다. 청나라에서는 암흑적인 관치官治, 매관매직, 뇌물횡행, 탐욕부패가 하나의 기풍이 될 정도였다. 백성들 사이에 "3년 동안 지방 장관을 하면 백설 같은 은화가 10만 냥 쌓인다 (三年淸知府, 十萬雪花銀)"라는 속담이 유행할 정도였다. 이 속담에는 당시 부패 관리들의 진실한 면모가 잘 반영되어 있다. 청 중기 이후는 정치의 부패와 암흑이 중국 역사에서 아주 심각한 수준에 도달했다. 2,000여 년 동안 시행되어온 군주 전제정치가 수많은 폐단을 노정했기에 자신의 역량에만 의지해서는 폐단을 제거할 수 없게 되었다. 그 폐단이 이 시기에 이르러 남김없이 드러나면서 사회의 모순이 완전히 폭발 직전으로 내달았다.

정치의 부패는 군사 부문에까지 파급되었다. 도광 연간에 청나라 전체 군사 숫자는 대략 98만 명에 달했는데, 그것은 팔기군과 녹영군으로 구성되어 있었다. 팔기군은 산해관으로 들어온 이후 갖가지 특권과 불로소득을 얻어 기생충 같은 생활을 영위했다. 당초 산해관 밖에서 보여주던 용감하고 씩씩한 기상은 깡그리 사라졌다. 각지에 주둔한 팔기군은 네댓 명씩 무리를 지어 다니며 온종일 놀이를 즐겼다. 그들은 새를 넣은 조롱을 들고 다니기도 하고 서로 어울려 노름판을 벌이기도 했다. 청군의 무기도 매우 낙후되어 여전히 도刀, 창, 검, 방패 등과 같은 원시 무기를 휴대했고, 각 군사요새에 설치된 대포도 300년 전의 옛날 화포였다. 무기의 낙후와 군무의 해이로 군사력이 쇠퇴하자 당시 군인들은 백성의 재산을 약탈하는 일 이외에는 국방력을 완전히 잃어버렸다. 따라서 주권과 영토를 보위하는 책무도 완전히 상실했다.

사상문화 영역에서 청나라는 고압과 회유를 결합한 문화정책을 이용하여 문화 전제주의를 극력 추진했다. 고압적인 수단으로 사람들의 사상을 통제하는 동시에 명대 과거제도를 계승하여 독서인들에게 상층사회로 들어갈 수 있는 길을 만들어줬다. 청나라는 소수민족이 중국 전역을 통치한 정권이다. 그들은 한족 관리들과 재야 독서인의 '반만反滿(만주족 반대' 정서를 없애기 위해 '삼강오륜'처럼 봉건통치를 옹호하는 학설을 극력 선전하고 고취했다. 그리고 문자옥을 일으켜 한족 관리와 독서인의 언행을 엄격하게 통제했다. 특히 옹정과 건륭 연간에는 문자옥을 여러 번일으켜 청나라 통치에 반대하고 위협을 가할 만한 어떤 시도나 민중의 반란과 투쟁까지 모두 진압했다. 이로써 일부 독서인들은 정치를 외면하고 현실에서 벗어나 완전히 옛날 종이더미에 머리를 박고 고증과 문장 짓기에나 골몰했다. 청나라의 문화 전제정치로 사상문화 영역에서는 모든 새로운 목소리가 끊어지고 스산한 분위기만 가득 넘치게 되었다.

청나라 대외 정책의 기본 특징은 쇄국정책으로 자신을 봉쇄한 것이다. 이러한 특징은 사회, 정치, 경제, 문화의 기본 상황에 의해 결정되었다. 청 중기 이후 청나라 조정에서는 무역제한정책을 시행하고 해안 지방에서는 광저우 한 곳만 대외 통상 창구로 활용했으며 내륙 지방에서는 러시아 캬흐타Kyakhta에서 외국과 무역을 했다. 중국에 온 외국 상인은 청나라 정부가 지정한 공공 상점에서 무역 업무를 처리해야 했으며, 아울러 대외 상업 활동과 수출입 물량도 정부가 제한했다. 이것이 이른바 '무역제한정책限制貿易政策'이다. 무역제한정책은 중국에 부정적 영향을 크게 미쳤다. 그것은 민족 보위와 침략 저항도 달성하지 못하게 했고 오히려 중국의 대외무역 주도권과 기회만 상실하게 했다. 또 중국인의 시야를 제한하여 중국과 외국의 경제문화 교류의 기반을 차단했다. 이 때문에 중국과 세계의 거리는 더욱 멀어지게 되었다.

청나라는 경제, 정치, 군사, 문화와 외교 분야에서 이미 전면적인 위기 상황으로 진입했고, 민족모순과 사회모순이 나날이 격화되었으며, 각지 민중의 반항 투쟁도 빈번하게 일어났다. 1796년부터 1804년까지 지속된 백련교白蓮敎의 저항, 1813년의 천리교天理敎 저항 그리고 끊임없이 지속된 천지회天地會 저항운동은 전국적으로 파급되었다. 이로써 청나라 통치는 풍전등화의 상황에 처하게 되었다.

중국 봉건사회와 청나라의 통치가 점점 쇠퇴하여 각종 위기가 사방에 잠복해 있던 시절 영국과 프랑스를 대표로 하는 서양 국가는 르네상스, 종교개혁, 계몽운동으로 이미 암흑의 중세를 벗어나고 있었다. 물불을 가리지 않는 원시적인 자본 축적과 대외 식민지 약탈을 기반으로 한 서구 국가들은 17세기 중엽과 18세기 말엽 국력을 신속하게 키워 앞서거니 뒤서거니 자본주의의 길로 들어섰다.

14세기 중엽에서 17세기 초반까지는 유럽 국가가 봉건주의 사회에서 자본주의 사회로 나아가는 과도기였다. 근대 산업이 발전하기 시작하자 사회 생산력이 증가했고 여러 가지 새로운 기술과 발명품이 생산 과정에 응용되었다. 중국 4대 발명품도 이 시기 이전에 유럽으로 전입되었다. 자본주의 수공업 공장도 형성되기 시작했으며 아메리카 대륙도 발견되었다. 희망봉을 경유하는 새로운 항로를 개척하고 지구 일주 항해에 성공한 신흥 부르주아들은 광활한 시장을 갖게 되었고, 이러한 환경은 공업과 상업의 발전을 더욱 자극했다. 14세기 중엽 유럽에서는 사회혁명, 정치혁명, 기술혁명의 시대가 시작되었다. 이것이 바로 이탈리아에서 기원한 르네상스였다.

르네상스는 종교신학, 스콜라철학, 봉건문화와 달리 인간과 자연을 연구대상으로 삼은 세속의 사상문화 운동이었다. "그것은 인류가 종래에 경험해보지 못한 가장 위대하고 진보적인 변혁운동이었다. 거인이 필요하여 거인을 탄생시켰으며 사유 능력, 열정, 성격 부문에서 다재다능하고 박학다식한 거인을 탄생시켰다."[775] 그리고 그것은 철학, 문학, 예술, 사회, 정치, 자연과학 여러 영역에서 봉건문화, 신학적 세계관, 교회의 권위 및 기존 사회 이론을 향해 대대적인 충격을 가했다. 그들은 고대 그리스로마의 세속적인 사상과 문화를 회복하자고 주장했고, 개인을 중심으로 삼아 모든 것을 인간의 이익을 위해 안배하자고 주장했다. 르네상스의 사상과 문화의 핵심은 인간과 신의 대립, 인도人道와 신도神道의 대립인데 그 실질은 바로 부르주아 인성론과 휴머니즘이었다. 이것이 이후 유럽사회를 봉건 신학 통치에서 해방시켜 휴머니즘적 기반에 서게 했으며, 사회 통치를 신에게서 해방시켜 인간에게 귀속시켰다.

르네상스와 종교개혁의 세례를 받은 영국에서는 1640년에 혁명이 발생하여 부르주아 정치제도를 확립하고 자본주의를 발전시키기 위해 새로운 길을 개척했다. 당시 영국의 부르주아지가 한편으로 국내에서 대규모 인클로저운동을 전개하자 수많은 농민이 땅을 잃고 노동력을 파는 계층으로 전락했다. 이는 실제로 얼마 후 나타나는 대규모 기계 공업의 발전에 충분한 노동력을 제공하는 계기가 되었다. 다른 한편으로 영국은 끊임없이 대외전쟁을 일으켜 포르투갈, 스페인, 네덜란드 등 오래된 식민 강국을 패퇴시키고 해상 패권을 장악했다. 이로써 영국은 함선과 대포를 앞세워 전 세계를 편력하면서 이른바 '해가 지지 않는 나라'라는 세계 최대 식민제국을 건설했다. 죄악의 노예무역과 광적인 식민지 약탈에 힘입은 영국은 추악한 원시 자본을 대거 축적했다. 그들은 겨우 1757년에서

1815년에 이르는 기간에 인도로부터 10억 파운드에 달하는 재물을 약탈했다. 이것이 바로 산업혁명의 발생과 발전에 유리한 조건을 제공했다. 영국은 1835년에 이미 증기기관을 1만 9,335대 보유했다. 증기기관의 응용으로 사회 생산력의 발전이 대대적으로 촉진되었다. 방직업에서 면화를 사용한 총량은 1770년대에는 500만 파운드였으나 1814년에는 5억여 파운드로 증가했다. 70여 년 사이에 100배 증가한 것이다. 석탄 생산량과 철강 생산량도 수십 년이라는 짧은 기간에 몇 배 또는 십몇 배 증가했다. 당시 영국에서는 신흥 공업도시가 끊임없이 출현했고, 공업 생산량도 급격히 증가해 전 세계의 거의 절반을 차지했다. 19세기 전반기에 이르러 영국은 이미 세계 최강의 자본주의 국가가 되었다.

18세기 말에 일어난 프랑스대혁명은 근대 부르주아지가 봉건주의를 반대한 첫 번째 결전이었다. 당시 사회현실과 정치투쟁에는 여론을 환기하기 위한 일군의 사상가가 필요했다. 몽테스키외, 볼테르, 루소, 디드로 등이 바로 그중 가장 대표적 사상가였다. 그들은 새로운 자연관과 사회관, 세계관에 입각하여 현실 사회를 총체적으로 비판하고 미래 사회가 나아갈 길과 모델을 탐구하여 선명한 정치적 주장과 구호 그리고 행동노선을 제시했다. 이처럼 깊이 있는 사상 계몽과 정치 투쟁을 거치면서 프랑스에는 민주제도가 확립되었다. 이후 프랑스 자본주의는 미증유의 발전을 이룩했다. 19세기 전반기에 프랑스는 공업에 사용되는 증기기관을 이미 2,450대 보유했고, 1836년 철 생산량은 59만 톤에 이르렀다. 또 1815년에서 1840년까지 면방직 생산량은 3배나 증가했고 석탄 생산량도 현저하게 늘었다. 프랑스 공업 생산량은 영국 다음인 세계 2위에 도달했다.

그러나 프랑스의 대동방 무역 액수는 비교적 적었다.

미국은 건국 시기가 비교적 늦어서 주로 국내 개발과 건설에 집중하는 동시에 산업화 과정을 시작했다. 따라서 19세기 초 미국의 공업은 영국과 프랑스 두 나라에 비해 훨씬 뒤떨어져 있었다. 1830년대부터 미국은 증기기관을 광범위하게 사용했고, 그 이후 생산 발전 속도가 맹렬히 빨라졌다. 1805년 미국의 방적 기계 방추 보유량은 4,500매에 불과했지만 1825년에는 80만 매로 증가했다. 미국은 국토개발 초기에 철도 건설을 매우 중시했다. 1850년 미국 국내 철도는 이미 1만 5,000km에 달하여 세계 1위를 차지했다.

종합해보면 서양 주요 국가는 부르주아혁명 이후 점점 근대 산업화의 길로 나아갔다. 기계공업의 출현과 신속한 발전은 부르주아 정부를 추동하여 끊임없이 새로운 원료 생산지와 상품 시장을 찾아 해외 식민지를 개척하게 했다. 영·프·미 등 사이에 다양한 갈등이 존재했지만 중국 시장을 개척하기 위한 태도는 일치했다. 이렇게 되자 광대한 국토와 풍부한 물산 그리고 많은 인구를 보유했으면서도 쇄국정책으로 스스로를 봉쇄한 중국은 영·프·미 등 자본주의 국가가 군침을 흘리는 침략 목표로 전락했다.

서구문화는 동쪽으로 진입하던 초기에 끊임없이 중국 전통문화와 대결했다. 명말 이후 통치자들은 이역의 문화와 종교가 중국으로 전파되는 상황에 대해 내면 깊은 곳에서 우려와 근심을 품고 있었다. 일부 사대부는 서로 다른 시각으로 서양 학문을 공격하고 배척했다. 실제로 서구 선교사들이 동쪽으로 온 이후 각지에서는 서양 종교를 배척하는 이른바 '교안教案’이 끊임없이 발생했고, 이런 추세는 20세기 초까지도 지속되었다. 서구 근대과학과 기술이 중국에 전파되는 과정도 매우 어려웠다. 수구적인 관리들은 그것을 기묘한 기교에 불과하다고 배척하며 폄훼했다. 특히 청 중기 이후 엄격한 해금海禁 정책을 시행하고 나서는 서양 학문이 더욱더 배척의 대상이 되었다. 자기 봉쇄와 자존망대의 마음가짐과 쇄국정책은 중국과 세계의 연결고리를 끊어버렸다. 이로써 중국인의 시야는 더욱 제한되었고, 중국과 서구의 문화 교류가 지극히 비정상으로 흘러가는 역사 시기로 진입했다. 청나라는 두 차례 아편전쟁을 겪고 나서 외국의 강압에 의해 나라의 대문을 열었다. 서구의 상품과 아편 그리고 문화는 튼튼한 함선과 우수한 대포의 엄호를 받으며 밀물처럼 중국으로 밀려들었다. 그리하여 외래의 침략에 항거하고 민족의 독립을 쟁취하며 세계 근대화의 조류를 따라잡아야 하는 이 시대의 새로운 과제가 매우 긴박하게 중국 선구자의 면전에 가로놓이게 되었다.

② 양무운동과 근대화의 첫걸음

두 차례 아편전쟁 이후 외국 자본주의 세력이 불평등조약에 근거하여 해안에서 내륙으로 진입하자 그들의 상품이 대거 중국 각지로 밀려 들어왔다. 이 때문에 중국의 전통 농업과 수공업은 심각한 타격을 받았다. 당시 사람이 쓴 「비단과 차를 정돈하기 위한 방책(整頓絲茶策)」이라는 글에 다음과 같은 내용이 있다. "중국이 서양인과 통상을 시작하자 그때부터 손님이 오히려 주인이 되었다. 서양인들이 비단시장과 차시장의 권력을 장악하고 나서 중국 상인 중 비단과 차를 취급하는 사람들은 오히려 서양인의 콧김이나 쳐다보게 되어 털끝만큼의 주도권도 잡을 수 없었다."[776] 중국 세관의 권력이 서양인들에게 장악되었기 때문에[777] 중국의 비단과 차, 기타 상품의 수출량은 끊임없이 증가했지만 가격은 오히려 곤두박질쳤다. 일부 지역에서는 서양 방직물이 중국 방직물을 밀어냄으로써 도시 생산이 피폐해지고 경제가 몰락하는 상황이 나타났다. 정관잉鄭觀應은『성세위언盛世危言』에서 다음과 같이 개괄했다. 외국 상품이 대대적으로 중국에서 판매되자 한편으로 고유의 경제구조가 파괴되면서 원래 정상적이었던 사회생활에 혼란이 발생했고, 다른 한편으로는 상품경제의 발전에 한정된 공간만 남게 되었다. 또 다른 일부 지역에서는 상품시장이 형성되자 농산물 상품화가 가속화되었으며 이 과정에서 파산한 농민과 수공업자가 노동력 시장의 주요 공급원이 되었다. 자연경제의 해체로 근대적 상품시장 형성이 촉진되면서 중국 자본주의 탄생에 일정한 조건이 만들어졌다. 이것이 바로 당시 중국 사회가 직면한 '천고에 일찍이 없었던 변화 국면(千古未有之變局)'이었다.

이처럼 심각한 경제 위기와 사회 위기를 마주하자 청나라 통치 집단에 속한 일부 관리들은 양무운동洋務運動을 추진하자고 극력 주장했다. 물론 그들의 주 관심사는 청나라 통치를 옹호하는 문제에 집중되어 있었다. 공친왕恭親王 이신奕訢은 이렇게 인식했다. "나라를 다스리는 방법은 자강自强에 달려 있다. 현재 시세를 헤아려보면, 자강은 군사훈련을 요체로 삼고 군사훈련은 무기 다루는 일을 우선으로 삼아야 한다."[778] 리훙장李鴻章도 중국이 자강하려면 외국의 좋은 무기 제조 방법을 배워야 하고, 또 그것을 배우려면 먼저 무기를 제조하는 기계를 찾아야 하며, 그러고 나서 바로 외국의 대규모 기계 생산방식을 배워야 한다고 인식했다. 이 때문에 근대 군수산업 건설을 직접 목적으로 삼은 양무운동이[779] 시대의 요구에 맞춰 일어났다.

　양무운동의 주요 내용은 다음과 같다. 외국 장교 초빙, 서양의 총과 대포 구매, 신식 육군 훈련, 남북양南北洋 수사水師와 푸젠성 수사를 근대 해군으로 개조하는 일, 군수산업을 일으키는 일이 그것이다. 예를 들면 장난조선창江南造船厂(1865년 설립), 진링기기국金陵机器局(1865년 설립), 푸저우선정국福州船政局(1866년 설립), 톈진기기국天津机器局(1867년 설립) 등 모두 24개 군수산업이 이 시기에 추진되었다. 이러한 군수산업은 정부가 투자하고 조정에서 지방 관리를 파견하여 총괄 권한을 위임했다. 제조한 무기는 정부가 무상으로 가져가서 해군과 육군을 무장했다. 생산품은 본전을 따지지 않았고 이윤도 따지지 않았다. 기업 관리 시스템과 경영 모델이라는 측면에서 바라보면 이것은 기본적으로 봉건적인 관청에서 설치한 근대적 신식 군수산업이라고 할 수 있다. 이들 기업은 대규모 기계 생산방식을 채택했기 때문에 일부 기술적인 업무는 전문 기술 요원을 초빙하여 일을 맡겼다. 그러므로 이들 기업이 봉건적인 관영 기업과 완전히 같은 것은 아니다. 양무운동의 군수산업 창설은 객관적으로 봉건경제의 해체 진도를 촉진하여 자본주의 발전에 뚜렷한 영향을 미쳤다. 이 밖에도 장난제조국과 같은 기업에는 번역관飜譯館이 부설되어 있었다. 이를 통해 서구 국가의 자연과학과 과학기술 서적을 번역·출판하여 중국인에게 과학 지식과 문화를 소개했다.

그러나 군수산업을 운영하려면 반드시 튼튼한 국민경제가 바탕을 이뤄야 했다. 군수산업 창설로 이와 관련된 경제적 요구가 연쇄적으로 일어났지만 전통 경제와 재정정책은 근본적으로 근대 군수산업을 운영하기에 충분한 경제적 지원을 해줄 능력이 없었다. 게다가 전국 각지로 번져가는 농민봉기가 계속 진압되고, 외국 상인이 중국에 투자한 공장은 늘어나는 등 여러 가지 자극적 요소로 군수산업 설치 위주로 진행되던 양무운동은 민간산업 설치 위주로 방향을 전환했다. 이러한 새로운 형세에서 관이 설립·감독하고 상인들이 운영하는 기업이나 관과 상인이 공동으로 설립·운영하는 다양한 형식의 민간산업이 계속 창업되었다. 예를 들면 윤선초상국輪船招商局(1872년 설립), 카이핑광무국開平礦務局(1878년 설립), 톈진전보총국天津電報總局(1880년 설립), 상하이기기직포국上海機器織布局(1882년 설립), 모허광무국漠河礦務局(1888년 설립)과 이후 장즈둥張之洞이 후베이에서 개설한 직포관국織布官局 등의 민간기업이 그것이다. 양무운동 중 개설된 민간기업은 자신들의 생산품을 주로 국내시장에 팔면서[780] 밑천을 따지고 이윤을 추구했다. 기업과 고용 노동자 사이에는 기본적으로 노사관계가 성립되었고 기업을 설립할 때 흡수한 주식은 민간자본에 귀속되었다. 이 때문에 양무운동으로 설립된 민간기업은 근대 자본주의적 성격을 지니기 시작했다.

양무운동으로 설립된 민간기업은 중국 근대에 자본주의 생산방식이 탄생했다는 표지다. 이러한 기업들은 근대적 생산방식과 기능을 갖춘 기술 노동자들을 많이 길러내 외국 자본주의 침략에 저항하는 일정한 효과를 발휘했다. 그러나 반드시 지적해야 할 것은 군수산업이든 민간산업이

든 막론하고 모두 봉건적 색채가 짙었고 또 대외 자본에 의존하는 성향이 강했다는 점이다. 군수산업은 관이 경영권을 독점했고 지방군벌이 자기 세력을 확장하는 도구로 활용하기도 했다. 이러한 기업들은 봉건적인 관리제도를 채택하여 총판總辦, 회판會辦, 제조提調 등의 관직을 설치했고 청나라 정부에서 그들을 직접 임용했다. 민간기업도 어떤 관리제도를 채택했든 경영과 관리 대권은 기업경영에 대한 기본지식 이해 여부에 상관없이 모두 관에서 조종했다. 기업의 설립과 발전은 모두 정부의 지지를 얻어야 했으므로 정부라는 의지처를 상실하면 기업 경영을 정상적으로 유지할 수 없었다. 이와 마찬가지로 양무 기업은 외국 자본에 대한 의존성도 매우 강했다. 기업의 주권은 중국에 소속되어 있었지만 주요 기계 설비는 외국에서 구매했다. 따라서 기계 설치에서 생산에 이르기까지 모든 과정을 외국 기술자의 작동과 지도에 의지해야 했다. 기업 생산에 필요한 주요 원료와 연료도 모두 외국 수입품이었다. 이 때문에 기업을 관리하고 경영하는 과정에서 서양인들의 얼굴을 쳐다보지 않을 수 없었다.

당시에는 양무 기업 창업자든, 경영자든, 자강으로 부富를 추구하며 민족 위기 구원을 임무로 삼은 사대부든 모두 지극히 낙관적으로 양무운동을 통해 국내 각 민족의 봉기와 투쟁을 평정할 수 있고, 대외적으로는 빼앗긴 이권을 회수하고 서양인들과 상업 전쟁을 전개할 수 있을 것으로 생각했다. 이것은 19세기 중엽이라는 역사 배경에서는 매우 깊이 있고 대담한 인식이었다. 그들은 이미 천조상국天朝上國(하늘과 같은 상국)에는 없는 것이 없다는 과거의 봉건적 사상 울타리를 깨뜨렸다. 이에 그들은 중국도 자강을 도모하여 세계를 직시하면서 자신에게 부족한 점을 찾고 "오랑캐의 장기를 스승으로 삼아 오랑캐를 제압하자(師夷長技以制夷)"[781]라고 주장했다. 즉 서구의 선진적 과학기술과 대규모 기계 생산을 따라 배우자는 의미다. 왜냐하면 당시 중국인의 눈에 가장 먼저 비친 것은 서양의 견고한 함선, 정확한 대포, 군대 양성법, 군사훈련법 등이었기 때문이다.

모든 정치, 경제, 군사, 문화 등의 문제는 군수산업과 민간기업 창설로 귀결되었다. 아마도 중국에 훌륭한 대포와 철갑선이 있으면 서구 열강이 중국을 두려워해 침략을 중지할 거라고 생각한 듯하다. 이것은 실제로 당시 사람들의 유일한 선택이었다. 물론 군대 훈련과 기업 설립 이외에도 양무운동에는 대외 유학생 파견, 서양 기술 학습, 서양 서적과 간행물 번역 등이 포함되어 있었다. 이러한 활동을 통해 일부 중국인은 이미 당시에 자존망대의 교만한 마음을 버리고 중국도 몇몇 부문에서는 서양인에 미치지 못한다는 사실을 인정했음을 알 수 있다. 문화적인 내면 구조로 살펴보면 양무운동은 주로 물질적 측면의 근대화를 언급했다. 상황은 이와 같았지만 양무운동 제창자들은 여전히 당시 여론의 압력을 아주 심하게 받았다.

청나라 통치집단 중에서 수구적 관료들은 양무운동을 대대적으로 공격했다. 그들은 낙후된 봉건경제 상황을 옹호하고 서구 자본주의의 모든 것을 거부해야 한다고 주장하면서 서구 근대과학과 생산기술 수용에 반대했다. 수구파 대표 인물인 대학사 워런倭仁은 이렇게 말했다. "나라를 세우는 도道는 예의를 숭상하는 데 있지 권모술수를 숭상하는 데 있지 않다. 근본을 바로잡는 방법은 민심을 바로잡는 데 달려 있지 기예를 추구하는 데 달려 있지 않다." 그는 또 양무파가 오랑캐를 받들어 스승으로 삼자고 하는데 이는 필연적으로 다음과 같은 상황을 초래하게 된다고 인식했다. "그들 때문에 정기를 펴지 못하고 사악한 기운이 가득찰 것이다. 수년 후에는 중국의 백성을 모두 오랑캐 무리에 귀속시키지 않고는 그만두지 않을 것이다."[782] 수구파의 언론과 행동은 당시 큰 반향을 불러일으켜 마침내 기차의 굉음이 조상의 신령을 놀라게 한다는 이유로 철도를 제거해야 한다는 기괴한 논리와 사건을 야기했다. 그러나 결국 시대는 전진하고 사회는 진보한다. 중국 사회의 근대화 조류는 돌이킬 수 없는 대세가 되었다. 양무운동의 영향과 인도 아래 근대 민족자본주의 산업이 탄생했다.

1870년대부터 일부 관료, 지주, 매판자본가, 상인들이 계속 근대 기계산업에 투자했고, 수공업 공장주들도 외국 기계를 도입하여 생산을 진행했기 때문에 수공업 공장들이 근대 공장 기업으로 바뀌었다. 갑오년 청일전쟁 이전까지 자본금 1만 위안 이상의 민간기업은 모두 54곳이었고 이들의 총자본금은 480만 위안이었다. 당시 주요 민간기업으로는 1872년 천치위안陳啓源이 광둥성 난하이南海에서 창업한 지창룽소사창繼昌隆繰絲廠,[783] 1887년 옌신허우嚴信厚가 저장성 닝보에서 창업한 퉁주위안기기조면창通久源機器軋花廠, 1894년 주훙두朱鴻度가 상하이에서 창업한 위위안사창裕源紗廠, 1878년 주치양朱其昂이 톈진에서 창업한 이라이머우기기마방貽來牟機器磨坊, 1882년 쉬훙푸徐鴻復가 상하이에서 창업한 퉁원서국同文書局, 1882년 리쑹윈李松雲이 상하이에서 창업한 쥔창기기선창均昌機器船廠 등이 있었다. 이 밖에도 성냥, 기계화 차 생산, 제당, 제약, 착유, 정미, 채광 등과 같은 다방면의 기계 생산 기업이 계속 창업되었다.

만약 양무운동을 근대화 역정의 제1보라고 말할 수 있다면 1870년대 이후 창업한 근대 자본주의 기업은 제2보라고 할 수 있다. 중국 근대의 특수한 국제 환경과 국내 상황 때문에 근대 민족기업 창업과 발전 여정에는 숱한 고난이 잠복해 있었다. 외국 침략자들은 중국에서 이권을 유지하기 위해 자본주의 발전에 반대했고, 각종 수단을 동원하여 민족기업을 파괴했다. 또 시장, 원료, 운수, 가격, 기술 등의 분야에서도 민족기업을 향해 거대한 압력을 행사했다. 청나라 정부도 그들의 생존수단인 봉건적 경제 기초를 옹호하기 위해 각종 행정수단을 동원하여 보통 사람들이 운영하는 자본주의 기업을 제한했다. 수구파들은 근본적으로 근대 신식기업 창업을 반대하면서 민족기업 창업에 불리한 여론을 조성했다. 이 때문에 민족자본에 기반을 둔 근대기업은 건강하게 발전할 수 없었다.

　　근대적 신식기업의 출현과 초보적 발전에 따라 부르주아지도 때 맞춰 출현했다. 이와 동시에 사상문화계에는 부르주아지의 이익과 요구를 반영한 초기 개량파 학자들이 나타났다. 그중 대표적 인물로는 왕타오王韜(1828~1897), 쉐푸청薛福成(1838~1894), 마젠중馬建忠(1844~1900), 정관잉鄭觀應(1842~1922), 천츠陳熾(?~1899), 허치何啓(1858~1914), 후리위안胡禮垣(1847~1916) 등이 있다. 이들은 외국의 정치, 경제, 역사, 지리에 모두 상당한 이해력을 갖추고 있었다. 또 이들은 강렬한 애국사상을 품고 민족 위기와 사회 위기를 타파하기 위해 대책을 논의하며 동분서주했다. 이들의 기본 관점은 다음과 같다.

　　첫째, 서구 식민주의의 중국 침략에 반대하며 중국인에게 외국 자본주의의 정치적 압력과 경제적 침략에서 벗어나야 한다고 요청했다. 또 침략자들이 중국과 강제로 체결한 불평등조약을 개정하여 민족의 독립을 실현하고 국가의 주권을 회복해야 한다고 요구했다. 둘째, 근대적 민족기업을 발전시키자고 요구하면서 청나라 정부가 민족기업의 창업과 발전에 양호한 환경과 조건을 제공하고 봉건적 관청이 각 기업에 행하는 행정간섭과 무리한 압제를 줄여달라고 희망했다. 그들은 본국 경제를 발전시켜 국가의 종합적인 실력을 강화하면 서구 자본주의 국가와 상업 전쟁도 치를 수 있다고 인식했다. 셋째, 봉건 군주 전제제도를 반대하고 서구 국가의 입헌군주제를 모방하여 지방 관리와 향신鄕紳 계층에게 제한적으로나마 일부 권력을 개방하고, 의회를 개설하여 의정 참여 범위를 확대하자고 주장했다. 결국 그들의 개량사상은 당시에 진보적 의미가 있었다. 중요한 점은 그들의 주장이 이미 양무운동 이론가들과 달라졌다는 것이다. 그것은 바로 당시 개혁이론이 문화구조의 물질적 분야에서 점차 제도적 분야로 옮겨갔고, 이것이 바로 이후 발생한 무술변법戊戌變法운동의 사상적 준비 과정이었다는 것이다. 게다가 그들의 여론 선전은 중국인을 사상적으로 계몽하는 측면에서 촉진 작용을 했다.

1860년대에서 1890년대까지 40년간 중국에는 이미 근대사회로 전환하는 발걸음이 나타나고 있었다. 청나라 자체 시각으로 보면 양무운동은 한 차례 자구自救운동이었다. 통치자들은 국내외의 불안한 환경에서 이미 구식 정치 모델로는 백성을 통치할 수 없다는 사실을 알았기 때문이다. 만약 그들이 물질 분야 개혁조차 추진하지 않는다면 사회와 경제의 전면적 위기 앞에서 통치권을 상실할 수도 있었다. 사회 발전이라는 시각으로 살펴보면 양무운동은 비교적 수준이 낮은 근대화운동이었다. 양무운동은 자체 내부에 수많은 병폐를 안고 있었지만 근대화를 최초로 시험했다는 점에서는 전통 농업사회의 경제구조를 크게 뒤흔든 변혁운동이었다. 특히 참신한 근대 대규모 기계 생산 기업이 설립됨으로써 중국은 전통 농업사회에서 근대 산업사회로 전환하는 근대 산업화 역정을 시작하게 되었다. 이는 또한 농업사회와 자연경제에 오랫동안 적응해온 전통 문화가 자본주의 산업사회와 상품경제에 힘써 적응해야 함을 의미하는 일이었다. 실제로 근대사회에서 중국문화의 발전과 변화 양상은 당시 사람들이 줄곧 긴밀하게 관심을 기울인 중요한 문제였다.

③ 청나라 말기와 중화민국 초기의 제도 변혁 실험

1860~1870년대 이후 서구 산업국가는 독점자본주의로 이행하기 시작했다. 이로써 세계 식민주의는 더욱 강력한 침략성을 드러내게 되었다. 영국은 인도를 점령한 이후 계속 북쪽으로 세력을 확장하여 티베트 지역으로도 침투해 들어왔다. 또 침략 야욕을 가득 품은 러시아는 남진을 시작하여 중국의 동북과 서북의 대규모 영토를 합병했다. 영국과 러시아 세력의 종용을 받은 중앙아시아 코칸트칸국Khanate of Kokand[784]의 모하마드 야쿠브 베그Mohammad Yaqub Beg는 1865년 군사를 이끌고 신장 지역으로 침입하여 식민 정권을 세우고 각 민족에게 노예제 통치를 실시했다. 러시아는 그 기회를 틈타 무장 병력을 이끌고 이리Ili[785]를 점령했으며 영국은 이를 빌미로 무역 등의 이권을 획득했다. 미국과 일본은 서로 결탁하여 타이완 등지를 침략하고 훗날까지 심각한 영향을 미친 '류큐사건琉球事件'[786]을 일

으켰다. 이 사건은 1894년 일본이 중국을 침략한 갑오 청일전쟁의 복선으로 작용했다. 영국은 또 인도에서 중국 내지로 관통하는 철도를 놓으려고 '마가리사건Margary事件'787)을 일으켰다.

프랑스는 베트남 남방을 점령한 후 한 걸음씩 북방으로 전진하여 중국을 향해 전쟁을 도발했다. 결국 1884년 중프전쟁이 일어났고, 전후 프랑스는 윈난 등지에서 특권을 약간 얻어갔다. 1894년 중일 갑오전쟁이 폭발했다. 전후 청나라 정부는 일본의 강압으로 치욕적인 '시모노세키조약馬關條約'을 체결하고 전쟁을 끝냈다. 이뿐 아니라 이 전쟁으로 열강은 중국에서 자신들의 세력 범위를 나누려고 광분했다. 동시에 열강은 중국에 자본을 수출하려는 발걸음을 더욱 가속화하고, 중국의 천연자원을 직접 약탈하면서 중국인을 착취하고 중국의 민족 산업 발전을 방해했다.

이러한 국내외 상황으로 말미암아 중국은 나라가 망하고 민족이 멸종할지도 모르는 심각한 위기에 직면하게 되었다. 이런 위기는 캉유웨이康有爲가 1895년 「강학회 서언强學會叙言」에서 말한 바와 같다. "러시아는 북쪽에서 내려다보고, 영국은 서쪽에서 국토를 잠식하고, 프랑스는 남쪽에서 기회를 엿보고, 일본은 동쪽에서 호시탐탐 침략해 들어오려 한다. 네 강대국 사이에 끼인 중국은 위험하고도 위험하다(俄北瞰, 英西嗾, 法南瞬, 日東眈. 處四強鄰之中而爲中者, 岌岌哉)."

1895년에 일어난 '공거상서公車上書'788) 사건은 유신파가 정식으로 성립되었음을 나타내는 표지였다. 그들의 정치적 이상은 중국에서 입헌정치를 시행하는 것이었다. 즉 '임금과 국민이 함께 나라의 정치와 법률을 논의하고(君與國民共議一國之政法)' '국회에서 법을 만들고 법관이 법을 집행하며, 정부는 행정을 관장하고 임금은 그것을 총괄한다(以國會立法, 以法官司法, 以政府行政, 而人主總之)'는 것이다. 그리하여 중국에서 삼권분립을 실현하고, 헌법을 제정하고, 국회를 열어서 군주와 백성이 함께 나라의 주인이 되어야 한다고 주장했다. 이와 같이 하면 나날이 심각해지는 민족위기와 사회 위기를 구제할 수 있고 중국의 부강도 조만간 이룰 수 있다는 것이다.

캉유웨이는 유신파 영수이자 무술변법 제창자다. 1885년 이후 그는 『인류공리人類公理』,[789] 『신학위경고新學僞經考』, 『공자개제고孔子改制考』 등을 저술하여 변법유신을 위한 여론을 조성했다. 그는 중국 사회가 변법變法을 시행하지 않으면 안 되는 지경에 도달했다면서 변하지 않으면 망하고 작게 변해도 망한다고 지적했다. 그의 변법사상은 첫째, 중국 고대의 변혁 이론에서 기원했다. 예를 들면 금문경학今文經學[790]의 '공양삼세설公羊三世說'[791]이 그것이다. 둘째, 서구 근대의 정치학설에서 기원했다. 예를 들면 자유, 평등, 박애 등의 민주사상이 그것이다. 캉유웨이는 이 두 가지 학설에 대해 각각 필요한 것을 가져오는 태도를 보였다. 그가 선전한 것은 완전히 정확한 중국 전통의 사회학설과 정치사상이 아니었고, 또 순수한 서구 근대의 정치학설도 아니었다. 그는 오히려 자신만의 깊이 있고 독특한 사고를 통해 당시 현실 속 정치투쟁의 수요에 맞추어 동서양 학문을 개조한 후 유신변법 이론을 완성했다. 객관적으로 말해서 캉유웨이의 사상은 학문적인 면에서 다소 엉성하면서 부정확한 점이 있다. 당시와 같은 특수한 역사 시기에 그는 한편으로는 학문 연구를 진행했고, 다른 한편으로는 학문을 이용하여 정치투쟁을 진행했다. 물론 그의 연구는 사회

정치적 가치가 학문적 가치보다 훨씬 뛰어나다.

1896년 유신파는 상하이에서 『시무보時務報』를 창간했고 량치차오가 주필로 취임했다. 그는 항상 감정이 풍부한 필치로 글을 썼으므로 이 신문은 변법유신을 선전하는 주요 진지가 되었고, 주필 량치차오는 그의 스승 캉유웨이와 명성을 나란히 하게 되었다. 량치차오는 망국을 구하는 방법은 변법자강일 뿐이며, 이른바 변법이란 그 근본이 인재를 기르는 데 있고, 인재를 일으키는 건 학교를 여는 데 있고, 학교 설립은 과거제도를 바꾸는 데 있고 이 모든 것을 성공하게 하려면 관제官制를 변화시켜야 한다고 인식했다. 이러한 언급을 보면 유신파의 개혁 주장이 제도 문제에 주의하고 있음을 알 수 있다.

옌푸嚴復(1854~1921)는 일찍이 영국에 유학하여 서구 근대사상의 영향을 크게 받았다. 따라서 유신파 중에서도 민주, 자유, 평등사상을 가장 풍부하게 갖춘 사람이었다. 옌푸는 1897년 톈진에서 『국문보國聞報』를 창간하여 유신파의 기타 신문과 호응하면서 유신사상을 전파하는 주요 매체로 기능하게 했다. 갑오전쟁의 참패를 본 옌푸는 민족의 위기가 목전에 박두했음을 통감했다. 그는 「세상 변화의 신속함을 논함(論世變之亟)」, 「강함의 근원을 탐구함(原強)」, 「구국 결론(救亡決論)」, 「한유韓愈를 비판함(辟韓)」 등 저명한 정론 문장을 계속 발표하여 봉건 군주 전제제도를 공격하면서 봉건 황제를 '나라를 훔친 대도(大盜竊國者)'라고 질책했다. 그는 서구를 따라 배우며 법률을 바꾸고 부강을 도모해야 한다고 주장했다.

1895년 옌푸는 『천연론天演論』[792)]을 번역하여 '생존경쟁, 적자생존(物競天擇, 適者生存)'이라는 진화론을 소개했다. 이 책은 구국 생존의 애국 열정을 불러일으키면서 사상계와 교육계를 비롯한 더 넓은 분야에 이르기까지 심원한 영향을 미쳤다. 이후 그는 『법의法意』, 『원부原富』, 『군학사언群學肄言』, 『명학천설名學淺說』, 『밀의 명학(穆勒名學)』, 『군기권계론群己權界論』, 『사회통전社會通詮』 등 다양한 서구 사회과학 명저를 번역하여[793) 중국 근대에 비교적 체계적으로 서구 근대학설을 소개한 첫 번째 계몽사상가가 되었다. 옌푸가 번역한 서구 명저는 근대 계몽사상을 크게 발전시켰다.

탄쓰퉁譚嗣同(1865~1898)은 후난湖南 유신파 대표자다. 그는 과거시험을 비천시하고 금문경학을 주장했으며 왕부지 저작을 즐겨 읽었다. 그는 왕부지의 "도道는 구체적인 기물에서 벗어나지 않는다(道不離器)"라는 학설을 더욱 발전시켜 "날마다 새롭게 되어야 한다(日新)"는 관점을 주장했다. 그는 『인학仁學』이라는 저서에서 철학적으로 '에테르以太: Ether'가 세계의 본원이라는 학설을 제기하면서 그 '에테르'를 '인仁'으로 환원했다. 그는 봉건 군주 전제제도를 맹렬하게 공격하면서 "2,000년 이래의 정치는 진秦나라 정치이고 모두가 큰 도적이다(二千年來之政, 秦政也, 皆大盜也)"라고 인식했다. 그는 또 이렇게 말했다. "임금이란 백성을 위해 일하는 사람이다. 신하란 백성을 도와 일하는 사람이다(君也者, 民辦事者也. 臣也者, 助民辦事者也)." "임금은 말단이고 백성은 근본이다(君, 末也, 民, 本也)"(『인학』). 그는 대담하게 봉건적인 윤리강상을 부정하면서 봉건의 그물망을 찢고 모든 사람을 평등하게 하여 자본주의의 정치, 경제, 문화를 발전시켜서 변법유신을 추진하자고 요구했다.

1897년 말 독일이 자오저우만膠州灣 사건[794)을 일으키자 무술변법운동은 여론 선전전에서 신속하게 정치적 실천으로 방향을 바꿨다. 1898년 6

월 11일 광서황제光緖皇帝는「국시를 밝게 정하는 조서(明定國是詔)」를 반포하여 변법자강을 요구했다. 이로부터 백일유신百日維新이 정식으로 시작되었다. 이 기간에 유신파는 광서황제를 통해 조서를 110여 건 공포했는데 그 주요 내용은 실업實業 제창, 국가은행과 농공상총국農工商總局 설립, 개인 투자 제창, 발명 장려, 철도 건설, 광산 채굴, 재정 개혁, 상품 통행세 정돈, 언로 확대, 관민 상소문 허용, 기관 정리, 관계官界 정화, 법률 통폐합, 학당과 신문사 개설, 언론출판 자유, 과거제도 개혁, 팔고문 폐지, 경제 특과 개설, 경사대학당 개교, 각성에 초·중·고등학교 설립, 유학생 파견, 녹영병 정리, 육해군 정예화, 무기·탄약·함선·대포 제조창 설립 등이다.

유신파가 새로운 정치 조칙을 기초하고 발표할 때 수구파도 몰래 정변을 준비했다. 쌍방은 몇 차례 암투를 거쳤고, 백일유신은 결국 탄쓰퉁 등 육군자六君子가[795] 차이스커우菜市口에서 처형되는 것으로 실패를 고했다. 또 거의 모든 유신정책이 번복되었다. 그러나 부인할 수 없는 것은 이것이 역사적 의의를 지닌 애국 정치운동이었을 뿐 아니라 후대에 심원한 영향을 미친 사상 해방운동이었다는 점이다. 유신파는 무술변법으로 제도개혁에 착수하여 당면한 민족위기 탈출과 근대화 실현이라는 역사적 과제를 해결하려 했다. 그러나 각 분야의 조건이 미성숙하여 끝내 성공하지 못했다. 이는 쑨중산孫中山을 대표로 하는 부르주아혁명파가 장차 역사 무대의 주인공으로 등장할 것을 예고했다.

무술변법이 해외 열강의 중국 분할을 저지할 수 없었으므로 민족 위기와 사회 위기가 여전히 심각하게 고조되었다. 이러한 배경에서 1900년

외세 침략에 반대하는 의화단운동義和團運動이 일어났다. 이 운동은 청일 전쟁 이후 중국인이 침략과 분할에 반대하고 나선 반외세 투쟁의 정점이 었다. 화베이 각지를 휩쓴 의화단 봉기는 외국 침략 세력에 엄중한 타격 을 가했다. 이러한 상황에 직면하여 해외 열강은 한편으로 청나라 정부에 진압을 요청했고, 다른 한편으로는 8국 연합군[796]을 결성한 후 베이징과 톈진 지역을 침범하여 직접 의화단을 진압하러 나섰다. 연약한 청나라 정 부는 열강의 압박을 받자 결국 열강에 무릎을 꿇고 1901년 매국적인 '신 축조약辛丑條約'에 서명했다. 이후 중국은 완전히 반半식민 반半봉건사회 로 전락했다. 의화단운동은 8국 연합군과 청군의 진압을 받아 비장하게 막을 내렸다. 이 운동은 후세 사람들에게 참고할 만한 교훈을 많이 남겼 다. 의화단은 무기를 들고 외국의 침략과 노역에 반대했으며 자기 가정과 민족의 독립을 보위하려 했다. 그러나 당시 농민계층은 과학적인 이론도 없이 종교적·미신적인 사상과 맹목적인 반외세 사상의 영향 아래 원시적 이고 낙후된 투쟁방식으로 전투에 나섰다. 그러나 이렇게 해서는 민족을 위기에서 구할 수 없었다.

'신축조약'에 서명한 청나라 정부는 열강이 중국을 통제하는 도구로 전 락했다. 외국 세력이 중국 사회의 정치, 경제, 재정, 군사, 외교의 대권을 마음대로 조종하게 되자 중국은 전면적인 위기에 직면하게 되었다. 이에 부르주아 민주혁명 운동이 신속하게 고조되면서 쑨중산을 대표로 하는 혁명당이 민주혁명의 선전활동과 조직활동을 끊임없이 전개했다. 그들 은 계속 해외 열강의 중국 침략과 청 정부의 매국 행위를 적나라하게 폭 로하는 동시에 백성들에게 청 정부의 통치를 전복하고 외국의 침략에 반항하며 민족의 독립과 해방을 쟁취하자고 호소했다.

정치사상과 문화 영역의 투쟁 과정에서 부르주아혁명을 선전하는 이론가들이 대거 출현했다. 그중 장빙린章炳麟(1869~1936), 쩌우룽鄒容(1885~1905), 천톈화陳天華(1875~1905) 등을 대표자로 꼽을 수 있다. 1903년 장빙린은 『소보蘇報』에 「혁명을 논한 캉유웨이의 글을 반박함(駁康有爲論革命書)」을 발표하여 '중국에서는 입헌을 해야지 혁명을 해서는 안 된다는' 관점에 반대했다. 이 글은 사회적으로 광범위한 영향을 미쳤다. 같은해 쩌우룽은 『혁명군革命軍』을 출간했고, 『소보』에 이 책을 추천하는 글이 게재되었다. 청나라 정부는 상하이 조계租界 당국과 결탁하여 『소보』를 폐쇄하고 장빙린과 쩌우룽을 체포하여 투옥했다. 이것이 당시 세상을 뒤흔든 『소보』 사건'이다. 1903년에는 천톈화가 『경세종警世鍾』과 『맹회두猛回頭』라는 소책자를 써서 통속적이고 쉬운 문체로 민주혁명 사상과 애국주의 사상을 열정적으로 선전했다. 또 여혁명가 추진秋瑾도 혁명적인 간행물에 글을 써서 남녀평등을 제창하며 여성해방을 요구했다. 민주혁명사상이 광범위하게 전파되자 혁명파는 장차 도래할 부르주아혁명을 위해 사상, 여론, 조직 부문에서 일정 정도 준비 작업을 할 수 있게 되었다.

1905년 쑨중산(1866~1925)(그림 24)과 황싱黃興(1874~1916)은 흥중회興中會, 화흥회華興會, 광복회光復會, 일지회日知會 등 혁명단체와 연합하여 일본 도쿄에서 중국동맹회中國同盟會 성립대회를 개최했다. 쑨중산은 총리로 당선된 후 "오랑캐를 몰아내고, 중화를 회복하고, 민국을 건립하고, 토지 소유권을 평등하게 한다(驅除韃虜, 恢復中華, 建立民國, 平均地權)"라는 동맹회 강령을 확정했다. 이어 쑨중산은 『민보民報』 「발간사」에서[797] 앞의

16자 강령을 민족民族, 민권民權, 민생民生의 삼민주의三民主義라고 해석했다. 쑨중산은 대략 다음과 같이 지적했다. 민족주의는 만주족을 반대하는 일과 부르주아지의 민족국가 건설을 결합하는 것이고, 그것이 바로 민족혁명이다. 민권주의는 봉건전제 통치를 반대하고 부르주아공화국을 건국하는 것이며, 그것이 바로 정치혁명이다. 중국의 민족혁명은 정치혁명과 결합해야 한다. 민생주의는 토지 소유권을 평등하게 나눠 자본주의의 모순이 초래할 사회문제를 방지하는 것으로 그것이 바로 사회혁명이다. 삼민주의는 당시 혁명의 발전을 촉진하는 역할을 했지만 몇 가지 문제점도 포함되어 있었다. 예를 들면 농민들의 토지 문제를 해결할 방안을 제시하지 못했고, 해외 열강의 침략을 반대하는 주장을 명확하게 내놓지 못했다. 어떻든 이러한 강령은 부르주아지의 정치적 요구를 대표하는 이론으로 사상적으로는 당시 최고 수준에 도달하여 모든 반만反滿(만주족 반대) 역량을 한데 모으는 중심과 기치 역할을 수행했다. 동맹회 성립

그림24 쑨중산

과 삼민주의 강령으로 부르주아 민주혁명은 실질적인 단계로 들어서게 되었다.

동맹회가 성립된 이후 혁명당원은 한편으로 입헌파와 혁명, 민주정치 실행, 부르주아공화국 건설, 봉건적 토지제도 개혁 등의 문제를 둘러싸고 논전을 벌이고 혁명의 역량을 키워나가면서 혁명 정세의 발전을 촉진했다. 이 논전은[798] 사람들의 사상을 어느 정도 해방시켰다. 그리고 청나라 정부가 안으로는 진압에 골몰하고 밖으로는 타협에 급급하는 진상을 폭로하여 중간에서 동요하던 군중의 마음을 사로잡았다. 다른 한편으로는 민간 조직인 회당會黨을 적극 활용하여 국내에서 여러 차례 무장 봉기를 일으켰다. 그중에서 비교적 유명한 봉기는 1906년 후난성과 장시성 경계에서 일어난 핑·류·리봉기萍瀏醴起義,[799] 1907년 광둥성 차오저우潮州에서 일어난 황강봉기黃岡起義, 1908년 광시성에서 일어난 친저우봉기欽州起義와 윈난성에 일어난 허커우봉기河口起義, 1908년 안후이성에서 일어난 안칭봉기安慶起義 등이 있다.

이러한 봉기는 모두 대중과 유리된 단순한 군사행동으로 대중적 기반이 없었기 때문에 신속하게 실패를 고하고 말았다. 그러나 이러한 봉기는 혁명당원의 두려움 없는 희생정신을 표현하면서 혁명을 신속하게 정점으로 끌어올렸다. 이 밖에도 혁명당원은 여러 차례 암살활동을 전개했다. 이는 대중을 세밀하게 동원하려는 인내심이 부족함을 나타냈지만 청나라 통치자들에게는 일정 정도 위협으로 작용하기도 했다.

국내 민주혁명 정세가 고조되자 청나라 조정에서도 대응조치를 취했다. 그들은 한편으로는 입헌파의 지지를 얻었으며, 다른 한편으로는 각지 군중의 봉기와 투쟁을 진압했다. 1900년 이후 청나라 조정에서는 이른바 '신정新政[800]'을 시행하여 민족자본에 대한 제한을 풀어주는 동시에 중앙집권적 봉건통치는 강화한 반면 대외관계는 완화했다. 그러나 이 조치는 결과적으로 중앙기관 내부의 갈등을 부추겨 위안스카이袁世凱 등 지방 실력파의 역량을 오히려 강화했다. 이 때문에 국내 갈등은 끊임없이 격화되었으며 혁명 정세도 끊임없이 발전했다. 이 같은 상황에서 청나라 조정에서는 부득이하게 입헌파가 제기한 요구를 받아들여 '예비입헌豫備立憲' 시행을 선포하고 관리들을 국외로 파견하여 각국의 헌정을 고찰하게 했다. 그들의 의도는 국내 갈등을 완화하여 임시로 사람들의 이목을 가리려는 것이었다. 1908년 11월, 광서황제와 자희태후慈禧太后(서태후)가 차례로 사망하자 각 성의 입헌당원들은 이 기회에 서로 연합하여 청조정을 향해 평화로운 청원운동을 진행하며 국회 속개를 요구했다. 1911년 청 조정은 만주 황족을 중심으로 하는 책임내각을[801] 구성했다. 사태가 이렇게 되자 입헌당원들은 청 조정에 철저하게 실망했고 점차 혁명당원들에게 동정심을 보이기 시작했다. 이 무렵 후난성, 후베이성, 광둥성, 쓰촨성 등지에서 진행된 보로운동保路運動[802]이 정점에 달했다. 그중에서 쓰촨성의 보로운동이 무장투쟁으로 전환했다. 청 조정에서는 이 소식을 듣고 대경실색하여 즉각 후베이성의 신식군대를 쓰촨으로 투입해 보로군의 무장투쟁을 진압했다.

1911년 10월 10일 동맹회의 영도 아래 후베이 신식군대 중에서 혁명단체 소속인 문학사文學社, 공진회共進會가 봉기를 일으켜 신속하게 우창武昌, 한양漢陽, 한커우漢口를 점령하고 후베이군정부湖北軍政府 성립을 선포하면서 국호를 중화민국中華民國으로 정했다. 동시에 전국 각 성에 봉기를 호소하며 청나라 정부의 통치를 타도하자고 주장했다. 뒤이어 후난성, 샤안시성 등지에서도 분분히 봉기에 호응하며 청나라 정부에서 이탈을 선언하자 무창봉기武昌起義는 뜻밖에도 신속하게 성공을 거두게 되었다. 이것이 신해혁명辛亥革命이다.

쑨중산은 이 소식을 듣고 즉시 귀국하여 중화민국 성립에 관한 중대사를 상의했다. 1912년 1월 1일 중화민국 성립을 정식으로 선포했고 쑨중산은 임시 대총통에 취임했다. 이로부터 청나라 만주 귀족 통치와 2,000여 년 동안 지속된 중앙집권 군주제도는 역사의 뒤안길로 사라졌다.[803] 같은 해 3월 쑨중산은 『중화민국 임시약법中華民國臨時約法』을 반포했다. 이것은 중국 역사상 완전한 의미를 갖춘 첫 번째 부르주아공화국 헌법이었으며, 또 그것이 상징적 의미가 더 강하기는 했지만 중국 사회와 문화의 전환이 제도적 측면에서 완성되었음을 알리는 표지였다. 이후 군벌 통치 시기에 위안스카이와 돤치루이段祺瑞 또는 장쉰張勳이나 쉬스창徐世昌 등이 중국 전통 정치에서 전제주의의 합법적 통치 근거를 찾기 위해 온갖 노력을 기울였지만 모두 수포로 돌아갔다. 이는 쑨중산이 다음과 같이 말한 바와 같다. "세계의 조류는 드넓고도 세차서 그것에 순응하면 번창하지만 그것에 역행하면 멸망한다(世界潮流, 浩浩蕩蕩, 順之則昌, 逆之則亡)."

신해혁명은 정치적 측면에서 중요한 성취를 이뤄 오랜 전제정치와 부패한 청나라를 타도했을 뿐 아니라 정치이론 탐구, 과학사상 선전, 인문정신 발양 등의 측면에서도 전대미문의 발자취를 남겼다. 쑨중산과 기타 혁명가들은 정치의 기원, 정치체제의 건립, 이상정치의 추구 등에 대해 모두 기본에서부터 중국 전통 정치이론의 범주를 돌파했다. 그들은 또 국민의 민주정신과 과학정신 배양에 주의를 기울이고 과학과 민주정치, 과학과 도덕진보 간의 관계로부터 깊이 있는 연구를 한 후 근대과학의 실험정신을 고양하자고 제창하면서 과학을 널리 선전하기 위해 막대한 정력을 기울였다. 그들의 작업은 중국의 전통과학이 현대과학으로 전환하는 부문에 튼튼한 초석을 마련해줬다. 신해혁명은 또 전통학문이 근대학문으로 나아가는 서막을 열었다. 경학의 속박에서 탈피하여 전통학문의 가치 표준과 학문 방법을 개조하고 새로운 학문 이념과 방법을 찾는 경향이 이 시기 학문 개혁의 주류가 되었다.

유럽 르네상스 시기의 휴머니즘 사조와 비교해볼 때 신해혁명 시기의 휴머니즘 사조는 다음과 같은 특징이 선명하게 드러난다. 즉 개인의 가치를 발견했지만 그 요점은 개인의 이성을 고양하는 데 있지 않았다. 오히려 이 시기 휴머니즘 사조는 개인 가치의 실현과 국가의 독립, 민족의 해방을 긴밀하게 연관시켰다. 중국의 과학사상은 서구처럼 인문사상의 심화에서 기원하지 않았고 인문사상의 발전과 발걸음을 함께했다. 혹은 양자가 상호 보완하거나 추동하는 관계를 형성했다고도 할 수 있다. 유럽의 근대문명과 고대 그리스문명 간에는 직접적인 계승과 발전 관계가 형성되어 있다. 그러나 근대학문은 중국 고대의 전통학문을 계승했을 뿐 아니라 르네상스 이래 서구의 학문사상과 이념도 흡수했다. 이 때문에 중국 고대학문이 근대학문으로 전환하는 과정에는 비교적 복잡한 요소가 개재되어 있다. 이에 학자들은 더 많은 정신노동을 하면서 더 오랫동안 학문 실천을 수행해야 했다.

④ 신문화운동과 지식계의 백가쟁명

위안스카이는 중화민국 임시 대총통의 권력을 탈취한 후 자기 역량을 집중해 남방에 남아 있는 혁명당원들의 후환을 없애려 했다. 그는 자신의 야심을 실현하는 데 혁명당원들이 장애물이 될 거라고 분명히 알고 있었기 때문이다. 그는 권력을 찬탈한 후 오래지 않아 비밀리에 외국은행단으로부터 거액의 차관을 대출받아 자기 군대를 무장시켰다. 이것이 이른바 '선후대차관안善後大借款案'이다. 동시에 그는 민주와 법제를 주장하던 혁명당 영도자 쑹자오런宋教仁을 자객을 보내 살해했다. 이것이 '쑹자오런 안宋教仁案'이다.

이 사건의 진상이 백일하에 드러난 후 쑨중산 등은 제2차혁명을 일으켜[804] 위안스키아와 북양군벌 독재 정권을 향해 창끝을 겨눴다. 그러나 쌍방의 역량이 하늘과 땅처럼 현격히 차이 나서 2개월 후 제2차혁명은 실패하고 말았다. 쑨중산 등은 일본으로 망명하여 중화혁명당中華革命黨[805]을 조직했다. 기회를 봐서 다시 혁명의 깃발을 드날리기 위해서였다. 혁명당의 제2차혁명을 진압한 후 정치적 야심을 방해하는 장애물이 더는 존재하지 않는다고 판단한 위안스카이는 바로 국회를 핍박하여 자신을 정식 대총통 겸 종신 대총통으로 선출하게 했다. 이어 황제제도 복원을 결정하고 중화민국을 포기했다. 그러나 그의 '훙셴洪憲'[806] 황제제도는 역사의 흐름을 거슬렀기 때문에 심지어 본래 그의 북양군벌 심복이었던 돤치루이와 펑궈장馮國璋조차 그를 지지하지 않았다. 민심이 이반하고 심복들이 떠나가는 상황에서 위안스카이는 겨우 83일 동안 황제의 꿈속에 젖어 있다가 차이어蔡鍔 등의 호국전쟁과 전국 각지의 반란 속에서 황제제도를 폐지한 뒤 울분 끝에 사망했다.

위안스카이가 죽은 뒤 부총통 리위안훙黎元洪이 총통 직위를 계승했고 돤치루이는 국무총리에 취임했다. 북양정부는 명의상「임시약법」과 국회를 복원했지만 실제로 중국 정권은 여전히 봉건군벌의 통제를 받아서 중국 사회는 장기적으로 군벌 할거의 혼전 속에서 헤어나지 못했다. 부르주아 민주제도 실현과 사회의 안정적 발전은 혁명당원들에게 여전히 한 줄기 꿈으로만 존재했다.

북양군벌 각 계파 중에서는 돤치루이를 두령으로 하는 환계皖系[807]의 역량이 가장 강했고, 다음은 펑궈장을 두령으로 하는 즈계直系[808]였으며, 만주지방에는 북양군벌의 또 다른 일파인 펑계奉系[809] 장쭤린張作霖이 군림하고 있었다. 서남쪽에는 북양군벌과 계통이 다른 지방군 세력이 할거했는데, 탕지야오唐繼堯를 두령으로 하는 뎬계滇系[810]와 루룽팅陸榮廷을 두령으로 하는 구이계桂系[811]가 그들이었다. 다른 지역에도 모두 대소 군벌세력이 할거했다. 남북 각 군벌 사이나 심지어 북양군벌 각 파 사이에는 중앙정권을 장악하기 위해서 격렬한 권력투쟁이 일어났다. 이것이 군벌 혼전의 가장 중요한 원인이었다.

1917년 6월, 일관되게 황제제도를 옹호해온 안후이성 독군督軍 장쉰이 총통 리위안훙과 총리 돤치루이의 갈등을 조정한다는 명목으로 변자군辮子軍(변발을 한 군대)을 이끌고 베이징으로 들어가 리위안훙을 총통직에서 쫓아냈다. 아울러 7월 1일 캉유웨이와 함께 청나라 마지막 황제 푸이溥儀를 받들고 황제제도를 복원했다. 이러한 역사적 퇴행은 즉시 전국 각계로부터 격렬한 저항을 받았다. 7월 12일 돤치루이는 황제제도 반대의 깃발을 걸고 스스로 역적 토벌 총사령관에 취임했다. 그리고 톈진 마창馬廠에서 군사를 집결해 베이징으로 들어가서 장쉰을 쫓아내고 반란을 평정했다. 장쉰의 황제 복위는 겨우 12일의 활극으로 끝났다.

그러나 돤치루이도 형세를 잘못 판단했다. 그는 일본 제국주의 세력에 의지하여 대외 협상을 양보하고 대내적으로는 스스로 민국 공신으로 자처하며 정치적으로 군사독재를 자행했다. 그는 또 장쉰이 폐지한 「임시약법」과 국회의 회복을 거부했다. 쑨중산에게 「임시약법」과 국회는 중화민국의 상징이었다. 「임시약법」과 국회가 없으면 중화민국이 성립할 수 없기 때문이다.

쑨중산은 돤치루이 군사독재의 본질을 폭로하면서 가짜 공화제를 타도하고 진짜 공화제를 회복하자고 주장했다. 그는 「임시약법」을 옹호하고 국회를 복원하자고 호소했다. 1917년 그는 상하이에서 광저우로 가서 남하한 국회의원들을 불러 모아 '비상국회非常國會'를 열고 호법군정부護法軍政府를 세운 뒤 호법운동護法運動을 시작했다. 쑨중산과 혁명당은 자신들의 무장 세력이 없었기 때문에 북양군벌과 대치 중인 남방군벌의 힘을 빌려야 했다. 따라서 남북방 군벌이 타협하자 호법운동은 실패할 수밖에 없었다. 현실이 이와 같이 전개되자 쑨중산은 울분을 터뜨리며 남북의 군벌이 똑같은 패거리라고 질책했다. 부르주아 혁명당원이 영도한 반군벌 제2차혁명, 이어진 호국전쟁과 호법운동은 모두 실패했다. 군벌이 혼전을 벌이는 국면은 여전히 계속되었다. 쑨중산과 그의 전우들은 암흑 속에서 쓰러지면서도 다시 일어나 고통스럽게 구국구민救國救民의 진리를 탐색했다.

신해혁명 이후 혁명당원이 막대한 정력을 기업 창업 업무에 쏟아 붓자 각지에서 분분히 기업들이 창업을 선언했다. 해안 지방을 제외하고 내륙 몇몇 대도시와 중소도시에서도 기업들이 계속 설립되었다. 중국 자본주의 산업은 새롭고도 신속하게 발전을 거듭했다. 특히 1914~1918년까지 지속된 제2차 세계대전 동안 유럽이 전쟁에 바빠서 잠시 중국 약탈을 늦춘 틈에 중국의 자본주의는 신속하게 발전했다. 외국 상품 수입이 감소하자 화물 수출이 유리한 조건을 얻게 되었다. 1872년에서 1911년까지 민족자본은 모두 1.5억 위안이었지만 1912년에서 1919년까지 공장과 광산이 470여 곳 늘어났고 기존의 기업도 생산을 확대하면서 민족자본이 1.4억 위안이나 새롭게 증가했다.

민족산업이 신속하게 발전함에 따라 노동자계급도 강대하게 성장했다. 제1차 세계대전 이전인 1913년 중국의 산업노동자는 대략 120만 명이었으나 1919년 5·4운동 직전에 이르면 이미 200만 명으로 증가했다. 중국 자본주의 기업의 발전과 분포가 불균형 상태였기 때문에 산업노동자 분포도 불균형을 이뤄 대다수가 동남 해안과 창장강 연안의 대도시에 집중되어 있었다. 세계 여러 나라 노동자에 비해 중국 노동자들은 정치적 압박과 경제적 착취를 매우 심하게 받았다. 노동 시간은 길고 임금은 낮았으며, 노동 조건은 열악하고 봉건적 고용주들의 착취와 억압이 심했다. 이 때문에 중국 노동자들은 아주 강렬한 투쟁성을 갖추고 있었다. 외국 침략자에 반항하고 봉건주의와 자본가들의 착취와 억압에 항거하는 파업과 정치적 투쟁이 끊임없이 일어났다. 예를 들면 1905년에서 1911년까지 매년 평균 여덟 차례 파업이 발생했다. 이로써 노동자계급이 신속하게 '스스로 존재만 하는 계급'에서 '스스로 행동하는 계급'으로 전환하여 장차 독립된 정치적 역량으로 정치 무대에 등장할 날이 멀지 않게 되었다. 따라서 중국 혁명도 장차 새로운 면모를 보일 수 있게 되었다.

무술변법에서 신해혁명 시기까지 부르주아 유신파와 혁명파는 근대 민주주의 사상문화를 선전하면서 봉건주의 사상문화와 투쟁을 벌여 이론적 가치와 사회적 의의가 있는 중요한 성과를 많이 획득했다. 그러나 위안스카이가 신해혁명의 열매를 탈취하여 정치적으로 시류에 역행하자 사상문화 영역에서 수구세력은 공자를 존중하고 유가경전을 읽자고 주장했다. 이는 공자사상과 유가경전의 정수를 정면으로 흡입하자는 것이 아니라 이를 빌미로 봉건주의 윤리도덕을 회복하려는 시도였다. 그러나 당시 이미 현대문화의 선구자들이 시대의 흐름에 맞춰 등장했다. 그들은 사상문화 영역에서 신해혁명에 비견할 만한 운동, 즉 봉건주의 구문화를 맹렬히 반대하고 민주주의 신문화를 제창하는 새로운 문화운동을 일으켰다. 이것이 이른바 현대 신문화운동이다. 이를 대표하는 인물로는 리다자오李大釗, 천두슈陳獨秀, 후스胡適, 루쉰魯迅, 우위吳虞 등이 있다. 1915년 9월 천두슈는 『청년잡지靑年雜誌』[812]를 창간하여 신문화운동의 서막을 열었다.

『신청년』(그림 25) 잡지는 당시 신문화운동의 핵심 기지였다. 이 잡지 창간호에 「삼가 청년에게 고함(敬告靑年)」이라는 글이 실렸는데, 이 글에서 천두슈는 '인권'과 '과학'이라는 구호를 명확하게 제기했다. 이때부터 신문화운동은 '민주'와 '과학'이라는 깃발을 높이 내걸었다. 당시에 선구자들이 선전한 '민주'는 주로 부르주아 민주제도와 민주사상을 가리켰고,

이것을 봉건주의 전제제도에 반대하는 무기로 삼았다. 과학은 주로 서구의 과학기술과 과학적 인식론을 기반으로 하는 방법을 배워서 미신과 우매함에 반대하고 인간 사회의 각종 폐습을 혁파하자는 것이었다. 신문화운동은 또 여성해방, 도덕혁명, 개성독립, 가정혁명 등의 문제를 둘러싸고 격렬하게 토론했다.

신문화운동 과정에서 선구자들은 부르주아지의 민주와 과학 이론으로 봉건주의와 전제주의, 윤리도덕에 반대했다. 천두슈(1879~1942)와 리다자오(1889~1927) 등은 모두 문장을 발표하여 봉건도덕이 사회에 미치는 폐해와 인간의 심령에 미치는 속박을 폭로했다. 그들의 인식에 따르면 '삼강오륜三綱五倫'의 '삼강(君爲臣綱, 父爲子綱, 夫爲妻綱)'은 인간의 사상을 통제하는 족쇄이고 임금[君], 부친[父], 남편[夫]은 절대적인 권위를 가지지만 신하[臣], 자식[子], 아내[妻]는 완전히 종속적인 지위에 처하므로 이것

그림 25 『신청년』 잡지

이 정치상의 불평등과 가정생활의 불평등을 초래한다는 것이다. 인간의 개성이 억압받고 손상되면 사회 분위기가 경직되고 침체되어 사회의 발전과 문화의 진보에 불리하게 작용한다는 것이다. 리다자오는 사적 유물론을 운용하여 봉건도덕이 생겨나고 존재하는 사회경제적 원천을 깊이 있게 분석했다. 이로써 그는 윤리도덕과 사회경제 사이에 밀접한 내재 관계가 존재함을 밝혀냈고 사람들을 위해 봉건도덕을 비판하면서 새로운 사고의 실마리를 열어줬다.

신문화운동은 발전이 심화되는 과정에서 문학혁명 문제를 제기했다. 1917년 1월 1일, 후스는 『신청년』 잡지에 「문학개량에 관한 초보적 의견(文學改良芻議)」을 발표하여 백화문白話文을 제창하고 문학형식의 개혁을 주장했다. 이어서 천두슈는 더욱 명확하게 '문학혁명'이라는 구호를 제기하고 현실 문학의 기본적 특징을 깊이 있게 토론했다. 1918년 이후에는 루쉰이 『신청년』에 「광인일기狂人日記」, 「쿵이지孔乙己」, 「약藥」 등의 백화소설과 잡문을 계속 발표하여 문학을 수단으로 봉건도덕의 본질을 폭로하면서 우매함과 고난을 참고 견디는 사회 하층민의 보편 심리를 그려냈다. 루쉰의 작품은 사람들에게 영혼을 뒤흔드는 듯한 느낌을 안겨줬고, 이후 문학혁명의 진행 과정에 중요한 공헌을 했다.

당시 신문화운동은 주로 중국 사회의 사상과 문화 영역에서 발생했는데 민주와 과학, 윤리도덕, 사회풍속, 문화교육 등의 내용까지 다뤘다. 주요 목적은 사상과 문화 영역에 만연한 존공독경尊孔讀經(공자를 존중하고 유가경전을 읽자는 운동)의 역류를 공격하기 위한 것이었다. 더욱 심층적으로 말하면 일종의 비판적 정신과 이성적 사고로 중국 전통문화의 가치를 새롭게 평가하자는 운동이었다. 이 때문에 신문화운동은 중국 역사상 첫 번째로 전통 사상문화에 대해 심각한 검증과 반성을 행했다고 할 수 있다. 신문화의 선구자들은 중국 전통문화에 포함되어 있는 몇 가지 불량한 내용을 비평했지 전통문화를 모두 포기한 것은 아니었다. 설령 당시 각 영역에서 전방위적으로 서구문화를 수용해야 한다면서 중국 전통문화를 총체적으로 부정하고 포기하자고 주장한 사람도 있었지만 이런 관점이 당시 문화계의 주류는 아니었다. 예를 들면 어떤 학자는 사서오경四書五經을 묶어서 다락에 올려놓아야 한다고 주장했고, 심지어 어떤 학자는 한자를 폐지하고 세계어를 쓰자고 주장했다. 이어서『신청년』잡지에 다시 천두슈의 문장이 발표되었다. 그는 이런 주장을 비평하고 해석하면서 이 잡지의 동인들도 이런 극단적 관점에 동의하지 않는다고 했다. 이 시기에 중국 지성계는 문학예술 영역에서 뛰어난 성과를 거뒀다. 언어, 예술, 문학 등의 분야에서 모두 수준 높은 작품을 생산했다.

당시 중국 사상문화계에는 백화제방, 백가쟁명의 국면이 전개되었다. 신문화 선구자들은 서구에서 들어온 각종 사회학 이론을 즐겁게 받아들였다. 예를 들면 톨스토이의 범노동주의, 길드 사회주의, 신촌주의新村主義, 공독호조주의工讀互助主義(노동과 독서를 함께 하자는 주의), 무정부주의, 혁명민주주의, 과학적 사회주의, 독일 철학, 영국 경제학 등 각종 학설이 그것이다. 그들은 중국 전통문화와 서구문화를 완전히 대립적으로 간주하지 않았고, 이론적으로 더욱 수준 높은 견지에서 중국과 서구문화를 겸용하자고 주장했다. 이것은 실제로 사상과 이론적 측면의 이성주의라 할 수 있다.

이러한 태도의 영향으로 사람들은 중국 전통문화와 서구 근대문화의 장단점은 물론 그 장점을 어떻게 빌려 쓰고 단점을 어떻게 버릴지를 깊이 있게 사고했다. 당시 사람들은 이러한 인식으로 중국 전통문화를 개조하는 문제에서 서구의 과학과 민주 정신을 빌려 쓰려고 했다. 예를 들면 천두슈가 말한 것처럼 과학과 민주를 이용하여 중국의 정치, 도덕, 학문, 사상 등 모든 분야의 암흑을 몰아내자는 것이다. 이것은 매우 깊이 있는 사고다. 신문화의 선구자들은 중국인에게 명확히 이렇게 알렸다. 세계 근대화 조류 앞에서 중국은 반드시 민주와 과학의 기치를 높이 내걸어야 한다. 이념 분야에서는 서구의 민주와 과학을 수용하고, 법률 분야에서는 인권 평등을 실현하고, 윤리 분야에서는 인격 독립을 실현하고, 학문 분야에서는 미신을 타파하여 사상의 자유를 구현해야 한다. 이렇게 해야만 민족의 위대한 부흥을 실현할 수 있다.

1917년 러시아에서 10월혁명이 일어났다. 이것은 세계를 뒤흔든 중대한 사건으로 중국의 정치사상 영역에도 큰 영향을 미쳤다. 이 사건의 영향으로 당시 일부 선진적인 중국인은 부르주아 민주주의를 고수하던 태도에서 공산주의자로 전환했다. 그들은 사회주의 10월혁명과 그 결과를 적극적으로 소개하는 것은 물론 마르크스레닌주의도 소개했으며, 각지로 퍼져가던 대중 봉기와 투쟁에 관심을 기울이기 시작했다. 리다자오는 마르크스주의와 10월혁명을 소개한 문장 「볼셰비키주의의 승리(布爾什維主義的勝利)」, 「나의 마르크스주의관(我的馬克思主義觀)」 등을 계속 발표하여 마르크스주의 이론 선전 부문에 중요한 공헌을 했다.

신문화운동 후기에는 많은 지식인이 신속하게 마르크스레닌주의를 학습하고 연구하고 전파하는 분위기를 형성했다. 1919년 5월 중국은 '파리 평화회의'에서 외교적 실패를 겪었는데, 이것이 반제국주의 애국운동의 직접적 도화선이 되었다. 이후 노동자계급이 정치무대에 등장하여 중국 혁명의 지도적 역량이 되었다. 이 때문에 5·4운동은 중국 민주혁명의 전환점으로 구민주주의 혁명이[813] 종결되었음을 의미한다. 또 서구 자본주의의 옛길을 따라 걷던 중국의 실험이 실패했음을 알리는 계기이기도 했다. 이후 신민주주의 혁명이 서막을 열었고 중국 혁명은 새로운 단계로 들어선다.

⑤ 중국 민주혁명의 승리

1919년 5·4운동 과정에서 가장 영향력이 컸던 구호는 "안으로 역적을 징벌하고 밖으로 국권을 쟁취하자(內懲國賊, 外爭國權)"라는 것이었다. 실제로 이 대규모 민중 투쟁은 주로 제국주의 침략과 북양군벌의 독재정치를 반대하는 측면에 초점이 맞춰져 있었다. 이것은 또한 애국주의 계몽 교육이기도 했다. 더욱 중요한 것은 5·4운동 과정에서 노동자계급이 정치적 역량을 드러내기 시작했다는 점이다. 당시에 베이징, 상하이, 톈진 등지에는 이미 공산주의소조共產主義小組가 성립되어 있었다. 그들의 선전 조직에 힘입어 마르크스주의 이론은 점차 중국 혁명의 실천과 결합되었고, 나날이 고양되는 노동운동과도 결합했다. 이러한 이론적·사회적 기반 위에서 1921년 7월 23일 중국공산당이 성립을 선포했다. 이로부터 중국 혁명에는 하나의 중심이 생겼고 이 조직은 이후 민주주의 혁명과 사회주의 건설을 추진하는 과정에서 핵심 역량으로 기능했다.

1924년 쑨중산은 코민테른과 중국공산당의 도움으로 시대 흐름에 맞춰 국민당을 개조하고 광저우에서 국민당 제1차 전국대표대회를 개최했다. 이 회의에서 쑨중산은 러시아와 연합하고(聯俄), 공산당과 연합하고(聯共), 농민과 노동자를 돕는다(扶助農工)는 세 가지 정책노선을 제기하여 구舊삼민주의를 신新삼민주의로 새롭게 해석했다. 그는 이에 근거하여 제국주의 열강의 중국 침략을 반대하고, 농민의 토지문제를 실제적으로 해결하여 경작자가 땅을 소유하게 하고(耕者有田), 광대한 노동자 농민 대중과 결합하고, 북양군벌의 독재정치를 타도하자고 주장했다. 쑨중산이 위대한 까닭은 시대 흐름에 순응하여 민중의 고통과 국가의 운명에 관심을 갖고 끊임없이 자기 사상을 발전시키고 경신하여 중국 문제를 해결하기 위한 주장을 제기했기 때문이다. 이 회의 이후 국내에서는 제1차 국공합작이 실현되었다. 1925년에 발생한 5·30운동[814]은 전국의 혁명 정세를 최고조로 끌어올렸다.

1926년 여름 국·공 양당은 북벌군을 조직하여 북벌을 개시했다. 북벌군은 비교적 짧은 시간에 군벌 우페이푸吳佩孚와 쑨촨팡孫傳芳의 주력군을 패퇴시키고 중국의 절반을 석권했다. 북양군벌 정권은 신속하게 붕괴되어 정치 구조에 중대한 변화가 생겨났다. 이를 국민혁명이라고 한다. 북벌전쟁이 승리함에 따라 노동자 농민 운동도 부단히 발전했고 이로써 혁명 정세는 나날이 고양되었다. 그러나 국민혁명군 속에서 강대한 세력을 갖고 있던 장제스蔣介石가 혁명을 배반하고 정변을 일으켜 공산당원과 혁명대중을 살해했다. 이 때문에 기세등등하던 대혁명은 실패하고 말았다.

국민혁명이 실패한 후 건립된 난징 국민정부는 중국 사회의 기본 모순을 해결할 수 없었다. 그러자 새로운 군벌 전쟁이 끊임없이 이어졌고, 이에 따라 중국 사회는 더욱 심한 재난 속으로 빠져들었다. 중국공산당은 고난의 형세 아래에서 독립적으로 혁명 무장투쟁을 이끌기 시작했다. 1927년 난창봉기南昌起義는 중국공산당이 지도하는 노동자 농민 홍군(工農紅軍)이 탄생했음을 알리는 표지였다. 이 시기를 전후하여 일어난 100여 차례의 무장봉기는 홍군 건립과 농촌 근거지 창설에 튼튼한 기초를 놓았다. 중국공산당원은 실천과 이론 부문에서 모두 중국 특색을 갖춘 새로운 혁명노선을 탐색했다. 그것은 바로 농촌이 도시를 포위하여 무장역량으로 정권을 쟁취한다는 전략이었다.

중국 사회의 모순이 더욱 가중되자 민족위기도 점차 심각해졌다. 1931년 일본은 만주에서 난폭하게 9·18사변을 일으켰다. 난징정부는 무저항주의에 입각하여 외적을 물리치려면 먼저 국내를 안정시켜야 한다(攘外必先安內)는 정책을 고수하며 동북3성의 아름다운 강산과 동포가 3개월 만에 일제의 군홧발 아래 유린당하게 만들었다. 1935년 일제는 화베이 지역을 향해 새롭게 침략을 감행하며 화베이사변華北事變을 일으켰다. 국가의 형세가 위급해지자 사회 각계각층에서 각종 형식의 구국운동 단체를 조직하여 내전 중지와 대외항전이라는 중국인의 일치된 목소리를 내기 시작했다. 중국공산당과 공농홍군工農紅軍은 여러 차례에 걸친 국민당 군대의 포위 공격을 돌파한 후 항일을 위해 북상하기로 결정했다. 2만 5,000리 대장정 노정에서 홍군은 설산을 넘고 초원을 가로지르며 천신만고 끝에 마침내 산베이陝北에 도달했다. 그 후 14년간 그곳은 줄곧 중국공산당 중앙 소재지와 중국 혁명 근거지로 기능했다. 1936년 시안사변西安事變815)이 발생한 후 국공 양당 사이에 10년 내전 국면이 종식되고 항일민족통일전선이 초보적으로 형성되었다.

1937년 7월 7일, 일본군은 7·7사변을 일으켜 중국을 향해 전면적 침략을 감행했고, 이로써 항일전쟁이 촉발되었다. 국민당 군대가 주력군인 정면 전투에서는 다수의 국민당 애국 장졸과 애국 인사들이 고양된 전투 열정으로 화력이 우세한 일본 침략군에 맞서 용감하게 전투를 벌였다. 정면 전투가 일본의 주력군을 유인하자 공산당이 영도하는 후방 전장이 열렸고, 공산당에게 객관적으로 유리한 조건이 형성되었다. 공산당이 이끄는 팔로군八路軍과 신사군新四軍은 화베이와 화중華中 지방의 적 후방으로 깊이 들어가서 점차 적후 항일근거지를 건설하고 군중을 동원하여 유격전을 전개했다. 이들은 대규모 적군을 견제하며 전략적으로 정면 전장의 작전과 잘 배합되도록 했다. 지극히 간고한 방어전과 대치 단계를 거친 이후 세계적인 반파시스트 전쟁에 맞춰 1944년부터 중국 전장에서도 전면적인 반격 작전이 펼쳐졌다. 중국공산당이 이끄는 적후 해방군과 민중은 화베이, 화중, 화난에서 2만여 차례 작전을 수행하여 8만 ㎢의 국토와 200만 명의 인구를 해방시켰다. 이로써 중국 홍군은 항일 대반격 작전의 선봉대와 주력군이 되었다. 1945년 8월 일본 제국주의가 항복함으로써 8년에 걸친 항일전쟁이 끝났다. 그러나 중국 인민은 이 전쟁에서 승리하기 위해 막대한 대가를 치러야 했다.

항일전쟁에서 승리한 후 국제정세에 큰 변화가 발생하자 중국 정국에도 새로운 상황이 나타났다. 국공 양당은 '쌍십협정雙十協定[816]'에 서명했지만 국민당은 일당독재 정치를 끝내기 위한 아무런 성의도 보이지 않았다. 이 때문에 민주당파와 사회 각계는 강렬한 불만을 터뜨렸다. 장제스는 무력으로 문제를 해결하려고 공산당과 그들의 근거지를 없애서 인민대중의 항의와 투쟁을 종식하려 했다. 1946년 6월 국공 간에 대규모 내전이 폭발했다. 군사와 경제 부문에서 우세를 점했다고 자만한 국민당은 전에 없던 군사, 정치, 경제 위기에 직면했고 결국 국민당은 전체 인민의 포위망 속에 빠져들게 되었다. 1948년 하반기에 국민당은 전면 방어에서 중점 방어로 방향을 바꾸면서 점차 정권이 동요하기 시작했다. 당시 형세에 따르면 중국공산군이 전략적으로 결전을 치를 시기가 성숙되고 있었다. 이후 중국 현대사에서 유명한 전투인 랴오선전투遼沈戰役,[817] 화이하이전투淮海戰役,[818] 핑진전투平津戰役[819] 등 3대 전투에서 중국공산군이 결정적인 승리를 거뒀다. 이 승리로 중국공산군은 남쪽으로 창장강을 건너 중국 전역을 석권할 기반을 마련했다. 1949년 4월 21일 전면적인 창장강 도하작전이 성공하면서 중국공산군이 전국에서 승리를 거뒀다.

해방전쟁의 승리를 앞둔 전야인 1949년 3월 중국공산당은 허베이성 핑산현 시바이포西柏坡에서 제7차2중전회七屆二中全會를 개최해 신중국 건설 문제를 사상, 조직, 정책 분야에서 검토하고 대책을 준비했다. 9월에는 베이핑에서 중국 인민정치협상회의中國人民政治協商會議를 개최하고 신중국 정권의 성질과 대내외 정책들을 확정했다. 10월 1일 건국대회에서 중화인민공화국 주석 마오쩌둥은 직접 오성홍기五星紅旗를 게양하며 전 세계에 중화인민공화국 성립과 중국 인민의 독립을 선포했다. 중화인민공화국 성립은 신민주주의 혁명이 전국에서 승리했음과 혁명 건설이 새로운 역사 시기로 진입했음을 나타내는 표지였다. 마오쩌둥은 위대한 마르크스주의자이자 중국공산당과 인민해방군의 창설자 가운데 한 사람이다. 약 반세기 동안 그는 전체 공산당과 전국 인민을 이끌고 신민주주의 혁명의 위대한 승리를 쟁취하여 중화인민공화국을 건국했다. 신중국을 성립한 이후에도 전체 당과 전국 각 민족의 인민을 이끌고 사회주의 건설 노정을 탐색했다. 그는 마르크스주의의 보편적 원리와 중국 혁명의 구체적인 실천 노선을 결합하여 이론과 실천 양면에서 중국 인민과 전 세계 인민을 위해 많은 공로와 위대한 업적을 남겼다.

아편전쟁 이후 중국 사회는 근대를 향한 전환을 시작했다. 그중에는 사회문화의 전환이 포함되어 있는데, 관념문화의 격렬한 변화 속에 사회, 정치, 경제 등 모든 분야의 고대성을 현대성으로 전환하는 문제가 수반되어 있다. 같은 시각으로 말하면 관념 문화의 전환이 모든 영역의 변화를 추동하는 근본이며 관건이었던 셈이다. 1860년대 중체서용론中體西用論에서 1890년대 자연도태, 적자생존의 진화론과 20세기 초의 자유·평등·박애의 부르주아 민주주의 사상에 이르기까지, 그리고 신문화운동으로 제기된 민주와 과학의 이성주의 사상에서 새로운 사조 가운데 점차 두각을 나타낸 사회주의 사조에 이르기까지, 각파의 사상 주장과 문화 학설의 최종 목적은 모두 중국이 국제적으로 평등한 지위를 획득하고, 민족의 독립을 쟁취하고, 전통사상을 개조하고, 중국 사회의 근대 전환에 새로운 사상 맥락을 제공하기 위한 것이었다.

신문화운동 이후 중국의 각 문화 유파는 사회 개조 문제에 관심을 기울이기 시작했다. 1927년 대혁명에서 실패한 후 국민당 난징정부는 다이지타오주의戴季陶主義를 사상문화의 기반으로 삼았다. 그 실제 내용은 중체서용의 문화모델로 회귀하여 기본적으로 봉건 도통道統을 계승하려는 것이었다. 1934년 국민당 정부는 '공자를 존중하고 성인에게 제사를 올리자(尊孔祀聖)'는 결의로 사회생활 속에서 '예의염치'를 근본으로 하는 '신생활운동'을 제창했다. 또 학술계에서는 본위문화 건설을 중시하면서 이른바 중국 전통사상과 서구 현대 과학기술 그리고 전통 정신문화와 현대 물질문화를 결합한 국가를 세우자고 주장했다.

중국 민족부르주아지의 문화관은 전형적인 민족주의였다. 문화계에서는 국가주의파와 전국책파戰國策派가 등장했다. 국가주의파는 '성사파醒獅派'[820]라고도 칭해지는데 주로 유럽 유학생 출신으로 구성되었다. 그들은 서구 근대 민족주의 사상을 수용하여 민족주의 이론과 방법으로 사회문제와 민족문제를 해결하자고 주장했다. 주요 관점은 대략 다음과 같다. 사회 속에서 생활하는 인간은 필연적으로 사회에 대한 강렬한 동류의식과 의존 의식을 갖게 되고 아울러 '군체 속의 자아'를 형성하게 된다. 여기에서 한 걸음 더 나아가면 '국가인격'이 형성되는데 그것이 바로 민족정신이다. 이러한 바탕에서 모든 사회 구성원은 '국가지상'의 원칙에 찬동하고 개인주의를 단호히 배척해야 한다. 대외적으로는 국가의 독립 자주 정책을 주장하며 어떤 외국에 의존하는 것도 반대한다. 대내적으로는 계급투쟁에 반대하고 모든 계급의 독재에 반대하면서 전 국민을 단결시켜 자기 국가의 강성함을 위해 노력하고 분투하도록 한다.

제2차 세계대전 동안 국가주의는 '전국책파'로 모습을 바꿨다.[821] 이 파의 인식은 대체로 이렇다. 인류의 역사는 16세기에서 18세기까지 발전해서 나폴레옹시대에 이르면 '대전국大戰國'시대로 진입한다. 전 세계에는 부도덕하고 비경제적인 충동이 가득하기 때문에 전쟁이 모든 것을 결정한다. 중국 사회는 이러한 형세에 당면하여 '민족지상, 국가지상'의 정책을 채택하고 개성 독립에 반대하면서 전 국민으로 하여금 나폴레옹과 같은 영웅에게 복종하게 해야 한다. 영웅의 지휘 아래에서만 장차 국가의 강성과 번영을 실현할 수 있다. 국가주의 학파와 전국책 학파의 주장은 서구에서 기원했다. 그 실질적 내용은 서구의 민족주의 이론을 채택하여 독립되고 부강한 중국을 건설하자는 것이다. 이러한 문화관은 물론 나름대로 역사적 합리성과 진보성을 갖추었지만 당시 중국 상황에는 부적합했고,[822] 중국 사회의 구체적 실천에도 적용되지 못했다.

저명한 학자 량수밍梁漱溟은 향촌鄕村 건설에 관한 이론과 실천으로 자신만의 선명한 특색을 드러냈다. 그의 인식은 대략 이렇다. 중국인은 서구문화의 인도 아래 서구국가의 길로 나아갈 수도 없고 나아가서도 안 된다. 오직 농업문명을 부흥하는 길로 나아가야 한다. 이 때문에 중국의 발전은 농촌 사회의 상호부조[互保]에서 시작하여 더 나아가 향촌 자치를 실행하는 방향으로 길을 잡아야 한다. 그리고 다시 작은 범위의 자치를 전체 민족과 사회의 일체화로 확장하여 최종적으로 농업문명의 부흥을 실현해야 한다. 향촌 건설의 근본적인 문제는 하나의 새로운 사회조직으로 전체 사회의 구성원을 조직해내야 한다는 점이다. 이 조직의 기본 구조는 각각 향장鄕長, 향농학교鄕農學校, 향공소鄕公所, 향민회의鄕民會議 등으로 나뉘고, 그 직무는 각각 훈도 감독, 설계 추진, 업무 지도, 지방 입법 등으로 나뉜다. 이러한 구상의 목적은 먼저 향촌 사회를 건전하게 만들고 농업생산을 발전시킨 후 이 기반 위에서 산업화된 국가로 나아가자는 것이다. 향촌건설파의 연원은 물론 중국 사회의 고유한 종법이론과 혈연가족 관념이다. 이러한 사회 개혁 방안은 유토피아적 색채가 짙어서 산업화 국가의 발전 목표와는 매우 동떨어진 이론이다. 이 때문에 실천 과정에서도 시행될 수 없는 공상주의 방안으로 인정되었다.

중국 사상문화계에서는 서구문화, 사회자유, 민주정치를 지향하는 정파를 자유주의파라고 한다. 이들은 서구 근대사회의 정치이론을 중국 사회 건설의 지도사상으로 삼아왔다. 후스 등이 이 유파의 대표자다. 그는 일찍이 자유주의 인권관, 전민국가론全民國家論, 초계급적 법률관을 제기했다. 그의 지적은 이렇다. 인권은 바로 인류가 인간이 되는 모든 조건이다. 개성을 발전시키고 인격을 배양하여 최대 다수의 최대 행복을 추구해야 한다. 국가의 공무는 국민의 권력을 보호하고 국민 스스로 자기 권력을 행사할 수 있도록 그들의 능력을 배양하고 발전시키는 데 있다. 인권은 법률 이전에 존재하므로 법률은 반드시 인민이 제정해야 한다. 이러한 주장은 서구 근대 부르주아 계몽사상의 범위에서 벗어나지 못한 것으로 그 실질적 내용은 여전히 자유, 평등, 민주, 법제의 테두리 안에 있다. 이 파가 사회적 실천 과정에서 보여준 정치적 태도는 '중간의 길(中間道路)'이었다. 그들의 주장과 문화 사상은 중국 사회 현실과 동떨어진 것이었다. 따라서 평화롭고 개량적인 방식으로 서구식 국가를 건설하려던 소망은 실현될 수 없었다.

중국 사회의 미래 발전 방향과 노선은 중국공산당에서도 가장 중요하게 사고하고 연구한 문제였다. 1943년 마오쩌둥은 「신민주주의론新民主主義論」을 발표하여 신민주주의의 정치, 경제, 문화 건설 강령을 총체적으로 제기하고 이에 관한 웅대한 구상을 체계적이고도 깊이 있게 설명했다. 즉 그것은 정치적으로 프롤레타리아의 지도하에 각 혁명계급과 연합하여 프롤레타리아 독재를 실현하고, 민주집중제에 근거하여 국가의 정권을 세우고, 국민대회를 개최하여 정식 연합정부를 구성하자는 것이었다. 경제적으로는 자본을 조절하고, 토지소유권을 평등화하고, 대은행·대기업·대상업을 모두 국가소유로 귀속해서 농촌의 봉건 관계를 청산하고, 토지를 농민의 사유재산으로 변화시킨다는 것이었다. 그리고 문화적으로는 민족적·과학적·대중적 문화를 건설하려고 했다. 그 특징은 제국주의 압제에 반대하고, 민족의 독립과 존엄을 옹호하고, 전통문화를 체계적으로 정리하여 민족 중에서 90% 이상을 차지하는 노동자와 농민 대중을 위해 봉사해야 한다는 것이었다.

종합해보면 이 방안의 내용은 다음과 같다. 중국공산당의 지도하에 노동자 농민 연맹을 기반으로 하는 각 혁명계급의 인민민주주의 독재를 실현한다. 민족적·과학적·대중적 문화정책을 시행한다. 경제적으로 다섯 가지 경제 요소가 국유경제의 지도하에 더욱 발전하게 하여 국가의 산업화를 실현하고 전통적인 농업국가를 현대적인 산업국가로 변모시킨다. 중국공산당의 신민주주의 건국 방안은 세계의 발전 흐름에 순응하고 시대의 전진 방향을 대표하여 광대한 인민 대중의 근본적인 이익과 요구를 반영했다. 이 때문에 이 방안은 마침내 낡고 오래된 중국 사회에서 구체적인 현실로 변모할 수 있었다.

1840년 아편전쟁에서 1949년 중화인민공화국 건국까지는 110년의 세월이 흘렀다. 중국 인민은 온갖 고난을 겪으며 피를 뿌리고 목숨을 희생하여 최종적으로 민족의 독립과 해방을 실현하고 외래 침략 세력을 축출함과 아울러 근대화의 노정을 시작할 수 있었다. 이 1세기가 넘는 기간은 중국 역사에서 사회 변화가 가장 격렬했고, 사상 관념의 경신도 가장 신속한 시기였다. 중국 인민은 고대와 중세로부터 바로 현대사회를 향해 나아갔다. 중국은 서구 국가와 같은 근대화 노선을 걷지 않았다. 그 길은 중국에서 통할 수 없었기 때문이다. 중국 사회에는 자기만의 독특한 역사와 상황이 있어서 자기만의 길을 걸어야 했다. 그것을 따라 전진하는 길에서 각종 문제와 고난에 직면했지만 중국 인민은 중국공산당 지도하에 신민주주의 혁명의 최후 승리를 쟁취했을 뿐 아니라 사회주의 건설의 위대한 승리도 얻을 수 있었다. 중국 민족의 위대한 부흥을 실현하기 위해서 장기적인 분투와 게으름 없는 노력이 필요했다.

[생각거리]

1. 중국 근대사의 기본 특징과 발전 노선

2. 중국 근대 경제발전의 노정과 특징

3. 중국 근대사회로 전환하는 몇 단계의 과정

4. 중국 전통문화가 근대사회에서 직면한 상황

5. 쑨중산의 위대한 품격

[참고자료]

1. 판원란范文瀾, 『중국근대사中國近代史』上册, 人民出版社, 1955.

2. 후성胡繩, 『아편전쟁에서 5·4운동까지從鴉片戰爭到五四運動』, 人民出版社, 1981.

3. 궈모뤄郭沫若 주편, 『중국사고中國史稿』제4책, 人民出版社, 1962.

4. 리젠눙李劍農, 『무술변법 이후 30년 중국 정치사戊戌以後三十年中國政治史』, 中華書局, 1965.

5. 장치즈, 『중국 역사中國歷史』晚淸民國卷, 高等敎育出版社, 2001.

사회주의 현대화의 파란만장한 역정

〔 15강 〕

신중국을 건국한 이후 지금까지 반세기가 넘는 시간이 지났다. 반세기 이래 중화인민공화국은 끊임없이 국가의 번영과 사회의 진보를 실현하면서 강대하고 현대화된 국가를 건설하기 위해, 또 민족의 위대한 부흥을 위해 게으름 없는 노력과 간고한 탐색을 수행해왔다. 마오쩌둥, 덩샤오핑鄧小平, 장쩌민江澤民을 핵심으로 하는 중국공산당 3대 지도 집단의 영도 아래 이러한 탐색은 이미 신민주주의에서 사회주의 과도기를 거쳐 사회주의를 전면적으로 건설하기 위한 최초 탐색을 시작했고, 또 국가 발전의 역사적 전환을 실현하기 위해 중국 특색의 사회주의 현대화 노선 건설과 21세기를 향한 거리낌 없는 행진 등 중요한 역사 단계로 접어들었다.

신세기로 접어들어 후진타오胡錦濤를 총서기로 선출한 중공중앙은 전국 인민을 이끌고 소강小康(태평성대 직전의 단계) 사회를 건설하는 과정에서 새로운 도약을 실현하고 있다. 이와 아울러 새로운 역사 기점에서 중국 특색의 사회주의를 성공적으로 유지하는 가운데 그것을 발전시켜나가고 있다. 이 장에서는 건국 이래 중국 특색의 사회주의 현대화를 실현하려 끊임없이 탐색하고 분투한 역사 과정을 개괄적으로 회고할 것이다.

① 신민주주의에서 사회주의로 가는 과도기 완성

우리가 잘 알다시피 중국공산당은 창당 초기에 중국 근대 구민주주의 혁명이 실패한 경험과 교훈을 총결산한 바탕 위에서, 사회주의 실현을 중국 진흥의 내용으로 삼아 강하고도 현대화된 국가를 건설하기 위해 반드시 걸어가야 할 노선을 확실하게 정했다. 그러나 구중국은 경제문화가 매우 낙후된 반+식민지·반+봉건사회라는 상황에 처해 있었다. 이에 마오쩌둥을 대표로 하는 중공 지도자들은 중국 혁명을 반드시 두 단계로 나눠서 추진하자고 주장했다. 그 첫걸음은 신민주주의 혁명을 수행하여 전국의 정치권력을 쟁취하고 신민주주의 사회를 건설하는 것이었다. 두 번째 걸음은 사회주의 혁명을 전개하여 사회주의의 기본제도를 건립하고 현대화된 국가를 건설하기 위해 기초를 튼튼히 놓자는 것이었다. 이를 위해 신중국을 건국한 후 중공은 전국 인민을 이끌고 민주혁명이 남겨놓은 임무와 국민경제 회복 과제를 계속 추진하는 동시에 사회주의 개조 작업도 절차대로 진행했다. 1949년 10월에서 1956년까지 약 7년의 시간을 들여 신민주주의에서 사회주의로 이행하는 과도기를 완성했다. 이것이 바로 건국 후 '기본적으로 사회주의 개조를 완성한 7년(基本完成社會主義改造的七

年)' 기간이다. 또 통상적으로 '과도기[過渡時期]'라 부르기도 한다.

사회의 주요 모순과 주요 임무의 변화에 따라 이 7년은 전반기 3년과 후반기 4년으로 나눌 수 있다.

전반기 3년의 중심 과제는 각종 신민주주의 개혁과 건설을 추진하여 국민경제를 회복하고 대규모 경제를 건설하기 위해 준비 작업을 하는 것이었다. 따라서 이 3년을 신민주주의 건설 시기라 부를 수 있고 과거에도 이 기간을 국민경제 회복 시기라 불렀다. 이 기간에 중공은 전국 인민을 이끌고 대륙에 남은 국민당 정권의 무장 잔당을 숙청하면서 비적과 파당을 토벌하고 반혁명 활동을 진압하는 투쟁을 전개했다. 또 각지에 인민 정권을 건립하고 공고히 했다. 관료 기업의 자본을 몰수하여 국영경제를 건립해 크게 키웠다. 시장 안정, 재정 통일, 상공업 조정으로 국영경제 위주의 신민주주의 경제 질서를 형성했다. 새로 해방된 지역의 토지개혁을 완성하고 도시와 농촌 각 지역의 사회개혁을 추진했으며, 아울러 구태의연한 문화사업을 효과적으로 개조했으며, '삼반·오반운동三反·五反運動' [823]도 전개했다. 위대한 항미원조抗美援朝[824] 호국전쟁을 수행하는 동시에 구중국 시절 심각하게 파괴된 국민경제를 신속하게 회복했다. 이로써 전국 노동자 농민의 총생산이 1952년에 이르러 중국 역사상 최고 수준에 도달했다. 그중에서 1952년도 강철, 석탄, 발전량, 원유, 시멘트, 면사, 식량, 면화 등 주요 공업·농업 생산량이 모두 해방 전의 최고 생산량을 크게 초과했다. 1949년에 비해 1952년 전국 노동자 농민 총생산량은 77.5% 성장했다. 이 중 공업 총생산은 145% 증가했고, 농업 총생산은 48.5% 증가했다. 전국 노동자 평균 임금은 70% 내외까지 증가했고 농민 수입은 30%

이상 증가했다. 노동자 농민 총생산과 각종 사업의 신속한 회복·발전은 사회주의 개조와 대규모 경제건설 추진에 튼튼한 기초를 놓았다.

3년 동안 신민주주의 건설이 이처럼 신속하게 발전한 것은 여러 가지 원인이 작용한 결과였다. 그중 관건은 역시 당과 정부가 모든 사업을 중국 상황에 맞게 일련의 정확한 방침을 제정하고 집행한 자세였다. 특히 정치적으로 정확하게 적과 친구를 구분하여 제때에 적들이 '사방으로 뛰쳐나오지 못하게 하고(不要四面出擊)' 다수 대중을 단결시키면서 민족 부르주아지까지 안정시켰다. 경제적으로는 국영경제, 개인 자본주의 경제, 개체 경제, 국가 자본주의 경제 등 다섯 가지 경제 요소의 관계를 정확하게 처리하여 그것들이 국영경제의 지도 아래 분업과 합작을 이루고 각각 제자리를 찾게 했다. 이로써 국민경제 회복이 강력하게 촉진되었다. 이 3년 동안은 신중국 건국 초기여서 각종 정치운동이 빈번했지만 생산 회복이라는 하나의 중심을 견지할 수 있었기에 정치와 경제의 관계를 정확하게 처리하고, 대규모 정치적 대중운동과 경제건설을 훌륭하게 조화해 국민경제 회복을 촉진할 수 있었다. 당시에 전개한 '삼반·오반운동', 상공업의 합리적 조정, 농촌 상호 합작운동은 직접적으로 사회주의 개조 준비 작업을 할 수 있게 했다. 따라서 3년의 '회복시기'는 사회주의 개조의 준비기에 해당한다.

이 단계의 후반기 4년의 주안점은 당이 과도 시기의 총노선을 관철하고 개체 농업, 개체 수공업, 자본주의 상공업에 대한 사회주의 개조 작업을 추진하면서 '제1차5개년계획(一五計劃)'[825]을 중심으로 대규모 사회주의 산업화 건설을 전개하는 데 놓여 있었다.

신민주주의에서 사회주의로 나아가는 과도기에 대해 중공중앙은 건국 전야에 초보적인 구상을 한 적이 있다. 이를 바탕으로 혁명에서 승리한 후 먼저 10년에서 15년에 이르는 신민주주의 건설 단계를 거치면서 국가는 산업화를 실현했고, 국영경제는 발전했다. 그 후 다시 '엄중한 사회주의 절차'에 따라 일거에 개인기업의 국유화와 개체농업의 집체화를 달성했다. 그러나 건국 후 국민경제 회복이라는 실천 단계를 거치면서 형세의 발전과 새로운 경험이 축적됨에 따라 당은 사회주의 과도기로 나아가는 여러 문제에 대해 새로운 사고를 하게 되었다.

1952년 6월 마오쩌둥은 이렇게 지적했다. "지주계급과 관료 자본가계급을 타도한 이후 중국 내부의 주요 모순은 바로 노동자계급과 민족 자본가계급 간의 모순이다."[826] 주요 모순의 변화는 당의 중심 임무도 거기에 맞게 조정되어야 함을 의미한다. 같은 해 9월 마오쩌둥은 중공중앙의 어떤 회의에서 다음과 같이 말했다. "우리는 지금 10년에서 15년을 들여 사회주의 과도기의 임무를 기본적으로 완성해야 합니다." 1953년 6월 이후 중공중앙은 여러 차례 정중한 토론을 거쳐 당의 과도 시기 총노선을 제정해 선포했는데 그 내용은 이렇다. "중화인민공화국 건국으로부터 사회주의 개조가 기본적으로 완성되기까지는 하나의 과도기다. 이 과도기에 견지해야 할 당의 총노선과 총임무는 상당히 긴 시간 국가의 사회주의 산업화를 초보적으로 실현하고 아울러 농업, 수공업, 자본주의 상공업에 대한 국가의 사회주의 개조를 점진적으로 실현하는 것이다."[827] 이것은 사회주의를 건설하고 개조하는 동시에 함께 발전시키기 위한 노선이었다.

중공중앙은 이 시기에 '일화삼개一化三改'[828]라는 과도기 총노선을 제기하여 당시 중국의 정치경제발전의 객관적 추세에 부응했다. 여기에는 심각한 원인이 내재되어 있다.

우선 이것은 당시에 국영경제를 신속하게 발전시키고 '제1차5개년계획'을 순조롭게 시행하면서 국가의 사회주의 산업화를 실현하기 위한 객관적 요청이었다. 중국에서는 민족자본주의 경제 역량이 허약했기 때문에 중국 역사는 이미 민족 부르주아지가 중국의 민주혁명을 이끌고 승리를 쟁취할 능력이 없었을 뿐 아니라 국가 산업화의 역사적 중임도 담당할 능력이 없었음을 증명했다. 건국 이후 관료층의 자본이 몰수되고 새로운 국영기업이 신속하게 발전함에 따라 사회주의 성질을 갖춘 국영경제가 국가재정을 지탱해 경제를 안정시키면서 인민 생활을 보장하는 주요 경제 역량이 되었고, 또한 현실 속 기반 산업의 주체가 되었다.

1953년 시작된 제1차5개년계획의 주요 임무도 사회주의 국영경제가 맡을 수밖에 없었다. 중국에서 산업화를 실현하려면 개인적인 자본주의 경제에 의지할 수는 없고 사회주의 국영경제에 의지해야 했던 것이다. 이렇게 하여 국영경제가 신속하게 발전하면서 강화되었고, 아울러 개인적인 자본주의 경제를 포함한 전체 국민경제를 빠르게 개조하여 사회주의 경제 궤도로 진입하게 했다. 이로써 국가의 대규모 산업화 건설 수요에 적응하면서 당이 제기한 '일화삼개一化三改' 총노선을 구성하는 기본 요소가 되었다. 다음으로 건국 초기에 자본주의 산업에 대해 제한적인 개조 정책을 시행했는데, 특히 상공업을 조정하는 과정에서 창조해낸 주문 가공(加工訂貨), 중개판매와 대리판매(經銷代銷), 일괄구매와 일괄판매(統購包銷), 공기업과 사기업 합동경영(公私合營) 등과 같은 일련의 국가 자본주의 형식(초급에서 고급까지 포함)을 보면 국가가 자본주의 상공업에 대해 사회주의 개조를 실행하는 구체적인 형식과 방법을 갖고 있었음을 알 수 있다. 그리고 토지개혁이 시행된 후 광대한 농촌에서 계속 일어난 상호합작운동互助合作運動을 통해서도 이미 호조조互助組(상호합작 소조), 초급 농업생산합작사, 고급사高級社와 같은 초급에서 고급까지의 농업생산 조직이 형성되고 있었다.

이것은 실제로 이미 개체 농업이 사회주의 집체화를 향해 점차 과도기적 단서를 열어가고 있었음을 알려준다. 이 모든 것으로 당은 본래 구상했던 10여 년 후 자본주의를 '일괄 소멸하려던' 방식을 바꾸어 현재 시점부터 점진적으로 과도기를 형성해나가겠다는 것으로 방향을 전환했다. 이는 가능성도 있고 근거 있는 전환이었다. 이 밖에 당시 국제환경도 하나의 중요한 요인으로 작용했다. 중국은 비록 항미원조 전쟁을 경험했지만 중국에 대한 제국주의 세력의 전면적인 위협이 엄연히 존재했기 때문에 시기에 맞게 발전을 가속화하여 실력을 강화해야 했다. 이 무렵 소련 사회주의의 발전도 중국의 모범으로 작용했다. 이런 모든 사실은 중공중앙이 이 시기에 제기한 과도기 총노선이 시대상황을 자세히 살핀 후 심사숙고 끝에 나온 정책이며 당시 중국 발전의 객관적 현실에 정확하게 부합하는 노선이었음을 밝혀준다.

과도기 총노선은 선포된 이후 전국 인민의 열렬한 지지를 받았다. 따라서 이 노선은 전국 인민을 동원하여 단결시키고 현대화된 강력한 사회주의 국가를 건설하기 위해 함께 분투하는 새로운 강령이 되었다. 이후 당과 정부는 사회주의를 향한 과도기 노선을 둘러싸고, 또 중국 사회주의의 기본적인 정치경제 제도 건립과 중국 사회주의의 물질적 토대를 마련하기 위한 정책을 둘러싸고 과도기 총노선을 관철하는 과정에서 현실에 맞고 창조성이 지극히 풍부하면서도 중국적 특징을 갖춘 일련의 정책과 조치를 제기하고 집행했다. 이로써 건국 후 중국 발전사에서 사회주의를 탐색하기 위한 첫 번째 중대한 진전을 이뤄냈다.

첫째, 실천 과정에서 중국은 사회주의 개조 노선을 창조적으로 개척하여 사유제를 소멸시키고 사회주의의 기본제도를 건립하는 등 심각하고도 복잡한 사회변혁을 일거에 완성했다. 이것은 중국 역사의 발전과정에서 하나의 중요한 이정표가 되어 이후 사회 발전과 전면적인 진보에 튼튼한 기초를 놓았다. 이러한 개조는 초급에서 고급으로 점진적이고 과도적인 일련의 형식을 거쳐 실현되었기 때문에 생산관계의 갑작스러운 변화로 야기되는 생산력의 파괴를 피할 수 있었다. 또 이러한 개조는 노동자와 부르주아지 간에 벌어지는 착취와 피착취의 적대적 갈등을 평화적인 방식으로 해결했기 때문에 엄청난 사회적 격동을 피할 수 있었다. 그리고 이러한 개조는 경제제도 개조와 인간 개조를 결합해 양자가 서로 촉진작용을 하게 함으로써 큰 성공을 거둘 수 있었다.

둘째, 1954년 제1기 전국인민대표대회가 개최되고 사회주의 성격의 첫 번째 「중화인민공화국헌법中華人民共和國憲法」이 선포된 것을 표지로 삼아 인민민주주의 독재 이론의 기초 위에서 인민대표대회제도를 마련했다. 또 공산당 중심의 다당 합작제와 정치협상제도, 소수민족 지역자치제를 주요 내용으로 하는 중국 사회주의의 기본적인 정치제도를 창조적으로 마련하여 중국 특색의 사회주의와 민주정치를 건설하는 기반을 놓았다.

셋째, '제1차5개년계획'은 소련의 지원을 받은 156개 중점 프로젝트를 중심으로 삼았고 제한액 이상의 건설기업 694개로 구성되었으며, 중공업 건설을 중점 사업으로 삼았다. 이로써 중국의 산업화 건설은 구중국 근 백년의 발전을 훨씬 뛰어넘어 중국 사회주의의 물질적 토대를 뚜렷하게 강화하면서 산업화를 실현하기 위한 기초를 마련했다. 이 밖에 '제1차5개년계획'을 추진하는 과정에서 중국 현실 중심의 관점을 견지하고 실사구시 원칙을 준수했다. 독립자주와 자력갱생 노선을 중심으로 삼고 외국 원조를 보조로 삼는 방침을 정확하게 실행했으며, 중공업을 우선적으로 발전시키는 동시에 농업과 경공업 발전에도 비교적 주의를 기울였다. 그리고 저축과 소비의 관계 등을 정확하게 처리했다. 이로써 차후 중국 사회주의 건설 노선 탐색에도 풍부한 경험을 쌓게 되었다.

사회주의 개조 후반기에도 '요구가 지나치게 급하고, 일처리가 지나치게 거칠고, 변경이 지나치게 빠르고, 형식도 지나치게 단순한' 병폐가 존재하여 오랫동안 일련의 문제를 야기했다. 이러한 병폐는 당시 당이 사회주의가 무엇인지, 사회주의를 어떻게 실현할지에 대해 인식상 오류를 범한 데서 기원했다. 당시에는 그리 길지 않은 시간 안에 생산 자료로서 사유제 전체를 단일한 사회주의 공유제로 전환할 생각에만 몰두하면서 '과도기 총노선의 실질이 바로 생산 자료로서 사회주의를 국가와 사회의 유일한 경제토대로 삼는 것이라고'[829] 강조했다. 이 때문에 '순혈을 구하면서' '지나치게 조급한' 경향을 드러내게 되었다. 그러나 당시 사회주의 개조를 총체적으로 말해보면, 1981년 중공 제11차6중전회에서 채택된 「건국 이래 약간의 역사 문제에 관한 당의 결의(關於建國以來黨的若干歷史問題的決議)」
(이하「역사결의歷史決議」로 줄임)라는 문건에서 지적한 바와 같다. "인구가 몇
억인 큰 나라에서 이와 같이 복잡하고 곤란하고 심각한 사회변혁을 비교
적 순조롭게 실현하고, 노동자 농민과 전체 국민의 경제발전을 촉진한 것
은 확실히 역사적으로 위대한 승리다." 이 승리가 중국 사회주의 현대화
실현에 튼튼한 기초를 놓았다.

② 사회주의를 건설하기 위한 최초의 탐색

사회주의 개조 사업이 순조롭게 실현되고 '제1차5개년계획'이 시기를
앞당겨 초과 달성되자 전국 인민은 사회주의 강국 건설에 크게 고무되면
서 적극성을 띠었다. 1956년 9월 개최된 중공 제8차전국대표대회에서 사
회주의 강국 건설의 분투강령이 제출되면서 중국은 이제 사회주의 건설
을 전면적으로 전개하는 단계로 들어섰다. 이것은 또한 중공이 자체적인
사회주의 건설 노선을 독립적으로 탐색하기 시작한 출발 단계에 해당한
다. 그러나 이 출발 단계를 탐색하는 것은 어렵고도 힘든 과정이었다. 이
단계에서 중요한 성과를 많이 거두기도 했지만 심각한 좌절을 겪기도 했
다. 사회주의를 전면적으로 건설하기 시작하고 나서 10년 뒤에는 당의 지
도노선이 줄곧 탐색의 정확한 궤도에서 벗어났고, '문화대혁명文化大革命'
이라는 10년의 고난을 겪었기에 중공 제8차전국대표대회에서 계획한 목
표, 즉 사회주의 현대화 건설을 실현한다는 목표에 도달할 수 없었다.

중공 제8차전국대표대회를 전후하여 전면적인 사회주의 건설을 위한

최초 탐색 과정에 아주 좋은 기회가 나타난 적이 있다.

이 대회 전야에 소련공산당은 제20차 전국대표대회에서 소련 사회주의 건설과정의 문제점을 폭로했고, 중공중앙에서도 즉시 '소련을 거울로 삼는다(以蘇爲鑒)'는 원칙을 명확하게 제시한 후 사회주의 건설을 위한 자체 노선 문제를 탐구했다. 이어서 마오쩌둥은 중국 제1차5개년계획의 경제건설 경험을 조사 연구하고 그것을 총결산한 바탕 위에 「10대 관계를 논함(論十大關係)」이란 보고서를 써서 중국 사회주의 건설 과정에 포함된 10개 부문의 모순을 진술했다. 그는 또한 이 같은 모순을 해결하여 각 부문의 적극성을 조절해야 한다는 기본원칙을 제기했다. 이것은 실제로 당이 전면적인 사회주의 건설을 위해 제기한 새로운 사고와 방침이었다. 오래지 않아 당에서는 또 과학문화사업을 발전시키기 위한 '쌍백(雙百(百家爭鳴, 百花齊放)' 방침을 제시했고, 반보수적이고 반모험적인 태도로 종합적인 평형 상태 속에서 안정되게 전진하자는 경제건설 총방침을 내세웠다. 이러한 시도는 모두 중공 제8차전국대표대회를 개최하기 위한 이론과 정책적 측면의 준비 작업이었다.

중공 제8차전국대표대회에서는 전국 인민을 향해 사회주의 현대화 국가를 건설하기 위한 분투 강령도 제출했다. 그중에서 가장 중요하고 중대한 판단과 결정은 바로 3대 개조[830] 과업이 기본적으로 완성되어 중국 프롤레타리아와 부르주아 간의 모순도 기본적으로 해결되었다고 명확하게 지적한 것이다. "국내의 주요 모순은 이미 선진적인 산업국가 건설 요구와 낙후된 농업국가라는 현실 사이에 존재하는 모순이고, 경제문화의 신속한 발전에 따른 인민들의 요구를 목전의 경제문화가 만족시키지 못하는 상황 간의 모순이다."[831] 당시 당과 전국 인민이 마주했던 주요 임무는 바로 역량을 집중하여 이 같은 모순을 해결하고 중국을 가능한 한 빨리 낙후된 농업국가에서 선진적인 산업국가로 변화시키는 일이었다. 기실 이것은 당과 국가의 업무 중심이 이동했음을 나타낸다. 즉 혁명과 계급투쟁에서 경제건설로, 생산력 해방에서 생산력 보호와 발전으로 나라의 업무 중심이 이동했음을 보여준다. 이런 상황은 3대 개조 과업이 완료된 후 중국이 마주한 가장 중요한 전환점이었고, 중공 제8차전국대표대회에서 이처럼 중대 결정을 내린 것은 당시 단계에서 탐색해낸 매우 중요한 진전 가운데 하나였다.

중공 제8차전국대표대회가 끝난 후 탐색의 심도는 더욱 깊어졌다. 마오쩌둥은 1957년 2월 경제건설 방침과 경제관계 조정 부문에서 새로운 사고와 구상 몇 가지를 제기하는 동시에 「인민 내부의 모순을 정확하게 처리하는 문제에 관하여(關于正確處理人民內部矛盾的問題)」라는 담화를 발표했다. 그는 이 글에서 사회주의 사회의 모순을 과학적으로 밝혀내면서 인민 내부의 모순을 정확하게 처리하는 일이 이미 중국 정치생활의 주제가 되었다고 지적했고, 아울러 그것을 위한 기본방침을 제시했다. 이것은 제8차전국대표대회를 전후하여 사회주의 건설 노선 탐색이 이론적으로 승화되었음을 집중적으로 드러내는 표지다.

그러나 이 대회 이후 오래지 않아 사회주의 건설 노선에 대한 당의 탐색에 파란이 일기 시작했다. 이는 훗날 덩샤오핑이 지적한 바와 같다. "당시 사회주의 전면 건설 과업에 대한 당의 사상적 준비가 부족해서 제8차전국대표대회에서 제기한 노선과 정확한 의견이 구체적 실천 속에서 굳건히 유지되지 못했다. 제8차전국대표대회 이후 우리는 사회주의 건설의 다양한 성과를 거둔 동시에 심각한 좌절을 겪기도 했다."[832]

이른바 '전면적 사회주의 건설 과업에 대한 당의 사상적 준비가 부족했다'는 말은 대체로 다음과 같은 상황을 포괄한다. 당시 당이 3대 개조 과업을 완성한 후 국정에 대한 정확한 이해가 부족했는데, 그중에는 사회주의 건설의 장기성과 간고함에 대한 인식 부족과 사회주의 조건 아래에서 벌어지는 계급투쟁에 대한 과학적이고 명확한 인식 부족도 포함되어 있다. 그리고 무엇이 사회주의인지에 대한 깊이 있는 이해가 부족하여 결국 사회주의 소유제도가 커지면 커질수록, 공적 특징이 강하면 강할수록 더욱 좋은 제도라고 생각하게 되었다. 아울러 전면적 사회주의 건설을 어떻게 추진할지 경험이 부족했고, 특히 경제발전 규율이 무엇인지도 정확하게 파악하지 못했다. 이 밖에 혁명에 승리하면서 당내에 교만 정서가 팽배하여 실제와 유리된 길을 걷는 사람이 많았다. 또 벼슬에 집착하며 주관적인 노력을 과장하는 등 잘못된 태도도 나타났다.

이 같은 준비 부족 때문에 제8차전국대표대회 이후 오래지 않아 당의 탐색에 착오가 생겼고, 이 대회에서 제시된 노선을 관철하는 일도 심각한 방해를 받게 되었으며, 당의 지도사상에도 엄중한 좌경화의 오류가 나타났다. 이런 오류는 특히 두 부문에서 분명한 모습을 드러냈다. 첫째, 정치 영역에서 3대 개조 과업을 완성한 후 중국 사회의 주요 모순이 해결될 것이라는 제8차전국대표대회의 논단을 경솔하게 바꾸고 프롤레타리아와 부르주아의 모순, 사회주의 노선과 자본주의 노선의 모순이 여전히 중국 사회의 주요 모순이라고 다시 강조하면서 이른바 '두 착취계급(자본가와 지주)과 두 노동계급(노동자와 농민)이 존재한다'는 논단을 제시했다. 이런 경향은 이 단계에서 연속으로 발생한 1957년 반우파투쟁의 확대, 1959년 루산회의廬山會議와 그 이후 '반우경화' 투쟁, 1962년 제8차10중전회[八届十中全會] 이후 정치사상 영역에서 벌어진 계급투쟁 확대 등 잘못된 관점이 끊임없이 산출되는 과정에서 이론 근거로 작용했다. 둘째, 경제건설부문을 보면, 기실 제8차전국대표대회에서 확인한 방침, 즉 '반보수적이고 반모험적인 태도로 종합적인 평형 상태를 유지하며 안정되게 전진하자는 경제건설 총방침' 노선을 포기하고 심각한 조급증과 모험주의를 드러냈다. 그 극단적인 표현이 바로 1958년에 시작된 대약진운동大躍進運動과 인민공사화운동人民公社化運動이었다. 이 때문에 생산 건설 부문에서는 과다한 목적과 조속한 완성에 급급해하는 오류가 나타났고, 생산 관계 변혁 부문에서는 평균주의와 지나친 조급증이라는 착오가 발생했다. 이 같은 오류가 거듭되면서 전체 국민경제와 사회주의 현대화 건설에 심각한 손실이 초래되었다.

물론 이 기간에 당도 좌경화 오류를 바로잡고 제8차전국대표대회의 노선을 계속 관철하려고 노력했으며, 아울러 1961~1965년까지 국민경제 조정에 성공하기도 했다. 따라서 사회주의를 전면적으로 건설하기 시작한 10년 전체로 말하면 당이 사회주의 건설의 지도사상을 탐색하는 부문에 정확한 방향과 잘못된 방향이 모두 존재했다. 당시 이 두 가지 방향이 상호 교직되었지만 총체적으로 보면 그래도 정확한 방향이 주도적 지위를 점했다. 그것은 「건국 이래 약간의 역사 문제에 관한 당의 결의」에서 지적한 바와 같다. "문화대혁명 전야까지 10년 동안 우리는 엄중한 좌절을 겪었지만 그래도 여전히 큰 성과를 거뒀다. …… 당은 이 10년 동안 사회주의 건설의 중요한 경험을 쌓았다. …… 우리가 지금 현대화 건설을 추진하려고 의지하는 물질과 기술 부문의 토대는 대부분 이 기간에 마련되었다. 그리고 전국 경제문화 건설 등 부문의 골간 역량과 업무 경험도 대부분 이 기간에 양성되었다. 이것은 이 기간에 당이 추진한 업무의 주도적 방향이었다."

중공 제8차10중전회 이후에 당이 정치사상 영역에서 범한 좌경화 오류가 더욱 악성으로 발전하자 1966년 5월에 열린 '중공중앙 정치국 확대회의'와 8월에 열린 '제8차11중전회'에 이르러서는 그 오류가 전체 국면을 지배하는 지경으로까지 악화되어 결국 문화대혁명을 야기하게 되었다. 사회주의를 전면적으로 건설하기 시작한 10년 동안의 지도사상에 정확한 방향과 잘못된 방향의 두 발전 추세가 있었고, 총체적으로 볼 때 그래도 정확하거나 비교적 정확한 방향이 주도적 지위를 점했다면, 문화대혁명이 발발한 이후에는 잘못된 방향이 정확한 방향을 압도했고 급기야 당 지도노선의 통치지위까지 점거했다. 이로써 제8차전국대표대회 노선에 따라 사회주의 건설을 탐색해온 노력이 문화대혁명의 발발로 전에 없이 심각한 좌절을 겪게 되었다. 이는 사회주의 건설을 탐색해온 노력이 거의 중단되었다고 할 수 있을 정도였다.

물론 중국이 사회주의 건설을 탐색하는 과정에서 일어난 특수한 단계로 문화대혁명에 대해서도 과학적·역사적인 고찰을 해야 한다. 「역사결의」에서 이미 다음과 같이 지적한 바와 같다. 즉 역사적 실천으로 증명된 것처럼 "문화대혁명은 어떤 의미의 혁명이나 사회 진보도 아니고 또 그렇게 될 수도 없다." 그것은 "지도자의 오류로 발동되어 반혁명집단에 이용당했다. 그것은 당과 국가 그리고 각 민족 인민에게 심각한 재난으로서의 내란을 야기했다." 이것이 우리가 문화대혁명을 대하는 근본 인식이 되어야 한다. 그러나 문화대혁명에 포함된 복잡한 역사 현상은 과학적·구체적으로 분석할 필요가 있다. 여기에서 특별히 주의해야 할 몇 가지를 거론해보고자 한다.

첫째, 마오쩌둥이 발동한 문화대혁명의 좌경화 오류 논점과 본래의 마오쩌둥사상을 엄격하게 구별해야 한다. 마오쩌둥이 발동한 문화대혁명은 주로 수정주의를 반대하고 방지하려는 요구에서 출발했다. 그러나 「역사결의」에서 지적한 것처럼 마오쩌둥이 발동한 문화대혁명의 주요 논점은 "마르크스레닌주의에 부합하지도 않고 중국 현실에 부합하지도 않는다. 이 같은 논점은 당시 중국의 계급 상황 및 당과 국가의 정치 상황으로 판단해도 완전히 잘못되었다." 이러한 좌경화 오류는 마르크스레닌주의의 보편 원리에서도 뚜렷하게 벗어났고, 또 중국 혁명의 구체적 현실과 결합한 마오쩌둥사상의 궤도에서도 분명하게 이탈했다. 따라서 그 오류는 마오쩌둥사상과 완전히 구별해야 한다. 잘못된 좌경화 관점은 단호하게 포기하고 청산해야 하지만 마오쩌둥사상은 계승하고 발전시켜야 한다. 이 점이 바로 우리가 새로운 탐색을 계속할 때 견지해야 할 기본 전제다.

둘째, 문화대혁명 과정에서 당의 많은 간부와 일반 대중이 정확한 입장에 서서 전개한 문화대혁명 항거 투쟁을 충분히 긍정해야 하고, 이러한 투쟁 성과를 문화대혁명과 구별해야 한다. 문화대혁명은 재난이었지만 당과 인민은 린뱌오林彪와 장칭江靑 반당 집단에 대한 투쟁과 좌경화 오류에 대한 투쟁을 중단한 적이 없다. 문화대혁명 기간에 당의 많은 간부와 일반 대중이 정확한 태도를 견지하다가 고통을 당했다. 당 간부와 광대한 노동자, 농민, 혁명군대, 지식인들이 함께 투쟁했기에 문화대혁명의 파괴적 행위는 일정한 제한을 받았다. 중국 국민경제는 막대한 손실을 입었지만 사회주의 건설은 결코 중단된 적이 없다. 여러 분야에서 여전히 일정한 진전을 이뤘고, 과학기술 부문의 몇몇 영역에서는 획기적인 성과를 거뒀으며, 대외 업무 부문에서도 새로운 국면을 개척했다. 이 같은 수확은 물론 문화대혁명의 성과가 아니라 많은 간부와 일반 대중을 포함한 당 내의 건강한 역량이 함께 투쟁한 결과다. 어떤 의미에서 이것은 사회주의 건설 노선을 탐색해온 당의 노력이 특수한 조건에서도 계속되었다는 증거다. 문화대혁명의 파괴가 없었다면 중국 사회주의 현대화 건설의 성과는 더욱 컸을 것이다.

셋째, 문화대혁명 과정에서 마오쩌둥이 범한 오류를 특히 신중하고도 실사구시적으로 분석해야 한다. 마오쩌둥은 문화대혁명이라는 전국적이고 장기적인 심각한 좌경 오류에 중대한 책임을 져야 한다. 특히 린뱌오와 장칭 등을 잘못 등용하여 재난적 성격의 엄중한 국면을 야기한 점은 더더욱 그러하다. 그러나 그는 일부 구체적 오류를 제지하면서 바로잡기도 했고, 몇몇 당 간부와 당외 저명인사를 보호하기도 했다. 아울러 린뱌오 반혁명집단을 분쇄하는 투쟁에 앞장섰고, 장칭 집단을 준엄하게 비평하면서 그들의 내막을 폭로하기도 했다.

이러한 행동은 당이 뒤에 '사인방四人幇'833)을 순조롭게 분쇄하는 데 중요한 근거로 작용했다. 그는 만년에 대외 정책을 정확하게 집행하며 중국 외교 분야에 새로운 국면을 열었고, 국가 안전에도 시시각각 관심을 기울였다. 문화대혁명 가운데서도 당은 파괴되지 않고 통일을 유지했다. 중국 사회주의 제도의 바탕도 계속 보존했고 사회주의 경제건설도 여전히 추진했다. 국가도 이전처럼 통일을 견지했고 국제적으로도 큰 영향력을 발휘했다. 이 같은 성과는 모두 마오쩌둥이 담당한 큰 역할과 분리할 수 없다. 그래서 「역사결의」에서는 마오쩌둥의 잘못을 "결국 위대한 프롤레타리아 혁명가가 저지른 오류다"라고 지적했다.

종합해보면 문화대혁명은 중화인민공화국이 사회주의를 탐색하는 과정에서 겪은 재난이었다. 그러나 문화대혁명 기간에 중국공산당, 인민정부, 인민군대와 전체 사회의 성질은 전혀 바뀌지 않았다. 우리는 최종적으로 여전히 당과 인민 자신의 역량에 의지하여 린뱌오와 장칭 반혁명집단의 파괴 공작과 싸워 이기고 문화대혁명의 곤경에서 벗어났다.

③ 중화인민공화국 발전의 역사적 전환

1976년 문화대혁명은 이미 천인공노할 지경에 도달했다. 사인방은 마오쩌둥 주석이 사망한 틈을 이용하여 미친 듯이 당과 국가의 최고권력을 찬탈하려 했다. 중국 현대사에서 가장 위급한 순간이었다. 같은 해 10월 6일 중공중앙 정치국은 당과 인민의 의지를 집행하려고 의연히 장칭 반혁명집단 및 그 파당의 골간 분자의 행위를 심사하여 권력 찬탈 음모를 일거에 분쇄했다. 사인방을 분쇄하는 투쟁에서 승리함으로써 문화대혁명이란 재난은 끝났다. 재난 속에서 당을 구하고 중국 사회주의 사업을 구하여 당과 국가가 새로운 발전 시기로 진입할 수 있도록 중요한 발걸음을 내디뎠다. 이어서 1978년 12월에 개최된 중공 제11차3중전회[中共十一屆三中全會]를 표지로 당과 국가는 건국 이래 가장 중대한 역사적 전환을 실현했다.

이 위대한 전환을 실현하는 데만 대략 6년이 걸렸다. 사인방 분쇄가 이 전환의 기점이었다. 물론 사인방 분쇄가 당의 지도노선을 근본적으로 변화시킬 수는 없었지만 문화대혁명을 종결시킬 수는 있었다. 이는 의심할 것도 없이 중국 역사의 발전 방향을 바로잡은 일이었다. 사인방 분쇄는 이 위대한 전환에 계기를 제공했고 장차 반드시 필요한 전제조건을 창조했다. 사인방을 분쇄하고 2년 동안 비록 '두 가지 범시(兩個凡是)'[834] 이론의 간섭으로 중국의 발전 방향이 흔들린 적은 있지만 덩샤오핑을 대표로 하는 제1세대 원로 혁명가들은 사상해방과 실사구시 노선을 견지하고, 전체 당에 오류 시정의 정확한 방침을 단호하게 관철하면서 당 내외의 잘못된 간섭을 끊임없이 배제했다.

이로써 흔들림 속에서도 계속 전진하는 상황을 창조하여 정치적·사상적·조직적 측면에서 위대한 전환을 실현하기 위해 준비 작업을 했다. 제11차3중전회(이 대회 이전의 중앙공작회의中央工作會議도 포함)에서 마침내 당의 정치노선, 사상노선, 조직노선에 결정적인 전환이 이루어져 당과 국가의 사업 중심이 사회주의 현대화 건설 과제로 이동했고, 이로써 개혁개방의 위대한 정책이 결정되었다. 이는 중국 특색의 사회주의 노선을 개척하고 중국 사회주의 사업 발전의 신시기를 열어젖힌 위대한 출발점이었다. 1981년 중공 제11차6중전회[中共十一届六中全會]에 이르러 당 지도사상의 오류가 완전히 시정되자 역사의 위대한 전환도 전면적으로 실현되었다.

따라서 사인방 분쇄 이후 특히 3중전회에서 6중전회까지는 당과 국가가 역사의 전환점에 선 시기였다. 그 중심 임무는 바로 당의 오류를 시정하고 미래를 창조하는 일이었다. 당시는 당과 국가의 운명을 결정하고 중국 사회주의 사업의 미래를 정하는 아주 중요한 시기였던 셈이다.

당시 '당의 오류를 시정하고 미래를 창조하는' 과업은 여덟 가지로 개괄할 수 있다.

첫째, 사상 노선의 오류를 시정했다. 먼저 가장 두드러진 특징은 '두 가지 범시' 방침을 비판하고 타도하여 당의 실사구시적 사상 노선을 회복하고 확립했다는 점이다. 이것은 당시에 가장 긴박하고 간고한 임무의 하나였다. 사인방을 분쇄한 후 오래지 않아, 오랫동안 개인숭배와 좌경사상의 속박에 영향을 받았으며, 당 중앙의 업무를 주관하던 주요 지도자가 '두 가지 범시' 방침을 제안했다. 이 방침의 실제 내용은 당의 지도사상에서 문화대혁명의 좌경화 오류를 계속 견지하겠다는 것이었다. 따라서 사인방의 악행을 폭로하는 작업과 각 영역에서 오류를 시정하기 위한 작업에 심각한 방해를 받아 당과 국가의 업무 수행이 다소 흔들리는 현상이 나타났다. 덩샤오핑은 가장 먼저 선명한 기치로 '두 가지 범시' 방침이 마르크스주의에 부합하지 않는다고 비평하면서 마오쩌둥사상을 완전하고 정확하게 이해하고, 또 그것의 과학 체계를 파악하고 운용하여 각종 업무를 지도하자고 했다. 그의 지지로 당에서는 '실천이 진리를 점검하는 유일한 기준'이라는 주제를 둘러싸고 진리 표준 문제에 관한 대토론을 벌이면서 '두 가지 범시' 방침의 금지구역과 오랫동안 사람들의 사상을 경직시킨 상황을 강력하게 타격했다. 이로써 건국 이래 처음으로 새로운 사상해방운동이 시작되어 전국적인 오류 시정 업무가 전면적으로 심화될 수 있었다.

1978년 12월 개최된 11차3중전회에서는 '두 가지 범시' 방침을 철저하게 부정하고 오직 사상해방과 실사구시 원칙을 견지하면서 이론 체계를 현실에 연계해야 비로소 순조롭게 업무의 중심을 옮길 수 있고 중국 현대화의 구체적 노선과 방침과 방법을 정확하게 실현할 수 있다고 강조했다. 이에 따라 당의 사상노선이 결정적으로 전환되었다. 1981년 제11차6중전회에서 「역사결의」가 통과됨으로써 당은 마오쩌둥과 마오쩌둥사상의 과학적인 체계에 대한 평가 문제를 통일했다. 즉 문화대혁명을 철저하게 부정하고 마오쩌둥이 만년에 저지른 좌경 오류를 바로잡았으며, 마오쩌둥의 역사적 지위와 당이 전국 인민을 이끌고 사회주의 건설 노선을 탐색하는 과정에서 얻은 역사적 성과를 옹호하면서 당과 국가 업무에서 마오쩌둥사상이 갖는 지도적 지위를 새롭게 확립했다. 이로써 지도사상 부문에서 오류 시정 과업을 완성하고, 신시기 당과 인민의 단결과 전진에 정치적 기반을 마련했다.

둘째, 정치 노선의 오류를 시정했다. 이는 중공 제11차3중전회에서 '계급투쟁을 강령으로 삼는다'는 구호 사용을 과감하게 중지하고 경제건설을 중심으로 삼자고 결정한 대목에 그 특징이 집중적으로 표현되어 있다. 따라서 당과 국가의 사업 중심이 사회주의 현대화 건설 과제로 이동했고, 아울러 개혁개방의 전략적 결정을 시행할 수 있게 되었다. 이것은 가장 근본적인 오류 시정이다. 이어서 중공중앙은 이 전환을 순조롭게 실현하려고 중국 사회가 당면한 계급투쟁과 주요 모순 문제를 한층 더 진전된 입장에서 천명했다.

또 1979년 6월 개최된 제5차전국인민대표대회 제2차회의에서 다음과 같은 중요 내용을 명확하게 선포했다. 중국 내에서는(타이완 제외) 계급으로서 지주계급과 부농계급은 이미 소멸했고, 부르주아지도 더는 존재하지 않는다. 국내에 계급투쟁은 여전히 존재하지만 "그것이 지금 중국 사회의 주요 모순은 아니다.' 우리의 방침은 '계급투쟁이 아직 끝나지 않았음을 인정하는 동시에 지금부터는 폭풍우식대중적 계급투쟁을 대규모로 진행할 필요도 없고 진행해서도 안 된다는 것이다.'" "목전의 아주 낮은 생산력 수준을 신속하게 현대화 수준으로 높여야 하고, 이를 위해 현재 중국의 생산관계와 상부구조 중에서 4개현대화[835] 추진을 방해하는 요소들을 개혁해야 하며, 4개현대화 실현에 불리하게 작용하는 낡은 습관과 세력을 모두 제거해야 한다. 이것이 바로 중국이 현 단계에서 해결해야 할 주요 모순이고 전국 인민이 현 단계에서 참여해야 할 중심 업무다."

이처럼 경제건설 중심의 방침을 확립한 일과 개혁개방정책을 제기하고 추진한 일은 이때 제기된 '4가지 기본원칙[836]을 견지하자는' 주장과 함께 3중전회 노선의 기본 내용이 되었다. 이는 중공 제8차전국대표대회의 노선을 회복하여 이후 20년간 실현할 수 없었던 전국 업무 중점을 옮겨서 전략적 임무로 다시 확정한 일이었을 뿐 아니라 제8차전국대표대회에서 시작된 사회주의 건설 노선에 대한 탐색을 새로운 역사 조건 아래 대대적으로 추진하고 발전시켜 완전히 새로운 신시기의 특징을 보탠 것이었다.

셋째, 조직 노선의 이론을 시정했다. 우선 문화대혁명 과정에서 기능이 마비된 각급 당정 기구를 복구하고 그들의 정상적인 활동을 회복했다. 해방 간부들과 경험이 풍부하면서도 고난을 당한 간부들을 각급 지도부로 복귀시켰다. 각급 조직의 민주생활 제도를 원상회복하고 당의 민주집중제 전통을 복구했다. 특히 중요한 것은 덩샤오핑을 핵심으로 하는 제2세대 지도부가 실제로 제11기3중전회에서 구성되었고, 제11기6중전회에서는 그 지위가 더욱 공고해지고 강화되었다는 점이다. 이것은 조직 부문에서 중국 신시기 역사를 창도하는 중요한 보장 장치로 작용했다.

넷째, 실사구시와 오류 규정의 원칙을 준수하여 억울한 사건을 전면적으로 바로잡고 중대한 역사 시비를 정리했으며 역사적으로 남은 문제를 해결했다. 이 시기에는 또 문화대혁명을 전후하여 타격과 박해를 받았거나 잘못 비판당한 당정 간부와 대중, 민주당파 책임자, 각계 저명인사 등을 위해 복권을 추진했다. 그중에는 류사오치劉少奇에 대한 복권도 포함되었다. 그는 위대한 마르크스주의자, 프롤레타리아 혁명가로 당과 국가의 주요 지도자 중 한 사람으로 명예를 회복했다. 또 문화대혁명 과정에서 선전, 교육, 과학기술, 문예, 체육, 위생 및 통일전선, 민족, 종교 등의 분야에 내려진 일련의 잘못된 결론도 바로잡았다. 문화대혁명 이전에 억울하게 판정받은 사건도 올바르게 정리했으며, 영향력이 컸던 많은 안건도 세밀하게 조사한 뒤 억울한 누명을 벗겨줬다. 그중에는 1957년 잘못 판정한 우파 복권, 1959년 이른바 '반우경' 사건의 복권, 1955년 '후펑 반혁명집단 사건[胡風反革命集團案]'의 복권 등이 포함되어 있다. 이 밖에 각종 사회정치 관계를 조정하는데도 크게 힘써서 그것이 유관정책으로 결실을 보게 했다. 이러한 조치들은 모두 신시기 각 부문의 긍정적 요소를 자극하고 전국 각 민족 인민을 단결시켜 공동으로 사회주의 현대화 건설 국면을 개척하는 측면에서 중요한 역할을 했다.

다섯째, 국민경제를 또 한 차례 크게 조정하여 개혁개방의 첫 발걸음을 뗄 수 있게 했다. 이번 조정은 심각하게 균형을 잃은 경제적 비례관계를 사리에 맞게 바로잡은 일 외에도 1960년대의 조정과 비교해볼 때 경제건설 지도사상의 좌경 오류 시정에 중점을 두고, 중국 경제체제 고유의 폐단을 다루기 시작했다는 데 뚜렷한 특징이 있다. 당은 이러한 조정으로 경험과 교훈을 총결산한 기반 위에서 건국 이래 경제건설 부문에서 범한 주요 착오인 좌경 오류를 알게 되었고, 중국 실제에서 출발하여 속도가 비교적 현실적이고 경제효능도 비교적 좋으며 인민들도 더 많은 이익을 얻을 수 있는 새로운 노선을 선택하게 되었다. 이것은 경제 영역에서 오류를 시정한 중요한 성과였다. 이처럼 경제 조정 과정에서 개혁개방정책이 마침내 첫발을 떼게 되었는데, 당시 이 정책의 가장 뚜렷한 성과를 들면 '가족 단위 농업 생산 책임제[家庭聯産承包責任制]'를 주요 내용으로 하는 농촌 개혁정책 시작, 도시 경제체제 개혁 포인트 선정, 선전深圳 등 4개 경제특구[837] 건립 등이 있다. 따라서 개혁개방정책은 중국 신시기 역사에서 가장 주목할 만한 특징을 갖게 되었다.

여섯째, 권력이 지나치게 집중된 당과 국가 지도체제의 기본강령을 조정하고 개혁하여 정치체제 개혁을 일정에 올렸다. 동시에 전국인민대표대회와 각급인민대표대회의 역할을 강화하여 법제 건설 부문이 장족의 발전을 성취하도록 했다. 당시 몇 년 동안 새로운 법률, 시행령, 규칙을 수백 건 제정·반포함으로써 법제화 부문에서 민주제도를 실현하기 위한 커다란 진전을 이루었다. 이것은 신시기 개혁사업이 정치 영역으로 깊숙이 파고들어 중국 사회주의 민주정치가 참신한 단계로 접어들었음을 나타낸다.

일곱째, 국내외 정세의 엄청난 변화에 의지하여 점차 타이완 문제를 평화적으로 해결하고 통일 대업을 완수하기 위한 기본방침이 마련되었다. 1979년 1월 1일 전국인민대표대회 상무위원회는 「타이완 동포에게 고하는 글(告臺灣同胞書)」을 발표하여 대륙과 타이완 간의 '상업 활동을 개통하고(通商), 항공을 개통하고(通航), 우편을 개통하자는(通郵)' 삼통三通 정책을 제의했다. 1981년 9월 전국인민대표대회 상무위원회 위원장 예젠잉葉劍英은 담화에서 "이것은 실제로 '하나의 국가에 두 가지 제도(一個國家, 兩種制度)다'"라고 했다. 이는 '일국량제一國兩制'를 최초로 개괄한 말이다.

여덟째, 세계 전쟁은 지연시킬 수 있으며 평화발전이 현시대의 주제라는 새로운 판단을 내리고, 제때에 중국의 자주독립과 평화 외교 정책을 조정하고 완성했다. 중국과 미국의 정식 수교를 표지로 여기에서 한 걸음 더 나아가 신시기 대외 관계의 새로운 국면을 열었다.

④ 중국 특색의 사회주의 현대화 노선 창조

1982년 9월 개최된 중공 제12차전국대표대회 이후 5년간 그리고 1987년 개최된 제13차전국대표대회 이후 5년 등 총 10년간은 신시기 개혁개방과 현대화 건설이 전면적으로 추진된 시기다. 이 10년간의 기본 특징은 개혁개방을 전면적으로 추진했다는 점이고, 최대 성과는 중국 특색의 사회주의 현대화 노선을 창조했다는 점이다. 이것은 중국공산당이 마르크스주의와 중국 현실을 결합하여 중국 신민주주의 혁명노선을 계승하고 첫 번째 역사적 비약을 이룬 후 두 번째 역사적 비약에 도달한 시기였다. 이것은 또한 건국 후 중국공산당이 사회주의 사업을 탐색하며 끊임없이 난관을 돌파하는 과정에서 얻어낸 가장 획기적인 돌파에 해당한다. 바로 이 같은 돌파가 있었기에 이 10년이 신시기의 새로운 국면을 정초하는 매우 중요한 단계가 되었다. 이것은 사회주의 노선을 진취적이고 예리하게 탐색한 10년이었다.

이 10년 탐색의 결과를 개괄하면 다음과 같다. 이론, 노선, 정책 부문에 하나의 깃발을 세우고 두 가지 큰 돌파를 이루었다. 실천 부문에서는 다섯 가지 측면의 뛰어난 진전이 있었다. 국내외적으로 한 차례 심각한 시련을 겪으면서도 당 지도층의 신구 교체가 순조롭게 실현되었다.

'하나의 깃발을 세웠다'는 것은 바로 덩샤오핑이 중공 제12차전국대표대회 개막사에서 "우리 자신의 노선을 걸으며 중국 특색의 사회주의를 건설하자"는 참신한 명제를 맨 처음 제기한 것을 가리킨다. 이것은 중국 신시기에 전국 각 민족을 단결시켜 개혁개방과 현대화 건설을 추진하기 위한 하나의 깃발을 꽂은 것이며 또한 막 형성되기 시작한 덩샤오핑이론의 특징을 잘 보여주는 일이다. 이로부터 신시기 중국 사회주의 사업의 근본 방향과 발전 노선이 확립되었다.

'중국 특색의 사회주의 건설'이라는 주제를 둘러싸고 중공 제12차전국

대표대회에서는 사회주의 현대화 건설을 여는 새로운 상황의 분투 강령을 제정했다. 이 강령에서는 신시기 총임무를 이렇게 확정했다. "전국 각 민족을 단결시켜 자력갱생과 고난 속 분투 정신으로 점차 공업, 농업, 국방, 과학기술의 현대화를 실현하고, 중국을 고도의 문명과 고도의 민주가 성취된 사회주의 국가로 만든다." 즉 20세기 말 20년 내에 중국 경제 건설의 총목표가 끊임없이 상승된다는 전제하에 전국 공업과 농업 총생산량을 네 배로 올려 전 국민의 물질문화 생활을 소강小康 수준에 도달하게 한다는 것이다. 이 목표를 달성하기 위해 전반기 10년에는 주로 터전을 닦고 역량을 축적하고 조건을 창조한다. 후반기 10년에는 새로운 경제 진흥 시기로 들어서서 두 배 속도로 전진하는 전략을 수행한다. 제12차 전국대표대회에서는 경제건설 목표를 제기하는 동시에 고도의 사회주의 정신문명과 고도의 사회주의 민주화를 힘써 추진하고 건설하는 임무도 제기했다. 그리하여 사회주의 현대화 건설을 위한 전면적 요구를 실현했을 뿐 아니라 사회주의에 대한 당의 이해가 더욱 전면적이고 심도 깊어졌음을 분명하게 드러냈다.

앞에서 언급한 '두 가지 돌파'의 하나는 중공 제12차3중전회에서 오랫동안 계획경제와 상품경제를 대립시켜온 전통 관념을 돌파하고 충분히 발전된 사회주의 상품경제라는 신관념을 제시했다는 것이다. 1984년 10월 개최된 이 회의에서는 1970년 말기부터 추진된 '가족 단위 농업 생산 책임제' 중심의 농촌개혁이 이미 뚜렷한 성과를 내는 상황에서 적시에 「경제체제 개혁에 관한 결정(關于經濟體制改革的決定)」(이하 「결정」으로 줄임)을 통과시켰다. 이 「결정」에서는 도시 중심의 전체 경제체제 개혁의 필요성과 시급성을 천명하면서 대략 다음과 같은 내용을 명확하게 지적했다. 이 개혁은 사회주의 제도의 자기완성이다. 중국 특색을 갖추고 생기와 활력이 충만한 사회주의 경제체제는 개혁의 기본 임무다. 기업의 활력을 증가시키는 것이 개혁의 중심 고리다. 국가와 기업, 기업과 노동자 쌍방의 정확한 관계를 확립하는 것이 바로 이 개혁의 본질적인 내용과 기본적인 요구다. 이「결정」이 이론적인 면에서 가장 뚜렷하게 공헌한 점은 계획경제와 상품경제를 대립시켜온 전통 관념을 돌파했고, 중국 사회주의 계획경제야말로 공유제의 기반 위에 세워진 계획 상품경제임을 명확하게 지적했으며, 따라서 반드시 이러한 가치 규율에 자발적으로 의지하고 또 그것을 운용해야 한다고 설명했다는 점이다. 상품경제의 충분한 발전은 사회주의 경제발전 과정에서 뛰어넘을 수 없는 단계이며, 중국 경제 현대화를 실현하기 위해서도 반드시 갖춰야 할 조건에 해당한다.

두 가지 돌파의 다른 하나는 중공 제13차전국대표대회에서 사회주의 초급단계 이론을 체계적으로 천명하고, 그 기본노선을 완전하게 개괄하여 중국 특색의 사회주의 노선 탐색 과정에서 첫 번째 중요한 돌파를 실현했다는 점이다. 1987년 10월 개최된 제13차전국대표대회에서는 중국 상황을 깊이 있게 분석하고 역사적 경험을 총결산한 바탕 위에서 당시 중국이 처해 있던 사회주의 초급단계의 특징을 과학적으로 논단했다. 이 초급단계는 사회주의로 진입한 어떤 국가나 모두 겪는 시작 단계를 두루 가리키는 것이 아니라, 생산력 낙후와 상품경제 미숙이라는 조건에서 사회주의를 건설하려는 중국이 반드시 거쳐야 하는 특정한 단계를 특별히 지적한 것이다.

이 초급단계는 사회주의 현대화의 기반이 실현되기 전까지 적어도 100년 이상의 시간이 걸릴 것이다. 사회주의 초급단계의 주요 모순은 나날이 증가하는 인민의 물질적 수요와 낙후된 사회 생산력 사이의 모순이다. 계급투쟁은 일정한 범위 내에서 여전히 장기적으로 존재하지만 이미 주요 모순에 속하지 않는다. 당과 국가의 주요 임무는 생산력을 발전시켜 사회주의 현대화 건설을 추진하는 것이다. 사회주의 초급단계에서 당이 추진해야 할 기본노선은 대략 이렇다. 전국 각 민족을 지도하고 단결시켜 경제건설을 중심으로 네 가지 기본원칙과 개혁개방정책을 견지하게 한다. 또 자력으로 새로운 생활을 추구하고 어려운 상황에서도 새로운 사업을 창조하면서 국가를 부강하고 민주적이며 문명화된 사회주의 현대 국가로 만들기 위해 분투한다.

중공 제13차전국대표대회에서는 또 12차전국대표대회에서 확정한 전략, 즉 20세기 말까지 중국 현대화 건설을 두 걸음 빠른 속도로 추진한다는 전략의 바탕 위에서 사회주의 초급단계로서 중국 현대화 건설을 '세 걸음[三步走]'으로 추진하는 전략을 확정했다. 첫걸음은 국민총생산량을 1980년보다 두 배로 늘려서 인민의 의식衣食 문제를 해결한다는 것이다. 이 임무는 제13차전국대표대회 때 벌써 기본적으로 실현되었다. 둘째 걸음은 20세기 말에 이르러 국민총생산량을 다시 한번 두 배로 늘려서 인민의 생활을 소강 수준으로 높인다는 것이다. 셋째 걸음은 21세기 중엽에 이르러 1인당 국민총생산을 중등 정도의 선진국 수준으로 높여 인민 생활을 더욱 부유하게 하고 사회주의 현대화를 기본적으로 실현한다는 것이다.

이처럼 중공 제13차전국대표대회는 기본이론과 기본노선에서 출발하여 전면 개혁의 기본방침과 현대화 건설의 행동강령 등 중요한 부문에서 중국 특색의 사회주의 건설을 위한 새로운 청사진을 제시했다.

이 10년의 탐색이 실천 부문에서 이룬 성과는 매우 다양하여 신시기 개혁개방과 사회주의 현대화 건설을 총체적으로 전진시켰다. 그중에서 다음 다섯 가지가 더욱 뚜렷한 성과에 해당한다.

첫째, 경제체제 개혁이 종횡으로 이뤄지면서 뚜렷한 진전을 보였다. 농촌개혁이 '가족 단위 농업 생산 책임제'의 기반 위에서 농산품 일괄수매[統購]와 지정수매[派購] 제도 개혁을 실현하고, 농업 구조 조정을 주요 내용으로 하는 두 번째 단계 개혁을 향해 한 걸음 더 나아갔다. 이로써 전문화, 상품화, 현대화를 향한 전통 농업의 발전이 강력하게 촉진되었다. 향진기업鄕鎭企業[838]이 갑자기 흥성하여 1987년에 이르면 그 생산량이 처음으로 농업총생산량을 초과했다. 이로써 농촌경제의 역사적 변화가 실현되면서 농촌의 치부致富와 현대화 부문에 새로운 노선이 개척되었다. 도시 경제체제 개혁은 1985년에 전면적으로 시작되었다. 이에 정부와 기업을 분리하고 소유권과 경영권을 타당하게 분리한다는 원칙에 근거하여 기업의 자주권을 더욱 확대하고 '도급 경영 책임제[承包經營責任制]'와 '공장장 또는 사장 책임제[廠長·經理負責制]'를 광범위하게 추진했다. 그리하여 기업들은 상대적으로 독립된 경제 실체를 만들어 자아를 개조하고 발전시키는 능력을 더욱 강화하기 시작했다.

국가는 또 계획, 물자, 투자, 재정, 금융 등 거시경제 관리체계에 대해서도 조금씩 상이한 개혁을 추진했다. 이에 따라 본래 고도로 집중된 형

식의 사회주의 계획경제체제가 지도성 계획과 시장 조절이 병존하는 이
중체제로 변화했다. 투자 주체도 뚜렷하게 바뀌었고 시장 가격도 점차 개
방되었다. 중국 경제관리 체제도 이미 직접 통제 위주에서 간접 통제 위
주로 대폭 전환되었다. 본래 단일 공유제였던 경제구조에도 큰 변화가 일
어났다. 공유제 경제를 주체로 집체경제, 개체경제, 사유경제 및 '삼자기
업三資企業[839]' 경제 등 다양한 경제 형식이 병존하는 새로운 국면이 나타
났다.

둘째, 대외개방이 더욱 깊은 곳과 넓은 곳을 향해 신속하게 발전했다.
1980년대 초에 건립된 선전 등 4개 경제특구를 기반으로 1984년에는 다
롄大連 등 해안 항구도시 14곳을 개방했다. 1985년에는 창장삼각주長江
三角洲, 주장삼각주珠江三角洲, 민난3개연해경제개방구閩南三個沿海經濟開
放區를 건설했고, 1988년에는 하이난성海南省을 개방하여 경제특구로 삼
았으며, 1992년에는 상하이 푸둥浦東 지역을 개발하기로 했다. 또 창장강
연안 및 그 인근 내륙과 주변 몇몇 도시도 개방하기로 결정했다. 이에 따
라 전국 범위에서 경제특구가 형성되었으며 전방위, 다차원, 광폭의 대
외개방이 이루어졌다.

셋째, 국민경제가 신속하게 발전함에 따라 전체 국민경제 수준과 국
가의 종합 실력이 새로운 단계로 도약했고 인민의 생활도 새로운 수준으
로 올라섰다. 1990년도 통계에 따르면 1980년대 전체 10년 동안 중국의
식량, 면화, 석탄, 철강, 발전 등 주요 농공업 생산량과 생산능력이 각각
31%, 56.8%, 75.8%, 77.3%, 104.6%로 증가했다. 이 10년간 가동을 시작
한 대형 중형 아이템은 모두 1,000여 항목에 달한다. 사회생산의 기술 수

준도 부단히 높아져서 국민경제의 발전을 지원하는 후속 역량으로 작용했다. 전국 도농 주민 평균 소비 수준도 80% 내외 증가했다. 이로써 1980년대는 전 국민의 생활수준 향상이 가장 신속한 10년으로 기록되었다. 특히 1984년에서 1988년까지 중국 경제에는 고도성장기가 나타나 농업과 공업, 농촌과 도시, 개혁과 발전 등의 분야가 상호 성장을 촉진하는 생동적인 국면이 전개되었다.

넷째, 사회주의 정신문명 건설과 정치체제 개혁도 경제발전에 상응하는 진전을 이루었다. 1986년 중공 제12차6중전회에서는 「사회주의 정신문명 건설을 위한 지도방침에 관한 결의(關于社會主義精神文明建設指導方針的決議)」를 채택하여 사회주의 현대화 건설이라는 총체적인 시각에서 정신문명 건설의 전략적 위치와 기본 임무를 확정했는데, 이것이 전체 사회의 정신문명 건설에 중요한 역할을 했다. 1987년 제12차7중전회에서는 「정치체제 변혁에 관한 총체적 구상(政治體制改革總體設想)」을 제정했다. 아울러 중공 제13차전국대표대회에서는 정치체제 개혁의 장기적 목표가 민주의 차원이 높고 법제가 완비되고 효율성이 풍부하고 활력이 충만한 사회주의 정치체제를 확립하는 것이라고 명확하게 지적했다. 또 당정 분리, 권력 하방, 기관 개혁, 국가 공무원제도 건립, 법제 건설 강화 등 7개 분야의 개혁 방안을 제출했다. 이에 따라 정치개혁의 방향이 분명하게 드러났다.

다섯째, 통일 대업을 추진하는 부문에서도 아주 큰 발전이 있었다. 1984년 5월, 전국인민대표대회 제6차2차회의에서는 '일국량제'가 타이완, 홍콩, 마카오 문제를 해결하고 국가의 통일을 실현하는 기본적인 국가대책이라고 정식으로 확인했다. 곧이어 중국정부는 1984년과 1987년 각각 영국·포르투갈과 홍콩·마카오 반환 문제를 협의했다. 전국인민대표대회에서는 적시에 「중화인민공화국 홍콩특별행정구 기본법(中華人民共和國香港特別行政區基本法)」과 「중화인민공화국 마카오특별행정구 기본법(中華人民共和國澳門特別行政區基本法)」을 제정하여 두 지역 반환에 법률적 기반을 마련했다. 이와 동시에 '일국량제' 정책은 타이완해협 양안 관계의 발전에도 강력한 힘을 발휘했다. 양안 교류 중에서도 특히 민간교류가 신속하게 증가했고, 교류 영역도 끊임없이 확장되었다. 양안 간 경제무역 발전은 더욱 신속하게 이루어져 1988년에 이르면 직전 10년간의 무역 증가가 그 이전에 비해 거의 30배에 달했다. 이후 타이완 동포가 대륙에 투자하는 분위기가 더욱 열기를 띠었다. 여러 해 동안 격리되었던 양안의 상황이 이때 비로소 타파되어 양안 관계가 현저하게 따뜻해졌다.

개혁개방과 현대화 건설에서 큰 발전을 이루면서 중국 특색의 사회주의 사업도 계속 전진했다. 이처럼 중요한 시기인 1989년 봄과 여름에 정치풍파가 일어나 심각한 시련을 겪게 되었다. 중공중앙 정치국은 덩샤오핑 등 제1세대 원로 혁명가들의 강력한 지지와 광대한 대중에 의지하여 이 정치풍파를 성공적으로 평정했다.[840] 제13차4중전회에서 5중전회에 이르기까지 중공중앙은 당과 국가 정책의 연속성과 정국의 안정성을 유지하면서 덩샤오핑을 핵심으로 하는 제2세대 지도부와 장쩌민을 핵심으로 하는 제3세대 지도부 간의 세대교체를 순조롭게 실현했다. 이후 1990년대 초 동구의 격변, 소련 해체, 국제 반중 세력의 다양한 압력 등에 직면하여 제3세대 지도부는 당과 인민을 이끌고 냉정하게 관찰하고 침착하게 대응한다는 방침을 견지하며 단호하게 압력에 맞서서 국가의 주권과 존엄 그리고 중국 특색의 사회주의 방향을 강력하게 옹호하고 개혁개방과 현대화 건설 사업을 더욱 신속하게 발전시켰다.

⑤ 세기를 뛰어넘는 새로운 발전 단계

1990년대 초 국제정세가 급격하게 변하자 세계는 정치적 다극화와 경제적 글로벌화의 방향으로 신속하게 발전했다. 중국은 개혁개방과 현대화 건설 과정에서 날이 갈수록 더욱 뚜렷해지는 다양하고 심층적인 차원의 문제들도 이제 적극적으로 해결해야 하게 되었다. 중국은 당시 아주 관건적인 순간을 맞이했다. 신시기 개혁개방의 총설계자 덩샤오핑은 1992년 1월에서 2월까지 우창, 선전, 주하이, 상하이 등지를 시찰한 후 저명한 「남방강화南方講話」를 발표했다.

덩샤오핑의 「남방강화」를 관통하는 사상은 바로 100년 동안 흔들림이 없었던 당의 기본노선을 견지하고 개혁개방의 담력을 더욱 강하게 가지면서 이 기회를 잘 잡아 발전을 가속화하며, 중국 특색의 사회주의를 계속 전진해나가자는 것이었다. 장기적으로 개혁개방 노선을 곤란에 처하게 했던 '자資(자본주의)'씨 성과 '사社(사회주의)'씨 성의 논쟁에 대해 덩샤오핑은 다음과 같이 명확하게 비판했다. "판단의 표준은 주로 사회주의 사회의 생산력 발전에 유리한지, 사회주의 국가의 종합적인 국력 증강에 유리한지, 인민의 생활수준을 높이는 데 유리한지다." 장기적으로 중국 경제체제 개혁의 발걸음을 어렵게 만들었던 계획경제와 시장경제의 근본

속성에 관해 그는 또 이렇게 강조했다.

"계획을 더 많이 해야 하는지, 시장화를 더 많이 해야 하는지는 사회주의와 자본주의를 본질적으로 구별하는 문제가 아니다. 계획경제는 사회주의와 같지 않다. 자본주의에도 계획이 있기 때문이다. 시장경제는 자본주의와 같지 않다. 사회주의에도 시장이 있기 때문이다. 계획과 시장은 모두 경제 수단이다. 사회주의의 본질은 생산력을 해방·발전시켜 착취를 없애고 양극화를 소멸한 후 최종적으로 함께 부자가 되는 것이다."[841]

그는 역사적 경험에 의지하여 사람들을 경계했다. "중국에서는 '우경화'를 경계해야 하지만 '좌경화'를 방지하는 데 주안점을 둬야 한다. 이 기회를 잡아 우리 자신을 발전시키는 데서도 그 관건은 경제를 발전시켜야 한다는 점이다. 발전이야말로 이 일을 추진하는 확고한 이치다."

덩샤오핑은 이 담화로 중국 사회주의 현대화 건설, 특히 제11차3중전회 이후 추진된 개혁개방 노선의 기본 경험을 총결산하면서 이론적 측면에서 인민의 사상을 방해하고 속박한 중요한 인식 문제에 해답을 제시했다. 이 담화는 사회주의 현대화 건설 문제를 탐색해온 중국공산당원들이 인식상, 이론상으로 또 한 번 중대한 난관을 돌파한 성과라 할 만하다.

이것은 신세기 발전을 향해 매진하는 새로운 단계에 속한다. 새로운 단계의 근본 특징은 개혁개방의 기치를 높이 들고 더욱 신속하게 발전을 추구하는 것이다. 중공 제14차전국대표대회와 제15차전국대표대회로부터 중화인민공화국 건국 50주년(1999)을 지나 신세기로 진입하기까지 장쩌민을 핵심으로 하는 당과 국가의 제3세대 지도부는 이 새로운 단계에서 덩샤오핑이론의 위대한 기치를 높이 들고 '하나의 중심과 두 가지 기본

점(一個中心, 兩個基本點)'[842]이라는 노선을 굳게 관철했다. 또 이를 기반으로 '이 기회를 잡아 개혁을 심화하고, 개방을 확대하여 발전을 촉진하면서 안정을 유지한다(抓住機遇, 深化改革, 擴大開放, 促進發展, 保持穩定)'는 지도 방침을 견지하고 개혁개방과 현대화 건설 사업의 신세기 발전을 전면적으로 추진해오면서 세계가 주목하는 성취와 진전을 이뤄냈다.

첫째, 이 새로운 단계에서는 덩샤오핑이론을 지도 노선으로 확정하고 그것을 흔들림 없이 당과 국가사업의 행동지침으로 삼았다. 1992년 10월에 개최된 중공 제14차전국대표대회에서는 중국 특색의 사회주의 건설 이론 창안에 기여한 덩샤오핑의 역사적 공헌을 높이 찬양하고 처음으로 이 이론 앞에 '덩샤오핑'이란 이름을 붙였다. 그리고 그것이 중국 사회주의 사업의 부단한 전진을 이끌어온 지침임을 명확하게 지적했다. 제14차 전국대표대회에서는 또 발전 노선, 발전 단계, 근본 임무, 발전 동력, 외부 조건, 정치적 보장, 전략적 발걸음, 지도와 의지 역량, 조국통일 실현 등 9개 부문으로부터 이 이론의 주요 내용을 개괄했다. "중국처럼 경제 문화가 비교적 낙후된 국가에서 '어떻게 사회주의를 건설하고, 어떻게 사회주의 발전을 공고히 할 수 있느냐'라는 일련의 기본문제에 처음으로 비교적 체계적이면서 초보적인 해답을 제시했다."

또 이것은 마르크스레닌주의의 기본원리와 당대當代 중국의 실제 문제 및 시대적 특징을 서로 결합한 생산물이며 마오쩌둥사상을 계승하여 발전시킨 이론이다. 1997년 9월 덩샤오핑 서거 7개월 후 개최된 중공 제15차전국대표대회에서는 여기에서 한 걸음 더 나아가 '중국 특색의 사회주의 건설을 위한 덩샤오핑이론'을 완전히 '덩샤오핑이론鄧小平理論'이라 개괄하고 정식으로 마르크스레닌주의, 마오쩌둥사상과 함께 당의 지도사상으로 삼아 당장黨章에 기록했다. 그리고 덩샤오핑이론의 위대한 기치를 높이 들고 중국 특색의 사회주의 사업을 전면적으로 추진하여 21세기를 향해 가자고 요청했다.

둘째, 새로운 단계에서는 경제건설 중심의 개혁개방 노선을 견지하면서 경제와 사회의 전면적인 발전을 촉진했다. 제14차전국대표대회에서는 지금의 호기를 잡아 발전을 가속화하는 중대 결정을 내렸고 1997년 제15차전국대표대회에서는 중국 현대화 건설 문제에 세기를 뛰어넘는 발전이라는 전략을 확정했다. 이 단계에서 중국 경제는 주로 체제 문제로 유발된 경제 과열 등의 국내 문제와 아시아 금융위기라는 외부 충격에 직면하여 적극적인 재정정책과 온건한 통화정책을 과감하게 시행하고, 거시적인 조정정책을 실시했다. 이로써 경제발전의 '연착륙'을 순조롭게 실현했고, 경제와 사회의 신속한 발전을 유지할 수 있게 되었다. 또 이 시기를 전후하여 과학 교육으로 나라를 흥성하게 하자는 전략과 지속적인 발전 전략을 시행하여 사회의 전면적인 진보를 추동하면서 경제, 사회, 인구, 환경, 생태 분야의 협력 발전을 유지하기 위해 노력했다. 아울러 경제 글로벌화의 발전 추세에 적응하고 전방위적으로 '세계로 진출하자(走出去)'는 전략을 추진하여 외향적 경제발전을 촉진했다. 그리고 중국 서부지역 대개발 전략을 제때 시행하여, 중국 중서부 지역 개발과 개방을 가속화하면서 동서 지역의 협력 발전과 공동 번영을 실현하기 위한 좋은 서막을 펼쳐보였다.

셋째, 개혁개방정책을 강력하게 계속 추진했다. 특히 경제체제 개혁을 끊임없이 심화하면서 그 과정에서 새로운 돌파를 이뤄냈다. 제14차전국대표대회에서 확립된 사회주의 시장경제체제의 개혁 목표를 계승한 후 제14차3중전회에서는 사회주의 시장경제체제의 기본 틀과 주요 고리를 더욱 명확히 했다. 이후 공유제 중심 노선을 견지하고 각종 경제 요소를 공동으로 발전시키자는 기반 위에서 현대 기업제도를 중심으로 삼는 국유기업 개혁과 재정, 조세, 금융, 무역체제 및 도시주택, 사회보장제도, 농산품 유통체제 등 일련의 개혁을 더욱 가속화했다. 2000년 말에 이르러 대다수 중대형 적자 국유기업의 '3년 탈빈곤(三年脫困)' 목표를 기본적으로 실현하여 현대 기업제도를 초보적으로 확립했다. 기초 산업으로서 농업의 지위도 더욱 강화되어 주요 농산품이 장기적인 부족 상태에서 평균적으로 여유 있는 상태로 역사적 전환이 이뤄졌다. 전방위적이고 다차원적이며 광범위한 대외 개방 국면이 형성되고 더욱 강화되었다.

넷째, 경제체제 개혁을 전면적으로 추진하는 상황에 호응하여 정치체제 개혁도 온건하게 추진되면서 중요한 진전을 이뤘다. 특히 중공 제15차전국대표대회에서 당이 인민을 영도하여 국가를 다스리는 기본 방략으로 '의법치국(依法治國)' 원칙을 채택한 후 사회주의의 기본적인 정치제도로서 인민대표대회, 다당합작제도, 정치협상제도가 더욱 완벽해졌고 애국통일전선도 더욱 강대해졌으며 도시와 시골의 기층 민주제도 건설도 점차 강화되었다. 감축, 통일, 효능의 원칙에 근거하여 정부의 직능을 바꾸고 정부와 기업의 분리를 실현하여 고효율 업무 처리, 조화로운 업무 시스템, 모범적인 행동을 내용으로 하는 행정 관리체계를 목표로 삼고 각급 행정기구 개혁을 질서 있게 전개하면서 뚜렷한 성과를 거두었다. '의 법치국'의 방략을 관철하기 위한 입법 업무가 정상궤도에 올라 중국 특색의 사회주의 법률체계가 기본적으로 형성되었다.

다섯째, '일국량제' 방침을 관철하기 위해 통일대업을 부단히 추진하면서 실질적 진전을 이뤘다. 1997년 7월과 1999년 12월에 홍콩과 마카오 반환이 순조롭게 실현되었다. 이 두 곳에 특별행정구 정부가 정식으로 업무를 시작함으로써 고도의 자치와 안정된 번영을 효과적으로 유지하게 되어 세계를 향해 '일국량제' 방침의 매력을 펼쳐보였다. 타이완 관련 업무도 적극적으로 추진했다. 특히 1995년 1월 국가주석 장쩌민은 '조국의 통일대업 완성을 촉진하기 위해 계속 분투하자(爲促進祖國統一大業的完成而繼續奮鬪)'는 담화를 발표하고 평화통일 실현을 위한 8개 항을 주장했다. 이는 이후 타이완 문제를 해결하기 위한 기본강령이 되었다. 이후 '타이완 독립[臺獨]' 세력의 분열 의도를 유력하게 반대하고 타격하여[843] 양안 간의 무역과 문화 교류를 더욱 진전했다. 신세기를 마주하고 타이완 동포를 포함하는 전체 중국 자녀들은 반드시 더욱 노력해 타이완 문제를 조속히 해결하고 최종적으로 통일대업을 완수해야 할 것이다.

여섯째, 독립자주와 평화외교 정책을 견지하고, 다방면적이면서 전방위적으로 탁월한 외교 활동과 국제교류 활동을 전개했다. 세계 각국과 우호 협력 관계를 적극적으로 발전시켰을 뿐 아니라 중국 내정에 간섭하는 국제 반중 세력을 단호하게 반대하고 타격했다. 국가의 주권과 존엄을 굳건하게 수호하면서 국제관계에서 우호적 이미지를 더욱 튼튼하게 쌓았다. 이는 중국 현대화 건설에 우호적인 국제환경을 구축하는 일이었다.

이 밖에도 새로운 단계에서는 '양손 모두로 사물을 단단하게 잡자(兩手

抓, 兩手都要硬)[844]는 방침을 견지하고 각종 조치를 시행하면서 사회주의 정신문명 건설을 실질적으로 강화하여 경제발전과 사회진보에 강력한 정신적 동력을 끊임없이 제공했다. 또 새로운 단계에서는 정확한 소수민족 정책과 종교 정책을 견지하면서 서부대개발을 계기로 소수민족 지역의 경제발전과 사회진보를 더욱 가속화하는 동시에 종교계의 애국통일전선을 강화하여 민족 단결과 사회 안정을 계속 유지했다. 또 새로운 단계에서는 군대에 대한 당의 절대적인 지도 방침을 견지하고 군대의 혁명화, 현대화, 정규화를 전면적으로 추진했다.

이로써 인민해방군은 정치적 적격성, 군사적 강력함, 기풍의 우량함, 기율의 엄정함, 굳센 방어력에 대한 총체적 요구에 의지하여 질적으로 우수한 군대와 과학기술을 갖춘 강군을 지향하며 중국 특색의 정예병 양성에 신속하게 매진하여 국방의 현대화를 새로운 수준으로 끌어올렸다. 특히 새로운 단계에서는 '3개대표론'[845]이라는 중요 사상에 대한 학습과 교육을 중심으로 당의 건설을 전면적으로 강화하고 반부패투쟁의 역량을 키워서 청렴한 당풍 창조를 효과적으로 추진했다. 이에 따라 부패와 변란을 방지하고 무모한 모험을 방어하는 능력이 아주 크게 늘어났다. 또 당의 응집력을 높이고 전국 인민을 단결시켜 중국 특색의 사회주의 사업의 새로운 승리에 대한 자신감을 극도로 강화했다.

1999년 10월, 개혁개방과 현대화 건설이 찬란한 성과를 거두고 있는 승리의 시각에 중화인민공화국은 건국 50주년을 맞았다. 원래 2000년에 국민총생산을 1980년에 비해 4배 더 높게 달성하겠다는 목표를 세웠지만 그보다 5년 앞선 1995년에 '제8차5개년계획'을 끝내면서 목표를 초과달성했다. 2000년 '제9차5개년계획'을 성공적으로 완료한 후 총인구가 3억 명이 증가한 상황에서도 1인당 국민총생산을 1980년보다 4배 더 늘리겠다는 목표를 달성했다. 이로써 중국의 생산력 수준은 고도로 상승했고, 종합적인 국력도 현저하게 강화되었으며, 인민의 생활도 소강 수준에 도달하여 중공 제13차대표대회에서 확정한 사회주의 현대화 '세 걸음' 전략 목표의 두 번째 걸음이 전면적으로 실현되었다.

건국 이후 50년 동안 사회주의 현대화 건설로, 특히 최근 20여 년 동안 개혁개방정책을 시행해 중국 특색의 사회주의 노선을 성공적으로 탐색함에 따라 이미 건국 초기와는 비교할 수 없는 물질적 토대, 생산력 수준, 종합적 국력을 쌓았다. 신중국 건국으로부터 50년 동안 국내총생산을 56배 증가시켜 2000년에는 무려 8조 9,404억 위안에 도달했다. 이는 최초로 1조 달러를 돌파한 사례에 해당한다. 2001년에 이르러 중국의 경제총량은 미국, 일본, 독일, 영국, 프랑스에 이어 세계 6위에 올랐다. 또 구중국의 낙후된 면모를 개혁했을 뿐 아니라 모든 분야에서 완비된 현대 산업체계를 건설했다. 공업, 농업, 국방, 과학기술 등 여러 분야에서 중국은 이미 세계 선진국 대열에 진입했다. 국민경제의 효과적인 공급 능력도 이미 대대적으로 증가하여 석탄, 강철, 시멘트, 화학비료, 가전제품, 프로그램 컨트롤러 스위치보드Program-Controlled Switchboard 및 식량, 면화, 식용유, 육류, 달걀 등 주요 생산품의 총생산량이 모두 세계 1위에 올랐다. 기타 외환보유고, 수출입 총액, 외자흡수액 등의 부문에서도 모두 세계의 앞 대열에 서게 되었다. 중국은 이미 '결핍경제' 시대와 고별하고 초보적인 번영시대를 구가하고 있다. 이 모든 것은 우리가 신세기에 현대화 건설의 새로운 승리를 쟁취하는 새 기점으로 작용할 것이다.

⑥ 소강사회를 전면적으로 건설하기 위한 새로운 도약

신세기로 진입한 후 2002년 11월 개최된 중공 제16차전국대표대회에서는 장차 많은 일을 할 수 있고 전략적으로 중요한 호기인 21세기 첫 번째 20년 동안에 역량을 집중하여 십몇 억 인구에게 혜택을 줄 수 있는 더욱 수준 높은 소강사회를 전면적으로 건설하자고 명확하게 제안했다. 이로써 경제를 더욱 발전시키고, 민주제도를 더욱 온전하게 하고, 과학교육을 더욱 진보적으로 추진하고, 문화를 더욱 번영시키고, 사회를 더욱 조화롭게 만들고, 인민의 생활을 더욱 튼실하게 하자고 했다. 이것은 사회주의 현대화 건설 '세 걸음' 전략의 세 번째 걸음이 반드시 거쳐야 할 계승과 전수의 발전 단계를 실현하려는 이론일 뿐 아니라 신세기에 중국 특색의 사회주의 사업을 더욱 깊이 있게 발전시키기 위한 중대한 전략이라 할 수 있다. 제16차전국대표대회 후 5년이 지나 2007년 중공 제17차전국대표대회가 개최되었고, 이후 다시 5년이 지나는 동안 당과 인민은 후진타오胡錦濤를 총서기로 선출했다. 이 같은 중공중앙의 지도 아래 소강사회의 새로운 도약을 전면적으로 실현하려고 당과 인민은 고난 속에서 분투하고 있다.

이 10년 동안 국내외 정세는 전대미문의 호기와 도전에 직면했다. 국제적으로 살펴보면 세계 정치와 경제구조에 심각한 변화와 중대한 조정 상황이 발생했다. 또 다른 한편으로는 세계 다극화와 경제 글로벌화 현실이 발전의 깊이를 더했고, 각 지역의 일체화 프로그램도 끊임없이 추진되었으며, 사회의 정보화 수준도 신속하게 발전했다. 특히 여러 개발도상국이 신속하게 굴기하여 전체 국력을 부단히 강화했다. 이 모든 것이 세계 지역별 정치 구조에 깊은 영향을 미쳤고, 아울러 세계의 경제 판도를 바꾸어 국제적 범위에서 패권주의와 강권정치를 제어하는 데 유리하게 작용했다. 또 공정하고 합리적인 국제 정치와 경제 신질서 건립을 추진하는 데도 유리하게 작용했다. 미국에서 일어난 9·11사건과 2008년 폭발한 국제 금융위기를 표지로 국제 정치 상황과 경제 여건에 불안정하고 불확정적인 요소가 증가했다. 각국은 발전 전략을 긴급하게 조정했고 종합적인 국력 경쟁도 더욱 격렬해졌다. 동시에 국제적인 안전과 모험 부문에도 다원화 추세가 나타나 패권주의, 강권정치, 신간섭주의가 다시 대두되었고 국제 테러리즘, 민족 분열주의, 극단적 종교세력이 창궐하면서 지역적 이슈와 국지적 충돌이 이곳저곳에서 끊임없이 일어나 세계는 여전히 불안한 상황을 노정하고 있다.

국내 정세를 살펴보면 개혁·개방의 첫 번째 20년 동안 고난에 찬 분투를 거쳐 중국은 이미 현대화 건설의 '세 걸음' 전략 가운데서 두 번째 목표까지 성공적으로 달성하여 종합적 국력이 뚜렷하게 강해졌다. 특히 기본적으로 계획경제에서 사회주의 시장경제체제로 전환하여 국내의 신형 산업화, 도시화, 정보화, 시장화, 국제화 진행과정을 더욱 가속했고 중국 특색의 사회주의 사업에서도 전 세계가 주목할 만한 성취를 이뤘다. 그러나 이와 동시에 국내외 환경과 객관 조건의 변화에 따라 중국 경제사회 발전의 일부 단계에서는 불평등한 발전의 구조적 모순, 심층적 차원의 체제 모순과 각종 사회 모순 등이 날이 갈수록 뚜렷하게 드러나서 발전에 대한 자원과 환경의 제약이 한층 더 강화되었다. 이러한 상황으로 우리는 또다시 준엄한 도전에 직면하게 되었다.

위와 같은 형세에서 중국공산당은 전국 각 민족 인민을 단합해 중국 특색의 사회주의라는 큰 깃발을 높이 들고 덩샤오핑이론과 '3개대표론' 등 주요 사상을 지도방침으로 삼아 실제적이고 과학적인 발전관을 깊이 있게 관철했다. 또 신세기 중국 발전의 중요하고도 전략적인 호기를 놓치지 않고 적절하게 활용하여 힘든 난관을 극복하면서 도전을 기회로 변화시킨 후 발전의 발걸음을 더욱 가속화했다. 흔들림 없이 개혁개방정책을 심화했고, 소강사회를 전면적으로 건설하기 위한 프로그램을 더욱 굳건하게 추진했다.

이 10년 동안 중공중앙은 전국 인민을 지도하여 개혁을 심화하고 현대화 건설을 가속화하는 동시에 갑자기 닥쳐온 사스非典疫情: SARS[846] 국면을 계기로 개혁개방 20년 실천 경험을 성실하게 총결산하고, 과학 발전관 등 중요한 전략사상을 때맞춰 제기하여 중국 경제사회 발전을 위해 더욱 광활한 공간을 개척했다. 또 흉포하게 밀어닥친 국제금융 위기에 직면하여 중공중앙은 과학적인 판단과 과감한 결정으로 거시경제정책 동향을 적시에 조정하고 적극적인 재정정책과 여유 있는 통화정책을 실시함으로써 한층 더 확대된 내수시장을 신속하게 마련했다.

이로써 경제안정과 신속 성장을 위한 열 가지 조치 시행을 촉진했다. 동시에 자동차, 강철, 선박, 석유화학, 경공업, 방직, 비철금속, 장비제조, 전자정보, 현대물류 등 10대 중점산업 진흥계획을 시행하여 확대된 내수와 안정된 외수정책을 결합했고, 투자 증액과 소비 자극 정책을 시행했다. 산업 진흥 조정과 과학 창조 추진 정책을 결합했고, 경제성장 촉진과 민생 개선 보장 정책을 결합했으며, 목전의 곤란 극복과 장기적 발전 촉진 정책을 결합했다. 이로써 국제금융위기의 충격과 개혁 발전 추진에 체계적이고 온전하게 대응하는 일괄 대책을 수립하여 한꺼번에 출현한 경제 성장 하락세 경향을 신속하게 역전시킨 후 세계에서 가장 먼저 경제 회복 호전 지표를 보여주면서 세계 경제 회복을 위한 주요 엔진 역할을 담당했다.

이 10년 동안 중국은 베이징올림픽, 상하이세계박람회를 성공적으로 거행하여 전 세계의 찬사를 들었다. 원촨대지진汶川大地震 등 일련의 심각한 자연재해에 잘 대응했고 재난 후 재건 사업까지 모든 사업을 성공적으로 완수했다. 또 티베트, 신장 등지의 폭력 사건을 포함한 일련의 돌발 사태도 적절하게 처리하여 국가안전과 사회안정을 유지했다. 종합해보면 국내외로부터 유발된 각종 위험, 고난, 도전을 이겨내고 중국 특색의 사회주의의 거대한 활력과 우월성을 과시하면서 소강사회를 전면적으로 건설하기 위한 중대한 진전을 이뤄냈다.

첫째, 국민 경제 안정과 신속한 발전을 실현하고, 경제총량을 비교적 크게 성장시켜 종합 국력을 다시 한번 새로운 단계로 끌어올렸다. 이 10년 동안 '제11차5개년계획'을 원만하게 완성하고 '제12차5개년계획'을 위한 좋은 발단을 순조롭게 열었다. 중국의 경제총량은 대폭 상승하여 국내 총생산이 2002년 12조 300억 위안에서 2011년에 47조 3,000억 위안으로 증가했고 연평균 성장률은 10.7%에 이르렀다. 성장 속도가 국제 평균

수준을 훨씬 초과했을 뿐 아니라 신흥 경제 구성체들의 성장 속도도 크게 뛰어넘어 경제총량도 세계 6위에서 2위로 도약했다.[847] 세계은행 통계의 따르면 2011년 중국 1인당 평균수입은 4,930달러에 이르러 이미 중진국 대열로 진입했다.

이와 동시에 거시경제 운행 동향도 양호하고 경제발전의 질과 효율도 끊임없이 상승하고 있다. 산업구조 조정을 지속적으로 추진했기 때문에 이 10년 동안 이미 점진적으로 농업 기반 강화, 공업 생산력 총체적 상승, 서비스업 발전 가속화 등의 국면을 형성해나갈 수 있었다. 농업 종합 생산능력도 안정적으로 향상되어 식량 생산량이 '9년 연속 증가' 추세를 보였다. 제조업도 신속하게 발전하여 주요 공산품 500종 중 중국에서 생산된 220종의 상품 총량이 세계 1위를 차지했다. 2010년 중국 제조업 생산량은 전 세계의 19.8%를 점유했는데, 일거에 미국(19.4%)을 초월하여 전 세계 제조업 생산의 제일 대국이 되었다. 그중에서 특히 하이테크 제조업과 전략성 신흥 산업도 신속하게 발전했다. 서비스업 발전도 더욱 빨라졌다. 2011년 생산량은 이미 국내총생산의 43.1%에 달했고, 2012년에는 44.6%로 증가했다. 서비스업은 이미 중국 취업의 제일 주체가 되었다. 동시에 기초 설비와 건설 사업도 고속 성장을 이뤄 경제발전을 강력하게 촉진했을뿐더러 인민생활에도 큰 영향을 미쳤다.

이 밖에도 에너지 절약과 생태 환경보호 정책도 날이 갈수록 더욱 중시되며 착실하게 추진되고 있다. 조화로운 지역발전도 더욱 진전되어 중서부 지역발전이 가속화되었고, 동부 지역 산업도 형태 전환과 등급 향상이 빨라져 각각 특색 있고 상호 협조적인 지역발전 구도가 형성되었다. 도시

와 농촌 간 구조도 나날이 개선되었고 도시화 진척 과정도 뚜렷하게 빨라
졌다. 2011년 중국의 도시화 비율은 처음으로 50%를 돌파하여 51.3%에
이르렀고, 2012년에는 52.6%에 이르러 중국의 도시와 농촌 구조에 역사
적 변화가 일어났다.

둘째, 개혁개방이 지속적으로 심화되어 주요 영역의 개혁 상황이 큰 진
전을 이뤘고, 이에 개방형 경제가 새로운 수준에 도달했다. 이 10년 동안
국유자산 관리체제 개혁과 국유경제 구조 조정을 지속적으로 추진하여
국유기업 주식제 개혁과 상장을 가속화했다. 이로써 국제 경쟁력을 갖춘
대기업 그룹이 신속하게 성장했다. 전력, 전신, 철도, 민항, 우편 등 독점
적 업종에 대한 개혁도 적극적으로 추진되어 정부와 기업 분리, 기업 구
조 개편 등 개혁정책이 이미 실현되었다. 이 때문에 국유경제의 활력, 통
제력, 영향력이 뚜렷하게 증가했다. 중국 기업 중 『포춘Fortune』 세계 500
대 기업에 오른 곳은 2003년 겨우 6곳에 불과했지만 2012년에는 54곳으
로 증가했다.

비공유제 경제도 신속하게 발전했다. 국가에서는 민영경제와 민간투
자를 고무·지지·유도하는 일련의 정책과 조치를 시행하여 더욱 진전된
공정경쟁의 시장 환경과 법제 환경을 마련했다. 비공유제 경제가 국민경
제에서 차지하는 역할도 끊임없이 증가하여 2012년에는 GDP 비율 60%
를 초과했다. 재정·세무 체제 개혁도 새로운 단계로 들어섰다. 각급 정부
간 재정 관계도 더욱 합리적으로 조정됐고, 예산 관리제도도 더 완벽하
게 개선됐다. 조세제도도 건전하게 변화시켜 내·외자 기업 세제를 통합
했으며 부가가치세 제도 전환도 완성했다. 금융체제 개혁은 계속해서 온

건하게 추진하여 국유 대형 상업은행 주식제를 변혁한 뒤 순조롭게 상장
했다. 정책적으로 추진하는 금융기구 개혁도 진전을 이뤘고, 농촌 신용
사 개혁도 전면적으로 추진했으며, 금리 시장 개혁, 런민비人民币 환율 형
성 시스템 개혁, 외환 관리 시스템 개혁도 모두 순서에 맞게 추진하고 부
단히 심화했다. 가격 개혁은 자원성 생산품 가격 형성 시스템을 핵심으
로 하여 전력요금, 수도요금, 유가, 석탄과 천연가스 요금 등의 개혁 방안
도 선을 보였다. 개방형 경제가 신속하게 발전하여 국제 금융위기의 충격
과 세계적 무역투자의 대폭적 하락세 속에서도 중국 경제는 역사적인 도
약을 이뤄 새로운 수준에 도달했다. 2011년 중국 수출입 무역 총액은 3조
6,000여 억 달러에 달해서 2002년에 비해 매년 4.9배나 성장했다.

이로써 중국은 세계 제1위 대수출국과 세계 제2위 대수입국이 되어
전방위적이고 다원화된 수출입 시장구조를 형성했고, 수출입 상품구조
도 점차 우량해졌다. 외자 규모의 지속적인 확대 추세를 이용함으로써
이미 연속 20년간 외자를 가장 많이 유치한 개발도상국이 되었다. 기업
의 외국 진출 현상도 뚜렷하게 늘어나서 대외 투자액도 신속하게 증가했
다. UN(국제연합), WTO(세계무역기구), APEC(아시아태평양경제협력조직),
G20(선진20개국), BRICS(신흥경제5개국) 등 글로벌 경제와 지역 협력 시스
템에 적극 참여하여 다자간 혹은 양자 간 무역관계를 끊임없이 심화했다.
개방형 경제수준이 총체적으로 상승함에 따라 경제사회의 발전과 국제
적 영향력이 매우 강화되었다.

셋째, 사회건설이 전면적으로 강화됨으로써 각종 사회사업이 신속하
게 발전했고 경제사회도 전면적 협력과 지속 발전의 건강한 궤도로 들어

섰다. 교육제도 개혁도 계속해서 심화되었다. 교육 투자 비용도 지속적으로 증가하여 2012년에는 국가 재정을 투입한 교육 경비가 국내총생산의 4% 목표에 도달했다. 도시와 농촌 모두에 9년간 의무교육을 시행하여 청장년 문맹률을 1.08%까지 낮췄으며, 15세 이상 인구 평균교육 연한은 9년 이상으로 높아졌다. 국가 교육제도도 취학 전 교육에서 대학원 교육에 이르기까지 단계별로 모든 과정을 감당할 수 있게 되었다. 교육의 질과 인재 양성 수준도 한층 더 진전되었다. 과학기술 영역의 성과도 매우 풍성해졌다. 국가의 중장기 과학기술 발전계획 요강을 집행하면서 16개 국가의 중요 과학기술 전문 아이템 제도를 시행하여 중요 과학 전선과 전략 영역에서 창조적인 큰 성과를 거뒀다. 유인 우주선, 유인 심해 잠수함, 달 탐사 프로젝트, 북두칠성 위성항법시스템, 슈퍼컴퓨터, 제4세대 원자력 발전 기술 및 고속철도, 초고압 송·변전 전기 기술 등의 분야에서도 중요한 돌파가 있었다. 국가의 기초 연구와 일차적인 창조 능력도 뚜렷하게 강화되었다. 문화 부문도 새로운 단계로 올라섰다. 문화 시스템 개혁도 총체적으로 추진하여 공공문화 서비스 시스템 건설 부문에서 큰 진전을 이뤘다. 문화사업과 문화적 생산품 창작도 나날이 번성했다. 문화산업이 신속하게 발전함에 따라 국민경제 속에서 그것이 차지하는 비중이 현저하게 높아졌다.

이로써 도시와 농촌 거주민의 정신문화 생활은 더욱 풍부하고 다채로워졌다. 의약 위생사업도 크게 발전했다. 의료 위생 시스템 개혁도 내실 있게 추진하여 기존의 부조리한 의약 시스템을 혁파하고 진찰조차 어려운 중점 현縣급 이상의 공립병원 개혁을 지속적으로 추진했다. 갑자기 들이닥친 사스, 고병원성 조류독감, 신종플루 등 심각한 전염병에도 성공적으로 대응하여 의료위생 서비스 시스템 제정을 더욱 가속화했다. 그리하여 이미 점진적으로 도시와 농촌 주민들에게 모두 질병 예방 제어 시스템과 여성 아동 보건 시스템 등 기초 공공위생 서비스를 제공하고 있다.

넷째, 민생을 보장하고 개선하는 데 진력하자 도시와 농촌 주민 생활이 현저하게 개선되었으며, 사회보장제도의 수준도 뚜렷하게 높아졌다. 민생을 보장하고 개선하기 위한 가장 중요한 일로 이 시기 국가에서는 시종일관 도시 주민 취업 문제를 경제사회 발전의 우선순위에 두고, 취업을 촉진하기 위한 일련의 정책과 조치를 시행하여 취업 규모를 계속 확대했다. 이로써 취업 문제가 안정을 유지하게 되었다. 2011년 도시 취업인구는 3억 5,914명으로 전국 총취업인구의 47%를 차지했다. 이는 2002년에 비해 1억 755명이 증가한 수치인데 전체적으로 연평균 1,195명이 늘어난 결과다. 이 기간에 4,000만 명이 넘는 대학졸업생이 안정된 직장에 취업했고, 2,800만 명이 넘는 퇴직 인원이 재취업에 성공했다. 이로써 도시 주민 실업률(등록자에 한함)은 시종일관 4.3% 이하로 비교적 낮은 수준을 유지했다.

취업구조도 계속 우량해져 2차산업과 3차산업 중에서 특히 3차산업 취업 비중이 지속적으로 상승했다. 공공 취업 서비스 시스템과 직업 훈련 시스템도 초보적으로 갖춰졌고 시장 취업구조도 나날이 개선되었다. 도시 주민 수입도 비교적 큰 폭으로 증가했다. 그중 2011년 도시 주민 연평균 가처분소득은 2만 1,810위안이었고 농촌 주민 연평균 순수입은 6,977위안이었다. 이는 양자 모두 2002년에 비해 평균 1.8배 증가한 수치인데,

물가상승 요인을 제외한 연평균 실제 성장률은 각각 9.2%와 8.1%에 달한다. 도농 주민의 주택, 자동차, 저축 등 재산 및 텔레비전, 냉장고, 에어컨, 핸드폰, 컴퓨터 등 내구 소비재 보유량도 모두 대폭 증가했다. 사회보장제도 개설 부문에도 획기적인 진전이 있었다. 전국 도시 노동자와 도시 거주민의 기본 양로보험과 신형 농촌 사회 양로보험 가입 인원도 2011년 6억 1,600만 명에 이르렀고, 2012년에는 7억 8,700만 명에 이르러 도농 주민 사회양로제도가 전국을 망라하게 되었다. 전체 인민 의료보험 시스템도 초보적으로 설립되어 95% 이상의 도농 주민들이 기본적으로 의료보험 혜택을 받게 되었다. 그리고 대규모 임대주택 건설도 추진하여 2011년 연말까지 주택난에 시달리는 전국 3,000여 만 호의 주택 문제를 해결했다.

이 밖에도 이 10년 동안 민주 법률제도 제정 분야에서도 새로운 진척을 보였으며, 국방과 군대 부문에서도 새로운 진전이 있었다. 홍콩, 마카오, 타이완과 관련된 업무도 한층 더 강화되어 외교 부문에서 새로운 성취를 이뤘으며 당 조직도 전면적으로 강화했다. 특히 타이완 독립 반대 투쟁에서 중요한 승리를 쟁취한 후 이를 기반으로 양안 관계 개선을 추진하여 역사적 전기를 맞이하게 했다. 이로써 양안 관계의 평화로운 발전에 새로운 국면이 열렸다. 이 모든 진보는 2020년 중국공산당 창립 100주년에 즈음하여 전면적으로 소강사회를 건설하기 위해 튼튼한 기반으로 작용하고 있다.

신중국 성립 초기, 즉 중국공산당이 중국 사회주의 현대화 노선을 탐색하기 시작한 1956년, 마오쩌둥은 중국 민주혁명 선구자 쑨중산을 기념하는 한 글에서 이렇게 언급한 적이 있다. "사물은 늘 발전한다. 1911년 혁명, 즉 신해혁명은 지금부터 불과 45년 전의 일이지만 그때 중국의 면모는 완전히 일신했다. 다시 45년을 지나면 2001년인데 그때는 21세기로 막 진입한 시기가 된다. 그때 중국의 면모는 더욱 크게 변할 것이다. 중국은 장차 강대한 사회주의 산업국가로 변할 것이다. 중국은 응당 그렇게 될 것이다. …… 중국은 인류를 위해 큰 공헌을 해야 한다."[848] 반세기가 지났다. 마오쩌둥이 당시에 "중국의 면모는 더욱 크게 변할 것이다"라고 한 예언은 이미 현실로 변하고 있다. 지금 사람들은 자신감에 차서 다시 몇십 년 분투를 거쳐 신세기 중엽 중국공산당 창립 100주년에 이르면 틀림없이 '세 걸음' 전략의 마지막 단계인 세 번째 목표에 도달할 것으로 기대한다. 그것은 바로 부강하고 민주적이며, 문명화되고 조화로운 사회주의 현대화 국가를 건설하여 중국 민족의 위대한 부흥을 실현하는 일이다.

[생각거리]

1. 신중국 성립 이후 중국 특색의 사회주의 현대화를 탐색하는 과정에서 겪은 가장 근본적인 경험은 무엇인가?

2. 중국공산당이 인민을 이끌고 사회주의 건설을 진행한 시기는 개혁개방 전후로 나눌 수 있다. 이 두 시기의 관계를 어떻게 정확하게 인식해야 하나? 왜 뒤 시기로 앞 시기를 부정하거나, 앞 시기로 뒤 시기를 부정할 수 없는가?

[참고자료]

1. 중공중앙 당사연구실中共中央黨史研究室, 『중국공산당 간사中國共産黨簡史』 제5장에서 제10장, 中共黨史出版社, 2001. 6.

2. 중공중앙 당사연구실, 『중국공산당 역사中國共産黨歷史』 제2권(1949~1978) 상·하책, 中共黨史出版社, 2010. 10.

3. 당대중국연구소當代中國研究所, 『중화인민공화국사고中華人民共和國史稿』(1949~1984), 人民出版社, 2012. 9.

옮긴이의 말

우리는 중국과 이웃해 살면서 고대에서 현대까지 거의 모든 역사를 함께해왔다. 앞으로도 우리나 중국이 다른 곳으로 이주하지 않는 이상 영원히 이웃으로 함께 살아야 한다. 이웃사촌이라는 말처럼 이웃 간에는 기쁘고 즐거운 일이 많다. 그러나 서로 가까운 거리에서 살기 때문에 다툼과 분쟁이 끊이지 않고 심지어 전쟁까지 치른 일도 허다하다. 최근에도 한중 양국은 사드 배치 문제로 첨예한 갈등을 겪었으며, 목전에는 한반도 평화체제 구축을 위한 남·북·중 사이의 긴밀한 접촉이 진행 중이다. 아울러 이웃 간에는 우호와 연대를 쉽게 형성할 수 있는 반면 뜻하지 않은 편견과 오해도 쉽게 발생하기도 한다. 지금도 한중간에는 한류韓流 중심의 호의적인 흐름과 혐한嫌韓과 혐중嫌中의 적대적 분위기가 함께 존재한다. 특히 근래 역사 분야에서 동북공정東北工程을 둘러싸고 진행된 첨예한 대립은 역사적 진실로 접근하기보다는 양국 간의 감정싸움과 자존심 대립으로 번지는 양상이다. 이는 영원히 이웃으로 살아가야 할 양국의 미래를 위해 결코 바람직한 상황이라고 볼 수 없다.

중요한 점은 역사를 대하는 서로의 기본 입장이 무엇인지 확인하는 일이다. 그런 후 객관적인 사실을 함께 연구하고 토론하며 기존의 선입관과 오해를 해소해야 한다. 물론 그동안 전문 학자들을 중심으로 다양한 경로로 상호 교류와 토론을 진행해온 것도 사실이지만, 광대한 민의民意를 형성하는 일반 독자들 사이에서는 양국 역사에 관한 소통이 거의 단절되어 있었음도 부정할 수 없다. 그 소통을 가능하게 하는 첫 번째 작업이 바로 양국의 사관史觀을 잘 보여주는 역사책을 읽는 일이다. 그러나 현재 시중에 나와 있는 중국사 중에서 중국 관방의 인식을 보여주는 저작은 거의 없다. 이는 우리 학계가 중국의 사관을 극복하려는 차원에서 중국 주류학계에 비판적인 저서를 많이 소개했기 때문이다. 물론 이런 노력도 매우 필요하지만 이렇게만 해서는 중국의 사관을 제대로 알 수도 없고 그들의 논리에 객관적으로 대응할 수도 없다. 따라서 현재 중국 관방의 역사 인식을 잘 보여주는 역사서를 소개하고 주의 깊게 읽는 일이 매우 필요한 실정이다.

이 책은 바로 이와 같은 취지에서 기획하고 번역한 중국 역사 대중서다. 베이징대학출판사北京大學出版社가 각 분야의 전문가 10명에게 집필을 의뢰하여 대학생 수준의 독자들에게 중국 역사를 쉽게 알려주려고 기획·출판했다. 이 책 제목 15강에서도 드러나듯 대체로 한 학기 16주 강의를 염두에 두고 집필된 것으로 보이며, 이 때문에 교재로서 성격이 바탕에 깔려 있음을 짐작할 수 있다. 이는 이 책의 특징이기도 하고 한계이기도 하다. 즉 교재로서 중국 관방의 역사 인식을 비교적 충실하게 반영했다는 특징과 그런 탓에 주류 사관에서 벗어나지 못함으로써 기본적으로 중원 중심의 중화주의와 마르크스주의의 역사발전관 속을 맴도는 한계가 있는 것이다. 이 책을 읽을 때 우리는 늘 비판적 시각을 유지하며 이 부분을 주의 깊게 살펴야 한다. 하지만 이 책은 중국 관방의 단순한 선전용 역사서가 아니라 대중의 독서를 염두에 둔 역사 교양서를 지향하는 만큼 나름대로 새로운 기획과 알찬 내용이 포함되어 있다는 것도 무시할 수 없다. 몇 가지를 소개하면 다음과 같다.

첫째, 이 책은 시중에서 흔히 볼 수 있는 역사책과는 체제가 완전히 다르다. 시중에 나와 있는 사서는 대부분 왕조의 변천에 따라 역사를 기술했다. 말하자면 지금까지도 25사식의 기전체紀傳體가 대종을 이룬다. 이런 기전체식 서술은 역사 전체의 흐름을 파악하기에 편리한 반면 분야별 역사 서술은 쉽게 단절되는 약점이 있다. 따라서 기전체식 역사서로는 제도사, 문화사, 사회사 등 이른바 문명사 전반의 상세한 내용을 단절 없이 일관되게 서술하기가 어렵다. 그러나 이 책은 15개 주제를 정해 통시적 관점에서 그 내용을 일목요연하게 요약하여 정리했다. 이는 중국 당대 두우杜佑의 『통전通典』과 소면蘇冕의 『회요會要』를 계승한 전지체典志體 또는 회요체會要體식 역사 서술 방법이다. 국가의 정치, 경제, 사회, 문화, 예악 등의 분야를 독립시켜 각각 일관된 흐름 속에서 역사적 맥락을 파악한다. 이런 얼개와 서술 방법은 기존 역사서에서는 찾아보기 힘든 특징이다.

둘째, 앞의 서술과 연관된 내용이지만, 이 책은 문화사·제도사·생활사·과학사 등 부문별 미시사 서술에 뛰어난 장기를 발휘하고 있다. 서문에서 장치즈는 이 책 내용을 개괄하며 "역사를 통해 문명의 가치를 보고, 문명을 통해 역사의 발전을 보려 한다"라고 했다. 말하자면 문명을 "인류가 이룩한 물질적·기술적·사회구조적 발전"이라고 정의할 때 중국문명은 세계 4대문명 중에서 지금까지 단절 없이 역사를 이어온 매우 유구한 문명 체계에 속한다. 게다가 중국문명은 우리 역사와도 밀접한 관련을 맺고 있으므로 이를 객관적이고 실제적으로 파악·분석하여 우리의 역사와 삶의 양태를 비춰보는 참고체계로 삼을 필요가 있다. 이 책은 이런 입장에서 중국의 역사와 문명을 구체적으로 살펴보려는 독자들에게 매우 상세한 내용을 제공해줄 수 있을 것이다. 이 책에서 특히 중국의 교통문화, 법률제도, 농업, 군사제도, 사회생활, 과학사를 서술하는 대목은 전문성과 대중성이 잘 어우러져 이 책이 역사 교양서라는 사실을 증명한다. 이밖에도 사상, 문학예술, 사학 발전 등 문화사 영역을 다룬 장도 분야별 특징과 실속 있는 내용이 비교적 잘 조화되어 있다.

셋째, 중국 근현대사 서술의 특징이 잘 드러나 있다. 14강과 15강이 그것인데, 1840년 아편전쟁부터 2012년 중국공산당 제18차전국대표대회까지의 역사가 마르크스주의의 역사발전론에 입각하여 명쾌하게 정리되어 있다. 이 대목은 현재 중국 관방의 역사 인식을 가장 특징적으로 보여주는 역사 서술로, 중국의 근현대사가 몰락에서 부흥으로 향해가는 역사임을 증명하는 데 대부분의 편폭을 할애했다. 아편전쟁, 양무운동, 변법유신운동, 신해혁명, 5·4운동, 항일전쟁, 국공내전, 중화인민공화국 건국, 문화대혁명, 개혁개방 등으로 진행된 중국의 근현대사가 수많은 우여곡절을 겪었지만 마침내 중국 특색의 사회주의를 건설하기 위해 중단 없는 전진을 계속해왔다는 것이다.

이 책은 또한 중국 관방의 역사관을 바탕으로 서술했기 때문에 우리 처지에서 수긍하기 어려운 역사 왜곡도 있다. 가령 5강 민족관계를 진술하면서 발해가 10여 세를 이어가는 동안 모든 군왕이 장안으로 가서 조공을 바쳤다고 주장한 대목은 전혀 사실이 아니다. 이런 왜곡은 중한 양국 간의 새로운 역사 인식을 위해서도 시정되는 것이 바람직하다. 그리고 중국이 옛날부터 통일국가를 이룬 원인의 하나로 지형의 폐쇄성을 들었는데, 이 진술도 매우 자의적이어서 그렇게 큰 설득력을 발휘하지 못한다. 그렇다면 지중해, 대서양, 북해 등 3면의 바다와 우랄산맥 등 동토로 고립된 유럽은 왜 통일되지 못하고 그렇게 다양한 나라로 분리되어 있는가? 그리고 그렇게 지형적으로 고립된 유럽이 어떻게 산업혁명 이후 전 세계를 편력하며 자유무역에 종사하는가?

이러저러한 문제가 없는 것은 아니지만 이 책은 현재 중국 관방의 역사 논리와 중국 일반인의 역사 인식을 잘 보여준다는 점에서 우리의 역사 인식과 거리가 어느 정도인지 확인할 수 있는 유용한 참고서다. 양자 간에 떨어진 거리를 알고 그 사이에 가로놓여 있는 장애물을 알아야 서로 쉽게 다가가는 방법을 모색할 수 있다. 이 책이 그런 모색의 징검다리가 되었으면 하는 바람이다.

번역을 시작한 지 1년 6개월 만에 마침표를 찍는다. 본래 1년을 계획한 일이었으므로 반년이 더 걸린 셈이다. 1년 6개월 전 이 책의 최초 기획자 노승현 선생이 위에서 진술한 취지로 내게 번역을 의뢰했다. 나는 책을 보지 못한 상황이라 가타부타 대답을 하지 않았다. 그러다가 『아Q 생명의 여섯 순간』(너머북스, 2015)의 번역이 완료되어가는 시점에 너머북스 이재민 대표가 똑같은 취지로 이 책의 번역을 강력하게 요청해왔다.

나는 그동안 기존의 중국사를 읽으면서 제도사, 문화사, 생활사 등 미시사 부분에 대한 서술이 미흡함을 느끼고 이와 관련된 책을 읽어봤으면 하는 바람이 있었다. 마침 이 책은 그런 갈증을 풀어줄 만한 체제로 기술되어 있어 번역하는 과정에서 그 갈증을 상당 부분 해소할 수 있었다. 또한 위의 기획 취지를 이제 우리 독자들에게까지 소개하게 되었으니 참으로 일석이조의 효과를 달성한 셈이다. 두 분께 깊이 감사드린다. 아울러 이번 번역 과정이 상당히 고통스러웠다는 점도 고백해야겠다. 두 가지 점에서 그러했다.

첫째, 원본에 포함된 25사 등과 기타 한문 원전을 확인하는 일에 시간을 많이 들여야 했다. 중국 책에 인용된 원전은 반드시 확인해야 한다. 의외로 부정확한 인용과 오자가 많이 포함되어 있기 때문이다. 이 책 원본에 인용된 고문에서도 적지 않은 오자가 발견되었다. 1년을 계획한 번역 일정을 초과하여 6개월이 더 걸린 것은 대부분 원전 확인에 시간이 걸렸기 때문이다.

둘째, 집필자 10명의 들쭉날쭉한 문체에 적응하느라 매우 고통스러웠다. 어떤 책의 필자가 단일한 경우 10여 쪽을 번역하면 그 문체에 적응되어 번역에 가속도가 붙기 마련이다. 그러나 이 책은 한 사람의 문체에 적응하고 나면 또 다른 사람의 문체에 적응하느라 애를 먹어야 했고, 그것을 열 번이나 되풀이해야 했다. 그러나 이제 그 모든 고통을 거쳐 드디어 마침표를 찍게 되었다. 그 어느 번역보다도 홀가분하고 즐거운 마음을 만끽하고 있다. 앞으로 교열, 편집, 장정에 수고하실 모든 분께도 미리 감사의 마음을 전한다.

청청재青青齋에서

김영문

주

1. 에드워드 테일러(Edward B. Tylor, 영국), 連樹聲 옮김, 『원시문화』, 上海文藝出版社, 1992, 279쪽.

2. '헌원(軒轅)'이라는 이름이 황제(黃帝)가 영도한 부족이 수레를 발명했음을 암시한다.

3. 고유(高誘)는 다음과 같이 해석했다. "황(黃)은 황제(黃帝)이고, 염(炎)은 염제(炎帝)다. 염제가 화재를 일으키자 황제가 그것을 껐다(黃, 黃帝也. 炎, 炎帝也. 炎帝爲火災, 黃帝滅之也)." 『국어(國語)』「진어(晉語)」4에도 "두 임금이 군사를 동원하여 서로 배척했다(二帝用師以相濟)"는 기록이 있다. 이 대목에 위소(韋昭)는 다음과 같은 주석을 달았다. "제(濟)는 제(擠: 배제하다)가 되어야 한다. 제(擠)는 멸망시킨다는 뜻이다."

4. 『제왕세기(帝王世紀)』에는 "본래 열산(烈山)에서 일어났기 때문에 열산씨(烈山氏)라고도 한다(本起烈山, 或稱烈山氏)"라는 기록이 있다.

5. 『장자(莊子)』「도척盜跖)」에 이런 말이 있다. "신농씨의 시대에는 잠잘 때도 편안했고, 일어났을 때도 안락했다. …… 이것은 지극한 덕이 융성했기 때문이다(神農之世, 臥則居居, 起則于于. …… 此至德之隆也)." 『상군서(商君書)』「획책(劃策)」에도 이런 말이 있다. "신농씨의 시대에 남자는 밭을 갈아 밥을 먹고 여자는 베를 짜서 옷을 입고, 형벌로 정치를 하지 않아도 잘 다스려지고, 갑옷 입은 병사를 일으키지 않으면서도 임금 노릇을 했다(神農之世, 男耕而食, 婦織而衣, 刑政不用而治, 甲兵不起而王)." 『회남자』「주술」에서도 이렇게 말했다. "당시에는 법률은 관대하고 형벌은 너그러워 감옥이 텅텅 비었다. 그리고 천하의 풍속이 같았으며 아무도 간악한 마음을 먹지 않았다(當此之時, 法寬刑緩, 囹圄空虛, 而天下一俗, 莫懷奸心)."

6. 쉬쉬성(徐旭生), 멍원퉁(蒙文通) 등의 학자들은 일찍이 중국의 선사시대에 3대 부족집단이 있었다고 인식했다. 그것은 황허강(黃河)과 뤄허강(洛河)를 중심으로 한 중원 화하(華夏) 집단, 황해와 타이산(泰山)을 중심으로 한 동방 이족(夷族) 집단 그리고 창장강(長江)과 한장강(漢江)을 중심으로 한 남방 만족(蠻族) 집단이라고 했다. 1960년대에 쑤빙치(蘇秉琦)는 중원 지구와 동남 지구 원고(遠古) 문화의 관계를 연구할 때 고고학적 문화 고찰이라는 견지에서 또 중원 지구의 후기 양사오(仰韶)문화, 루난쑤베이(魯南蘇北)의 칭롄강(青蓮崗)-다원커우(大汶口) 문화 그리고 창장강과 한장강 사이의 취자링(屈家嶺)문화 세 가지 문화 구역으로 나누었

다. 1980년대 중엽 이후 쑤빙치는 또 중국문명의 기원을 연구할 때 중원 지구와 동남 지구에 계속 관심을 기울이면서 옌산(燕山) 남북 장성(長城) 지역을 중심으로 한 북방 지구를 특히 주목했다. 그는 량쓰융(梁思永)이 제기한 3대 집단설을 다시 회고했다. 량쓰융은 1930년대 당시의 러허성(熱河省)에서 발굴 조사를 진행할 때 '문화가 서로 접촉하는 변방 지역'인 훙산(紅山)문화를 중시함과 동시에 다음과 같이 인식했다. "장성 남북에 산재한 신석기시대 말기의 몇몇 문화 계통을 확정한 이후에야 우리는 비로소 상고사와 이곳의 고고학적 발견을 비교하는 사업을 착실하게 진행할 수 있을 것이다." 량쓰융의 3대 집단설에도 아마 둥베이(東北) 지역 남부가 포괄되어 있는 듯하다. 톈창우(田昌五)는 또 일찍이 4대 집단설을 발표한 적도 있다. 그것은 대체로 기존의 3대 집단설의 바탕 위에다 훙산문화를 대표로 하는 북방 지역을 추가한 것이다.

7. 『고사변(古史辨)』은 1926년에서 1941년까지 중국 고대사를 연구하고 고증·판단한 논문을 편집하여 출판한 논문집이다. 이 그룹은 당시 학계에서 제일 막강한 실력을 갖추고 가장 뜨거운 토론을 주도하면서 집중적 성과를 낸 학문 단체인데 이들에 의해 역사에 대한 과학적 탐구 역정이 드러나게 되었다. '5·4운동' 이후 구제강(顧頡剛) 등의 학자들은 서구의 현대적이고 과학적인 연구방법을 빌려 자신들의 학문 방법을 바꾼 뒤 고대사를 새롭게 인식하기 시작했다. 그들은 이로써 선배들이 몇 차례 진행한 적이 있는 위서(僞書) 비판 운동을 계승하려고 하면서 자신들만의 학문적 노력으로 새로운 위서 변별 사조를 불러일으켰다. 그들은 고대 역사 진위 문제에 관한 일련의 문장을 발표했다. 이들 문장은 나중에 『고사변』이라는 책으로 묶여 출판되었다. 전체가 9권 7책으로 되어 있으며 1에서 3책과 5책은 구제강이 편집을 맡았고 4책과 6책은 뤄건쩌(羅根澤)가 편집을 맡았으며, 7책은 뤼쓰몐(呂思勉)과 퉁수예(童書業)가 함께 편집을 맡았다. 이 논문집에는 1920년대에서 1930년대까지 고대사를 연구하고 고대사의 문헌을 고증하고 판별한 중국 사학계의 논문 350편 325만 자가 실려 있다. 그 내용을 보면 『상서(尙書)』, 『주역(周易)』, 『시경(詩經)』 등 경전에 대한 고증과 판별, 유가, 묵가, 도가, 법가 학파에 대한 연구, 하(夏)나라 이전의 고대 역사와 관련된 전설, '음양오행설'의 기원, 고대 정치와 고대 제왕의 계승 관계에 대한 고증과 연구 등이 포함되어 있다. 이 때문에 '고사변'은 당시 하나의 학파를 이루고 있었다고 할 수 있다.

8. *『상서(尙書)』「요전(堯典)」은 동진(東晉) 매색(梅賾)이 기술한 『위고문상서(僞古文尙書)』다.

9. 구제강, 「선사시대를 토론하기 위해 첸쉬안퉁 선생에게 드리는 편지(與錢玄同先生論古史書)」, 『고사변』 제1책, 1982, 60쪽.

10. 「나는 어떻게 '고사변'을 편집했던가?」의 원문은 왕쉬화(王煦華)의 도움으로 정리하여 『중국철학(中國哲學)』 제2집에 처음 게재했다(三聯書店, 1980, 제6집). 싼롄서점에서는 1981년 저자의 수정을 거쳐 『고사변』 제1책에 다시 수록했다.

11. 첸쉬안퉁,「구제강 선생에게 보내는 답장(答顧頡剛先生書)」,『독서잡지(讀書雜誌)』제10기, 1923년 6월 10일,『고사변』제1책, 上海古籍出版社, 1982, 67쪽.

12. 후스,「선사시대 토론에 대한 독후감(古史討論的讀後感)」,『독서잡지』제18기, 1924년 2월 22일,『고사변』제1책, 上海古籍出版社, 1982, 189~198쪽.

13. 구제강,「류추셴, 후진런 두 분 선생에게 보내는 답장」,『독서잡지』제11기, 1923년 7월 1일,『고사변』제1책, 上海古籍出版社, 1982, 96~102쪽.

14. 쉬쉬성,『중국 선사시기의 전설시대』(증정본), 文物出版社, 1985, 19~20쪽.

15. 루이스 헨리 모건(미국), 楊東純馬雍馬巨 옮김,『고대사회』하책, 商務印書館, 1987, 302쪽.

16. 리쉐친,「고대문명을 논함」,『의고시대를 탈출하며(走出疑古時代)』수정본, 遼寧大學出版社, 1997, 41~43쪽.

17. 위와 같음.

18. *허시쩌우랑(河西走廊)은 간쑤쩌우랑(甘肅走廊)이라고도 하며 한국어로는 하서주랑이라고 한다. 중국 내지에서 서북 지방인 신장(新疆)으로 통하는 중요한 통로다. 동쪽 우차오령(烏鞘嶺)에서 북서 방향으로 비스듬히 뻗어 위먼관(玉門關)까지 이어진다. 길이는 총 900km에 달하며 폭은 평균 약 100km에 달한다. 그 형태가 마치 긴 행랑처럼 생겼다고 하여 주랑(走廊)이라고 하며, 황허강 서쪽에 있다고 해서 허시(河西)라는 이름이 붙었다. 실크로드의 주요 통로이기도 하다.

19. *소소(簫韶)는 중국 전설에 순(舜)임금의 음악이라고 한다. 총 9장으로 되어 있으므로 흔히 '소소구성(簫韶九成)'이라고 한다.

20. 『상서』「익직(益稷)」, "笙鏞以間, 鳥獸蹌蹌, 簫韶九成, 鳳皇來儀."

21. 『상서』「익직」, "擊石拊石, 百獸率舞."

22. 『산해경(山海經)』「해내경(海內經)」, "帝俊有子八人, 是始爲歌舞."

23. *애(瑗)는 가운데에 동그란 구멍을 뚫어놓은 둥근 옥이다. 가운데 구멍이 비교적 크다.

24. *황(璜)은 반달 모양으로 다듬은 옥돌이다.

25. *벽(璧)은 구멍이 비교적 작다.

26. 『초학기(初學記)』, "魚流始得圖書."

27. 『조옥집(雕玉集)』, "洛龜負書而出, 河龍加圖而至."

28. 『계서(稽瑞)』, "鳳皇銜圖置帝前."

29. 「신화와 시(神話與詩)」,『원이둬 전집 선간(聞一多全集選刊)』, 古籍出版社, 1956, 26~27쪽.

30. 쑤빙치,「고고학 문화의 구역 유형 문제에 관하여(關於考古學文化的區系類型問題)」,『쑤빙치 고고학 논문 선집(蘇秉琦考古學論述選集)』, 文物出版社, 1984, 225~234쪽.

31. 장광즈,「중국의 상호작용 권역과 문명의 형성(中國相互作用圈與文明的形成)」,『쑤빙치 고고

학55년 경축 논문집(慶祝蘇秉琦考古五十五年論文集)』, 文物出版社, 1989, 6쪽.

32. 중국 사회과학원 고고연구소 편저, 『중국고고학, 신석기시대권(中國考古學, 新石器時代卷)』, 中國社會科學出版社, 2010, 575쪽.

33. 『고고와 문물(考古與文物)』 편집부, 「선무 스마오 유적 좌담회 기요(神木石峁遺址座談會紀要)」, 『고고와 문물』, 2013년 제3기.

34. 쑤빙치, 「양사오문화에 관한 약간의 문제(關于仰韶文化的若干問題)」, 『고고학보(考古學報)』 제11기, 1965.

35. 중국 사회과학원 고고연구소, 『신중국의 고고학 발견과 연구(新中國的考古發現和研究)』, 文物出版社, 1984, 58~61쪽, 81쪽, 91쪽.

36. 『중국고고학』 「신석기시대권」, 782쪽, 786쪽.

37. 『중국고고학』 「신석기시대권」, 677쪽.

38. 톈창우, 「양사오문화의 사회 성질과 중국문명 기원에 관한 약간의 이론 문제(仰韶文化社會性質與文明起源若干理論問題)」, 「양사오문화를 논함(論仰韶文化)」, 『중원문물(中原文物)』 특간(特刊), 1986.

39. 장치즈, 「문명 기원과 염황시대(文明起源與炎黃時代)」, 『광명일보(光明日報)』, 2002.8.23.

40. 왕허, 「하필이면 억지로 5,000년을 구하려 하는가(何必强求五千年)」, 『광명일보』, 2002.7.2.

41. *오대십국(五代十國): 당나라 멸망 이후 송나라 건국까지 여러 나라가 병립했던 혼란기를 말한다. 오대(五代)는 후량(後梁), 후당(後唐), 후진(後晉), 후한(後漢), 후주(後周)를 가리키고, 10국은 동일한 시기에 지방에서 할거했던 전촉(前蜀), 후촉(後蜀), 오(嗚), 남당(南唐), 오월(嗚越), 민(閩), 초(楚), 남한(南漢), 남평(南平: 荊南), 북한(北漢)을 가리킨다.

42. 『상서』 「탕서(湯誓)」, "時日曷喪, 予及汝皆亡."

43. *은(殷): 은 땅으로 천도한 이후의 상나라를 흔히 은이라고 한다.

44. 『사기』 「주본기(周本紀)」.

45. 린원(林澐), 「'왕'자 해설(說 '王')」, 『고고(考古)』, 1965년 제6기.

46. *왕기(王畿): 『주례·하관(夏官)』 「직방씨(職方氏)」에 따르면 도성을 중심으로 사방 1,000리까지의 땅을 왕기라 한다고 했다. 따라서 주나라 때는 대체로 왕이 직접 다스리는 도성 호경(鎬京)과 낙읍(洛邑)을 가리켰다.

47. *『좌전(左傳)』 「소공(昭公)」 7년에 나온다.

48. *벽옹(辟雍): 서주시대 천자가 도성에 세운 태학(太學)이다. 사방으로 물이 감도는 곳(雍)에 벽(辟)을 둥글게 둘러쳤으므로 '벽옹'이라고 불렀다.

49. 『예기(禮記)』 「혼의(昏議)」, "昏禮者, 將合二姓之好, 上以事宗廟, 而下以繼後世也, 故君子重之."

50. 『사기』「노주공세가(魯周公世家)」, "公室卑, 三桓强."

51. 『좌전』「성공(成公)」13년, "國之大事, 在祀與戎."

52. 『시경·진풍(秦風)』「사철(駟驖)」.

53. 『한서(漢書)』「예문지(藝文志)」「잡가(雜家)」, "兼儒墨, 合名法."

54. 『여씨춘추』「상농(上農)」, "所以務耕織者, 以爲本敎也."

55. 『회남자』「주술훈(主術訓)」, "耕之爲事也勞, 織之爲事也擾. 擾勞之事而民不舍者, 知其可以衣食也."

56. *예신첩(隸臣妾): 범죄를 저질러 남자 관노비가 된 사람을 예신(隸臣), 여자 관노비가 된 사람을 예첩(隸妾)이라고 했다.

57. 『한서』「백관공경표(百官公卿表)」, "秦兼天下, 建皇帝之號, 立百官之職. 漢因循而不革."

58. 이른바 '서동문(書同文)'은 진나라가 자신들의 문자를 기본으로 삼아 문자통일을 극력 추진한 것을 가리킨다. 진나라 문자에는 팔체(八體)가 있었다. 대전(大篆), 소전(小篆), 각부(刻符), 충서(蟲書), 모인(摹印), 서서(暑書), 수서(殳書), 예서(隸書)가 그것이다. 이 중에서 중요한 것은 소전과 예서다. 이를 보면 진나라에서도 진정으로 서동문을 완성하지 못했다.

59. *진이세(秦二世): 진시황의 막내아들로 이름은 호해(胡亥)다. 진시황이 죽은 뒤 황제가 되었으므로 이세(二世)라 칭한다.

60. 『사기』「진섭세가(陳涉世家)」, "且壯士不死則已, 死卽擧大名耳, 王侯將相寧有種乎?"

61. 가의(賈誼), 「과진론(過秦論)」, "斬木爲兵, 揭竿爲旗, 天下雲集響應."

62. 『사기』「진시황본기(秦始皇本紀)」.

63. 『사기』「진섭세가」, "陳勝雖已死, 其所置遣侯王將相竟亡秦, 由涉首事也."

64. 가의(賈誼, 기원전 200~기원전 168): 어려서 한 문제에게 초빙되어 박사가 되었고, 오래지 않아 태중대부(太中大夫)로 승진했다. 후에 장사(長史)로 귀양 갔다. 저작으로 『신서(新書)』 58편 등이 있다.

65. *「과진론(過秦論)」: 한 문제 때의 천재 학자 가의가 진(秦)나라의 과오를 논한 글이다. 막강한 국력으로 천하통일을 이룬 진나라가 혹독한 법치주의에만 기대다가 단명한 이유를 역사적 사실을 들어 설득력 있게 논증하였다.

66. 「과진론」, "秦以區區之地, 致萬乘之權, 招八州而朝同列, 百有餘年矣. 然後以六合爲家, 崤函爲宮. 一夫作難而七廟墮, 身死人手, 爲天下笑者, 何也? 仁義不施, 而攻守之勢異也."

67. 『사기』「진시황본기」, "朕爲始皇帝, 後世以計數, 二世三世至於萬世, 傳之無窮."

68. *직도(直道): 진시황 35년에 닦은 옛 도로 이름이다. 진시황이 몽염(蒙恬)에게 명령을 내려 닦게 했다. 북쪽 구원(九原: 지금의 내몽고 바오터우시(包頭市) 서북쪽)에서 남쪽 운양(雲陽: 지금의 샨안시성 춘화현 서북)에 이르는 길로 전체 길이 736km에 달한다.

69. 『사기』「육국연표(六國年表)」.

70. 『사기』「진시황본기」.

71. *관동(關東): 함곡관 동쪽 지방을 가리킨다. 함곡관은 지금의 허난성 링바오시 남쪽 15km 지점에 있었다.

72. *서한(西漢): 전한(前漢)이라고도 한다. 유방이 건국한 후 왕망(王莽)이 정권을 찬탈하여 잠시 신(新) 왕조를 세울 때까지의 왕조다. 서쪽 장안에 도읍이 있었으므로 서한이라고 한다. 이후 광무제(光武帝) 유수(劉秀)가 신을 멸망시키고 다시 한나라를 중흥시킨 이후의 왕조는 동쪽 낙양(洛陽)에 도읍을 정했으므로 동한(東漢) 혹은 후한(後漢)이라고 한다.

73. 『사기』「고조본기(高祖本紀)」, "嗟乎, 大丈夫當如此也."

74. 『사기』「항우본기(項羽本紀)」, "彼可取而代也."

75. 『속통감론(續通鑑論)』, "項羽之暴也, 沛公之明也."

76. 『사기』「고조본기」, "高祖起微細, 撥亂世反之正, 平定天下."

77. 『한서』「예악지(禮樂志)」, "漢興, 撥亂反正, 日不暇給."

78. 『사기』「진시황본기」, "六合之內, 皇帝之土. 西涉流沙, 南盡北戶. 東有東海, 北過大夏. 人跡所至, 無不臣者."

79. 『사기』「고조본기」.

80. 『한서』「무제기(武帝紀)」, "疇咨海內, 擧其俊茂, 與之立功."

81. *정관지치(貞觀之治): 당 태종 때의 융성기를 말한다.

82. *개원성세(開元盛世): 당 현종 때의 융성기를 말한다.

83. *강옹건성세(康雍乾盛世): 청나라 강희제(康熙帝), 옹정제(雍正帝), 건륭제(乾隆帝) 때의 융성기를 말한다.

84. 『한서』「식화지(食貨志)」, "漢興, 接秦之弊, 諸侯幷起, 民失作業而大饑饉. 凡米石五千, 人相食, 死者過半."

85. 『한서』「식화지」, "天下旣定, 民亡蓋藏, 自天子不能具醇駟, 而將相或乘牛車."

86. 『사기』「고조본기」, "殺人者死, 傷人及盜抵罪, 餘悉除去秦法."

87. 『한서』「문제기(文帝紀)」, "農, 天下之大本也, 民所恃以生也. 而民或不務本而事末, 故生不遂. 朕憂其然, 故今茲親率群臣農以勸之, 其賜天下民今年田租之半."

88. *찰거제(察擧制): 한나라 때 관리 선발 방식의 일종이다. 지방의 군(郡)과 제후국에 뛰어난 인재를 추천하게 하고 중앙에서 그들에게 주요 정책에 대한 '대책문(對策文)'을 짓게 하여 관리를 선발했다. 한 고조 때부터 간간이 시행하다가 문제와 무제를 거쳐 완전히 정착되었다. 뒷날 과거제도의 남상이라 할 수 있다.

89. 『한서』「식화지」, "至武帝之初, 七十年間, 國家亡事, 非遇水旱, 則民人給家足. 都鄙廩庾盡滿,

而府庫餘財. 京師之錢累百鉅萬, 貫朽而不可校. 太倉之粟陳陳相因, 充溢露積於外, 腐敗不可食. 衆庶街巷有馬, 仟伯之間成群, 乘牸牝者, 擯而不得會聚. 守閭閻者食粱肉, 爲吏者長子孫, 居官者以爲姓號."

90. 『한서』「문제기」, "海內殷富, 興於禮義, 斷獄數百, 幾致刑措."

91. 『한서』「경제기」, "漢興, 掃除煩苛, 與民休息. 至於孝文, 加之以恭儉, 孝景遵業. 五六十載之間, 至於移風易俗, 黎民醇厚."

92. *오르도스[河套]: 황허강이 닝샤(寧夏)를 거쳐 북쪽으로 흘러가다가 다시 샤안시(陝西) 북방에서 동쪽으로 흐르고 다시 산시(山西) 경계 지역에 이르러 남쪽으로 굽이쳐 흐르는데, 그 일대를 오르도스[河套]라고 한다.

93. *하서(河西): 샤안시와 산시를 가르는 황허강을 경계로 하여 그 서쪽 지역이다. 지금은 대부분 샤안시에 속한다.

94. *동구국(東甌國): 동월국(東越國)과 구월국(甌越國)을 함께 일컫는 말이다. 지금의 저장성과 푸젠성 일대에 있던 고대 왕국이다.

95. 『한서』「가의전(賈誼傳)」, "曰安且治者, 非愚則諛, 皆非事實知治亂之體者也."

96. 『한서』「식화지」, "於是罔疏而民富, 役財驕溢, 或至并兼. 豪黨之徒, 以武斷於鄕曲. 宗室有土, 公卿大夫以下爭於奢侈, 室廬車服僭上亡限. 物盛而衰, 故其變也."

97. 『한서』「식화지」, "兵連而不解, 天下共其勞, 干戈日滋. 行者齎, 居者送. 中外騷擾相奉, 百姓抗敝以巧法, 財賂衰耗而不澹."

98. *무고의 화(巫蠱之禍): '무고'는 고대 미신의 일종이다. 나무로 인형을 깎아 지하에 묻어두고 무술(巫術)로 저주를 퍼부어 사람을 해치는 술법이다. 한 무제는 만년에 어떤 사람이 무고의 술법으로 자신을 해친다는 망상을 했다. 당시 한 무제의 총애를 받던 강충(江充)은 태자와 사이가 벌어지자 태자가 동궁에서 한 무제를 무고한다고 모함했다. 태자 유거(劉據)가 이 사실을 알고 분노하여 강충을 죽였다. 이때 한 무제는 감천궁(甘泉宮)에 있다가 태자가 반란을 일으킨 것으로 오해하고 군사를 동원하여 태자를 토벌했다. 그러자 태자도 장안에서 군사를 모아 한 무제에게 항거하며 5일 동안 혼전을 벌였지만 결국 패배하여 도망가다가 중도에 자살했다. 이 내란을 역사에서 '무고의 화'라고 한다. 태자는 자살한 후 '여태자(戾太子)'로 불리게 되었다. '여(戾)'는 행동이 잘못되었다는 뜻이다.

99. 젠보짠, 『진한사(秦漢史)』, 北京大學出版社, 제2판, 1983, 296쪽.

100. 『한서』「원제기(元帝紀)」, "漢家自有制度, 本以霸王道雜之."

101. 『구당서(舊唐書)』「손복가전(孫伏伽傳)」, "隋末無道, 上下相蒙. 主則驕矜, 臣惟諂佞. 上不聞過, 下不盡忠, 至使社稷傾危, 身死匹夫之手. 朕撥亂反正, 志在安人. 平亂任武臣, 守成委文吏. 庶得各展器能, 以匡不逮."

102. 『정관정요(貞觀政要)』「교계태자제왕(敎戒太子諸王)」, "舟所以比人君, 水所以比黎庶, 水能載舟, 亦能覆舟. 爾方爲人主, 可不畏懼?"

103. 『정관정요』「무농(務農)」, "昔秦皇漢武, 外則窮極兵戈, 內則崇侈宮室. 人力旣竭, 禍難遂興. 彼豈不欲安人乎? 失所以安人之道也. 亡隋之轍, 殷鑒不遠. 陛下親承其弊, 知所以易之."

104. 『원진집(元稹集)』권32, "房·杜·王, 魏之徒, 議可否於前, 天下四方之人, 言得失於外. 不四三年, 而天下大理. 豈文皇獨運聰明於上哉? 蓋亦群下各盡其言, 以宣揚發暢於天下也."

105. 『전당문(全唐文)』「금경(金鏡)」, "用人之道, 尤爲未易. 己之所謂賢, 未必盡善, 衆之所謂毁, 未必全惡."

106. 『정관정요』「정체(政體)」, "儻君臣相疑, 不能備盡肝膈, 實爲國之大害也."

107. 『정관정요』「구간(求諫)」, "正主任邪臣, 不能致理, 正臣事邪主, 亦不能致理. 惟君臣相遇, 有同魚水, 則海內可安."

108. 『정관정요』「군도(君道)」, "君之所以明者, 兼聽也, 其所以暗者, 偏信也."

109. 『정관정요』「구간」, "縱不合朕心, 朕亦不以爲忤. 若即嗔責, 深恐人懷戰懼, 豈肯更言?"

110. 『정관정요』「납간(納諫)」.

111. 『자치통감(自治通鑑)』권194, 정관(貞觀) 6년 3월, "妾聞主明臣直, 今魏徵直, 由陛下之明故也."

112. 『정관정요』「임현(任賢)」, "夫以銅爲鏡, 可以正衣冠, 以古爲鏡, 可以知興替, 以人爲鏡, 可以明得失. 朕常保此三鏡, 以防己過. 今魏徵殂逝, 遂亡一鏡矣."

113. 『정관정요』「군도」, "爲君之道, 必須先存百姓."

114. *영업전(永業田): 국가에 반납하지 않고 대대로 세습하며 경작하는 땅이다.

115. *구분전(口分田): 장정이 죽은 후 국가에 반납해야 하는 땅이다.

116. 『정관정요』「정체」, "商旅野次, 無復盜賊, 囹圄常空. 馬牛布野, 外戶不閉. 又頻至豊稔, 米斗三四錢. 行旅自京師至於嶺表, 自山東至於滄海, 皆不齎糧, 取給於路."

117. 『정관정요』「형법(刑法)」, "死者不可再生, 用法務在寬簡."

118. 『구당서』「태종기(太宗紀)」하(下), "是歲, 斷死刑二十九人, 幾致刑措. 東至於海, 南至於嶺, 皆外戶不閉, 行旅不齎糧焉."

119. *변교(便橋): 변문교(便門橋)라고도 한다. 당나라 도성 장안성 서북쪽 위수(渭水)에 있던 다리다.

120. *토욕혼(土浴渾): 지금의 중국 간쑤, 칭하이, 신장 일대에 선비족 모용씨(慕容氏)가 세운 나라다. 서진(西晉)에서 당나라 초기까지 400년 가까이 존속했다.

121. *고창국(高昌國): 고대 서역 국가로 지금의 중국 투르판분지 남쪽에 있었다. 기원전 5세기부터 640년까지 존속했다.

122. *설연타(薛延陀): 설(薛)과 연타(延陀) 두 부족을 합한 명칭이다. 고대에 중국 북방에서 살았

다. 돌궐에 복속하다가 당나라의 공격을 받았다.

123. 『자치통감』 권198, 정관 21년 5월, "自古皆貴中華, 賤夷狄, 朕獨愛之如一."

124. '기(羈)'의 본뜻은 굴레이고 '미(縻)'의 본뜻은 고삐다. '기미'는 제약과 구속을 뜻한다. 당나라는 정상적인 부주[正州]를 300여 곳 설치했고, 기미부주를 800여 곳 설치했다. 기미부주는 당나라의 강역 유지에 아주 큰 영향을 미쳤다. 구체적 내용은 류퉁(劉統)의 『당대 기미부주 연구(唐代羈縻府州研究)』(西北大學出版社, 1988년 9월판)를 참고하라.

125. 『자치통감』 권198, 정관 22년 정월, "吳居位已來, 不善多矣. 錦繡珠玉不絶於前, 宮室臺樹屢有興作, 犬馬鷹隼無遠不致. 行遊四方, 供頓煩勞. 此皆吳之深過, 勿以爲是而法之. 顧我弘濟蒼生, 其益多, 肇造區夏, 其功大. 益多損少, 故人不怨, 功大過微, 故業不墮. 然比之盡美盡善, 固多愧矣."

126. 『자치통감』 권199, 영휘 원년 정월, "永徽之政, 百姓阜安, 有貞觀之遺風."

127. *고밀제도(告密制度): 다른 사람의 비밀을 폭로·고발하도록 장려하는 제도다.

128. *중종 복위: 705년 장간지(張柬之) 등이 중종을 다시 추대하여 당나라 왕실을 회복한 일이다. 오왕정변(五王政變) 또는 중종반정이라고도 한다.

129. *위후(韋后)의 난: 710년 중종이 갑자기 죽자 위후와 안락공주가 정권을 잡기 위해 비밀리에 모의하고 소제(少帝) 이중무(李重茂)를 보위에 올린 일이다. 그러자 이융기와 태평공주가 정변을 일으켜 예종을 보위에 추대했다.

130. *태평공주(太平公主)의 난: 예종 때 태평공주와 태자 이융기 사이에 갈등이 생기자 예종은 이융기[玄宗]에게 보위를 물려줬다. 그러자 713년 태평공주가 정변을 일으켰으나 현종에게 평정되었다.

131. 『자치통감』 권211, 개원 4년 12월, "姚, 宋相繼爲相, 崇善應變成務, 璟善守法持正. 二人志操不同, 然協心輔佐, 使賦役寬平, 刑罰淸省, 百姓富庶. 唐世賢相, 前稱房杜, 後稱姚宋, 他人莫得比焉."

132. 『신당서(新唐書)』 「형법지(刑法志)」, "玄宗自初卽位, 勵精政事, 常自選太守 縣令, 告戒以言. 而良吏布州縣, 民得安樂."

133. *상평창(常平倉): 풍년이 들어서 시중의 곡식값이 쌀 때 시중의 가격보다 좀 더 비싼 가격으로 곡식을 매입하여 저장했다가, 흉년이 들어서 곡식값이 비쌀 때 시중의 가격보다 좀 더 싼 가격으로 풀어서 곡식 가격을 일정하게 유지하는 제도다.

134. 『당대조령집(唐大詔令集)』 권103, "五穀豐殖, 萬物阜安, 百姓無事, 與能共化."

135. 『신당서』 「식화지」, "是時, 海內富實, 米斗之價錢十三, 靑齊間斗才三錢, 絹一匹, 錢二百. 道路列肆, 具酒食以待行人, 店有驛驢, 行千里不持尺兵."

136. *개원문(開遠門): 당나라 장안성의 서쪽 3개 성문 중 맨 위쪽 문이다.

137. *하황(河湟): 황허강 상류와 황수이강(湟水) 유역을 가리키는 용어다. 칭짱고원(靑藏) 고원 중에서 가장 비옥한 지역으로 고대문화가 발달했다. 서역 여러 지역 중에서 요충지에 해당한다.

138. 『개천전신기(開天傳信記)』, "河淸海晏, 物殷俗阜. 安西諸郡縣, 悉平爲郡縣. 自開遠門西行, 亘地萬餘里, 入河湟之賦稅. 左右藏庫, 財物山積, 不可勝較. 四方豊稔, 百姓殷富, 管戶一千餘萬, 米一斗三四文. 丁壯之人, 不識兵器, 路不拾遺, 行者不囊糧."

139. 추이루이더(崔瑞德) 등, 『케임브리지 중국 수당사(劍橋中國隋唐史)』, 中國社會科學出版社, 1990, 374쪽.

140. 『자치통감』권216, 천보 11년 11월, "上(玄宗)以國用豊衍, 故視金帛如糞壤, 賞賜貴寵之家, 無有限極."

141. 『구당서』 「이임보전(李林甫傳)」, "每事過愼, 條理衆務, 增修綱紀. 中外遷除, 皆有恒度."

142. *대성(臺省): 당 고종 때 상서성(尙書省)을 중대(中臺), 문하성(門下省)을 동대(東臺), 중서성(中書省)을 서대(西臺)라 부르면서 이 세 부서를 총칭해 대성(臺省) 또는 삼성(三省)이라 했다.

143. 『자치통감』권216, 천보 11년 11월, "國忠爲人強辯而輕躁, 無威儀. 旣爲相, 以天下爲己任, 裁決機務, 果敢不疑. 居朝廷, 攘袂扼腕, 公卿以下, 頤指氣使, 莫不震慴. 自侍御史至爲相, 凡領四十餘使. 臺省官有才行時名, 不爲己用者, 皆出之."

144. *삼향(三餉): 명나라 말기에 군사를 동원하려고 백성에게 부과하던 가혹한 조세제도다. 요향(遼餉), 초향(剿餉), 연향(練餉)을 가리킨다. 요향은 요동 지역에서 만주족의 침입을 막아내기 위해 거두던 조세, 초향은 국내의 농민봉기를 진압하기 위해 거두던 조세, 연향은 군사를 훈련하기 위해 거두던 조세다.

145. *나중에 남명 영력(永曆) 정권의 이정국(李定國) 부대에 멸망당했다.

146. *나중에 경중명이 푸젠으로 이주한 후 그의 아들 경계무(耿繼茂)와 손자 경정충(耿精忠)이 계속해서 작위를 계승했다.

147. *건륭제는 물길 공사를 시찰하다가 민의에 순종하여 주지석에게 '우안조순영녕후(佑安助順永寧侯)'라는 신호(神號)를 부여했다. 봄가을로 제사를 올린다.

148. 『청 성조실록(淸聖祖實錄)』권249, "今海內承平已久, 戶口日繁, 若按見在人丁, 加徵錢糧, 實有不可. 人丁雖增, 地畝並未加廣, 應令直省督撫, 將見今錢糧冊內有名丁數, 勿增勿減, 永爲定額. 其自後所生人丁, 不必征收錢糧. 編審時, 止將增出實數察明, 另造淸冊題報."

149. *탄정입무(攤丁入畝): 청나라 조세 제도 중에서 장정 개인에게 부과하는 인두세 정은(丁銀)을 폐지하고, 그것을 토지세 지은(地銀)에 일부분 덧붙여 부과하는 방식이다.

150. *밀건황저제(密建皇儲制): 청나라 옹정제가 황위 계승을 둘러싼 황실의 분쟁을 막기 위해 시행한 황위 계승자 비밀 결정 제도다. 옹정제는 공개적으로 황위 계승자를 결정하는 태자제를

폐지하고 황제가 비밀리에 황위 계승자를 결정하는 '밀건황저제'를 시행했다. 그 핵심은 황제가 다음 황위 계승자의 이름을 적은 문서를 밀봉하여 건청궁(乾淸宮)의 '정대광명(正大光明)' 편액 뒤에 넣어두면, 황제가 죽은 후 밀봉된 문서를 열어보고 거기에 이름이 적힌 황위 계승자가 보위에 오르는 방식이다.

151. 『문사통의·내편5(文史通義·內篇五)』「고문십폐(古文十弊)」, "澄淸吏治, 裁革陋規, 整飭官方, 懲治貪墨, 實爲千載一時. 彼時居官, 大法小廉, 殆成風俗, 貪冒之徒, 莫不望風革面, 時勢然也. 今觀傳志碑狀之文, 敘雍正年府州縣官, 盛稱杜絶饋遺, 搜除積弊, 淸苦自守, 革除例外供支, 其文洵不愧於循吏傳矣."

152. 『청사고』「낙민전(諾岷傳)」, "州縣徵收火耗分送上司, 州縣借口而肆貪婪. 上司瞻徇而爲容隱, 此從來積弊所當削除者也."

153. 양장거(梁章鉅),『낭적총담(浪迹叢談)』권3,「오괴강독부(嗚槐江督部)」, "朕臨御天下六十年, 幷無失德, 惟六次南巡, 勞民傷害, 實爲做無益害有益."

154. 『설문해자(說文解字)』, "從口從或."

155. 중국 역사상 강역 변화는 탄치샹(譚其驤) 주편(主編),『중국 역사 지도집(中國歷史地圖集)』(1~8책, 地圖出版社, 1982년판)을 참고할 만하다. 진(秦), 서한, 당, 명, 청의 강역을 대략 비교해보면 중국 영토의 변화 추세를 어렵지 않게 관찰할 수 있다.

156. 『구당서』「지리지(地理志)」, "東至安東府, 西至安西府, 南至日南郡, 北至單於府. 南北如前漢之盛, 東則不及, 西則過之."

157. 당시에 대만을 포기하자는 논의가 있었지만 강희제는 신하들과 반복해서 상의한 끝에 대만부를 설립하고 복건성에 예속시키기로 결정했다. 대만부는 대만현, 봉산현(鳳山縣), 제라현(諸羅縣)을 관할하고 팽호도는 대만부 직할 구역이 되게 했다. 대만부 관리로는 총병 1명, 부장 2명을 두었고 군사를 8,000명 주둔시켰다. 이것이 중국 중앙정부가 대만 섬에 처음으로 행정 기구를 설치하고 군사를 주둔시킨 조치였다(이전에는 팽호도에 설치했다). 대만에서 항복한 관리 정극상(鄭克塽), 풍석범(馮錫范), 유국헌(劉國軒)에게는 모두 작위 혹은 관직을 하사하여 북경 저택에 안치했다.

158. 금분파(金奔巴)는 바로 금병(金甁)이다. 티베트 불교의 지도자는 달라이 라마(라싸에 거주)와 판첸 라마(르카쩌 거주)인데 그 아래에 호톡투(呼圖克圖) 18명, 샤브드룽(沙布隆) 12명이 있다. 이들은 모두 환생할 수 있는 활불(活佛)로 여겨진다. 금분파는 활불의 화신을 확인할 때 사용한다. 활불이 세상을 떠나면 그 인접한 날짜에 태어난 아기를 찾아 환생을 확인한다. 그중에서 네 아기의 이름과 생일을 상아 조각 가지에 써서 금병에 넣어두고 주장대신(駐藏大臣)의 감독 아래 대중이 보는 앞에서 그중 한 사람을 추첨하여 환생 활불로 지정한다.

159. 『청사고』「이수방전(李漱芳傳)」, "奸民聚衆滋事, 爲饑寒所迫. 又言近畿亦有流民扶老攜幼, 遷

徙逃亡, 有司監盧溝橋, 阻不使北行."

160. 『청사고』「이수방전」, "轉代奸民飾詞誣罪, 止圖爲一己沽名."

161. *십전노인(十全老人): 건륭제가 열 번 전쟁에서 모두 승리했음을 자랑하는 말이다. 열 번 전쟁은 준가르와 두 차례 전쟁, 흐와자(Khwaja)와 전쟁, 금천(金川) 지역에서 두 차례 전쟁, 대만 임상문(林爽文)의 반란 진압, 미얀마와 전쟁, 베트남과 전쟁, 네팔 구르카(Gurkha)와 두 차례 전쟁을 가리킨다.

162. 『한서』「문제기」, "百金, 中人十家之産也. 吳奉先帝宮室, 常恐羞之, 何以臺爲?"

163. 멍썬(孟森), 『명청사 강의(明淸史講義)』하(下), 中華書局, 1981, 419쪽에서 재인용, "賊雖已平, 瘡痍未復. 君臣宜加修省, 恤兵養民, 布宜德化. 務以廉潔爲本, 共致太平. 若遂以爲功德, 崇上尊稱, 濫邀恩賞, 實可耻也."

164. 멍썬, 『명청사 강의』하, 中華書局, 1981, 419쪽에서 재인용, "嗚三桂初叛時, 僞札煽惑, 兵民相率背叛. 此皆德澤未孚, 吏治不能剔釐所致. 今幸地方平靖, 獨念數年之中, 水旱頻仍, 災異疊見, 師旅疲於征調. 被創者未起, 閭閻困於轉運, 困苦者未甦. 且因軍興不給, 裁減官員俸祿, 及各項錢糧並增加各項銀兩, 仍未復舊. 每一軫念, 甚歉於懷. 若大小臣工, 人人廉潔, 俾生民得所, 風俗醇厚, 敎化振興, 雖不上尊號, 令名實多. 如政治不能修擧, 則上尊號何益? 朕斷不受此虛名也."

165. 『진서』「제기(帝紀)」오(五), 「사신왈(史臣曰)」, "天下書同文, 車同軌, 牛馬被野, 餘糧委畝. 故於時有'天下無窮人'之諺. 雖太平未洽, 亦足以明吏奉其法, 民樂其生矣."

166. 『진서』「무제기(武帝紀)」, "平嗚之後, 天下乂安, 遂怠於政術, 耽於遊宴. 寵愛后黨, 親貴當權."

167. 『정관정요』「택관(擇官)」, "用得正人, 爲善者皆勸. 誤用惡人, 不善者競進."

168. 『사기』「하본기」, "居外十三年, 過家門不敢入."

169. 중국 사회과학원 고고연구소 편저, 『중국고고학』「신석기시대권」, 中國社會科學出版社, 2010, 789~790쪽, 795쪽.

170. 중국 사회과학원 고고연구소 편저, 『중국고고학』「신석기시대권」, 中國社會科學出版社, 2010, 508쪽.

171. 『맹자』「공손추(公孫丑)」상(上), "德之流行, 速於置郵而傳命."

172. 『한서』「가산전(賈山傳)」.

173. 『한서』「가산전」.

174. 러우쭈이(樓祖詒), 『중국 역참 발달사(中國郵驛發達史)』, 中華書局, 1940, 205~288쪽.

175. *회중(回中) 도로: 관중 평원과 간숙(甘肅) 동쪽 고원을 연결하는 옛 도로 명칭이다. 회중을 거치므로 이런 이름이 붙었다. 옹현(雍縣)에서 출발하여 회중을 거쳐 북쪽 소관(蕭關)에 닿는다.

176. *포사도(褒斜道): 관중 지역에서 진령(秦嶺)산맥을 넘어 한중(漢中)으로 통하는 옛 길. 남쪽 포곡구(褒谷口: 지금의 한중시漢中市 대종사大鍾寺 부근)에서 북쪽 사곡구(斜谷口: 지금의

메이셴眉縣 셰위관커우斜峪關口)에 이르므로 '포사도'라고 부른다.

177. *자오도(子吾道): 장안 남쪽 자오진(子吾鎭)에서 정남 방향으로 진령 산맥을 넘어 한중(漢中) 석천(石泉)에 이르는 옛 길.

178. 『한서』「서역전(西域傳)」.

179. 『사기』「평준서(平準書)」, "農工商交易之路通."

180. 『신당서』「식화지(食貨志)」3, "常轉漕東南之粟."

181. 이경방(李敬方),「변하직진선(汴河直進船)」, "汴水通淮利最多, 生人爲害亦相和. 東南四十三州地, 取盡脂膏是此河."

182. 『원화군현지(元和郡縣圖志)』「하남도(河南道)」1, "公家運漕, 私行商旅, 舳艫相繼. 隋氏作之雖勞, 後代實受其利焉."

183. 『설문해자(說文解字)』「서(叙)」, "分爲七國, 田疇異畝, 車塗異軌, 律令異法, 衣冠異制, 言語異聲, 文字異形."

184. 『사기』「진시황본기」.

185. 『한서』「무제기」.

186. 『한서』「조충국전(趙充國傳)」, "山東出相, 山西出將."

187. 『후한서(後漢書)』「우익전(虞翊傳)」, "關西出將, 關東出相."

188. 『중국고고학』「신석기시대권」, 508쪽.

189. *칠췌(七萃): 주나라 시대 천자의 호위 군사다.

190. *기거주(起居注): 임금의 기거와 언행을 기록한 필사본 자료집이다. 기거랑(起居郎)이나 기거사인(起居舍人)이 임금의 기거와 언행을 기록한다.

191. 『류스페이전집(劉士培全集)』제2권, 中共中央黨校出版社, 1997, 542쪽.

192. 웨이쥐셴(衛聚賢),「목천자전 연구(穆天子傳的硏究)」, 『고사연구(古史硏究)』제2집, 商務印書館, 1934.

193. 먀오원위안(繆文遠),「'목천자전'은 무슨 책인가?('穆天子傳'是一部什麼樣的書?)」, 『문사지식(文史知識)』, 1985, 11기.

194. 구제강,「'목천자전' 및 그 저작 연대('穆天子傳'及其著作年代)」, 『문사철(文史哲)』1권 2기, 1951. 7.

195. 『류스페이전집』제2권, 546쪽.

196. 구스,「'목천자전'을 읽고 난 후의 열 가지 논점·'목전자전'에서 상고시대 동서 교통 통로를 발견하다(讀穆傳十論·穆傳發見上古東西交通之孔道)」, 『목천자전 서정 강소』, 中國書店, 1990, 23~24쪽.

197. 선푸웨이(沈福偉), 『중국문화교류사(中國文化交流史)』, 上海人民出版社, 1985, 22쪽.

198. 『사기』「대완열전(大宛列傳)」, "鑿空西域."

199. *대완(大宛): 지금의 키르기스스탄과 우즈베키스탄의 페르가나 분지에 있던 고대 국가다.

200. *강거(康居): 지금의 카자흐스탄 실강 중류 지방이다. 기실 강거는 키르키스(Kirghiz)의 한자 음역이다.

201. *쿠샨(貴霜: Kushan): 지금의 아프가니스탄, 파키스탄, 인도 서부 일대에 있던 고대 국가.

202. 량치차오,「조국의 대항해가 정화전(祖國大航海家鄭和傳)」,『음빙실합집(飮氷室合集)』전집 (專集) 제3책,『정화 연구 자료 선편(鄭和研究資料選編)』, 人民交通出版社, 1985, 20~28쪽.

203. 두목,「군의 서재에서 홀로 읊다(郡齋獨韻)」,『전당시(全唐詩)』권520, "甘英窮西海, 四萬到洛陽."

204. *세레스: 로마 문자로는 'Seres'로 표기한다. 본래 뜻은 '비단 생산자'이지만 나중에 중국을 가리키는 말로 쓰였다. 비단을 의미하는 세르(ser) 혹은 세리쿰(sericum)에서 유래한 말로 추정한다.

205. 선푸웨이,『중서문화교류사』, 70~72쪽.

206. *미앙궁(未央宮): 장안에 있던 서한의 궁궐로 제후들이 조공을 바치던 곳이었다. 이후 왕조를 구분하지 않고 중국의 궁궐을 가리키는 말로 쓰였다.

207. 이세민(李世民),「설날 조정에서(正日臨朝)」,『전당시』권1.

208. *함원전(含元殿): 당나라 대명궁(大明宮)의 정전이다.

209. 최립지(崔立之),「동지에 난간을 사이에 두고 함원전 향로를 바라보며(南至隔仗望含元殿香爐)」,『전당시』권347.

210. 우한(嗚晗),「명사(明史)」,『중국 고대사 강좌(中國古代史講座)』하책, 求實出版社, 1987, 382쪽.

211. 「독일 이데올로기(德意志意識形態)」,『마르크스 엥겔스 선집(馬克思恩格斯選集)』제1권, 人民出版社, 1972, 25쪽.

212. 『후한서』「서역전」, "莫不獻方奇, 納愛質."

213. 『염철론(鹽鐵論)』「역경(力耕)」, "異物內流則國用饒."

214. *공죽장(邛竹杖): 쓰촨성 궁래(邛峽)에서 생산되는 나한죽(羅漢竹)으로 만든 지팡이.

215. *촉포(蜀布): 쓰촨성에서 생산되는 비단 등 직물(織物)을 가리킨다.

216. 『한서』「서역전」하(下).

217. 러시아 학자 비추린(Vichurin)의 말이다. 디아코노프(I. M. Diakonoff), 니콜스키(M. V. Nikolskij) 편,『고대세계사(古代世界史)』, 르즈(日知) 옮김, 中央人民政府高等教育部教材編審處, 1954, 224쪽.

218. 루쉰(魯迅),「거울을 보고 느낀 생각(看鏡有感)」,『루쉰전집(魯迅全集)』제1권, 人民文學出版社, 1981, 197쪽.

219. 『삼국지(三國志)·위서(魏書)』「오환선비동이전(烏丸鮮卑東夷傳)」의 배송지(裴松之) 주(注)
　　　에 인용한『위략(魏略)』「서융전(西戎傳)」.

220. 장치즈 주편,『중국 사상사(中國思想史)』, 西北大學出版社, 1993, 196쪽.

221. 『모자리혹론(牟子理惑論)』.

222. 롄윈항시 박물관,「롄윈항시 쿵왕산 마애 조각상 조사 보고(連雲港市孔望山摩崖造像調査報
　　　告)」,『문물(文物)』, 1981년 제7기, 위웨이차오(兪偉超), 신리췬(信立群),「쿵왕산 마애 조각상
　　　의 연대 고찰(孔望山摩崖造像的年代考察)」,『문물』, 1981, 제7기.

223. 『후한서』「광무십왕열전·초왕영(光武十王列傳·楚王英)」, "誦黃老之微言, 尙浮屠之仁祠."

224. 『후한서』「환제기」, "設華蓋以祠浮圖老子."

225. 『후한서』「양해전(襄楷傳)」, "宮中立黃老浮屠之祠."

226. 탕융퉁,『한위양진남북조 불교사(漢魏兩晉南北朝佛敎史)』상책, 中華書局, 1983, 42쪽.

227. 『삼국지·오서(鳴書)』「유요전(劉繇傳)」, "乃大起浮圖祠, 以銅爲人, 黃金塗身, 衣以錦采. 垂銅
　　　槃九重, 下爲重樓閣道, 可容三千餘人. 悉課讀佛經, 令界內及旁郡人有好佛者聽受道, 復其他役
　　　以招致之. 由此遠近前後至者五千餘人戶. 每浴佛, 多設酒飯, 布席於於路, 經數十里. 民人來觀
　　　及就食且萬人, 費以巨億計."

228. 마자렐리(A. Mazalleri), 경성(耿昇) 옮김,『실크로드-중국과 페르시아 문화교류사(絲綢之路
　　　-中國-波斯文化交流史)』, 中華書局, 1993, 162쪽.

229. 셰이퍼(Edward H. Schafer), 우위구이(鳴玉貴) 옮김,『당대의 외래문명(唐代的外來文明)』, 中
　　　國社會科學出版社, 1995, 47~66쪽.

230. 장광다,「서(序)」, 룽신장(榮新江),『중고시대 중국과 외래문명(中古中國與外來文明)』, 三聯
　　　書店, 2001, 3~4쪽.

231. *중국이 분열된 시대가 아주 짧았던 것은 아니다. 춘추전국시대, 위진남북조시대, 오대십국시
　　　대, 송나라시대, 국공내전시대는 모두 분열된 시대였다.

232. *전형적인 중국 중심의 논리에 불과하다.

233. 『맹자』「등문공(滕文公)」상(上).

234. 앞의 두 인용문 모두『맹자』「이루(離婁)」상에 나온다. "三代之得天下也, 以仁, 其失天下也, 以
　　　不仁. 國之所以廢興存亡者亦然. 天子不仁不保四海, 諸侯不仁不保社稷." "天下之本在國, 國之
　　　本在家."

235. 『맹자』「진심(盡心)」하(下), "不仁而得國者, 有之矣, 不仁而得天下者, 未之有也."

236. 『자치통감』권193, 정관4년, 21년, "臣等旣爲唐民, 往來天至尊所, 如詣父母."

237. 『신당서·회골전하(回鶻傳下)』「설연타(薛延陀)」, "我在, 天下四夷有不安安之, 不樂樂之."

238. *오족공화(五族共和): 중국의 주요 민족인 한족, 몽골족, 만주족, 회족, 티베트족이 함께 공화

제를 이루자는 이론.

239. *이런 주장은 학문적이지도 않고 아무 설득력도 없다.

240. 『시경·소아(小雅)』「북산(北山)」, "溥天之下, 莫非王土, 率土之濱, 莫非王臣."

241. *『상서』와 『사기』에 그 대강이 실려 있다.

242. *이 인용문은 『우공』이 아니라 『예기』 「왕제(王制)」에 나온다. "凡四海之內九州, 州方千里. 州建百里之國三十, 七十里之國六十, 五十里之國百有二十, 凡二百一十國."

243. 『자치통감』 권69, 황초(黃初) 2년 4월, "苟不能使九州合爲一統, 皆有天子之名而無其實者也."

244. 『자치통감』 권193, 정관 4년 4월, "夷狄亦人耳, 其情與中夏不殊. 人主患德澤不加, 不必猜忌異類. 蓋德澤洽, 四海可使如一家." "王者之于万物, 天覆地载, 靡有所遺."

245. 『자치통감』 권198, 정관 21년 5월, "自古皆貴中華, 賤夷狄, 朕獨愛之如一."

246. 『주요석획(籌遼碩畫)』 권43.

247. 『요동지(遼東志)』 권1, "華人十七, 高麗土著, 歸附女直野人十三."

248. 『청태조실록(淸太祖實錄)』 "天降大國之君, 宜爲天下共主, 豈獨吳一身之主?"

249. 『사기』「흉노열전(匈奴列傳)」, "匈奴好漢繒絮食物", "匈奴自單于以下皆親漢, 往來長城下."

250. 『후한서(後漢書)』「남흉노전(南匈奴傳)」.

251. 『한서』「공우전(貢禹傳)」.

252. 『염철론』「서역(西域)」, "長城以南, 濱塞之郡, 馬牛放縱, 蓄積布野."

253. 『사기』「흉노열전」, "動輒億萬."

254. 『진서·사이전(四夷傳)』「흉노」, "晉人雜居."

255. *조위(曹魏): 중국 삼국시대 위나라를 가리킨다. 왕실의 성이 조씨(曹氏)였기 때문에 다른 위나라와 구별하기 위해 조위라고 한다.

256. 『수서(隋書)』「돌궐전(突厥傳)」.

257. 『책부원귀(册府元龜)』「외신부(外臣部)」.

258. 『곡강집(曲江集)』 권6.

259. 『책부원귀·외신부』「통호(通好)」.

260. 『책부원귀·제왕부(帝王部)』「공업(功業)」 일(一).

261. 『자치통감』 권225, 대력(大曆) 14 4월 7일, "殖貲産, 開第舍, 市肆美利皆歸之."

262. 양성민(楊聖敏), 『회흘사(回紇史)』 제1장, 吉林教育出版社, 1991.

263. 『명영종실록(明英宗實錄)』 권136.

264. 『만력무공록(萬曆武功錄)』 권8, "爨無釜, 衣無帛", "無茶則病."

265. 『현람당총서(玄覽堂叢書)』 권1, "臣等生齒日多, 衣服缺少. …… 各邊不許開市, 衣用全無, 氈裘不耐夏熱, 段布難得. 每次因奸人趙全等誘引, 入邊作歹, 雖嘗搶掠些須, 人馬常被殺傷. 今年各

邊常調兵出擣, 殺虜家口, 趕奪馬匹, 邊外野草盡燒, 冬春人畜難過.”

266. 『사기색은(史記索隱)』「사마상여열전(司馬相如列傳)」, “羈, 馬絡頭也. 縻, 牛韁也. 『漢宮儀』, ‘馬云羈, 牛云縻.’ 言制四夷如牛馬之受羈縻也.”

267. 『사기』「평준서(平準書)」, “漢連兵三歲, 誅羌, 滅南越, 番禺以西至蜀南者. 置初郡十七, 且以其故俗治, 毋賦稅.”

268. 『구당서』「토번전(吐蕃傳)」상(上), “外甥是先皇帝舅宿親, 又蒙降金城公主, 遂和同爲一家, 天下百姓, 普皆安樂.”

269. *중국 주류 학계에서는 줄곧 발해를 만주 선민(先民)들이 세운 정권으로 간주해왔다.

270. *발해의 모든 왕(每代郡王)이 장안으로 가서 조공을 바쳤다는 진술은 사실이 아니다.

271. 『명사(明史)』「토사전(土司傳)」서(序), “襲替必奉朝命, 雖在萬里外, 皆赴闕受職.”

272. 우용장(鳴永章), 『중국 토사제도의 연원과 발전사(中國土司制度淵源與發展史)』, 四川民族出版社, 1988, 166쪽.

273. 『신당서』「돌궐전」상(上), “悉還其家屬, 館于太僕, 稟食之.”

274. 『맹자』「이루(離婁)」하(下).

275. 『금사(金史)』「세종기(世宗紀)」하(下), “禁女直人不得改稱漢姓, 學南人衣裝, 犯者抵罪.”

276. 『청사고』「태종기(太宗紀)」이(二), “有效他國衣冠,束發,裹足者,治重罪.”

277. 「반듀링론(反杜林論)」, 『마르크스 엥겔스 선집(馬克思恩格斯選集)』제3권, 人民出版社, 1972, 223쪽.

278. 하네다 토오루(羽田亨), 『하네다 박사 사학 논문집(羽田博士史學論文集)』상권(上卷), 「역사편(歷史篇)」, 京都, 東洋史硏究會, 1957, 670쪽.

279. 샤오치칭(蕭啓慶), 「원대 몽골인의 한족화(論元代蒙古人之漢化)」, 펑웨이(彭衛) 등 주편, 『역사학(歷史學) · 중국 고대사권(中國古代史卷)』중책(中冊), 蘭州大學出版社, 2000.

280. 천위안(陳垣), 『원나라 서역인의 한족화에 대한 고찰(元西域人華化考)」, 『국학계간(國學季刊)』제1권 제4호, 1923; 『연경학보(燕京學報)』제2기, 1927.

281. 『한서』「서역전」하(下), 안사고(顏師古) 주(注), “有山名令溫宿嶺者, 本因漢時得溫宿國人, 令居此地田牧 , 因以爲名.”

282. *이런 표현은 자칫 자의적인 주장으로 치우치기 쉽다. 주의 깊게 읽어야 한다.

283. 「인도를 통치하는 영국의 미래 결과(不列顚在印度統治的未來結果)」, 『마르크스 엥겔스 선집』제2권, 人民出版社, 1972, 70쪽.

284. 젠보짠, 『젠보짠 역사 논문 선집(翦伯贊歷史論文選集)』, 人民出版社, 1980.

285. 「사회주의와 전쟁(論社會主義與戰爭)」, 『레닌 전집(列寧全集)』제21권, 人民出版社, 1956.

286. 소목 제도와 대종, 소종에 대해서는 장광즈(張光直)의 『중국 청동시대(中國靑銅時代)』의 논

술을 참고할 만하다. 三聯書店, 1983.

287. 『맹자』「공손추」상, "王不待大, 湯以七十里, 文王以百里."

288. *희주(姬周): 주(周) 왕실의 성씨는 희성(姬姓)이었으므로 흔히 희주(姬周)라고 부른다.

289. 『좌전』「소공」28년, "其兄弟之國者十有五人, 姬姓之國者四十人."

290. 『순자(荀子)』「유효(儒效)」, "兼制天下, 立七十一國, 姬姓獨居五十三人."

291. *성중(省中): 서한 원제(元帝)의 황후는 효원황후(孝元皇后) 왕씨(王氏)로 대사마 양평후(陽平侯) 왕금(王禁)의 딸이다. 당시 황후의 부친 왕금(王禁)의 이름을 피휘하여 금중(禁中)을 성중(省中)이라고 불렀다.

292. 『독단(獨斷)』, "漢天子正號曰皇帝, 自稱曰朕, 臣民稱之曰陛下, 其言曰制詔, 史官記事曰上, 車馬衣服器械百物曰乘輿, 所在曰行在所, 所居曰禁中, 後曰省中, 印曰璽, 所至曰幸, 所進曰御. 其命令一曰策書, 二曰制書, 三曰詔書, 四曰戒書."

293. 『공양전(公羊傳)』「은공(隱公)」원년(元年), "立嫡以長不以賢, 立子以貴不以長."

294. *오초칠국(吳楚七國)의 난: 전한 경제가 조조(晁錯)의 삭번책(削藩策)을 받아들여 제후왕들의 봉토를 깎고 중앙집권을 강화하려 하자 오왕(吳王) 유비(劉濞)가 초왕(楚王) 유무(劉戊), 조왕(趙王) 유수(劉遂), 제남왕(濟南王) 유벽광(劉辟光), 치천왕(淄川王) 유현(劉賢), 교서왕(膠西王) 유앙(劉卬), 교동왕(膠東王) 유웅거(劉雄渠)와 연합하여 반란을 일으킨 사건이다. 주아부(周亞夫)의 공격을 받고 3개월 만에 평정되었다.

295. *팔왕의 난(八王之亂): 서진 초기 황위 계승을 둘러싸고 황족 간에 일어난 내란이다. 총 16년간 지속되었다. 여남왕(汝南王) 사마량(司馬亮), 초왕(楚王) 사마위(司馬瑋), 조왕(趙王) 사마륜(司馬倫), 제왕(齊王) 사마경(司馬冏), 장사왕(長沙王) 사마예(司馬乂), 성도왕(成都王) 사마영(司馬穎), 하간왕(河間王) 사마옹(司馬顒), 동해왕(東海王) 사마월(司馬越)이 반란에 가담하여 16년간 전국을 혼란으로 몰아넣었다. 나중에 동해왕 사마월이 조정의 권력을 장악했다.

296. *봉사(封事): 밀봉하여 임금에게 올리는 의견서.

297. 『구당서』「직관(職官)」이(二), "凡發令擧事, 有不便于時, 不合于道, 大則廷議, 小則上封."

298. 『속자치통감 장편(續自治通鑑長編)』권32, 순화(淳化) 2년 8월 정해(丁亥), "國家若無外憂, 必有內患. 外憂不過邊事, 皆可戒防. 惟奸邪無狀, 若爲內患, 深可懼也. 帝王用心, 常須謹此."

299. *송 태조 조광윤(趙匡胤)이 천하를 통일한 후 당시 금군(禁軍)의 병권을 장악하고 있던 석수신(石守信), 고회덕(高懷德) 등의 장수에게 잔치를 베풀고 위협과 회유의 방식으로 그들의 병권을 빼앗은 일이다.

300. *언사(言事): 국가대사를 논의하는 것이다.

301. 『송사』「소식전(蘇軾傳)」, "言及乘輿, 則天子改容, 事關廊廟, 則宰相待罪." "臺諫所言, 常隨天下公議. 公議所與, 臺諫亦與之, 公議所擊, 臺諫亦擊之."

302. 『송사』「소식전」, "臺諫所言, 常隨天下公議. 公議所與, 臺諫亦與之. 公議所擊, 臺諫亦擊之."

303. *궁관(宮觀)은 도교사원인 도관(道觀)이다. 사록(祠祿)제도는 관직에서 퇴임한 노인들에게 도관의 관리를 맡기고 국가에서 녹봉을 지급하는 제도다.

304. 『요사(遼史)』「백관(百官)」일(一), "兼制中國, 官分南北. 以國制治契丹, 以漢制待漢人."

305. *정난지역(靖難之役): 명 태조 주원장이 죽은 뒤 보위를 계승한 건문제(建文帝)가 강력한 제후왕을 견제하기 위해 삭번(削藩)정책을 시행하자, 태조의 넷째 아들 연왕(燕王) 주체(朱棣)가 군사를 일으켜 조카인 건문제를 죽이고 황제에 오른 사건이다. 이 사람이 성조(成祖) 영락제다.

306. *명 헌종(憲宗) 성화제(成化帝)의 보위는 셋째 아들 효종(孝宗) 홍치제(弘治帝)로 이어졌고, 홍치제의 보위는 맏아들 무종(武宗) 정덕제로 이어졌다. 정덕제가 후사 없이 죽자 정덕제의 사촌이며 흥헌왕의 아들인 세종(世宗) 가정제(嘉靖帝)가 보위를 이었다. 흥헌왕은 성화제의 넷째 아들로 홍치제의 아우다. 따라서 흥헌왕은 황제의 지위에 오르지 못한 추존 황제이므로 '황고(皇考)'라는 명칭을 쓸 수 있느냐는 문제가 발생한다. 가정제는 자신의 생부 흥헌왕을 예종(睿宗)으로 추존하고 황고라고 부를 수 있다고 했지만, 당시 수보(首輔)였던 양정화(楊廷和)는 가정제가 법률상 홍치제의 대통을 이었으므로 홍치제를 황고라 불러야 하고 흥헌왕은 황숙고(皇叔考)라고 불러야 한다고 했다. 이 논쟁은 매우 격렬하게 진행되면서 100여 명 이상 하옥되는 등 조야에 파란을 일으켰다. 결국은 가정제의 뜻대로 결말이 났다.

307. *토목지변(土木之變): 명나라 영종 정통(正統) 14년 몽골 오이라트(瓦刺) 부족이 국경을 침범했다. 당시 환관 왕진은 국경 근처에 있는 자신의 땅을 몽골군에 뺏길까 봐 영종의 친정을 권했다. 어릴 때부터 환관 왕진의 말만 들은 영종은 신료들의 만류도 듣지 않고 직접 몽골과 싸우러 나섰다가 결국 토목보(土木堡)에서 대패하고 몽골에 포로로 잡혔다. 이 사건을 토목지변이라고 한다.

308. *탈문지변(奪門之變): 몽골에 사로잡혀 있던 명나라 영종이 석방되자, 그의 아우로 황위를 계승했던 대종(代宗)은 영종을 남궁에 연금했다. 이후 대종의 병이 위중해지자 장수 석형(石亨), 좌도어사(左都御史) 서유정(徐有貞), 환관 조길상(曹吉祥) 등이 힘을 합쳐 대종을 폐위하고 영종을 복위한 사건이다.

309. *호유용안(胡惟庸案): 명나라 초기에 좌승상 호유용이 권력을 남용하여 파당을 심다가 태조 주원장에게 처형된 사건이다. 당시에 호유용과 연루된 사람 3만여 명이 주살되었다.

310. *직예(直隷): 도성 인근 지역, 즉 경기(京畿) 지역과 개념이 비슷하다. 명대에는 남경 주위와 북경 주위에 각각 직예를 설치했다.

311. 『설원(說苑)』「정리(政理)」, "食有勞而祿有功."

312. 『전국책(戰國策)』「연책(燕策)」이(二), "不以祿私其親, 功多者授之. 不以官隨其愛, 能當者處

之."

313. 『사기』「상군열전(商君列傳)」, "宗室非有軍功, 論不得爲屬籍."

314. 『상군서』「상벌(賞罰)」, "利祿官爵專出於兵, 無有異施也."

315. 「과진론」, "齊有孟嘗, 趙有平原, 楚有春申, 魏有信陵. 此四君者, 皆明智而忠信, 寬厚而愛人, 尊賢重士, 約從離衡."

316. 『한비자(韓非子)』「유도(有度)」, "明主使法擇人, 不自擧也, 使法量功, 不自度也."

317. 『순자』「의병(議兵)」, "齊之技擊, 不可以遇魏氏之武卒, 魏氏之武卒, 不可以遇秦之銳士."

318. 『한서』「무제기」, "不擧孝, 不奉詔, 當以不敬論, 不察廉, 不勝任也, 當免."

319. *「천인삼책(天人三策)」: 동중서가 한 무제에게 올린 대책문(對策文)이다. 유가 학설을 바탕으로 음양오행설과 황로사상 등을 가미하여 새롭게 현실을 해석한 문장이다. 이 글에서 동중서는 공자를 존중하고 제자백가를 퇴출할 것을 요구하면서 천인감응설(天人感應說)을 주장했다.

320. 『맹자』「등문공」상, "有恒産者有恒心."

321. *산(算)은 한나라의 조세 징수 단위이다. 1산은 자산이 1만 전(錢)이다.

322. 『포박자(抱朴子)』「심거(審擧)」, "擧秀才, 不知書, 察孝廉, 父別居. 寒素淸白濁如泥, 高第良將怯如雞."

323. 『문헌통고(文獻通考)』「선거(選擧)」일(一), "至中正之法行, 則評論者自是一人, 擢用者自是一人. 評論所許, 則司擢用者不敢違其言. 擢用或非其人, 則司評論者本不任其咎. 體統脈絡各不相關, 故徇私之弊無由懲革."

324. 『진서』「유의전(劉毅傳)」, "未見得人, 而有八損."

325. 『안씨가훈(顔氏家訓)』「섭무(涉務)」, "膚脆骨柔, 不堪行步. 體羸氣弱, 不耐寒暑. 坐死倉猝者, 往往而然."

326. *후경(侯景)의 난: 중국 남조 양나라 장수 후경이 일으킨 반란이다. 후경은 양 무제를 죽이고 양나라 조정을 전횡하다가 자신이 황제에 올라 국호를 한(漢)이라 했다. 그러나 결국 양나라 상동왕(湘東王) 소역(蕭繹)에게 패배해 도주하다가 부하에게 살해되었다.

327. 『당척언(唐撫言)』권7, "有句如此, 居天下有甚難?"

328. 『당척언』권6.

329. 『통전』「선거(選擧)」삼(三), "其進士, 大抵千人得第者百一二, 明經倍之, 得第者十一二."

330. *이 구절은 당나라 맹교(孟郊)의 칠언절구「등과후(登科後)」에 나온다.

331. 『당척언』권1, "天下英雄入吾彀中矣."

332. *유외관(流外官): 정식 관직인 9품 관직 밖에서 잡무에 종사하는 인원이다.

333. 『문헌통고』「선거」10, "吏部所試四者之中, 則判爲尤切. 蓋臨政治民, 此爲第一義. 必通曉事情, 諳練法律, 明辨是非, 發摘隱伏, 皆可以此覘之."

334. *『용근봉수판(龍筋鳳髓判)』: 당나라 고종 무렵 장작(張鷟)이 편찬한 법률 판례 문장집이다. 모든 문장이 대구로 된 변려문이다. 총 4권 79항목의 판례 문장이 수록되어 있다.

335. *한인(漢人)은 주로 중원 지역에 사는 한족을 가리키고, 남인(南人)은 몽골족에 끝까지 항거한 남방 거주 한족을 가리킨다.

336. 『원사(元史)』「한용전(韓鏞傳)」, "由進士入官者僅百之一, 由吏致位顯要者常十之九."

337. 『문헌통고』「선거」8, "士陷贓賄, 則淪棄於時, 名重於利. 故士多淸修. 吏雖廉潔, 終無顯榮. 利重於名, 故吏多貪汚."

338. *이처럼 여덟 갈래 사륙변려문(四六騈儷文)으로 문장이 구성되기 때문에 팔고문이라고 한다. '파제'에서는 시험 제목을 간단히 풀이하고, '승제'에서는 제목의 의미를 보충 설명하며 논리의 단서를 잡는다. 기강에서는 논제를 본격적으로 풀이하며 논술을 시작한다. 입제에서는 문장의 논리를 제목과 관련해 자신이 주장하려는 중심을 잡는다. 이후 기고, 중고, 후고에서는 적절한 증거와 비유를 들어 문장의 논리와 타당성을 강화한다. 속고에서는 문장을 마무리한다.

339. *장학성(章學誠),「청장서원 유조별훈(淸漳書院留條別訓)」,『장학성유서(章學誠遺書)』, 文物出版社, 1985. 명의는 제목의 의미를 풀어내는 것이다. 입구는 문장의 뼈대를 세우는 것이다. 행기는 문장을 풀어낼 때 행간의 흐름에 맞게 기민하게 대처하는 것이다. 견조는 구절의 배치에서 조화를 강구하는 것이다. 분비변화는 비유를 적절하게 구사하며 변화를 추구하는 것이다. 허실상생은 논리의 허실과 문장의 기세를 알맞게 조절하는 것이다. 반정개합은 논증의 반론과 정론을 타당성 있게 구사하는 것이다. 돈좌충절은 문장 흐름의 고저와 강약을 적절하게 이끌어내는 것이다. 탁구는 문장의 구절을 다듬는 것이다. 연자는 문자와 어휘 선택에 고심하는 것이다.

340. *부방(副榜): 명·청시대부터 과거시험을 시행하여 정식 합격자[正榜] 이외의 성적 우수자 일부를 부방(副榜) 명단으로 발표했다. 부방 명단에 들면 향시의 경우 회시에 응시할 자격은 주지 않았으나 다음 향시에 다시 응시할 자격을 주었고, 회시 부방의 경우도 전시에 응시할 자격은 주지 않았으나 다음 회시에 응시할 자격을 주었다.

341. *편검관(編檢官): 명·청시대 한림원 소속으로 사료(史料)를 편수(編修)하고 검토하는 관직이다.

342. *과도(科道): 명·청시대 육과(六科) 급사중과 도찰원(都察院) 13도(道) 감찰어사(監察御使)를 총칭하는 말이다.

343. *부조(部曹): 명·청시대 상서성 산하 육부(六部)와 그 산하 각 사(司)의 관직을 일컫는 말이다.

344. *명·청시대에는 과거 출신자를 정도(正途)라 했고 그 밖의 방법으로 관직에 임명된 사람을 잡도(雜途) 또는 이도(異途)라고 했다.

345. *관대한주(冠帶閑住): 직무를 면직하고 관대와 인수를 압수한 후 관리의 신분은 유지한 채 반

성하게 하는 처벌 방법이다.

346. *치사(致仕): 연로한 관리들이 관직을 내놓고 귀가 또는 귀향하는 것을 가리킨다.

347. 『예기』「곡례(曲禮)」, "禮不下庶人, 刑不上大夫."

348. *삼진(三晉): 춘추시대의 강국 진(晉)나라가 분리되어 한, 위, 조가 되는데 이를 삼진이라 한다.

349. 이회의 『법경』 6편은 「도법(盜法)」, 「적법(賊法)」, 「수법(囚法)」, 「포법(捕法)」, 「잡법(雜法)」, 「구법(具法)」으로 이루어져 있다. 중국 역사상 최초의 봉건 법전이다. 춘추시대의 '주형정'이 형벌 법제화의 발단이라면 전국시대의 『법경』은 형벌 제도화의 완성을 알리는 표지다.

350. 수이후디 진간은 모두 1,000여 매 10종으로 분류된다. 그중 「진율(秦律)」 18종, 「효율(效律)」, 「진율잡초(秦律雜抄)」는 법률 조문(條文)에 속하고, 「법률답문(法律答問)」은 법률 해석과 판례에 속하며, 「봉진식(封診式)」은 심리(審理) 절차에 속한다. 다루고 있는 법률 명칭으로는 「전율(田律)」, 「구원율(廐苑律)」, 「창율(倉律)」, 「금포율(金布律)」, 「관시(關市)」, 「공률(工律)」, 「공인정(工人程)」, 「균공(均工)」, 「요율(徭律)」, 「사공(司空)」, 「군작률(軍爵律)」, 「효율(效律)」, 「전식률(傳食律)」, 「행서(行書)」, 「내사잡(內史雜)」, 「위잡(尉雜)」, 「속방(屬邦)」, 「제리율(除吏律)」, 「유사율(遊士律)」, 「제제자율(除弟子律)」, 「중로율(中勞律)」, 「장률(藏律)」, 「공거사마렵률(公車司馬獵律)」, 「우양과(牛羊課)」, 「부율(傅律)」, 「둔표율(屯表律)」, 「포도율(捕盜律)」, 「수율(戍律)」 등이 있다. 여기에서도 법률 규정이 매우 구체적이고 세밀하다는 사실을 알 수 있다. 또 이 진간에는 진나라 법망이 매우 촘촘하다는 실제 상황이 반영되어 있다. 『수이후디 진묘 죽간(睡虎地秦墓竹簡)』, 文物出版社, 1978.

351. 한나라 『구장률』의 전체 내용은 일찌감치 소실되었다. 그 내용의 주요 항목은 이회의 『법경』 6편을 기초로 호(戶), 흥(興), 구(廐) 3편을 보탠 것이다. 도(盜), 적(賊), 수(囚), 포(捕), 잡(雜), 구(具), 호(戶), 흥(興), 구(廐)가 그것이다.

352. 『한서』「형법지(刑法志)」, "律令凡三百五十九章, 大辟四百九條, 千八百八十二事. 死罪決事比萬三千四百七十二事."

353. 『한서』「혹리열전(酷吏列傳)」, "前主所是著爲律, 後主所是疏爲令."

354. *'형옥(刑獄)'은 일반인을 대상으로 하는 옥사를 말한다. '조옥(詔獄)'은 임금이 직접 조서를 내려 판결을 좌우하기 때문에 조옥이라고 한다.

355. 옌푸, 『법의 정신(法意)』 권6, 「안어(案語)」.

356. 『진서』「형법지」.

357. 천인커, 『수·당 제도 연원 약론고(隋唐制度淵源略論稿)』.

358. 『구당서』「형법지」, "凡削繁去蠹, 變重爲輕者, 不可勝紀."

359. 『당률소의』 권1, "德禮爲政敎之本, 刑罰爲政敎之用."

360. 『당육전』「상서형부(尙書刑部)」, "凡律以正刑定罪, 令以設範立制, 格以禁違正邪, 式以軌物程

事.”

361. *편칙(編敕): 황제의 칙령을 편집하여 실제 법률처럼 효력을 갖게 하는 것이다.

362. 『송사』「형법지」, “宋法制, 因唐律令格式而隨時損益, 則有編敕.”

363. *자배(刺配): 먹물로 얼굴에 죄명을 새기고 먼 곳으로 유배를 보내는 형벌이다.

364. 『금사』「형법지」, “金初, 法制簡易, 無輕重貴賤之別, 刑贖幷行. 此可施諸新國, 非經世久遠之規也.”

365. 『대고』는 명 태조가 직접 제정한 특별 형법이다. 『대고 일편(一編)』 74조, 『대고 속편(續編)』 87조, 『대고 삼편(三編)』 43조, 『대고 무신(武臣)』 32조로 나뉜다. 그 내용에는 법외 형벌 적용의 사례, 결합 사례, 반포된 중형 명령과 신민(新民)에 대한 훈도가 포함되어 있다. 그 형량 기준은 『대명률』보다 훨씬 무거웠고, 『대고』 역시 『대명률』과 함께 시행했다. 홍무 30년 『흠정률고(欽定律誥)』로 개편하여 『대명률』 뒤에 첨부했다.

366. 『명사』「형법지」, “仁義者, 養民之膏粱也. 刑罰者, 懲惡之藥石也. 舍仁義而專用刑罰, 是以藥石養人, 豈得謂善治乎?”

367. 허빙디(何炳棣), 쉬훙(徐泓) 옮김, 『The Ladder of success in imperial China: aspects of social mobility, 1368-1911(明淸社會史論)』, 臺北, 聯經出版公司, 2013.

368. 『명이대방록』「원군(原君)」, “視天下爲莫大之産業, 傳之子孫, 受享無窮.” “爲天下之大害.”

369. 『명이대방록』「원법(原法)」, “藏天下於筐篋者也. 利不欲其遺於下, 福必欲其斂於上. 用一人焉則疑其自私, 而又用一人以制其私. 行一事焉則慮其可欺, 而又設一事以防其欺. 天下之人共知其筐篋之所在, 吳亦鰓鰓然日惟筐篋之是虞. 故其法不得不密, 法愈密而天下之亂卽生於法之中, 所謂非法之法也.”

370. 중국 사회과학원 고고연구소 편저, 『중국고고학, 신석기시대권』, 中國社會科學出版社, 2010, 780쪽.

371. 탕치위(唐啓宇), 『중국 농업사고(中國農史稿)』, 農業出版社, 1985, 21~22쪽.

372. *기(棄): 주나라 시조로 알려진 후직(后稷)이다. 후대에 농사의 신으로 받들어졌다.

373. 『사기』「주본기」, “棄爲兒時, …… 其遊戱, 好種樹麻, 菽. 麻, 菽美. 及爲成人, 遂好耕農, 相地之宜, 宜穀者稼穡焉. 民皆法則之.”

374. 『사기』「주본기」.

375. 간쑤성박물관(甘肅省博物館), 「우웨이 모쥐쯔 3기 한묘 발굴 간략 보도(武威磨咀子三座漢墓發掘簡報)」, 『문물』, 1972, 제12기.

376. 황잔웨(黃展嶽), 「근년에 출토된 전국시대와 양한시대의 철기(近年出土的戰國兩漢鐵器)」, 『고고학보』, 1957, 제3기.

377. 『사기』「평준서」.

378. *석(石): 옛날 용량의 단위다. 10말[斗]이 1석(石)이었다. 우리말로는 '섬'이라 한다.

379. *곡(斛): 옛날 용량의 단위다. 본래 10말[斗]을 가리켰으나 나중에 5말로 바뀌었다.

380. 『사기』「화식열전」, "초와 한이 형양(滎陽)에서 서로 대치할 때 백성은 곡식의 씨를 뿌리지 못해 쌀값이 1석에 1만 전에 달했다(楚漢相距滎陽也, 民不得耕種, 米石至萬)." 『한서』「고제기(高帝紀)」상(上), "(한왕 2년 6월) 관중에 큰 기근이 들어 쌀값이 1곡에 1만 전에 달했다(漢王二年六月) 關中大饑, 米斛萬錢)."

381. 『한서』「선제기(宣帝紀)」.

382. 『후한서·순리열전』「왕경(王景)」, "墾辟倍多."

383. 『후한서』「번준전(樊準傳)」.

384. 『사기』「오종세가(五宗世家)」.

385. *상림원(上林苑): 한 무제가 건설한 화려하고 광대한 정원이다. 가로세로 300리에 이르렀다고 한다.

386. *태극궁(太極宮): 중국 전설에 나오는 천상의 궁전이다. 이후 당나라의 정궁도 태극궁이라 했다.

387. 『포박자』「오실」, "金玉滿堂, 妓妾溢房. 商販千艘, 腐穀萬庾. 園囿似上林, 館第儗太極. 粱肉餘於犬馬, 積珍陷於帑藏."

388. 푸주푸(傅築夫), 『중국 봉건사회경제사(中國封建社會經濟史)』제2권, 人民出版社, 1982, 25쪽.

389. 『초학기(初學記)』권27에는 양부(楊孚)의 『이물지(異物志)』를 인용하여 이렇게 기록했다. "교지(交趾)에서는 겨울에 또 한 번 벼가 익으므로 농부들은 1년에 두 번 파종한다(交趾冬又熟, 農者一歲再種)." 『태평어람』권839에도 『이물지』가 인용되어 있다. "교지에서는 벼가 여름과 겨울에 한 번씩 익으므로 농부들은 1년에 두 번 파종한다(交趾稻夏冬又熟, 農者一歲再種)." 『수서』「경적지(經籍志)」이(二), "『이물지』한 권, 후한 의랑 양부가 지었다(異物志』一卷, 後漢議郞楊孚撰)." 또 이렇게 기록했다. "『교주이물지』한 권, 양부가 지었다(『交州異物志』一卷, 楊孚撰)."

390. 광둥성 문물관리위원회(廣東省文物管理委員會), 「광둥 포산시 교외 란스 동한묘 발굴 간략보고서(廣東佛山市郊瀾石東漢墓發掘簡報)」, 『고고』, 1964, 제9기.

391. 중국 사회과학원 고고연구소 편저, 『중국고고학(中國考古學)』「진한권(秦漢卷)」, 中國社會科學出版社, 2010, 578쪽.

392. 『삼국지·촉서(蜀書)』「선주전(先主傳)」주석에 인용한 「강표전(江表傳)」.

393. 『삼국지·오서』「오주전(吳主傳)」, "乞寄命交州, 以終餘年."

394. 주훙빈(朱宏斌), 『진한시대 지역별 농업 개발 연구(秦漢時期區域農業開發研究)』, 中國農業出

版社, 2010, 182쪽.

395. 차오콴이(曹寬一), 『중국 농업경제사(中國農業經濟史)』, 中國社會科學出版社, 1989, 440쪽.

396. 두우, 『통전』 「식화(食貨)」 칠(七), "(開元十三年)米斗至十三文, 靑齊穀斗至五文. 自後天下無貴物, 兩京米斗不至二十文, 麪三十二文, 絹一匹二百一十文."

397. 푸주푸, 『중국 봉건사회경제사』 제4권, 人民出版社, 1986, 227~235쪽.

398. 『신당서』 「식화지」 삼(三), "常轉漕東南之粟."

399. 푸주푸, 『중국 봉건사회경제사』 제5권, 人民出版社, 1989, 201~276쪽.

400. 왕위후 편저, 『중국 농학서록』, 農業出版社, 1964, 1~2쪽, 303~322쪽, 346~347쪽.

401. *팔정(八政): 『상서』 「홍범(洪範)」에 나온다. 중국 고대 정치에서 중요하게 여기는 여덟 가지다. 첫째 식량[食], 둘째 재물[貨], 셋째 제사[祀], 넷째 사공(司空: 땅을 다스림), 다섯째 사도(司徒: 백성을 가르침), 여섯째 사구(司寇: 범죄를 다스림), 일곱째 빈(賓: 손님 접대), 여덟째 사(師: 군사)를 말한다.

402. 『한서』 「예문지」, "農家者流, 蓋出於農稷之官. 播百穀, 勸耕桑, 以足衣食. 故八政一曰食, 二曰貨, 孔子曰 '所重民食', 此其所長也."

403. 『한서』 「예문지」, "『神農』 二十篇(六國時, 諸子疾時怠於農業, 道耕農事, 托之神農), 『野老』 十七篇(六國時, 在齊, 楚間), 『宰氏』 十七篇(不知何世), 『董安國』 十六篇(漢代內史不知何帝時), 『尹都尉』 十四篇(不知何世), 『趙氏』 五篇(不知何世), 『氾勝之』 十八篇(成帝時爲議郞), 『王氏』 六篇(不知何世), 『蔡癸』 一篇(宣帝時以言便宜至弘農太守)."

404. 샤웨이잉(夏緯瑛), 『'여씨춘추' 상농 등 4편 교석(呂氏春秋上農等四篇校釋)』, 農業出版社, 1979, 2쪽.

405. *견전법(甽田法): 견전법(畎田法)이라고도 한다. 경작지 사이로 도랑을 만들어 물을 대는 경작법이다.

406. *『범승지서』: 『한서』 「예문지」의 『범승지』 18편을 말한다. 이 책은 일찌감치 실전되었다. 지금 남아 있는 것은 북위(北魏) 가사협(賈思勰)의 『제민요술(齊民要術)』에 인용된 일부다.

407. *수종법(溲種法): 곡식의 종자를 쉽게 발아시키기 위한 방법이다. 대체로 짐승의 뼛가루와 분뇨 등에 종자를 이겨서 일정한 기간이 지난 후 경작지에 뿌린다.

408. *이 대목의 원서를 보면 반복해서 『중국농학서록(中國農學書錄)』을 인용했다고 하지만 이는 원서의 오류다. 이 대목의 분석은 『중국농학사(中國農學史)』(初稿) 상(上)의 해당 단락을 거의 그대로 인용했다. 『중국농학사』의 서지 사항은 뒤의 각주에 자세히 나온다.

409. *휴종법(畦種法): 채소 등 작물을 심을 때 씨앗 파종하는 곳을 높고 두툼하게 이랑을 만들어 작물의 발아와 성장을 돕는 방법이다.

410. 중국농업과학원(中國農業科學院), 난징농학원 중국농업유산연구실(南京農學院中國農業遺

産研究室),『중국농학사』(初稿) 상(上), 科學出版社, 1959, 77~102쪽.

411. 무중젠(牟鍾鑒),『'여씨춘추'와 '회남자' 사상 연구(呂氏春秋與淮南子思想研究)』, 齊魯書社, 1987, 30~31쪽.

412. 『수서』「경적지」에서는 당 태종 이세민(李世民)의 이름을 피휘하여『사인월령(四人月令)』으로 기록했다.

413. 먀오치위(繆啓愉) 교석(校釋),『제민요술 교석(齊民要術校釋)』, 農業出版社, 1982.

414. 아마노 모토노스케, 펑스장(彭世獎)·린광신(林廣信) 옮김,『중국고농서고』, 農業出版社, 1992, 15쪽.

415. 본래『문물』1963년 제3기에 게재되었다가 나중에『농서·농사론집』에 수록되었다. 1979년 3월 보충했다는 기록이 있다.

416. 본래『도서관(圖書館)』1962년 제4기에 발표되었다.

417. 農業出版社, 1985.

418. 『여씨춘추』「상농」, "古先聖王之所以導其民者, 先務於農. 民農非徒爲地利也, 貴其志也. 民農則樸, 樸則易用, 易用則邊境安, 主位尊. 民農則重, 重則少私義, 少私義則公法立, 力專一. 民農則其産復, 其産復則重徙, 重徙則死其處而無二慮."

419. *전색부(田嗇夫): 조세, 부역, 농사를 관장하는 지방 말단 관리다.

420. *대구(大廄)는 황제가 타는 우마를 관리하는 관청, 중구(中廄)는 황후가 타는 우마를 관리하는 관청, 궁구(宮廄)는 그 밖에 궁궐에서 쓰는 우마를 관리하는 관청이다.

421. *소예신(小隸臣): 소예신첩(小隸臣妾)이라고도 한다. 전국시대 관노비의 한 종류다. 범죄를 저질러 노비가 된 경우다. 종신노예의 신분이나 돈, 전공, 경작, 노동 등으로 면천되기도 한다.

422. *도관(都官): 도성 주위 경기(京畿) 지방의 불법을 감시하고 다스리던 관청이다.

423. *『한서』「고제기」하(下), "民前或相聚保山澤, 不書名數, 今天下已定, 令各歸其縣, 復故爵田宅. 吏以文法教訓辨告, 勿笞辱."

424. *『한서』「고제기」하(下), "民以饑餓自賣爲人奴婢者, 皆免爲庶人."

425. *현재 중국 재래식 단위로 1무(畝)는 대략 666.7㎡에 해당한다.

426. *현재 중국 재래식 단위로 1근(斤)은 500g에 해당한다.

427. 우후이(嗚慧),『중국 역대 양식 무산(畝産) 연구(中國歷代糧食畝産研究)』, 農業出版社, 1985, 111쪽.

428. *대전법(代田法): 1무(畝)의 경작지에 일정하게 고랑과 이랑을 내어 농사를 짓고 다음 해에는 그 고랑과 이랑을 바꾸어 지력을 높이는 농사 방법.

429. *삼보(三輔): 한나라 도성 장안 근교의 경기 지역을 가리킨다. 경조윤(京兆尹), 좌풍익(左馮翊), 우부풍(右扶風)으로 나뉘었으므로 삼보라 불렀다.

430. 『후한서』 「광무제기」 하(下).

431. 자오리성(趙儷生), 『중국 토지 제도사(中國土地制度史)』, 齊魯書社, 1984; 천서우스(陳守實), 『중국 고대 토지관계사고(中國古代土地關系史稿)』, 上海人民出版社, 1984; 린간취안(林甘泉) 주편(主編), 『중국 봉건 토지 제도사(中國封建土地制度史)』 제1권, 中國社會科學出版社, 1990; 리옌(李埏) 등 주편(主編), 『중국 고대 토지 국유제사(中國古代土地國有制史)』, 雲南人民出版社, 1997.

432. *조용조(租庸調): 당대 초기에 시행된 조세제도다. 균전법으로 국가에서 장정 수에 따라 일정한 토지를 제공하고, 그 장정 수에 따라 세금을 받는 제도다. 조(租)는 곡식에 대한 세금이고, 조(調)는 현지 특산품에 대한 세금으로 견(絹)·면(綿)·사(絲)·마(麻)·포(布) 등을 납부했다. 또 장정 한 사람은 매년 20일간 요역(徭役)에 나가야 했는데, 이를 견이나 포로 대신할 수 있었다. 즉 하루의 요역을 면제받으려면 견 석 자[尺]를 바쳐야 했는데 이를 용(庸)이라고 했다.

433. *여기에서 말하는 예첩(隷妾)은 죄를 지어서 노예가 된 여자를 가리킨다. 남자의 경우는 예신(隷臣)이라고 했다. 용예첩, 경예첩, 소예신첩은 구체적으로 어떤 노예인지 명확하게 알 수 없으나 대체로 당시 생산 과정의 숙련도와 관련된 명칭으로 짐작된다. 소예신첩은 일에 익숙하지 않은 어린 노예로 보인다.

434. *성단(城旦): 진·한시대의 형벌이다. 진나라에서는 4년, 한나라에서는 5년 동안 병역에 종사하게 하면서 밤에는 장성을 쌓고 낮에는 적을 방어하게 했다.

435. 한나라 산술서(算術書)인 『구장산술(九章算術)』 「상공(商功)」 편에는 노동 생산 규정량과 노동 생산율에 관한 응용문제가 있다. 그중에 "겨울철 1인당 작업량 규정 444자(冬程人功四百四十四尺)", "여름철 1인당 작업량 규정 871자에 파낸 흙 작업량을 5분의 1 비율로 계산한다(夏程人功八百七十一尺, 并出土功五分之一)"라는 기록이 있다. 여기에서도 겨울철과 여름철의 노동 생산 작업량 규정이 차이가 있었음을 알 수 있다. 이것은 여름철과 겨울철 밤낮의 길이가 다르기 때문에 생긴 규정이었다.

436. 차이펑(蔡鋒), 『중국 수공업 경제 통사(中國手工業經濟通史)』 「선진·진·한권(先秦秦漢卷)」, 福建人民出版社, 2005, 435쪽.

437. 산둥성박물관(山東省博物館), 산둥성 문물고고연구소(山東省文物考古研究所), 『산둥성 한나라 화상석 선집(山東漢畫像石選集)』, 齊魯書社, 1982, 그림 341.

438. 산둥성박물관(山東省博物館), 산둥성 문물고고연구소(山東省文物考古研究所), 『산둥성 한나라 화상석 선집(山東漢畫像石選集)』, 齊魯書社, 1982, 그림 181.

439. 푸주푸, 『중국 봉건사회경제사』 제3권, 人民出版社, 1984, 302~303쪽.

440. 푸주푸, 『중국 봉건사회경제사』 제4권, 人民出版社, 1986, 295쪽.

441. 푸주푸, 『중국 봉건사회경제사』 제5권, 人民出版社, 1989, 279~280쪽.

442. 『사기』「진시황본기」.

443. 『한서』「조조전(晁錯傳)」.

444. 『사기』「화식열전」, "富商大賈, 周流天下, 交易之物, 莫不通."

445. 『사기』「평준서」, "農工商交易之路通"

446. 『염철론』「통유(通有)」, "財物流通, 有以均之."

447. 『사기』「화식열전」, "海內爲一"

448. 『염철론』「통유」, "農商交易, 以利本末."

449. 『사기』「회남형산열전(淮南衡山列傳)」, "重裝富賈, 周流天下, 道無不通."

450. 『한서』「식화지」 상, "千里游敖, 冠蓋相望, 乘堅策肥."

451. 『후한서』「중장통전(仲長統傳)」, "船車賈販, 周於四方."

452. 『한서』「공우전(貢禹傳)」, "東西南北, 各用智巧."

453. 한나라 수학 전문서 『구장산술』「균수(均輸)」장의 계산 문제 중에는 당시 관영 운수업 조직자와 관리자가 상세한 계획을 제정하여 운송량을 나누고 운송 동력을 조절했을 뿐 아니라 운수노선을 엄격하게 규정하는 상황까지 포함되어 있다.

454. *소천(小泉): 왕망이 신나라를 세우고 새로 주조한 소전(小錢)이다.

455. 『거연신간(居延新簡)』「EPT59:163」, "□□枚. 縑素上賈一匹, 直小泉七百枚. 其馬牛各且倍, 平及諸萬物可皆倍. 犧和折威侯匡等所爲平賈. 夫貴者徵賤. 物皆集聚於常安城中, 亦自爲極賤矣. 縣官市買於民, 民□□." *이 문장의 정확한 의미를 두고 논란이 매우 많다. 역자의 번역도 축자역에 그친 것이며 정확성을 담보하지는 못한다. 진간(秦簡)이나 한간(漢簡) 전공자들께서 질정(叱正)해주시길 부탁드린다. 다만 이 문장을 번역하기 위해 2001년 중국간독집성편집위원회(中國簡牘集成編輯委員會)에서 펴낸 『중국간독집성 표주본(中國簡牘集成標註本)』 제11책 139쪽의 표점과 주석을 참고했다.

456. *희화(羲和) 노광(魯匡): 왕망은 정권을 잡은 후 대사농(大司農) 관직 명칭을 희화(羲和)로 바꿨다. 희(羲)는 희(犧)와 통용된다. 노광(魯匡)은 왕망 정권 때 희화직에 임명되어 '오균육관' 업무를 관장했다. 위의 죽간에 따르면 아마도 당시에 노광이 절위후(折威侯)에 봉해졌던 것으로 보인다.

457. 『한서』「왕망전」 하에는 '희화노광(犧和魯匡)'으로 기록되어 있다.

458. *알(幹): 중국 고대에 '관(管)'과 통하는 글자다. 어떤 일을 관장하고 통제한다는 의미다. 또 관(管)은 '관(筦)'과 통하므로 왕망의 육관(六筦)의 이론적 근거가 된다.

459. 푸주푸, 『중국 봉건사회경제사』 제2권, 人民出版社, 1982, 400~401쪽.

460. *춘추시대 초나라 변화(卞和)는 형산 아래에서 귀한 옥돌을 얻었다.

461. *당항마(黨項馬): 중국 서북쪽에 거주했던 탕구트(Tangghut)족의 말이다. 명마로 유명했다.

462. *염주는 중국 남방을 지칭하는 용어다. 석면포는 화완포(火浣布)를 가리킨다. 석면 섬유로 만들었기 때문에 불꽃으로 오염을 제거한다. 그래서 불에 씻는다(火浣)고 했다.

463. *촉은 지금의 쓰촨성에 있었다. 옛날에 고운 비단의 산지로 유명해서 흔히 금관성(錦官城)이라 불렀다.

464. *월은 지금의 저장성에 있었다. 춘추시대 서시(西施)가 이곳 출신이어서 흔히 미녀의 고장으로 일컬어진다. 후세에도 항저우 미인으로 유명하다.

465. 『태평광기』권44 「하동기」, "於時舳艫萬艘, 隘內河次, 堰開爭路. 上下衆船, 相軋者移時, 舟人盡力擠之. 見一人船頓, 覰其右臂且折, 觀者爲之寒栗."

466. 『당회요』권86, "且如天下諸津, 舟航所聚, 旁通蜀漢, 前指閩越. 七澤十藪, 三河五湖, 控引河洛, 兼包淮海. 洪舸巨艦, 千舳萬艘, 交貨往還, 昧旦永日."

467. *유대랑항선(兪大娘航船): 당나라 대력에서 정원 연간에 찻잎을 팔아 거부가 된 유대랑이란 여인이 투자하여 만든 배다. 거대한 규모로 유명했다.

468. *저점(邸店): 화물을 모으고 교역하는 장소다. 객상들이 이곳에서 묵으며 화물을 거래했다.

469. *거방(車坊): 객상을 위해 수레나 말을 관리하고 대여해주는 곳이다.

470. 『구당서』「현종기」하(下), "禁九品已下淸資官置客舍, 邸店, 車坊."

471. 『신당서』「덕종기」, "禁百官置邸貨鬻."

472. 『구당서』「덕종기」상(上).

473. 『유세명언』제18권, "人生最苦爲行商, 抛妻棄子離家鄉. 餐風宿水多勞役, 披星戴月時奔忙. 水路風波殊未穩, 陸程雞犬驚安寢. 平生豪氣頓消磨, 歌不發聲酒不飮. 少資利薄多資累, 匹夫懷璧將罹罪. 偶然小恙臥床幃, 鄉關萬里書誰寄? 一年三載不回程, 夢魂顚倒妻孥驚. 燈花忽報行人至, 闔門相慶如更生.(後略)"

474. *『소아어』: 명대 가정 연간에 여득생(呂得生), 여곤(呂坤) 부자가 편집한 동요 격언집이다. 아동의 품성을 바로잡을 수 있는 새로운 동요를 채집하여 책으로 편찬했다. 주로 사언(四言)과 육언(六言)이 많고 잡언체도 다수 포함되어 있다.

475. *『속소아어』: 『소아어』의 후속편으로 명대 여곤이 편집한 동요 격언집이다. 『소아어』보다 성인을 위한 내용이 많다. 주로 지나치지 않은 중용의 도(道)를 권한다. 사언, 육언, 잡언체로 되어 있다.

476. *『증광현문』: 명대 만력(萬曆) 이전에 나온 도가(道家) 계열 아동 교육서다. 저자는 미상이다. 각종 격언과 속담 등이 중심이 되어 있고 안분지족하는 삶을 권유한다.

477. 『증광현문』부록 「비상가」, "抛却妻兒渡海濱, 不辭曉夜載星行. 若然財本輕虛費, 辜負勤渠受苦辛. …… 四業惟商最苦辛, 半生饑飽幾曾經. 荒郊石枕常爲寢, 背負風霜撥雪行."

478. 『증광현문』부록 「비상가」, "身世飄萍無定蹤, 利腥牽我走西東. 風光旦暮頻更眼, 花木榮枯處

處同. …… 舉目山河異故鄉, 人情處處有炎涼. 須知契合非吳里, 自古男兒志四方."

479. 『천하노정도인』 「무호에서 안경을 거쳐 단풍진으로 가는 길」, "安慶府, 竹牌頭搭石牌小船. 八十里至石牌. 如水小, 就在此雇驢. 如水大, 竟搭船至太湖縣起旱, 頭口錢略可省些. 五十里至 倉下, 中野. 三十里至太湖縣."

480. 『천하노정도인』 「무호에서 강서 장수를 거쳐 광동으로 가는 길」, "貨裝至樟樹鎭, 再換三板船. 上去無虞. 萬安縣南有十八灘, 上水無虞, 下灘小心. 滇江多灘無石, 上難而下易. 贛州以上, 多有 山嵐瘴氣, 陸路出門宜遲, 水路舟中無害. 梅嶺路隘, 驢馬遺溺甚臭, 宜醉飽而行. 至於廣城, 及陽 泄陰盛之地, 多不下雪, 樹不落葉. 人多濕疾, 宜保眞元."

481. 일찍이 남송시대 대학자 왕응린(王應麟)은 『통감답문(通鑑答問)』에서 이렇게 지적했다. "대 체로 『역(易)』이라는 책에는 병법이 자세히 구비되어 있고, 그 이치도 하나로 통한다(蓋易之爲 書, 兵法盡備, 其理一矣)." 현대의 저명한 학자 궈모뤄(郭沫若)는 『중국 고대사회 연구(中國古 代社會硏究)』(『궈모뤄전집(郭沫若全集)』(歷史編) 제1권, 人民出版社, 1982)에서, 리징츠(李 鏡池)는 『주역통의(周易通義)』(中華書局, 1981)에서, 가오형(高亨)은 『주역 고경 금주(周易 古經今注)』(中華書局, 1984)에서 모두 같은 의견을 제시했다.

482. *보통 「태괘」 구이의 '부(孚)'는 신(信)의 뜻으로 푼다. 뒤의 '회망(悔亡)'도 '후회가 없다'로 해석한다. 여기에서는 이 책 원본의 서술대로 번역했다.

483. 『손자병법』 「계편(計篇)」, "兵者, 國之大事, 死生之地, 存亡之道, 不可不察也."

484. *비류(費留): 함부로 국고를 낭비하고 전쟁터에 병졸을 남겨두는 일이다.

485. 『손자병법』 「화공편(火攻篇)」, "夫戰勝攻取, 而不修其功者, 凶. 命曰費留. 故曰, 明主慮之, 良將 修之. 非利不動, 非得不用, 非危不戰. 主不可以怒而興師, 將不可以慍而致戰. 合於利而動, 不合 於利而止. 怒可以復喜, 慍可以復悅, 亡國不可以復存, 死者不可以復生. 故明君愼之, 良將警之. 此安國全軍之道也."

486. 『손자병법』 「계편」.

487. 『손자병법』 「모공편(謀攻篇)」, "用兵之法, 全國爲上, 破國次之, 全軍爲上, 破軍次之. …… 是故 百戰百勝, 非善之善者也, 不戰而屈人之兵, 善之善者也. 故上兵伐謀, 其次伐交, 其次伐兵, 其下 攻城…… 故善用兵者, 屈人之兵而非戰也, 拔人之城而非攻也, 毁人之國而非久也. 必以全爭 於天下, 故兵不頓而利可全."

488. 『손자병법』 「작전편(作戰篇)」, "馳車千駟, 革車千乘, 帶甲十萬, 千里饋糧, 則內外之費, 賓客之 用, 膠漆之材, 車甲之奉, 日費千金, 然後十萬之師擧矣."

489. 『손자병법』 「모공편」, "十則圍之, 五則攻之, 倍則分之, 敵則能戰之, 少則能逃之, 不若則能避 之."

490. 『손자병법』 「형편(刑篇)」, "昔之善戰者, 先爲不可勝, 以待敵之可勝. 不可勝在己, 可勝在敵. 故

善戰者, 能爲不可勝, 不能使敵之可勝. …… 不可勝者, 守也, 可勝者, 攻也."

491. 『손자병법』「형편」, "善守者, 藏於九地之下."

492. 『손자병법』「세편(勢篇)」, "治衆如治寡, 分數是也. 鬪衆如鬪寡, 形名是也. 三軍之衆, 可使必受敵而無敗者, 奇正是也."

493. 『손자병법』「세편」, "凡戰者, 以正合, 以奇勝."

494. 『손자병법』「세편」, "戰勢不過奇正, 奇正之變, 不可勝窮也."

495. 『손자병법』「용간편(用間篇)」, "故明君賢將, 所以動而勝人, 成功出於衆者, 先知也."

496. 『손자병법』「용간편」, "非聖智不能用間, 非仁義不能使間, 非微妙不能得間之實."

497. 『손자병법』「지형편(地形篇)」, "知彼知己, 勝乃不殆, 知天知地, 勝乃不窮."

498. 『사기』「손자·오기열전(孫子嗚起列傳)」에는 "손무가 죽고 나서 백여 년 후에 손빈이 나타났다 (孫武旣死, 後百餘歲有孫臏)"라고 명확하게 기록되어 있다. 『한서』「예문지」에도 『제손자(齊孫子)』라는 저서 목록이 남아 있지만 원서는 실전되었다. 그러나 송대 이후로 옛일을 의심하는 기풍이 농후해지면서 어떤 사람은 손빈이 바로 『손자병법』의 저자이고 『손빈병법』은 실체가 없는 저서라고 인식했다. 그런데 1972년 산둥성 린이시(臨沂市) 인췌산(銀雀山) 한묘(漢墓)에서 『손자병법』과 『손빈병법』 죽간이 동시에 출토되어 이 문제에 대한 해답을 훌륭하게 제시해주었다.

499. 『손빈병법』「견위왕(見威王)」, "戰勝, 則所以存亡國而繼絶世也. 戰不勝, 則所以削地而危社稷. 是故兵者不可不察."

500. 『손빈병법』「견위왕」, "夫守而無委, 戰而無義, 天下無能以固且强者."

501. 『손빈병법』「월전(月戰)」, "天地之間, 莫貴於人."

502. 『손빈병법』「장의(將義)」, "不義則不嚴, 不嚴則不威, 不威則卒弗死. …… 不仁則軍不克, 軍不克則軍無功. …… 無德則無力, 無力則三軍之利不得. …… 不信則令不行, 令不行則軍不槫, 軍不槫則無名."

503. 『손빈병법』「팔진(八陣)」, "智不足, 將兵, 自恃也."

504. 『손빈병법』「장덕(將德)」, "不輕寡, 不劫於敵, 愼終若始."

505. 『손빈병법』「찬졸(篡卒)」, "兵之勝在篡卒, 其勇在於制, 其巧在於勢, 其利在於信, 其德在於道."

506. 『손빈병법』「찬졸」, "德行者, 兵之厚積也."

507. 구체적인 고증은 『중국군사사(中國軍事史)』제4권, 解放軍出版社, 1988, 140~141쪽 참고.

508. 『오자』「도국」, "戰勝易, 守勝難. 故曰, 天下戰國, 五勝者禍, 四勝者弊, 三勝者霸, 二勝者王, 一勝者帝. 是以數勝得天下者稀, 以亡者衆."

509. 『오자』「요적」, "審敵虛實, 而趨其危."

510. 『오자』「요적」, "凡料敵有不卜, 而與之戰者八, …… 有不占而避之者六."

511. 『오자』「요적」, "見可而進, 知難而退."

512. 『오자』「치병」, "居則有禮, 動則有威, 進不可當, 退不可迫. 前却有節, 左右應麾. 雖絕成陳, 雖散成行. 與之安, 與之危. 其衆可合而不可離, 可用而不可疲. 投之所往, 天下莫當."

513. 『오자』「치병」, "坐漏船之中, 伏燒屋之下."

514. 『오자』「치병」, "智者不及謀, 勇者不及怒."

515. 『오자』「치병」, "用兵之害, 猶豫最大, 三軍之災, 生於狐疑."

516. 『오자』「응변」, "三軍服威, 士卒用命, 則戰無強敵, 攻無堅陣矣."

517. 『오자』「여사」, "發號布令而人樂聞, 興師動衆而人樂戰, 交兵接刃而人樂死."

518. 『이정병법』은 북송 중기에 이미 실전되었다. 송 신종(神宗)은 신하들에게 명하여 『통전』에 근거하여 『이정병법』을 정리하라고 했지만 실효를 거두지 못했다. 그러다가 청대에 이르러 왕종기(汪宗沂)가 비로소 『통전』에 인용된 문장을 모아서 『위공병법집본(衛公兵法輯本)』을 편찬했다. 이로써 『이정병법』의 개략적인 모습을 엿볼 수 있게 되었다.

519. 『통전』 권150에 인용된 이정의 말, "夫決勝之策者, 先勝而後戰, 守地而不失, 是爲必勝之道也."

520. 『통전』 권154에 인용된 이정의 말, "兵之情雖主速, 乘人之不及, 然敵將多謀, 戎卒欲輯, 令行禁止, 兵利甲堅, 氣銳而嚴, 力全而勁, 先可速而犯之耶?"

521. 『통전』 권150에 인용된 이정의 말, "料敵者, 料其彼我之形, 定乎得失之計, 始可兵出而決於勝負矣. 當料彼將吏孰與己和, 主客孰與己逸, 排甲孰與己堅, 器械孰與己利, 教練孰與己明. ……."

522. *'적을 공격할 수 있는 열다섯 가지 형세(十五形可擊)'는 다음과 같다. 신집(新集): 새로 모집한 군사. 미식(未食): 밥을 먹지 못한 군사. 불순(不順): 행군이 순조롭지 못한 군사. 후지(後至): 뒤늦게 황급히 당도한 군사. 분주(奔走): 질서 없이 달아나는 군사. 불계(不戒): 경계병이 없는 군사. 동로(動勞): 피로한 군사. 장리(將離): 전장을 떠나는 군사. 장로(長路): 장거리 행군에 지친 군사. 후제(候濟): 강물을 건너는 군사. 불가(不暇): 쉴 틈 없이 바쁜 군사. 험로(險路): 험준한 곳을 지나는 군사. 요란(擾亂): 진영이 어지러워진 군사. 경포(驚怖): 공포에 질린 군사. 부정(不定): 불안정한 군사(『통전』 권150).

523. 『무경총요』는 북송 인종 경력(慶曆) 7년(1047)에 완성되었다. 편찬자는 증공량(曾公亮), 정도(丁度) 등이다. 모두 40권으로 군사이론, 군사기술 및 군사훈련, 군사장비 등 각 부문을 포괄하고 있다.

524. 『무경칠서』는 북송 신종 원풍(元豊) 3년(1080)에 완성되었다. 편찬자는 주복(朱服), 하거비(何去非)다. 이 총서는 중국 고대 병법서 7부를 모은 것이다. 그 7부의 병서는 『손자병법』, 『오자』, 『사마법(司馬法)』, 『위료자(尉繚子)』, 『삼략(三略)』, 『육도(六韜)』, 『당태종이위공문대(唐太宗李衛公問對)』다.

525. 『기효신서』「유병편(諭兵篇)」, "爲將之道, 所謂身先士卒者, 非獨臨陣身先, 件件苦處要當身先.

所謂同滋味者,非獨患難時同滋味,平時處亦要同滋味."

526. 『기효신서』「조련편(操練篇)」, "設使平日所習所學的號令營藝, 都是照臨陣的一般, 及至臨陣, 就以平日所習者用之, 則操一日必有一日之效, 一件便便得一件之利."

527. 『기효신서』「서언」, "夫曰'紀效', 明非口耳空言. 曰'新書', 所以明其出於法, 而不泥於法, 合時措之宜也."

528. *견벽청야(堅壁淸野): 성벽을 견고하게 쌓고 들판의 곡식을 모두 깨끗하게 치운 후 적이 지치기를 기다려 공격을 가하는 방어전술.

529. 『진서』「부견재기(苻見載記)」, "以吳之衆旅, 投鞭於江, 足斷其流."

530. 『건염 이래 계년 요록(建炎以來繫年要錄)』권48, "俘馘首領及甲兵以萬計, 宗弼中流矢二, 僅以身免, 得其麾蓋. 自入中原, 其敗衂未嘗如此也."

531. 『손자병법』「세편」, "凡戰者, 以正合, 以奇勝. 故善出奇者, 無窮如天地, 不竭如江河. …… 戰勢不過奇正, 奇正之變, 不可勝窮也. 奇正相生, 如循環之無端, 孰能窮之."

532. 『상군서』「경내」, "能攻城圍邑, 斬首八千以上, 則盈論. 野戰, 斬首三千, 則盈論. 吏自操及校以上大將盡賞."

533. 『신당서』「병지(兵志)」, "若四方有事, 則命將以出, 事解輒罷. 兵散於府, 將歸於朝."

534. 『송사』「직관2(職官二)」, "祖宗制兵之法, 天下之兵, 本於樞密. 有發兵之權, 而無握兵之重. 京師之兵, 總於三帥. 有握兵之重, 而無發兵之權. 上下相維, 不得專制, 此所以百三十餘年無兵變也."

535. 왕전중(王震中), 『중국문명 기원에 대한 비교 연구(中國文明起源的比較研究)』, 陝西人民出版社, 1994, 66~67쪽.

536. 옌원밍(嚴文明), 「중국 신석기시대 취락 형태에 관한 고찰(中國新石器時代聚落形態的考察)」, 『쑤빙치 고고학 55년 경축 논문집(慶祝蘇秉琦考古五十五年論文集)』, 文物出版社, 1989.

537. *현단(玄端): 검은색 저고리에 붉은색 치마 형태의 옷이다. 상의와 하의는 떨어져 있다. 보통 천자, 제후, 대부, 사(士) 계층이 공식적 의례에서 일상적으로 입었다.

538. *심의(深衣): 위아래가 연결된 도포 형태의 옷으로 보통 흰색으로 만들며 옷 가장자리에는 검은색을 두른다. 천자에서 서민에 이르는 모든 사람이 평상복으로 입었다.

539. 양콴(楊寬), 『전국사(戰國史)』, 上海人民出版社, 1980, 99쪽.

540. 『전국책』「제책(齊策)」일(一), "無不吹竽, 鼓瑟, 擊築, 彈琴, 鬪雞, 走犬, 六博, 蹹鞠者."

541. 『전국책』「제책」일(一), "連袵成帷, 擧袂成幕, 揮汗如雨."

542. 푸웨이중(蒲衛忠), 「『좌전』에 반영된 사회생활을 약론함(略論『左傳』所反映的社會生活)」, 『양샹쿠이 선생 교육 연구 60년 경축 논문집(慶祝楊向奎先生教研六十年論文集)』, 河北教育出版社, 1998, 102~115쪽.

543. 『후한서』「중장통전(仲長統傳)」, "榮樂過於封君, 勢力侔於守令."

544. 『후한서』「양홍전(梁鴻傳)에 나오는 이야기다. 양홍의 아내가 남편에게 공경심을 표시하기 위해 항상 밥상을 차려 올릴 때 밥상을 눈썹과 나란할 정도로 높이 들어 올려서 남편 앞에 놓았다고 한다.

545. 『사기』「상군열전」, "令民父子兄弟同室內息者爲禁," "民有二男以上不分異者, 倍其賦."

546. *체협(禘祫): 천자나 제후가 바로 앞 임금의 상례를 마친 후 먼 조상의 신위에 함께 제사를 올리는 일.

547. 『사기』「전담열전(田儋列傳)」.

548. 『한서』「이광소건전(李廣蘇建傳)」.

549. 『후한서』「양진전(楊震傳)」.

550. *이 여덟 가지 면의 종류가 어떤 것인지는 학설이 분분하다. 원본의 거장(柜妝)은 거여(粔籹), 시이(豕耳)는 돈이(豚耳), 혹해(酷鲑)는 부주(餢飳)의 잘못이다.

551. 『진서』「유령전(劉伶傳)」, "天生劉伶, 以酒爲名. 一飮一斛, 五斗解醒. 婦兒之言, 愼不可聽."

552. 『제민요술』권7, "與人此酒, 先問飮多少, 裁量與之. 若不語其法, 口美不能自節, 無不死矣."

553. 『포박자』「기혹」, "乍長乍短, 一廣一狹, 忽高忽卑, 或粗或細, 所飾無常."

554. 류츠(劉馳), 「최씨와 노씨의 혼인 관계로 본 북방 한인 사족 지위의 변화(從崔盧二氏婚姻的締結看北朝漢人士族地位的變化)」, 『중국사 연구(中國史硏究)』, 1987, 제2기.

555. 『안씨가훈』「섭무(涉務)」, "膚脆骨柔, 不堪行步, 體羸氣弱, 不耐寒暑."

556. 『태평광기』권273에 인용된 『담수(談藪)』.

557. 『세설신어(世說新語)』권하(卷下)「상서(傷逝)」.

558. 『전당시』권433, 백거이, 「주진촌(朱陳村)」, "一村唯兩姓, 世世爲婚姻. 親疏居有族, 少長遊有群."

559. 가오스위(高世瑜), 『당대 여성(唐代婦女)』, 三秦出版社, 1988, 54쪽.

560. 『송사』「여복지(輿服志)」 4, 송 신종(神宗) 원풍(元豊) 연간에 제도를 바꾼 후 4품 이상은 자색[紫], 6품 이상은 진홍색[緋], 9품 이상은 녹색[綠]을 사용하고 청색은 이제 더는 사용하지 않았다.

561. *범중엄, 「악양루기(岳陽樓記)」, "先天下之憂而憂, 後天下之樂而樂."

562. *『논어』「술이(述而)」, "我欲仁, 斯仁至矣."

563. *관상(關廂): 성문 밖의 큰길과 그 인근의 주민 거주 지역.

564. *전양석(全羊席): 몽골족 등 유목민족의 가장 융숭하고 격조 있는 연회다. 큰 양을 통째로 요리하여 나무 상에 받쳐 올리고, 그 밖에 다양한 요리를 곁들인다. 정양석(整羊席)이라고도 한다.

565. *만한전석(滿漢全席): 만주족과 한족의 유명한 요리를 모두 포괄하는 연회를 가리킨다.

566. *수유(酥油): 소나 양의 젖으로 만든 유지방.

567. *참바(rtsam-pa): 티베트족의 주식이다. 쌀보리가루(참바)에 쑤유와 설탕 등을 반죽하여 먹는 다.

568. *화조(花朝): 중국의 봄꽃 축제일이다. 지방에 따라 음력 2월 2일, 음력 2월 12일, 음력 2월 25일 에 거행한다. '백화생일(百花生日)'이라고도 한다. 떼를 지어 야외로 나가 꽃을 감상하며 봄을 즐긴다.

569. *욕불(浴佛): 석가탄신일로 불탄절(佛誕節)이라고도 한다. 중국 지방에 따라 음력 2월 8일, 음 력 4월 8일, 음력 12월 8일에 아기 부처상에 물을 부으며 존경심을 표시한다.

570. *걸교(乞巧): 음력 7월 7일인 칠월칠석날이다. 여성들이 이날 밤 정원에 나가 직녀성을 향해 바 느질을 잘하게 해달라고 기원한다.

571. *중원(中元): 음력 7월 15일, 즉 칠월 보름날이다. 지옥에 떨어진 조상이나 원통하게 죽은 친척 과 친지를 구원하는 제사를 올린다.

572. *납팔(臘八): 음력 12월 8일이다. 신령이나 조상에게 제사를 올리며 풍년과 길상을 기원한다.

573. *제조(祭竈): 음력 12월 23일이나 24일에 조왕신(竈王神)에게 제사를 올리며 가정의 행복을 기원한다.

574. *성황묘회(城隍廟會): 성황묘(城隍廟)에 제사를 올리고 그 근처에서 오락을 즐기며 상품 교역 활동도 하는 행사다.

575. 『사기』「태사공자서(太史公自序)」.

576. *공자가 당시 시 3,000여 편을 300여 편으로 정리했다는 학설이 이른바 산시설(刪詩說)이다. 그러나 이 학설에 대해 이미 당나라 때 공영달(孔穎達)이 『모시정의(毛詩正義)』에서 의심을 품었고, 현대에도 굴만리(屈萬里) 등은 이를 부정했다.

577. 공자는 『오경』을 역사 문헌으로 삼아 제자를 교육했다. 서한시대에 유학이 점차 독점적인 지위 를 확보함에 따라 유학자들이 중시한 문헌과 그것에 관한 연구를 '경학'이라고 불렀다. 고대 학 자들은 논술과 작문을 할 때 경서에서 근거를 찾아야 했기 때문에 경서의 종류가 시간이 지날 수록 눈덩이처럼 불어났다. 서한시대에는 『오경』뿐이었지만 동한시대에는 『오경』에다 『효경 (孝經)』과 『논어』를 더해서 『칠경(七經)』이라고 불렀다. 당대에는 『예』를 『주례』, 『의례』, 『예 기』로 나누고 『춘추』를 『좌전』, 『공양전(公羊傳)』, 『곡량전(穀梁傳)』으로 나눴으며 거기에 이 전의 『역』, 『시』, 『서』를 합쳐 『구경(九經)』이라고 불렀다. 송대에는 『논어』, 『효경』, 『이아(爾 雅)』, 『맹자』를 합쳐서 『십삼경(十三經)』이라고 했다. 이처럼 경서 내용에는 역사, 문물제도, 문자와 문학, 철학 등이 모두 들어 있다. 거기에 경서에 관한 수많은 주석서, 해설서, 부연설명 등이 들어 있기 때문에 그 분량이 정말 어마어마하다. 경학 연구는 중국 사상문화사 연구에서 가장 중요한 부분을 차지한다.

578. 『논어』「안연(顔淵)」.

579. 『논어』「안연(顔淵)」.

580. 『논어』「옹야(雍也)」.

581. *『논어』「이인(里仁)」에서 증자(曾子)는 "스승님의 도는 충과 서일 뿐이다(夫子之道, 忠恕而已矣.)"라고 했다. 여기에서 충(忠)은 자신의 성실한 태도를 말하고 서(恕)는 자신의 마음을 미루어 남을 관대하게 용서하는 태도를 말한다.

582. 『논어』「안연」, "一日克己復禮, 天下歸仁焉 爲仁由己, 而由人乎哉?"

583. 『논어』「양화」, "子張問仁於孔子. 孔子曰, '能行五者於天下爲仁矣.' 請問之. 曰, '恭·寬·信·敏·惠. 恭則不悔, 寬則得衆, 信則人任焉, 敏則有功, 惠則足以使人.'"

584. 『논어』「학이(學而)」.

585. 『논어』「이인」, "君子喩於義, 小人喩於利."

586. 『주역』「분괘(賁卦)·단전(彖傳)」, "觀乎天文, 以察時變, 觀乎人文, 以化成天下."

587. *궈뎬(郭店) 초간본(楚簡本) 『노자』에 관한 연구 성과는 이미 다양하게 출간되어 있다.

588. *이 구절의 일반적인 독법은 "이름 없음은 천지의 시작이고, 이름 있음은 만물의 어머니다(無名, 天地之始, 有名, 萬物之母)"로 끊어 읽는 것이다. 그러나 여기에서는 이 책 원본의 구두법에 따랐다. 그래야 뒷문장과 문맥이 연결되기 때문이다.

589. 『노자』제25장, "人法地, 地法天, 天法道, 道法自然."

590. 『맹자』「진심(盡心)」하(下).

591. 『맹자』「고자(告子)」하(下), "故天將降大任於是人也, 必先苦其心志, 勞其筋骨, 餓其體膚, 空乏其身, 行拂亂其所爲, 所以動心忍性, 曾益其所不能. …… 然後知生於憂患而死於安樂也."

592. 『맹자』「공손추」상.

593. 『맹자』「등문공」하, "富貴不能淫, 貧賤不能移, 威武不能屈, 此之謂大丈夫."

594. 『중용』제20장, "誠者, 天之道也, 誠之者, 人之道也."

595. *직하학궁(稷下學宮): 중국 전국시대 제 위왕(威王)이 제나라 도성 임치성(臨淄城)의 직문(稷門: 남문) 옆에 학궁(學宮)을 짓고 제자백가를 초빙하여 학문에 관한 토론과 연구를 할 수 있도록 배려했다. 직하학궁 출신 학자를 흔히 직하학사라 부른다. 순자(荀子)가 일찍이 이곳의 책임자를 지냈고, 맹자도 이곳에서 학문을 연구했다고 한다.

596. *「비십이자(非十二子)」: 『순자』의 편명(篇名)이다. 당시 사상가인 타효(它囂), 위모(魏牟), 진중(陳仲), 사어추(史魚酋), 묵적(墨翟), 송견(宋銒), 신도(愼到), 전변(田騈), 혜시(惠施), 등석(鄧析), 자사(子思), 맹가(孟軻) 등 12명을 비판했다.

597. 『순자』「천론」, "天行有常, 不爲堯存, 不爲桀亡. 應之以治則吉, 應之以亂則凶."

598. 『순자』「천론」, "故明於天人之分, 則可謂至人矣."

599. *현재 전해지고 있는 『장자』는 「내편」 7편, 「외편」 15편, 「잡편」 11편으로 나뉜다. 이 중 「내편」 7편만 장자의 저작으로 인정되고 있다. 그 7편은 다음과 같다. 「소요유(逍遙遊)」, 「제물론(齊物論)」, 「양생주(養生主)」, 「인간세(人間世)」, 「덕충부(德充符)」, 「대종사(大宗師)」, 「응제왕(應帝王)」.

600. 『장자』 「제물론」, "凡物無成與毁, 道通爲一."

601. 금문경학(今文經學): 서한시대에 전해진 『오경』은 크게 두 학파로 나뉘었다. 전국시대 이래로 유가의 스승과 제자가 학설을 전한 후 한나라 통용 문자인 예서(隷書)로 기록한 경서를 '금문경(今文經)'이라고 했다. 그러나 공자 저택의 벽이나 기타 장소에서 발견된 경서는 선진시대 문자인 고문(古文: 篆書)으로 기록되어 있었기 때문에 '고문경(古文經)'이라고 했다. 당시에 금문경을 공부하는 사람을 금문경학파라 불렀고, 고문경을 공부하는 사람을 고문경학파라 불렀다. 그들은 학문 방법과 학문 관점이 상이했다.

602. 『춘추번로』 「옥배(玉杯)」, "屈民而伸君, 屈君而伸天, 『春秋』之大義也."

603. *삼강(三綱): 유가의 삼강오륜(三綱五倫) 중 삼강을 말한다. 임금은 신하의 법도가 되어야 하고(君爲臣綱), 부모는 자식의 법도가 되어야 하고(父爲子綱), 남편은 아내의 법도가 되어야 한다(夫爲婦綱)는 뜻이다.

604. 『춘추번로』 「기의(基義)」.

605. 『노자주』 제42장, "萬物無形, 其歸一也. 何由致一? 由於無也."

606. 사마승정(司馬承禎), 『전당문(全唐文)』 권924, 「좌망론(坐忘論)」.

607. *여관(女冠): 도교의 여도사를 일컫는 말. 여황관(女黃冠), 곤도(坤道)라고도 했다. 당나라 때 여도사는 모두 관(冠)을 썼기 때문에 이렇게 불렸다.

608. 『당대조령집(唐大詔令集)』 권113, 「도사여관재승니지상조(道士女冠在僧尼之上詔)」.

609. *흔히 『노자』는 『도덕진경(道德眞經)』, 『장자』는 『남화진경(南華眞經)』, 『열자(列子)』는 『충허진경(沖虛眞經)』, 『문자(文子)』는 『통현진경(通玄眞經)』으로 불린다.

610. *중현(重玄): 『노자』의 '현지우현玄之又玄' 구절에 '현(玄)'이 두 번 나오고 그 의미도 현(玄)이 거듭되므로 중현(重玄)이라고 부른다. 특히 이 구절의 의미는 심오하기 때문에 역대로 다양한 해석이 있어 왔다. 위진남북조시대 이후 이 구절만 연구하는 학파를 중현학파라 했다.

611. *모산종(茅山宗): 남조 제(齊) 영명(永明) 연간에 모산(茅山: 지금의 장쑤성 창저우 서쪽)에서 도홍경(陶弘景)을 중심으로 형성된 도교 일파다. 불교의 영향을 최소화하면서 '도법자연(道法自然)'을 바탕으로 도교의 전통을 유지하려고 힘썼다.

612. *업(業): 몸(身), 입(口), 뜻(意)의 감각활동.

613. *혹(惑): 탐(貪: 탐욕), 진(瞋: 원한), 치(癡: 우매), 만(慢: 오만), 의(疑: 의심), 악견(惡見: 잘못된 견해)을 말한다. 이 모든 것을 번뇌라고 한다.

614. 천태종(天台宗): 지의(智顗, 531~597)가 창립했다. 주로『법화경(法華經)』을 소의 경전으로 삼기 때문에 법화종이라고도 한다.

615. 화엄종(華嚴宗): 법장(法藏, 643~712)이 창립했다. 주로『화엄경(華嚴經)』을 소의 경전으로 삼는다.

616. 혜(慧): 불교 명사다. 불교 특유의 '관(觀)' 법으로 얻은 지혜를 가리킨다.

617. 반야(般若): 불교 명사다. 세속의 인식을 초월하여 불교의 진체(眞諦)를 이해하고, 불교의 수증(修證)을 통해 해탈에 이르러 열반의 지혜에 도달하는 것을 가리킨다.

618. 게어(偈語): 게송(偈頌)이라고도 한다. 불교도가 창(唱)하는 시구다. 선종 철학에서는 게어가 점차 문답식 어록으로 변했다.

619. 보리(菩提): 범어 Bodhi의 음역어다. 불교 명사로 '진리'의 깨달음을 가리킨다.

620. 런지위(任繼愈), 「당 현장의 경전 획득과 "서유기" 및 그 현대적 의의(唐玄奘取經與"西遊記" 及其現代啓示意義)」, 『지자의 사고(智者的思考)』, 國防大學出版社, 2002.

621. 장재, 『경학리굴(經學理窟)』「의리(義理)」, "學者信書, 且須信《論語》, 《孟子》. …… 《禮》雖雜 出諸儒, 亦若無害義處, 如《中庸》, 《大學》出於聖門, 無可疑."

622. 『중용』 제27장, "發育萬物, 峻極於天."

623. 『주자어류』 권13, "天理存則人欲亡, 人欲勝則天理滅."

624. 『주자어류』 권13, "存天理, 滅人欲."

625. 『노자연』「자서(自序)」, "…… 入其壘, 襲其輻, 暴其恃, 而見其瑕矣."

626. 『상서인의(尙書引義)』 권5.

627. 『주역내전(周易內傳)』 권3, "…… 非太極爲父, 兩儀爲子之謂也. …… 太極非孤立於陰陽之上 者也."

628. 『장자「정몽주」』 권1.

629. 『장자「정몽주」』 권1, "爲當陰氣和陽氣處於和合未分的狀態, 可稱之爲 '太和綱組之實體', 其實 體 '本動者也.'"

630. 『상서인의』 권5, "夫性者, 生理也, 日生則日成也."

631. *황하 유역에 집중되어 있고 장강과 한수 유역의 노래는 드물다.

632. 『송문감(宋文鑒)』「교정『초사』서(校定『楚辭』序)」, "蓋屈宋諸騷, 皆書楚語, 作楚聲, 紀楚地, 名 楚物, 故可謂之楚辭."

633. 루쉰, 『한문학사강요(漢文學史綱要)』「사마상여와 사마천(司馬相如與司馬遷)」, 『루쉰전집 (魯迅全集)』 제9권, 人民文學出版社, 2005, 435쪽.

634. 정린촨(鄭臨川) 편, 『원이둬 고전문학을 논하다(聞一多論古典文學)』, 重慶出版社, 1984, 82쪽 에서 재인용.

635. *영명체(永明體): 중국 남조 제나라 무제(武帝) 때 유행한 새로운 형식의 시다. 오언시와 칠언 시에 극도의 운율을 강구하여 당나라 율시와 절구의 기원을 열었다. 사성팔병(四聲八病)과 같은 근엄한 격식을 고안하여 리듬감 있는 형식미를 추구했다. 대표 시인으로는 사조(謝朓), 심약(沈約), 왕융(王融) 등이 있다.

636. *삼리삼별(三吏三別):「신안리(新安吏)」,「동관리(潼關吏)」,「석호리(石壕吏)」,「신혼별(新婚別)」,「수로별(垂老別)」,「무가별(無家別)」을 가리킨다.

637. 「당고공부원외랑두군묘계명병서(唐故工部員外郎杜君墓系銘並序)」, "至於子美, 蓋所謂上薄風騷, 下該沈宋, 古傍蘇李, 氣奪曹劉, 掩顏謝之孤高, 雜徐庾之流麗. 盡得古今之體勢, 而兼人人之所獨尊矣."

638. 「여원구서(與元九書)」, "文章合爲時而著, 詩歌合爲事而作."

639. 「기당생(寄唐生)」.

640. *전기소설(傳奇小說): 당나라 중기 이후 유행한 문언소설이다. 기이한 이야기를 전한다는 뜻에서 전기(傳奇)라 했다. 남녀의 기이한 인연, 인생무상, 무협 등 다양한 이야기를 다뤘다. 이러한 내용이 명나라 전통극에도 계승되었으므로, 명 전기(傳記)라 하면 전통극을 가리킨다.

641. *소령(小令): 시 장르의 절구처럼 길이가 짧은 단편 사(詞)다.

642. *만사(慢詞): 단편 소령이 확장된 형식이다. 소령보다 두 배 이상의 길이가 대부분이다.

643. *산곡의 정해진 규칙 이외에 덧붙이는 글자다. 흥을 돋우고 표현을 생동감 있게 한다.

644. *설자(楔子): 공연 전에 연극의 앞머리에서 전체 내용을 설명하거나 절과 절 사이에서 연결 역할을 하는 부분.

645. 왕궈웨이,『송원희곡고(宋元戲曲考)』, "卽列之於世界大悲劇中亦無愧色."

646. *지금의 저장성 원저우(溫州) 일대를 옛날에는 영가(永嘉)라 했고, 지금도 원저우시(溫州市) 산하에 융자 현(永嘉縣)이 있다.

647. *각주 640) '전기소설(傳記小說)' 각주 참조.

648. *강사(講史): 중국에서 이야기와 창을 섞어서 공연하는 강창(講唱) 형식의 한 갈래다. 창보다는 이야기 위주의 공연 형식이며, 내용은 장편 역사 이야기로 구성된다.『삼국연의(三國演義)』,『수호전(水滸傳)』등 중국 장편 장회소설이 대부분 강사에서 발전한 소설이다.

649. *평화(平話): 중국 전통 공연 형식 중에서 창을 하지 않고 완전히 이야기로만 공연하는 민간 연예다.

650. *팔고문(八股文): 중국 문장의 독특한 형식이다. 문장의 형식이 여덟 갈래로 구성되기 때문에 팔고문이라고 한다. 특히 명·청시대 과거시험 답안지 작성에 이 팔고문이 쓰임으로써 지식인의 표현을 제한하고 사고를 획일화한다는 비판을 받았다. 중국에서는 흔히 이념이나 관방에 맹목적으로 봉사하는 어용 문학 작품을 팔고문에 비유한다.

651. *삼언(三言):『경세통언(警世通言)』,『성세항언(醒世恒言)』,『유세명언(喩世明言)』(『고금소설(古今小說)』이라고도 함)을 말한다.

652. *이박(二拍):『초각박안경기(初刻拍案驚奇)』,『이각박안경기(二刻拍案驚奇)』를 말한다.

653. *복사(復社): 명나라 말기 장부(張溥), 장채(張采) 등이 결성한 문인 단체다. 명나라 말기 부패한 정치를 비판했고, 명이 망한 후 복사 소속 문인들 중 상당수가 반청(反淸) 활동에 참여했다.

654. *남명(南明): 명이 망한 후 명나라 황실 종친과 신하들이 명을 회복하겠다는 신념으로 중국 남방에 세운 정권이다. 정권 주체가 여러 번 바뀌면서 대체로 1644년에서 1683년까지 존속한 것으로 본다.

655. *곤산강(崑山腔): 이 장 뒷부분에 자세한 설명이 나온다.

656. 『법언』「문신」, "言不能達其心, 書不能達其言, 難矣哉. 惟聖人得言之解, 得書之體. …… 故言, 心聲也, 書, 心畵也."

657. 두고,「술서부」, "杜操字伯度, 京兆人, 終後漢齊相. 章帝貴其跡, 詔上章表, 故號章草."

658. 엄가균(嚴可均),『전후한문(全後漢文)』권45, "方不中矩, 圓不副規. 抑左揚右, 望之若欹. 獸跂鳥跱, 志在飛移. …… 纖微要妙, 臨事從宜."

659. *사의성(寫意性): 사의(寫意)는 중국 전통의 서화 기법 중 하나다. 간단한 묵선(墨線)이나 묵색(墨色)으로 사람의 표정이나 사물의 모양을 나타내면서 그 속에 작가의 주체적 의미를 담는 방법이다.

660. *음중팔선: 술을 마시고 취한 뒤 신선처럼 자유롭게 행동한다는 여덟 명이다. 두보의「음중팔선가」에 나온다. 이백(李白), 하지장(賀知章), 이적지(李適之), 이진(李璡), 최종지(崔宗之), 소진(蘇晉), 장욱(張旭), 초수(焦遂)가 그들이다.

661. 이 두 가지 그림의 명칭은 모두 왕보민(王伯敏)의『중국회화사(中國繪畵史)』수정본, 文化藝術出版社, 2009, 26쪽을 참고했다.

662. *이 구절은『세설신어(世說新語)』「교예(巧藝)」에 인용된 고개지의 화론(畵論)이다.

663. 『송서(宋書)』「종병전(宗炳傳)」, "凡所游履, 皆圖之於室."

664. *구륵(勾勒): 사물의 윤곽을 가늘고 엷은 쌍선으로 그리고 그 가운데를 채색하는 기법이다.

665. *백묘(白描): 묵선으로만 대상을 묘사하고 색채를 입히지 않는 기법이다.

666. 이 그림의 명칭은 근래까지「용숙교민도(龍宿僑民圖)」로 잘못 알려졌다. 이제 치궁 선생의 학설에 근거하여 명칭을 교정한다. 자세한 것은 천촨시(陳傳席)의『중국산수화사(中國山水畵史)』, 天津人民美術出版社, 2001, 86쪽 참조.

667. *낙가점(落茄點): 미불이 창안한 산수화 기법이다. 담묵으로 먼 산 외곽선을 그리고 나서 젖은 붓으로 횡점을 찍는다. 묽은 색에서 진한 색으로 찍기도 하고 반대로 진한 색에서 묽은 색으로 찍기도 하면서 겹겹이 포개어 그린다. 이런 기법을 '낙가점' 또는 '미점(米點)'이라고 한다.

668. *양주팔괴(揚州八怪): 청나라 중기에 양주 지역에서 활동한 화가 여덟 명을 가리킨다. 여러 가지 설이 있으나 대체로 김농(金農), 정섭(鄭燮), 황신(黃愼), 이선(李鱓), 이방응(李方膺), 왕사신(汪士愼), 나빙(羅聘), 고상(高翔)을 꼽는다.

669. 『여씨춘추·중하기』「고악」, "昔葛天氏之樂, 三人操牛尾, 投足以歌八闋. 一曰「載民」, 二曰「玄鳥」, 三曰「遂草木」, 四曰「奮五穀」, 五曰「敬天常」, 六曰「達帝功」, 七曰「依地德」, 八曰「總萬物之極」."

670. 『사기』「하본기」, "鳥獸翔舞, 「簫韶」九成, 鳳凰來儀, 百獸率舞."

671. *육예(六藝): 예(禮: 예절), 악(樂: 음악), 사(射: 활쏘기), 어(御: 수레몰기), 수(數: 셈하기)로 당시 지식인들의 필수교양 과목이었다.

672. 『논어』「팔일(八佾)」.

673. 『논어』「술이(述而)」.

674. *무용수 여덟 명이 여덟 줄을 이뤄 모두 64명이 추는 대형 무용으로 천자만이 즐길 수 있는 무용이다.

675. 『논어』「태백(泰伯)」.

676. 『한서』「예문지」, "至武帝定郊祀之禮 …… 乃立樂府, 采詩夜誦, 有趙, 代, 秦, 楚之謳, 以李延年爲協律都尉, 多擧司馬相如等數十人造爲詩賦, 略論律呂, 以合八音之調, 作十九章之歌."

677. *가무희(歌舞戲): 음악과 춤으로 일정한 이야기를 공연하는 양식이다.

678. *죽림칠현(竹林七賢): 위나라 정시(正始) 연간에 사회의 혼란을 피해 죽림에 은거한 일곱 명의 문인을 가리킨다. 혜강(嵇康), 완적(阮籍), 산도(山濤), 상수(向秀), 유령(劉伶), 왕융(王戎), 완함(阮咸)이 그들이다.

679. *광릉산(廣陵散): 중국 고대에 유행한 전설의 금곡(琴曲)이다. 대체로 전국시대 협객 섭정(聶政)이 협루(俠累)를 암살하는 내용을 담은 것이라고 한다. 비분강개한 곡조로 명성을 얻었다고 한다. 광릉산 연주의 명인 혜강이 죽은 후 맥이 끊겼다.

680. *답요(踏謠): 발을 구르며 노래를 부르기 때문에 '답요'라고 칭한다.

681. 백거이, 「입부기」, "立部伎, 鼓笛喧, 舞雙劍, 跳七丸, 嫋巨索, 掉長竿. 太常部伎有等級, 堂上者坐堂下立. 堂上坐部笙歌淸, 堂下立部鼓笛鳴. 笙歌一聲衆側耳, 鼓笛萬曲無人聽."

682. *설창(說唱): 당대의 변문(變文), 송대의 강창(講唱)처럼 창과 이야기를 엇섞어서 공연하는 민간연예 양식이다. 우리나라의 판소리와 비슷하다. 중국에도 다양한 양식이 있다.

683. *염단(艶段): 본격적인 공연으로 들어가기 전에 간단한 생활 제재 연극으로 흥미를 불러일으키는 것을 말한다.

684. *정잡극(正雜劇): 비교적 파란만장한 이야기를 두 단락으로 나누어 공연하는 것을 말한다. 송대 잡극의 본 공연이다.

685. *산단(散段): 우스운 이야기를 공연하는 것으로 잡분(雜扮) 또는 잡왕(雜旺)이라고도 한다.

686. 연남지암,『창론』, "仙呂宮唱, 淸新綿邈. 南呂宮唱, 感歎悲傷. 中呂宮唱, 高下閃賺. 黃鍾宮唱, 富貴纏綿. 正宮唱, 惆悵雄壯. 道宮唱, 飄逸淸幽. 大石唱, 風流蘊藉. 小石唱, 旖旎嫵媚. 高平唱, 條拗混漾. 般涉唱, 拾掇坑塹. 歇指唱, 急並虛歇. 商角唱, 悲傷婉轉. 雙調唱, 健捷激嫋. 商調唱, 凄愴怨慕. 角調唱, 嗚咽悠揚. 宮調唱, 典雅沉重. 越調唱, 陶寫冷笑."

687. *성강(聲腔): 중국 전통극의 발성법 및 그 특징이다. 지방마다 특색이 다르다.

688. *4대성강에 여요강과 해염강을 빼고 피황희(皮黃戲)와 진강(秦腔)을 넣기도 한다.

689. *4대휘반(四大徽班): 안후이성에서 활동하던 연극 단체 네 곳을 가리킨다. 삼경반(三庆班)은 청 중기에 새로운 연극 창법으로 유명했고, 사희반(四喜班)은 전통적인 곤산강에 뛰어났다. 화춘반(和春班)은 무술 연기에 장기를 보였고, 춘대반(春臺班)은 어린이 연기에 뛰어났다.

690. *판강체(板腔體): 상하 대구로 이루어진 중국 전통극의 대사를 창으로 표현하는 방법의 일종이다. 상하 대구의 본래 구절은 바꾸지 않으면서 다양한 방식으로 창을 하며 감정을 표현한다. 매우 전문적인 분야이므로 자세한 설명은 생략한다. 아래 판식 설명도 생략한다.

691. *전(典):『설문해자(說文解字)』에 따르면 전(典)은 오제의 책이다(五帝之書).『상서(尙書)』의 시작도「요전(堯典)」과「순전(舜典)」이다. 따라서 전(典)은 비교적 오래되고 지위가 높은 역사서를 가리킨다.

692. *책(册): 책명(册命)이란 말에서도 알 수 있듯이 조정의 명령이나 나라의 전장제도와 관련된 문서다.

693. 『맹자』「등문공」하, "世衰道微, 邪說暴行有作. 臣弑其君者有之, 子弑其父者有之, 孔子懼, 作『春秋』."

694. 동중서,『춘추번로(春秋繁露)』「초장왕(楚莊王)」, "若夫大綱人倫道理政治敎化習俗文義, 盡如故, 亦何改哉? 故王者有改制之名, 無易道之實."

695. 『주역』「설괘전(說卦傳)」.

696. *윤통(閏統): 음력에 윤달이 드는 것처럼 진나라는 왕조 정통에서 윤통에 불과하다는 인식이다.

697. 『한서』「교사지(郊祀志)」.

698. 『사기』「유협열전(游俠列傳)」, "其言必信, 其行必果, 已諾必誠. 不愛其軀, 赴士之厄困. 旣已存亡死生矣, 而不矜其能, 羞伐其德."

699. 『사기』「화식열전」, "倉廩實而知禮節, 衣食足而知榮辱."

700. 『사기』「공자세가」, "觀仲尼廟堂·車服禮器."

701. 『사기』「위세가(魏世家)」, "適故大梁之墟."

702. 『22사 차기』「각사예목이동(各史例目異同)」, "自此例一定, 歷代作史不能出其範圍, 信史家之極則也."

703. *신시병(新市兵): 왕망 말년에 신시(新市: 지금의 후베이성 징산京山 동북) 출신 왕광(王匡)과 왕봉(王鳳)이 이끈 농민 반군을 가리킨다.

704. *평림군(平林軍): 왕망 말년에 진목(陳牧), 요담(廖湛) 등이 신시병에 호응하여 평림(平林: 후베이성 쑤이현隨縣 동북)에서 일으킨 농민 반군을 가리킨다.

705. 『유하동집(柳河東集)』「시령론(時令論)」상(上), "然而聖人之道, 不窮異以爲神, 不引天以爲高, 利於人, 備於事."

706. 『유우석집(劉禹錫集)』「천론(天論)」, "天之道在生殖, 其用在强弱. 人之道在法制, 其用在是非."

707. 『유우석집(劉禹錫集)』「천론(天論)」, "天之能, 人固不能也, 人之能, 天亦有所不能也."

708. *기거주기(起居注記): 한나라 때부터 기거주관(起居注官)을 두어 임금을 수행하며 언행을 기록하게 했다. 이들이 남긴 기록을 '기거주기'라 한다.

709. *기주(記注): 역사 기록과 편찬을 담당하는 일을 가리킨다. 이에 비해 기거주는 임금의 언행만 기록하는 일을 가리킨다.

710. *심약(沈約): 남조의 송(宋), 제(齊), 양(梁)에서 활동했다. 당시 문단의 영수였으며 뛰어난 사관이었다. 『진서(晉書)』, 『송서(宋書)』, 『제기(齊紀)』, 『고제기(高祖紀)』 등을 편찬했다.

711. *소자현(蕭子顯): 남조 제나라 고제(高帝)의 손자이고, 양나라 예장(豫章) 문헌왕(文獻王) 소억(蕭嶷)의 여덟 째 아들이다. 사학자로 명망이 높았다. 『남제서(南齊書)』를 편찬했다.

712. *위수(魏收): 북조의 북위(北魏), 동위(東魏), 북제(北齊)에서 활동했다. 문학과 사학 부문에서 명망이 높았다. 『위서(魏書)』를 편찬했다.

713. *전지체(典志體): 국가의 전장제도(典章制度)와 행정구역을 역사 저술의 뼈대로 삼는 방법이다. 당나라 두우(杜佑)의 『통전(通典)』이 대표적이다.

714. *회요체(會要體): 국가의 정치, 경제, 사회, 문화 등의 내용을 제도사(制度史) 측면에서 부문별로 기술하는 방법이다. 당 덕종 때의 사관 소면(蘇冕)이 지은 『회요(會要)』가 대표적이며, 이후 북송 때 왕부(王溥)가 이를 보충하여 『당회요(唐會要)』를 지었다.

715. 「『자치통감』진상을 위한 상소문(進自治通鑑表)」, 『사마문정공전가집(司馬文正公傳家集)』 권17, "每患遷固以來, 文字繁多. 自布衣之士讀之不遍, 況於人主? 日有萬機, 何暇周覽?"

716. 「『자치통감』진상을 위한 상소문」, 『사마문정공전가집(司馬文正公傳家集)』 권17, "欲刪削冗長, 擧撮機要. 專取關國家盛衰, 系生民休戚, 善可爲法, 惡可爲戒者, 爲編年一書, 使先後有倫, 精粗不雜."

717. 「『자치통감』진상을 위한 상소문」, 『사마문정공전가집(司馬文正公傳家集)』 권17, "鑒前世之興衰, 考當今之得失, 嘉善矜惡, 取是舍非, 足以懋稽古之盛德, 躋無前之至治."

718. 『통지』「총서」, "百川異趨, 必會於海, 然後九州無浸淫之患. 萬國殊途, 必通諸夏, 然後八荒無壅

滯之憂. 會通之義大矣哉."

719. 류웨이이(劉緯毅),「송대 지방지 술략(宋代地方志述略)」,『문헌(文獻)』, 1986년 제4기.

720. 청대에 지어진 기사본말체 사서로 비교적 유명한 것은 장감(張鑒)의『서하기사본말(西夏紀事本末)』, 이유당(李有棠)의『요사기사본말(遼史紀事本末)』과『금사기사본말(金史紀事本末)』, 곡응태(谷應泰)의『명사기사본말(明史紀事本末)』, 황홍수(黃鴻壽)의『청사기사본말(清史紀事本末)』이 있다.

721. 『속춘추좌씨전박의(續春秋左氏傳博議)』권하,"謂彼之理卽吳宗之秩序者猶之可也, 謂彼之事一吳宗之結構運行也, 非天下之至誕者孰敢信其然."

722. 『독통감론』「서론(叙論)」4,"至殷之末, 殆窮則必變之時."

723. 『독통감론(讀通鑑論)』권6,"所貴乎史者, 述往以爲師者也. 爲史者, 記載徒繁, 而經世之大略不著, 後人欲得其得失之樞機以效法之無由也, 則惡用史爲?"

724. 『독통감론』권말,「서론(叙論)」3,"謀尚其詐, 諫尚其諛, 徼功而行險, 干譽而違道. 獎詭隨爲中庸, 誇傲生爲明哲, 以挑達搖人之精爽而使浮, 以機巧裂人之名義而使枉. 此其於世教與民生也, 災愈於洪水, 惡烈於猛獸矣."

725. 『명이대방록』「원군(原君)」,"規規焉以爲君臣之義無所逃乎天地之間, 至桀紂之暴, 而猶謂湯武不當誅之, 而妄傳伯夷叔齊無稽之事, 使兆人萬姓崩潰之血肉, 曾不異乎腐鼠."

726. 『명이대방록』「원신(原臣)」,"天下之治亂, 不在一姓之興亡, 而在萬姓之憂樂.""爲臣者輕視斯民於水火, 卽能輔君而興, 從君而亡, 其於臣道固未嘗不背也. …… 出而仕於君也, 不以天下爲事, 則君之仆妾也, 以天下爲事, 則君之師友也."

727. 『문사통의·내편4(內篇四)』「답객문(答客問)」상,"史之大原, 本乎『春秋』.『春秋』之義, 昭乎筆削. 筆削之義, 不僅事具本末, 文成規矩已也. 以夫子'義則竊取'之旨觀之, 固將綱紀天下, 推明大道. 所以通古今之變, 而成一家之言者, 必有詳人之所略, 異人之所同, 重人之所輕, 而忽人之所謹."

728. 『문사통의·내편3(內篇三)』「사덕(史德)」,"蓋欲爲良史者, 當愼辨於天人之際, 盡其天而不益以人也. 盡其天而不益以人, 雖未能至, 苟允知之, 亦足以稱著述者之心術矣."

729. 『문사통의·내편5(內篇五)』「답객문(答客問)」하,"有及時撰集, 以待後人之論定者. …… 有有志著述, 先獵群書以聚新樵者. …… 陶冶專家, 勤成鴻業."

730. 『문사통의』「사편별록예의(史篇別錄例議)」,"紀傳之書, 類例易求而大勢難貫. …… 編年之史, 能徑而不能曲. 凡人與事之有年可紀, 有事相値者, 雖細如芥子必書, 其無年可紀與無事相値者, 雖巨如泰山, 不得載也."

731. 조지프 니덤,『중국 과학기술사(中國科學技術史)』제1권「도론(導論)」, 제1장「서언(序言)」, 중국어번역본, 科學出版社·上海古籍出版社, 1990, 1~2쪽. *한국에서는『중국의 과학과 문명』1·

2, 을유문화사, 1997, 1998로 번역되어 있다.

732. 칼 마르크스, 『기계, 자연력과 과학의 응용(機器自然力和科學的應用)』, 人民出版社, 1978, 67쪽.

733. 프랜시스 베이컨, 『새로운 도구(新工具)』 제1권, 商務印書館, 1986, 103쪽.

734. 감덕(甘德)이 『천문성점(天文星占)』을 지었고 석신(石申)이 『천문(天文)』을 지었다. 후세 사람들은 이 둘의 저작을 합하여 『감석석경(甘石星經)』이라고 한다. 이 항성표는 당나라 때 인도계 천문학자 구담실달(瞿曇悉達)이 편집한 『개원점경(開元占經)』 속에 보존되어 있었는데, 이것을 현대인들이 정리하여 표로 완성했다.

735. 역법에 관해서는 루용샹(路甬祥) 주편, 스윈리(石雲里) 지음, 『중국 고대 과학기술사강(中國古代科學技術史綱)』 제8권 「천문권(天文卷)」, 遼寧教育出版社, 1996, 230쪽 참조.

736. 『황제내경·영추(靈樞)』 「종시(終始)」, "瀉者迎之, 補者隨之. 知迎知隨, 氣可令和. 和氣之方, 必通陰陽."

737. *군신좌사론(君臣佐使論)은 한약을 처방할 때 근거로 삼는 유명한 이론이다. 군(君)은 어떤 병에 가장 중요한 효험을 내는 약재이고 신(臣)은 군약을 강화하고 보충해주는 약재이며, 좌(佐)는 군약의 독성을 완화해주는 약재이고 사(使)는 약재의 작용을 질병 부위로 인도해주는 약재다.

738. *망(望)은 환자의 기색을 살피는 것, 문(聞)은 환자의 냄새를 맡는 것, 문(問)은 환자에게 질병과 관련된 상황을 물어보는 것, 절(切)은 맥을 짚는 것이다. 이것을 '사진(四診)'이라고 한다.

739. 조지프 니덤, 『중국 과학기술사』 제1권 제7장, 160쪽.

740. *이 사실은 지금 전해지는 『상서』 「윤정(胤征)」에 나온다. 그러나 「윤정」편은 『위고문상서(僞古文尙書)』에 속하므로 믿기 어려운 사실이다.

741. 『송사』 「예문지」에는 병법서가 347부 1,959권 기재되어 있다.

742. 이상이 대목의 인용문은 모두 『묵자』 「경(經)」 상(上)에 나온다.

743. 『묵자』 「경설(經說)」 하(下).

744. 『묵자』 「경설」 하, "光之人煦(當作照) 若射. 下者之人也高, 高者之人也下. 足蔽下光, 故成景於上. 首蔽上光, 故成景於下. 在遠近有端與於光, 故景庫內也."

745. 『묵자』 「경설」 하, "鑒位, 景一小而易, 一大而缶(當作正), 說在中之外內."

746. 『묵자』 「경설」 하, "衡, 加重於其一旁, 必捶. 權重相若也相衡, 則本短標長. 兩加焉, 重相若, 則標必下, 標得權也." 이상의 『묵자』 「경설」 부분 해석은 리성룽(李生龍)의 『신역묵자독본(新譯墨子讀本)』, 臺北, 三民書局, 1996년에 근거했다. *한국어 번역본으로는 묵자, 염정삼 주해, 『묵경』 1·2, 한길사, 2012년을 참고했지만 그대로 따르지는 않았다.

747. 『한비자』 「해로」, "短長·大小·方圓·堅脆·輕重·白黑之謂理, 理定而物易割也."

748. 『장자』「천하(天下)」, "南方無窮而有窮, 今日適越而昨來. …… 我知天下之中央, 燕之北越之南 是也."

749. 『장자』「천하」, "一尺之捶, 日取其半, 萬世不竭."

750. 『한서』「예문지」, "陰陽家者, 蓋出於羲和之官. 敬順昊天, 曆象日月星辰, 敬授民時, 此其所長 也."

751. 천쭌구이, 『중국 천문학사(中國天文學史)』제3권, 上海人民出版社, 1984, 722쪽.

752. *왕석천은 남쪽인 오강(嗚江: 江蘇省) 사람이고, 설봉조는 북쪽인 치천(淄川: 山東省) 사람이 다.

753. 조지프 니덤, 『중국 과학기술사』제5권 제1분책, 科學出版社, 1976, 62쪽.

754. 『후한서』「방술열전」, "曉養性之術, 年且百歲而猶有壯容, 時人以爲仙. 沛相陳硅擧孝廉, 太尉 黃琬辟, 皆不就."

755. 『신당서』「은일전(隱逸傳)」.

756. 쩡슝성(曾雄生), 「은사와 중국 전통 농학(隱士與中國傳統農學)」, 『자연과학사 연구(自然科學 史研究)』제1기, 1996, 17~29쪽.

757. 두스란(杜石然), 판추위(范楚玉) 등, 『중국 과학기술사고(中國科學技術史稿)』수정본, 北京大 學出版社, 2012, 164쪽.

758. 조지프 니덤, 「'삼십육 수법'-중국 고대 수용액에 관한 일종의 초기 연단 문헌('三十六水法'- 中國古代關於水溶液的一種早期煉丹文獻)」, 『조지프 니덤 문집(李約瑟文集)』, 遼寧科技出版 社, 1986, 739쪽.

759. 주야핑(祝亞平), 『도가문화와 과학(道家文化與科學)』, 中國科學技術大學出版社, 1995, 184쪽에서 재인용.

760. 두스란, 판추위 등, 『중국 과학기술사고』, 214쪽.

761. 조지프 니덤, 『중국 과학기술사』제2권, 『중국 과학사상사』175쪽, 178쪽.

762. 「독일 농민전쟁(德國農民戰爭)」, 『마르크스 엥겔스 전집(馬克思恩格斯全集)』제7권, 人民出 版社, 400쪽.

763. 『기계, 자연력과 과학의 응용』, 人民出版社, 1978, 206~208쪽.

764. *황책(黃冊): 중국 명나라의 호적대장이다. 표지가 황색이어서 황책으로 부르며 리(里)마다 작성했고, 10년에 한 번씩 호구조사를 했다.

765. *어린도책(魚鱗圖冊): 중국에서 송나라 때부터 시행된 토지대장이다. 토지를 구분한 지적도 모양이 물고기 비늘과 같아서 어린도책이라고 한다.

766. 마테오 리치(Matteo Ricc)의 『곤여만국전도(坤輿萬國全圖)』, 판토하(Diego de Pantoja)의 『해 외여도전설(海外輿圖全說)』, 알레니(Jules Aleni)의 『직방외기(職方外紀)』등이 명말에 소개되

었다.

767. *개천설(蓋天說): 하늘이 우주에 우산처럼 둥그렇게 덮여 있다는 인식. 천원지방설(天圓地方說)도 개천설의 하나다.

768. *혼천설(渾天說): 지구는 대기 중에 떠 있고 해와 달과 오성은 천구(天球)에 붙어서 운행한다는 학설.

769. *선야설(宣夜說): 해와 달과 별이 허공에 떠서 기(氣)에 따라 움직인다는 학설.

770. 예를 들어 고대인들이 제기한 '이(理)'라는 개념은 바로 구체적인 규칙에 관한 개념이다. 위에서 언급한 묵자가 바로 광학, 역학, 기하학 부문의 다양한 '이(理)'를 탐구했다. 위에서는 『한비자』의 과학사상도 언급한 적이 있다. 『한비자』「해로」에는 다음과 같은 설명이 있다. "도(道)란 온갖 사물이 저절로 그러한 것이며, 온갖 이치(理)가 이르는 것이다. 이치란 사물을 이루는 결[무늬]이다. 도란 만물을 이루어지는 까닭이다. …… 온갖 사물은 각각 이치가 다르지만 도는 모두 구현된다(道者, 萬物之所然也. 萬理之所稽也. 理者, 成物之文也. 道者, 萬物之所以成也. …… 萬物各異理而道盡)." 즉 '도'는 만물이 이루어지는 전체 규율이고 '이(理)'는 각각의 사물을 형성하는 이치나 성질의 구체적인 규율이라는 의미다. 만물에는 각각의 '이(理)'가 있어서 반드시 이러한 구체적인 '이(理)'를 탐구해야만 '도(道)'의 경지로 올라갈 수 있다는 것이다. 이것은 '도(道)'와 '이(理)'의 관계를 훌륭하게 밝혀낸 이론이다.

771. 리성룽, 『점성술(占星術)』, 海南出版社, 1993, 16쪽.

772. 두스란, 판추위 등, 『중국 과학기술사고』 수정본, 397쪽.

773. 3강 해당 각주 참조.

774. 아편전쟁은 1840년에 폭발했다. 청나라는 이 전쟁에서 패배하여 1842년 영국과 불평등조약인 「난징조약(南京條約)」을 맺었다. 제2차 아편전쟁은 1856~1860년까지 이어졌고 이 전쟁을 역사에서는 흔히 '영·프 연합전쟁(英·法聯軍戰爭)'이라 한다. 이때 청나라 정부는 영, 프, 러 등의 국가와 각각 「베이징조약(北京條約)」 등 일련의 불평등조약을 맺었다. 이로써 중국 사회는 반(半)식민지의 정도가 더욱 심화되었다.

775. 『마르크스 엥겔스 선집』 제3권, 人民出版社, 1972, 445쪽.

776. 구자강재주인(求自强齋主人), 『황조경제문편(皇朝經濟文編)』 권49, "中國與洋人通商, 一從此反客爲主. 洋人得操絲市·茶市之權, 華商之業絲茶者, 反仰洋人鼻息, 厘毫不能主持."

777. 중국의 해관총세각사(海關總稅各司)라는 직책은 20세기 초까지 영국인 레이(Horatia Nelson Lay: 李泰國)와 하트(Robert Hart)가 담당했다.

778. 『주판이무시말(籌辦夷務始末)』(同治朝), 권25, "治國之道, 在乎自强, 而審時度勢, 則自强以練兵爲要, 練兵又以制器爲先."

779. 1860년대에 시작된 양무운동의 주요 내용은 신식 해군과 육군을 편성하고 군수산업과 민간산

업을 불러일으키는 것이었다. 1890년대에 이르러 점차 쇠퇴했는데 이것이 중국 경제 근대화의 시작이었다.

780. 몇몇 기업의 생산품은 외국과 경쟁해서도 우세를 점하면서 많은 수익을 내기도 했다. 예를 들면 카이펑광무국에서는 자신들이 캐낸 석탄을 톈진시장에 팔면서 일본의 석탄을 밀어냈다.

781. 웨이위안(魏源), 『해국도지(海國圖志)』 권수(卷首).

782. 중국사학회(中國史學會) 주편, 중국근대사 자료총간(中國近代史資料叢刊), 『양무운동(洋務運動)』 2, 上海人民出版社, 1961, 제30쪽, "正氣爲之不伸, 邪氛因而彌熾. 數年之後, 不盡驅中國之衆咸歸於夷不止."

783. 중국 사학계에서는 일반적으로 이 기업을 중국에서 개인이 만든 자본주의 기계 공장 제1호로 인정한다.

784. *코칸트칸국(Khanate of Kokand): 우즈베크족 샤르프가 세운 이슬람 왕국이다. 1710년에서 1886년까지 존속하다가 제정러시아에 정복되었다. 현재 우즈베키스탄 동부 페르가나 분지 남쪽에 위치한 소도시 코칸트가 수도였다.

785. *이리(Ili): 지금의 중국 신장위구르자치구 서북부에 위치한 이리카자흐자치주(伊犁哈薩克自治州)다.

786. 류큐(琉球)는 본래 중국의 번속국이었는데 이 사건 이후 일본이 류큐를 자기 영토로 편입했다.

787. 영국의 무장 탐험대가 중국 윈난성 텅웨(騰越) 일대로 침입하자 현지 백성이 그들을 제지했다. 이에 쌍방 간에 충돌이 발생하여 탐험대 앞에서 전진하던 마가리(A. R. Margary)가 희생되었다. 사건 발생 후 영국 정부는 전쟁도 불사하겠다고 엄포를 놓았고, 중국과 영국 쌍방은 불평등조약인 '옌타이조약(烟臺)'을 맺었다.

788. *공거상서(公車上書): 공거(公車)는 한나라 때 인재 초빙에 사용하던 관용 수레다. 후세에는 향시 합격자가 도성의 회시(會試)에 응시하는 것을 공거(公車)라고 불렀다. 1895년 캉유웨이가 베이징에서 회시(會試) 응시자들에게 연명을 받아 변법에 관한 상소문을 올렸으므로 공거상서(公車上書)라고 한다.

789. 이 책은 나중에 수정되어 『대동서(大同書)』로 이름이 바뀌었지만 "비밀을 유지하고 사람들에게 내보이지 말라(秘不示人)"라고 했다. 전체 책은 모두 10장으로 이루어져 있다. 캉유웨이가 정성들여 설계한 미래사회를 그렸다. 량치차오(梁啓超)는 이 책의 핵심이 '가족을 없애는 데 있다'고 인식했다. 1935년 캉유웨이의 제자 첸딩안(錢定安)이 이 책 원고를 중화서국(中華書局)으로 넘겨서 전체 책이 출간되었다.

790. *금문경학(今文經學): 중국 진시황의 분서갱유 이후 사라진 옛 전적을 한나라 때 복원하는 과정에서 생긴 학파다. 옛 전적을 당시 학자들의 기억에 의지해 한나라 공식 문자인 예서(隸書)로 기록한 경전을 금문경전(今文經典)이라 했고, 그것에 입각한 학문을 금문경학이라 했다. 한

편 분서갱유 이전의 옛 문자인 전서(篆書)로 기록되어 민간에 전해지거나 고택의 벽 등에 숨겼
다가 발견된 경전을 고문경전(古文經典)이라 했고, 그것에 입각한 학문을 고문경학이라 했다.
특히 유가경전의 경우 거의 대부분 금문경학과 고문경학으로 나뉘어 대립했다. 금문학자들은
고문경학이 민간에서 고문으로 조작된 가짜라고 힐난했고, 고문학자들은 금문경학이 부정확
한 기억에 의거한 가짜라고 논박했다. 이뿐만 아니라 금문경전과 고문경전은 문자상으로도 많
은 부분이 달랐고 경문 해석에서도 정치적 이해에 따라 서로 견해를 달리했다. 이러한 견해는
유구하게 이어져 청나라 말기에 이르러서도 학파 대립이 심했다. 청나라 말기 개혁사상을 대
표하는 공양학(公羊學)은 후한의 금문경학인 하휴(何休)의 『춘추공양전해고(春秋公羊傳解
詁)』에 근거한 변혁 사상이다.

791. *공양삼세설(公羊三世說): 청말의 대표적 개혁사상인 공양학(公羊學)의 역사관이다. 역사가
'거란(據亂)'에서 '승평(升平)'으로 그리고 다시 '태평(太平)'으로 진화한다는 논리다.

792. 『천연론』은 샤안시성 미경서원(味經書院)에서 1895년 최초로 간행됐다. 이 책 원본은 지
금 샤안시성도서관(陝西省圖書館)에 소장되어 있다. *『천연론』: 영국의 생물 진화학자 헉슬
리(Thomas H. Huxley: 1825~1895)의 저서 『진화와 윤리 및 기타(Evolution and Ethics and
other Essays)』를 옌푸(嚴復)가 고문(古文)으로 번역한 책이다. 옌푸는 이 번역서에서 중국이
세계의 생존경쟁에서 살아남지 못하면 결국 망국의 수렁에 빠질 수밖에 없음을 경고했다.

793. 옌푸가 번역한 서구 근대 사회과학 명저는 상무인서관(商務印書館)에서 '옌푸 8종(嚴復八
種)'이라는 이름으로 출간되었다. *이 중 『법의』는 몽테스키외(Montesquieu)의 『법의 정신
(Spirit of Laws)』, 『원부』는 스미스(Adam Smith)의 『국부론(Wealth of Nation)』, 『군학사
언』은 스펜서(Herbert Spencer)의 『사회학 연구(Study of Sociology)』, 『명학천설』은 제번스
(William Stanley Jevons)의 『논리학 입문(Primer of Logic)』, 『밀의 명학』은 존 스튜어트 밀
(John Stuart Mill)의 『논리학 체계(System of Logic)』, 『군기권계론』은 존 스튜어트 밀의 『자
유론(On Liberty)』, 『사회통전』은 에드워드 젱크스(Edward Jenks)의 『정치학 약사(A Short
History of Politics)』를 번역한 것이다.

794. *자오저우만(膠州灣) 사건: 1897년 11월 13일, 독일 군함 3척이 산둥반도 자오저우만으로 침
입하여 칭다오(青島)를 점령한 사건이다.

795. *무술육군자(戊戌六君子): 1898년 무술변법 실패 후 청나라 수구파가 처형한 유신파 인사 여
섯 명을 가리킨다. 탄쓰퉁, 캉광런(康廣仁), 린쉬(林旭), 양선슈(楊深秀), 양루이(楊銳), 류광
디(劉光第)가 그들이다.

796. *8국 연합군: 의화단 봉기를 진압하기 위해 결성된 여덟 나라 연합군이다. 영국, 미국, 프랑스,
독일, 러시아, 일본, 오스트리아, 이탈리아가 8국 연합군에 참여했다.

797. 『민보』의 전신은 혁명사상을 선전하던 『20세기 지나(二十世紀之支那)』라는 간행물이다. 동

맹회 성립 이후 『민보』로 개편되어 동맹회 기관지가 되었다.

798. 동맹회 성립을 전후하여 입헌파는 『신민총보(新民叢報)』를 여론전의 진지로 삼고, 혁명파는 『민보』를 진지로 삼아 격렬한 논전을 전개했다. 이 논전에서 혁명파가 승리했다.

799. *핑·류·리봉기(萍瀏醴起義): 1906년에 일어난 반청(反淸) 봉기다. 장시성 핑샹(萍鄕), 후난성 류양(瀏陽)과 리링(醴陵)의 농민들이 참여했다.

800. 당시 청나라 조정은 아직 의화단운동을 피해 시안(西安)에서 피난 중이었다. '신축조약'에 서명한 이후 청나라 조정은 베이징으로 돌아가 '신정(新政)'을 반포할 준비를 했다. 이것을 역사에서는 '회란신정(回鑾新政)'이라고 한다. 그 실질과 목적은 청나라 통치를 강화하고 민중의 반항을 진압하려는 것이었다.

801. 이 책임내각에는 황족대신이 다수를 차지했다. 이 때문에 당시 사람들은 이 내각을 '황족내각' 이라고 불렀다. 그러나 위안스카이가 내각 총리대신으로 취임한 후 다시 내각을 구성하자 황족내각은 금방 사라졌다.

802. *보로운동(保路運動): 청말에 민간자본으로 건설되어 운영되던 철도를 1910년 청나라 조정이 국유화하려 하자 이를 반대하는 쓰촨성, 후베이성, 후난성, 관둥성 민중이 격렬한 반정부 투쟁을 전개했다. 특히 쓰촨성에서는 무장투쟁으로 발전하여 다수 민중이 희생되었다.

803. 1912년은 중화민국 원년이다. 같은 해 2월 청 왕조는 종말을 고하고 정치무대에서 퇴출되었다. 1644년 청나라가 중원으로 들어온 후부터 계산하면 청 왕조는 총 268년 동안 중국을 통치했다.

804. 1911년 신해혁명이 제1차혁명이고, 1913년의 혁명은 제2차혁명이라고 한다. *1913년 7월 12일 위안스카이에 의해 면직된 장시도독(江西都督) 리례쥔(李烈鈞)은 쑨원의 지시로 장시의 군부를 장악하고 장시 독립과 위안스카이 토벌을 선포했다. 이어서 난징으로 진격하여 장쑤도독(都督) 청더취안(程德全)을 남군사령관으로 추대했다. 이후 계속해서 안후이의 바이원웨이(柏文蔚), 상하이의 천치메이(陳其美), 후난의 탄옌카이(譚延闓), 푸젠의 쉬충즈(許崇智), 쓰촨의 슝커우(熊克武), 광둥의 천중밍(陳炯明)도 독립을 선포했다. 그러나 1913년 7월 하순 이후 장쑤와 상하이의 위안스카이 토벌군이 북양군에 패배했고, 8월 중순 이후 광저우, 난창, 난징이 정부군에 함락당하자 쑨중산, 황싱, 천치메이 등이 모두 일본으로 망명함으로써 제2차 혁명은 실패로 끝나고 말았다.

805. 중화혁명당은 1914년에 성립되었고 나중에 중국국민당이 이 당을 모태로 발전했다.

806. *홍셴(洪憲): 우리 발음으로는 홍헌이다. 위안스카이는 1916년 1월 1일 중화민국을 폐지하고 중화제국 황제로 등극해 연호를 홍셴으로 정했다. 따라서 위안스카이를 흔히 홍셴황제라 부른다.

807. *환계(皖系): 안후이성을 기반으로 하는 군벌세력이다.

808. *즈계(直系): 즈리성(直隷省), 즉 지금의 베이징과 화베이성을 기반으로 하는 군벌세력이다.

809. *펑계(奉系): 봉천성(奉天省), 즉 지금의 랴오닝성과 만주 지방을 기반으로 하는 군벌세력이다.

810. *뎬계(滇系): 윈난성을 기반으로 하는 군벌세력이다.

811. *구이계(桂系): 광시성을 기반으로 하는 군벌세력이다.

812. 이 잡지는 1916년 9월 제2권부터 제목을 『신청년(新靑年)』으로 바꿨다.

813. *구민주주의 혁명: 중국은 1949년 중화인민공화국 건국 이후 중국의 역사발전 단계를 사적 유물론으로 해석했다. 따라서 1840년 아편전쟁 이전은 봉건주의 시대로 규정하며, 1840년에서 1919년 5·4운동까지는 근대 구민주주의 혁명 시대로 규정한다. 이 시대는 부르주아지가 자본주의 혁명을 위해 분투한 시기이고 그 결과물이 쑨원의 신해혁명이라는 것이다. 그런 상황이 1919년 5·4운동까지 이어지다가 5·4운동에 이르러 노동자 중심의 프롤레타리아트가 역사의 무대에 등장하여 사회주의 혁명을 주도하는데, 그것이 바로 신민주주의 혁명 시기라는 것이다. 따라서 중국에서는 1840년에서 1919년까지를 근대, 1919년에서 1949년(중화인민공화국 건국)까지를 현대, 1949년 이후를 당대(當代)라고 한다. 이는 마르크스주의 역사관을 다분히 중국 역사에 기계적으로 적용한 측면이 있지만, 지금까지도 중국의 주류 사학계에서는 이러한 견해에 근거하여 역사를 분기하고 있다.

814. *5·30운동: 1925년 2월 상하이의 일본인 방적공장에서 중국 여성 노동자 학대 사건을 계기로 일어난 노동운동이다. 일본인의 부당한 노동착취와 공장폐쇄에 맞서 중국인 노동자와 학생들이 시위를 벌이자 당시 상하이 조계지역 영국인 경부(警部)가 인도인 경관에게 발포를 명령, 총 13명이 사망하고, 15명이 부상했으며, 53명이 체포되었다. 이에 상하이 노동자 20만 명 이상이 총노동조합[總工會]을 조직하고 파업을 주도했다. 이것이 마침내 애국민중운동으로 확대되어 중국 전역으로 퍼져나갔다. 8월 말에 일단락된 이 운동은 중국 현대 노동운동 발전에 획기적인 전기를 마련해준 사건으로 평가된다.

815. *서안사변(西安事變): 1936년 12월 12일 장제스의 요청으로 시안에서 공산당 토벌에 나선 만주군벌 장쉐량(張學良)이 독려차 시안에 온 장제스를 구금하고 항일 국공합작을 요구한 일이다. 장제스는 결국 장쉐량의 요청을 받아들여 제2차 국공합작에 동의했으며 이후 국민당과 공산당은 힘을 합쳐 항일통일전선을 구축한다.

816. *쌍십협정(雙十協定): 일본이 패망한 후 중국국민당의 장제스와 중국공산당의 마오쩌둥이 1945년 8월 29일에서 10월 10일까지 건국방침을 둘러싸고 협상을 벌였고, 그 합의안을 10월 10에 발표했으므로 '쌍십협정'이라 한다. 협상 장소는 충칭이었다.

817. *랴오선전투(遼沈戰役): 1948년 9월 12일에서 11월 2일까지 국공 양측이 랴오닝성 선양 일대에서 전투를 벌여 공산당이 승리했다. 국민당에서는 랴오시회전(遼西會戰)이라 한다.

818. *화이하이전투(淮海戰役): 1948년 11월 6일에서 1949년 1월 10일까지 국공 양측이 동쪽 하이저우(海州: 지금의 롄윈항連雲港)에서 서쪽 상추(商丘)까지, 북쪽 린청(臨城: 지금의 짜오좡시棗莊市 쉬에청薛城)에서 남쪽 화이허강에 이르는 지역에서 전투를 벌여 공산당이 승리했다. 국민당에서는 쉬방회전(徐蚌會戰)이라 한다.

819. *핑진전투(平津戰役): 1948년 11월 29일에서 1949년 1월 31일까지 국공 양측이 베이핑(北平: 지금의 베이징시)과 톈진 일대에서 전투를 벌여 공산당이 승리했다. 국민당에서는 핑진회전(平津會戰)이라 한다.

820. 1924년 국가주의를 선전하는 주간지 『성사(醒獅)』가 상하이에서 창간되었다. 이 때문에 국가주의파를 '성사파'라고도 한다.

821. 제2차 세계대전 기간에 쿤밍(崑明)에서 『전국책』 반월간이 창간되었다. 이후 다시 충칭에서 『대공보(大公報)』 산하에 『전국책』 부간이 간행되었다. 국가주의파 또는 성사파가 전국책파로 모습을 바꾼 것이다.

822. *위의 두 가지 민족주의 이론은 기실 당시에도 중국적 파시스트 이론으로 비판받았다.

823. *삼반·오반운동(三反·五反運動): 1951년 말에서 1952년 10월까지 중화인민공화국 당·정(黨·政) 기구 직원들 사이에서 벌어진 '부패 반대(反貪汚), 낭비 반대(反浪費), 관료주의 반대(反官僚主義)' 운동과 개인 기업가들 사이에서 벌어진 '뇌물 반대(反行賄), 탈세 반대(反偸稅漏稅), 국가재산 도둑질 반대(反盜騙國家財産), 임금과 자재 도둑질 반대(反偸工減料), 국가 경제 정보 탈취 반대(反盜竊國家經濟情報) 운동을 통칭하는 말이다.

824. *항미원조(抗美援朝): 미국에 저항하고 조선을 지원한다는 뜻으로 중화인민공화국에서 6·25전쟁을 일컫는 말이다. 특히 15강에는 중국 관방과 주류학계의 논리가 그대로 노출되어 한국 독자들로서는 비판적 읽기가 필요하다.

825. *제1차5개년계획(一五計劃): 중국공산당이 추진한 첫 번째 사회주의 경제건설 계획이다. 1953년에서 1957년까지 추진되었다.

826. 중공중앙문헌연구실(中共中央文獻硏究室) 편, 『건국 이래 마오쩌둥 문고(建國李來毛澤東文稿)』 제3책, 中央文獻出版社, 1998, 458쪽.

827. 중공중앙문헌연구실 편, 『건국 이래 중요문헌 선편(建國以來 重要文獻選編)』 제4책, 中央文獻出版社, 1993, 701쪽.

828. *일화삼개(一化三改): 바로 위의 인용문에서 제시한 내용이다. 즉 '국가의 사회주의 산업화'가 일개(一化)이고, '농업, 수공업, 자본주의 상공업에 대한 국가의 사회주의 개조'가 삼개(三改)에 해당한다.

829. 『건국 이래 중요문헌 선편』 제4책, 702쪽.

830. *3대 개조: 농업, 수공업, 자본주의 상공업을 사회주의 기업으로 개조하는 일이다.

831. 「정치보고에 관한 결의(關于政治報告的決議)」, 『건국 이래 중요문헌 선편』 제9책, 341쪽.

832. 중공중앙문헌편집위원회(中共中央文獻編輯委員會) 편, 『덩샤오핑 문선(鄧小平文選)』 제 3권, 人民出版社, 1993, 2쪽.

833. *사인방(四人帮): 마오쩌둥의 비호 아래 문화대혁명을 주도했다고 알려진 왕훙원(王洪文), 장춘차오(張春橋), 장칭(江靑), 야오원위안(姚文元)을 가리킨다. 1976년 체포되어 문화대혁명의 주범으로 심판받고 역사의 무대에서 사라졌다.

834. *두 가지 범시(兩個凡是): 1976년 문화대혁명이 종결되고 나서 여전히 마오쩌둥사상을 기치로 삼아 나라의 혼란을 안정시키자는 논리다. 1977년 2월 7일 『인민일보(人民日報)』, 『해방군보(解放軍報)』 신문과 『훙기(紅旗)』 잡지에 동시에 실린 「문건을 잘 학습하여 강령을 틀어쥐자(學好文件抓住綱)」라는 사설에서 유래했다. 왕둥싱(汪東興)이 쓴 이 사설에 "무릇 마오 주석이 내린 결정을 우리 모두는 단호히 옹호해야 하고, 무릇 마오 주석이 행한 지시를 우리 모두는 초지일관으로 준수해야 한다(凡是毛主席做出的決策, 我們都堅決維護, 凡是毛主席的指示, 我們都矢志不渝地遵循)"라는 문장이 들어 있었고, 이 문장에 '범시(凡是)'라는 말이 두 번 나온다. 이 때문에 '두 가지 범시(兩個凡是)'라고 한다. 이 논리에 따르면 마오쩌둥이 문화대혁명 기간에 내린 잘못된 지시도 모두 준수해야 하므로 문화대혁명 청산에 부정적인 영향을 미쳤다.

835. *4개현대화: 중화인민공화국 건국 이후 제기된 국가 전략 목표다. 본래 1954년 제1차전국인민대표대회에서 공업, 농업, 교통운수, 국방을 현대화하려는 목표를 제기했다. 이후 1964년 제3차전국인민대표대회 제1차회의에서 농업, 공업, 국방, 과학기술로 내용이 조금 바뀌었다. 그러다가 1976년 문화대혁명이 끝난 후 개혁개방정책의 전략 목표로 인정되어 본격적으로 추진되었다.

836. *네 가지 기본원칙: 문화대혁명이 끝난 후 사상의 혼란을 방지하기 위해 1979년 덩샤오핑이 제시한 네 가지 기본원칙이다. 첫째, 사회주의 노선을 견지한다. 둘째, 프롤레타리아 독재를 견지한다. 셋째, 공산당 영도를 견지한다. 넷째, 마르크스레닌주의와 마오쩌둥사상을 견지한다.

837. *4개 경제특구: 광둥성의 선전, 주하이(珠海), 샨터우(汕頭), 푸젠성의 샤먼(廈門)을 가리킨다.

838. *향진기업(鄕鎭企業): 중국의 시골 행정단위인 향(鄕)과 진(鎭)을 중심으로 일어난 새로운 기업 형태다. 중국 개혁개방 첫 번째 단계에서 상품경제 촉진과 생산력 발전에 매우 중요한 역할을 했다.

839. *삼자기업(三資企業): 중국 내에 건설된 중국과 외국 합자기업, 중국과 외국 합작기업, 외국 상사 독자기업을 가리킨다.

840. *1989년 6월 4일 베이징 톈안먼광장에서 일어난 민주화운동을 가리킨다. 이 사건에 대한 평가는 중국 내에서도 일치하지 않으며, 아직 진상도 자세히 밝혀지지 않았다. 당시 해외보도, 참가

자, 목격자 증언에 따르면 중국정부가 군대를 동원하여 유혈 진압을 감행했고, 그 과정에서 수
백 명이 희생된 것으로 알려져 있다. 중국정부는 이 사건을 공식적으로 정치풍파로 부른다.

841. 『덩샤오핑 문선』제3권, 372~373쪽.

842. *하나의 중심과 두 가지 기본점(一個中心 , 兩個基本點): 현재 중국공산당의 기본노선 중에서
핵심내용에 해당한다. 하나의 중심은 '경제건설을 중심으로 삼는다'는 것이다. 두 가지 기본점
은 '네 가지 기본원칙을 견지하고 개혁개방을 견지한다'는 것이다. '네 가지 기본원칙'에 대해
서는 위의 해당 각주 참조. 1987년에 열린 중국공산당 제13차전국대표대회에서 기본노선으로
채택되었다.

843. *이 또한 중국 관방의 시각에 불과하다. 2016년 6월 현재 타이완에는 타이완 독립에 호의적인
민주진보당 차이잉원(蔡英文) 정권이 집권하고 있다.

844. *대립되는 두 가지 측면을 모두 중시하여 서로 협력과 통일을 이루자는 방침이다. 한 손으로 물
질문명을 틀어잡고 다른 한 손으로는 정신문명을 틀어잡자든가, 한 손으로 개혁개방을 틀어잡
고 다른 한 손으로는 부패를 엄벌하자는 주장이 그것이다.

845. *3개대표론: 중국공산당 제3세대 지도자인 장쩌민의 지도노선을 가리킨다. 개혁개방정책이
성공을 거둠에 따라 중국공산당은 단지 프롤레타리아의 이익만을 대표하는 정당이 아니라
'선진 생산력의 발전 요구, 선진 문화의 전진 방향, 가장 광범위한 인민의 근본 이익'을 대표하
는 정당이라는 이론이다.

846. *사스(SARS): 중증급성호흡기증후군. 2003년 중국 전역을 공포로 몰아넣은 전염병이다. 중국
당국에서는 처음에 이 전염병에 대해 진상을 밝히지 않다가 상황을 악화시켜 2003년 5월 18일
까지 전국에서 총 224명이 사망했다.

847. 이 절의 인용수치는 『중공 제18차전국대표대회 보고 보조 독본(十八大報告輔導讀本)』참조,
人民出版社, 2012.

848. 「쑨중산 선생을 기념하며(紀念孫中山先生)」, 『마오쩌둥 문집(毛澤東文集)』제7권, 人民出版
社, 1999, 156쪽.

찾아보기